HISTÓRIA DAS EMOÇÕES

3. Do final do século XIX até hoje

Dados Internacionais de Catalogação na Publicação (CIP)
(Câmara Brasileira do Livro, SP, Brasil)

História das emoções : 3. Do final do século XIX até hoje / sob a direção de Alain Corbin, Jean-Jacques Courtine, Georges Vigarello ; tradução de Maria Ferreira. – Petrópolis, RJ : Vozes, 2020.

Título original: Histoire des émotions : 3. De la fin du XIXe siècle à nos jours
"Volume dirigido por Jean-Jacques Courtine".
Vários autores.
Bibliografia.
ISBN 978-85-326-6320-7

1. Emoções – História I. Corbin, Alain.
II. Courtine, Jean-Jacques. III. Georges, Vigarello.

19-29990 CDD-152.4

Índices para catálogo sistemático:
1. Emoções : Psicologia aplicada   152.4

Cibele Maria Dias – Bibliotecária – CRB-8/9427

HISTÓRIA DAS EMOÇÕES

SOB A DIREÇÃO DE
ALAIN CORBIN, JEAN-JACQUES COURTINE,
GEORGES VIGARELLO

3. Do final do século XIX até hoje

VOLUME DIRIGIDO POR JEAN-JACQUES COURTINE

Com

Bruno Nassim Aboudrar
Stéphane Audoin-Rouzeau
Antoine de Baecque
Ludivine Bantigny
Éric Baratay
Yaara Benger Alaluf
Christophe Bident
Christian Bromberger
Esteban Buch
Anne Carol
Jacqueline Carroy
Pierre-Henri Castel
Jean-Jacques Courtine
Stéphanie Dupouy
Ute Frevert

Sarah Gensburger
Claudine Haroche
Eva Illouz
Claire Langhamer
Nicolas Mariot
Charles-François Mathis
Olivier Mongin
Dominique Ottavi
Michel Peraldi
Jan Plamper
Richard Rechtman
Bertrand Taithe
Christophe Triau
Sylvain Venayre

Tradução de Maria Ferreira

Petrópolis

© Éditions du Seuil, 2017.

Título do original em francês: *Histoire des Émotions.*
Tome 3. De la fin du XIXe siècle à nos jours

Direitos de publicação em língua portuguesa – Brasil:
2020, Editora Vozes Ltda.
Rua Frei Luís, 100
25689-900 Petrópolis, RJ
www.vozes.com.br
Brasil

Todos os direitos reservados. Nenhuma parte desta obra poderá ser reproduzida ou transmitida por qualquer forma e/ou quaisquer meios (eletrônico ou mecânico, incluindo fotocópia e gravação) ou arquivada em qualquer sistema ou banco de dados sem permissão escrita da editora.

CONSELHO EDITORIAL

Diretor
Gilberto Gonçalves Garcia

Editores
Aline dos Santos Carneiro
Edrian Josué Pasini
Marilac Loraine Oleniki
Welder Lancieri Marchini

Conselheiros
Francisco Morás
Ludovico Garmus
Teobaldo Heidemann
Volney J. Berkenbrock

Secretário executivo
João Batista Kreuch

Editoração: Ana Lucia Q.M. Carvalho
Diagramação: Raquel Nascimento
Revisão gráfica: Nilton Braz da Rocha / Nivaldo S. Menezes
Capa: WM design
Ilustração: Foto de Laurence Olivier e Joan Fontaine, 1940, do filme Rebecca.

ISBN 978-85-326-6320-7 (Brasil)
ISBN 978-2-02-117737-4 (França)

"Cet ouvrage, publié dans le cadre du Programme d'Aide à la Publication année 2020 Carlos Drummond de Andrade de l'Ambassade de France au Brésil, bénéficie du soutien du Ministère de l'Europe et des Affaires étrangères."

"Este livro, publicado no âmbito do Programa de Apoio à Publicação ano 2020 Carlos Drummond de Andrade da Embaixada da França no Brasil, contou com o apoio do Ministério Francês da Europa e das Relações Exteriores."

Editado conforme o novo acordo ortográfico.

Este livro foi composto e impresso pela Editora Vozes Ltda.

SUMÁRIO

Introdução – O império da emoção, 9

Pensar as emoções, 15

1   Os discursos da antropologia, 17
    Jan Plamper

2   Do lado das ciências: psicologia, fisiologia e neurobiologia, 48
    Jacqueline Carroy e Stéphanie Dupouy

3   O capitalismo emocional, 74
    Eva Illouz e Yaara Benger Alaluf

4   Fúrias, comunhões e ardor cívico: a vida política das emoções, 101
    Nicolas Mariot

5   O gênero e a história: o exemplo da vergonha, 131
    Ute Frevert

A fábrica das emoções ordinárias, 159

6   O tempo do despertar: infância, família, escola, 161
    Dominique Ottavi

7   Engajar-se: política, evento e gerações, 188
    Ludivine Bantigny

8   Comover-se com os animais, 224
    Éric Baratay

9   Transportes afetivos: a viagem, entre o maravilhamento e a decepção, 247
    Sylvain Venayre

10 *A terra devastada*: transformações do sentimento pela natureza, 266
   Charles-François Mathis

Traumas: emoções-limite e violências extremas, 289

11 Apocalipses da guerra, 291
   Stéphane Audoin-Rouzeau

12 O universo concentracionário: os afetos, mesmo assim, 313
   Sarah Gensburger

13 O que os genocidas sentem quando matam?, 337
   Richard Rechtman

14 Muros e lágrimas: refugiados, deslocados, migrantes, 364
   Michel Peraldi

15 Decadências corporais: diante da doença e da morte, 390
   Anne Carol

Regimes emocionais e genealogias dos afetos, 415

16 O medo na era da ansiedade, 417
   Jean-Jacques Courtine

17 O caso da depressão, 442
   Pierre-Henri Castel

18 O sentimento de humilhação: degradar, rebaixar, destruir, 465
   Claudine Haroche

19 Empatias, cuidados e compaixões: as emoções humanitárias, 493
   Bertrand Taithe

20 Amores, seduções e desejo, 521
   Claire Langhamer

O espetáculo das emoções, 547

21 Por amor à arte, 549
   Bruno Nassim Aboudrar

22 Rir, chorar e ter medo no escuro, 574
    Antoine de Baecque

23 Paixões esportivas, 604
    Christian Bromberger

24 A teatralidade das emoções, 622
    Christophe Bident e Christophe Triau

25 A escuta musical, 646
    Esteban Buch

26 Telas: o grande laboratório dos afetos, 666
    Olivier Mongin

Índice remissivo, 691

Os autores, 719

Índice geral, 725

INTRODUÇÃO
O império da emoção

Medo, alegria, repugnância, tristeza, ira, surpresa; vergonha, inveja, amor, empatia... De onde provêm, como se formaram, como se estruturaram e se associaram uns aos outros esses componentes essenciais do universo de nossos afetos? As últimas décadas do século XIX são o ponto de partida deste volume que acaba de ser aberto para tentar responder a essas questões.

1880... O século que vai findando inventou o homem sensível; ele ouviu bradar os clamores guerreiros e ecoar os ímpetos revolucionários. É, no entanto, uma nova era que se inicia nos últimos anos do século XIX: ela vê a emergência de formas inéditas de observação e de reflexão sobre as emoções humanas, que vão colocá-las no centro da vida individual, política e social.

Em 1872, Charles Darwin publica seu livro *Expressão das emoções no homem e nos animais*. O impacto dessa obra é sem sombra de dúvida o verdadeiro pontapé inicial de uma ciência das emoções, ainda que Thomas Brown ou Charles Bell tenham preparado seu advento no decorrer do século. Darwin, nesse livro, afirma o caráter universal das emoções, propõe uma classificação elementar destas últimas e as relaciona com as formas típicas de expressão corporal. Em 1884, William James, fundador da psicologia americana, coloca a questão inaugural: "*What is an emotion?*" [O que é a emoção?] Em seu ensaio epônimo, ele a responde inscrevendo as emoções nas modificações do corpo biológico. Esse conjunto de traços, admitidos ou refutados, vão contribuir na estruturação do pensamento das emoções no campo da psicologia para o século vindouro.

Mas isso não é tudo, nesses últimos anos do século XIX: surgem outras preocupações, que desta vez dizem respeito às emoções políticas. Em 1895, Gustave Le Bon publica *A psicologia das multidões*. A questão das emoções está no centro mesmo de suas preocupações, e, poder-se-ia acrescentar, de seus medos. Pois sua inquietação é com a prevalência das emoções na vida pública, com sua volatilidade, com o inquietante contágio graças ao qual elas se propagam no campo político. Que a efervescência que percorre as comunidades humanas seja concebida como uma ameaça em Le Bon, ou ainda que, alguns anos mais tarde, ela leve Gabriel Tarde a compreender a emergência dos públicos ou Durkheim a compreender as formas da vida religiosa, essas obras em que se inventam as ciências sociais fazem da propagação dos afetos na vida política e social uma questão crucial no momento em que se constituem as sociedades de massa.

Mas eles não são os únicos que se preocupam com tal questão. Se nos deslocarmos agora da Europa para a América, veremos que ali também os contágios emocionais intrigam e apaixonam os americanos, mas desta vez na esfera econômica e financeira, particularmente quando eles degeneram em pânicos da Bolsa de Valores cujas epidemias sacodem Wall Street em 1883 e 1907. Essas crises emocionais têm efeitos literários: mais de trezentos romances serão consagrados a elas entre 1870 e 1920. É que as questões, aqui ou ali, permanecem as mesmas: nos inícios das sociedades de massa, em um período de importantes transformações políticas, sociais e econômicas, por toda parte parece se exercer a influência da emoção, tanto nos indivíduos como nas massas. Pois essa constatação vai além: a Europa como a América veem a súbita erupção de estranhas patologias mentais, de contornos vagos e de sintomas indistintos, *American nervousness* [nervosismo americano] aqui, neurastenia ali. Obscuros movimentos da alma escapam cada vez mais claramente ao controle do sujeito: a psicanálise nascente saberá reconhecer neles a origem inconsciente dos afetos. A longa tradição que desde sempre submetia os excessos das paixões ao controle da razão manifesta, na virada do século XX, óbvios sinais de esgotamento.

Este terceiro volume se esforça para retraçar o destino das emoções desde então. Empreitada complexa esta que desejaria compreender as mudanças dos regimes afetivos das sociedades ocidentais na amplidão das profundas transformações do século que acabou de findar, pelas fúrias dos combates, da depressão das crises econômicas, da ansiedade das guerras frias e dos conflitos latentes, da incerteza das acelerações e das transformações tecnológicas, do universo inquietante da globalização neoliberal. O resultado é uma história líquida e fragmentada, rebelde às classificações tradicionais que querem ver na emoção, no sentimento, no afeto espécies psicológicas estranhas umas às outras, e que categorizam nosso mundo interior em tipos disjuntos. A escrita da história das emoções testemunha ao contrário a extrema fluidez de tais categorias, que mudam com os lugares e o tempo. Portanto, uma posição perfeitamente assumida neste volume é: o termo "emoção" assim como entendido aqui cobre amplamente o continente dos afetos, dos sentimentos e das culturas sensíveis. Assim: devemos separar o medo da ansiedade, ou talvez mostrar que não poderíamos defini-los melhor do que pela sua propriedade de se metamorfosearem um no outro em momentos históricos determinados? É realmente necessário separar a antiga melancolia, as velhas formas da tristeza, a depressão contemporânea, ou descobrir nelas uma longa genealogia dos momentos de abatimento na vida subjetiva? Em geral, há um consenso em ver desaparecer no decorrer do século XX os modos tradicionais de administração da vergonha. Mas será que temos certeza de que não foram substituídos por formas difusas de humilhação? O que então conservaram ou perderam de suas origens sensíveis os regimes afetivos que hoje são os nossos, em uma sociedade de massa e de indivíduos isolados?

A ideia da fluidez de nosso universo emocional, a necessidade de percebê-lo não só em sua dimensão genealógica, mas também no detalhe de seu dia a dia mais ordinário, à maneira de uma "história vista de baixo" (*a history from below*), situam-se assim no centro mesmo deste terceiro volume. Assim como nele se encontra a constatação de que, de um início de século ao outro, as emoções estenderam seu império, ocuparam uma posição mais e mais central na vida psíquica dos indivíduos, bem como na existência social de suas comunidades. E de acordo com três modalidades essenciais, cujos traços disseminados serão encontrados no conjunto dos textos a seguir: a do trauma, na medida em que o período histórico abarcado neste volume foi o de uma brutalização extrema da parte sensível dos indivíduos que o viveram; a do controle, quando no mundo político e no da produção econômica surgiram formas inusitadas de manipulação emocional; por fim, a de uma autonomização sensível dos indivíduos, quando coerções psicológicas antigas pouco a pouco desapareceram dando lugar a formas de ressentido que se deslocam para outros horizontes: intimidades e compaixões inéditas, bem como indiferenças, preocupações e medos até então desconhecidos.

Para realizá-lo, este trabalho examina primeiramente as transformações do pensamento das emoções, por meio dos conjuntos disciplinares que fizeram delas seu objeto (antropologia, psicologia e neurociências, história, universo do pensamento econômico ou político). Pois esta é uma necessidade absoluta para quem desejasse explicar a existência e as mudanças históricas do campo das emoções humanas: a história delas não poderia ser senão transdisciplinar. Ainda assim, convém nos entendermos. O diálogo, antigo e frutuoso, entre história, antropologia e sociologia ainda deve ser estabelecido com a psicologia e as neurociências, mas longe dos pressupostos anistóricos que naturalizam espontaneamente a cultura e biologizam pertencimentos de classe, origens étnicas ou papéis de gênero que a história das emoções não poderia suprimir.

Esta obra se preocupa, em segundo lugar, com a produção social das emoções ordinárias, com sua "fábrica", se for verdade, como bem observou Marcel Mauss, que toda sociedade e toda época depositam assim sua marca na sensibilidade de seus membros: formação original do universo emocional da infância na família ou na escola; engajamentos precoces na vida política; sensibilidade pela condição animal; transportes afetivos da viagem e do desenraizamento; preocupação com o sentimento da natureza: outros tantos momentos, lugares e objetos privilegiados da formação do universo sensível que é doravante o nosso. Este trabalho coletivo sentia-se então na obrigação de se abrir ao caráter trágico do período que ele cobre, e explorar os limites extremos do espectro emocional que ele desdobra: medos, ódios e lutos da guerra; horror pelos universos concentracionários e questionamento da psicologia do genocídio; interrogação do mundo sensível do refugiado e do migrante; ou, mais próximo de cada um de nós, confrontação com a doença, com a expectativa da morte.

Ele explora, por fim, os regimes emocionais que se tornaram os nossos, sem procurar ser exaustivo, mas privilegiando certas emoções hoje preponderantes na esfera das sensibilidades das sociedades de massa: ansiedades flutuantes, depressões crônicas, humilhações difusas, mas também empatias e compaixão inesperadas, mudanças dos códigos do amor e do desejo. Essa interrogação histórica se encerra com uma das dimensões essenciais do império contemporâneo das emoções, aquela que as torna um espetáculo, seja no museu, nos cinemas, nos estádios, no palco dos teatros ou dos concertos, na multiplicidade das telas enfim que doravante nos cercam.

Duas palavras ainda. A primeira sobre as maneiras de ler este livro, como aliás aqueles que o precederam: pode-se seguir, verticalmente de alguma forma, o modo de leitura que acaba de ser sugerido. Contudo, também é possível lê-lo optando por uma multiplicidade de leituras "horizontais", que atravessam o volume de texto em texto e sinalizam em contextos diferentes as modalidades e as mudanças dessas emoções que dificilmente nos abandonam: a vergonha, o medo, o ódio, mas também a esperança, o amor ou o riso, todas elas deixaram sua marca nessas páginas.

A segunda para retornar ao início desse percurso que hoje chega ao seu fim e que nos levou, Alain Corbin, Georges Vigarello e a mim, ao desejo de explorar os mundos históricos do corpo, da virilidade e das emoções. Na conclusão do terceiro e último volume da *História do corpo* (2006)[1], sugerimos que esta,

---

1. *História do corpo*. Petrópolis: Vozes, 2011.

a despeito do trabalho já acumulado no campo, estava apenas começando. O que é ainda mais verdadeiro para esta história das emoções, cujo capítulo final não tem nada de uma conclusão, e sim de uma abertura, e de um convite: o de mergulhar sempre mais fundo na compreensão histórica do continente sombrio de nossos medos e de nossas dores, bem como o de percorrer a extensão infinita de nossas alegrias e de nossos prazeres.

Jean-Jacques Courtine

PENSAR AS EMOÇÕES

1
OS DISCURSOS DA ANTROPOLOGIA

Jan Plamper

Mais do que qualquer outra disciplina universitária, a antropologia questionou a ideia segundo a qual as emoções seriam idênticas em toda parte do planeta. Além disso, trata-se igualmente da disciplina universitária que mais se dedicou a criar uma história das emoções cujo ponto de partida seria a variabilidade temporal – isto é, apoiando-se na ideia segundo a qual as emoções não variam somente através das culturas, mas também através do tempo. Se, desde o fim do século XVIII, o pensamento do sentimento (*feeling*) estruturou-se sobre uma oposição binária entre construtivismo social e universalismo, então a antropologia marca a extremidade construtivista desse espectro. No mesmo movimento, os próprios escritos antropológicos podem ser mapeados em função dessa oposição binária, na medida em que alguns deles se dedicam à busca da diferença cultural, enquanto outros se dedicam a revelar denominadores comuns dissimulados sob essas diferenças.

De todas as disciplinas universitárias que se interessam pelas emoções, a antropologia é igualmente a que desenvolveu algumas das práticas universitárias mais autorreflexivas. Em 1914, Bronislaw Malinowski anotou em seu diário de campo "uma forte apreensão com os trópicos; o horror a essa atmosfera tórrida e pegajosa; algo como um enorme pânico de reencontrar um calor tão terrível quanto o de junho e julho últimos. [...] Estava mais deprimido, receando não estar à altura da tarefa que me esperava. [...] Sábado 9 de dezembro [1914], quando chegou na Nova Guiné. [...] Sentia-me muito cansado e como esvaziado internamente, de modo que minhas primeiras impressões foram então vagas"[1]. Malinowski foi um precursor. A partir desse diário de campo, os antropólogos jamais deixaram de refletir sobre como seu próprio pertencimento a uma cultura, inclusive seu pertencimento a uma cultura das emoções, alterava seu próprio objeto de pesquisa – as emoções. Jean Briggs, autora em 1970 de *Never in Anger: Portrait of an Eskimo Family* ("Nunca se enfurecer: retrato de uma família de esquimós"), a primeira verdadeira etnografia das emoções, incluiu explicitamente em seu *corpus* de "dados comportamentais" não apenas a "descrição dos esquemas emocionais dos utkus", como também sua própria observação das emoções utkus; não apenas seus discursos sobre a emoção, como também suas próprias expressões emocionais, às quais, por sua vez, os utkus reagiam[2]. Os historiadores têm muito a aprender com esse tipo e esse grau de autorreflexividade metodológica.

Este capítulo tentará analisar a prática e o pensamento antropológicos frente às emoções desde os primórdios da disciplina no século XIX até hoje. Mostrará a maneira como grandes clássicos das décadas de 1910 a 1960, a saber, as obras de Émile Durkheim, de Margaret Mead e de Claude Lévi-Strauss, trataram as emoções, antes de abordar as primeiras verdadeiras etnografias das emoções dos anos de 1970, que, embora se interessassem pelas diferenças de expressão emocional, ainda não consideravam a ideia segundo a qual as experiências emocionais também mudavam através do tempo. Essa ideia – de que a experiência emocional, isto é, a maneira como uma emoção é sentida, podia ser variável – tornar-se-ia o paradigma dominante durante o apogeu do construtivismo social dos anos de 1980. Nos anos de 1990, como veremos no

---

1. MALINOWSKI, B. *Journal d'ethnographe* (1967). Paris: Seuil, 1985, p. 26 e 28.
2. BRIGGS, J.L. *Never in Anger*: Portrait of an Eskimo Family. Cambridge, Mass.: Harvard University Press, 1970, p. 5.

final do capítulo, muitos antropólogos tentaram superar essa oposição binária entre construtivismo social e universalismo.

Dos inícios às primeiras etnografias dos anos de 1970

Quando o explorador James Cook, durante sua segunda volta ao mundo de barco em 1773, deixou a ilha taitiana de Huahine, ele anotou em seu diário suas dúvidas quanto à sinceridade da expressão emocional da tristeza entre os locais: "O chefe, sua mulher e sua filha, sobretudo estas duas últimas, não pararam de chorar um segundo sequer. Sou incapaz de afirmar se a dor que expressaram nessa ocasião era fingida ou sincera"[3]. Cook e os outros marinheiros que anotaram suas impressões sobre as emoções dos autóctones encontrados durante suas viagens no fim do século XVIII são os primeiros exemplos conhecidos de indivíduos que percebem que, nas outras partes do mundo, os indivíduos expressavam seus sentimentos de forma diferente do que na Europa. E a disciplina antropológica, desenvolvida no século XIX, tomou como ponto de partida essa atenção dada à diferença e à variação.

Os primeiros antropólogos, como Émile Durkheim, mostraram-se menos inquietos com a questão de saber se, sim ou não, a expressão das emoções dos indivíduos que encontravam em sociedades distantes era um reflexo verdadeiro de suas emoções subjacentes. Mais do que pela autenticidade, Durkheim se interessava pelo que mantinha a integridade de uma sociedade, e também pela maneira como os rituais davam sua forma e consolidavam as comunidades. Em 1912, ele escreveu:

> O luto não é um movimento natural da sensibilidade privada, ferida por uma perda cruel; é um dever imposto pelo grupo. Lamentam não simplesmente porque estão tristes, mas porque têm de se lamentar. É uma atitude ritual que são obrigados a adotar em respeito ao costume, mas que é, em larga medida, independente

---

3. Apud LEVY, R.I. *Tahitians*: Mind and Experience in the Society Islands. Chicago, Ill.: University of Chicago Press, 1973, p. 97.

do estado afetivo dos indivíduos. Essa obrigação é, aliás, sancionada com penas ou míticas ou sociais. Acreditam, por exemplo, que, quando um parente não carrega o luto como convém, a alma do morto acompanha seus passos e o mata[4].

Nos Estados Unidos, Ruth Benedict também se concentrou no papel das emoções nos coletivos sociais, e até em sociedades inteiras. Todavia, interessou-se menos pela função integrativa durkheimiana da encenação ritualizada das emoções do que pela maneira como conceitos específicos da emoção caracterizavam grandes conjuntos sociais, neste caso o conjunto da sociedade japonesa. Pouco depois da derrota do Japão em 1945, ela publicou *O crisântemo e a espada*, o retrato de grupo etnopsicológico de toda uma nação. Ruth Benedict popularizou a distinção entre as "culturas da vergonha", assim como existiam no Japão, e as "culturas da culpa", assim como eram encontradas por exemplo nos Estados Unidos, e estudou as concepções japonesas dos sentimentos que davam sua forma à vida social, embora comparando-as às concepções similares em curso na América do Norte. Por exemplo, a extrema importância do *nós* japonês. Este último implica uma mistura de "amor" e de "respeito", bem como a ideia de dever e de dívida – desde os recém-nascidos, que sempre terão uma dívida para com seus pais, até os pilotos kamikazes, aos quais era oferecido um último cigarro antes de seu último voo para que se lembrassem de sua dívida permanente para com o Imperador: "O amor, a gentileza, a generosidade, aos quais nos apegamos ainda mais porque são dados sem contrapartida, exigem uma no Japão"[5].

Os estudos antropológicos das emoções nas sociedades ocidentais são na realidade muitas vezes um estudo – e uma crítica – da sociedade ocidental. Assim, Margaret Mead, aluna de Ruth Benedict, escreveu depois de seu trabalho de campo na ilha Samoa em 1922-1926: "Os samoanos preferem o

---

4. DURKHEIM, É. *Les formes élémentaires de la vie religieuse* – Le système totémique en Australie. T. 3. Paris: PUF, 1912, p. 568 [*As formas elementares da vida religiosa*, São Paulo: Martins Fontes, 1996].

5. BENEDICT, R. *Le chrysanthème et le sabre* (1946). Paris: Picquier, 1987, p. 108 [*O crisântemo e a espada*. Petrópolis: Vozes, 2019].

caminho do meio, dos sentimentos moderados, a expressão discreta de uma atitude razoável e equilibrada"[6]. Essa afirmação trazia na realidade uma crítica à sociedade americana e à economia dos sentimentos nas famílias restritas americanas. Margaret Mead sugeria que o preço a pagar pela "particularização dos sentimentos" que existe no seio das famílias nucleares americanas era alto, na medida em que "no seio do vasto grupo familiar, que inclui vários homens e mulheres adultos, a criança parece estar a salvo das afeições patológicas, como o complexo de Édipo, o complexo de Electra etc."[7] Essa ideia foi em seguida associada aos novos movimentos sociais surgidos nos anos de 1960 e 1970, e muito particularmente ao movimento feminista, e hoje se admite que as descrições feitas por Margaret Mead sobre a sexualidade samoana tiveram um imenso impacto na revolução sexual dos anos de 1960. No interior de seu próprio trabalho de campo antropológico, ela descobriu que, entre os samoanos, a "descrição das emoções não é menos curiosa. Elas são ou "com causa" ou "sem causa". De um indivíduo emotivo, sensível, de humor instável, dizem que ele ri sem motivo, chora sem motivo, se enfurece ou quer brigar sem motivo. A expressão "ficar furioso sem motivo" não implica uma vivacidade particular de caráter – que é sugerida pela locução "enfurecer-se facilmente" – nem uma reação desproporcional em relação à sua causa real, ela tem seu sentido literal e se aplica a um estado emotivo que não é devido a nenhuma causa perceptível"[8].

Nessa época, outros antropólogos interpretaram de maneira completamente errônea a relação que as emoções e os signos corporais mantinham. Se Durkheim havia considerado que o totem dos aborígenes da Austrália, uma escultura ou uma imagem de animal, tinha como função criar uma solução de continuidade entre os aborígenes vivos e seus antepassados mortos, ou seja, servir de elo entre a vida religiosa e a comunidade, o que conferia ao totem um caráter integrador

---

6. MEAD, M. Adolescence à Samoa (1928). In: *Moeurs et sexualité en Océanie*. Paris: Plon, 1963, p. 468.
7. Ibid., p. 533.
8. Ibid., p. 467.

e homogeneizante[9], Claude Lévi-Strauss adota uma abordagem radicalmente diferente. Em 1969, ele escreveu: "Como a afetividade é o lado mais obscuro do homem, fomos constantemente tentados a recorrer a ela, esquecendo que o que é rebelde à explicação não é, por isso mesmo, próprio para servir de explicação. Um dado não é primário porque é incompreensível"[10]. O que significa que não se deve jamais interpretar as emoções como uma espécie de lugar misterioso que estaria na origem das ações humanas inexplicáveis. Para Lévi-Strauss, os marcadores corporais – sorrir, enrubescer, ou mesmo chorar – dos humanos são primários, e as emoções não são nada além de reações a essas ações corporais: "Na verdade, as pulsões e as emoções não explicam nada; elas sempre *são o resultado*: quer da potência do corpo, quer da impotência da mente. Consequências nos dois casos: elas jamais são causas"[11]. Certos comentaristas observaram que essa abordagem radical não estava muito distante daquela de certos psicólogos do século XIX, como William James e Carl Lange, bem como de seus discípulos autorreivindicados do século seguinte, como Silvan Tomkins, que defendia não serem as emoções algo de interior ao corpo[12], e sim que era a própria expressão física que era a emoção. Para dar um exemplo, não encontramos um urso nos bosques, ficamos com medo e depois reagimos fugindo; não, primeiro fugimos do urso e, logo depois, processos cognitivos dão o nome de "medo" à nossa fuga. Outros comentaristas consideraram que a posição de Lévi-Strauss não era uma posição materialista do tipo estímulo-resposta, mas, ao contrário, uma posição radicalmente cognitivista em que o foco estava integralmente no trabalho da cultura: nomear, interpretar e dar sentido a essa reação física, ou seja, com efeito, construir culturalmente essa reação física[13]. Podemos ver aqui o quanto

---

9. DURKHEIM, É. *Les formes élémentaires de la vie religieuse*. Op. cit., t. 3.
10. LÉVI-STRAUSS, C. *Le totémisme aujourd'hui*. Paris: PUF, 1962, p. 104.
11. Ibid., p. 105.
12. Cf., p. ex., LUTZ, C.A. *Unnatural Emotions*: Everyday Sentiments on a Micronesian Atoll & Their Challenge to Western Theory. Chicago, Ill.: University of Chicago Press, 1988, p. 66.
13. Cf., p. ex., LYNCH, O.M. "The Social Construction of Emotion in India". In: LYNCH, O.M. (dir.). *Divine Passions* – The Social Construction of Emotion in India. Berkeley, Calif.: University of California Press, 1990, p. 7-8.

o campo da pesquisa sobre as emoções é complexo e instável, e como a antropologia – muitas vezes, no entanto, identificada como derivando sumariamente do construtivismo social – pode ser igualmente mapeada com base em uma oposição binária entre universalismo e construtivismo. Essa impressão é reforçada por certos antropólogos que recorrem a explicações das emoções que dão pouco espaço às variações culturais, como Melford Spiro, que, em uma veia psicanalítica freudiana universalista, defendeu nos anos de 1950 que por trás do medo dos fantasmas dos ifaluks da Polinésia encontrava-se uma agressão recalcada, agressão cuja expressão direta era bloqueada pela obsessão cultural dos ifaluks pela harmonia[14].

Jean Briggs (1926-2016) é geralmente considerada como a pioneira da antropologia moderna das emoções. No verão de 1963, ela esteve entre os utkus, um pequeno grupo de inuítes canadenses isolados que praticavam um nomadismo sazonal, alimentando-se de peixes e de caribus, passando o verão em tendas e o resto do ano nos iglus. Ela foi confiada à família do chefe utku Inuttiaq e de sua mulher, Allaq, adotando o papel de filha adotiva ao lado das outras três filhas deles.

O trabalho de pesquisa de Jean Briggs devia a princípio tratar do xamanismo, mas logo se interessou por outro tema: a emoção. A questão das emoções se colocava de maneira dupla: de um lado, ela assumia a forma da observação etnográfica e, de outro, era causada pela violação não intencional das normas emocionais dos utkus por Jean Briggs. Este último ponto lançou-a pouco a pouco nas margens da sociedade utku, tornando-a a tal ponto uma estrangeira que teve de partir mais cedo do que o previsto, contente em subir no avião que o governo canadense lhe enviara.

Com o tempo, Jean Briggs deu-se conta da existência de uma regra que governava todos os comportamentos dos utkus e que estipulava que nunca era preciso se enfurecer. Aliás, seu livro sobre sua permanência na família de

---

14. Cf. SPIRO, M.E. "Ghosts, Ifaluk, and Teleological Functionalism". In: *American Anthropologist*, vol. 54, n. 4, 1952, p. 497-503.

Inuttiaq intitulava-se *Never in Anger*. Para os utkus, crescer significava adquirir o *ihuma*, que é possível traduzir por "razão". O *ihuma* se expressava principalmente pelo controle emocional. A família aceitava da pequena Saarak uma dose de egoísmo e de ataques de fúria bem maior do que seria aceitável de um menino americano da mesma idade. Como faltava à criança o *ihuma*, sua família já esperava que ela logo se enfurecesse e passasse o tempo a urrar e a gritar; eles obedeciam a quase todos seus caprichos. A fase pré-*ihuma* de Saarak terminou quando ela tinha mais ou menos três anos e quando nasceu sua irmãzinha. Por várias vezes os pais interromperam o desmame de Saarak, com, aos olhos de Jean Briggs, mais paciência do que lhe parecia humanamente possível. Por que se mostravam tão pacientes? Porque o *ihuma* deveria emergir de si mesmo em todos os utkus, sem a menor interferência dos pais. E uma vez que ele ainda não se alojara em Saarak, a situação era aceita com serenidade.

Jean Briggs reconheceu a dimensão da importância do controle emocional de uma maneira tão impressionante quanto involuntária, não graças a suas observações, mas através do seu fracasso involuntário em se conformar às normas emocionais em vigor na sociedade utku. Isso não aconteceu de imediato, publicamente, mas muito lentamente. Esse fracasso nasceu das dificuldades de Jean Briggs em se adaptar ao frio ártico, de suas dificuldades com a comunicação verbal, bem como de sua interpretação errônea dos comportamentos utkus: "Retrospectivamente, minha relação com os utkus dividiu-se mais ou menos em três fases, no curso das quais, aos olhos dos utkus, fui uma estrangeira que é objeto de curiosidade, depois uma criança recalcitrante, para enfim me tornar uma fonte constante de irritação"[15].

Durante a primeira fase, Jean Briggs viveu em sua própria barraca, que logo se tornou o centro da atenção dos utkus. Ela recebia visitantes durante o dia todo, e ansiava por encontrar ao menos um pouco de intimidade; mas para os inuítes, que viviam em habitações glaciais, estar só era o pior dos castigos.

---

15. BRIGGS, J.L. *Never in Anger*. Op. cit., p. 226.

Jean Briggs também não se mostrou à altura nem física nem linguisticamente. Ela precisava pedir aos seus interlocutores que repetissem o que tinham dito com mais frequência do que o habitual entre os utkus e, mesmo antes da chegada do inverno, ela já se preocupava com o frio, que lhe dera frieiras nas mãos e nos pés. Depois observou que, quando visitava os utkus, eles não interrompiam seus afazeres, de modo que ela também deixou de dar atenção ao fluxo constante de visitantes que entravam em sua barraca; essa reação foi aparentemente bem acolhida, mas, na realidade, tratava-se aqui de uma infração às normas dos utkus, que resultou então na sua marginalização como *kapluna*, o termo utku para os "brancos". Na mesma época, Jean Briggs tinha crises de choro ou de irritação, explosões emocionais que também pareceram ser aceitas pelos utkus: "Como descobri mais tarde, tranquilizei-me com excessiva facilidade quanto aos efeitos de minhas crises de irritação"[16].

A situação tornou-se crítica durante o inverno, quando a temperatura caiu a menos 50ºC, o que obrigou Jean Briggs a se instalar no iglu de Inuttiaq. Foi apenas parcialmente que ela conseguiu se comportar como filha adotiva obediente. Seus interesses, muitas vezes, entravam em contradição com os de Inuttiaq, como "quando, por exemplo, ele destruiu o termômetro do iglu [que ela] mal acabara de fabricar"[17]. Nessa fase, ela pouco a pouco se dava conta de que o controle de suas emoções era uma virtude cardinal para os utkus, mas considerava cada vez mais difícil se conformar a esse ideal e, como sua relação com Inuttiaq deteriorava no mesmo ritmo do tempo que fazia lá fora, ela não teve outra escolha que se encolher em seu canto do iglu. Nessas circunstâncias, ela considerava demasiado difícil controlar suas emoções: o estresse exterior era grande demais.

Entretanto, a ruptura só foi consumada depois de um evento preciso. Durante o verão, alguns americanos brancos e alguns pescadores amadores canadenses chegaram, e Briggs teve vergonha de suas maneiras arrogantes. Quando

---

16. Ibid., p. 260.
17. Ibid., p. 106.

os pescadores tomaram emprestado dois preciosos caiaques utkus, empréstimo feito segundo alguns termos que Jean Briggs considerava injustos, ela, que fazia o papel de intérprete, deixou clara sua desaprovação, fazendo-lhes entender que essa desaprovação era igualmente compartilhada pelos utkus. Estes viram nesse fato mais uma violação da norma do controle emocional, uma infração à polidez e à generosidade e, por último, um questionamento do papel de chefe de Inuttiaq. Depois desse incidente, ainda que continuassem a alimentá-la, não lhe deram mais qualquer atenção. Jean Briggs entrou então em uma depressão que durou vários meses, no decorrer dos quais ela perdeu uma parte do seu domínio da língua. Acabou saindo de seu episódio depressivo quando surgiu a possibilidade de uma partida antecipada. Além disso, os inuítes deram-se finalmente conta de que ela tentara ajudá-los quando atuara como intérprete, e foi novamente aceita pela família. "Considero que Yiini é novamente um membro de minha família": com essas palavras, Inuttiaq pôs fim ao conflito[18].

Inuttiaq tornou-se um exemplo típico da significação do controle emocional para os utkus. Com o tempo, ela passou a considerá-lo menos "como um utku típico" do que como "uma pessoa particularmente intensa. Ele controlava igualmente seus sentimentos de uma maneira rígida, mas, em seu caso, não se podia deixar de perceber que alguma coisa era controlada"[19]. A legitimidade de Inuttiaq como chefe dos utkus decorria sobretudo de seu temperamento mais impulsivo do que a média, pois o controle que exercia sobre si mesmo parecia ainda mais titânico[20]. Mas esse incrível *self-control* era também uma grande fonte de medo: "Eles dizem que um homem que *nunca* se enfureceu não hesitaria em matar no dia em que o fizesse"[21]. Jean Briggs finalmente conseguira compreender que o fato de evitar a expressão das emoções extremas, e sobretudo a da ira, era central para o sentimento de si dos utkus.

---

18. Ibid., p. 302-303.
19. Ibid., p. 41-42.
20. Ibid., p. 46.
21. Ibid., p. 47.

A permanência de Jean Briggs na família de Inuttiaq deu origem à primeira verdadeira etnografia da emoção, ilustrando com uma grande riqueza de detalhes a contingência cultural da expressão da emoção – a *expressão* emocional, e não os sentimentos em si, pois *Never in Anger* não é uma obra que defende o construtivismo social. O título de seu livro pode levar à confusão, na medida em que, ao longo dele, Jean Briggs não deixa de insistir no fato de que os utkus sentem raiva mas aprenderam a reprimi-la. Ela mesma resumiu assim o objeto desse livro: ele examina "as maneiras como os sentimentos, afetuosos ou hostis, são canalizados e comunicados, bem como as maneiras como os indivíduos tentam dirigir e controlar, neles mesmos e nos outros, as expressões inadequadas desses sentimentos"[22].

Robert Levy (1924-2003), outro pioneiro da antropologia das emoções, tinha tão pouca vontade quanto Jean Briggs de sugerir que os sentimentos não eram um produto cultural. Levy havia realizado seu trabalho de campo no Taiti no início dos anos de 1960. Ele estabeleceu uma distinção entre as emoções socialmente pertinentes (*hipercognized*, "hiperconhecidas") e as emoções socialmente não pertinentes (*hypocognized*, "hipoconhecidas"), o que não implicava que as emoções consideradas como hipoconhecidas não fossem sentidas. O que realmente interessava Levy era a maneira como a importância de certos sentimentos universais variava de um coletivo a outro. A questão da importância atribuída às emoções particulares em um grande espectro de grupos sociais – da família à sociedade – é central para o estudo da história. Trata-se igualmente de uma das questões com as mais significativas consequências para a disciplina histórica: como os historiadores podem dizer algo de significativo sobre conjuntos sociais, desde os pequenos grupos às sociedades inteiras, sem cair nos estereótipos nem utilizar conceitos tão problemáticos quanto os de caráter nacional ou mesmo de mentalidade nacional?

Seja como for, Levy considerava o conceito taitiano de ira, "*riri*", como hiperconhecido. O princípio que guiava o comportamento taitiano não era o

---

22. Ibid., p. 4.

controle emocional; era inclusive o seu contrário, uma vez que o problema era "livrar" verbalmente o corpo humano da ira tão rapidamente quanto possível[23]. Levy soube por seu informante Tāvana que "os taitianos dizem que um homem enfurecido é como uma garrafa. Quando muito cheia, ela começa a transbordar". Reprimir sua ira "tem efeitos nefastos sobre o corpo; isso pode criar problemas no coração ou na cabeça. Existem pessoas que morreram por causa da ira"[24].

Levy não só distinguiu grandes diferenças na expressão dos sentimentos, mas também na sua localização dentro do corpo humano. Seus informantes lhe explicaram que a ira, o desejo e o medo, ou em todo caso seus equivalentes taitianos, estavam situados no *ā'au*, isto é, no intestino. Alguns pretendiam que essas emoções "entravam no coração". Para Levy, tratava-se aqui "em parte de um efeito da introdução da Bíblia, em que o coração é a sede das emoções, mas que essa localização podia também implicar a percepção de reações emocionais viscerais tendo por sede tanto o peito quanto o abdome"[25].

No caso de Robert Levy, é importante destacar que se trata, ainda mais do que no de Jean Briggs, de um exemplo de antropologia das emoções *antes* do desenvolvimento do construtivismo social. Por exemplo, o sofrimento psíquico individual – a "depressão" – é tão comum entre os taitianos quanto entre nós, escreve Levy, mas ela é "mascarada sendo explicada de maneira sobrenatural" no momento em que se pede a ajuda dos curandeiros[26].

As etnografias construtivistas dos anos de 1980

Em 1980, a publicação de *Knowledge and Passion: Ilongot Notions of Self and Social Life* ("Conhecimento e paixão: as noções ilongots do eu e da vida social"),

---

23. LEVY, R.I. *Tahitians*. Op. cit., p. 285.
24. Ibid., p. 285
25. Ibid., p. 271.
26. Ibid., p. 176.

de Michelle Rosaldo (1944-1981), marcou o início de uma década no decorrer da qual a antropologia das emoções seria dominada pelo construtivismo social. A autora efetuara sua pesquisa de campo com os ilongots, um grupo de 3.500 indivíduos que vivem nas florestas no norte das Filipinas. Os ilongots eram caçadores e agricultores. Foram convertidos nos anos de 1960 e 1970 ao fundamentalismo cristão por missionários americanos e eram objeto desde 1972 de uma atenção especial por parte da ditadura militar de Ferdinando Marcos, que desejava colocar as populações indígenas das Filipinas sob seu controle.

Michelle Rosaldo descobriu uma cultura na qual a emoção ocupava um lugar especial, muito particularmente em conexão com uma prática que se acreditava desaparecida: a caça às cabeças. Ela descrevia assim a caça às cabeças dos ilongots:

> Um homem (nunca uma mulher) decide sair para matar, fala com os membros de sua família, e planeja uma incursão porque seu coração está "pesado". Mesmo que possa alimentar a esperança de matar no interior de localidades ou de grupos familiares particulares, o caçador não se preocupa, em contrapartida, com a identidade pessoal de suas vítimas, assim como não limita sua violência aos seus adversários de mesma idade e de mesmo sexo. Ainda que chorem um membro da família, que cobicem as cabeças cortadas no passado, que se sintam enfurecidos por causa de um insulto, ou ainda levados pelo desejo de vingança, os caçadores de cabeças procuram sobretudo atualizar seu *liget*. Todos têm a sensação de um peso que se "concentra" e se intensifica à medida que avançam, lenta, mas seguramente, noite em claro após noite em claro, com pouco alimento e descobrindo zonas ainda ignoradas da floresta, até que consigam chegar ao local da emboscada, cuja localização geral sempre foi definida de antemão. Deslocando-se muito lentamente, de maneira furtiva, só se falam sussurrando e tocam flauta de junco para fortalecer o coração. Uma vez perto do lugar escolhido para a emboscada, eles se batem na cabeça para aumentar seu *liget*; a visão se enfraquece, para se concentrar melhor em sua futura vítima; os olhos ardem. Então, depois de terem atirado, os caçadores se precipitam sobre os mortos e os feridos para esfaqueá-los. Os homens aos quais incumbe a decapitação

não precisam matar ou mesmo cortar a cabeça de sua vítima: basta-lhes brandir uma cabeça cortada e "jogá-la" ao chão – [ou seja, jogar] o peso de que cada matador se livra. Uma vez isso feito, eles urram de triunfo, e os outros caçadores também jogam as cabeças antes de gritarem em uníssono. Tensos, concentrados e prudentes até então, os alegres vencedores abandonam então as cabeças cortadas e os cadáveres. Purgados de toda violência, saem então à procura de juncos em flor, que levarão como penas e que significarão a leveza, bem como de folhas odorantes, cujo perfume lhes trará a lembrança das vidas que roubaram. Depois se apressam para voltar para casa[27].

Uma pesquisa conduzida por Michelle Rosaldo em 1968 mostrou que, dos 70 homens com mais de 20 anos, 65 em um momento ou outro de sua vida tinham matado alguém antes de lhe cortar a cabeça[28]. Ela logo compreendeu que a chave dessa prática não devia ser buscada na ideia antropológica em voga segundo a qual ela teria cumprido a função de rito de passagem, e sim na explicação oferecida pelos próprios caçadores: decapitar alguém "aliviava o coração pesado", uma maneira indígena de falar de seus sentimentos. Ela sugeriu que "os ilongots diziam que os homens saíam para caçar cabeças por causa de suas emoções. Não eram deuses, mas sentimentos "pesados" que davam a esses homens o desejo de matar; ao segurarem as cabeças, eles pretendiam "descartar" (*cast off*) uma "ira" que os "perseguia" e oprimia seu "coração entristecido"[29]. Um ponto de vista interior mais do que uma observação exterior, um ponto de vista êmico e não ético[30]: não a questão, portanto, da cosmologia no seio da qual essa *langue du coeur*[31] [língua do coração] ganhava espaço, e sim a de compreender a significação que esses

---

27. ROSALDO, M.Z. *Knowledge and Passion*: Ilongot Notions of Self and Social Life. Cambridge: Cambridge University Press, 1980, p. 55-56.
28. Ibid., p. 14.
29. Ibid., p. 19.
30. Em antropologia, um ponto de vista "êmico" é um ponto que se apoia nos conceitos e no sistema de pensamentos próprios às pessoas estudadas, ao passo que um ponto de vista "ético" se apoia nos conceitos e no sistema de pensamento do próprio [N.T.].
31. Em francês no texto original [N.T.].

conceitos assumiam na cultura dos ilongots – essas eram as questões que se tornaram centrais para Michelle Rosaldo.

O que se passava nos "corações" (*rinawa*) dos ilongots? Logo se tornou claro que a "paixão" ou a "energia" (*liget*) e o "conhecimento" (*bēya*) eram conceitos-chave e mantinham entre eles uma relação dialética. O *liget* era a expressão da autonomia masculina que, antes do primeiro encontro sexual e o início de uma relação monogâmica, devia ao mesmo tempo ser posta em ação e domesticada[32]. A caça às cabeças era uma prática ritualizada que permitia essa ação e essa domesticação. Talvez ela até fosse o seu principal meio. Quando o homem se envolvia em uma relação estável, ele deixava de ir à caça às cabeças, e o *bēya* em seu coração conseguia triunfar seu *liget*. O que implica, portanto, a descrição e a manutenção rituais e emocionais por parte das instituições sociais (casamento) e das hierarquias (jovens/velhos, homens/mulheres).

Durante seu segundo trabalho de campo nos anos de 1970, Michelle Rosaldo fez os homens ilongots ouvirem gravações de canções dos caçadores de cabeças, o que os entristeceu, e até os irritou, a ponto de não quererem mais ouvi-las. A maioria deles convertera-se recentemente ao cristianismo e havia abandonado completamente a caça às cabeças. As canções provocavam uma certa "nostalgia" pela caça às cabeças; ou, mais precisamente, essas canções emocionavam seus corações e criavam um mau *liget*, que não podia mais ser canalizado para a caça às cabeças nem dirigido para um fim particular[33]. Um tipo similar de *liget* foi criado quando um jovem que ainda não tinha se casado e nunca participara da caça às cabeças percebeu os brincos característicos dos caçadores de cabeças que um outro rapaz estava usando. Seu coração, pesado, sofrido e acelerado, encheu-se de confusão e de frustração. Em contraste, o

---

32. "Nem bom nem mau em si, *liget* sugere a energia apaixonada que faz com que os rapazes trabalhem duro, se casem, matem, e se reproduzam; mas o *liget*, embora não seja governado pelo "conhecimento" dos adultos, também é o que faz com que os rapazes se engajem na mais brutal violência. Idealmente, o "conhecimento" e a "paixão" trabalham juntos no "coração" (Ibid., p. 27).

33. Ibid., p. 32-34.

coração ideal era "leve" e "vibrava" ao vento, como as hastes das plantas. A caça às cabeças "acalmava os corações" dos caçadores de cabeças: "Finalmente, para ele, o que importa é a alegria sentida ao se desfazer de seu fardo; não é o assassinato ou a vingança, mas sim a perda desse peso que ele sente quando corta uma cabeça e a joga ao chão descartando assim as nuvens de seu coração para lhe insuflar uma nova vida"[34].

Michelle Rosaldo demonstrou que as emoções eram absolutamente centrais para a construção da identidade dos ilongots. As categorias emocionais, e muito particularmente o *liget* e o *bēya*, deviam depender diretamente de acontecimentos externos (perceber um animal durante a caça, procurar brincos de caçador de cabeças, ou ainda ouvir uma canção de caça às cabeças). Não existia um conceito de controle psíquico internalizado como a "consciência" ou o entendimento; as emoções eram autodeterminadas: o *liget* e o *bēya* estavam, se preferirem, fixados no interior de um ecossistema autorregulado. Não existiam "emoções" (*emotions*) assim como as entendemos, e sim movimentos (*motions*) do coração[35]. Por conseguinte, elas não estavam ligadas a um objeto e possuíam sua própria capacidade de agir linguístico: "Comentário dos narradores: 'Meu coração disse 'atire' e eu 'atirei', 'Meu coração disse: 'Ele vem' e ele 'veio'"[36].

Essa concepção um tanto inabitual da identidade (*self*) a partir da interação entre o *liget* e o *bēya* ilustra a maneira como a identidade pessoal e sua relação com a sociedade são construídas e não dadas. A categoria do eu ou da subjetividade – o que ser um indivíduo significa – é conhecida por ser uma categoria central, e mesmo *a* categoria central, de todas as teorias pós-estruturalistas. Acrescentemos que o exemplo dos ilongots abala as ideias ocidentais quanto à hipótese de uma intensidade particularmente forte das emoções femininas. Na medida em que apenas os homens se mostravam arrastados pela dialética

---

34. Ibid., p. 52.
35. Ibid., p. 38.
36. Ibid.

liget/bēya, eles sentiam mais intensamente do que as mulheres[37]. No Ocidente, em contrapartida, são as mulheres que são consideradas como "emotivas" e responsáveis pelos sentimentos mais fortes.

O trabalho de Lila Abu-Lughod ressalta em que medida a antropologia construtivista social das emoções reflete as questões de gênero. Ela chegou ao Cairo em outubro de 1978, embora sua viagem fosse para encontrar os beduínos de Awlad Ali no deserto ocidental, perto da fronteira com a Líbia. Seu pai, o conhecido intelectual palestino-americano Ibrahim Abu-Lughod, insistira em acompanhá-la e apresentá-la pessoalmente, pois ele sabia que, em uma sociedade árabe-muçulmana tradicional, a proteção de um pai era vital para o êxito social e universitário de qualquer moça solteira.

Em Alexandria, seu pai organizou um encontro com os beduínos do deserto e lhes comunicou as intenções de sua filha: aprimorar seu domínio da língua árabe e descobrir a vida dos beduínos, razão pela qual ela estava à procura de uma família beduína que aceitasse acolhê-la. O *haj*, o ancião da tribo, propôs receber Lila Abu-Lughod em sua própria família. Ela se instalou na casa dele como "filha adotiva", tendo, pois, exatamente o mesmo papel que Jean Briggs entre os utkus – e, claro, ela havia lido a etnografia desta última.

Depois da Segunda Guerra Mundial, os beduínos de Awlad Ali haviam rompido com o nomadismo e viviam agora em simples casas e não em tendas. Esta passagem a uma existência sedentária se acompanhou de um grau ainda maior de segregação entre homens e mulheres. Quando ainda eram nômades, as mulheres dispunham de uma relativa liberdade de movimento possibilitando que se deslocassem entre as diferentes tendas de sua família, mas, como agora viviam em casas, tornara-se bem mais fácil impedi-las de encontrar os homens de suas famílias ou, pior, os estrangeiros. Sua liberdade de movimento

---

37. Eis um exemplo similar: Steven Feld, um antropólogo americano que fez seu trabalho de campo entre os kalulis, na Papua Nova-Guiné, nos anos de 1970, só foi respeitado quando começou a chorar de maneira descontrolada em público. Cf. FELD, S. *Sound and Sentiment*: Birds, Weeping, Poetics, and Song in Kaluli Expression. Filadélfia: University of Pennsylvania Press, 1990, p. 233 e 261-263.

foi, portanto, muito reduzida e, além do mais, elas foram mais regular e exaustivamente obrigadas a usar o véu. Ao mesmo tempo, os homens que tinham se tornado ricos podiam ter outras esposas, o que também teve um enorme impacto na economia emocional das famílias[38].

Na origem, Lila Abu-Lughod não se interessava pela questão das emoções, mas esta tornou-se rapidamente central quando se viu instalada no mundo feminino fechado sobre si mesmo de sua nova família[39]. Ali cantavam-se *ghinnāwas* (literalmente, "cançonetas"); essas canções eram principalmente improvisadas, por vezes à maneira de diálogos rápidos: por sua forma, elas evocavam os haicais japoneses e, por seu conteúdo emocional, as canções de blues americanas. A literatura oral das *ghinnāwas* era, apesar das regras do gênero e de suas convenções, um dos lugares, ou melhor, o lugar em que as esposas beduínas de Awlad Ali podiam expressar seus sentimentos. Para os beduínos de Awlad Ali, faltava autenticidade às declarações verbais carregadas emocionalmente; por isso não se esperava que fossem lógicas ou coerentes. Podiam até ser completamente contraditórias. As *ghinnāwas* eram, ao contrário, a "poesia da vida pessoal", uma poesia que falava da tristeza, das confusões do amor e do desejo ardente, do ciúme da segunda esposa do marido, ou ainda do amor dedicado a outro homem e não ao marido prometido; as *ghinnāwas* abriam, portanto, uma janela para o '*agl*, o eu beduíno, o coração, a consciência, o espírito ou, retirando do termo qualquer conotação religiosa, a alma[40].

O que nesse contexto é radicalmente estranho para um ponto de vista ocidental reside na ideia segundo a qual a linguagem ideal e "verídica" dos sentimentos não assume a forma de um discurso informal ou de sinais físicos claros, mas ao contrário se encarna em um gênero literário que, mesmo no ponto mais

---

38. ABU-LUGHOD, L. *Sentiments voilés* (1986). Paris: Les Empêcheurs de Penser en Rond, 2008, p. 112-114.

39. Outra razão explicando por que ela começou a se interessar pelas emoções talvez seja o fato de que ela conduzisse as entrevistas de maneira não estruturada; ela quase nunca fazia a transcrição durante as próprias entrevistas, preferindo fazê-la mais tarde, de memória (Ibid., p. 51-52).

40. Ibid., p. 56 e 251. A construção beduína da alma é muito semelhante à ideia ocidental segundo a qual existiria um espaço físico interno onde estariam abrigados nossos sentimentos.

alto da improvisação, continua aderindo às regras fixas. As *ghinnāwas*, como observou Lila Abu-Lughod, constituíam o meio principal de estabelecer a autenticidade dos sentimentos. Ela ouviu os poemas de uma mulher que parecia sentir desprezo pelo marido. Essa situação causava desconforto na família do marido, e Lila Abu-Lughod rompeu sua promessa de nunca repetir a um homem os poemas que ouvira; e falou sobre eles ao cunhado da mulher. Até então, este último simplesmente acreditara que ela gracejava com seu irmão e que se contentava em simular uma falta de amor para que seu marido a cobrisse de presentes. Todavia, assim que ouviu falar dos poemas, ele mudou de opinião. E, quando Lila Abu-Lughod falou novamente sobre suas *ghinnāwas*, a própria mulher lhe confessou que amava outro homem, oriundo de uma família inimiga de uma outra tribo[41].

Tomando outro exemplo, quando Mabrūka, casada há dezesseis anos e mãe de seis crianças, descobriu que seu marido pretendia tomar uma segunda esposa, ela não protestou e disse simplesmente: "Que se case, tanto faz. Mas ele deveria me comprar lindas coisas. É um incapaz, sempre foi. Um verdadeiro homem se interessa por sua família, cuida para que ela tenha todo o necessário"[42]. Mesmo quando, depois do casamento, seu marido passou mais do que os sete dias habituais com sua nova mulher, ela reagiu com estoicismo, aparentemente indiferente. Lila Abu-Lughod perguntou-lhe gentilmente se sentia a falta dele. A mulher respondeu-lhe: Claro que não. Você acha que meu coração se importa? Nem penso nele. Ele pode ir e vir como bem entender"[43]. Pouco depois, ela começou a recitar poemas cheios de emoção falando de amor e de decepção, como este:

> Eles sempre me abandonam
> Cheia de falsas promessas...
> (*dimākhallō l-'agl*
> *'āmratbimwā 'idhum...*)[44].

---

41. Ibid., p. 300.
42. Apud ibid., p. 310.
43. Apud ibid.
44. Ibid., p. 311. De onde o fato de a reação adequada de uma esposa a um insulto não ser nem as lágrimas nem um contra-ataque verbal, mas a recitação de um poema (cf. Ibid., p. 196-197).

Isso significava que Mabrūka havia "mentido" para sua família, ou pelo menos que a enganou, ao passo que seu poema dizia a verdade quanto aos sentimentos que ela vivenciava? Nada disso, defendia Lila Abu-Lughod. Esse tipo de leitura cínica se aproximaria da ideia de Erving Goffman segundo a qual os indivíduos usam "máscaras" durante suas interações públicas com outros indivíduos, conservando seus verdadeiros rostos nos "bastidores", um lugar onde poderiam enfim mostrar seu verdadeiro eu[45]. Para ela, devemos ao contrário rejeitar a quimera ocidental de um eu autêntico, atribuir o mesmo grau de autenticidade às falas públicas da mulher que ao poema recitado em privado e tratar os dois discursos em pé de igualdade (e aqui, a autora se apoia explicitamente em Michel Foucault)[46]. Partindo desse princípio, e em toda lógica, Lila Abu-Lughod também rejeitou a ideia expressa acima segundo a qual as declarações verbais carregadas emocionalmente não têm autenticidade.

Quando se fala da abordagem construtivista social da antropologia das emoções, geralmente surge um nome, muitas vezes com, e até muitas vezes antes do de Lila Abu-Lughod: o de Catherine Lutz[47]. Em 1977, Catherine Lutz partiu para fazer um trabalho de campo no atol de Ifaluk no sudoeste do Pacífico. As duas ilhas principais, que juntas têm menos de 2,5km², tinham sido atribuídas em 1945 aos Estados Unidos pelas Nações Unidas como territórios sob tutela. Na época do trabalho de campo de Catherine Lutz, 430 ifaluks viviam em palhoças compostas de uma peça, onde em média moravam treze indivíduos[48]. A exemplo das outras etnografias que abordamos, a monografia de Catherine Lutz testemunha um alto grau de autorreflexividade, e a autora adotou uma posição muito clara: ela escreveu que estava em busca de uma

---

45. GOFFMAN, E. *La mise en scène de la vie quotidienne* – T. 1: La présentation de soi. Paris: Minuit, 1973. A metáfora de Goffman apoia-se claramente no conceito de alienação de Marx [*A representação do eu na vida cotidiana*. Petrópolis: Vozes, 2014].
46. ABU-LUGHOD, L. *Sentiments voilés*. Op. cit., p. 259-260.
47. Lila Abu-Lughod e Catherine Lutz também dirigiram a publicação de um livro (*Language and the Politics of Emotion*. Cambridge: Cambridge University Press, 1990).
48. LUTZ, C.A. *Unnatural Emotions*, p. 3, 22, 26, 29, 39 e 151.

cultura na qual os sentimentos não fossem automaticamente associados à feminilidade – um preconceito ocidental cujo preço ela continuou pagando nos anos de 1970, ainda que, nas universidades americanas, as mulheres começassem a aceder a cargos de responsabilidade. Catherine Lutz insistiu no fato de que o sistema matrilocal praticado pelos ifaluks, no qual as famílias moravam dentro ou perto da casa da família da mulher, levou-a a contar não só com um grau maior de igualdade de gênero como também com um caráter de gênero da emoção menos marcado[49].

Nunca a abordagem construtivista social foi expressa de modo tão ostensivo, nem antes nem depois desse trabalho de Catherine Lutz. As primeiras frases de seu livro são as seguintes:

> À primeira vista, nada parece mais natural e, portanto, menos cultural, do que as emoções; nada parece mais privado e, portanto, menos suscetível de exame público; nada parece mais original e, portanto, menos compatível com o *logos* das ciências sociais. Todavia, é possível tratar essas asserções como os elementos de um discurso cultural cujas hipóteses sobre a natureza humana tais como os dualismos – corpo e espírito, público e privado, essência e aparência, ou ainda irracionalidade e pensamento – constituem o que consideramos como a natureza evidente por si mesma das emoções[50].

Por conseguinte, um de seus objetivos foi "desconstruir a emoção, a fim de mostrar que o uso desse termo, quer em nossas conversas cotidianas quer nos debates em ciências sociais, apoia-se em uma rede de associações no mais das vezes implícitas que fortalecem as afirmações que utilizam esse termo"[51]. Mas ela também procurou dar maior destaque às mulheres e às emoções nas culturas ocidentais: "Enquanto palavras como "inveja", "amor" ou "medo" são invocadas por quem deseja falar do eu, do privado, do que é intensamente importante, do inefável, elas também são utilizadas para falar de aspectos des-

---

49. Ibid., p. 14-17.
50. Ibid., p. 3.
51. Ibid.

valorizados de nosso mundo – o irracional, o incontrolável, o vulnerável, e a mulher"[52].

A desconstrução e a desessencialização, segundo Catherine Lutz, tornam possível um ponto de vista não enviesado sobre as construções emocionais locais. Para os ifaluks, as emoções eram consideradas mais intersubjetivas do que individuais, em desacordo com a visão ocidental sobre estas últimas; mais externas do que internas ao corpo, por vezes com efeitos físicos; e mais marcadas pelo estatuto social do que ligadas às condições interiores. Catherine Lutz afirmou, portanto, que "a experiência emocional não é pré-cultural, mas *principalmente* cultural. A hipótese dominante segundo a qual as emoções não variam em função das culturas deve, pois, ser substituída por uma questão, a de saber como traduzir um discurso cultural sobre a emoção em um outro"[53].

Um dos pontos-chave do texto de Catherine Lutz é a "tradução", não em um sentido semântico ou referencial, mas antes como ferramenta pragmática e performativa: ela não se interessava pela maneira como se poderia comparar as significações das diferentes palavras que descrevem as emoções, mas pelo estudo dos signos emocionais inscritos na ação humana, quer sejam verbais ou não verbais (os gestos, as expressões faciais, os movimentos corporais etc.). Tomemos um exemplo: traduzido em termos de referência e de semântica, a palavra ifaluk *song* significa *grosso modo* "ira justificável". Mas o que aqui aprendemos sobre os ifaluks? Pouca coisa, na medida em que a prática do *song* não implica nenhuma liberação da ira, nenhuma perda de controle, nenhuma *explosão* do tipo induzido pela ideia ocidental de ira. Os ifaluks viviam em uma sociedade "cara a cara", sem lei escrita, e o *song* funcionava como uma forma geral de regulação cultural. Quem quer que falasse de seu *song* referia-se, por um lado, à violação moral de um outro ifaluk e, por outro, à sua própria posição social, uma vez que o acesso aos recursos necessários para tornar um *song* legítimo era limitado e assimétrico: os ifaluks mais poderosos podiam ter um *song* com

---

52. Ibid., p. 3-4.
53. Ibid., p. 5.

mais frequência do que os outros. Mas os ifaluks eram um povo cooperativo, de forma que esse sistema não implicava um desejo de avanço social ou uma luta para a distribuição dos recursos sociais. Não, os chefes que invocavam seu *song* estavam, segundo Catherine Lutz, muito mais "preocupados com o bem-estar do coletivo: a parte representando o todo, eles representavam a vontade de todos os ifaluks. Em apoio a essa interpretação, citemos o fato de os chefes serem considerados como possuidores do maior grau da emoção mais valorizada pelos ifaluks: o *fago*, uma mistura de compaixão, de amor e de melancolia. Por conseguinte, os chefes eram como os outros ifaluks, apenas tinham um acesso maior às emoções, pelo menos as emoções que implicavam principalmente o *fago*, e às vezes o *song* se outros ifaluks violassem tabus"[54].

Enquanto ela tinha partido para o trabalho de campo "com toda uma série de teorias emocionais implícitas e cotidianas associadas à [sua] cultura, à [sua] classe e ao [seu] gênero, enquanto [ela] desejava saber, por exemplo, o que os habitantes da ilha "sentiam verdadeiramente", e [que ela] partia do princípio de que suas vidas emocionais derivavam principalmente da esfera privada, de que o medo e a ira eram coisas que deviam ser "conquistadas" e de que também o amor devia ser confessado publicamente", Catherine Lutz retornou com dois modelos emocionais: seu modelo europeu-americano da classe média e a etnopsicologia ifaluk[55]. O primeiro modelo afirmava que as emoções tinham duas faces, que elas eram semipatológicas e, ao mesmo tempo, a "sede do verdadeiro eu"; portanto elas eram ao mesmo tempo boas e más[56]. Se os sentimentos eram considerados como maus, então eles eram pulsões (e, portanto, não intencionais), julgamentos de valor (e não fatos), infantis (e não adultos), subjetivos (e não objetivos), oriundos do coração (e não da cabeça), irracionais (e não racionais), caóticos (e não ordenados) e, por fim, diziam respeito

---

54. Ibid., p. 158 e 169. Os ifaluks menos poderosos que desejassem sancionar uma violação cometida por outro ifaluk falavam sempre do "*song*" do chefe, e não da própria violação do tabu. Sobre o "*song*" em geral, cf. Ibid. cap. 6.

55. Ibid., p. 215 e 255.

56. Ibid., p. 56.

à natureza (e não à cultura) – todos traços associados às mulheres, aos pobres e aos negros. Mas entre estes últimos sempre se encontram certos indivíduos que conseguem inverter esses signos, e utilizar a emocionalidade de uma maneira positiva, a exemplo da Black Panther Party que usou a ira como base para servir seus projetos políticos de emancipação[57]. Se, ao contrário, as emoções fossem consideradas como boas, então eram cheias de vida (e não assepsiadas, exangues), bem como individuais e autônomas – a ponto de os sentimentos se tornarem nesse caso o último refúgio de um eu autêntico e intacto, uma ideia entre outras veiculada pela expressão popular: "Você não consegue imaginar o que estou sentindo"[58].

Para os ifaluks, todavia, ao menos como foram descritos por Catherine Lutz, os metaconceitos eram mais holísticos" os *nunuwan* denotavam sentimentos mentais que não eram nem criados diretamente pelo *tip* (a vontade, o desejo), nem um *tip* determinado, mas antes a mesma coisa que o *tip*. Os *nunuwan* eram, no entanto, diferentemente do *tip*, relacionais e intersubjetivos: falavam deles na primeira pessoa do plural em vez de no singular, e uma emoção determinava uma outra – o *song* de um indivíduo provocava o *metagu* (o medo) de um outro. Os *nunuwan* eram provocados tanto pelas interações sociais quanto pelos acontecimentos exteriores, estes últimos tendo um efeito direto e não implicando uma internalização. Eles se inscreviam em uma interpretação do eu que compreendia três entidades: as pessoas (*yaremat*), os espíritos (*yalus*) e o deus católico (igualmente *yalus*, ou *got*). Os ifaluks pensavam que os mortos se tornavam espíritos e que estes últimos eram capazes de causar doenças e pesadelos[59].

Como Catherine Lutz explicava essas diferenças culturais? Como em todos os trabalhos pós-estruturalistas, falava-se muito pouco de causalidade. O fato é que as emoções holísticas dos ifaluks eram ainda assim atribuídas a uma

---

57. Ibid., p. 56-57, 62, 67 e 73.
58. Ibid., p. 61 e 71-72.
59. Ibid., p. 92-94, 88-89, 82, 102-103 e 87-88.

origem: uma sociedade fundada no contato cara a cara, na ausência de capitalismo e, portanto, de todas suas dimensões alienantes – eis segundo Catherine Lutz os fatores que seriam responsáveis pelo mundo emocional saudável dos ifaluks[60]. É naturalmente possível questionar essa tese, assim como é possível se interrogar sobre a destilação de dois modelos culturais monolíticos da emoção, ou seja, de um lado o modelo europeu-americano da classe média e, do outro, a etnopsicologia dos ifaluks. A verdadeira questão que se coloca aqui é a seguinte: até então, essas duas culturas da emoção nunca tinham tido verdadeiramente um contato? O que dizer, neste caso, da influência mútua e das transferências perfeitamente ilustradas pela introdução de um *got* católico na cultura ifaluk?

O retorno ao corpo e à "experiência vivida" nos anos de 1990

No fim dos anos de 1980, o construtivismo social e mais geralmente o pós-estruturalismo começaram a perder o fôlego. As razões desse declínio são complexas, mas a eterna busca de novidade, tão característica da lógica que governa a produção universitária, a expansão das neurociências, ou ainda a vitória, em 1989-1991, do capitalismo neoliberal mundial e a busca concomitante de novos universalismos, todas elas desempenharam um papel em um nível ou em outro. A vontade de propor um conceito de realidade mais robusto e não midiatizado pelas linguagens ou pelos signos novamente se impôs no palco intelectual com uma nova força. O corpo compreendido de maneira pré-discursiva tornou-se uma das principais pedras de toque fundando essa velha e ao mesmo tempo nova noção robusta da realidade. Esse distanciamento do construtivismo social não podia senão afetar o estudo antropológico das emoções. Em 1994, Margot Lyon publicou um artigo com um título programático: "Missing Emotion: The Limitations of Cultural Constructionism in the Study of Emotion" ("Emoções ausentes: as limitações do construcionismo cultural

---

60. Ibid., p. 128, 149, 152 e 219.

no estudo das emoções")[61]. Ela não estava satisfeita nem com a localização das emoções no espaço público, nem com seu posicionamento no seio de um espaço psíquico interior. Margot Lyon pensava que a categoria-chave que permitiria propor uma concepção convincente das emoções era a do corpo. Ora, os efeitos físicos das emoções tinham sido até aqui insuficientemente levados em consideração, quer no nível do próprio corpo ou no sentido de sua "construção" cultural. Em uma parte consagrada à "re-encarnação" (*re-embodiment*) da antropologia, ela destacou, portanto, o papel que uma nova antropologia "encarnada" poderia cumprir:

> O estudo das emoções pode nos fornecer uma explicação mais valiosa do lugar do corpo na sociedade ao se considerar a potência de agir (*agency*) do corpo. As emoções cumprem um papel central nessa potência de agir corporal porque, por sua própria natureza, elas religam os aspectos somáticos e comunicacionais do ser e, assim, abarcam ao mesmo tempo os campos corporais e os campos sociais e culturais[62].

E conclui:

> Uma compreensão mais precisa das emoções e de sua ontologia social e biológica é necessária para poder enfim ultrapassar as limitações do construcionismo cultural. Devemos buscar explicar as relações sociais oficiais, as ligadas aos estatutos e ao poder, que funcionam de uma maneira estrutural e que desdenham o contexto cultural, reinscrevendo o estudo das emoções na sociedade. Nessa fase, teremos de vencer nosso medo da biologia. É somente a esse preço que seremos capazes de reencarnar a antropologia[63].

E o que poderia ser uma antropologia "encarnada", Margot não responde a essa questão. Seu artigo permanecia programático e, aliás, não fazia uma única referência às ciências da vida. E na medida em que se referia à concepção do corpo, era simplesmente como se o construtivismo social nunca tivesse exis-

---

61. LYON, M.L. "Missing Emotion: The Limitations of Cultural Constructionism in the Study of Emotion". In: *Cultural Anthropology*, vol. 10, n. 2, 1995, p. 244-263.
62. Ibid., p. 256.
63. Ibid., p. 258-259.

tido: o corpo parecia incólume à língua e à cultura, e era alçado à posição de nova essência, ou de nova natureza.

A antropóloga que foi capaz de superar isso e desessencializar o corpo devolvendo ao mesmo tempo seu legítimo lugar ao universal foi Unni Wikan. Durante seu trabalho de campo em Bali, ela descobriu que os balineses possuíam uma "dupla ancoragem" para o eu, no coração e no rosto, mas, segundo a autora, essas duas dimensões estavam ligadas, e cada uma delas estava continuamente presente na outra[64]. Ela sustentava que era etnocêntrico considerar o coração como o refúgio do eu "autêntico" e "verdadeiro", ao passo que o rosto não era senão uma máscara – uma abordagem que, desde Margaret Mead até Clifford Geertz, fora comumente adotada no panteão da antropologia. Por sua vez, Unni Wikan insistia na "visão holística da pessoa" própria aos autóctones, um eu que incluía ao mesmo tempo a dimensão do coração e do rosto, sem que um seja considerado como fundamental e o outro superficial[65].

No mesmo movimento, ela se distanciava da vanguarda do construtivismo social dos anos de 1980. Embora estes últimos tenham conseguido muitas coisas, o interesse deles pelas emoções derivava na realidade tanto dos movimentos feministas dos anos de 1940 quanto da resultante reavaliação de características "femininas" como a emocionalidade. Por conseguinte, segundo Unni Wikan, a dicotomia estabelecida entre as emoções irracionais e os conhecimentos (*cognition*) racionais era simplesmente reproduzida. Era chegada a hora de abandonar as emoções como objeto de estudo e de levar mais a sério a importância das concepções metaemocionais, a exemplo das dos balineses no Norte: tratava-se doravante de compreender verdadeiramente o que significava seu *keneh*, seus "sentimentos-pensamentos". Para isso, convinha a partir de então se concentrar nas "gentes" e na "experiência vivida". Os antro-

---

64. WIKAN, U. *Managing Turbulent Hearts*: A Balinese Formula for Living. Chicago, Ill.: University of Chicago Press, 1990, p. 104-107. Cf. tb. WIKAN, U. "Managing the Heart to Brighten Face and Soul: Emotions in Balinese Morality and Health Care". In: *American Ethnologist*, vol. 16, n. 2, 1989, p. 294-312.
65. WIKAN, U. *Managing Turbulent Hearts*. Op. cit., p. 114.

pólogos deviam mergulhar completamente na cultura estrangeira e "viver em empatia com ela". O trabalho de tradução deveria igualmente torná-los capazes de compreender sua própria cultura porque, na ausência de tal trabalho, a cultura estrangeira permaneceria irrevogavelmente "O Outro", esse "Outro" com uma cultura tão exótica. Para se livrar completamente desse exotismo (*deexotization*) era necessário mergulhar totalmente antes de ir no encalço e de identificar o que os humanos em seu conjunto têm em comum[66]. É somente dessa maneira que poderia emergir uma "ressonância". A própria Unni Wikan teve "experiências vividas" e deu uma nova ênfase ao termo "participante" na expressão "observador participante". Ela percebeu afinal de contas que acreditava na magia negra e desenvolveu câimbras no rosto de tanto sorrir o tempo todo (mas estas últimas acabaram desaparecendo)[67].

Unni Wikan estabeleceu que os balineses consideravam as lágrimas como um sinal de tristeza inacessível à vontade, uma reação mais ou menos automática. Essa reação descreve o mundo, enquanto o riso muda o mundo, o que significa que ele é performativo. O riso torna o mundo melhor, segundo os balineses:

> O riso traz felicidade, expulsa a tristeza. [...] A relação [que o riso e a felicidade cultivam] não é abstrata; ela é percebida e conhecida pela experiência. Assim como estar com o pé frio e molhado provoca calafrios [...]. O riso ajuda a esquecer, nos faz sentir bem, e reforça o espírito. Além disso, ele preserva a juventude do rosto e do corpo[68].

Segundo Unni Wikan, é exatamente nesse ponto que se abre uma perspectiva sobre as características comuns não antecipadas, e até mesmo sobre as afinidades eletivas. Com efeito, a conexão entre o riso e a felicidade "já começa a ser reconhecida pela biomedicina ocidental e a ser utilizada para fins terapêu-

---

66. Ibid., p. 281.
67. Ibid., p. 270-272
68. Ibid., p. 123.

ticos"[69]. Existe, portanto, um terreno de entendimento entre os conhecimentos médicos balineses e os ocidentais que produzem "uma literatura clínica cada vez mais rica sobre os efeitos das emoções e dos estados mentais na saúde"[70]. As vantagens de uma perspectiva ampla que leva em consideração o máximo de coisas e que não exclui *a priori* nada de seu campo de estudo foram reconhecidas não só por Unni Wikan, como também pela comunidade dos antropólogos em geral[71].

A antropologia esteve na vanguarda das ciências sociais, na medida em que conduziu as outras disciplinas, entre as quais a história, a considerar que as emoções também estavam sujeitas às variações. As etnografias dos anos de 1970, de Jean Briggs e Robert Levy, e mais ainda as dos anos de 1980, de Michelle Rosaldo, de Lila Abu-Lughod e de Catherine Lutz, certamente constituirão grandes clássicos de seu campo, e por vários anos. Quando publicados, esses estudos lembraram aos historiadores que os indivíduos do passado talvez tivessem sentido as coisas de maneira diferente, assim como o fazem nossos contemporâneos que vivem em lugares distantes. E, no entanto, a própria antropologia se viu às voltas com a díade emoções "naturais" e "invariáveis" *versus* emoções "culturais" e "variáveis" – esses dois modelos antitéticos mapearam igualmente a disciplina antropológica. No fim da segunda década deste

---

69. Ibid., p. 123.
70. Ibid., p. 148.
71. Para um exemplo tirado da antropologia, cf. a prática do "desemaranhar" (*disentangling*), que é encontrada tanto em Bali quanto em um grande número de sociedades dos mares do Sul; discutidos e resolvidos no contexto de um grupo, os "sentimentos emaranhados" (ou seja, conflitos interpessoais) são administrados de uma forma que, à primeira vista, evoca muito mais as estratégias ocidentais de resolução de conflitos. No entanto, um olhar mais atento revela pelo menos duas grandes diferenças principais entre essas práticas: primeiro, não existe em Bali nenhuma ideia de um eu individual autêntico, ao contrário do que existe no Ocidente, em que se pode invocar esse eu tanto no decorrer de uma psicoterapia quanto como pessoa jurídica em um tribunal de justiça. Em vez disso, estamos sempre lidando com pessoas no plural, pessoas que só existem consideradas "em uma matriz de relações sociais". Em segundo lugar, essas práticas do *desemaranhar* não estão associadas às "manifestações corporais das emoções ressentidas", como é o caso nas crises de choro catárticas das psicoterapias. Cf., a esse respeito, WATSON-GEGEO, K.A. & WHITE, G.M. "Disentangling Discourse". In: WATSON-GEGEO, K.A. & WHITE, G.M. (dirs.). *Disentangling*: Conflict Discourse in Pacific Societies. Stanford: Stanford University Press, 1990, p. 8 e 12.

novo milênio, a antropologia continua debatendo para criar uma linguagem e um quadro teórico que permitiriam superar a dicotomia natureza/cultura e ser verdadeiramente holística.

Um grande número das questões que deram sua forma ao estudo histórico das emoções é compartilhado pelos antropólogos. Estes últimos também enfrentam o desafio que representa o fato de avançar afirmações pertinentes sobre grandes conjuntos sociais (desde os grupos até sociedades inteiras) sem cair nos estereótipos, nas especulações sobre as características nacionais, nos debates sobre as mentalidades unificadas e na *Völkerpsychologie*. Também eles têm dificuldades para encontrar a linguagem descritiva adequada quando se trata de formações culturais nas quais não parece existir a divisão profundamente enraizada, como ocorre conosco, entre uma emoção interior (corporal) e uma expressão dessa emoção que deveria residir no exterior do corpo. Também eles se perguntam se um dia será possível descobrir o que os indivíduos das outras culturas "sentem verdadeiramente", em vez de simplesmente se contentarem em "apenas" descrever a emoções que parecem expressar. E também eles lutam para conseguir pensar o corpo em termos autenticamente holísticos, para além da natureza e da cultura.

Entre as práticas desenvolvidas pelas antropologias das emoções as mais imediatamente pertinentes e úteis para os historiadores, citemos a autorreflexão. Desde Malinowski em 1914 até hoje, os antropólogos anotaram em seus carnês suas próprias emoções no trabalho de campo. Leiamos mais uma vez Jean Briggs em 1970:

> Durante minhas duas anteriores viagens de trabalho de campo para as aldeias esquimós do Alaska, identifiquei-me bem mais com os aldeões esquimós do que, em comparação, não consegui com as populações kaplunais que tive a ocasião de encontrar. Não tive nenhum problema relacional, e espero que seja novamente assim. Com efeito, nunca me senti particularmente americana em minha maneira de pensar, e espero inclusive descobrir que na realidade meu coração é esquimó. Mas não me permito semelhante romantismo em voz alta, claro. Tive, ao contrário,

vergonha pela "falta de profissionalismo" de minha atitude; e alimentei um certo número de dúvidas quanto à pertinência de minha decisão de ser adotada, e quanto à perda de posição "objetiva" na comunidade que essa decisão podia provocar; inclusive quanto à redução de minhas provisões como resultado de minha participação nas necessidades da família; e também quanto à perda de intimidade, que trará tantas dificuldades ao meu trabalho. Por conseguinte – pelo menos é o que eu pensava –, não considerava seriamente a possibilidade de ser adotada. Contudo, quando, um dia, em Gjoa Haven, Ikayuqtuq perguntou-me por que eu desejava viver um ano em Back River, respondi espontaneamente que gostaria de ser adotada por uma família esquimó para aprender a viver como uma esquimó. Disse isso em parte porque queria – erroneamente, reconheço agora – esconder dele que gostaria de "estudar" os esquimós. Estava incomodada com a dimensão analítica e universitária da empreitada, dizia-me que ele apenas me tomaria por uma bisbilhoteira[72].

E se os historiadores também mantivessem carnês de campo sobre as emoções que sentem diante dos traços do passado – nos arquivos, com pessoas vivas na história oral, ou ainda ao examinar artefatos visuais e materiais?

---

72. BRIGGS, J.L. *Never in Anger*. Op. cit., p. 20.

2
DO LADO DAS CIÊNCIAS: PSICOLOGIA, FISIOLOGIA E NEUROBIOLOGIA

Jacqueline Carroy
Stéphanie Dupouy

É no último terço do século XIX que as emoções, e mais amplamente os sentimentos e a afetividade, tornam-se objetos de estudos para várias disciplinas científicas "jovens" ou em vias de constituição: fisiologia, neurologia, biologia evolucionista, psicologia e antropologia. É também nesse contexto científico novo que o próprio termo emoção se generaliza e suplanta o, mais antigo, de paixão.

Em inglês, é por volta de 1850 que, na psicologia e na filosofia escocesas, a categoria única de *emotion* tende a ser substituída por uma tipologia mais diferenciada e nuançada (*passion, affection, feeling, sentiment, appetite* etc.)[1]. Em relação a esses outros vocábulos, a *emotion* enfatiza a agitação mental e física que acompanha a afetividade, sendo esta concebida como um estado desintelectualizado, amoral, passivo, corporal e involuntário – ali onde *passion, feeling* e *sentiment* não opunham necessariamente as afeições à razão, à moral, à

---

1. DIXON, T. *From Passions to Emotions*: The Creation of a Secular Psychological Category. Cambridge: Cambridge University Press, 2003.

vontade ou à cultura. Isento de conotações morais e religiosas ligadas ao termo "passion", o termo *emotion* funciona na primeira metade do século XIX como um signo de fidelidade às novas maneiras de pensar a afetividade, ligadas a um processo de secularização da psicologia. Em seguida, ele se difunde na língua filosófica e científica a partir dos escritos dos representantes da psicologia fisiológica e da ciência evolucionista britânicas: Alexander Bain (1811-1877), Herbert Spencer (1820-1903) e Charles Darwin (1809-1882), três autores que têm em comum insistir nos fundamentos fisiológicos e biológicos da emoção.

Em francês, também é em meados do século XIX que, nos dicionários médicos, começa a surgir, ao lado da entrada "passion", sempre presente, a entrada "émotion" para remeter a uma manifestação corporal ou a uma parte do encéfalo que preside a vida afetiva. Mas é sobretudo a partir da publicação do livro de Darwin *The Expression of the Emotions in Man and Animals* [A expressão das emoções no homem e nos animais] (1872) que a palavra "émotion" (antiga, mas pouco empregada) se impõe e se torna quase exclusiva para designar os estados afetivos no vocabulário científico. No entanto, o psicólogo (Théodule Ribot (1839-1916) tenta na virada do século revalorizar os "sentimentos" e mesmo as "paixões": para ele, os anglo-saxões empregam o termo "emoção" de forma muito ampla, ao passo que é preciso distinguir entre a emoção, que se caracteriza como um choque intenso e curto, e a paixão, que deve ser compreendida como "uma emoção prolongada e intelectualizada"[2]. A proposição de Ribot não será muito acatada. Quanto à psicanálise, por fim, ela utilizará de bom grado o termo afeto, traduzido do alemão, para designar uma descarga ou uma tonalidade afetiva.

Por que as ciências do século XIX precisaram dessa nova palavra para designar a afetividade? Ao olhar para sua própria história, as ciências contemporâneas da emoção muitas vezes têm como certo um mito das origens: ao expulsar as emoções da filosofia e da moral, das artes e da literatura, as abor-

---

2. RIBOT, T. *Essai sur les passions*. Paris: Alcan, 1907, p. 7.

dagens científicas teriam feito com que as emoções migrassem do espiritual para o físico. No entanto, nos saberes mais antigos sobre as paixões (teologia, filosofia, moral, retórica, belas artes, literatura e, sobretudo, medicina) estas nunca foram concebidas, longe disso, como realidades desencarnadas. Mais do que ter descoberto a dimensão corporal das emoções, seria melhor dizer que as ciências positivas as estudaram e pensaram de uma forma diferente – abordando-as com novas técnicas e novos conceitos, e dentro de novas lógicas disciplinares. De um modo geral, a ideia ingênua, muito difundida na literatura erudita de ontem e de hoje, segundo a qual os cientistas teriam um acesso imediato aos objetos naturais chamados "emoções" deve ser considerada com circunspecção. Mesmo quando mantêm um discurso naturalista, os cientistas nunca "encontram" as emoções do mesmo modo que o botânico poderia encontrar as plantas na natureza. Na nebulosa um pouco turva e movediça dos fenômenos que nossa cultura chama "emoções", as ciências de um determinado período escolhem extrair certos "protótipos" de emoções ou privilegiar certos "cenários" emocionais, antes de inseri-los e moldá-los em dispositivos teóricos e materiais que lhes são próprios. Essas escolhas às vezes dependem de culturas científicas particulares e de culturas emocionais mais gerais. Por exemplo, os cientistas do século XX abordam as emoções através de um prisma moldado pelos valores sentimentalistas herdados do Iluminismo e pelo romantismo: mesmo quando para eles se trata de contornar ou de atacar violentamente esses valores (pela desmistificação, pela ironia ou pela reinterpretação distanciada), nem por isso esses deixam de constituir o horizonte de seus estudos, no qual se molda a lógica de suas investigações[3]. Em contrapartida, as concepções eruditas podem se difundir na sociedade. A psicanálise forneceu e fornece atualmente não somente um modelo científico para conceber as emoções, como também um modelo cultural para as viver e as representar. Ela propõe, por exemplo, um enquadramento coletivo para sentir e dizer na forma

---

3. Cf., p. ex., DUPOUY, S. "The Naturalist and the Nuances: Sentimentalism, Moral Values and Emotional Expression in Darwin and the Anatomists". In: *Journal of the History of the Behavioral Sciences*, vol. 47, n. 4, 2011, p. 335-358.

do traumatismo, da liquidação do traumatismo e da fala que liberta (*debriefing*) muitos eventos emocionantes. Mesmo que essa concepção econômica da afetividade seja atualmente questionada, a descarga benéfica faz parte de nossas crenças. As concepções de Freud sobre a histeria traumática, que evocaremos mais adiante, tiveram assim uma eficácia social que ecoou na cultura das emoções do século XX[4]. Do século XIX até agora, as pesquisas sobre as emoções estão assim marcadas por uma capilaridade particularmente forte dos discursos científicos e das representações populares.

As páginas que seguem entram na questão propriamente dita por meio da técnica. A partir de meados do século XIX, o olhar erudito se encontra com efeito abalado pela irrupção de técnicas de registro e de visualização, que mostram imagens inéditas das emoções e criam novos lugares, contextos e posturas para observá-las. Aos poucos, essas técnicas fazem com que se considere a partir do zero a questão da natureza e da definição das emoções. Ao permitir uma observação descontextualizada, a distância, mediada por instrumentos, elas contribuem para a introdução no discurso erudito de uma nova forma de distanciamento que rompe com a experiência afetiva ordinária ou vivida.

A fotografia

Tudo começa pela fotografia, novo meio para a representação das paixões, que, a partir dos anos de 1850, permite progressivamente (conforme a diminuição dos tempos de pose) fixar as expressões fugidias, para estudá-las com vagar, compará-las e colocá-las em série – libertando os eruditos da intermediação sempre duvidosa do desenhista ou do pintor. A fotografia parece assim prometer a solução de um problema que preocupa os pintores pelo menos des-

---

4. Sobre esses pontos, cf. FASSIN, D. & RECHTMAN, R. *L'Empire du traumatisme* – Enquête sur la condition de victime. Paris: Flammarion, 2007. • MOSCOVICI, S. *La psychanalyse, son image et son public* (1961). Paris: PUF, 1976 [*A psicanálise, sua imagem e seu público*. Petrópolis: Vozes, 2012].

de Le Brun e os anatomistas desde o século XVIII[5]: no rosto, quais são os movimentos musculares associados a cada expressão passional? Esses movimentos são universais e invariáveis, ou diferem conforme os indivíduos e as culturas? Mas, longe de oferecer apenas um meio simplificado para resolver essas questões, a fotografia também vai contribuir para lhes dar uma nova complexidade.

A utilização da fotografia nesse campo de estudos remete primeiro aos trabalhos do médico francês, pioneiro da neurologia, Duchenne de Boulogne (1806-1875). Inventor da "eletrização localizada" – uma nova técnica de eletrização que permite *in vivo*, deslocando um eletrodo na superfície da pele, produzir sem incisão nem dor contrações musculares isoladas –, Duchenne utiliza seu instrumento para mapear todos os músculos e movimentos do corpo humano, em estado normal e patológico. Ele consegue assim, ao deslizar um eletrodo sobre o rosto de seus sujeitos, reproduzir experimentalmente as expressões faciais das paixões. O efeito é perturbador, e Duchenne torna-se fotógrafo para registrar suas experiências, que ele publica em uma obra de 1862, *Mecanismo da fisionomia humana*. Com quase uma centena de pranchas, o álbum fotográfico que acompanha o livro mostra seus sujeitos, segundo os movimentos dos eletrodos, com as expressões mais diversas: atenção, ira, sofrimento, pavor, mas também lubricidade, maldade ou êxtase místico. A estranheza do álbum é ainda maior porque Duchenne cria expressões diferentes ou opostas (risos e choros) nas duas metades do rosto.

Duchenne afirma que suas pesquisas permitem elucidar definitivamente, para os pintores ou escultores principalmente, as relações entre músculos e paixões, instituídas pela Providência no dia da Criação para dotar a espécie humana de uma linguagem universal e transparente: o frontal é o músculo da atenção, o superciliar o do sofrimento, a combinação do frontal e do subcutâneo expressa o pavor etc. Seu dispositivo experimental e suas fotografias criam,

---

5. Cf., p. ex., COURTINE, J.-J. & HAROCHE, C. *Histoire du visage* – Exprimer et taire ses émotions (1988). Paris: Payot, 1994. • DROUIN-HANS, A.-M. *La communication non verbale avant la lettre*. Paris: L'Harmattan, 1995. • DELAPORTE, F. *Anatomie des passions*. Paris: PUF, 2003.

no entanto, novas perplexidades[6]: os rostos torcidos, às vezes careteiros ou apavorados, causam mal-estar; ao dissociar artificialmente a fisionomia "de superfície" do sujeito de experiência de seus sentimentos interiores, as experiências subvertem estranhamente a ideia de uma profundidade e de uma autenticidade das paixões, e evocam um imaginário materialista inquietante; por fim, o dispositivo visual de Duchenne revela as perturbadoras ilusões de ótica que interveem na percepção dos rostos: temos a impressão de que a totalidade do rosto se mexeu quando apenas um músculo se contraiu.

Se, retomando uma temática cara aos Iluministas, Duchenne de Boulogne não deixava de acreditar na inteligibilidade das expressões do rosto humano, bem como na infalibilidade do julgamento que as decifra, suas imagens suscitarão outras leituras, a começar pela de Darwin, que se pergunta – no livro que dez anos mais tarde consagrará à expressão – "sem considerar a opinião aceita", "até que ponto as mudanças particulares dos traços traduz[em] realmente certos estados de espírito"[7]. Para responder a essa questão, Darwin constituiu uma importante coleção de expressões, emprestadas ao mesmo tempo de sua experiência pessoal (ele observa seus filhos, sua família, seus animais...) e da de seus variados informantes (administradores e missionários de países distantes, mães, médicos, alienistas, funcionários de zoológico); ele acumula igualmente as fotografias (de crianças, de loucos, de atores) e os desenhos de animais.

Darwin, assim como Duchenne, conclui dessa investigação a universalidade e a legibilidade de um certo número de expressões humanas. Mas, ao contrário do médico francês, ele explica essa universalidade pela evolução da espécie humana: em sua teoria, as expressões humanas são resíduos das expressões animais, comparáveis aos órgãos vestigiais tornados inúteis que traem a morfologia anterior de uma espécie (como o cóccix é no homem um vestí-

---

6. MATHON, C. (dir.). *Duchenne de Boulogne*. Paris: École Nationale Supérieure des Beaux-arts, 1999 [catálogo da exposição].
7. DARWIN, C. *L'Expression des émotions chez l'homme et les animaux* (1872). Paris: CTHS, 1998, p. 13 [*A expressão das emoções nos homens e nos animais*. São Paulo: Companhia das Letras, 2009].

gio de cauda). Além disso, Darwin vai na contramão da tradição pictural e dos tratados anteriores sobre a expressão (o de Duchenne, mas também de outros tratados de anatomistas do século XIX), ao reduzir consideravelmente o repertório emocional visível no rosto. Ele submete sobretudo as fotografias de Duchenne a uma experiência que consiste em mostrá-las sem legendas às pessoas ingênuas, para ver se todas "leem" nelas as mesmas emoções que ele. O resultado é que certas imagens são imediatamente lidas da mesma maneira pelos observadores, ao passo que outras são evidentemente ambíguas. Darwin conclui com isso que as expressões de muitas emoções são equívocas e permeáveis às expectativas do espectador, e um aspecto original de seu livro é insistir em todos os obstáculos (familiaridade, simpatia, "ilusões da imaginação") que complicam a observação da expressão.

Ao permitir fixar, comparar e descontextualizar as expressões emocionais, a fotografia criou, pois, uma interrogação nova sobre sua universalidade e sua univocidade. No século XX, esse questionamento – que continua se apoiando, como em Duchenne e Darwin, na constituição de repertórios de imagens de expressões, naturais ou posadas – torna-se um verdadeiro programa de pesquisa em psicologia e em antropologia. Inicialmente, é muito mais o ceticismo que domina: enquanto a psicologia experimental destaca o caráter pouco distintivo de certas expressões e a influência do contexto em sua decodificação (um fenômeno popularizado no cinema pelo efeito Koulechov nos anos de 1920), os antropólogos (Otto Klineberg, Margaret Mead) insistem no caráter culturalmente determinado das emoções e de suas expressões. É a partir dos anos de 1960-1970 que a tese universalista e evolucionista (que hoje é quase uma unanimidade nas ciências cognitivas) é revalorizada pelos trabalhos de Silvan Tomkins, Paul Ekman e Carol Izard, que contribuem igualmente para redescobrir o livro de Darwin. Ekman, em particular, afirma a existência de seis emoções "básicas" (alegria, tristeza, ira, surpresa, medo, repugnância), concebidas como módulos adaptativos inatos, selecionados pela evolução, e associados a *patterns* bem identificados de reações fisiológicas e expressivas. Ele também retomou de

Duchenne o projeto de um sistema de análise exaustivo das contrações musculares da face – o FACS (*Facial Action Coding System*) –, uma ferramenta que permite descrever e codificar os traços expressivos correspondentes às emoções básicas[8].

Como ele afirma a universalidade das emoções básicas e sua origem evolucionária, Ekman vê naturalmente em Darwin o precursor de seus próprios trabalhos, o que não deixa de induzir certas confusões. Embora Darwin buscasse reduzir a excepcionalidade humana (a ideia de que o homem possuiria expressões próprias e eminentes), embora subvertesse a noção (cara aos pintores) de uma hierarquia entre as expressões grosseiras e as expressões elevadas ou delicadas, não fazia parte de seu projeto constituir uma lista das emoções (nem mesmo das expressões) "básicas", nem mostrar que a evolução nos forneceu módulos emocionais de alto desempenho. Ao contrário dos pesquisadores evolucionistas de hoje, que definem as emoções como dispositivos biológicos adaptativos e explicam as expressões por sua função comunicativa, Darwin via as expressões humanas como fenômenos acidentais da evolução, não se explicando pela seleção natural – sobrevivências largamente inúteis, por vezes embaraçosas, atenuadas pela cultura[9]. Enquanto as ciências contemporâneas, desde a "virada emocional" das ciências cognitivas nos anos de 1990, insistem no valor das emoções (sua importância, supostamente negada de maneira secular pelo pensamento ocidental, para a sobrevivência, para as interações sociais, para a racionalidade e para a tomada de decisão). Darwin inaugura uma era "pós-sentimentalista" e "pós-romântica" das ciências da emoção, marcada pela contestação dos valores (morais e estéticos) que lhes foram dados nos séculos XVIII e XIX pelos filósofos e pelos artistas.

---

8. EKMAN, P. (dir.). *Emotion in the Human Face*. Cambridge: Cambridge University Press, 1982.
• EKMAN, P. & FRIESEN, W.C. *Facial Action Coding System*. Palo Alto, Calif.: Consulting Psychologists Press, 1978. • EKMAN, P.; FRIESEN, W.C. & HAGER, J.C. (dirs.). *Facial Action Coding System*. Salt Lake City, Utah: Research Nexus, 2002.
9. FRIDLUND, A.J. "Darwin's Anti-Darwinism in *The Expression of the Emotions in Man and Animals*". In: *International Review of Studies on Emotion*, vol. 2, 1992, p. 117-137.

Do método gráfico à fisiologia

A partir dos anos de 1870-1880 aparece outra técnica destinada a renovar a velha semiologia das paixões: o *método gráfico*, isto é, instrumentos que captam os movimentos fisiológicos do organismo vivo e os transcrevem visualmente sob a forma de curvas permitindo registrar e medir as pulsações orgânicas. Compostos de um captor muito sensível e de um aparelho que registra, esses instrumentos – por exemplo, o *esfigmógrafo* (instrumento que registra o pulso arterial), o *cardiógrafo* (movimentos do coração), o *pneumógrafo* (movimentos respiratórios), o *pletismógrafo* (variação dos volumes sanguíneos), o *esfigmomanômetro* (pressão arterial) – foram inventados a partir dos anos de 1850 por fisiologistas alemães (Helmholtz, Von Vierordt, Ludwig), franceses (Marey, Féré, François-Franck) ou italiano (Mosso)[10]. Aplicados primeiramente em outras pesquisas fisiológicas, parece que foram empregados pela primeira vez para o registro de reações emocionais por Claude Bernard em 1865, mas são particularmente os trabalhos do fisiologista italiano Angelo Mosso nos anos de 1880 que vão contribuir para a difusão dessa técnica nos estudos das emoções. Na França, esta será muito utilizada pelo psicólogo Alfred Binet, pelo alienista Charles Féré, pelo filósofo médico Georges Dumas; na Alemanha, pelo fisiologista dinamarquês Alfred Lehmann[11].

O princípio dessas experiências consiste na maioria das vezes em apresentar ao sujeito um "estímulo emocional" enquanto o instrumento já registra um parâmetro fisiológico, e depois observar em tempo real a modificação da curva (o pico de intensidade ou a aceleração) induzida pela emoção; ou então em efetuar a mesma medição no mesmo sujeito em dois momentos diferentes,

---

10. Cf., p. ex., CHADAREVIAN, S. "Graphical Method and Discipline: Self-Recording Instruments in Nineteenth-Century Physiology". In: *Studies in the History and Philosophy of Science*, vol. 24, 1993, p. 267-291.
11. DROR, O.E. *Modernity and the Scientific Study of Emotions (1880-1950)*. Princeton: University of Princeton, 1998 [Tese de doutorado]. • DROR, O.E. "The Scientific Image of Emotion: Experience and Technologies of Inscription". In: *Configurations*, vol. 7, n. 3, 1999, p. 355-401. • DROR, O.E. "The Affect of Experiment: The Turn to Emotions in Anglo-American Physiology, 1900-1940". In: *Isis*, vol. 90, 1999, p. 205-237.

quando ele está calmo e quando está passando por uma emoção violenta. Os traçados obtidos permitem então fazer hipóteses sobre a fisiologia subjacente às diferentes emoções, oferecendo assim a possibilidade de uma verdadeira "vivissecção do coração humano", nas palavras de Mosso[12].

Os gráficos emocionais fascinam por sua sensibilidade (que permite revelar emoções até mesmo despercebidas pela pessoa), por sua instantaneidade (que segue o curso temporal da emoção), pela perspectiva que oferecem de *medir* a intensidade emocional, e mais geralmente pelo seu poder mítico de penetrar no espírito e na intimidade do sujeito. Outra peculiaridade relacionada a essa técnica experimental deve-se à necessidade de provocar emoções em laboratório nos sujeitos de estudo para poder registrá-las, resultando em interações experimentais singulares, muitas vezes desagradáveis, às vezes cômicas: em uma série de experiências sobre o medo realizadas por Alfred Binet nos anos de 1890, ele simula um incêndio no laboratório para amedrontar o sujeito preso a um pletismógrafo, faz com que ele toque em vermes rastejantes ou em peças anatômicas, ameaça quebrar as bonecas das crianças ou de lhes dar um choque elétrico...[13] Na continuidade das pesquisas efetuadas sobre a histeria e a hipnose no hospital Salpêtrière nos anos de 1880, as pesquisas sobre as emoções dão origem a um teatro experimental barroco, implicando muitas vezes em enganar os sujeitos ou em utilizar comparsas, que anuncia os métodos da psicologia social dos anos de 1960-1970[14]. Um método alternativo a esses choques de laboratório, mas que também criou situações incongruentes ou malsãs, consistia em fazer observações "na vida real" pedindo a sujeitos sob forte emoção (enfurecidos cocheiros de fiacres, alienados entregues a paixões violentas, condenados à morte prestes a serem executados, soldados traumatizados...) que realizassem experiências – procedimento que o grande especia-

---

12. MOSSO, A. *La peur*: étude psycho-physiologique (1884). Paris: Alcan, 1886, p. 10.
13. BINET, A. & COURTIER, J. "Influence de la vie émotionnelle sur le coeur, la respiration et la circulation capillaire". In: *Année Psychologique*, vol. 3, n. 1, 1896, p. 65-126. Para outros exemplos, cf. DUMAS, G. *Nouveau Traité de psychologie*. T. 2. Paris: Alcan, 1924, p. 325ss.
14. CARROY, J. *Hypnose, suggestion et psychologie*. Paris: PUF, 1991.

lista francês da questão das emoções no primeiro terço do século XX, Georges Dumas, considerava como menos artificial[15].

O uso dessas técnicas levanta toda uma série de questões: há reações fisiológicas associadas a cada emoção? Estas são idênticas segundo os indivíduos? É possível utilizar esses instrumentos para descobrir as emoções secretas dos sujeitos e ao mesmo tempo revelar suas mentiras (a ideia de uma aplicação do método gráfico à criminologia já se encontra nas pesquisas de Mosso sobre o medo, e origina um primeiro instrumento concebido pelo criminologista Cesare Lombroso, em 1895, prenunciando os primeiros detectores de mentira, ou polígrafos, que aparecerão a partir dos anos de 1920). Mas sobretudo – e é essa a questão colocada pelo filósofo e psicólogo americano William James já em 1884 – as modificações fisiológicas atestadas pelos gráficos são o efeito da emoção, a própria emoção, ou sua causa?

As novas investigações fisiológicas são, com efeito, o pano de fundo das célebres teorias da emoção que William James e o psicólogo dinamarquês Carl Lange propõem independentemente um do outro em 1884 e 1885, conhecidas sob o nome de teorias "periféricas" da emoção. Lange, em particular, apoia-se nas pesquisas fisiológicas relativas ao sistema vasomotor para afirmar, em sua obra de 1885, que o que chamamos emoção não é senão a consciência surda das modificações que afetam o sistema vascular: mesmo que ela não ocorra como tal, a emoção não é portanto que a experiência obscura de certos movimentos nervosos e circulatórios[16]. Mas é sobretudo William James que torna famosa a teoria periférica em 1884 e 1890: "A hipótese desenvolvida aqui defende [...] que a asserção mais racional é que ficamos aflitos porque choramos, irritados porque batemos, assustados porque trememos"[17]. Assim, quando encontramos um urso, primeiro trememos e depois sentimos medo, e não o inverso. Nesse

---

15. Cf., p. ex., DUMAS, G. *Nouveau Traité de psychologie*. Op. cit., p. 391.
16. LANGE, C.G. *Les émotions* – Étude psychophysiologique (1885). Paris: Alcan, 1895.
17. JAMES, W. *La téorie des émotions*. Paris: Alcan, 1901, p. 60-61. Georges Dumas, discípulo de Ribot, propôs sob esse título uma tradução e uma apresentação dos textos de James, à qual nos referimos.

exemplo que se tornará prototípico (e quase totêmico!), James destaca a anterioridade e o primado das reações periféricas orgânicas, concebidas como reflexos legados pela evolução, em detrimento do cérebro, do qual não é necessário supor que inclua centros especiais dedicados às emoções. Em vez de querer fazer uma classificação aborrecida e bastante inútil, deve-se abordar as emoções sob os dois ângulos de uma "mecânica fisiológica" e de uma "história" (*history*) já desenhada por Darwin.

Mais ainda que Lange, que privilegia uma explicação em termos de reações vasomotoras, James se apoia em um apelo à introspecção e à experiência psicológica para atestar que a emoção possui um "calor" que lhe dá um caráter irredutível: sentir medo de um urso não é uma simples cognição desencarnada. Refutando a si mesmo, James diz que podem existir emoções excepcionais, particularmente no teatro, onde alguns atores, mesmo representando os papéis mais comoventes, podem permanecer frios por dentro. Também se pergunta sobre as emoções "delicadas" (*subtler*), morais, intelectuais e estéticas, em que o corpo tem pouca ou nenhuma parte. Por fim, ele evoca às vezes o que nós chamaríamos "o caráter social dos objetos de emoção". Em 1894, ele parece silenciar essas perspectivas mais nuançadas para afirmar que "o nome de 'emoção' deveria poder designar a excitação orgânica"[18].

Desde sua formulação em 1884-1885 até o fim dos anos de 1930, a teoria de James-Lange levou a um florescimento de pesquisas fisiológicas que buscam verificá-la ou refutá-la por diferentes métodos (método gráfico, observações patológicas, neurocirurgia animal), antes de desaparecer temporariamente e, mais recentemente, ressurgir no rastro dos trabalhos de Ekman. Além de seu valor heurístico para a fisiologia, o impacto extraordinário da teoria deve ser relacionado a um contexto moral. Assim, para Lange, a natureza mecânica das emoções implica que possam ser educadas com métodos físicos e psicomotores apropriados: como Darwin, ele pensa que o controle emocional, que

---

18. Ibid., p. 69, 88-91, 114ss., 136-138 e 168.

cresce com o progresso da civilização, acumula-se hereditariamente ao longo das gerações humanas, aguardando assim o dia em que se realizará o "ideal de Kant" de um ser humano inteiramente livre de qualquer emoção. A teoria também está de acordo com as reflexões de James sobre o poder do livre-arbítrio: a localização das emoções na "periferia" do eu alimenta sua esperança de conseguir dominá-las pelo controle do corpo (ginástica postural, respiratória etc.) e favorece um preceito de moderação emocional.

Considera-se geralmente que são os trabalhos do fisiologista americano Walter Cannon que pouco a pouco levaram ao eclipse da teoria periférica no período entreguerras[19]. Como aluno de James em Harvard, Cannon afirma que as modificações do sistema nervoso autônomo associadas às diferentes emoções são muito lentas para se produzirem, muito pouco sensíveis, e muito pouco diferenciadas de uma emoção à outra para que estejam na origem da emoção consciente. Pelas experiências com animais e observações patológicas, ele também mostra que uma separação completa do sistema nervoso central e do sistema periférico não induz uma mudança fundamental da vida emocional. Cannon afirma, portanto, a origem central da experiência emocional, embora não negue a existência de modificações periféricas associadas: em suas pesquisas sobre o estresse, ele demonstrou assim como a exposição de um animal a um estímulo perigoso acarreta a preparação de todo seu corpo a certas ações como a fuga ou o ataque (liberação de adrenalina e aporte de glicose no sangue, redistribuição do sangue para os músculos esqueléticos, aprofundamento da respiração etc.)[20]. Para além de suas diferenças quanto à localização da experiência emocional, os dois autores concordam, pois, sobre o caráter adaptativo (que eles afirmam finalmente de uma forma bem mais clara do que Darwin) das reações psicológicas associadas às emoções.

---

19. WOLFE, E.L.; BARGER, A.C. & BENSON, S. *Walter B. Cannon, Science and Society*. Cambridge, Mass.: Harvard University Press, 2000.
20. CANNON, W.B. *Bodily Changes in Pain, Hunger, Fear and Rage*. Nova York: Appleton, 1915.

A emoção como desorganização

Da conceituação evolucionista das emoções, as ciências do final do século XIX e início do século XX conservaram sobretudo uma ideia, cujo caminho até nossos dias vamos então retraçar: as emoções seriam reflexos próprios aos centros nervosos primitivos, inibidos pelos centros nervosos superiores – a desativação das regiões cerebrais mais evoluídas conduzindo a partir de então à exacerbação dos fenômenos emocionais. No fim do século XIX, essa concepção hierárquica do sistema nervoso, cuja origem encontra-se nos trabalhos dos neurologistas ingleses e é especialmente formulada por John Hughlings Jackson, inspira na França a interpretação da histeria e da hipnose como estados que permitem precisamente subtrair a atividade cerebral ao controle das regiões conscientes para observar seu funcionamento automático. De onde o tema recorrente nessa época, no estudo da histeria e da hipnose, das emoções "automáticas" (ou parciais) exibidas durante a crise histérica ou o sono hipnótico. Enquanto Jean-Martin Charcot, no hospital da Salpêtrière, faz das "atitudes passionais" uma fase previsível da crise histérica, na qual o histérico exibe automaticamente, de maneira alucinatória, a gama das expressões passionais[21], o médico Jules Bernard Luys, no hospital da Charité, orienta seus dispositivos de estudo da hipnose no sentido de um desencadeamento das emoções por meio de sutis manipulações sensoriais do sujeito hipnotizado[22]. Em suas pesquisas dos anos de 1880-1890, os dispositivos experimentais provocam assim situações nas quais os sujeitos de estudo passam absurdamente (como os de Duchenne) de uma emoção (ou expressão) ao seu contrário (especialmente dos sentimentos mais "vis" ao mais "puros"), expressam emoções sem senti-las (as famosas "poses plásticas" dos sujeitos catalépticos), vivem de maneira automática emoções contrárias às de sua personalidade da véspera, ou ainda não sentem emoções e

---

21. Cf., p. ex., RICHER, P. *Études cliniques sur la grande hystérie ou hystéro-épilepsie*. Paris: Delahaye & Lecrosnier, 1881.
22. LUYS, J.B. *Les émotions chez les sujets en état d'hypnotisme* – Études de psychologie expérimentale faite à l'aide de substances médicamenteuses ou toxiques, impressionnant à distance les réseaux nerveux périphériques. Paris: Baillière, 1887.

não as expressam senão em uma metade de seu corpo (semiemoções!). Essas experiências sugerem que as emoções são efeitos fatais da disposição das peças da máquina nervosa, que, quando são subtraídas ao controle dos centros superiores, são estados estereotipados, primitivos, tão intensos quanto versáteis, sem coerência nem profundidade. Muitos autores da época acrescentam, aliás, que esses caracteres da emoção se revelam nos seres que menos controlam suas emoções: as crianças, as mulheres, os selvagens, os loucos.

Esse material clínico largamente artefatual entra em ressonância com as pesquisas, contemporâneas ou mais tardias, dos neurologistas que, a partir dos anos de 1880-1890, estudam em animais (cães e gatos) o efeito das ablações cirúrgicas de zonas cerebrais no comportamento emocional. Bechterev (1887), Goltz (1892), Sherrington (1804) e Cannon (1925) observam nos animais examinados manifestações de ira intensa, lábeis, desencadeadas na ausência de alvos apropriados, que eles nomeiam diversamente "reflexos pseudoafetivos" ou "*sham rage*" e interpretam como emoções "em estado puro", libertas dos mecanismos inibidores do córtex[23]. Essas experiências tornam plausível a ideia de que as emoções se localizam na área subcortical do cérebro, que eles vão situar diversamente no tálamo, no hipotálamo, no sistema "límbico" ou no cérebro "reptiliano" (Walter Cannon, James Papez, Paul MacLean – ou, mais recentemente, Joseph LeDoux, que mostra o papel da amídala no medo)[24] – um mapeamento que, por se apoiar em argumentos empíricos reais e (hoje) em técnicas de imagem sofisticadas, não deixa de reconduzir o cérebro a uma dualidade hierárquica muito antiga entre razão e paixão.

No rastro dessas pesquisas clínicas e neurológicas, as ciências do final do século XIX e do início do século XX difundem de forma ampla a ideia do caráter desorganizado, contra-adaptativo, ou mesmo patológico dos fenômenos emocionais. Os eruditos positivistas percebem as emoções como um perigo

---

23. DROR, O.E. "Techniques of the Brain and the Paradox of Emotions, 1880-1930". In: *Science in Context*, vol. 14, n. 4, 2001, p. 643-660.
24. LeDOUX, J.E. *The Emotional Brain*. Nova York: Simon & Schuster, 1996.

que leva o ser humano a perder seus meios, sua força, seus recursos, sua honra e sua dignidade. "Adeus, leitor. Lembre-se de que o medo é uma doença que é preciso curar, que se o homem intrépido pode algumas vezes se enganar, aquele que tem medo sempre se engana", conclui Mosso em sua obra sobre o medo[25]. O alienista Charles Féré, em uma obra significativamente intitulada *A patologia das emoções* (1892), quer propor medidas "profiláticas, higiênicas e terapêuticas" contra a emotividade: "O homem bem constituído e absolutamente em boa saúde é incapaz de sentir emoções violentas"[26]. Inspirando-se (como o jovem Freud) nas conceituações físicas da energia, ele descreve os emotivos como "maus acumuladores" de energia (pilhas defeituosas, de alguma forma), condenados (por um sistema nervoso hiperexcitável) à "descarga nervosa" rápida e ao esgotamento. Em sua análise, o "emotivo" é impróprio à atividade produtiva, ao labor socialmente útil que converte a energia nervosa em trabalho, e ele está necessariamente a cargo da comunidade. Mais comedido, George Dumas, em seu *Tratado de psicologia* (1923-1924) – e em seu *Novo tratado de psicologia* (1930-1940) –, suma da psicologia francesa da primeira metade do século XX, dedica-se a uma crítica severa das teorias evolucionistas e caracteriza a emoção pelo seu caráter não finalizado: no medo, por exemplo, a dimensão emocional se expressa no suor e nos tremores, não na fuga. A emoção é por definição um estado que compromete a conservação[27].

No período entreguerras, o psicólogo francês Pierre Janet desenvolve uma perspectiva similar, na medida em que ele desvaloriza a emoção, mas diferente, na medida em que mesmo assim reconhece nela uma funcionalidade. Depois do interesse demonstrado em 1893 pelo estado mental dos histéricos em uma perspectiva que poderia parecer próxima à de Freud, ele desenvolve uma psicologia evolucionista dos sentimentos apoiando-se no exemplo de pacientes homens e mulheres por ele observados e cuidados. No momento em que John

---

25. MOSSO, A. *La peur*. Op. cit., p. 179.
26. FÉRÉ, C. *La pathologie des émotions*. Paris: Alcan, 1892, p. 494.
27. Cf., p. ex., DUMAS, G. *Nouveau traité de psychologie*. Op. cit., t. 3, cap. 2 e 4.

Watson elabora nos Estados Unidos uma psicologia do comportamento (ou behaviorismo), Janet insere a questão da vida afetiva em um vasto sistema das condutas humanas que privilegia a ação. Para ele, uma conduta é um fenômeno organizado e complexo que implica inúmeros comportamentos elementares. Os sentimentos são concebidos segundo um modelo econômico quantitativo, em um sentido muito diferente do de Freud. É possível identificar grandes regulações que aumentam e estimulam ou, ao contrário, freiam e interrompem a ação, assim como o sentimento do esforço ou, inversamente, o do fracasso. No sistema de Janet, as emoções, opostas aos sentimentos e identificadas a choques, "levantam um problema embaraçoso" porque, em vez de ser funcional e de regular, elas "determinam uma grande desordem". Janet retorna várias vezes ao exemplo de uma moça, Ib., que, em vez de manter uma conduta adaptada durante uma crise de seu pai, "grita, chora e tem grandes convulsões". Ele evoca uma "regressão brutal às condutas inferiores" e concebe a emoção como um fenômeno negativo, o que Sartre lhe recriminará, como veremos. Mas, por mais estranho que isso pareça, afirma Janet, é preciso considerá-la "como uma reação ativa do sujeito" e não como o análogo do comportamento reflexo de um animal descerebrado[28].

Enquanto o quadro evolucionista no qual se inscreve a reflexão sobre o psiquismo a partir do último terço do século XIX poderia ter favorecido um discurso bastante positivo sobre as emoções, valorizando (como fazem as abordagens evolucionistas hoje) suas funções adaptativas, é mais o caráter primitivo, pobre e perturbador das emoções que é assim destacado pelos saberes psicológicos e fisiológicos do final do século XIX e início do XX. Tudo se passa como se, naquele momento, a promoção de uma forma de "desilusão psicológica" diante das emoções tivesse constituído para uma maioria de psicólogos um valor "fecundo", seja por ter sido mais consensual na cultura emocional dessa época, seja por ter dado ao discurso científico uma identidade e uma fun-

---

28. JANET, P. *De l'angoisse à l'extase* – Étude sur les croyances et les sentiments. T. 2. Paris: Alcan, 1928, p. 451, 468 e 470.

ção mais legível (principalmente pela diferença com os discursos concorrentes dos escritores e dos artistas). No entanto, desde o final do século XIX, algumas vozes dissonantes se fizeram ouvir...

Lógicas das emoções

Na Franca, foi Ribot, o mais eminente representante da psicologia com pretensões científicas emergente e o mestre de Janet e de Dumas, que apresentara as perspectivas de James e de Lange já em 1888 para popularizá-las em seguida. Sua obra *A psicologia dos sentimentos* (1896), que teve um grande sucesso, adota uma perspectiva evolucionista inspirada em Darwin e em Spencer. Embora afirmando sua adesão à teoria de James, Ribot critica a divisão em sequências por ele proposta, pois ela induz um dualismo entre o orgânico e o psicológico. Ele propõe considerar o psiquismo como um "todo natural que é preciso estudar como tal": desse ponto de vista, as emoções podem ser assimiladas a "organismos psicofisiológicos"[29]. De modo geral, Ribot enfatiza assim os sentimentos, as emoções, o instinto sexual, como fenômenos indissociavelmente psicológicos e corporais.

Apoiando-se principalmente no filósofo alemão Arthur Schopenhauer, ele destaca o primado da afetividade na vida psíquica e se opõe a uma perspectiva intelectualista que conceberia a emoção como um fenômeno que coloca em jogo essencialmente representações. Ribot suscita o testemunho, sobretudo escrito, de diferentes pessoas, em particular o de mulheres sobre seus partos. Ele retoma a questão das emoções delicadas mais ou menos deixada de lado por James e privilegia a música, "a mais emocional de todas as artes", que emociona animais e humanos, povos primitivos e povos civilizados. Os processos memoriais não se reduzem também a um reconhecimento e a uma identificação intelectuais: já em 1894 Ribot propõe falar de "memória afetiva" para descrever fenômenos de reviviscência provocados, por exemplo, por sensações como

---

29. RIBOT, T. *La psychologie des sentiments* (1896). Paris: Alcan, 1897, p. 113.

odores, perfumes, sabores, que levam a reencontrar brusca e emocionalmente um passado[30], descrições que irão inspirar Marcel Proust no *Em busca do tempo perdido* (1913-1927). Para Ribot, de modo geral, deve-se falar enfim de uma lógica afetiva específica que se diferenciaria da lógica racional e que seria mais primitiva do que esta. Em 1914, ainda que o critique, ele credita a Freud o fato de ter evidenciado esse tipo de lógica.

A psicanálise pode realmente aparecer nessa época como uma psicologia afetiva de um novo tipo em sintonia com concepções que se desenvolvem no final do século. As terapias descritas por Sigmund Freud e Josef Breuer nos *Estudos sobre a histeria* em 1895 colocam em jogo uma catarse ou purificação/purgação que atribui à fala e à emoção um valor curativo positivo de liquidação. As lembranças traumáticas patógenas inconscientes que o histérico retém ou das quais se defende devem originar a liberação tanto de uma fala quanto de uma "ab-reação" ou descarga emocional. Quando Freud elabora uma prática e uma concepção psicanalíticas diferentes daquelas de seus inícios, ele destaca que as curas sempre comportam fenômenos de descarga que os distinguem de análises puramente intelectuais. Elas se desenrolam, com efeito, sob o signo de repetições infantis e transferenciais, uma vez que o paciente deve reviver em realidade e não *in absentia*, sob a forma de transferência, modos de relação antigos, geralmente ligados a protótipos parentais. É, portanto, sempre uma reviviscência vivida e experimentada afetivamente, por vezes ab-reagida, que se revela ser ao mesmo tempo um sintoma e uma alavanca terapêutica, para melhor ser liquidada e analisada[31].

Na perspectiva mais teórica de um modelo geral hipotético que ele qualifica de metapsicológico, Freud fala de afeto e de representação, utilizando o vocabulário da psicologia oficial inspirada em Johann Friedrich Herbart e na

---

30. Ibid., p. 106, 140ss.
31. FREUD, S. & BREUER, J. *Études sur l'hystérie* (1895). Paris: PUF, 1967, p. 12-13 [*Estudos sobre a histeria (1893-1895)*. São Paulo: Companhia das Letras, 2016]. • FREUD, S. "La dynamique du transfert" (1912). In: FREUD, S. *De la technique psychanalytique*. Paris: PUF, 1970, p. 60.

qual ele foi formado em Viena. Ele tenta ultrapassar uma simples descrição para retomar do zero a ambição de Herbart de elaborar uma dinâmica e uma economia psíquicas. Toda pulsão (essa palavra designando um impulso que faz o organismo tender a um objetivo) se expressa nos dois registros da representação e do afeto (ou do *quantun* de afeto, já que este deve estar investido de uma quantidade de energia). Para compreender principalmente as formações de neuroses tais como a histeria de angústia (ou fobia), a histeria de conversão e a neurose obsessiva, Freud separa representação e afeto, e examina seus respectivos destinos na formação dos sintomas. Na fobia, por exemplo, uma representação apagada da consciência se desloca para uma representação fóbica de substituto à qual se fixa um certo *quantum* de afeto sob a forma de angústia. Na histeria de conversão, ao contrário, o recalque é mais maciço, uma vez que a representação permanece radicalmente inconsciente e que ela se inerva ou se converte no corpo, sem afeto: Freud destaca que o histérico apresenta uma "bela indiferença" por seus sintomas corporais. Esse modelo econômico geral implica, pois, que representações e afetos possam ter percursos dissociados ou antagonistas, e que eles se devem a sistemas diferentes: em um caso, uma representação remete a um sistema inconsciente de traços mnésicos; no outro, é bem mais difícil o afeto ser qualificado de inconsciente, na medida em que ele deve ser mais ou menos ressentido sob a forma de descarga ligada a uma representação. Tanto a emoção e a afetividade se impõem nas descrições clínicas de Freud, tanto o afeto é um problema no plano metapsicológico. Não se sabe de qual sistema, inconsciente ou pré-consciente/consciente, ele procede, como se seu estatuto fosse mais difícil de decidir do que o de sua representação[32]. É preciso observar enfim que, de um ponto de vista descritivo e teórico, a emoção é identificada por Freud a uma descarga, ponto de vista que não necessariamente é evidente.

O psicólogo francês Henri Wallon se situa, assim como Pierre Janet, em uma perspectiva evolucionista, mas ele se coloca em um ponto de vista di-

---

32. FREUD, S. *Métapsychologie* (1915). Paris: Gallimard, 1991, p. 58-60 e 85.

ferente, o de uma psicologia da criança e não de uma psicologia patológica. Embora a emoção no adulto possa ser regressiva, a fase emotiva representa, na criança de até 3 anos, uma etapa crucial em relação a um estado de automatismo adaptado que seria puramente animal. A emoção deve ser compreendida como um sistema indissoluvelmente orgânico, psicológico e social que a criança deverá superar para passar a uma fase conceitual. Mesmo insistindo, no plano fisiológico, na origem postural e na importância do tônus muscular, Wallon destaca a plasticidade e a diversidade da expressão emocional.

Ele se interessa pelos fins sociais das emoções tanto na criança como em certas sociedades, e por vezes no adulto. A criança que não possui uma boa distinção de si e do outro, quando leva um tombo, "só expõe seu sofrimento ou seu medo quando sabe que está sendo ouvida. [...] A emoção precisa suscitar reações similares ou recíprocas no outro e, inversamente, ela tem sobre o outro uma grande força de contágio". Modo de expressão privilegiado na criança, a emoção também está presente em certos povos qualificados por Wallon como primitivos, que praticam cerimônias visando comungar e unir afetivamente seus grupos. O que Wallon nomeia "a emoção ritualizada" prenuncia, portanto, nos planos individuais e coletivos, o "advento de uma atividade simbólica". Ela é "um intermediário necessário entre o automatismo e o conhecimento"[33].

São as teorias de Wallon e de Janet que Jean-Paul Sartre retoma quando propõe em 1938 uma psicologia fenomenológica das emoções inspirada na filosofia de Edmund Husserl. Sartre cita o exemplo de Ib. e critica o privilégio dado por Janet às manifestações não coordenadas e pouco diferenciadas, em detrimento de outras manifestações mais estruturadas: "A emoção não é nem desordem nem puro caos, ela tem um sentido, significa alguma coisa". Retomando o exemplo de outra paciente que chora no momento em que deve se encontrar com Janet, Sartre se pergunta se ela chora *porque* não pode fazer de

---

33. WALLON, H. *Les origines du caractère chez l'enfant* (1949). Paris: PUF, 1970, p. 8, 104-105 e 108.

outra maneira ou se é "*para* não manter a conduta superior", como sugere o próprio Janet. A emoção responde, pois, a uma intencionalidade.

Sartre privilegia uma psicologia da consciência: a emoção sempre adquire um sentido para uma consciência, ou mesmo para uma intersubjetividade. Ela adquire sentido para uma consciência imersa em um mundo que ela bruscamente começa a viver como mágico. Ao contrário de James, e nesse sentido próximo de Wallon, que propõe formulações um pouco análogas, Sartre evoca uma "trapaça especial" e atribui aos fenômenos fisiológicos o papel de garantir a "seriedade" da emoção. Embora recuse reduzir a afetividade a uma comédia, o jogo teatral está muito presente ao longo de suas análises, mas não, como em James, na qualidade de objeção, e sim na qualidade de metáfora valorizada. O trabalho de Sartre apresenta a emoção como um modo de existência da consciência fundamental e não mais como uma espécie de acidente de percurso unicamente inútil e individual. Nessa perspectiva, sua psicologia fenomenológica poderia resultar naquilo que ele chama, retomando um termo do psicólogo e sociólogo Gabriel Tarde, uma "interpsicologia" ou em uma psicologia social: "Assim, o homem é sempre um feiticeiro para o homem e o mundo social é sempre mágico"[34]. Desse ponto de vista, haveria uma afinidade entre Wallon e Sartre.

Abordagens cognitivas e sociais

Por mais interessante que seja, a "revolução cognitiva", que devolve dignidade a uma psicologia das emoções, só é uma "revolução" sob a perspectiva da dominação supostamente total do behaviorismo anterior a 1960. O que se desenvolve a partir dessa data é uma rica floração de teorias que os pesquisadores se propõem testar experimentalmente, perguntando-se se elas são capazes de predizer resultados determinados e se é possível replicá-los. As respostas dos

---

34. SARTRE, J.-P. *Esquisse d'une théorie des émotions* (1938). Paris: Hermann, 1965, p. 23, 27, 53 e 58 [*Esboço para uma teoria das emoções*, Porto Alegre, L&PM, 2006]. • TARDE, G. *Études de psychologie sociale*. Paris: Giard & Brière, 1898.

sujeitos, geralmente estudantes de psicologia, são muitas vezes obtidas a partir de questionários aos quais devem reagir verbalmente, o que devolve explicitamente toda sua importância à introspecção e à linguagem em relação ao visível. Ao contrário do que acontecia antes, e esse ponto é crucial, o desenvolvimento da psicologia das emoções caminha junto com uma institucionalização em revistas, sociedades, colóquios e publicações especializadas (5.554 entre 1990 e 1999, segundo Bernard Rimé!)[35].

A maior parte dos autores do campo cognitivo dedicado às emoções concorda em dar um estatuto cardinal à teoria da avaliação/apreciação ou *appraisal* proposta em 1960 pela pesquisadora de origem austríaca Magda Arnold, a qual mostra que James e Darwin não percebem o que constitui a especialidade do objeto da emoção: "O fato de eu estimar sua relação comigo, de avaliá-lo (*appraise*) como desejável ou indesejável, de valor ou nocivo, de forma que sou atraído para ele ou rejeitado por ele"[36]. A sequência emotiva deveria ser descrita em termos de percepção-avaliação-emoção. A avaliação não é intelectual, ela tem um caráter não voluntário. Manifesta-se em razão das expectativas anteriores do sujeito e desencadeia de imediato uma atitude emocional e mudanças fisiológicas que, por sua vez, podem culminar em uma fase de conscientização e de avaliação secundária. Certas experiências de Joseph Speisman em 1964 mostram que, manipulando-se a avaliação que os sujeitos têm de um filme violento, este não será percebido emocionalmente da mesma maneira, de acordo com os grupos experimentais. O modelo teórico do *appraisal* inspira então inúmeras experiências que buscam sobretudo identificar com mais precisão como funcionam esses processos. Richard Lazarus, professor na universidade da Califórnia em Berkeley, propõe por

---

35. RIMÉ, B. *Le partage social des émotions*. Paris: PUF, 2005, p. 41. De maneira geral, para saber mais sobre as teorias e as pesquisas cognitivas sobre as emoções, cf. RIMÉ, B. "L'émergence des émotions dans les sciences psychologiques" [Disponível em ACRH.revues.org – Acesso em 23/05/2016]. • CORNELIUS, R.R. *The Science of Emotions*: Research and Tradition in the Psychology of Emotions. Upper Saddle River, NJ: Prentice Hall, 1996.
36. ARNOLD, M.B. *Emotion and Personality*. Nova York: Columbia University Press, 1960, p. 171.

exemplo em 1991 testar como diferentes avaliações podem se combinar na emoção da ira para provocar o "tema relacional" da "ofensa humilhante". Trata-se de identificar esquemas de expressão e de ação que permitam caracterizar grandes emoções com características supostamente muito gerais, em um propósito que, às vezes, poderia evocar as classificações das emoções do século XIX.

Mencionaremos, sem a preocupação de sermos exaustivos, várias outras teorias que foram avançadas e testadas. A emoção poderia nascer em situações de discordância no seio das atividades de comparação cognitiva do sujeito. Ela poderia estar ligada ao fato de o comportamento projetado ser interrompido, ou porque há a intervenção de uma facilitação inesperada, ou, ao contrário, porque a interrupção retarda ou impede a ação projetada gerando emoções negativas. Podemos ainda identificar "desencadeamentos esquemáticos" ligados a configurações de lembranças, de reações e de expressões anteriores que permitiriam compreender que em certos indivíduos ocorrem algumas emoções aparentemente sem objeto. Parece-nos que as teorias do *appraisal* e, mais geralmente, de inúmeros modelos cognitivos da emoção retomaram em parte o fio de uma história que, desde o final do século XIX, concede ao sujeito comovido uma atividade, uma inteligência e uma singularidade. Apreendida como uma cognição, a emoção pode tornar-se novamente um fenômeno complexo.

Podemos ter a impressão de que hoje a tradição inaugurada por Magda Arnold está suplantada pela de Ekman. Contudo, essa tradição se encontra em uma abordagem social. Na teoria construtivista defendida em 1980 por James Averill, da universidade do Massachusetts, a avaliação individual é moldada socialmente, ou seja, embora a emoção mobilize elementos fisiológicos, nem por isso ela é um fenômeno natural. Não existiriam esquemas afetivos fixos, mas sim "síndromes", em outras palavras, conjuntos móveis de traços e também papéis aprendidos, mobilizáveis temporariamente por este ou aquele sujeito. Averill consagrou assim vários estudos às construções sociais da ira e às suas funções estratégicas nas políticas da vida comum. A emoção segundo ele se aproxima de um jogo sério sartreano[37].

Sem reivindicar uma afiliação construtivista, outros pesquisadores desenvolvem investigações análogas. Bernard Rimé, da Universidade Católica de Louvaina, conduziu vários trabalhos sobre a partilha social da emoção, que implica sua "reevocação sob a forma de uma linguagem socialmente compartilhada e a presença, ao menos no nível simbólico, de um parceiro ao qual essa reevocação é dirigida"[38]. Esse fenômeno pode ser abordado pela lembrança autobiográfica, pela injunção de manter diários, pelos estudos longitudinais que consistem em expor ao longo do tempo o apelo ao testemunho sobre um evento marcante (doação de sangue, parto), ou ainda pelas experiências que colocam em cena um sujeito assistindo a um breve filme mais ou menos impressionante e um amigo ao qual ele apresenta esse filme. Os humanos teriam assim uma propensão e uma preferência muito fortes por contar de maneira comovida os eventos afetivos que os tocaram de maneira positiva, ou mesmo paradoxalmente negativa, e uma apetência não menos forte para escutar, compartilhar e propagar os relatos emocionais de seus congêneres, o que Rimé designa sob o termo de reevocação. Com as pesquisas de Averill e de Rimé, a psicologia social destaca a expressão linguística, o relato das emoções e seu caráter interpessoal. Ela autoriza e provoca comparações interculturais e trocas entre psicólogos, historiadores e antropólogos.

Devemos observar, para concluir, que os pesquisadores contemporâneos mobilizam uma memória disciplinar centrada muitas vezes em torno de dois autores emblemáticos, Darwin e James, ritualmente invocados ou criticados, mas pouco relidos. Poderíamos provocar mostrando que Darwin não era darwiniano e que James defendia uma teoria muito menos caricatural do que aquela que lhe atribuem, como vimos. Parece-nos importante lembrar, no en-

---

37. Ibid.
38. Sobre as experiências de Speisman, de Lazarus e de Averill, cf. CORNELIUS, R.R. *The Science of Emotions*. Op. cit., p. 120-128 e 152-165.

tanto, que a psicologia das emoções tem um percurso mais que centenário que só se conta em inglês. Se fosse o caso de reconstruir uma história mais complexa e mais rica, seria conveniente revelar a existência de tradições, de estilos diferentes segundo os ares linguísticos e de trocas transnacionais.

3
O CAPITALISMO EMOCIONAL

Eva Illouz
Yaara Benger Alaluf

Ao longo do século XX, as emoções foram objeto de uma atração contínua por parte de uma grande variedade de atores sociais, desde psicólogos de todas as escolas, psicanalistas, adeptos do movimento *New Age* e de espiritualidades diversas, até chefes de empresa, gurus do desempenho profissional, profissionais do *marketing* etc., todos situados no mercado da análise da emoção. A formação da subjetividade emocional por especialistas do psiquismo é incontestavelmente um dos traços característicos da subjetividade moderna[1] e mudou radicalmente a relação que as emoções mantêm com a subjetividade, em particular com a racionalidade, que foi tradicionalmente pensada como antitética às emoções. Enquanto, desde os estoicos, as emoções foram consideradas como opostas ao exercício da razão, a história cultural do século XX mostra que aquilo que a filosofia não conseguiu realizar foi feito pela racionalização dos comportamentos por meio das práticas econômicas capitalistas e das práticas de saber apresentadas pela psicologia. A racionalidade é definida aqui como uma crença cultural na capacidade dos seres humanos para alinhar

---

1. ROSE, N. *Inventing Our Selves*: Psychology, Power, and Personhood. Nova York: Cambridge University Press, 1998.

seu comportamento com seu interesse pessoal. Especialistas de todos os tipos, tomando as rédeas da direção do psiquismo, deram-se como objetivo a boa gestão dos sentimentos. Essa transformação tem razões estruturais e culturais.

Estruturalmente, a empresa capitalista moderna é caracterizada por redes sociais mais densas, por uma estrutura hierárquica mais avançada do que a apresentada pelas manufaturas da época industrial, por exigências mais democráticas e pelo surgimento de uma nova necessidade, a de se orientar em organizações que se tornaram muito mais complexas e bem mais exigentes quanto às competências interacionais, pois exigem que os indivíduos provem sua capacidade de decifrar os outros e de se servir dessas informações para atingir seus próprios objetivos. O "capitalismo corporativo" (*corporate capitalism*) desempenhou um papel crucial nessa transformação da subjetividade emocional dado que induziu a instauração de cadeias de cooperação mais longas, de mais níveis hierárquicos e, por conseguinte, a necessidade de criar novos modelos de cooperação e de controle. Esses modelos foram sugeridos, pensados e prescritos por psicólogos que criaram as teorias da gestão. Pensamos na psicologia clínica como um campo separado da gestão, mas os dois campos foram estreitamente imbricados um no outro.

A psicologia ocupa um lugar importante na gestão do eu por uma outra razão. Culturalmente, devido ao declínio da religião, o eu e a identidade tornaram-se entidades cujo conteúdo foi ditado pela ciência moderna, que pretendia a um só tempo conhecer a psique e poder formá-la, por meio da psicologia clínica, o que resultou na rápida difusão do vocabulário terapêutico na linguagem da sexualidade, da intimidade, da educação e das relações interpessoais. O encontro entre, de um lado, o vocabulário dos psicólogos e os serviços que eles propõem e, de outro, a necessidade do "capitalismo corporativo" de controlar a subjetividade de seus trabalhadores deu origem ao *capitalismo emocional*, termo geral que permite descrever os diversos processos pelos quais a economia capitalista e as emoções acabaram se entrecruzando e canalizando a subjetividade tanto nas estruturas organizacionais das empresas quanto no mercado do consumo, antes de reintroduzi-la no seio das relações pessoais[2].

As emoções[3] estão ligadas ao capitalismo pelo menos de três maneiras fundamentais, que tentaremos descrever nas páginas seguintes: a) o apelo e a exploração das emoções para aumentar a eficácia dos processos de trabalho nas empresas capitalistas, cujo exemplo mais flagrante certamente reside no papel desempenhado pela psicologia positiva na formação de uma nova ética, a do "trabalhador feliz" ("*happy worker*"); b) a penetração das metáforas econômicas e da lógica de mercado nas percepções e nas práticas da intimidade, especialmente como elas se manifestam nos sites de encontros; c) a manipulação e a mobilização ativas e conscientes das emoções na cultura dos consumidores, visíveis na maneira como são utilizadas na comercialização das mercadorias, na expansão de uma economia afetiva em rede, ou ainda na mercantilização das emoções.

Denominamos esses três processos diferentes de aceleração da vida emocional pela esfera de produção de "mercado de encontros sexuais" e pelo consumo de "capitalismo emocional".

---

2. ILLOUZ, E. *Les sentiments du capitalisme* (2007). Paris: Seuil, 2006.

3. Definimos as emoções como entidades psicológicas que implicam o eu, condensam as relações e as normas sociais, as crenças e as significações, e que sempre estão situadas em um contexto histórico e cultural concreto. Por conseguinte, conceituamos as emoções não somente como reação a objetos e pessoas, mas como essências empíricas, isto é, como uma das inúmeras organizações por meio das quais os humanos se comportam e comunicam, se compreendem e se expressam. É como essências empíricas que as emoções podem se tornar objetos de controle, de gestão e de desejo, mas também fontes de valor econômico. Neste capítulo, se utilizamos o termo de emoção e não o de afeto é em primeiro lugar porque rejeitamos a percepção do fisiológico ou do corpo como lugar pré-cultural ou não cultural, um preconceito extremamente difundido na recente "teoria dos afetos". Consideramos, com a ajuda do conceito de *habitus* de Pierre Bourdieu, que as emoções são o produto de processos de aprendizagem cultural incorporada. Partindo daí, acreditamos que toda análise da emoção que adota um ponto de vista que estabelece uma nítida dicotomia entre o individual e o social, entre o objeto e o sujeito ou entre o corpo e o espírito está condenada a permanecer incapaz de explicar a complexidade das experiências emocionais e de conduzir a uma distinção reducionista entre a materialidade e a cultura. Cf. LEYS, R. "The Turn to Affect: A Critique". In: *Critical Inquiry*, vol. 37, n. 3, 2011, p. 434-472. • PAPOULIAS, C. & CALLARD, F. "Biology's Gift: Interrogating the Turn to Affect". In: *Body & Society*, vol. 16, n. 1, 2010, p. 29-56.

Em busca da eficácia econômica

Enquanto no final do século XIX os capitalistas eram geralmente representados como indivíduos cúpidos e egoístas, a ideologia da gestão do século XX fez emergir a imagem do gestor como indivíduo racional, responsável e previsível[4]. A retórica da engenharia concebia os homens como máquinas e a empresa como um sistema impessoal capaz de fazê-los funcionar. Enquanto, sob a influência do taylorismo, o gestor dos anos de 1910 utilizava a retórica da engenharia para estabelecer sua autoridade, por volta dos anos de 1930 os defensores da psicologia clínica e experimental começaram a criar um novo vocabulário para os gestores. A psicologia clínica, por exemplo, propôs novas soluções aos problemas de produtividade e de disciplina nas empresas sugerindo novas linhas de conduta emocionais[5]. Desde os anos de 1920 até hoje, os psicólogos progressivamente pretenderam desenvolver uma expertise recobrindo todos os campos e todas as instituições sociais – do exército à família e ao sistema educativo, passando pela prisão, pela expertise jurídica, pelos conflitos políticos, pelos comportamentos econômicos, pelo *marketing*, ou ainda pela sexualidade[6]. Mas em nenhum lugar sua influência foi tão grande quanto no interior das empresas americanas, nas quais os psicólogos entremearam as emoções e a ação econômica por meio de uma nova percepção da produção[7].

Nos anos de 1920, a célebre pesquisa conduzida por Elton Mayo na fábrica de Hawthorne Works interessou-se pelas transações emocionais em si mesmas, como principal caminho da produtividade e da eficácia criando relações profissionais fundadas na atenção dada aos sentimentos dos operá-

---

4. SHENHAV, Y.A. *Manufacturing Rationality*: The Engineering Foundations of the Managerial Revolution. Oxford: Oxford University Press, 2002.
5. BARITZ, L. *The Servants of Power*: A History of the Use of Social Science in American Industry. Middletown, Conn.: Wesleyan University Press, 1960.
6. HERMAN, E. *The Romance of American Psychology*: Political Culture in the Age of Experts. Berkeley, Calif.: University of California Press, 1995.
7. ILLOUZ, E. *Saving the Modern Soul*: Therapy, Emotions and the Culture of Self-Help. Berkeley, Calif.: University of California Press, 2008.

rios[8]. A abordagem de Mayo era fundamentalmente terapêutica, e sua visão dos conflitos de trabalho era informada pelo método das "conversas emocionais", transposto desde a família até o lugar de trabalho. Emergiu então um novo discurso: trazido pelos psicólogos, ele se concentrava nos indivíduos e em suas emoções, e reconceituava a relação de dominação entre o contramestre e o operário para fazer dela uma transação emocional. Ao sugerir que os conflitos não remetiam a interesses divergentes ou a uma competição por recursos raros, e sim a emoções, a fatores ligados à personalidade e a problemas psicológicos não resolvidos, Mayo estabeleceu a ideia segundo a qual ser um bom gestor significava sobretudo apresentar todos os traços de um bom psicólogo. Ser um gestor eficaz exigia, portanto, não só a capacidade de gerir suas próprias emoções, como também a de ser capaz de compreender e de enfrentar sem paixão a natureza emocional complexa das transações sociais[9].

Esses novos modelos de cooperação incluíam, entre outras coisas, uma injunção para controlar as emoções negativas (a ira sendo o exemplo mais evidente) e para cultivar a empatia, a confiança em si, o bom humor. Se essa maneira terapêutica de tratar os operários tornou-se tão popular é porque respeitava a um só tempo os interesses dos trabalhadores e dos gestores. Para estes e para os proprietários de empresa, a linguagem da psicologia trazia a expectativa de uma maior produtividade – promessas de aumentar os benefícios, de sufocar a agitação operária, de organizar as relações entre os trabalhadores e os gestores de uma maneira não confrontativa e de neutralizar o conflito de classes ao traduzi-lo para a linguagem benigna da emoção e da personalidade. Do lado dos operários, a linguagem da psicologia era sedutora na medida em que era mais democrática: a qualidade do líder dependia doravante muito mais da personalidade do gestor e de sua capacidade de compreender os outros do que de um privilégio inato ou de sua posição social. Além disso, esse novo estilo emocional se revelou crucial na maneira como os indivíduos se cons-

---

8. Ibid., p. 68-69.
9. Ibid.

truíam uma rede (forte ou fraca) e acumulavam capital social, fosse para galgar posições ou enriquecer[10].

A penetração do pensamento e dos métodos psicológicos no mundo empresarial ilustra a natureza paradoxal que as emoções e a economia mantêm. De um lado, a economia foi emocionalizada, e feminizada no sentido de o local de trabalho ter pouco a pouco enfatizado a comunicação e a empatia. Mas, por outro lado, o recurso às emoções no interior da empresa contribuiu para padronizá-las a fim de transformá-las em categorias objetivas: como objetos de controle especializado, as emoções podem então ser classificadas e quantificadas, e podem assim ser utilizadas de maneira racional e estratégica a fim de aumentar a eficácia da empresa[11]. A linguagem da psicologia foi bem-sucedida em repensar o discurso da identidade de gestão na empresa, pois ela era capaz de dar sentido às transformações pelas quais passavam os locais de trabalho capitalistas e de naturalizar novas formas de hierarquias no interior da empresa. Embora essas hierarquias fossem estranhas à *doxa* psicológica em si mesma, foi o saber psicológico que acabou guiando o comportamento dos atores nessas novas estruturas econômicas. Ao mesmo tempo "científica" e "humana", essa nova ciência interessava-se sobretudo pelas pessoas, pelas interações e pelas emoções, e, como tal, ela era o candidato natural para garantir a reforma da linguagem do eu no local de trabalho. Em seu livro pioneiro *The Managed Heart* [Coração gerenciado], Arlie Russel Hochschild estudou as maneiras como os trabalhadores do setor terciário conseguem mudar de postura emocional (*emotional make up*) para o benefício da empresa. Em outros termos, pelo "trabalho emocional", as emoções (dos trabalhadores) são transformadas em benefícios econômicos (para os empregadores)[12]. A ideia mais recente de "trabalho afetivo" sugere que uma das características centrais do capitalismo tardio e da eco-

---

10. PORTES, A. "The Two Meanings of Social Capital". In: *Sociological Forum*, vol. 15, n. 1, 2000, p. 1-12.
11. ILLOUZ, E. *Saving the Modern Soul*. Op. cit.
12. HOCHSCHILD, A.R. *The Managed Heart*: Commercialization of Human Feeling. Berkeley, Calif.: University of California Press, 1983.

nomia de serviços é utilizada para produzir e manipular os afetos, os estados emocionais pessoais e as relações sociais[13].

Quando considerado *via* o prisma das emoções, o local de trabalho capitalista revela-se bem menos imune a elas do que comumente se admite. Assim, o desenvolvimento da racionalidade nas organizações econômicas caminhou junto, ainda que isso seja contraintuitivo, com uma intensificação da vida emocional. No *capitalismo emocional*, a linguagem da terapia pouco a pouco deu origem a concepções e a imagens mentais dos processos de trabalho, ao passo que, no mesmo movimento, o etos utilitarista que invadiu a cultura também colonizou a terapia: as emoções são então elementos essenciais da eficácia, da gestão e da cooperação, e a lógica da troca econômica e das relações recíprocas torna-se, por sua vez, crucial para compreender e influenciar a vida emocional.

O desenvolvimento do neoliberalismo ilustra a tese segundo a qual, em seus diferentes estágios, o capitalismo promoveu diferentes estilos de gestão emocional. Durante os anos de 1930 e depois, a linguagem psicológica das emoções e do *self-control* funcionou de maneira eficaz para moderar as emoções negativas e as contradições inerentes aos locais de trabalho modernos. A psicologia forneceu cada vez mais um quadro neutro e científico para avaliar a personalidade, as competências, os sucessos e os fracassos dos trabalhadores. Ao ensinar os indivíduos a gerir o risco, a incerteza e a competição no local de trabalho utilizando a linguagem da autonomia pessoal, o discurso psicológico transferiu a responsabilidade dos déficits estruturais do local de trabalho para a gestão emocional do trabalhador individual.

O conceito de "inteligência emocional" é uma excelente ilustração da maneira como as emoções foram transformadas em competências que, por sua vez, foram objetivadas e tornaram-se assim entidades mensuráveis. Definida como "a capacidade de perceber e de expressar com justeza as emoções, de se

---

13. HARDT, M. & NEGRI, A. *Multitude* – Guerre et démocratie à l'âge de l'Empire. Paris: La Découverte, 2004.

servir de suas emoções para facilitar a reflexão, de compreender e de gerenciar as emoções para seu próprio desenvolvimento emocional"[14], a noção de "inteligência emocional" não é mais considerada como um oximoro, mas sim como a característica de uma nova racionalidade emocional individual[15]. Por meio de entrevistas terapêuticas, de testes de personalidade e, mais tarde, de grades de classificação da inteligência emocional, a psicologização da empresa levou a uma objetivação e a uma padronização das emoções, bem como à construção de um estilo emocional ideal e legítimo.

A psicologia positiva representa uma fase mais avançada do entrelaçamento da definição emocional do amor-próprio (e das técnicas aferentes que visam aumentar sua autoestima) e da ideologia neoliberal do sucesso, acompanhada de sua grade mental fundamental de cálculo custo/benefício. Desde os anos de 1980, os economistas foram aumentando seu interesse pela felicidade como critério que permite medir a utilidade econômica em um nível microeconômico e analisar a relação entre os gostos e as preferências de um indivíduo e seus benefícios, e como ferramenta que visa definir políticas macroeconômicas[16]. Com a expansão da psicologia positiva nos anos de 1990, os projetos econômicos e psicológicos mais uma vez coincidiram para adotar a visão neoliberal de uma natureza humana universal que concebe os indivíduos como autônomos, responsáveis, livres, estratégicos, capazes de gerenciar seus gostos psicológicos e suas relações com os outros a fim de acompanhar melhor seu próprio interesse e de alcançar sua felicidade.

---

14. BRACKETT, M.A.; MAYER, J.D. & WARNER, R.M. "Emotional Intelligence and Its Relation to Everyday Behavior". In: *Personality and Individual Differences*, vol. 36, n. 6, 2004, p. 1.387-1.402.
15. CABANAS, E. & ILLOUZ, E. "The Making of a 'Happy Worker': Positive Psychology in Neoliberal Organizations". In: PUGH, A. (dir.). *Beyond the Cubicle*: Insecurity Culture and the Flexible Self. Nova York: Oxford University Press, 2016, p. 25-50.
16. THIN, N. *Social Happiness*: Theory into Policy and Practice. Bristol: Policy Press, 2012. • AHMED, S. *The Promise of Happiness*. Durham/Londres: Duke University Press, 2010. • FREY, B.S. & STUTZER, A. *Happiness and Economics*: How the Economy and Institutions Affect Human Well-Being. Princeton: Princeton University Press, 2010. • GRAHAM, C. "The Economics of Happiness". *World Economics*, vol. 6, n. 3, 2015, p. 41-55.

Com a noção de felicidade, a psicologia positiva contribuiu para reformular a significação e a lógica de construção da identidade do trabalhador a fim de adaptar melhor seu comportamento, sua imagem de si mesmo e suas expectativas na emergência de novas exigências de controle organizacional e de distribuição do poder no interior da empresa. Os adeptos da psicologia positiva fizeram da felicidade ou dos estados psicológicos positivos (ou ainda da "inteligência emocional", do "otimismo" ou do "bem-estar") um novo paradigma capaz de explicar os sucessos e os fracassos resultantes das escolhas de um indivíduo, e identificaram os indivíduos felizes aos cidadãos perfeitamente funcionais[17]. A felicidade passou então do estatuto de fim ao estatuto de causa, a causa do sucesso no trabalho e em qualquer outro campo da vida. Se o estilo emocional dos empregados favorece o fracasso ou o sucesso das empresas, isso significa também que a felicidade do trabalhador se tornou importante, aos olhos dele e aos da empresa.

Assim como a psicologia se sentiu autorizada a medir e a avaliar os trabalhadores, também se sentiu autorizada a definir os ideais da felicidade e da otimização de si, bem como os meios de alcançá-los. No local de trabalho, os psicólogos positivos propuseram um amplo repertório de grades de análise e de técnicas fundadas na felicidade no intuito de ajudar os indivíduos a melhorar seus desempenhos e sua autonomia no interior de ambientes competitivos, a gerenciar as exigências multitarefas, a reconhecer uma oportunidade, a estabelecer redes, ou ainda a racionalizar seus fracassos de uma maneira construtiva. Ao encorajar os trabalhadores a identificar e a regular suas emoções (i. é, a fazer com frequência afirmações positivas em relação à sua própria pessoa, ao mesmo tempo afastando os pensamentos negativos, e também a treinar para

---

17. LYUBOMIRSKY, S.; KING, L. & DIENER, E. "The Benefits of Frequent Positive Affect: Does Happiness Lead to Success?" *Psychological Bulletin*, vol. 131, n. 6, 2005, p. 803. • JUDGE, T.A. & HURST, C. "How the Rich (and Happy) Get Richer (and Happier): Relationship of Core Self-Evaluations to Trajectories in Attaining Work Success". In: *Journal of Applied Psychology*, vol. 93, n. 4, 2008, p. 849. • DIENER, E. & CHAN, M.Y. "Happy People Live Longer: Subjective Well-Being Contributes to Health and Longevity". In: *Applied Psychology*: Health and Well-Being, vol. 3, n. 1, 2011, p. 1-43.

manter a esperança e para praticar a gratidão e o perdão), a psicologia positiva parece incluir o campo das emoções em uma nova lógica da produtividade: autônoma, flexível, interpessoal e emocionalmente saturada. Isso provocou desde meados dos anos de 1990 profundas transformações no tipo de subjetividade exigido para se adaptar às novas exigências do neoliberalismo[18]. No contexto econômico atual de precariedade do trabalho, parte-se cada vez mais do princípio de que não é necessário que o trabalhador se beneficie de uma segurança no plano econômico, mas que em vez disso ele dê prova de orientação emocional positiva e de "resiliência", novo conceito que supostamente protege o trabalhador contra todas as intempéries do capitalismo. Como escreveu em 2011 o guru da psicologia positiva, Martin Seligman, na prestigiosa *Harvard Business Review*, uma revista lida pelos homens de negócio, a resiliência ajuda a saber como agir e reagir no conjunto dos campos da vida, entre os quais, é claro, o setor econômico[19]. Pois a resiliência encontra na economia de hoje um terreno de aplicação ideal, uma vez que ela permite lutar contra a ira ou a ansiedade que o desemprego ou a ruptura de um contrato provoca. Ela ajuda a se adaptar ao mundo dos negócios, que exige uma capacidade de gestão da incerteza, uma capacidade para correr riscos, para a hipercompetitividade, uma capacidade para enfrentar as exigências patronais desmedidas e para a pressão do hiperdesempenho. De acordo com os profissionais da psicologia positiva, os indivíduos resilientes se mostram muito mais flexíveis do que os outros tanto no plano cognitivo como no plano comportamental; têm mais facilidade de responder às "exigências multiformes" e suportam melhor as "reestruturações de papel" e "reconfigurações de cargos"; comparados aos assalariados não resilientes, mostram-se muito mais capazes de improvisar em situações que se caracterizam por mudanças permanentes; e tiram muito mais proveito das

---

18. READ, J. "A Genealogy of Homo-Economicus: Neoliberalism and the Production of Subjectivity". In: BINKLEY, S. & CAPETILLO, J. (dir.). *A Foucault for the 21ˢᵗ Century*: Governmentality, Biopolitics and Discipline in the New Millennium. Newcastle: Cambridge Scholars Publishing, 2009, p. 25-36. • CABANAS, E. & ILLOUZ, E. "The Making of a 'Happy Worker'", cap. cit.

19. SELIGMAN, M.E.P. "What Businesses Can Learn from a Pioneering Army Program for Fostering Post-Traumatic Growth". In: *Harvard Business Review*, vol. 89, n. 4, 2011, p. 100-106.

experiências de adversidade que estão atravessando, sabendo se apoiar nelas para melhorar seus desempenhos. Um indivíduo resiliente é não apenas mais bem-adaptado à adversidade em geral como também, comparado a um indivíduo não resiliente, mais satisfeito com seu cargo e mais leal à sua empresa. Os indivíduos resilientes "dão a volta por cima" muito rápido e inclusive veem nos infortúnios uma ocasião de desenvolvimento. É muito claro que a vantagem dos assalariados resilientes reside no fato de terem uma menor tendência para sofrer problemas psicológicos inerentes ao capitalismo moderno, como a depressão, o estresse, o *burn-out*, o sentimento de inferioridade. Os indivíduos resilientes sobrevivem à guerra e ao capitalismo, adaptam-se ao real caótico no interior do qual estão mergulhados e conseguem até mesmo se realizar apoiando-se nessas realidades.

Não surpreende, pois, que imensas empresas, como a Coca-Cola, tenham investido somas consideráveis em pesquisas em psicologia positiva. Como mostrou o pesquisador espanhol Edgard Cabanas, esse tipo de pesquisas é motivado pelo desejo de elaborar métodos mais econômicos e eficazes de aumento da produtividade, visando melhorar os desempenhos dos assalariados e promover um "comportamento em sintonia com as coerções organizacionais". Outras instituições, como a fundação Robert-Wood-Johnson, lançaram programas de pesquisa em psicologia positiva destinados a elaborar métodos que permitem a redução dos custos de saúde e a aumentar a longevidade dos indivíduos. A fundação John-Templeton, por sua vez, investiu 8 milhões de dólares em um projeto consagrado à psicologia positiva, visando desenvolver o campo da "*positive neuroscience*" e estudar o papel da espiritualidade nos "itinerários de vida bem-sucedidos"[20].

O papel desempenhado pela psicologia na construção do trabalhador moderno ilumina algumas das maneiras pelas quais o *capitalismo emocional* reformou a noção de racionalidade. Ao compreender as emoções positivas, a

---

20. CABANAS, E. & ILLOUZ, E. "The Making of a 'Happy Worker'", cap. cit.

felicidade e a resiliência, ao mesmo tempo como *leitmotiv* da ação humana e como condição de um comportamento eficaz, autônomo e emocionalmente saudável, a psicologia positiva combinou o ideal afetivo de expressão de si moderno com a exigência utilitarista de *self-control* como via racional para alcançar seus fins.

A intimidade segundo a lógica capitalista

A penetração das metáforas econômicas e da lógica de mercado nas relações sociais e na intimidade constitui um segundo elemento do *capitalismo emocional*. Ao transformar o "interesse pessoal", a "eficácia" e os "meios" (*instrumentality*) em repertórios culturais adequados para dar sentido aos conflitos interpessoais e gerenciá-los, o discurso psicológico fez da economia o lugar principal da produção simbólica bem como a fonte primordial de suas metáforas e de suas narrativas da individualidade. Esses repertórios culturais fundados no mercado formam e informam as relações emocionais e interpessoais, ao passo que as relações interpessoais estão no centro das relações econômicas. Se as emoções se tornam categorias padronizadas capazes de ser racionalizadas, calculadas e utilizadas para aumentar a eficácia, elas também dão sua forma às identidades individuais e às práticas da sociabilidade[21].

Até meados dos anos de 1940, o trabalho dos psicólogos abrangia apenas o exército, as empresas, bem como os cuidados dos transtornos mentais mais graves. Em 1946, o *National Mental Health Act* [Lei nacional de saúde mental] aumentou consideravelmente a força do grupo profissional dos psicólogos: a saúde mental dos cidadãos comuns entrara em sua esfera de influência. Assim como Elton Mayo havia desejado organizar a eficácia e a harmonia social na empresa, os curadores do psiquismo recentemente designados pretenderam criar uma maior harmonia no seio das famílias. Durante os anos de 1950 e 1960, a legislação federal forneceu por sua vez as infraestruturas necessárias a

---

21. ILLOUZ, E. *Les Sentiments du capitalisme*. Op. cit.

uma psiquiatria e a uma psicologia orientadas para a sociedade civil, permitindo então à psicologia estender sua influência aos indivíduos da classe média "normalmente" neuróticos[22].

Em 1960, a psicologia tinha completamente se institucionalizado e tornara-se parte integrante da cultura popular americana. Além disso, o entrelaçamento da terapia e do feminismo produzira um importante processo de racionalização das relações íntimas. Porque o feminismo e as psicoterapias ensinaram um bom número de estratégias emocionais, corporais e psicológicas destinadas a transformar o eu, eles contribuíram para a racionalização das relações íntimas ou, para ser mais claro, eles submeteram estas últimas a procedimentos neutros de exame e de argumentação, fundados em um trabalho intenso de introspecção e de negociação. O controle das emoções, a clarificação dos valores e dos objetivos de um indivíduo, a utilização de técnicas de cálculo assim como a descontextualização e a objetivação das emoções provocaram uma *intelectualização* dos laços íntimos, e isso em nome de um projeto mais amplo: criar igualdade e trocas equitativas graças a uma comunicação verbal implacável visando revelar as necessidades, as emoções e os objetivos das partes[23].

Assim como na empresa, a comunicação íntima descreve e prescreve, puxando ao mesmo tempo as relações em duas direções opostas: de um lado, ela as submete a procedimentos linguísticos cujo objetivo é neutralizar a culpa, a ira, a frustração etc.; do outro, ela intensifica o subjetivismo e o emotivismo[24], de modo que nossas emoções se tornam por elas mesmas válidas simplesmente por serem expressas. O feminismo e a terapia contribuíram para transformar as emoções em valores racionais de um eu autônomo e independente que deve ser clarificado, melhorado e controlado. Essa visão das emoções associa as relações interpessoais aos processos de racionalização axiológica: o que real-

---

22. Ibid.
23. Ibid.
24. Corrente da metaética segundo a qual nossos julgamentos éticos não expressam proposições, e sim atitudes emocionais [N.T.].

mente você quer? Quais são suas necessidades emocionais pessoais? Você é ciumento? Está com raiva? Esse tipo de questionários individuais elaborado pela cultura terapêutica é culturalmente importante não porque forneceria respostas, mas porque codifica e objetiva as emoções, e assim facilita e encoraja a aplicação da racionalização axiológica no campo das emoções. Essa ontologia emocional fez das relações íntimas um objeto potencial de avaliação, de comparação e de análise da relação entre custo e benefício.

O melhor exemplo de que a linguagem do mercado racional conseguiu dominar a gramática das emoções pode certamente ser encontrado no campo dos sites de relacionamento *on-line*, surgido lá pelo final dos anos de 1990. Desde então, os sites de relacionamento na internet e, mais recentemente, os "aplicativos", tornaram-se empresas extremamente lucrativas no interior das quais as experiências relativas ao encontro amoroso ou erótico são encabeçadas por duas lógicas culturais: a da psicologia e a do consumismo. As categorias psicológicas e as descrições que tratam da personalidade seguem um processo consumista de definições cada vez mais precisas, antes de serem traduzidas em dados pelos "algoritmos de encontro" a fim de melhorar a qualidade da amostragem (amorosa) que será apresentada ao consumidor. Os encontros *on-line* transformaram assim a paisagem emocional da procura por parceiro: de uma atração física e de uma conexão espontânea e não instrumental com alguém considerado como especial e único, passamos a uma ação racional de *marketing* pessoal e de escolha em um mercado tão abundante em mercadorias quanto desencarnado.

Os sites de relacionamento *on-line* estruturam literalmente a busca por um parceiro amoroso como um mercado ou, mais precisamente, dão a essa busca a forma de uma transação econômica: eles transformam o eu em um produto embalado posto em concorrência com outros produtos em um mercado aberto regulado pela lei da oferta e da procura; o encontro torna-se, pois, o resultado de um conjunto de preferências mais ou menos estável; o processo de busca está praticamente subordinado ao problema da eficácia; esses sites atribuem um valor econômico (mais ou menos) fixo aos perfis, isto é, às pessoas, deixando-as angustiadas com seu valor nesse tipo de mercado estruturado e obcecadas pela melhoria de sua posição nesse mercado. Por fim, esses sites fazem com que as pessoas sejam extremamente conscientes dos aspectos custo/benefício de sua busca, seja em termos de tempo ou no sentido de maximizar os atributos da pessoa encontrada.

É a mesma lógica que transformou as emoções em uma nova forma de capital e que tornou os indivíduos responsáveis por suas relações no interior de uma empresa. É a mesma formação cultural que, de um lado, é responsável pela exigência das mulheres de obter uma posição igual nas esferas públicas e privadas, e que, de outro, transformou os vínculos íntimos em vínculos desapaixonados, racionalizados e capazes de ser o objeto do utilitarismo mais crasso. Esse sistema de conhecimentos cuja pretensão é nos impor um mergulho nos mais sombrios recantos de nosso psiquismo e nos tornar emocionalmente "educados" é o mesmo que contribuiu para transformar as relações em entidades quantificáveis e substituíveis. Assim, se o sujeito capitalista convencional podia ir e voltar do "estratégico" ao puramente "emocional", na era da psicologia e da internet o principal problema cultural é que se tornou bem mais difícil abandonar o estratégico para retornar ao emocional.

Um mercado das emoções

As emoções, como conceito, abarcam o individual e o social, o corporal, o cognitivo e o motivacional, e constituem, portanto, uma poderosa categoria para analisar o consumo. Não somente a emoção é capaz de explicar a fenomenologia do consumo, como também, o mais importante, ela é capaz de clarificar a evolução histórica da fenomenologia do consumismo. Ela torna possível elucidar a maneira como as instituições e os empreendedores da cultura e da economia que promovem a cultura do consumo concebem a um só tempo o consumidor e o papel das emoções, ao transformar as mercadorias em um aspecto fundamental da experiência da identidade e da subjetividade. Nesse sentido, podemos destacar ao menos três dimensões no interior das quais o *capitalismo emocional* enreda as emoções e o consumo em um processo contínuo de coprodução das emoções e das mercadorias: a percepção e a construção do consumidor como ator emocional; a experiência emocional performativa do consumidor; a mercantilização das emoções, ao mesmo tempo no intuito de aumentar os benefícios e de transformá-los em verdadeiras mercadorias[25].

Um ponto central negligenciado pela sociologia do consumo é o processo histórico de conceituação do consumidor em termos emocionais. A ciência do *marketing* começou a se desenvolver já nas primeiras décadas do século XX e foi fortemente influenciada pelas teorias psicanalíticas. Sua conceituação do consumo baseava-se assim na crença segundo a qual as mercadorias possuem um maior poder de sedução quando se revestem de uma significação simbólica e emocional. A subsequente prática de trabalho sobre a "imagem de marca" (*branding*) correspondia à justaposição deliberada de produtos e de ícones, de símbolos e de mitos culturais, justaposição que acarretava associações emocionais. Desde os anos de 1920, os publicitários americanos "personalizaram" os produtos, passando de uma simples informação descritiva às motivações subjetivas e aos argumentos emocionais. Com uma frequência cada vez maior, as publicidades falavam do consumidor – de seu estilo de vida, de seu prazer e de sua satisfação – mais do que da própria mercadoria, em sua materialidade. A partir dos anos de 1930, uma cooperação estreita instaurou-se entre os economistas e os psicólogos, reforçando o ponto de vista segundo o qual o consumidor era guiado por suas emoções e o estado emocional era a pulsão fundamental na origem de todo ato de consumo: os indivíduos compravam se invejassem as posses dos outros, se se cansassem das suas, ou ainda se desejassem agradar outra pessoa...[26]

---

25. ILLOUZ, E. & BENGER, Y. "Emotions and Consumption". In: COOK, D.T. & RYAN, J.M. (dir.). *The Wiley Blackwell Encyclopedia of Consumption and Consumer Studies*. Oxford: John Wiley & Sons, 2005, p. 263-268. • ILLOUZ, E. (dir.). *Emotions as Commodities*: Capitalism, Consumption and Authenticity. Londres: Routledge.

26. MARCHAND, R. *Advertising the American Dream*: Making Way for Modernity, 1920-1940. Berkeley, Calif.: University of California Press, 1985. • MATT, S.J. *Keeping Up with the Joneses*:

Ao mesmo tempo, a cultura terapêutica convertia essas massas expostas ao consumismo, tornando os consumidores cada vez mais conscientes de suas emoções, cada vez mais preocupados com elas e cada vez mais convencidos de que o eu emocional de um indivíduo definia sua identidade. A psicologia e a cultura do consumo trabalharam então juntas para construir um indivíduo ideal, que percebia sua identidade pessoal e seu estilo de vida como uma posse individual que devia ser cultivada graças à autorreflexão e à "moldagem de si" (*self-fashioning*)[27]. Nas pesquisas atuais em psicologia do consumo, em *marketing* e em gestão, as emoções ainda constituem uma categoria muito popular que oferece os meios de analisar o comportamento dos consumidores e são consideradas como a ferramenta central que permite manipular as escolhas dos consumidores e obter a sua fidelidade[28].

A publicidade e a imagem de marca não se contentam apenas em manipular as emoções para aumentar o consumo. Fazem também do consumidor uma entidade emocional, ao transformar uma simples aquisição material em uma experiência emocional. Depois de um certo número de teorias psicológicas, econômicas e neurológicas, o "*branding* emocional" encorajou a conceituação do consumidor como agente emocional e aumentou a percepção do consumo como estratégia visando atingir um certo grau de autenticidade emocional e de autorrealização[29]. O consumo agia, portanto, no próprio centro do eu: não somente ele dava sua forma aos desejos de um indivíduo,

---

Envy in American Consumer Society, 1890-1930. Filadélfia, PA.: University of Pennsylvania Press, 2003.

27. BERGER, A.A. *The Objects of Affection*: Semiotics and Consumer Culture. Nova York: Palgrave Macmillan, 2010. • ILLOUZ, E. *Saving the Modern Soul*. Op. cit.

28. CHAUDHURI, A. *Emotion and Reason in Consumer Behavior*. Oxford: Elsevier, 2006. • LAROS, F.J.M. & STEENKAMP, J.-B.A.M. "Emotions in Consumer Behavior: A Hierarchical Approach". In: *Journal of Business Research*, vol. 58, n. 10, 2005, p. 1.437-1.445. • WHITE, C. & YU, Y.-T. "Satisfaction Emotions and Consumer Behavioral Intentions". In: *Journal of Services Marketing*, vol. 19, n. 6, 2005, p. 411-420. • O'SHAUGHNESSY, J. & O'SHAUGHNESSY, N.J. *The Marketing Power of Emotion*. Nova York: Oxford University Press, 2002. • RUTH, J.A. "Promoting a Brand's Emotion Benefits: The Influence of Emotion Categorization Processes on Consumer Evaluations". In: *Journal of Consumer Psychology*, vol. 11, n. 2, 2001, p. 99-113.

29. ILLOUZ, E. & BENGER, Y. "Emotions and Consumption", cap. cit.

como também pretendia reconceituar sua essência. É por isso que o vínculo entre "autenticidade" e consumo é tão central na cultura de consumo: ele afeta não somente a significação dos objetos e das práticas de consumo em si mesmos, como também a conceituação do consumidor, um consumidor que a ciência do *marketing* não considera mais como motivado pelo interesse pessoal ou por uma análise da relação custo/benefício, mas por suas necessidades emocionais e um desejo de cultura de si[30].

À luz da transição do capitalismo industrial para o que Michael Hardt e Antonio Negri chamaram, na segunda metade do século XX, de uma força de trabalho "imaterial"[31], uma nova geração de pesquisadores interessou-se principalmente pelas mercadorias imateriais e pelo seu "valor de signo", que vem se somar ao seu valor de uso e ao seu valor de troca[32]. Esses pesquisadores e seus estudantes destacam a importância dos elementos não materiais (estéticos/simbólicos) das mercadorias, defendendo que o signo se tornou um elemento autônomo do próprio processo de produção. As emoções, aqui, explicam os aspectos pretensamente irracionais do consumo, aqueles que levam um consumidor a comprar um produto independentemente de qualquer consideração quanto à relação custo/benefício[33].

O fato é que, nessa abordagem, o próprio ato de consumo não é necessariamente considerado como uma experiência emocional em si, mesmo quando ele tivesse mais a ver com a semântica do que com uma satisfação utilitarista qualquer. Foi só no final dos anos de 1980 que sociólogos começaram a estu-

---

30. ILLOUZ, E. (dir.). *Emodities*. Op. cit.
31. HARDT, M. & NEGRI, A. *Multitude*. Op. cit.
32. BOURDIEU, P. *La distinction* – Critique sociale du jugement. Paris: Minuit, 1979 [*A distinção*. Porto Alegre: Zouk, 2011]. • APPADURAI, A. (dir.). *The Social Life of Things*: Commodities in Cultural Perspective. Cambridge: Cambridge University Press, 1988. • BAUDRILLARD, J. *La Société de consommation* – Ses mythes, ses structures. Paris: Gallimard, 1970.
33. BERGER, A.A. *The Objects of Affection*. Op. cit. • BOLIN, G. "Notes from Inside the Factory: The Production and Consumption of Signs and Sign Value in Media Industries". In: *Social Semiotics*, vol. 15, n. 3, 2005, p. 289-306. • LASH, S. & URRY, J. *Economies of Signs and Space*. Londres: Sage, 1994.

dar a experiência emocional do consumo e a se perguntar como uma mercadoria podia induzir diretamente uma experiência emocional[34]. Em primeiro lugar, uma vez que a mercadoria é emocionalmente enquadrada para atrair os consumidores, a emoção encoraja o consumo, o que implica tanto conhecimentos, afetos e avaliações quanto o simples fato de possuir um corpo. Dessa maneira, o consumo torna-se uma das dimensões performativas da subjetividade emocional[35]. Em seguida, na medida em que as mercadorias têm significações e valores diferentes segundo as relações sociais no interior das quais são trocadas, e que por sua vez elas constituem[36], as experiências do consumo produzem igualmente um trabalho emocional intenso (escolher o objeto ou o lugar que "corresponderá" a um determinado evento social ou que criará a atmosfera desejada)[37].

Aqui, a emoção é certamente a força que leva ao consumo, mas sobretudo ela é constituída pelo próprio ato de consumo. A mercadoria (com seu valor semiótico) não é mais exterior ao consumidor; ela depende da interação com este último, e isso para produzir experiências emocionais subjetivas. À luz da apercepção da dimensão emocionalmente performativa dos bens, um conceito desenvolvido por Anne Friedberg, a "mercadoria-experiência", que podemos definir como uma mercadoria intangível entregue por meio de uma atividade estética que engendra um impacto subjetivo no consumidor-espec-

---

34. APPADURAI, A. (dir.). *The Social Life of Things.* Op. cit. • FEATHERSTONE, M. "Perspectives on Consumer Culture". In: *Sociology*, vol. 24, n. 1, 1990, p. 5-22. • ZELIZER, V.A. *La signification sociale de l'argent* (1997). Paris: Seuil, 2005.

35. BERGER, A.A. *The Objects of Affection.* Op. cit. • FEATHERSTONE, M. *Consumer Culture and Postmodernism.* Londres: Sage, 2007. • REITH, G. "Consumption and Its Discontents: Addiction, Identity and the Problems of Freedom". In: *The British Journal of Sociology*, vol. 55, n. 2, 2004, p. 283-300. • McCRACKEN, G.D. *Culture and Consumption* – T. 1: New Approaches to the Symbolic Character of Consumer Goods and Activities. Bloomington, Ind.: Indiana University Press, 1990.

36. APPADURAI, A. *The Social Life of Things.* Op. cit. • ZELIZER, V.A. *The Purchase of Intimacy.* Princeton, N.J.: Princeton University Press, 2005.

37. ILLOUZ, E. & BENGER, Y. "Emotions and Consumption", cap. cit. • ILLOUZ, E. "Emotions, Imagination and Consumption: A New Research Agenda". In: *Journal of Consumer Culture*, vol. 9, n. 3, 2009, p. 377-413.

tador, pode nos ajudar a identificar uma categoria *sui generis* das práticas de consumo cujo objetivo é explicitamente emocional[38].

Com efeito, no capitalismo tardio, vários produtos de consumo são em realidade formas de experiência e, em retorno, um número crescente de experiências é transformado em mercadorias. Este é o caso particularmente na cultura do consumo de massa, em que a indústria do lazer propõe bens intangíveis que, embora sejam produzidos de uma maneira padronizada, engendram experiências individuais particulares. O conceito de mercadoria-experiência está em ressonância com a literatura econômica dos anos de 1990 e 2000, quando uma nova ênfase foi colocada na centralidade da experiência[39]. Cada vez mais, a ciência do *marketing* percebe o consumidor como estando em busca de experiências tão intensas emocionalmente quanto memoráveis.

Até aqui, vimos que as emoções motivam o consumo e que por sua vez nossas práticas de consumo dão sua forma à nossa identidade emocional. É possível identificar uma terceira conexão entre emoção e consumo nos casos em que as emoções são transformadas em mercadorias, seja traduzindo os afetos do consumidor em valor, seja coproduzindo as emoções para fazer delas mercadorias. A exploração das reações afetivas dos consumidores em nome do lucro é ilustrada pelas evoluções recentes do "*branding* emocional", muito particularmente pela internet, que constituiu o que alguns chamaram de "economia afetiva"[40]. A eco-

---

38. FRIEDBERG, A. *Window Shopping*: Cinema and the Postmodern. Berkeley, Calif.: University of California Press, 1993.

39. SUNDBO, J. & SØRENSEN, F. (dirs.). *Handbook on the Experience Economy*. Cheltenham: Edward Elgar Publishing, 2013. • Pine II, J.B. & GILMORE, J.H. *The Experience Economy*: Work Is Theatre & Every Business a Stage. Boston, Mass.: Harvard Business Press, 1999. • VARGO, S.L. & LUSCH, R.F. "Evolving to a New Dominant Logic for Marketing". In: *Journal of Marketing*, vol. 68, n. 1, 2004, p. 1-17.

40. JENKINS, H. *La culture de la convergence* – Des médias au transmédia (2006). Paris: Armand Colin, 2013. Embora existam certas sobreposições intrigantes, é importante não confundir essa abordagem com a "economia afetiva" de Sara Ahmed. Enquanto esta utiliza esse conceito para teorizar os mecanismos pelos quais a circulação das emoções constitui e materializa os sujeitos, os corpos, os grupos e as relações sociais, referimo-nos aqui a um mercado no interior do qual a ação afetiva é traduzida em benefício econômico. Cf. AHMED, S. "Affective Economies". In: *Social Text*, vol. 22, n. 2, 2004, p. 117-139.

nomia afetiva pode ser compreendida como uma fusão do "*branding* emocional" clássico e do entretenimento, *via* a implicação social e emocional ativa do consumidor no processo de *marketing*, assim como se pode observar nos espectadores de *reality show*, que desempenham o papel de juízes ao enviarem mensagens de texto, ou nos utilizadores de redes sociais, que marcam o *like* no Facebook ou retuítam. Esses mecanismos provocam um processo de autorreflexividade entre os consumidores, que são regularmente obrigados a tomar decisões baseando-se em seus engajamentos emocionais e em suas reações afetivas. Aqui a excitação emocional não se destina a encorajar o consumo de um bem, e sim a ser traduzida em ação (como clicar no "Like") a fim de acumular dados que serão em seguida transformados em benefícios[41].

Por fim, gostaríamos de sugerir um outro elemento da mercantilização das emoções, a saber, a "mercadoria emocional", definida como um bem explicitamente concebido para engendrar experiências emocionais e conscientemente consumido com esse objetivo[42]. Essa capacidade do capitalismo em produzir e em fornecer emoções como mercadorias, como mostrado pelo fenômeno dos consumidores que pagam a fim de mudar seu estado emocional para seu benefício individual, foi negligenciada pela análise sociológica da mercantilização emocional, que de maneira geral se concentra unicamente na esfera da produção ("trabalho afetivo", "*branding* emocional"). Ali onde, no "*branding* emocional", as emoções, supostamente existentes antes do ato de consumo, são estrategicamente manipuladas pela indústria, no caso das mercadorias emocionais a demanda emocional é realmente satisfeita: os consumidores buscam atmosferas ou experiências emocionais específicas, e estas últimas são fornecidas de uma maneira considerada como subjetiva e autêntica. As práticas de consumo são percebidas como autênticas precisamente porque não existe nenhuma distinção entre seu valor econômico e as emoções que elas oferecem.

---

41. JENKINS, H. *La culture de la convergence*. Op. cit. • ARVIDSSON, A. & COLLEON, E. "Value in Informational Capitalism and on the Internet". In: *The Information Society*, vol. 28, n. 3, p. 135, 150.
42. ILLOUZ, E. (dir.). *Emodities*. Op. cit.

É a produção sistemática das emoções como mercadorias que faz da autenticidade um aspecto inerente ao consumo[43].

O conceito de mercadoria emocional desenvolve principalmente de duas maneiras o conceito da mercadoria-experiência de Anne Friedberg: primeiro, enquanto o objetivo da mercadoria-experiência é beneficiar-se de uma simples experiência (parque de atrações) ou atiçar o desejo do consumidor para que ele efetue um ato concreto de consumo (namorar as vitrines), no caso das mercadorias emocionais uma emoção definida constitui o verdadeiro objetivo econômico, um objetivo reconhecido tanto pelo produtor quanto pelo consumidor. Assim, quando compramos um disco de "música relaxante", quando participamos de uma oficina de gestão da raiva ou do estresse, ou ainda quando compramos um ansiolítico, compramos um estado emocional definido. Em seguida, o processo de mercantilização está bem longe de se reduzir somente à "mobilização do olhar", na medida em que, para engendrar uma experiência emocional completa, muitos outros canais sensuais e cognitivos devem ser acionados.

Isso é algo evidente, por exemplo, na indústria do turismo, e mais particularmente no setor dos clubes de férias. Não é de hoje que o turismo é definido como uma experiência transformada em mercadoria[44], mas o que caracteriza essa experiência e como ela se transformou assim? Essa questão foi colocada por John Urry, que defendeu que o turismo consiste no consumo de lugares e de curiosidades através do "olhar turístico"[45], já para Ning Wang foi o "tempo livre" que se transformou em mercadoria[46]. Todavia, se nós nos apoiarmos no conceito de mercadoria emocional, torna-se possível definir o turismo como uma *indústria emocional*, no interior da qual o objeto consumido é em realida-

---

43. Ibid.
44. COHEN, E. *Contemporary Tourism*: Diversity and Change. Amsterdã: Elsevier, 2004. • BELL, C. & LYALL, J. *The Accelerated Sublime*: Landscape, Tourism, and Identity. Westport, Conn.: Praeger, 2002. • WATSON, G.L. & KOPACHEVSKY, J.P. "Interpretations of Tourism as Commodity". In: *Annals of Tourism Research*, vol. 21, n. 3, 1994, p. 643-660.
45. URRY, J. *The Tourist Gaze*: Leisure and Travel in Contemporary Societies. Londres: Sage, 1990.
46. WANG, N. *Tourism and Modernity*: A Sociological Analysis. Oxford: Pergamon, 2000.

de um estado emocional. A percepção de que algo é diferente, sai do ordinário ou é novo – o que muitos procuram no turismo – está fortemente ligada à nossa perspectiva emocional, isto é, à maneira como reagimos emocionalmente ao mundo. Assim, o espaço e o tempo devem ser considerados como variáveis mediadas, mecanismos que tornam possível a mudança do estado emocional do turista, sabendo que a influência deles depende de sua carga emocional *a priori*, ela mesma determinada pelas tendências culturais[47].

O exemplo da experiência produzida nos Club Med lança uma certa luz sobre vários aspectos da mercantilização das emoções e sobre o contexto cultural no interior do qual ela se opera. O empreendimento Club Med emergiu no contexto de uma nova reflexão psicológica sobre a concepção moderna do estresse e do relaxamento. Criado em 1950, teve como alvo principal uma nova classe média ávida por consumir seu tempo de lazer vendendo-lhe uma nova experiência de relaxamento. Fornecer relaxamento mediante uma transação econômica tornava-se possível por um processo histórico subjacente: a hipótese segundo a qual o trabalho e a vida moderna eram fontes de estresse – por isso o desejo de relaxar e a emocionalização da natureza. Essa hipótese idealizava a natureza por oposição à cidade e, na medida em que estava vinculada aos conceitos de autenticidade, de liberdade pessoal e de prazer, institucionalizava a separação e a diferenciação entre trabalho e lazer, acabava então envolvendo as férias em uma aura de evasão. As férias eram assim transformadas em pausa no decorrer da qual o eu autêntico e relaxado podia enfim se expressar e se reinventar, ideia que acompanha o crescente interesse dos homens e das mulheres da classe média pelo seu bem-estar e por sua vida emocional[48].

Nessas condições culturais, o empreendimento Club Med produz o relaxamento por meio de um certo número de características de seus clubes, que têm como função distinguir as férias dos elementos da vida cotidiana fontes de

---

47. BENGER, Y. "'It Is All Included – Without the Stress': Exploring the Production of Relaxation in Club Med Vacation Resorts". In: ILLOUZ, E. (dir.). *Emodities*. Op. cit.
48. Ibid.

estresse: a alternância espacial de um ambiente urbano para um lugar "natural", um quadro socioeconômico empobrecido no qual não existe teoricamente nem trabalho nem dinheiro – impressão que se tornou possível com a fórmula "tudo incluído", de um lado, e graças às relações abertas e horizontais entre as pessoas de férias e os "GO" ("gentis organizadores"), de outro – e, por fim, um etos sólido de individualismo, de livre-escolha e de satisfação das paixões pessoais. Para ativar essas características, a produção do relaxamento exige novas estratégias, mais sofisticadas do que a simples experiência turística, e acarreta então tanto uma nova concepção da arquitetura quanto do gerenciamento ou da criação de uma atmosfera[49].

Os relatos de experiência dos turistas testemunham a coexistência da mercadoria e da autenticidade. Aqueles que se queixam da natureza não autêntica do turismo recreativo estão ou preocupados com a autenticidade do objeto da visita turística e não com a autenticidade da própria experiência[50], ou se contentam em anular sua pertinência[51]. Essa abordagem dicotômica é simplista demais e pode ser questionada quando se compreende que os turistas estão menos interessados pelos objetos do que pelas emoções que eles provocam. Quando se reintegra o turismo no contexto mais largo da mercantilização das emoções, podemos compreender melhor os processos recíprocos pelos quais a indústria responde, de um lado, às novas demandas nascidas de processos culturais eles mesmos influenciados ou concebidos pelas diversas possibilidades econômicas de coprodução de novas demandas emocionais e, de outro, à questão da autenticidade das experiências emocionais[52].

Se nos concentramos na relação recíproca que desde o início do século XX a cultura emocional terapêutica e a lógica econômica racional mantêm, o

---

49. Ibid.
50. MacCANNELL, D. *The Tourist*: A New Theory of the Leisure Class. Nova York: Schocken Books, 1976.
51. COHEN, E. *Contemporary Tourism*. Op. cit.
52. ILLOUZ, E. (dir.). *Emodities*. Op. cit. Principalmente BENGER, Y. "It Is All Included – Without the Stress").

conceito de *capitalismo emocional* contribui para elucidar alguns enigmas que assombram as pesquisas sobre o capitalismo: como é possível que a cultura capitalista tenha intensificado a um só tempo a forma racional e a forma emocional do individualismo? De que maneira as técnicas emocionais conseguiram penetrar o local de trabalho no exato momento em que uma lógica racional e fundada no mercado começava a informar as relações sociais e o íntimo? Como os objetos de consumo ganharam uma significação afetiva? De que maneira podemos explicar o fato de que as práticas econômicas e, acima de tudo, o consumo nos pareçam tão naturais e autênticos?

Este capítulo tentou retraçar o entrelaçamento das emoções e do capital em três campos-chave do *capitalismo emocional*. Primeiro, examinamos a penetração da psicologia no interior das empresas americanas, mostrando como as emoções dos trabalhadores foram instrumentalizadas para aumentar a eficácia da empresa. Esse processo, iniciado nos anos de 1920, deu sua forma aos locais de trabalho e às relações profissionais ao enfatizar os sentimentos dos trabalhadores, ao exigir um trabalho emocional, uma gestão de si mesmo, e ao favorecer a comunicação e a empatia em detrimento do controle e da disciplina. A psicologização da empresa foi muito bem-sucedida na formação da identidade no local de trabalho ao enquadrar o comportamento dos trabalhadores por meio de uma atenção contínua ao seu "psiquismo", ao popularizar mecanismos de gestão emocional, ao conceituar o trabalho em termos de desenvolvimento pessoal e, por fim, ao neutralizar a competição e as relações de poder. Além disso, o papel da psicologia e, mais tarde, da psicologia positiva na conversão das vidas emocionais pessoais dos trabalhadores em um campo de controle e de elaboração utilitarista ilustra a rearticulação da racionalidade no interior do *capitalismo emocional*.

Paradoxalmente, a importância das emoções na cultura e nas relações sociais não torna os atores mais emotivos, porém, ao contrário, mais racionais. Para destacar esse ponto, seguimos os traços da racionalização da vida emocional íntima, que emergiu na segunda metade do século XX ao mesmo tempo *via* a invasão do discurso terapêutico na cultura popular americana e na vida privada, e *via* a maneira como o movimento feminista conseguiu remodelar a noção de intimidade. Como explicamos, tanto a psicoterapia quanto o feminismo priorizaram técnicas de clarificação e de comunicação verbais, contribuíram para o que Georg Simmel poderia chamar a intelectualização das relações íntimas e, desse modo, ambos contribuíram para a transformação das emoções em valores racionais e também para a penetração das metáforas econômicas e da lógica de mercado na percepção e nas práticas da intimidade. Esse entrelaçamento da racionalidade da lógica de mercado e do campo pessoal do íntimo foi ilustrado pelo exemplo dos sites de relacionamento na internet, nos quais os utilizadores tornam-se consumidores tentando maximizar suas opiniões, ao passo que são simultaneamente colocados em um mercado aberto à concorrência, convertendo assim as relações amorosas em objetos capazes de ser comparados, avaliados, e cuja relação custo/benefício pode ser calculada.

Por fim, esboçamos um certo número de interconexões entre as emoções e o consumo a fim de clarificar a emocionalização do consumo e a maneira como as mercadorias tornaram-se um aspecto fundamental da fenomenologia da identidade e da subjetividade na cultura de consumo. A manipulação estratégica das emoções dos consumidores no intuito de motivar seu consumo, a experiência emocional performativa do consumo e a mercantilização das emoções, seja para aumentar o lucro ou para transformá-las em verdadeiras mercadorias, contribuíram para esse processo de coprodução das emoções e das mercadorias. O prisma do *capitalismo emocional* oferece novas percepções sobre o estatuto do objeto e sobre a questão da autenticidade na cultura de consumo. Assim como esperamos ter mostrado, é realmente a coprodução dos objetos e das emoções que explica por que a cultura do consumo remete a uma maneira de objetivar a subjetividade e, por outro lado, a uma maneira de transformar os objetos em subjetividade. Além do mais, é porque o consumo funciona a partir do interior do eu emocional e engendra emoções que as práticas econômicas de consumo são vividas como autênticas.

E, com efeito, diferentes pesquisadores, oriundos de diversas disciplinas, destacaram as inter-relações aparentemente paradoxais entre o emocional e o econômico – no local de trabalho (p. ex., o "trabalho emocional"), no interior das relações sociais (p. ex., a "busca da intimidade"), ou ainda na cultura do consumo (p. ex., a "mercadoria-experiência" e a "economia afetiva"). O termo geral de *capitalismo emocional* abarca uma grande variedade de fenômenos e visa descrever e explicar os processos pelos quais a economia e as emoções acabaram convergindo.

4
FÚRIAS, COMUNHÕES E ARDOR CÍVICO: A VIDA POLÍTICA DAS EMOÇÕES

Nicolas Mariot

Lágrimas do orador. Choros do público. Voz que vacila, gritos na multidão, canções repetidas em coro. Muitas vezes *slogans*, por vezes punhos levantados e fogueiras. Dois homens de Estado que se dão as mãos, um outro que se ajoelha e pede perdão, aqueles que triunfam no júbilo, aqueles que morrem na aflição geral. Cheios de fúria, profundamente silenciosos ou resolutamente alegres: marchas, concentrações, turnês, convenções, festas, *sit-in*. Uma agitação que percorre a assembleia. Manifestações de compaixão, de temor, de solidariedade, de admiração, de desprezo ou de aversão. Uma raiva que explode na violência – pedras ou coquetéis-molotov lançados. Evidentemente, não há qualquer surpresa aqui, a política do século passado, de todos os países e de todas as cores, é regularmente atravessada de emoções. A ponto de, em nossas democracias – mas o liberalismo do regime é realmente discriminante em matéria de afetos? –, ter sido possível dizer que o cidadão era, por natureza, "sentimental"[1].

---

1. MARCUS, G.E. *Le citoyen sentimental* – Émotions et politique en démocratie (2002). Paris: Presses de Sciences Po, 2008.

Por mais trivial que pareça, a constatação é decisiva: é precisamente ao enfatizar o fervor coletivo e seus instrumentos que historiadores e sociólogos, depois dos comentaristas profanos dessas cenas das quais, em matéria de afetos, eles muitas vezes são os ventríloquos, procuraram explicar a eficácia dessas concentrações. Ao deslizar insensivelmente do registro da emoção comum ao da comunhão, torna-se possível louvar o ardor cívico dessas demonstrações, sua capacidade de forjar ou de reforçar valores, sua aptidão para fundar a integração dos indivíduos que delas participam. O poder está nas ruas quando os participantes do movimento conseguem impor suas reivindicações, ou até mesmo derrubar o regime. Mas ele também está de uma outra maneira: porque as concentrações de massa parecem dispor de uma capacidade reconhecida, a de socializar duradouramente aqueles que tomam as ruas. Por isso, sempre que se trata de identidade coletiva, de sentimento de pertencimento ou de popularidade, as emoções ocupam um lugar central. Sem elas, sem supor seus efeitos sobre os espíritos reunidos, difícil ou mesmo impossível avançar que, no grupo considerado, há mais do que a soma de seus membros: um reconhecimento mútuo, um vínculo comum. Os momentos de grande efervescência social são o cadinho das identidades coletivas: eis o lugar-comum da literatura de ciências sociais que servirá de fio condutor aos desenvolvimentos que seguem.

Sentir juntos

O espetáculo político, como qualquer outro, não escapa à questão do "arrepio na espinha". A razão para isso é simples: os comentaristas do evento – jornalistas, comunicadores, representantes do Estado, policiais tanto quanto sociólogos ou historiadores – precisam constatar a existência de emoções para atestar seu "sucesso", neste caso o fato de os corações dos participantes terem sido supostamente conquistados à causa ou ao homem "em representação" naquele dia. A partir do momento em que se estima que o que mantém junto é um sentimento de pertencimento, então a busca de suas manifestações físicas torna-se uma aposta decisiva. O mecanismo interpretativo em ação na língua acadêmica diz mais ou menos isso: os participantes experienciam juntos as mesmas coisas; dessa comunhão de afetos deve emergir a união das consciências. Na maioria das vezes, os comentários, profanos como acadêmicos, contentam-se em atestar "o fervor" ou a "efervescência" coletivas, vistas de longe de alguma forma. Para retomar a distinção, já célebre, do historiador William Reddy, eles avançam *emotives*, ou seja, as convenções comuns que permitem a exposição e a verbalização das emoções, deixando de lado a espinhosa questão das *emotions*, as experiências subjetivas sentidas intimamente pelos participantes[2]. Essa temática geral do "arrepio na espinha" constitui de fato a coluna vertebral, mais ou menos explícita, dos trabalhos que se interessaram pela formação das identidades coletivas, quer sejam nacionais, políticas ou socioculturais.

Efervescência 1900

As três obras que, ainda hoje, constituem a matriz original dos estudos sobre as emoções políticas, são redigidas nas décadas de 1890 e 1900. De um lado, em 1895, *A psicologia das multidões*, de Gustave Le Bon, texto curto de vulgarização das teses da corrente epônima. De outro, em 1912, *As formas elementares da vida religiosa*, de Émile Durkheim, monumento da sociologia nascente. Entre as duas, em 1901, os artigos que Gabriel Tarde consagra à emergência dos públicos em *A opinião e a multidão*. O que há de comum entre o pequeno volume que, com todos os floreios da linguagem científica da época, faz o inventário das fantasias da elite desse período diante da irrupção das

---

2. REDDY, W.M. "Against Constructionism: The Historical Ethnography of Emotions". In: *Current Anthropology*, vol. 38, n. 3, 1997, p. 331. Nesse ponto, seria preciso se perguntar se as ciências sociais podem realmente pretender ir além de um trabalho apenas sobre as *emotives*, principalmente na medida em que a busca das *emotions* levaria somente a uma constatação de uma "fragmentação" infinita de significações" (BOLTANSKI, L. *De la critique* – Précis de sociologie de l'émancipation. Paris: Gallimard, 2009, p. 141). Aliás, isso suporia discutir a realidade mesma da distinção *emotives/emotions*, na medida em que é possível se perguntar se, socialmente, não existem senão *emotives*. Nestas páginas, deixarei de lado esse debate, em particular porque é evidente, em textos de sínteses como este, não se poderia pretender discutir o que é individualmente experimentado pelos participantes em um evento político, seja ele qual for.

classes populares na vida política, os artigos inovadores do juiz de Sarlat sobre a fábrica midiática da opinião e a grande obra do sociólogo fundada nos relatos de ritos aborígenes? *A priori* nada, salvo sua comum posteridade que atravessa o século XX, e talvez também o estatuto das emoções em cada uma das obras.

A psicologia das multidões é uma espécie de livro negro das emoções coletivas. Certo, embora muito pouco descritas, elas ocupam um lugar central na demonstração: mergulhados na massa, os participantes são totalmente percorridos e dominados pelas paixões. Mas é precisamente isso que torna as multidões imprevisíveis e perigosas: indivíduos que geralmente são perfeitamente razoáveis nelas abandonariam o controle que normalmente exercem sobre seus afetos e seus instintos. Por meio das analogias com as perdas de si e com o embrutecimento que caracterizam o alcoolismo, mas também das referências onipresentes ao abandono histérico feminino, a multidão de Le Bon é sempre identificada ao extravasamento dos instintos sexuais e da violência.

Ao contrário, Tarde e sobretudo Durkheim percebem de maneira muito mais positiva as concentrações humanas, portanto, logicamente, as emoções que ali se revelam. O primeiro, embora se dedique a demonstrar a grande sabedoria dos públicos, ressalta, no entanto, o quanto a própria multidão pode ser o cadinho de uma comunhão entre os indivíduos que a compõem. Ele menciona assim, em uma longa tipologia, as multidões de luto, "enérgicos estimulantes da vida social", as das festas, que contribuem "para tecer ou estreitar os laços sociais", ou ainda o conjunto das "concentrações, convívios, entusiasmos recíprocos dos homens", que, como esclarece, "são muito mais úteis do que prejudiciais ao desenvolvimento da sociabilidade"[3].

O encantamento durkheimiano é ainda maior, especialmente pelo lugar que o sociólogo confere à noção de "efervescência social" como momento em que as normas morais dos grupos sociais se impõem aos espíritos reunidos *via* as emoções que ali são vividas. Como conclusão das *Formas elementares*, ele se lança

---

3. TARDE, G. *L'Opinion et la Foule* (1901). Paris: PUF, 1989, p. 61.

assim em um célebre arroubo pleno de lirismo no qual deseja a ressurgência de "horas de efervescência criativa no decorrer das quais novos ideais surgirão". "E essas horas uma vez vividas, acrescenta, os homens experimentarão espontaneamente a necessidade de revivê-las de tempos em tempos no pensamento, isto é, de alimentar sua lembrança com festas que revivificam regularmente seus frutos"[4]. Uma excitação compartilhada regularmente repetida.

A priori, o antagonismo dos julgamentos dados pelos três autores sobre a natureza mesma das emoções coletivas bastaria para tornar difícil se não impossível qualquer paralelo. Mas, de tanto focar nessas diferenças, perdemos o fato de as três obras terem em comum colocar os afetos no centro de sua demonstração. Em todos, são os corpos comovidos que servem de indícios, acumuláveis infinitamente, dos efeitos interiores do reagrupamento sobre aqueles que dele participam. Apenas os testemunhos de "febre" popular permitem mostrar a implicação dos espíritos. Le Bon, para quem a multidão é um estado de natureza, uma ficção política cujos traços são fundamentalmente anistóricos[5], afirma em linhas gerais: o homem assume na multidão "a espontaneidade, a violência, a ferocidade, e também os entusiasmos e os heroísmos dos seres primitivos"[6]. Quanto a Tarde, ele sugere a necessidade de uma fé ou de um objetivo compartilhado para transformar um conglomerado humano e um verdadeiro público. Como perceber, sem mesmo ter de interrogar os indivíduos presentes, que esses carburantes ideais estão realmente em ação? Ao constatar a presença de uma emoção, de um movimento de conjunto, ele responde: "Pessoas que passam na rua, cada uma cuidando de sua vida, camponeses reunidos em um campo de feira, transeuntes, mesmo formando um

---

4. DURKHEIM, É. *Les formes élémentaires de la vie religieuse* – Le système totémique en Australie (1912). Paris: Le Livre de Poche, 1991, p. 710-711.
5. Cf. COURTINE, J.-J. "A voz do povo: a fala pública, a multidão e as emoções no alvorecer da era das massas". In: COURTINE, J.-J. & PIOVEZANI, C. (dirs.). *A história da fala pública* – Uma arqueologia dos poderes do discurso. Petrópolis: Vozes, 2015, p. 261-289.
6. LE BON, G. *Psychologie des foules* (1895). Paris: PUF, 1998, p. 14 [*Psicologia das multidões*. São Paulo: WMF Martins Fontes, 2008].

grupo muito denso, não passam de uma massa confusa até o momento em que uma fé comum ou um objetivo comum os comove ou os move juntos"[7].

Em Durkheim, por fim, foi realmente "sob a influência do entusiasmo geral" ou no contexto de "uma assembleia que uma paixão comum aquece" que as "coisas laicas" que são a pátria, a liberdade, a razão, puderam ser "sacralizadas"[8]. Digamos de outra forma: os ideais surgem de momentos de entusiasmo nos quais os indivíduos reunidos estão submetidos a sentimentos comuns. Vemos a que ponto os afetos – aqui positivos – são essenciais no processo. Supõe-se que eles tornem visível aquilo que não é, mas que é o principal interesse do analista: as crenças dos indivíduos.

Além do mais, também encontramos nos três autores a ideia de que a similitude dos afetos induz ou traduz – a circularidade da demonstração sempre causa um problema – a conjunção das almas. "Tudo é comum a todos, escreve Durkheim. Os movimentos são estereotipados; todos executam os mesmos nas mesmas circunstâncias, e esse conformismo da conduta apenas traduz o do pensamento"[9]. Quando aclamam, riem, vibram juntos, os participantes colocam seus espíritos em harmonia. Em Le Bon, a tese é mais abstrata – a integração a uma multidão dota por princípio seus membros de uma "alma coletiva" – mas uma conclusão semelhante é firmemente avançada: a concentração é mais do que a soma dos elementos que a compõem[10]. Na multidão, ele esclarece, "os instintos, as paixões, os sentimentos", são assim facilmente compartilháveis por homens que por vezes tudo separa quando estão isolados uns dos outros. Tarde, enfim, também evoca paixões e ideias:

> A despeito de todas as dessemelhanças observadas, a multidão e o púbico, esses dois termos extremos da evolução social, têm em comum o fato de que o vínculo dos indivíduos diversos que os compõem consiste não em se harmonizar por suas próprias di-

---

7. TARDE, G. L'Opinion et la Foule. Op. cit., p. 51.
8. DURKHEIM, É. Les formes élémentaires de la vie religieuse. Op. cit., p. 370 e 377.
9. Ibid., p. 46.
10. LE BON, G. Psychologie des foules. Op. cit., p. 10-11.

versidades, por suas especialidades úteis umas às outras, mas em se refletir, em se confundir, por suas similitudes inatas ou adquiridas em um simples e poderoso uníssono – mas com que força tão maior no público do que na multidão! –, em uma comunhão de ideias e de paixões que, aliás, deixa o campo livre para suas diferenças individuais[11].

E, como Le Bon, ele acrescenta que os indivíduos nas multidões "desejam visivelmente apenas expressar sentimentos em ressonância com os de seus vizinhos [...]. Procuram se comprazer sem distinção de posições nem de classes"[12]. Dois elementos parecem, pois, comuns às três obras: o estatuto indiciário conferido às emoções, e o fato de estas serem necessariamente comuns. É realmente o fato de sentir juntos – para além das fronteiras sociais – que é determinante na construção do vínculo comum.

Linhagens

Para além mesmo do que afirmam ou contestam, esses três livros são ainda importantes pela sombra lançada sobre o século. Embora de maneira muito diferente, a posteridade deles impregnou duradouramente nossas maneiras de perceber as emoções políticas.

A obra de Le Bon conheceu um destino acidentado. De um lado, foi e continua sendo muito lida. Ganhou rapidamente muitas traduções, tornou-se um *best-seller* mundial com frequentes reedições. É preciso dizer que as revoluções fascistas e bolcheviques deram uma grande contribuição, com suas encenações de massas exaltadas pela fala do chefe, para assentar sua reputação. Os grandes espetáculos de propaganda organizados por Mussolini, Stalin ou Hitler dão a impressão de que vieram ilustrar e até mesmo confirmar as proposições do autor, principalmente aquelas de seu terceiro capítulo consagrado aos "condutores das multidões e [aos] seus meios de persuasão", espécie de manual

---

11. TARDE, G. *L'Opinion et la Foule*. Op. cit., p. 49.
12. Ibid., p. 55.

para uso daqueles que desejassem se tornar chefes e se impor às massas tão sugestionáveis. Por outro lado, a ideia de que o eu individual é transformado pelo pertencimento a um grupo ativo[13], como também a visão patológica das emoções populares promovida pela obra[14], permaneceram fortes, inclusive na universidade, pelo menos até os anos de 1950.

Em um sentido inverso, o volume pouco a pouco também representou, no último terço do século, uma forma de contraponto ao estudo das emoções. Primeiro, os trabalhos de Robert Nye e de Susanna Barrows mostraram o quanto os livros de Scipio Sighele, de Henry Fournial, de Cesare Lombroso[15] e de Le Bon ainda deveriam ser lidos menos por suas análises e conclusões do que pelo que dizem das angústias, temores e preconceitos sociais de seus autores[16]. A literatura da "psicologia das multidões" narra o pesadelo que assombra a burguesia do final do século: o advento de um protesto popular na forma inédita de uma "nacionalização das massas"[17]. Ela relata a angústia de uma boa parte das elites da época diante dos cortejos de grevistas, dos desfiles do 1º de

---

13. Sobre esse legado da psicologia das massas, a literatura é considerável e célebre de Freud a Canetti, quer se trate de aprovar ou de deplorar esse fenômeno. Cf. principalmente PARETO, V. "L'âme des foules" (1898). In: *OEuvres completes*. T. 6. Genebra: Droz, 1984, p. 133-134. • PARK, R.E. *La foule et le public* (1904). Lyon: Parangon, 2007. • FREUD, S. Psychologie collective et analyse du moi (1921). In: FREUD, S. *Essais de psychanalyse*. Paris: Payot, 1981. • ORTEGA Y GASSET, J. *La révolte des masses* (1929). Paris: Gallimard, 1967. • REICH, W. *La psychologie de masse du fascisme* (1933). Paris: Payot, 1999. • TCHAKHOTINE, S. *Le viol des foules par la propagande politique*. Paris: Gallimard, 1939. • CANETTI, E. *Masse et puissance* (1960). Paris: Gallimard, 1966 [*Massa e poder*. São Paulo: Companhia de Bolso, 2019].

14. Principalmente no conjunto dos trabalhos reunidos sob a rubrica "comportamento coletivo" (*collective behavior*) nos Estados Unidos. Sobre essa história, cf. McPHAIL, C. *The Myth of the Madding Crowd*. Nova York: De Gruyter, 1991.

15. SIGHELE, S. *La foule criminelle* (1891). Paris: Alcan, 1892. • FOURNIAL, H. *Essai sur la psychologie des foules* – Considérations médico-judiciaires sur les responsabilités collectives. Paris: Masson, 1892. Cf. tb., entre outros, LOMBROSO, C. *La femme criminelle et la prostituée* (1893). Paris: Alcan, 1896.

16. NYE, R.A. *The Origins of Crowds Psychology*: Gustave Le Bon and the Crisis of Mass Democracy in the Third Republic. Londres: Sage, 1975. • BARROWS, S. *Miroirs déformants* – Réflexions sur la foule en France à la fin du XIXᵉ siècle (1981). Paris: Aubier, 1990.

17. A expressão remete à ideia de que as massas se apropriariam doravante explicitamente de desafios "nacionais", principalmente pela oposição patriotismo e chauvinismo *contra* movimento operário e luta de classes. Cf. MOSSE, G.L. *The Nationalization of the Masses*: Political Symbolism and Mass Movements in Germany from the Napoleonic Wars through the Third Reich. Nova York: New American Library, 1995.

maio, das marchas boulangistas que elas percebem como uma das manifestações mais clamorosas, pois ocorrem à luz do dia, da desagregação mais extrema que corroeria a sociedade. É claro que esses autores se apoiam na linguagem e em certas aquisições das ciências da época: as noções de sugestibilidade das multidões e de inconsciente remetem à imensa onda da hipnose, à de contágio segundo o modelo de Pasteur e à expansão da bacteriologia. Também fazem um amplo uso dos novos instrumentos estatísticos então em pleno desenvolvimento: taxas de suicídio, de alcoólatras, de doenças mentais ou venéreas. Mas esses usos da ciência só servem para fortalecer o pessimismo deles, pois se juntam às descrições literárias de Taine agitando o espectro odiado da Comuna ou de Zola descrevendo o mundo operário dos bairros miseráveis. Desde as primeiras formulações, o tom está dado: pensar as multidões é refletir sobre os desvios sociais, sobre o crime e suas causas.

É essa visão patológica que vai ser violentamente rejeitada pelos pesquisadores especialistas dos movimentos sociais a partir dos anos de 1960. Eles mesmos foram muitas vezes atores nesses movimentos. Vibraram, marcharam, gritaram, choraram para afirmar sua oposição à Guerra do Vietnã, à segregação racial, ou mais geralmente à sociedade assim como estava organizada. É evidente que não podem se reconhecer nas descrições de Le Bon. Ao contrário, e revendo as mobilizações pós-68, eles vão mostrar que estas obedeciam a lógicas identificáveis em termos de oportunidades e de recursos políticos, ou ainda que os engajamentos individuais, embora obedeçam a objetivos claramente identificáveis, não se reduzem a eles, pois são também explicáveis pelas gratificações simbólicas que os participantes neles encontram[18].

Esses estudos, muito numerosos, têm consequências importantes. Ao insistir no engajamento protestatário, eles instituíram um corte radical e duradouro entre concentrações aclamativas e concentrações reivindicativas ou de

---

18. Sobre o paradigma da mobilização dos recursos e sua história, a literatura é imensa. Para uma introdução, cf., p. ex.: NEVEU, E. *Sociologie des mouvements sociaux*. Paris: La Découverte, 2000 [Col. "Repères"].

oposição. Às segundas está ligada a figura positiva do cidadão esclarecido e engajado, às primeiras a do conformista tolamente atraído pelo barulho e pelas luzes, e até do sujeito robô das demonstrações de massa em terras "totalitárias", ali onde os participantes perderam qualquer autonomia. Ao enfatizar a racionalidade da ação coletiva, eles também retiraram de suas análises tanto as multidões quanto as próprias emoções. Foi preciso esperar os anos de 1990 para observar um movimento de retorno às emoções, em um sentido tão radical quanto o foi, vinte anos antes, aquele que as havia banido[19].

Quanto aos públicos midiáticos de Gabriel Tarde, eles estão na origem de um importante movimento para pensar a questão do sentimento de pertencimento para além da copresença física dos membros do grupo. Juiz no tribunal de Sarlat, pequena subprefeitura da Dordogne, assinante de vários jornais doravante mais acessíveis, Tarde experimentara pessoalmente o quanto a leitura diária de notícias o conectava em pensamento com outros leitores que no entanto viviam a centenas de quilômetros dele. Pela leitura dos fatos diversos e de outros eventos jornalísticos, ele compreende que a dimensão coletiva das emoções não está necessariamente limitada às situações de proximidade física. Pouco importa a distância entre as pessoas: o essencial está na consciência do caráter compartilhado da atividade ou do sentimento. Em um sentido, até mesmo contrário: a eficácia à distância do sentir "com e como" outros permite torná-la um sério candidato à definição do vínculo social nas sociedades modernas, caracterizadas pelo enfraquecimento das relações cara a cara. O desenvolvimento da radiodifusão, desde os anos de 1930, e depois da teledifusão pós-guerra completará essa representação da nação como "comunidade imaginada"[20]. Assim, a ideia de um "ver com" é explicitamente colocada na base do caráter performativo que Daniel Dayan e Elihu Katz reconhecem ao

---

19. GOODWIN, J.; JASPERS, J.M. & POLLETTA, F. (dirs.). *Passionate Politics, Emotions and Social Movements*. Chicago, Ill.: University of Chicago Press, 2001. • JASPER, J.M. "Emotions and Social Movements: Twenty Years of Theory and Research". In: *Annual Review of Sociology*, vol. 37, 2011, p. 285-303.

20. ANDERSON, B. *Imagined Communities*: Reflections on the Origins and Spread of Nationalism. Londres: Verso, 1983.

gênero televisivo que eles estudam: a "televisão cerimonial" (p. ex., a filmagem de uma viagem papal ou do casamento e do funeral de Lady Diana) é definida por sua capacidade de fabricar grupos desta vez transnacionais ou supranacionais, mas que repousam ainda em uma comunidade de sentimentos[21].

Por fim, o esquema traçado por Durkheim em 1912 também conhece uma posteridade tanto mais forte porque ela é, como para Tarde, ainda atual. De fato, uma grande parte dos trabalhos consagrados aos "eventos monstros" que, em intervalos regulares, atravessam nossas sociedades permanecem descritos e mesmo analisados com a régua da efervescência coletiva durkheimiana. É particularmente o caso dos Estados Unidos, onde a existência de uma "religião civil" em torno da bandeira, da Bíblia, do juramento, mas também dos lutos nacionais após os assassinatos de chefes do Estado ou os prolongamentos do 11 de setembro, constituiriam campos de pesquisa particularmente adaptados para a retomada das proposições durkheimianas[22]. Ainda muito recentemente, o sociólogo Randall Collins propôs uma verdadeira teoria em que defende, como herdeiro direto, que o conjunto de nossas vidas em sociedade é regrado por nossa participação em microrrituais que ao mesmo tempo mobilizam e alimentam "a energia emocional" de que os indivíduos precisam[23]. Fiéis aos preceitos do "grande ancestral", a maioria dos usos das *Formas elementares* visa muito mais situações coletivas cujo objetivo é celebrar, comemorar, confirmar o que é – homens, princípios etc. No entanto, a busca por emoções

---

21. KATZ, E. & DAYAN, D. *La télévision cérémonielle* (1992). Paris: PUF, 1996.
22. WARNER, W.L. *The Living and the Dead*: A Study of the Symbolic Life of Americans. New Haven, Conn.: Yale University Press, 1959. • BELLAH, R.N. & HAMMOND, P.E. *Varieties of Civil Religion*. São Francisco, Calif.: Harper & Row, 1980. • McLEOD, J.R. "The Cult of Divine America: Ritual, Symbol and Mystification in American Political Culture". In: *International Journal of Moral and Social Studies*, vol. 6, n. 2, 1991, p. 93-116. • MARVIN, C. & INGLE, D.W. *Blood Sacrifice and the Nation*: Totem Rituals and the American Flag. Cambridge: Cambridge University Press, 1999. • SCHWARTZ, B. "Mourning and the Making of Sacred Symbol: Durkheim and the Lincoln Assassination". In: *Social Forces*, vol. 70, n. 2, 1991, p. 343-364. • SHILLING, C. "Embodiment, Emotions, and the Foundations of Social Order: Durkheim's enduring contribution". • TIRYAKIAN, E.A. "Durkheim, Solidarity, and September 11". In: ALEXANDER, J.C. & SMITH, P. (eds.). *The Cambridge Companion to Durkheim*. Cambridge: Cambridge University Press, 2008, p. 211-237, 305-321.
23. COLLINS, R. *Interaction Ritual Chains*. Princeton, N.J.: Princeton University Press, 2004.

que venham "afirmar" o sentimento de pertencimento ao grupo não se limita, muito pelo contrário, a esse tipo de rituais aclamativos. Ela permite igualmente pensar, seguindo a mesma lógica, alguns movimentos de oposição e alguns momentos de transição ou de mudança: assim a queda do muro de Berlim, em 1989, com seu cortejo de rostos transtornados e o intenso júbilo que a acompanhou[24], ou ainda mais recentemente as "revoluções árabes" tunisiana e egípcia foram estudadas sob o prisma da efervescência social.

Reconhecimento dos afetos

A identificação, nessas três linhagens, de uma posição comum dada aos corpos comovidos – em uma lógica indiciária, eles são os traços visíveis da implicação tanto dos participantes quanto da coletivização dos espíritos – tem consequências decisivas para quem quisesse identificar a natureza das emoções coletivas e as maneiras possíveis de descrevê-las.

Com efeito, o que é não dito, mas central nessa lógica indiciária compartilhada, é a ideia de que as emoções políticas são sempre e afinal muito facilmente reconhecíveis em sociedades, no entanto, muito diferentes – é aliás o que torna possível a existência mesma desses volumes consagrados à história das emoções. Parece que a proposição é verdadeira tanto no tempo como geograficamente. Certamente, segundo o lugar onde nos encontramos, podemos encontrar várias adaptações locais – em Hong Kong uma revolução dos guarda-chuvas, em Buenos Aires panelaços –, mas essas não impedem que consigamos distinguir, quase imediatamente, uma manifestação, uma vitória eleitoral, uma concentração partidária. Essas diferenças não tornam o evento irreconhecível mesmo para um observador estrangeiro: nesse sentido, podemos avançar que tanto as emoções aclamativas como protestatárias têm o caráter de um universal.

---

24. TIRYAKIAN, E.A. "Collective Effervescence, Social Change and Charisma: Durkheim, Weber and 1989". In: *International Sociology*, vol. 10, n. 3, 1995, p. 269-281.

Quais são as possíveis consequências que podem ser tiradas desse postulado de universalidade mínima para a observação e o estudo das emoções coletivas? O princípio de reconhecimento dos afetos que acaba de ser revelado exige que se esclareça em que se situa a sua socialidade. No mais das vezes, estimamos que os choros, os gritos, as saudações, as excitações que atravessam os grandes eventos políticos são sociais porque são coletivos. Como foi dito: seria o experienciado comum que faria a união das consciências. A constatação de seu reconhecimento pelo observador convida, no entanto, a questionar essa assimilação do social ao coletivo. Com efeito, o que é reconhecido no caso desses eventos políticos? O que é reconhecido é imediatamente um contexto institucional, uma situação. O observador ou o comentarista, seja ele profano ou acadêmico, não identifica experiências particulares, sentimentos na experiência interior. Ele reconhece, e muitas vezes a distância, sem mesmo precisar questionar os participantes ou consultar testemunhos individuais, um contexto em seu caráter político porque ele pode observar os comportamentos e manifestações afetivas que são convocados e esperados em tais circunstâncias. Uma festa de soberania, uma convenção ou uma manifestação: cada um desses eventos supõe a presença minimamente respeitada de um conjunto de componentes ao mesmo tempo materiais (cenário, objetos) e morais (atitudes, emoções). Esses componentes fazem o evento, na medida em que são seus constitutivos. É por isso que a socialidade das emoções políticas não vem de seu caráter coletivo, e sim do fato de serem preestabelecidas, de preexistirem em suas diferentes atualizações. O critério de reconhecimento da socialidade das "técnicas do corpo" é aqui o seguinte: não pode ser nem a primeira nem a única vez que elas se manifestam[25]. As emoções, escrevia Maurice Halbwachs, "se dobram aos costumes e às tradições, e se inspiram em um conformismo

---

25. Para desenvolvimentos, cf. MARIOT, N. "Qu'est-ce qu'un 'enthousiasme civique'? – Sur l'historiographie des fêtes politiques en France après 1789". In: *Annales* – Histoire, Sciences Sociales, vol. 63, n. 1, 2008, p. 113-139. • MARIOT, N. "Does Acclamation Equal Agreement? – Rethinking Collective Effervescence through the Case of the Presidential 'Tour de France' during the 20th Century". In: *Theory & Society*, vol. 40, n. 2, 2011, p. 191-221.

ao mesmo tempo exterior e interior"[26]. Ter em mente tal caracterização da socialidade emocional significa compreender melhor tanto o estatuto dos comportamentos afetivos nesses eventos políticos (eles são aprendidos, preestabelecidos, esperados, e seu sentido é assumido pelos comentaristas autorizados) como as formas da mobilização dos participantes, que se apoiam em experiências que comprovaram sua eficácia muito mais do que em engajamentos das consciências individuais ainda misteriosos.

Enquadramento afetivo e sinceridade emocional

As implicações de tal perspectiva analítica – considerar as emoções como técnicas instituídas – são múltiplas. É possível propor seu inventário aqui articulado segundo dois eixos: colocar em primeiro plano o caráter preestabelecido das manifestações afetivas é um convite a não estabelecer, no registro das emoções, uma fronteira demasiado estanque entre ambientes autoritários e regimes liberais, bem como entre situações protestatárias (movimentos sociais) e contextos aclamativos (ritos de confirmação). É, também e em consequência, enfatizar a um só tempo os dispositivos de sensibilização e a aprendizagem social dos afetos. Comecemos pelo primeiro ponto: a autenticidade das emoções coletivas é função da espontaneidade das concentrações?

Aclamação e protesto, ditaduras e democracias

Na maioria das vezes, a história das emoções políticas tem seus campos de conhecimento bem distintos. Há, de um lado, os especialistas dos movimentos sociais e das revoluções, do outro, aqueles que se interessam pelas festas, pelos rituais, pelas cerimônias. Há os clientes das ditaduras, e depois os que preferem observar a ação política ali onde ela é supostamente "livre", na democracia. É verdade que na matéria o cruzamento não se mostra necessaria-

---

26. HALBWACHS, M. "L'expression des émotions et la société" (1947). In: HALBWACHS, M. *Classes sociales et morphologie*. Paris: Minuit, 1972, p. 164-173.

mente evidente ou natural. Podemos, e se sim em quais condições, comparar o entusiasmo das multidões aclamando Hitler, Mao ou Fidel Castro com aquelas, igualmente entusiasmadas, que acolhiam Kennedy, de Gaulle ou Churchill durante suas aparições públicas?[27] Há um sentido em comparar os lamentos públicos quando da morte de Stalin e os que acompanharam, ao redor do mundo, o desaparecimento de Lady Di?[28] Os urros enfurecidos de manifestantes antitouradas aos gritos de uma concentração de apoio a um candidato em campanha?[29] O fato é que os especialistas de uns poucos falam com os dos outros. Essa estanqueidade das fronteiras entre tipos de regimes ou tipos de atividades diz muito sobre o estatuto das emoções em política[30].

Comecemos pela oposição segundo o maior ou menor pluralismo do país observado. Em geral, quanto mais o regime em questão é repressivo, mais se está tentado a suspeitar de orquestração, de arregimentação, da não sinceridade das manifestações de entusiasmo – logo vem à mente a imagem do "vilarejo Potemkin", cenário feito não só de papelão como também de uma "claque" bem organizada pela propaganda local. Essa suspeição de "trapaça" emocional – o público reunido para a ocasião "fingiria" se alegrar, afirmar sua dor etc. – se

---

27. Dentro de uma considerável bibliografia, cf., p. ex., LEESE, D. *Mao Cult*: Rhetoric and Ritual in China's Cultural Revolution. Cambridge: Cambridge University Press, 2011. • McDOWELL, J. "Soviet Civil Ceremonies". In: *Journal for the Scientific Studies of Religion*, vol. 13, n. 3, 1974, p. 265-279. • KERSHAW, I. *Hitler* – Essai sur le charisme en politique (1991). Paris: Gallimard, 1995. • GREENBERG, B.S. & PARKER, E.P. (dirs.). *The Kennedy Assassination and the American Public*. Stanford, Calif.: Stanford University Press, 1965. • AMOS, A.B. *Le vif saisit le mort* – Funérailles, politique et mémoire en France (1789-1996) (2000). Paris: Éd. de l'Ehess, 2013. É de se notar a relativa pobreza da bibliografia consagrada às cerimônias dos regimes liberais em relação aos trabalhos publicados sobre os regimes autoritários.
28. DAYAN, D. "Madame se meurt: Des publics se construisent – Le jeu des médias et du public aux funérailles de Lady Diana". In: *Quaderni*, n. 38, primavera/1999, p. 49-68.
29. TRAÏNI, C. *Dramaturgie des émotions, traces des sensibilités* – Observer et comprendre des manifestations anti-corrida" [Disponível em Ethnographiques.org – Acesso em nov./2010]. • POURCHER, Y. *"Votez tous pour moi!"* – Les campagnes électorales de Jacques Blanc en Languedoc-Roussillon (1986-2004). Paris: Presses de Sciences Po, 2004.
30. Sobre esse ponto, cf. LEGOY, C. "L'enthousiasme de l'adhésion – Nouvelles formes d'émotions politiques". In: CORBIN, A.; VIGARELLO, G. & COURTINE, J.-J. (dirs.). *Histoire des émotions*. T. 2. Paris: Seuil, 2016, p. 277-298 (principalmente a admirável discussão, como introdução a esse capítulo, sobre a oposição entre emoções da adesão e do protesto). • FUREIX, E. "Les émotions protestataires". Op. cit., p. 299-321.

opera sempre com uma referência implícita: nos regimes democráticos, aqueles em que reinam exercícios da vontade individual e engajamentos conscientes dos cidadãos plenamente responsáveis por seus deveres. "Em nosso país" não há coerção: os participantes têm emoções "verdadeiras", isto é, espontâneas e honestas. Mas, uma vez colocada essa distinção, uma outra dúvida se insinua, desta vez interna às nossas democracias. Ela é levantada sobretudo pelos especialistas dos movimentos sociais, que por vezes avançam que os afetos de "suas" ações coletivas (manifestações, greves, *sit-in* etc.) são mais sinceros, mais motivados em consciência do que os das cerimônias de confirmação (comemorações, convenções, festas), em que é antes um conformismo de situação que pode ser observado.

A esses dois tipos de questionamento, que evidentemente são apenas um, podemos opor um mesmo argumento relativista. Não é realmente evidente, longe disso, que a participação nas festas de soberania em regime liberal seja sempre e completamente consequência apenas do civismo espontâneo dos habitantes. Também as terras democráticas não deixam de conhecer suas "cerimônias aprovadoras de massa", segundo a bela fórmula proposta por Robert Paxton para qualificar os espetáculos fascistas[31]. Para os que insistem na incapacidade supostamente crônica dos liberais para entusiasmar as multidões, podemos lembrar que os presidentes da III República, no entanto insípidos "inauguradores de crisântemos"[32], sabiam, tanto quanto carismáticos imperadores, se fazer representar em "traços de fogo" em flamejantes artifícios: como o retrato de Sadi Carnot explodindo em abril de 1890 nos céus de Bastia ou o rosto de Poincaré iluminando Marseille em outubro de 1913. Aos que destacam a experiência nazista em matéria de encenação do

---

31. PAXTON, R.O. *Le fascisme en action*. Paris: Seuil, 2004, p. 136-145. Em uma bibliografia imensa consagrada aos rituais fascistas, cf. principalmente GENTILE, E. *La religion fasciste* (1993). Paris: Perrin, 2002.

32. "Inaugurar crisântemos" é uma expressão empregada para dizer que um personagem oficial não possui verdadeiros poderes. Ele representa instâncias políticas, mas não é capaz de tomar decisões importantes. A expressão foi usada pela primeira vez em 1965 pelo General de Gaulle durante uma entrevista coletiva [N.T.].

poder, podemos assinalar que no mesmo momento o "insignificante" presidente Lebrun também gostava de exibir escolta aérea e destacamentos de sipaios durante suas viagens às colônias, e que esses espetáculos eram aparentemente muito apreciados pelas multidões e perfeitamente aplaudidos[33]. A comparação não transforma evidentemente chefes de Estado republicanos em fascistas raquíticos, ou Hitler e Mussolini em seus equivalentes um pouco mais "musculosos". Ela convida simplesmente a destacar, lá como aqui, a centralidade dos dispositivos de sensibilização.

Da mesma maneira, esse princípio de equivalência deve ser aplicado ao outro polo, o das mobilizações protestatárias cujos participantes são supostamente mais motivados ideologicamente. É preciso então reafirmar o quanto causas até mais idealmente politizadas têm suas rotinas organizacionais, seus dispositivos de apoio, suas técnicas para manter a fé dos militantes[34]. Aqui como lá, nos ritos de confirmação como nas lutas de oposição, existem preparativos, um trabalho de mobilização, aparelhos de apoio ao engajamento, normas comportamentais, ou ainda espetáculos aparentemente atraentes. Nos dois casos, situações protestatárias bem como momentos aclamativos, observa-se um trabalho, ainda que mínimo, de canalização das massas e de fixação de uma direção emocional, em todos os sentidos da palavra[35]. Lembrar a importância dessas estruturas da efervescência tem virtudes tão importantes quanto raramente praticadas: as de relativizar tanto os poderes da propaganda quanto as forças da democracia em transformar os participantes em multidões aclamativas; as de avançar o quanto a avaliação da sinceridade ou da mentira percebíveis "por trás" dos gestos de entusiasmo ou da revolta é uma via sem saída.

---

33. Sobre esses diferentes exemplos, cf. MARIOT, N. *Bains de foule* – Les voyages présidentiels em province, 1888-2002. Paris: Belin, 2006.
34. Dentro de uma literatura muito rica, cf. FILLIEULE, O.; AGRIKOLIANSKY, E. & SOMMIER, I. (dirs.). *Penser les mouvements sociaux* – Conflits sociaux et contestations dans la France contemporaine. Paris: La Découverte, 2010.
35. Sobre esse tema, cf. COURTINE, J.-J. "A voz do povo...", cap. cit.

Detectar os dispositivos de sensibilização

Ao acompanhar, como de costume, essa linha do preestabelecimento das emoções políticas, a pesquisa sobre elas deve tomar dois caminhos ligados um ao outro. Trata-se de mostrar como a efervescência, seja entusiasmo ou ira, pode estar a um só tempo fora dos indivíduos como modelo preestabelecido e dentro dos indivíduos na forma de atitudes progressivamente adquiridas pelo aprendizado da vida em sociedade. Deixemos provisoriamente de lado a questão da socialização das e pelas emoções políticas, e abordemos então o primeiro ponto. Este impõe escrutar os dispositivos pelos quais os profissionais da política ou os empreendedores de causa pretendem sensibilizar os públicos à sua imagem ou à mensagem que eles estão promovendo. A operação não é simples, porque nessa questão evocar "dispositivos de sensibilização" não poderia se reduzir apenas à descrição dos preparativos da reunião[36]. É claro que esses arranjos materiais são uma parte essencial. Mas é preciso ir mais longe se quisermos perceber a efervescência coletiva na medida em que ela é um modelo instituído para além dos casos particulares observados. Assim compreendida, ela remete, com efeito, a um grande número de elementos (um vocabulário específico, pausas lógicas, figuras edificantes, sentimentos que devem ser experienciados) de que se deve fazer o inventário, descrever o arranjo, quando possível contar a história, por fim mostrar a eficácia de preestabelecer o momento efervescente em suas formas expressivas, obrigatórias para que seja reconhecido.

Tomemos os casos de formas bem conhecidas como a convenção ou a manifestação[37]. Podemos fazer delas uma história singular, ligada a um momento

---

[36]. Para uma apresentação desse procedimento pelos "dispositivos de sensibilização", cf. TRAÏNI, C. & SIMÉANT, J. "Pourquoi et comment sensibiliser à la cause". Intr. de Christophe Traïni (dir.). In: *Émotions... Mobilisation!*. Paris: Presses de Sciences Po, 2009, p. 11-34.

[37]. COSSART, P. *Le meeting politique* – De la délibération à la manifestation (1868-1939). Rennes: PUR, 2010. • TARTAKOWSKY, D. *Les manifestations de rue en France, 1918-1968*. Paris: Publications de la Sorbonne, 1997. • TARTAKOWSKY, D. *Les droites et la rue* – Histoire d'une ambivalence, de 1880 à nos jours. Paris: La Découverte, 2014.

histórico ou a um partido. O pesquisador revelará percursos habituais, quase "reservados", *slogans* típicos, figuras importantes, momentos míticos. Ao alargar um pouco o foco, ele substituirá a história das marchas ou das concentrações consideradas na história longa da manifestação ou da reunião no país considerado bem como nos quadros transnacionais (p. ex., para certos gestos como o punho erguido)[38]. Mas será preciso ir mais longe ainda, mostrando como a própria existência dessas concentrações só é possível porque, para todos, a ação de bater as mãos em ritmo conta, nessas circunstâncias, como um aplauso (e não, p. ex., como uma vontade de se aquecer). Essa lembrança pode parecer trivial. Mas não é. Ela revela a presença de uma premissa lógica, tão robusta quanto aparentemente universal, segundo a qual "todo aplauso equivale a uma adesão" – qualquer que seja a maneira como se aplaude, e mesmo quando cada um sabe que talvez o aplauso, considerado individualmente, seja por pura educação. De fato, essa fórmula, muitas vezes despercebida porque nos parece natural, é indispensável em toda cena de entusiasmo. Ou seja, o sentido da ação já está enquistado no vocabulário empregado: a aprovação ou o assentimento dos participantes estão pressupostos no emprego do verbo "aplaudir".

Para os mais formalizados desses dispositivos, aqueles para os quais a repetição histórica sedimentou verdadeiras disciplinas de situação, o interesse de uma abordagem pelas "técnicas do corpo" liga-se assim à possibilidade de determinar o estatuto da ovação, do *slogan*, da aclamação, do chapéu atirado no ar, do punho erguido, do insulto. Todos esses gestos da efervescência são, no espírito dos preparadores locais, atitudes apropriadas à circunstância, comportamentos que é necessário adotar. A exemplo das recitações do credo católico, nada mais se exige dos participantes senão fazer corretamente o que lhes é pedido. Essa institucionalização dos comportamentos efervescentes confere a

---

38. BURRIN, P. "Poings levés et bras tendus – La contagion des symboles au temps du Front populaire". In: *Vingtième siècle* – Revue d'histoire, n. 11, 1986, p. 5-20. • NADAUD, E. "Le renouvellement des pratiques militantes de la Sfio au début du Front populaire (1934-1936)". In: *Le Mouvement Social*, n. 153, 1990, p. 9-32. • VERGNON, G. "Le "poing levé", du rite soldatique au rite de masse – Jalons pour l'histoire d'un rite politique". In: *Le Mouvement social*, n. 212, 2005, p. 77-91.

estes últimos um triplo interesse: primeiro, ela permite economizar, no mesmo movimento, o custo, para as instituições de enquadramento, de uma persuasão doutrinária individual, mas também os esforços e o engajamento exigidos dos participantes. Em seguida, ela circunscreve a expressão do entusiasmo ou do descontentamento nas formas reconhecidas. Por fim, ela evita que as pessoas precisem fazer um julgamento individual, para si ou para os outros, sobre o que fazem, ou até toda vez que o fazem. Outro modo de dizer que se trata aqui de práticas que podem ser corretamente realizadas mesmo sabendo que, se tudo for bem, não será preciso explicá-las ou se justificar. Este é um dos termos possíveis do processo de institucionalização da efervescência: quando progressivamente despersonalizados, esses gestos tornam-se *emotives sem emotions*.

Por que insistir tanto nos dispositivos de sensibilização? Porque seu desvelamento permite mostrar, subentendido, o quanto a apatia ou o desapego, sobretudo se ele é desenvolto, são os perigos maiores corridos pelos organizadores desse tipo de eventos, perigos bem maiores do que aqueles ligados à presença de oponentes. No mesmo sentido, esses dispositivos também lembram o quanto a confiança dos organizadores apenas no engajamento convicto do público também é particularmente perigosa porque sempre difícil de obter.

Desse ponto de vista, o interesse do exemplo a seguir está no fato de se referir a uma tentativa, fracassada, de subverter o dispositivo cerimonial. Quando da chegada em Dieppe em 1923 do presidente da República, Alexandre Millerand, um "grupo de cidadãos", provavelmente socialistas, espalha um texto exigindo, não um boicote ou uma contramanifestação, mas uma participação silenciosa. "Que, na passagem do cortejo oficial, seu silêncio e sua tristeza façam explodir seu descontentamento e sua reprovação contra a administração e a representação local", está escrito no cartaz[39]. Ao recorrer ao silêncio e à tristeza mais do que ao grito "sedicioso", os militantes locais mostram que perceberam perfeitamente em que reside a força (e a fraqueza potencial) desse

---

39. Relatório ao prefeito da delegacia especial de Dieppe, n. 1221, 28/01/1921 [Archives Départementales de la Seine-Inférieure, 1M337].

tipo de evento: na ausência de qualquer entusiasmo mais do que em um combate sonoro entre "apoios" e "oposições". Mas, ao mesmo tempo, percebe-se o quanto a tarefa certamente é, se não completamente inútil, pelo menos muito difícil: eles teriam de contar com uma mobilização numericamente muito importante, ou com um grupo particularmente motivado e unido na adversidade, para que a adoção de tal atitude dissidente pudesse se tornar sustentável em público sem que o olhar do outro viesse frustrar a própria possibilidade da impassibilidade. O silêncio, como ele é aqui socialmente inapropriado, exige a presença de militantes, não de simples cidadãos, mesmo convencidos da justeza da mensagem.

Nesse sentido, o cartaz exibido em Dieppe, exigindo a adoção de uma atitude que pretende chocar ao romper com os códigos habituais, festivos e alegres, de recepção presidencial, pode fazer pensar nas práticas militantes hoje mais comuns, por exemplo os *lie* e *die-in* de Act Up, essas cenas em que alguns membros da associação atraem a atenção fingindo-se de mortos no espaço público, acompanhados de cartazes destinados a provocar as reações dos passantes (sobretudo o famoso "silêncio = morte"). Estabelecer uma equivalência entre as duas situações é evidentemente frágil. Mas, no mínimo, convida a alargar a pesquisa para o lado dos movimentos sociais que vão fazer do choque ou da provocação emocional (com a ajuda de imagens, de gritos, forçando os representantes da ordem a usar a força etc.) o centro de seu militantismo.

É com esse tipo de comparação que percebemos a que ponto o conceito de "repertório de ação" popularizado por Charles Tilly conserva toda sua força sociológica[40]. Na escala temporal do século, ele permite abrir espaço às inovações marginais (do *sit-in* aos *lie* e *die-in*, da ação "forte" ao *zap*[41]), aos usos desvirtuados, às apropriações semânticas diversificadas: segundo a metáfora do jazz,

---

40. Para um balanço pelo próprio autor, cf. TILLY, C. *Contentious Performances*. Cambridge: Cambridge University Press, 2008.
41. *Zap*: é um modo de ação utilizado pela associação Act Up, consiste em uma reação imediata a uma declaração oficial, por exemplo uma ação "relâmpago" em um determinado lugar. Pela falta de tempo, sua realização é rápida e pouco ou nada preparada [N.T.].

a improvisação é possível. Mas o conceito consegue abrir aos mais militantes a porta da autonomia, uma vez que ele se desenvolve sobre um fundo comum bem delimitado que ao mesmo tempo torna a atividade reconhecível não só para seus participantes como também para seus públicos (a inovação não poderia tornar o ato estranho) e permite aos primeiros apoiar seu engajamento e suas eventuais falhas ou fraquezas em técnicas assumidas coletivamente: o repertório é sobretudo um conjunto de padrões que é preciso dominar – uma instituição preestabelecida.

Emoções esperadas, sentimentos expectados

Dizer que a efervescência preexiste em suas experimentações individuais é também perceber, em vez de recorrer ao estigma da orquestração ou da coerção, o que talvez continue incompreensível: que o entusiasmo é previsível sem que se torne artificial (mais uma vez lembraremos aqui que a coisa é mais natural do lado da ira ou do protesto, para os quais a organização e a mobilização militantes são, mais do que admitidas, indispensáveis). Ou, dizendo a mesma coisa de outra forma: que as fontes policiais, administrativas ou jornalísticas, que teimam em predizer o entusiasmo antes de atestá-lo não são o produto de uma gigantesca impostura, cuja razão de perdurar tão facilmente, aliás, não compreenderíamos muito bem uma vez que ela é raramente denunciada. Os historiadores, que utilizam maciçamente essa documentação, sabem bem que os encarregados de redigir relatórios preparatórios aos eventos de massa conseguem, em geral sem se enganar demais, prever tanto a afluência quanto o entusiasmo das multidões reunidas. No entanto, não há qualquer razão para ver nisso trapaça ou exercício de vidência: policiais, administradores e organizadores sabem, quando incluem no programa das festividades a presença de ovações e de aclamações, que a efervescência estará bem presente. Sabem disso não porque alguém teria transformado os espectadores, de acordo com a fantasia orwelliana, em robôs que passaram por lavagem cerebral, mas simplesmente porque as festas e rituais políticos são uma instituição social cujas condições de (bom) funcionamento são facilmente realizáveis: por menos que tenham sido minimamente precavidos, os organizadores foram capazes de se apoiar em um amplo aparato de regozijos que, como eles constataram, já tinham antes e regularmente dado mostras de sua eficácia mobilizadora.

A previsibilidade do entusiasmo

Uma pesquisa, que infelizmente permaneceu isolada demais, mostra com grande precisão de que são feitas, para os organizadores como para o público, as principais previsões desse tipo de concentração. Para seus promotores, os sociólogos Kurt e Gladys Lang, tratava-se de analisar os efeitos da representação televisiva de um evento, no caso o retorno triunfal em solo americano do General MacArthur, "herói" da Guerra da Coreia[42]. A pesquisa foi realizada em 1935 em Chicago, simples (mas não a primeira) etapa na viagem do militar. O grande interesse do estudo deve-se ao dispositivo de pesquisa posto em prática: tratava-se de comparar, por um lado, as reações do público "primário", fisicamente presente nas ruas de Chicago naquele dia, com as dos telespectadores e também, de outro, as antecipações às constatações *in situ*: o que esperavam os espectadores, que imagens faziam dos acontecimentos? Uma das diretivas inscritas no guia de pesquisa dado aos estudantes espalhados entre o público lhes impunha perguntar aos espectadores presentes, mas também narrar eles mesmos, com o que devia se assemelhar o que iriam ver, para comparar as imagens previstas com as observações efetivas. Como a maioria dos participantes, eles supunham, antes da passagem de MacArthur e com base no que conseguiram ver ou ler sobre as etapas precedentes da viagem, uma efervescência extraordinária; ora, eles constataram, surpresos, apenas escassas ovações. Segundo esse artigo: eles constataram, *in vivo*, que o entusiasmo preexiste às suas

---

[42]. LANG, K. & LANG, G.E. "The Unique Perspective of Television and Its Effect: A Pilote Study". In: *American Sociological Review*, vol. 18, n. 1, 1953, p. 3-12. Cf. tb. DAYAN, D. & KATZ, E. "Le général, son défilé, la foule et la télévision – Événements, spectateurs, audiences et publics chez Kurt et Gladys Lang". In: CEFAÏ, D. & PASQUIER, D. (dirs.). *Les sens du public* – Publics politiques, publics médiatiques. Paris: PUF, 2003, p. 79-99.

experimentações individuais, que é preestabelecido tanto quanto estabelecido no evento (sobre as festas revolucionárias, Mona Ozouf evocava a expectativa febril e impaciente que faz "do sábado à noite o melhor momento do domingo")[43]. Suas anotações etnográficas insistem então na importância do tédio, na dificuldade de ver, na fugacidade da passagem do general. Eles são surpreendidos pela calma e a boa ordem dos participantes, pela simples curiosidade que parecem manifestar pelo espetáculo oferecido, ou ainda pelo desapontamento por vezes abertamente manifestado, sobretudo porque nada fora realmente previsto para preencher a expectativa deles. Neste caso, a organização é falha, e ela o é ainda mais porque nenhum subgrupo além do de amigos estava interessado no evento: nem associações nem sindicatos que poderiam ter se ocupado do "preenchimento" da expectativa e das manifestações coletivas da alegria.

Mas os Lang não se limitam a descrever de mais perto os fatos e gestos dos espectadores "primários" do evento. Cruzando a seguir essas observações com uma análise de sua representação televisiva, eles mostram o quanto a apresentação pela câmera de um entusiasmo ininterrupto (eles escrevem: "que jamais parece morrer ou se apagar") constrói um sentido do evento acessível apenas aos telespectadores. Por quê? Porque assim como os outros membros do cortejo oficial ao qual pertencem, os jornalistas reveem as imagens de comportamentos aclamativos fugazes e interpretam (a distância) todos os outros movimentos sob o signo da efervescência, ao passo que tais movimentos consistiam, por exemplo, em se esforçar para "matar o tempo" (assim espectadores que "fazem palhaçadas" quando a câmera se aproxima) ou simplesmente para conseguir perceber o general durante o curto instante de sua passagem. Ao usar o plano fechado, ao avançar no passo de MacArthur sobretudo, a representação televisiva mostra uma efervescência que nunca se interrompe, deixando pensar que a multidão aclama continuamente quando apenas os espectadores no mesmo plano do visitante estão nesse caso.

---

43. OZOUF, M. *La FÊTE révolutionnaire, 1789-1799* (1976). Paris: Gallimard, 1989, p. 78.

Os repertórios emocionais e suas transformações

A pesquisa do casal Lang, centrada na questão da recepção televisiva, revela o quanto todo trabalho sobre as emoções políticas implica o interesse nas mudanças pelas quais passam tanto os instrumentos de difusão quanto a direção da fala pública (qual o papel da amplificação sonora na recepção dos discursos?), mas também, e sobretudo, as próprias configurações emocionais (quais são as evocações e manifestações afetivas possíveis em um contexto geográfico e temporal dado?).

Tomemos o caso da relação dos chefes de Estado franceses com a multidão ao longo do século XX[44]. Sob certos aspectos, é possível observar formatos de longa duração, quase invariantes: é o caso, por exemplo, da recusa de proteção contra as intempéries, chuva ou neve, que ainda perdura dos deslocamentos de Luís Felipe sob a monarquia de Julho[45] até os de François Hollande – podemos dizer, aliás, ao observar as viagens de Barack Obama, que essa recusa do guarda-chuva para parecer "em pé de igualdade" com os que vieram vê-los não é absolutamente uma especificidade nacional. Mas, inversamente, o século passado também vê a relação do presidente com a multidão se transformar profundamente. Na primeira metade do século XX, os deslocamentos presidenciais atraem grandes multidões, reunindo com frequência dezenas de milhares de pessoas nas cidades importantes, mas os chefes de Estado em visita não entram em contato físico com aqueles que vêm vê-los. Situação paradoxal na medida em que ela depois se inverteu: o público é hoje muito menos importante, mas as viagens sempre produzem imagens de contatos populares que parecem ainda mais calorosos, fortes, íntimos, até mesmo apaixonados. Retomemos.

---

44. Cf. MARIOT, N. *C'est en marchant qu'on devient président* – La République et ses chefs de l'État, 1848-2007. Montreal: Aux Lieux d'Être, 2007.
45. CORBIN, A. & VEIGA, N. "Le monarque sous la pluie – Les voyages de Louis-Philippe Ier en province (1831-1833)". In: FAURE, A.; PLESSIS, A. & FARCY, J.-C. (dirs.). *La terre et la cité –* Mélanges offerts à Philippe Vigier. Paris: Créaphis, 1994, p. 227-231.

Sob a III República, o presidente jamais rompe as fileiras oficiais: ele percorre cidades e vilarejos no centro de um longo cortejo, entre duas filas de espectadores formando uma paisagem honorífica sempre estritamente ordenada, e saúda a distância os corpos aclamantes que ele entrevê dos dois lados. As imagens do público das visitas oficiais são tomadas do exterior do cortejo: elas mostram perspectivas gerais da multidão reunida sem, muitas vezes, que o ilustre visitante nelas apareça. Nesse modelo, o princípio da passagem em revista pelo presidente caminha junto com a organização emocional da homenagem no compasso do movimento de conjunto, do alinhamento associativo ou escolar, da fila de honra, como também do uniforme, compartilhado pelas juventudes militantes das ligas bem como pelas dos partidos de esquerda. Nesse ordenamento somático típico do período entreguerras, o grito, os vivas, a aclamação, constituem demonstrações afetivas que são postas no mesmo plano que os cenários materiais do evento. Como eles, e sem que lhes sejam negados engajamento e sinceridade, essas demonstrações são objeto de uma responsabilização e de uma orquestração pelas instituições de enquadramento das "pequenas pátrias", em particular evidentemente as escolas, mas também pelas inúmeras associações musicais, atléticas, ou simplesmente de bairros. Se a revista dos corpos se tornou assim, por um tempo, o modo operatório da viagem presidencial à província é porque ela é uma forma de estruturação das visitas em perfeita coerência com a maneira como são pensadas, durante o mesmo período, a constituição da nação (como totalização maravilhosa e igualitária de suas diversas partes) e a aprendizagem desta (por alargamentos sucessivos do conhecimento e ao amor do próximo ao do mais distante)[46].

O regime de Vichy marca uma primeira ruptura importante na formatação das visitas. Pétain, mesmo timidamente, vai ao encontro de seu público. Ele começa a tocar fisicamente os que vêm aclamá-lo, adultos e crianças (aperto de mão, carícia). As imagens das viagens de Pétain mostram assim aquilo que pode ser classificado de premissas de contatos estreitos com a multidão. No

---

46. CHANET, J.-F. *L'École républicaine et les petites patries*. Paris: Aubier, 1996.

mesmo tempo, os alinhamentos característicos do início do século desaparecem progressivamente. O ângulo de visão também muda, uma vez que é nessa época que começamos a encontrar as imagens daquilo que o chefe de Estado vê, tomadas do cortejo ou do balcão de onde ele fala. Mesmo quando não aperta as mãos das pessoas, a impressão é bem diferente, manifestando imediatamente um sentimento de reconhecimento íntimo com o que cada um conhece, hoje, desse tipo de evento político: enquanto os planos fechados eram até então quase ausentes, as fotografias dos deslocamentos do marechal mostram não mais corpos agrupados, nem mesmo comovidos, mas verdadeiramente rostos expressivos. Os panfletos de propaganda deixam isso bem claro, eles registram em várias ocasiões que o marechal, ao contrário do que se fazia até então, "entra em contato diretamente com a multidão". Os fotógrafos são doravante, e a tendência não se inverterá, os indivíduos mais próximos do chefe de Estado junto com os seguranças. Eles podem testemunhar emoções, sorrisos e até lágrimas.

Será preciso esperar os deslocamentos do General de Gaulle para que esses estreitos contatos presidenciais com a multidão se tornem republicanos. Ao contrário dos deslocamentos do início do século, a maior parte das fotografias é doravante caracterizada por planos fechados que colocam o presidente em situação. Essa tendência se explica em parte pela diminuição numérica do público, que impede qualquer tomada demasiado geral, pois ela revelaria o baixo número de pessoas presentes. Mas a redução do número de espectadores não é a única razão do plano fechado, como indica sua frequência já importante durante as viagens bastante populares do General de Gaulle. Na verdade, esse tipo de plano tem como principal objetivo manifestar que o chefe de Estado está ali para encontrar, tocar, apertar as mãos e abraçar. É essa insistência em estabelecer um contato direto e carnal, a evolução para um modo mais íntimo de aproximação física, que o plano aproximado traduz. O dogma da proximidade, hoje onipresente, encontra ali uma parte de suas raízes. Aparecem então imagens que, como são deformadas, exageradas, são exemplares dessas evoluções: fotografias mostrando as mãos do chefe de Estado estendendo-se para outras e doravante no primeiro plano, física e simbolicamente. De um ideal de totalização numérica, de um olhar que abarca toda a paisagem, passou-se lentamente ao que coloca em cena a mais completa acessibilidade possível do detentor do poder ao cidadão. O homem que vem afirmar o sentido de sua ação foi substituído por um homem que vem mostrar que ele escuta.

Aprendizagem e socialização política

A figura do General de Gaulle deveria enfim deixar claro: todo estudo sobre as emoções implica se interessar pelas formas e modalidades por meio das quais estas participam intimamente da socialização política dos cidadãos. Com certeza encontra-se aqui uma das razões essenciais pelas quais uma grande parte dos pais olha com uma relativa indulgência as regulares greves e manifestações dos liceus. A juventude deve ser vivida, e uma boa manifestação não pode causar mal.

Nessa perspectiva, seria então necessário olhar as modalidades nas quais o entusiasmo é objeto de uma educação pela participação direta, na infância e na adolescência, quando as crianças acompanham seus pais nas manifestações ou nas celebrações, mas também pela impregnação lenta, distanciada e em parte indireta, pelos relatos e imagens exemplares de "multidões entusiasmadas" que povoam os manuais escolares, os jornais ilustrados, as reportagens televisivas e outras lembranças familiares ou militantes. Essas modalidades de aprendizagem permitem que nelas possamos nos engajar incompletamente, permanecendo distantes, por conformismo ou não lhes dando a devida importância.

Para além disso, a pesquisa em socialização deveria buscar compreender o papel desempenhado pelos eventos ditos fundadores nas aprendizagens políticas (uma vitória eleitoral, um movimento de oposição, o apoio em "momentos históricos" etc.)[47]. Vem então à mente, quase de pronto, a imagem de gerações

---

47. Para pistas sobre essas questões, cf. DELUERMOZ, Q.; FUREIX, E.; MAZUREL, H. & OUALDI, M. "Écrire l'histoire des émotions: de l'objet à la catégorie d'analyse". In: *Revue d'Histoire du XIXe siècle*, n. 47, 2013, p. 155-189.

políticas nascidas com as grandes efervescências do século, e que são desde então também gerações emocionais: frentes populares, guerras e resistências, movimentos de libertação, Maio de 1968, revoluções progressistas ou conservadoras – a lista é longa e não exaustiva. E ainda seria preciso acrescentar as imagens que marcam e se tornam (mas para quem e como?) indestrutíveis lembranças: Adenauer ajoelhado em Auschwitz, Eichmann em sua gaiola de vidro, Mitterrand e Kohl se apertando as mãos em Verdun, o reverendo Jesse Jackson chorando após a eleição de Obama etc.

Quem fará a história do lugar das imagens míticas na educação política de juventudes inteiras? A história de figuras desaparecidas que as pessoas penduram na parede do quarto sem sequer tê-las conhecido (o pôster de Che com o charuto na boca, de Nelson Mandela, de Martin Luther King etc.), a história de canções de protesto, de canções de uma época ("Le chant des partisans", Joan Baez, Bob Dylan, Jean Ferrat), a história de lugares e datas que se transmitem e constroem referências familiares, à esquerda (Charonne, 17 de outubro de 1961) e à direita, o fim da Argélia Francesa, a manifestação pela escola privada em 1984).

Marc Bloch escrevia o quanto a lembrança das "mais belas explosões do entusiasmo coletivo" devia ser compartilhada para além das fronteiras políticas. "Aqueles que se recusam a vibrar com a lembrança da sagração de Reims; aqueles que leem sem emoção o relato da festa da Federação", eis as "duas categorias de franceses que jamais compreenderão a história da França", acrescentava ele[48]. A citação é famosa. Não nos estenderemos sobre os múltiplos usos políticos que foram feitos com ela. Aqui, gostaríamos simplesmente de destacar os vínculos que ela deixa entrever entre a percepção profana, mais ou menos positiva, dos "entusiasmos coletivos" e as formas assumidas pelo seu estudo "científico". Provavelmente podemos afirmar que as experiências diretas das emoções coletivas, as modalidades nas quais elas foram experimentadas, influenciaram as maneiras ulteriores de analisá-las.

---

48. BLOCH, M. *L'Étrange défaite* (1946). Paris: Gallimard, 1990, p. 198-199.

O primeiro 14 de julho republicano, em 1880, arrebata o jovem Émile Durkheim e Jean Jaurès, Henri Berr ou Frédéric Rauh, seus condiscípulos da rua de Ulm. Durante o dia todo, ele percorre Paris a pé, aparentemente maravilhado pela inigualável efervescência, os bailes e as decorações de festa que recobrem as ruas. As conclusões das *Formas elementares* encontram uma parte de sua fonte nesse dia fundador?[49]

Meio século mais tarde, desta vez é Elias Canetti que encontramos nas ruas de Viena[50]. Mas, se o dia 15 de julho de 1927 impressiona o jovem estudante de química tanto quanto seu predecessor, é em um sentido sensivelmente mais sombrio. O momento, na verdade, é terrível: um dia de protesto operário reprimido com o sangue de noventa mortos.

> Já se passaram 46 anos, ele escreverá em 1975; e a emoção desse dia, ainda a sinto até a medula. Foi o que vivi de mais próximo de uma revolução. Centenas de páginas não bastariam para descrever tudo o que vi. Desde então, eu sei que não precisaria ler uma palavra sobre o que se passou na tomada da Bastilha. Tornei-me uma parte da massa; fundi-me nela; não sentia a menor resistência contra o que ela fazia. Estou surpreso que, nessa disposição, tenha conseguido perceber todos os detalhes das cenas concretas que se desenrolavam diante de mim.

A maior parte de sua vida posterior será uma maneira de administrar, de compreender o trauma desse 15 de julho: "Mais do que nunca, estava decidido a descobrir o que era, de fato, a massa que havia me subjugado de dentro para fora". Dessa busca imensa nascerá *Massa e poder* (1960). Uma obra sombria e tenebrosa, à imagem do evento vivido que foi sua origem.

---

49. IHL, O. *La fête républicaine*. Paris: Gallimard, 1996, p. 19-20.
50. CANETTI, E. "Le premier livre: *Die Blendung*". In: *La conscience des mots* (1975). Paris: Albin Michel, 1984, p. 277-282.

5
O GÊNERO E A HISTÓRIA: O EXEMPLO DA VERGONHA

Ute Frevert

As emoções e suas intermitências

Quando, a partir do final século XIX, historiadores começaram a levar a sério as emoções como objeto de sua ciência, eles as consideraram principalmente sob o ângulo de sua intensidade crescente ou decrescente. A historicidade das emoções estava reduzida à sua expansão forte ou fraca. Nesse sentido, Johan Huizinga escrevia por exemplo, em 1919, que a Idade Média em seus últimos momentos havia sido uma época extremamente emocional, uma época de "áspera espontaneidade, de crueldade virulenta e de agitação interior". Norbert Elias observou em seguida, para os inícios da Modernidade, um processo de crescente controle dos afetos, que teria moderado e refreado essas manifestações extremas[1]. Contudo, as próprias emoções – alegria, ira, tristeza, curiosidade ou vergonha – permaneciam as mesmas. Nada parecia mudar em sua qualidade e em seus aspectos sensíveis.

---

1. HUIZINGA, J. *Le déclin du Moyen Âge*. Paris: Payot, 1967 [*O outono da Idade Média*. São Paulo: Cosac & Naif, 2010]. • ELIAS, N. *La civilisation des moeurs* (1939). Paris: Calmann-Lévy, 1976. Cf. TANNER, J. "Unfassbare Gefühle". In: JENSEN, U. & MORAT, D. (dirs.). *Rationalisierung des Gefühls*. Paderborn: Fink, 2008, p. 35-59. • PLAMPER, J. *The History of Emotions*: An Introduction. Oxford: Oxford University Press, 2015, cap. 1.

Uma visão essencialista desse tipo podia então, e ainda pode, se apoiar na tese de que as emoções sejam caracterizadas por uma fenomenologia jamais traída, imutável. Para a maioria dos psicólogos, neurologistas e filósofos, estas dependem de sistemas biológicos e estão, pois, ligadas às estruturas do cérebro, às redes nervosas, à atividade do músculo cardíaco e às mensagens de origem bioquímica. Essa dependência faz com que elas se expressem segundo sintomas corporais sempre idênticos.

A vergonha, por exemplo, sempre foi identificada ao fato de enrubescer: o rubor da vergonha geralmente se limita ao rosto e muito raramente se estende às outras partes do corpo. Esse processo pode ser deduzido da fisiologia e, desde o século XIX, médicos estudaram o inchaço dos vasos sanguíneos induzido pela vergonha. Além disso, sabemos hoje que o sistema imunológico característico do corpo desencadeia hormônios que protegem o organismo. Quem tem vergonha se sente paralisado, abaixa os olhos, evita o olhar dos outros, desvia o rosto ou o esconde com as mãos. As mímicas e os gestos da vergonha têm uma longa história, que de forma alguma está restrita à cultura ocidental[2].

Mas isso significa que a vergonha ainda é a mesma, que todos os humanos a sentem da mesma forma? Que na qualidade de emoção capaz de ser vivida, ela não é influenciada nem pelas condições espaçotemporais nem pelo contexto concreto? É impossível dar uma resposta de natureza empírica e experimental a essa questão – pelo menos no estado atual da pesquisa. As neurociências que se interessam pelos afetos e realizam pesquisas sobre as emoções ainda estão na infância. Como seus sujeitos vêm preferencialmente de meios restritos de origem ocidental, temos poucos resultados que ultrapassem essas sociedades e essas culturas. Elas estão fundamentalmente restritas às pesquisas filogenéticas, e falta-lhes fôlego (dinheiro) para se lançarem nos estudos de longa duração.

---

2. DARWIN, C. *L'Expression des émotions chez l'homme et les animaux* (1872). Paris: Reinwald, 1874, cap. 13. • CASIMIR, M.J. "'Honor and Dishonor' and the Quest for Emotional Equivalents". In: RÖTTGER-RÖSSLER, B. & MARKOWITSCH, H.J. (dirs.). *Emotions as Bio-Cultural Processes*. Nova York: Springer, 2009, p. 281-316.

Uma observação permite, entretanto, avançar desde já o seguinte: manifestamente, uma coisa é localizar e medir uma emoção no cérebro, outra bem diferente é sentir conscientemente essa emoção. Para experimentar, é preciso nomear e designar. É apenas o ato cognitivo que consiste em atribuir que eleva o que pode ser percebido do ponto de vista fisiológico à experiência subjetiva. A consequência lógica é, pois, que as emoções também são sempre constituídas pela linguagem, e por isso mesmo ligadas à sociedade e à cultura. Com efeito, do mesmo modo que a língua não entrega uma cópia passiva daquilo que ela descreve, mas molda ativamente o que é descrito, faz dele uma projeção e o constrói, assim também ela não é uma empreitada individual. As palavras e os conceitos servem para a intercompreensão subjetiva e devem, por conseguinte, ser capazes de comunicação. Essa comunicação, por sua vez, pressupõe um quadro de referências e de significações compartilhado.

Se, portanto, as palavras que qualificam a emoção têm um papel decisivo quando se trata de experimentar uma emoção e na maneira de experimentá-la, elas veiculam também, simultaneamente, convenções e representações universais que também influenciam essa experiência. As palavras para expressar a emoção estão situadas em um contexto social e caracterizam práticas que são mais ou menos reconhecidas socialmente. Para pessoas socializadas em uma determinada cultura, as oscilações e as conotações semânticas dessas palavras são imediatamente legíveis e audíveis. Qualquer jovem francês, inglês ou alemão que crescia no século XIX tinha medo de ser covarde e se sabia sujeito a esse medo. Por isso esforçava-se tanto para evitar qualquer acesso de emoção e qualquer comportamento que se assemelhasse ao medo. Se tivesse aprendido bem a lição, podia logo cortar pela raiz o medo que irrompia e se exercitar para atravessar a existência sem medo, com bravura e coragem. A moça "de boa família", por sua vez, conhecia o charme discreto do enrubescimento pudico e o cultivava desde a infância. Se alguém a recriminasse pelo impudor, a vergonha a faria procurar um buraco onde se enterrar.

Isso quer dizer que as emoções e sua linguagem estão inseridas em contextos sociais que lhes conferem significação. Elas têm um tempo e um lugar, e não são de forma alguma amorfas socialmente nem vindas de lugar algum. A linguagem das emoções se compreende nos operários e nos camponeses de outra forma que na aristocracia ou na burguesia culta. Ela ressoa nas crianças e nos jovens de outra forma que nos adultos. Ela tem nas mulheres outras conotações que nos homens. E é culturalmente heterogênea. Durante as décadas passadas, os etnólogos reuniram muitos materiais que ilustram e também analisam a diferença cultural nas expressões e nas impressões[3]. Mesmo quando o que chamamos emoções fundamentais – como o medo, a repugnância, a alegria, o luto, a surpresa e a fúria – é efetivamente identificado de maneira justa pelos espectadores em todo mundo, como psicólogos procuraram estabelecê-lo[4], isso não exclui diferenças na maneira de sentir, no julgamento feito e na apreciação. As sociedades desenvolvem sensibilidades e culturas emocionais variadas; priorizam certas expressões da emoção; esperam, segundo a situação e o contexto, determinadas reações e rejeitam outras.

Um exemplo disso é o luto. Desde sempre, as sociedades se preocuparam com a maneira e a duração do luto a ser observado para uma pessoa amada, e elas lhe deram respostas diversas. A última, vinda dos Estados Unidos, provocou muita agitação e levantou fortes controvérsias. A American Psychiatric Organisation, que desde 1952 publica o *Diagnostic and Statistical manual of Mental Disorders* [Manual de diagnósticos e estatísticas de transtornos mentais] (*DSM*), classifica sem pestanejar como depressivas as pessoas que reagem a um luto com transtornos do sono, falta de apetite, perda de energia, dificuldades para se concentrar e sentimentos de desencorajamento. Enquanto a terceira edição, publicada em 1980, ainda recomendava aguardar um ano antes de dar tal diagnóstico, a partir de 1994 a fase de luto considerada como "normal"

---

3. PLAMPER, J. *The History of Emotions*. Op. cit., cap. 2.
4. EKMAN, P. "Universality of Emotional Expression? – A Personal History of Dispute". Posfácio a DARWIN, C. *The Expression of the Emotions in Man and Animal* (1872). 3. ed. Londres: Harper & Collins, 1998, p. 363-393.

foi reduzida a dois meses. A quinta edição, publicada em 2013, a reduziu para duas semanas, evidentemente no interesse dos enlutados, como está dito, que assim podem receber sem tardar uma assistência profissional. Que a indústria farmacêutica partilhe desse interesse, isso nem se discute[5].

Mas mesmo aqueles que levantam objeções contra a medicalização e a transformação do luto em patologia concordam em dizer que o luto tem uma duração determinada. Esta pode ser flexível e variar segundo os temperamentos e as circunstâncias da vida. Existem, além disso, dados prévios e quadros de ordem cultural e religiosa aos quais o luto individual se adapta e que lhe conferem uma forma social aceitável. Esses enquadramentos também são submetidos a ciclos temporais, e estabelecem quem pode fazer o que em qual momento e por qual duração e quem não tem direito de fazê-lo. Quando rituais e práticas do luto desse gênero são destinados a ser efêmeros, isso tem consequências no sentimento do luto. Se o tempo em que os sobreviventes podem carregar o luto de um ser amado sem serem considerados como depressivos ou necessitando de uma terapia é cada vez mais reduzido, isso conduz a médio e a longo prazo a outras práticas emocionais e tem consequências sobre aquilo mesmo que é objeto de emoção.

Essa leitura social e culturalmente relativista das emoções está longe de ser tão subversiva quanto poderia parecer à primeira vista. Mesmo psicólogos que partem de afetos programados, inatos e autóctones admitem que a ativação de tais programas é social e culturalmente contingente[6]. A tese da retroação, segundo a qual o quando e o como da ativação atingem também a natureza e o como daquilo que é objeto de emoção, dá evidentemente um passo a mais. Todavia, também aqui, isso é tudo, menos novo. Atribui-se a Pascal o seguinte dito espirituoso: "De tanto falar de amor, acabamos nos apaixonando"; a sequência é de La Rochefoucauld, seu contemporâneo: "Há pessoas que ja-

---

5. KLEINMANN, A. "Culture, Bereavement, and Psychiatry". In: *The Lancet*, vol. 379, n. 9.816, 2012, p. 608-609.
6. TOMKINS, S.S. "Affects – Primary Motives of Man". In: *Humanitas*, n. 3, 1968, p. 321-345.

mais teriam se apaixonado se não tivessem ouvido falar de amor"[7]. Poderíamos ver nessa frase um sarcasmo, do tipo: essas pessoas simplesmente seguiram uma convenção e não conheciam emoções verdadeiras, reais, autênticas. Mas também podemos lê-la, acompanhando o sociólogo Niklas Luhmann, em um sentido construtivista: só o código do amor assim como ele se define nas incontáveis cartas, poemas, epístolas, imagens e canções "encoraja a formar sentimentos que lhe são conformes"[8].

Para Friedrich Nietzsche, o problema não era que formavam, mas que deformavam e desaprendiam: "Se nos interditamos de maneira contínua a expressão das paixões, observava ele no início dos anos de 1880, isto é, se aceitamos reprimir não as próprias paixões, mas simplesmente sua linguagem e seus gestos, nem assim *logramos* o que não queríamos de forma alguma: o recalque das próprias paixões, ou mesmo a modificação delas". Ele dava como exemplo a época de Luís XIV, portanto o momento em que viveram Pascal e La Rochefoucauld. As gerações seguintes não teriam mais sentido quaisquer paixões, de modo que "mesmo uma ofensa não era mais sentida e devolvida senão com palavras corteses". Nos tempos atuais, seria impossível observar outra coisa que o contrário: "Vejo em toda parte na vida e no teatro, e não em menor grau em tudo o que se escreve, o deleite sentido nas explosões e nos comportamentos *mais grosseiros* da paixão: exige-se, agora, uma espécie de convenção do passional". O que tinha consequências para a própria paixão, profetizava o filósofo: "Nossos descendentes terão uma *selvageria autêntica* e não somente a selvageria e a incultura das formas"[9]. Nietzsche partia, pois, de uma ligação sistemática entre forma e conteúdo: a arte e a maneira de exteriorizar ou não uma emoção retroagiria na maneira de senti-la.

---

7. PASCAL, B. *OEuvres completes*. Ed. de Jacques Chevalier. Paris: Gallimard, 1954, p. 540 [Col. "Bibliothèque de la Pléiade", 1954, p. 540]. • LA ROCHEFOUCAULD, F. *OEuvres completes*. Ed. de Louis Martin-Chauffier. Paris: Gallimard, 1957, p. 425 [Col. "Bibliothèque de la Pléiade"].
8. LUHMANN, N. *Amour comme passion – De la codification de l'intimité* (1982). Paris: Aubier, 1990, p. 18.
9. NIETZSCHE, F. *Le gai savoir*. Paris: Gallimard, 2015, p. 86ss.

Mas não eram apenas filósofos e escritores que faziam um vínculo entre o exterior e o interior. As observações populares de Charles Darwin no *A expressão das emoções nos homens e nos animais* (1872) já desenvolviam a tese de que uma emoção podia se tornar mais intensa em sua expressão ou, ao contrário, ser suavizada. Darwin se referia entre outras às pesquisas do anatomista Louis Pierre Gratiolet[10]. Wilhelm Wundt, o fundador da psicologia experimental, concordou com Darwin ao referir-se às carpideiras, já ausentes na Alemanha, mas ainda presentes em outros países: nelas, "a própria expressão estimula o movimento da emoção". E é preciso citar Gotthold Ephraïm Lessing, que estabelecera em sua *Dramaturgia de Hamburgo* (1767) regras definindo como um ator podia representar um sentimento que ele não experimentava: aplicando "a lei que determina que as próprias modificações da alma que provocam certas transformações do corpo sejam em consequência o produto das ditas transformações"[11].

Uma tal perspectiva transfere a atenção para as práticas sociais e para as mídias nas quais as emoções chegam à expressão. A linguagem delas, seja ruidosa ou discreta, delicada ou grosseira, eloquente ou confusa, dá aos historiadores o ponto de acesso a partir do qual podem reconstruir mundos emocionais do passado. Essa linguagem reflete principalmente convenções culturais e normas sociais. Mas ela também permite tirar conclusões sobre o que os homens sentiam efetivamente, sobre o que desejavam e sobre o que acreditavam sentir. E também autoriza a entrada no caráter efêmero das emoções, em sua historicidade e em seu limite temporal. Ainda que as emoções fossem imutáveis em sua composição bioquímica, física ou neural (o que não está demonstrado e é pouco verossímil), isso não vale para a maneira como são

---

10. DARWIN, C. *L'Expression des émotions chez l'homme et les animaux.* Op. cit., p. 397. • GRATIOLET, L.P. *De la physionomie et des mouvements d'expression.* Paris: Hetzel, 1865.
11. WUNDT, W. "Ueber den Ausdruck der Gemüthsbewegungen". In: *Deutsche Rundschau*, vol. 11, 1877, p. 120-133 (com um recurso a uma crítica de Darwin). • LESSING, G.E. *La dramaturgie de Hambourg* (1767). Paris: Klincksieck, 2010, p. 15 (3ª entrega, 08/05/1767). Cf. tb. SCHEER, M. "Topographies of Emotion". In: FREVERT, U. et al. *Emotional Lexicons*: Continuity and Change in the Vocabulary of Feeling, 1700-2000. Oxford: Oxford University Press, 2014, p. 32-61.

sentidas, julgadas, interpretadas e expressas. Nesse nível, é possível constatar ao longo da história muitas mudanças de rumo e de deslocamentos de tom. Assim como as sociedades não pararam de renovar e de transformar as condições de vida, os horizontes de pensamento e os sistemas de interpretação, elas também tiveram um papel criador e estruturante em suas experiências e em suas expectativas emocionais.

Esse processo é esclarecido a seguir pelo exemplo da vergonha e da honra. Em relação à frequência e à intensidade de suas manifestações, ambas se encontram, no mais tardar desde meados do século XX, em declínio. Ainda que não as tenhamos totalmente esquecido hoje e que esses dois sentimentos celebrem inclusive em certas sociedades um retorno que se apoia em instituições, nem por isso deixaram de sofrer uma mudança de orientação histórica quanto à sua presença, à sua intensidade, aos seus temas de referência e à apreciação feita pela sociedade. Essa mudança de orientação é sobretudo discutida em relação às instituições sociais que conferem às sociedades estrutura e duração. Instituições como a família, a religião, a educação, o mercado de trabalho, o exército, a arte, as mídias, o mundo político, tinham e têm ainda sobre seus membros uma influência marcante e formadora; elas incluem espaços de experiência e delimitam horizontes de expectativas; elas predeterminam o que é possível dizer e sentir. Elaboram, para resumir, os códigos emocionais necessários, se acompanharmos Pascal e La Rochefoucauld, Nietzsche e Luhmann, para experienciar emoções, bem como o comportamento que as acompanham. A historicidade das emoções remete, por conseguinte, também e sempre à dinâmica interna da estrutura complexa das instituições, característica das sociedades modernas.

O sexo da vergonha e da honra

Em relação ao final do século XIX, a vergonha e a honra são emoções que as sociedades europeias ultramodernas relegam ao segundo plano. Perderam seu valor estético, embora sexo e honra permaneçam emoções correntes e quase todos conheçam as manifestações da vergonha: ficamos enrubescidos, por vezes até à raiz dos cabelos, gostaríamos de entrar em um buraco e nos tornarmos invisíveis. O mesmo não ocorre com a honra. Seria realmente uma emoção, muitos se perguntam? A própria questão já é o indício da tese segundo a qual a honra passou para as margens do espaço social das emoções, depois de ter ocupado por muito tempo seu centro. Lucien Febvre, que após o fim da Segunda Guerra Mundial ministrou cursos sobre "Honra e pátria", a qualificava como "sentimento ainda vivo [...] em nossos corações"[12]. A honra era, pois, um assunto de coração, e o coração era considerado, pelo menos no sentido estabelecido, como o centro de todos os sentimentos e de todas as paixões.

Hoje, em contrapartida, a honra parece ter migrado para longe do coração. Em 1970, o sociólogo Peter Berger observava que ela era uma relíquia de condições de um outro tempo e que se tornara fora de moda. No espaço dos Estados Unidos, era encontrada apenas nas "avós étnicas" e nos oficiais. Por "avós étnicas", Peter Berger se referia àquelas que vinham da Europa e traziam com elas uma compreensão da honra feminina transmitida durante a infância. Era somente no exército, portanto em um meio profissional circunscrito, que ainda se encontrava uma interpretação especificamente masculina da honra[13].

Max Weber já havia predito essa perda de significação da honra nos anos de 1900. Ele mesmo crescera com as representações e as práticas da honra das classes burguesas médias e superiores, e era dotado de um senso de honra extremamente forte, mas considerava que havíamos ultrapassado seu zênite histórico. Em um futuro próximo, ela se tornaria, segundo ele, um tema de irritação, como um corpo estranho não conciliável com as condições de vida de homens de negócios modernos e suas economias em matéria de emoções. A honra, segundo Weber, prosperava em ordens sociais de corporações, caracterizadas menos pela propriedade econômica do que por uma conduta da vida privilegiando o ócio e as relações pessoais. O fulgurante progresso econômico

---

12. FEBVRE, L. *Honneur et patrie*. Paris: Perrin, 1996, p. 31.
13. BERGER, P. "On the Obsolescence of the Concept of Honour". *European Journal of Sociology*, vol. 11, 1970, p. 338-347.

e técnico retirava dessas ordens sua base e solapava assim os fundamentos da validade de que a honra beneficiava[14].

Os dias da honra estavam, portanto, contados, e o fim deles proporcional à velocidade e à intensidade da modernização de uma sociedade. O que Weber considerava como já adquirido na "população laboriosa" americana também se produziria a médio prazo na Europa. Com certeza, a mudança socioeconômica não ocorreu em todos os lugares na Europa com a mesma intensidade nem em todos os países do continente. Nas regiões do Sul e ao redor do Mediterrâneo, etnólogos descobriam ainda nos anos de 1960 e 1970 estruturas em que representações da honra e de atitudes concomitantes permaneciam bem enraizadas[15]. Na virada do milênio ainda, especialistas em psicologia social ao interrogarem estudantes holandeses e espanhóis sobre a honra, o orgulho e a vergonha observaram diferenças significativas. As pessoas de Amsterdã ficavam muito mais desconcertadas com essas palavras do que seus camaradas de Sevilha ou de Madri. Enquanto os participantes espanhóis testemunhavam uma sensibilidade marcada em relação às afrontas à honra familiar, os jovens holandeses sentiam como uma ofensa sobretudo a possibilidade de se colocar em dúvida sua autonomia e sua competência individual. Evidentemente, a memória de uma cultura da honra é muito mais forte na Espanha do que nos Países Baixos, onde a população se distingue por julgamentos de valor e por apreciações de um individualismo fora do comum[16].

Contudo, mesmo na Holanda ainda existem diferenças. Imigrantes de origem marroquina ou turca reagem abertamente com ira e vergonha ao

---

14. WEBER, M. *Wirtschaft und Gesellschaft*. 2. ed. Tübingen: Mohr, 1973, p. 635 e 722.
15. PERISTIANY, J.G. (dir.). *Honour and Shame*: The Values of Mediterranean Society. Londres: Weidenfeld & Nicolson, 1966. • BOURDIEU, P. *Esquisse d'une théorie de la pratique, précédé de trois études d'ethnologie kabyle*. Genebra: Droz, 1972, p. 13-44, 227-243. • GILMORE, D.G. (dir.). *Honor and Shame and the Unity of the Mediterranean*. Washington, DC.: American Anthropological Association, 1987.
16. FISCHER, A.H. et al. "The Role of Honour-Related versus Individualistic Values in Conceptualising Pride, Shame, and Anger: Spanish and Dutch Cultural Prototypes". In: *Cognition and Emotion*, vol. 13, 1999, p. 149-179.

que sentem como um insulto ou uma ofensa à sua imagem social, e advertem quem os humilhou. Os holandeses étnicos, em contrapartida, tendem a dar menos importância às humilhações e a se retirar em situações de confronto. Seu comportamento não reflete apenas uma menor consideração da honra conferida ao grupo, mas também a conotação negativa ligada à vergonha: em sociedades que apresentam valores marcados pelo individualismo, esta última é considerada como um sinal de fraqueza e de dependência pessoal[17].

Parece, portanto, que os sentimentos de honra e de vergonha ainda continuam vivos unicamente para as minorias nas sociedades da Europa ocidental e central, ao passo que se tornaram estranhos para a maior parte dos "autóctones". Relatos feitos pelas mídias sobre crimes de honra em ambientes de imigração reforçam esse sentimento de estranheza e contribuem para a aura pejorativa – é uma realidade desconcertante e de um outro tempo – que cerca a honra. Mas não nos esqueçamos tão rápido e tão facilmente que os europeus também cultivaram, até uma boa parte do século XX, um sentimento aguçado da honra. Em muitos países, da França à Rússia, ocorriam regularmente duelos pela honra, mais exatamente: por uma honra masculina atacada e posta em dúvida por outros homens. Por seu lado, as moças eram condicionadas a sentir a vergonha, segundo a palavra de ordem "Uma mulher que não sente vergonha é uma mulher sem honra".

Esse mantra era repetido desde a infância às jovens, especialmente nas famílias burguesas e pequeno-burguesas. Os livros infantis e os romances do século XIX estavam repletos de moças e mulheres jovens enrubescendo continuamente e sentindo vergonha por qualquer coisa[18]. Nem só o sexo era abso-

---

17. MOSQUERA, P.M.R. et al. "Attack, Disapproval or Withdrawal? – The Role of Honour in Anger and Shame Responses to Being Insulted". *Cognition and Emotion*, vol. 22, 2008, p. 1.471-1.498. • FISCHER, A.H. et al. "The Role of Honour Related..." Art. cit., p. 153.
18. FREVERT, U. "Piggy's Shame". In: FREVERT, U. (dir.). *Learning How to Feel*: Children's Literature and Emotional Socialization, 1870-1970. Oxford: Oxford University Press, 2014, p. 134-154.

lutamente tabu: outros desvios das virtudes femininas ocasionavam também vergonha e faziam enrubescer.

Não surpreende que a liturgia religiosa de edificação, fortemente representada na edição, também contribua com seu quinhão para a apoteose da vergonha. Afinal, a vergonha e sua expressão ocupavam um importante lugar na teologia judaica e cristã, e seguiam os passos do pecado original. Com a transgressão do mandamento divino começou a vergonha: Adão e Eva, que comeram ilicitamente o fruto da árvore do conhecimento moral, reconheceram que estavam nus e cobriram o ventre com folhas de figueira.

A vergonha corporal – descrita em Gn 3,7 – é certamente transmitida por muitas culturas, inclusive fora do Antigo Testamento. No entanto, ela não é de forma alguma "natural", mas baseia-se em convenções sociais ou, como a Bíblia especifica, na distinção entre o bem e o mal. Foi o que experimentou Gulliver, o viajante de Jonathan Swift, no país dos cavalos. Quando explicou para seu mestre que a natureza exigia que certas partes do corpo fossem escondidas, a reação de seu interlocutor foi de incompreensão. Por que a natureza esconderia o que ela mesma criou? De todo modo, nem o mestre do cavalo nem sua família não tinham vergonha de sua corporeidade[19].

Um tal relativismo cultural não era apenas sensível na sátira social de um padre anglicano misantropo. Encontrava-se também na primeira grande enciclopédia em língua alemã, a *Universal-Lexicon* de Johann Heinrich Zedler. O artigo de 1742 sobre o assunto afastava-se expressamente da concepção segundo a qual existia uma espécie de "vergonha natural" que obrigava os humanos a "esconder os órgãos do nascimento". Como todas as outras, essa vergonha era uma "vergonha moral" que tinha seu fundamento na "opinião" dos homens. A vergonha seria "o desprazer que temos diante do julgamento dos outros sobre nossa incompletude". Mas o que era julgado incompleto variava conforme o

---

19. FREVERT, U. "Piggy's Shame". In: FREVERT, U. (dir.). *Learning How to Feel*: Children's Literature and Emotional Socialization, 1870-1970. Oxford: Oxford University Press, 2014, p. 134-154.

estatuto social, a idade e o sexo. Além disso, não se referia imediatamente ao corpo, e ainda menos exclusiva ou principalmente ao corpo das mulheres[20].

Essa concepção se modificou no século XIX. Em 1890, o *Meyers Konversations-Lexicon* vinculava a vergonha às palavras, aos gestos ou às ações "inconvenientes" – em que a noção de "conveniente" tinha uma inequívoca conotação sexual. Na sétima edição, publicada em 1929, a vergonha desaparecia completamente como palavra-chave psicológica e moral: era apenas conhecida como "o aparelho genital exterior da mulher e dos mamíferos femininos"[21]. Tais definições refletem a tendência da época a vincular ainda mais fortemente a vergonha ao corpo feminino e às suas funções sexuais. O século XIX, sobretudo durante sua segunda metade, interessou-se de maneira quase obsessiva pelo controle da sexualidade feminina. Como as mulheres regulavam seu "instinto sexual", com quem se deitavam, quantas vezes ou nunca, quais eram suas consequências para o casamento, a família e a sociedade: esses assuntos foram objeto de vivos e persistentes debates tanto por parte de juristas e de teólogos quanto de médicos e de autores de romances. A urbanização e a industrialização crescentes exacerbaram a percepção dos problemas: quanto maior o número de jovens operárias de fábricas e de empregadas domésticas que chegavam às cidades sempre mais espalhadas, mais parecia difícil preservá-las do "mau comportamento sexual" e da "imoralidade". A "indisciplina" dos homens, inclusive de homens de meios mais distintos, fazia delas objetos, assim como formula de modo sarcástico Elizabeth Blackwell, uma médica americana, "para a classe superior". No final, até as moças de boas casas, geralmente bem vigiadas, eram vítimas de seus excessos. Tornava-se ainda mais necessário educar, controlar, limitar com desvelo o apetite sexual dessas moças (que Blackwell estimava tão poderoso quanto o dos homens)[22].

---

20. ZEDLER, J.H. (dir.). *Grosses vollständiges Universal-Lexicon aller Wissenschaften und Künste.* T. 34. Halle-Leipzig: Zedler, 1742, col. 841-846.
21. *Meyers Konversations-Lexikon.* T. 14. 4. ed. Leipzig: Bibliographisches Institut, 1890, p. 400.
• *Meyers Lexikon.* T. 10. 7. ed. Leipzig: Bibliographisches Institut, 1929, col. 1.121.
22. BLACKWELL, E. *Counsel to Parents on the Moral Education of their Children, in Relation to Sex* (1879). Nashville, Tenn.: General Books, 2010, p. 23.

Essa educação devia na medida do possível impedir, para começar, a conversa sobre a sexualidade: "Um sentimento de vergonha saudável", pode-se ler em 1899, começa pela "correção nos pensamentos" e nas "palavras" – por essa razão, era importante que nos cursos de biologia os órgãos sexuais fossem "totalmente omitidos": "ensinamentos sobre o comércio sexual" estão excluídos tanto na escola quanto no quarto das crianças, e mesmo a nudez representada nas galerias de arte e nos museus eram um mal. Esta feria o "pudor", que tinha "uma importância essencial" sobretudo para "o sexo feminino". Por isso devia-se ter "para a mulher, sob esse ângulo, exigências particularmente altas"[23].

Os defensores de um sentimento de vergonha especificamente feminino dedicavam-se com afinco à demonstração, ou pelo menos à afirmação, de sua naturalidade. A "especificidade da mulher" tem raízes biológicas e, consequentemente, é tão incontestável quanto universal: essa convicção fazia parte das novas certezas que se difundiram e se generalizaram no século XIX[24]. Ao mesmo tempo, as exigências morais também eram satisfeitas: se a vergonha era imposta na e pela sabedoria da natureza, o dever da civilização consistia em mantê-la e em reforçá-la. A moral e a moralidade eram desse ponto de vista convenções sociais destinadas a proteger os fundamentos naturais, julgados conformes à razão, do viver junto humano.

A doutrina da evolução de Darwin podia alterar o dogma de uma vergonha feminina natural? Temos nossas dúvidas. O cientista britânico do século puxara o tapete das representações tradicionais de um ato criador divino ou natural, mas isso não significava necessariamente que o saber familiar dos ho-

---

23. REIN, W. (dir.). *Encyklopädisches Handbuch der Pädagogik*. T. 6. Langensalza: Beyer, 1899, p. 64. • *Encyklopädie der Pädagogik, bearbeitet von einem Vereine praktischer Lehrer und Erzieher*. T. 2. Leipzig: Schäfer, 1860, p. 412. • SCHMID, K.A. (dir.). *Encyklopädie des gesammten Erziehungs- und Unterrichtswesens*. T. 7. Gotha: Besser, 1869, p. 578. • PETZOLD, E. (dir.). *Handwörterbuch für den Deutschen Volksschullehrer*. T. 2. Dresde: Schulbuchhandlung, 1874, p. 149.

24. HERGANG, K.G. (dir.). *Pädagogische Real-Encyclopädie oder Encyclopädisches Wörterbuch des Erziehungs- und Unterrichtswesens und seiner Geschichte*. T. 2. Grimma: Comptoirs, 1847, p. 556. • HONEGGER, C. *Die Ordnung der Geschlechter – Die Wissenschaften vom Menschen und das Weib 1750-1870*. Frankfurt a. Main: Campus, 1991.

mens se transformou de fio a pavio. Por outro lado, Darwin sublinhava o lado instintual dos "movimentos de humor": embora tenham se constituído em processos de seleção, de mutação e de hereditariedade na longa duração, eles são finalmente inatos e intuitivos. Por isso enrubescer de vergonha é próprio a todas as "raças", aos jovens mais do que aos mais velhos, às mulheres mais do que aos homens[25].

No mesmo sentido, o médico britânico Havelock Ellis falava em 1899 da *modesty* bem como da expressão específica do *sexual instinct*: ambos seriam próprios aos mamíferos superiores e aos humanos. O sentimento de vergonha tinha certamente um forte componente social, mas não deixava de estar solidamente enraizado "na base natural da vida sexual". Embora ambos os sexos possam sentir e manifestar vergonha, esse sentimento era sobretudo conhecido pelas mulheres, e "era geralmente considerado como o principal caráter sexual secundário das mulheres do ponto de vista psíquico". Sua função consistia em reavivar a paixão masculina – uma tese a favor da qual Ellis mobilizava ao mesmo tempo informações tiradas da literatura e observações antropológicas e etológicas[26].

Embora Ellis confirme assim a tese favorita do século XIX sobre o caráter natural e obrigatório da vergonha feminina, sua tarefa de sexólogo não era fácil. O puritanismo típico da época criava constantemente obstáculos à tentativa "de se debruçar sobre os aspectos mais essências da vida" e "um estudo razoavelmente sério e preciso do instinto sexual não podia contar com o consentimento geral"[27]. Encontramos também, em 1907, uma crítica ácida sobre a

---

25. DARWIN, C. *L'Expression des émotions chez l'homme et les animaux.* Op. cit., p. 335-376. O enrubescimento, segundo Darwin, é provocado pelo pensamento sobre o que os outros pensam de nós; portanto, no início, pela "atenção dada a si mesmo" ou pela "preocupação de atitude, que desperta a inquietude da opinião do outro" (Ibid., p. 352ss.).
26. ELLIS, H. "The Evolution of Modesty" (1899), retomado em ELLIS, H. *Studies in the Psychology of Sex.* T. 1. Filadélfia: Davis, 1901, p. 5, 30-31. Cf. YEAZELL, R.B. "Nature's Courtship Plot in Darwin and Ellis". In: *Yale Journal of Criticism*, vol. 2, 1989, p. 33-53. • YEAZELL, R.B. *Fictions of Modesty*: Women and Courtship in the English Novel. Chicago, Ill.: University of Chicago Press, 1991.
27. ELLIS, H. "The Evolution of Modesty", cap. cit., p. 78. Cf. GROSSKURTH, P. *Havelock Ellis*: A Biography. Nova York: New York University Press, 1980, p. 191-204.

"vida sexual de nosso tempo" escrita por Iwan Bloch, um médico berlinense. Dezenas de anos antes de Foucault, ele chamou a atenção para o fato de que um sentimento de vergonha beirando os excessos grotescos se transforma em seu contrário e "aumenta o desejo interior para além de qualquer medida"[28].

Precisamente, "como seu temor e seu puritanismo permanentes conduziam [a sociedade] a perseguir sem trégua a imoralidade em todas as formas da vida, da literatura, da arte e do vestuário, para prevenir toda excitação, ela era então obrigada a pensar o tempo todo na imoralidade". Stefan Zweig, criado em Viena por volta de 1900, escreveu essas linhas em suas memórias sobre o "mundo de ontem". A moda contribuíra fortemente para esse estado de coisas, ao ilustrar "de maneira provocante e, afinal, deplorável", a "'polaridade' dos sexos" e a "tensão interior entre os polos". Mais o espartilho realçava com ostentação os emblemas do sexo feminino, mais era preciso praticar uma disciplina rigorosa dos olhares e dos gestos. "Uma jovem de boa família não devia ter a mínima ideia da anatomia de um corpo masculino, nem saber como as crianças vêm ao mundo, pois é claro que a anjinha devia entrar no casamento com o corpo imaculado, mas também com a alma absolutamente 'pura'"[29].

Ao olhar para trás, o escritor dessas linhas podia facilmente encontrar nessa ignorância uma "misteriosa atração": "Na expectativa de todo esse desconhecido do qual estavam excluídas, elas construíam um sonho romântico da vida, mas se mostravam ao mesmo tempo envergonhadas se alguém pudesse descobrir o quanto seus corpos reclamavam carícias das quais nada sabiam com precisão. [...] Tinham um procedimento diferente do das jovens de hoje". "Hoje", era o final dos anos de 1930, o início dos anos de 1940, quando as jovens mulheres andavam por aí "sem falso pudor nem falsa vergonha" em companhia de rapazes, "em uma relação de franca e livre camarada-

---

28. BLOCH, I. *Das Sexualleben unserer Zeit in seinen Beziehungen zur modernen Kultur*. Berlim: Marcus, 1907, p. 175.
29. ZWEIG, S. *Le monde d'hier* (1944). In: *Romans, nouvelles et récits*. T. 2. Paris: Gallimard, 2013, p. 924, 928 [Col. "Bibliothèque de la Pléiade"].

gem". A vergonha era antes: quando adolescentes bem-educados as saudavam "na rua, elas enrubesciam – ainda hoje existem, perguntava Zweig com ênfase, jovens mulheres que enrubescem?"[30]

Com certeza, seríamos tentados a responder, pois a oposição abrupta entre "vergonhoso" e "liberado-descontraído" também tem algo de artificial, de exagerado. Tanto em 1940 quanto em 2017, a vergonha não desapareceu por completo. Ainda nos anos de 1950, educadores convidavam as moças ao comedimento sexual, e as estudantes holandesas interrogadas no final dos anos de 1990 sobre a significação da vergonha sexual lhe davam um alto valor – tão alto, afinal, quanto suas congêneres espanholas. Ainda no século XXI, jovens americanas dão início depois de uma noite de amor ao *walk of shame* ("caminhada da vergonha"), embora tentem cada vez mais transformá-lo em *walk of pride* ("caminhada do orgulho")[31]. Em suma, ainda assim os limites da vergonha diminuíram nitidamente: tudo o que cem anos atrás era considerado como vergonhoso está bem longe de sê-lo ainda hoje.

A mudança deu-se em dois planos. De um lado, a vergonha sexual e corporal que subjugava as mulheres do século XIX perdeu sua intensidade emocional e sua aceitação pela sociedade. Os movimentos de reforma do início do século XX, que vão do Movimento da juventude aos Amigos da luz (*Lichtfreunde*) da cultura naturista, passando pela Nova Ética[32], já tomavam suas

---

30. Ibid., p. 929, 939.
31. MOSQUERA, P.M.R. et al. "Attack, Disapproval or Withdrawal?..." Art. cit., p. 157 e 159. • LUNCEFORD, B. "The Walk of Shame" etc., vol. 65, 2008, p. 319-329. Cf. tb. MANION, J.C. "Girls Blush, Sometimes: Gender, Moral Agency, and the Problem of Shame". In: *Hypatia*, vol. 18, 2003, p. 21-41.
32. "Movimento da juventude" (*Jugendbewegung*): durante o primeiro terço do século XX, milhares de jovens alemães, membros de diversos grupos, de preferência citadinos e burgueses, retornaram à natureza, sobretudo por meio de "trilhas"; era uma forma de protesto romântico contra a civilização urbana e industrial; já fortemente abalado pela Primeira Guerra Mundial, o movimento não sobreviveu à ascendência nazista sobre a juventude a partir de 1933. "Amigos da luz" (*Lichtfreunde*): movimento protestante racionalista nascido no século XIX, desvinculado da Igreja protestante, ele se aproxima no século XX do movimento naturista e se confundirá em parte com ele. "Nova Ética" (*Neue Ethik*): movimento feminista nascido por volta de 1900, inspirado pela transmutação dos valores de Nietzsche e que exige uma profunda "reforma" das atitudes diante do corpo e da sexualidade, no sentido da valorização de uma vida sexual autêntica para todos, em particular para as mulheres de todas as condições [N.T.].

distâncias em relação às moralidades tradicionais[33]. "Em todas as camadas da sociedade", constatava-se em 1931 "um forte relaxamento do sentimento de vergonha sexual"; nas grandes cidades, não era "raro que estudantes – moças e rapazes – de institutos de ensino superior reconhecessem abertamente relações sexuais e as considerassem como seu direito"[34].

O fato de a ausência de vergonha da primeira revolta sexual na Alemanha não ter sido vítima da "revolução nacional" de 1933, mas sair dela reforçada, foi perfeitamente compreendido pelos contemporâneos conservadores. Se, de um lado, o nacional-socialismo se servia desavergonhadamente, no arsenal dos rituais pré-modernos, da infâmia para condenar oficialmente, como "profanadores da raça", os casais de judeus/não judeus, do outro lado ele deixava uma grande liberdade aos membros do povo "de sangue alemão" para realizar seus desejos heterossexuais. Desde o Terceiro Reich, essa atitude provocou críticas: jornais católicos se disseram chocados pelas exposições que exaltavam a maternidade fora do casamento como "santa e imaculada". Pastores protestantes e padres católicos protestaram contra fotos com nus e cenas de nus nos calendários e jornais: eles fustigavam a "excessiva importância dada à sensualidade e à sexualidade", que reforçaria as "aventuras sexuais" masculinas, ofenderia "o pudor corporal mais delicado" das mulheres e enfraqueceria o "sentimento moral"[35].

Foi sobretudo por essa razão que os anos do pós-guerra na Alemanha tiveram, na República Federal, como palavra de ordem o "Retorno à vergonha!" Se os protestos das Igrejas tiveram antes pouco efeito, elas se beneficiavam doravante de uma autoridade bem superior e de apoios políticos. Quando o

---

33. HAU, M. *The Cult of Health and Beauty in Germany*: A Social History, 1890-1930. Chicago, Ill.: University of Chicago Press, 2003. • WICKERT, C. *Helene Stöcker 1869-1943*: Frauenrechtlerin, Sexualreformerin und Pazifistin. Bonn: Dietz, 1991, p. 59-117.

34. *Pädagogisches Lexikon*. T. 4. Bielefeld: Velhagen & Klasing, 1931, p. 271. • GROSSMANN, A. *Reforming Sex*. Oxford: Oxford University Press, 1995. • USBORNE, C. *The Politics of the Body in Weimar Germany*. Londres: Macmillan, 1992.

35. HERZOG, D. *Sex after Fascism*: Memory and Morality in Twentieth-Century Germany. Princeton, NJ: Princeton University Press, 2005, p. 46ss. • PRZYREMBEL, A. *"Rassenschande"* – Reinheitsmythos und Vernichtungslegitimation im Nationalsozialismus. Göttingen: Vandenhoeck & Ruprecht, 2003.

jesuíta Johannes Leppich pregava, nos sermões de rua, contra o "sexualismo" de seu tempo, contra "o amor livre" e os "comportamentos obscenos" nos filmes, na televisão e em certos jornais, milhares de pessoas o ouviam. Impressas, suas homilias eram vendidas às centenas de milhares[36]. Quando lançado nos cinemas, em 1951, o filme *A pecadora*, de Willi Forst, com a atriz Hildegard Knef, movimentos de Igreja femininos proclamaram que eles "não aceitavam que a honra das mulheres fosse a esse ponto arrastada na lama". Membros da Comissão de controle[37] criticaram os "diálogos desavergonhados", e jornalistas de província, considerando que o "pudor natural" fora ofendido, chamaram a "população com reações saudáveis" para "poderosas demonstrações"[38].

Treze anos depois, o filme *O silêncio*, de Ingmar Bergman, suscitou uma nova onda de indignação. As pessoas reclamaram junto ao presidente da República do "atentado ao pudor": o filme exibiria aos olhos do "povo alemão, nos cinemas lotados, um *ato sexual* entre uma ninfomaníaca e um indivíduo que ela nem conhecia, em sua realidade mais grosseira, abertamente, muito claramente – em tamanho natural, em primeiro plano da imagem"! "No interesse do Estado como um todo", uma habitante "ferida no mais íntimo de seus sentimentos" pedia ao procurador da República que tomasse medidas para proibir o filme "antes que ele também conspurcasse a cidadezinha de Spire" e "causasse graves prejuízos morais"[39]. Apesar disso – ou precisamente devido ao escândalo provocado –, o filme em branco e preto, com pouquíssima ação, de Bergman, tornou-se um sucesso visto por dez milhões de cidadãos da República Federal. Era um sinal muito claro: o sexo é uma armadilha para os otários!

---

36. LEPPICH, J. *3 x satan*. 2. ed. Düsseldorf: Bastion, 1957, p. 37-63. • HERZOG, D. *Sex after fascism*. Op. cit., p. 72-80.
37. Trata-se de uma "comissão de controle" instaurada em 1949 pela indústria cinematográfica alemã para indicar a idade de acesso dos espectadores de filmes. Seu nome exato era "Freiwillige Selbskontrolle der Filmwirtschaft" – "Autocontrole voluntário da indústria do filme" [N.T.].
38. Deutsches Filminstitut, D 12 U 70 Ordner 1. • *Hattinger Zeitung*, 24/02/1951. • STEINBACHER, S. *Wie der Sex nach Deutschland kam* – Der Kampf um Sittlichkeit und Anstand in der frühen Bundesrepublik. Munique: Siedler, 2011, cap. 2.
39. Arquivos federais de Coblence, B 106 (Ministério do Interior), n. 36.590, 14 e 20/03/1964. • STEINBACHER, S. *Wie der Sex nach Deutschland kam*. Op. cit., p. 283-295.

De todo modo, o primeiro filme educativo[40] da República Federal, *O milagre do amor*, de Oswalt Kolle, lançado em 1968, registrou seis milhões e meio de espectadores. Ele também escapou por pouco do obstáculo da censura, graças ao acentuado verniz de ciência e ao subtítulo *Sexualidade no casamento*. Não deixou de marcar, no entanto, o rompimento de um dique: depois dele, uma verdadeira onda sexual rebentou na República Federal. Sob o signo do espírito esclarecido e da liberalização, as mídias anunciaram uma revolução sexual que pretendia enterrar de vez as relíquias do pudor e dos "bloqueios" femininos. O novo feminismo dos anos de 1970 assumiu essa luta: "A vergonha acabou", proclamava Kate Millet em 1975 na revista feminina *MS.*, enquanto a holandesa Anja Meulenbelt dava esse mesmo título à sua autobiografia, um *best-seller* internacional, em 1976[41].

Levando-se em consideração um espírito do tempo (*Zeitgeist*) que se expressava de forma tão clara contra a vergonha e o uso da vergonha, mais de um observador acreditou ter chegado em uma "sociedade na qual a vergonha não mais existia". Mesmo psicanalistas que viam na atenuação da vergonha sexual uma liberação e um enriquecimento observaram, não sem lamentá-lo, o declínio da vida civilizada, provocando segundo eles a erosão dos comportamentos "decentes" em todas as esferas da sociedade[42].

A moral da sociedade e as emoções do indivíduo

Foi aí que se expressou a outra dimensão, moral e social, da vergonha; no decorrer do século XIX, ela fora eclipsada pela vergonha sexual, ao passo que nos léxicos mais antigos ela ainda se encontrava em primeiro plano. A

---

40. Ou "filme de informação", significativamente chamado *Aufklärungsfilm* em alemão [N.T.].
41. MILLETT, K. "The Shame is Over". In: *Ms.*, jan./1975. • MEULENBELT, A. *De schaamte voorbij*. Amsterdã: Van Gennep, 1976.
42. HOFFER, E. "Long Live Shame!" In: *The New York Times*, 18/10/1974. • LOWENFELD, H. "Notes on Shamelessness". *The Psychoanalytic Quarterly*, vol. 45, 1976, p. 62-72.

vergonha social ou "ética", assim nomeada em 1833 por Wilhelm Traugott Krug, filósofo e sucessor de Kant, estava ligada à consciência de sua própria "incompletude"[43]. Dessa incompletude, era possível tomar consciência e ter vergonha sozinho, na intimidade de seu quarto; porém mais importante, e por isso mencionada com mais frequência, a "opinião do outro" já fora observada por Zedler em 1742[44]. Do mesmo modo, a enciclopédia *Brockhaus* de 1973 condicionava "o aparecimento e a difusão" da vergonha "aos sistemas de valor e às representações de normas e de papéis no interior dos grupos sociais", e ela apoiava suas afirmações em recentes pesquisas em psicossociologia[45].

Mas a coincidência das definições dissimulava uma mudança estrutural dramática. No tempo de Zedler, os homens ainda viviam em ordens sociais estruturadas pelas corporações, que os reagrupavam desde o nascimento em categorias relativamente estáticas (a nobreza, os camponeses, a burguesia); ora, esse pertencimento tornou-se cada vez mais frouxo e mais dinâmico a partir do século XIX. É claro que nas sociedades modernas também existem classes, camadas e grupos sociais. Mas sua força de inclusão declinou nitidamente; os indivíduos são capazes de subir e descer socialmente e podem pertencer ao mesmo tempo ou sucessivamente a vários grupos. Sendo assim, as normas de comportamento e as prescrições morais específicas de um grupo perdem seu caráter de obrigação; elas só valem de maneira condicional e limitada. E também podem entrar mutuamente em conflito, convertendo-se para o indivíduo em possibilidades de ação atrativas e que aumentam suas chances de liberdade – assim como os riscos de insegurança que pesam sobre ele.

A crescente diferenciação social tem efeitos sobre os sentimentos de vergonha e de honra, e o sociólogo Georg Simmel propôs uma análise teórica desse processo já por volta de 1900. Se os grupos procuram garantir sua coesão e sua

---

43. KRUG, W.T. (dir.). *Allgemeines Handwörterbuch der philosophischen Wissenschaften*. T. 3. 2. ed. Leipzig: Brockhaus, 1833, p. 580.
44. ZEDLER, J.H. (dir.). *Grosses vollständiges Universal-Lexicon...* Op. cit., col. 841.
45. *Brockhaus Enzyklopädie*. T. 16. 17. ed. Wiesbaden: Brockhaus, 1973, p. 560.

autoconservação graças a códigos específicos da honra e da vergonha, também o cruzamento social característico da Modernidade conduz inelutavelmente às concorrências e às contradições. A abertura das fronteiras entre corporações acabou gerando e cristalizando um novo conceito: a honra humana universal e puramente individual, que faz abstração de representações concretas ligadas a grupos[46].

Tal honra "interior" ou "verdadeira", muitos intelectuais burgueses a desejavam desde o século XVIII a fim de fortalecê-la contra a "falsa honra", a "honra exterior" assim como seria cultivada, praticada e cultivada em certas corporações e em certos agrupamentos profissionais[47]. Mas a honra "interior" não se tornava uma possibilidade senão no perímetro em que esses círculos se "cruzavam" com outros e, por isso mesmo, perdiam seu poder de definição. Contudo, com base em que critérios a "verdadeira" honra e a "justa" vergonha se alinhavam doravante? Quem construía os novos padrões da emoção e do comportamento que as mulheres e os homens deviam seguir "de maneira puramente individual"?

O século XIX burguês propunha a esse respeito um cânone dos valores que se referia essencialmente aos princípios de autonomia e de responsabilidade pessoal. Aquele que não era, como adulto, "seu próprio mestre", para retomar a formulação feita por Emmanuel Kant em 1793, e não alimentava a si e aos seus graças ao trabalho de suas próprias mãos, tinha razão de ter vergonha. Esse indivíduo tinha o dever de se projetar para aquilo que "seu talento, sua atividade e sua sorte podem conduzi-lo"[48]. Fazê-lo e com isso ajudar outros nessa direção, eis o que dava honra; não o fazer e nem se responsabilizar minimamente suscitava a vergonha e um sentimento de vergonha.

---

46. SIMMEL, G. *Sociologie* – Études sur les formes de la socialisation (1907). Paris: PUF, 2013, cap. 6 e 8.
47. FREVERT, U. *Ehrenmänner* – Das Duell in der bürgerlichen Gesellschaft. Munique: Beck, 1991, p. 37ss.
48. KANT, E. *OEuvres philosophiques*. T. 3. Paris: Gallimard, 1986, p. 273, 276 [Col. "Bibliothèque de la Pléiade"].

O século XX experimentou outras respostas. O nacional-socialismo desenvolveu uma moral fundada na raça, que ligava a honra e a vergonha ao que era bom para a comunidade nacional (*Volksgemeinsschaft*)[49]. Na República Democrática Alemã (RDA), o secretário-geral do Partido Comunista, Walter Ulbricht, enunciou em 1958 "os dez mandamentos do homem novo socialista". Todo indivíduo devia viver de maneira "limpa e honesta", trabalhar muito e respeitar o "coletivo". No livro dos membros do partido distribuído aos jovens pioneiros se encontravam "leis" similares: os pioneiros amavam a verdade, aprendiam com paixão, levavam sua ajuda a todos os lugares e não mantinham apenas seu corpo "limpo e em boa saúde", mas "honravam" também seu lenço azul. Quem perdesse este último ou não estivesse com ele sentia-se envergonhado e ferido em sua honra. Os mestres e os dirigentes dos pioneiros usavam conscientemente esses sentimentos como meios para discipliná-los e aumentar seus desempenhos. Regularmente eram organizados concursos e olimpíadas em que os melhores eram identificados, distinguidos e honrados. Mas os nomes dos piores e dos "causadores de problemas" também apareciam, legíveis para todos, na exibição mural. Como suas atividades negativas não causavam transtornos apenas a eles mesmos, mas também e principalmente ao "coletivo", indicava-se e justificava-se que fossem envergonhados publicamente[50].

Essas práticas para instilar a vergonha não eram de forma alguma uma invenção ou um privilégio da RDA. Enquanto a condenação como punição reconhecida deixara de ser empregada desde meados do século XIX, a "denúncia" dos maus alunos ou dos alunos recalcitrantes ainda era uma prática popular cem anos depois, no Ocidente como no Oriente. É claro que as "imagens difamatórias" ou o "banco dos burros"[51] apareciam agora como a expressão

---

49. KOONZ, C. *The Nazi Conscience*. Cambridge, Mass.: Belknap Press, 2003. • GROSS, R. *Anständig geblieben* – Nationalsozialistische Moral. Frankfurt a. Main, 2010.
50. "Zehn Gebote der sozialistischen Moral". In: DOWE, D. et al. (dir.). *FDGB-Lexikon*. Berlim: Universidade Livre de Berlim, 2009. • WIERLING, D. *Geboren im Jahr Eins* – Der Jahrgang 1949 in der DDR. Berlim: Links, 2002, p. 103-170.
51. Na Idade Média, as "imagens infamantes" mostravam príncipes e senhores detestados em uma postura degradante, por exemplo cavalgando ao contrário um porco, animal infame. Essas

de uma "barbárie" medieval. Entretanto, mesmo os Tempos modernos, que se apoiam fortemente em sua "competência psicológica", estiveram longe de sempre conceder às crianças a proteção e a atenção que elas exigiam. De um lado, educadores alertavam para que se evitasse ferir o sentimento de vergonha e de honra de alunos sensíveis com zombarias "sardônicas" e humilhações "maldosas", mas, de outro, consideravam que uma "humilhação clemente-não clemente" era perfeitamente apropriada nos casos "de arrogância cruel e de suscetibilidade vaidosa"[52].

O tema não dizia respeito só à pedagogia escolar. Preocupava também, com uma tendência cada vez mais crítica em relação à vergonha, os conselheiros para a educação e os terapeutas familiares. As punições que desonram deviam ser tabus; era preciso respeitar a "autoestima" (*Selbstgefühl*) das crianças[53]. As obras de Johanna Haarer, uma médica, largamente difundidas no decorrer do Terceiro Reich, mas também na República Federal, condenavam severamente os hábitos parentais e maternais que feriam o "sentimento de honra" nas crianças. A autora recriminava por exemplo o ultimato "comum em todos os lugares e quase sempre utilizado com exagerada frequência: 'Envergonhe-se já!'", e bania os incentivos para se envergonhar "nas classes mofadas de épocas passadas": *Não humilhemos jamais nossas crianças!*[54] O pediatra americano Benjamin Spock dava o mesmo conselho em 1946: seu livro *Meu filho, meu tesouro* vendeu até hoje 50 milhões de exemplares[55].

---

imagens eram suspensas no pelourinho, ou pregadas na porta da prefeitura ou da igreja. O "banco dos burros" era um banco na última fila da classe [N.T.].

52. LINDNER, G.A. (dir.). *Encyklopädisches Handbuch der Erziehungskunde*. Viena: Pichler, 1884, p. 110. • *Pädagogisches Lexikon*. T. 1. Bielefeld: Velhagen & Klasing, 1928, p. 503ss.

53. KABISCH, R. *Das neue Geschlecht* – Ein Erziehungsbuch. 2. ed. Göttingen: Vandenhoeck & Ruprecht, 1916, p. 165, 172. • HETZER, H. *Seelische Hygiene! Lebenstüchtige Kinder!* – Richtlinien für die Erziehung im Kleinkindalter. 5. ed. Lindau: Kleine Kinder, 1940, p. 53.

54. HAARER, J. *Unsere kleinen Kinder*. Munique: Lehmanns, 1936, p. 234 e 238-240. • HAARER, J. *Unsere Schulkinder*. Munique: Gerber, 1950, p. 123.

55. SPOCK, B. *The Common Sense Book of Baby and Child Care*. Nova York: Duell, Sloan & Pearce, 1946, p. 324 [*Meu filho, meu tesouro*. 18. ed. Rio de Janeiro: Record, 1995].

Foi com uma verve particular que Astrid Lindgren, autora sueca de livros para crianças, tomou como alvo os apelos para se envergonhar. Em *Píppi Meialonga*, livros publicados entre 1945 e 1948, traduzidos em cinquenta línguas e várias vezes adaptados para a televisão, ela erguia um convincente monumento à autoafirmação e à independência das crianças. Píppi, de 9 anos, cresce sem pais, não é apenas forte como um touro: a vergonha lhe é estranha. Quando meninos a injuriam por causa de suas tranças ruivas, ela não sente nem vergonha, nem raiva, nem medo, mas se defende com palavras e atos. Quando o desonesto Butor começa a humilhar um velho vendedor de linguiças, ela intervém corajosamente. E quando a rica senhorita Rosenblon recompensa com presentes os alunos "mais estudiosos e mais ajuizados" depois de ter fustigado publicamente e feito chorar os menos estudiosos, Píppi inverte ironicamente o ritual. Em vez de humilhá-los e de mandá-los para um canto, como pede a senhorita, ela resolve organizar uma "audição" daqueles que são vítimas de fracassos e de rejeição; devolve-lhes sua dignidade e os recompensa distribuindo-lhes moedas de ouro e balas[56].

Embora nenhuma criança consiga se igualar a Píppi em força e em independência, a heroína de Lindgren encorajou milhões de pequenos leitores e leitoras a questionar a força dos adultos e a resistir às suas incitações para se envergonharem. É sobretudo nas sociedades democráticas, que atribuíam uma grande importância à liberdade individual e a protegiam contra a força normativa das coletividades de tipo corporativista, nacional-populista ou socialista, que essas incitações à autoafirmação das crianças encontraram um forte eco. A vergonha e a honra foram cada vez mais substituídas por uma semântica da dignidade que é própria a todo ser humano e inviolável. Por dignidade, compreendia-se, no sentido próprio, o que Simmel, em seu livro *Sociologia* (1907), qualificara como honra universalmente humana e puramente individual. As incitações para se envergonhar deixaram então de ser percebidas como desonrosas: eram atentados à dignidade, submetidos à opinião pública.

---

56. LINDGREN, A. *Fifi Brindacier, l'intégrale* (1945). Paris: Hachette, 2007, p. 25-27, 183-185, 270-279 [*Píppi Meialonga*. São Paulo: Companhia das Letrinhas, 2001].

Isso não significa que as sociedades ocidentais de hoje teriam se tornado territórios de onde a vergonha foi banida, como temiam nos anos de 1970 certos adeptos do pessimismo cultural. É claro que a "cultura do narcisismo" que começava então a se propagar reforçou os sentimentos de si positivos e, como os psicólogos constatavam com satisfação, foi uma espécie de muralha contra a vergonha destrutiva da personalidade. Mas, tendo em conta que a pessoa narcísica permanecia ligada a vínculos e a quadros sociais, a vergonha como "sinal afetivo e cognitivo" não desapareceu totalmente[57]. Ela foi, no entanto, desqualificada socialmente: muitos observadores concordam sobre esse ponto[58]. A humilhação pública de indivíduos que não correspondem a certas expectativas sociais é objeto de um tabu generalizado. É com tristeza e apreensão que nos lembramos que, ainda nos anos de 1930, casais alemães que não haviam obedecido às disposições racistas dos nazistas eram perseguidos nas ruas com cartazes pendurados ao pescoço, ou que mulheres francesas que haviam mantido relações com soldados alemães durante a Ocupação tiveram a cabeça raspada e foram cobertas de escarros e de escárnio na Libertação[59]. Da mesma forma, as sanções humilhantes praticadas nos Estados Unidos, consideradas como atentados aos direitos humanos, são diametralmente opostas às sensibilidades liberais de hoje. O que vários criminologistas e sociólogos exaltam como punições "criativas", resultando em rápida "reintegração", gera em outros fortes críticas[60].

---

57. LEWIS, H.B. "Shame and the Narcissistic Personality". In: NATHANSON, D.L. (dir.). *The Many Faces of Shame*. Nova York: Guilford, 1987, p. 95. • LASCH, C. *Le Complexe de Narcisse* (1978). Paris: Robert Laffont, 1980. • LUNBECK, E. *The Americanization of Narcissism*. Cambridge, Mass.: Harvard University Press, 2014.

58. NATHANSON, D.L. "A Timetable for Shame". In: NATHANSON, D.L. (dir.). *The Many Faces of Shame*. Op. cit., p. 1-63, princ. p. 5. • WURMSER, L. *The Mask of shame*. Baltimore, Md.: Johns Hopkins University Press, 1981, p. 302. • SCHEFF, T.J. & RETZINGER, S.M. *Emotions and Violence*: Shame and Rage in Destructive Conflicts. Lexington, Mass.: Lexington Books, 1991, p. 3 e 174.

59. PRZYREMBEL, A. *"Rassenschande"*. Op. cit. • VIRGILI, F. *La France "virile"* – Des femmes tondues à la Libération. Paris: Payot, 2000.

60. BRAITHWAITE, J. *Crime, Shame and Reintegration*. Cambridge: Cambridge University Press, 1989. • KAHAN, D.M. "What Do Alternative Sanctions Mean?" In: *The University of Chicago Law Review*, vol. 63, 1993, p. 591-653. • ETZIONI, A. "Back to the Pillory?" In: *The American Scholar*, vol. 68, 1999, p. 43-50. • NUSSBAUM, M.C. *Hiding from Humanity*: Disgust, Shame, and the Law. Princeton, NJ.: Princeton University Press, 2004, cap. 4-6. • WHITMAN, J.Q.

Na Europa, esses debates são acompanhados com espanto. Foi principalmente a experiência dos regimes totalitários, marcados pelo coletivismo, que levou os europeus a atribuir uma grande importância às semânticas da dignidade individual: as humilhações públicas encenadas pelos estados não encontram qualquer adesão. Também temos problemas com a honra. Enquanto nos Estados Unidos ainda se ouvem defesas exaltadas em favor da reanimação do sentimento de ira, os europeus mantêm suas distâncias[61]. Eles têm demasiadas lembranças das corriqueiras práticas da honra, por muito tempo efetivas, no continente, que cultivavam não apenas a exclusão social, mas também a exclusão na política dos sexos. O duelo, privilégio da nobreza e da alta burguesia, além de permitir que as classes sociais inferiores ficassem longe da "sociedade capaz de dar satisfação", traçava a linha de separação entre os homens e as mulheres, e quando necessário entre judeus e cristãos. Negar pura e simplesmente a honra aos judeus e basear a honra feminina na boa conduta sexual: ainda era, por volta dos anos de 1900, uma convicção comum das camadas dominantes. Foi somente a rejeição de duas guerras mundiais, a transformação das relações entre os sexos e a perda de importância do exército – no qual essas ideias encontravam seu apoio institucional por excelência – que lhe retiraram sua base social e cultural[62].

"What Is Wrong with Inflicting Shame Sanctions?" In: *The Yale Law Journal*, vol. 107, 1998, p. 1.055-1.092.
61. BOWMAN, J. *Honor*: A History. Nova York: Encounter Books, 2006. • APPIAH, K.A. *The Honor Code*: How Moral Revolutions Happen. Nova York: Norton, 2010.
62. FREVERT, U. *Ehrenmänner*. Op. cit., cap. 7.

A FÁBRICA DAS EMOÇÕES ORDINÁRIAS

6
O TEMPO DO DESPERTAR: INFÂNCIA, FAMÍLIA, ESCOLA

Dominique Ottavi

"A única revolução verdadeira é a da sensibilidade", declarava Denis de Rougemont[1]. Essa afirmação adquire todo seu sentido quando se trata das emoções ligadas à criança. Falamos de emoções "ligadas" porque essas emoções entram em jogo tanto na relação entre os adultos e as crianças como quando se trata da vivência retrospectiva da infância ou quando as próprias crianças são afetadas pela emoção.

Essas transformações são profundas, afetando os sujeitos muitas vezes de maneira inconsciente. Inscrevem-se também em uma longa duração, em que as referências não se deixam facilmente estabelecer. O presente em sua falsa evidência exige ser situado nesse processo, quer se trate das emoções experimentadas em relação às crianças ou da atenção dada às emoções que elas experimentam. Esse olhar retrospectivo permite ver que maneiras de sentir e conhecimento da criança se estabeleceram no início do século XX.

---

1. ROUGEMONT, D. *Les méfaits de l'instruction publique* (1929). In: *Trois pamphlets pédagogiques*. Lausanne: L'Âge d'Homme, 1984, p. 146.

Ambiguidades da criança amada

Os historiadores da infância desvelaram o que estava oculto pela excessiva familiaridade do cotidiano: ternura, proteção, solicitude e preocupação com o futuro da criança não são evidentes, não no sentido em que entendemos seu interesse atualmente. Amor, atração, compaixão, dependem de mudanças de mentalidade. A hipótese de Philippe Ariès, segundo a qual o amor pelas crianças surge com a Modernidade, foi certamente discutida[2]. Didier Lette ou Danièle Alexandre-Bidon mostraram, por exemplo, que os séculos passados conheceram uma "puericultura medieval", ou que o investimento em custosas peregrinações em benefício de crianças revela a preocupação com a sobrevivências delas[3]. Todavia, a exaltação da infância impregna a cultura ocidental moderna em um movimento que vai se acentuando até o século XX. Quando, no século XVI, o pintor maneirista Santo di Tito representa o tema tradicional da *Idade da vida*, ele já exalta uma menina que persegue borboletas, entregue à brincadeira e ao maravilhamento, a despeito do simbolismo mais profundo da obra: a infância já é poesia, mundo perdido e tema de interesse[4]. Nossa sociedade "puerocentrada" inventou em seguida os direitos da criança e a instituição escolar; viu também aparecer os "saberes da infância"[5].

Embora o amor pelas crianças ocupe de alguma forma o centro do palco no mundo contemporâneo, não devemos nos esquecer do outro aspecto da afetividade que Ariès evidenciou tão bem: a rejeição à criança. As crianças são também um fardo, o que pode levar ao ódio, à exasperação, ao desejo de controle, deixando traços na história, com efeitos mais ou menos violentos. Montaigne já se comovia com as violências domésticas, mas tais transbordamentos não são reservados aos séculos distantes:

---

2. ARIÈS, P. *L'Enfant et la vie familiale sous l'Ancien Régime*. Paris: Plon, 1960.
3. LETT, D. *L'Enfant des miracles, enfance et société au Moyen Âge*. Paris: Aubier, 1997. • ALEXANDRE-BIDON, D. & LETT, D. *Les enfants au Moyen Âge (V^e-XVe siècles)*. Paris: Hachette, 1997.
4. Cf. princ. DIAZ, B. "L'enfance au féminin". In: CHEVALIER, A. & DORNIER, C. (dir.). *Le récit d'enfance et ses modèles*. Caen: Presses Universitaires de Caen, 2003, p. 161-176.
5. BECCHI, E. & JULIA, D. (dirs.). *Histoire de l'enfance en Occident*. T. 2. Paris: Seuil, 1998.

Entre outras coisas, quantas vezes tive vontade, passando por nossas ruas, de criar uma farsa, para vingar meninos que eu via sendo escorchados, espancados e feridos por algum pai ou mãe furiosos e ensandecidos. É possível ver o fogo e a raiva saírem dos olhos, a raiva inflamando o coração, são levados violentamente, como rochedos, despregados do topo, quando a montanha desaparece sob eles e que eles se despencam pela ladeira abrupta[6].

Pedagogia e emoções escolares

Já presentes no final do século IV nas célebres páginas das *Confissões* de Agostinho, encontramos mais tarde emoções "escolares", em que dominam o medo, a preguiça, a culpa, o tédio, pontuados de satisfações quando ocorrem o êxito e o elogio. Pois as punições são injustas e rudes:

> [...] batiam-me, método louvado pelos mais velhos: muitos outros antes de nós tinham aberto os caminhos dos tormentos por onde precisávamos passar à força, redobrando trabalho e dor pelos filhos de Adão[7].

Os progressos da escolarização, uma preocupação educativa crescente, culminam em nossos dias com o alongamento da escolaridade e a massificação do ensino[8], que são, a justo título, considerados como evoluções benéficas para as crianças. No entanto, uma suspeita foi formulada por Philippe Ariès, e retomada por Michel Foucault: esse movimento provocaria um afastamento das crianças, uma separação no cotidiano em relação ao mundo adulto; uma separação de molde a amplificar o sentimento da alteridade infantil e a romper os vínculos tradicionais da transmissão. Foucault chegou mesmo a considerar que a escolarização, acompanhada da ciência pedagógica, prolonga o grande processo de enclausuramento cujo estudo foi inaugurado pela *História da lou-*

---

6. MONTAIGNE. *Essais* (1580), II, 31, "De la colère". Montaigne cita aqui Juvenal.
7. SANTO AGOSTINHO. *OEuvres*. T. 1. Paris: Gallimard, 1998, p. 791 [Col. "Bibliothèque de la Pléiade"].
8. CROS, L. *L'Explosion scolaire*. Paris: Comité Universitaire d'Information Pédagogique, 1961.

cura na idade clássica (1972)⁹. Quanto a Jean-Noël Luc, ele mostrou como a "invenção" da criança pequena no século XIX era também uma pedagogização, em uma sociedade tanto pedagocentrada quanto puerocentrada[10].

A escola pode se tornar o lugar onde emoções específicas, por vezes positivas, mas geralmente negativas, se organizam e se colocam em cena, tornando-se tanto um desafio quanto um instrumento de pedagogia. Embora o medo e o tédio estejam associados de maneira recorrente e como uma espécie de fatalidade da aprendizagem, da escola e das suas coerções, existe também um verdadeiro trabalho das emoções em pedagogia, o qual só podemos dimensionar considerando a pedagogia dos colégios que se estabelece no século XVII.

Marie-Madeleine Compère comentou preciosos arquivos, em seu livro *Du collège au lycée* (1985)[11], que revelam a origem da organização escolar a partir dos colégios como espaços de acolhimento dos estudantes; ela mostra também como, principalmente no interior dos colégios de jesuítas cuja pedagogia está exposta na *Ratio Studiorum* (1598)[12], as emoções são cientemente utilizadas. A disciplina rigorosa de um sistema de aprendizagem coletivo que privilegia o internato e exige a obediência marcou, no entanto, a memória desses estabelecimentos. Mas neles o elogio e a crítica também tiveram uma função intelectual e moral: idealmente, emanando de professores competentes e respeitados, esses procedimentos exortam a extrair o melhor de si mesmo, questão de honra, e a experimentar a vergonha de não o ter conseguido. Por outro lado, a comparação com os companheiros da mesma idade engendra a emulação, que não se deve confundir com nossa moderna competição:

---

9. FOUCAULT, M. *Histoire de la folie à l'âge classique*. Paris: Gallimard, 1972. • FOUCAULT, M. *Surveiller et punir*. Paris: Gallimard, 1975 [*História da loucura na idade clássica*. 9. ed. São Paulo: Perspectiva, 2010].
10. LUC, J.-N. *L'Invention du jeune enfant au XIXᵉ siècle* – De la salle d'asile à l'école maternelle. Paris: Belin, 1997.
11. COMPÈRE, M.-M. *Du collège au lycée*. Paris: Gallimard-Julliard, 1985.
12. *Ratio atque Institutio Studiorum*. Roma: Collegio Societatis Iesu, 1598.

enquanto esta última convida a superar o outro, a emulação consiste em imitá-lo para se aprimorar. A arte da pedagogia é então julgar oportunamente, assim como treinar pelos exercícios.

Essa pedagogia das emoções durou muito mais do que os colégios religiosos, uma vez que é encontrada na filosofia escolar da III República, cujo projeto educativo se pretende emancipador. A emulação é então ainda valorizada como recurso da atividade, enquanto a pedagogia dos jesuítas é apresentada nessa época como um contraponto, por causa de sua severidade. De certa forma, a pedagogia republicana fez uma escolha a partir da herança histórica, opondo a pedagogia suave, que utiliza recursos morais e emocionais, e aquela que recorre às punições e aos castigos violentos.

Citemos o inspetor Cuissart, autor do artigo "Autoridade" no *Dicionário de pedagogia* de Ferdinand Buisson:

> Os meios de que a autoridade dispõe, os recursos que ela coloca em prática, são de natureza diversa: os melhores são a afeição e o reconhecimento dos alunos, a emulação, a esperança das recompensas, a atração pelos estudos bem dirigidos e todos os encorajamentos. Não colocamos senão em último o motivo que, segundo o provérbio, é o começo da sabedoria: o medo do mestre, e entendemos com isso muito mais o medo de desagradá-lo, de decair em sua estima, de trair sua confiança e de magoá-lo, do que o de receber este ou aquele castigo[13].

Nesse contexto em que os republicanos não têm palavras bastante duras para fustigar a crueldade dos jesuítas, Gabriel Compayré, historiador da pedagogia, publica um estudo sobre o *orbilianismo*[14], palavra que, embora não tenha "encontrado seu lugar na língua francesa", resume os abusos da disciplina: Orbílio era o preceptor de Horácio, e tinha a mão pesada. Citando um panfleto publicado em 1764, que denuncia o terror reinante no interior desses colégios

---

13. BUISSON, F. (dir.). *Dictionnaire de Pédagogie et d'Instruction Primaire*. 1ª parte. T. 1. Paris: Hachette, 1887, p. 146, art. "Autorité".
14. COMPAYRÉ, G. *L'Orbilianisme ou l'usage du fouet chez les jésuites au dix-huitième siècle*. Toulouse: Douladoure, 1878.

religiosos, em um estado de espírito próximo ao de Diderot[15], Compayré descreve o dispositivo do chicote:

> O infeliz é exposto, sem véu, aos olhos de seus camaradas e aos golpes de seu carrasco. O aluno que chicoteia o faz com toda sua força. Durante esse tempo, do alto de sua cátedra, o regente vigia, conta os golpes e estimula o executor, gritando-lhe: "Forte, mais forte ainda... esfole-o bem para que se lembre!" O autor do panfleto sugere que regentes e pais não estão imunes às emoções confusas durante esse tipo de sessão: "Para os professores dos jesuítas, ver as chicotadas era um espetáculo agradável, e isso por várias razões que ele insinua[16].

A perversão da relação afetiva conduz ao abuso... Deixar-se levar à alternância do amor e do ódio, ao desregramento emocional, o que a pedagogia racional deve impedir, não seria também um risco suspenso como uma espada de Dâmocles sobre o profissional da educação, professor ou, hoje, assistente de educação, animador? Filósofo um pouco esquecido atualmente, Alain foi muito sensível, em seus *Propósitos sobre a educação*[17], a esse desvio que acompanha o ensino escolar; e por isso preconiza na relação pedagógica uma "indiferença de ofício". Recomenda também, o que muitas vezes foi mal compreendido, "fazer reinar a ordem como se varre", isto é, sem dar a ela significação moral, nem, sobretudo, emoção...

Se for preciso levar em conta as contingências, na aurora do século XX, entre um certo folclore anticlerical e a realidade[18], a rejeição aos castigos corporais cristaliza o ideal de uma pedagogia que dá, cada vez mais, lugar ao desenvolvimento da criança e aos seus direitos, e procura formar paixões cidadãs, longe da imposição da ordem pelo medo.

O artigo "Disciplina", ainda presente, contrariamente ao anterior, na segunda edição do *Dicionário de pedagogia*, publicada em 1911, permite perceber

---

15. DIDEROT, D. *La religieuse* (1796). Paris: Flammarion, 2009.
16. Ibid., p. 40.
17. ALAIN. *Propos sur l'éducation*. Paris: PUF, 1932.
18. Para nuançar esta condenação, cf., p. ex., ROMANO, A. "Les collèges de jésuites dans le monde moderne (1540-1772)". In: *Communications*, vol. 72, n. 1, 2002, p. 129-140.

essa evolução do pensamento pedagógico, que deixa para trás a utilização da honra e da vergonha para promover o que se tornou um ideal por excelência no século XXI: a autonomia da criança. Ferdinand Buisson leva ao extremo a oposição entre "método autoritário" e "método liberal" quando diz que "do ponto de vista intelectual a melhor disciplina é aquela que faz gostar do estudo, que ensina a refletir, que leva ao trabalho pessoal, livre e voluntário; do ponto de vista moral, é aquela que instrui a criança não apenas pelas recompensas e punições, mas sobretudo pelas consequências naturais de seus atos, pela experiência própria do bem e do mal que ela mesma faz"[19].

O artigo "Disciplina escolar" esclarece as aplicações desse princípio; nele se encontra efetivamente uma outra concepção da gestão emocional na relação pedagógica: "O mestre paciente é calmo, e o sangue-frio vence as maiores dificuldades. O aluno mais impulsivo e que parece o mais intratável é sempre desmontado e vencido pela calma do professor"[20]. Esse já é o controle das emoções recomendado por Alain.

A escola é calma e razão, o adulto deve ser um exemplo disso. Mas então, o aluno entregue à sua "experiência própria" também não está entregue a uma outra forma de culpa e à fria comparação dos resultados?

A infância da lembrança

O *Dicionário de Pedagogia* pode parecer hoje marcado pelo bom-senso, em todo caso percebe-se nele a formação de finalidades e de métodos que ainda são atuais. Mas será que sua evolução benevolente impede que a relação educativa e as coerções escolares permaneçam impregnadas de emoções negativas? Como se uma "forma escolar", evidenciada pelo sociólogo Guy Vincent[21], resistisse a todas as tentativas de tornar a criança mais feliz.

---

19. BUISSON, F. (dir.). *Dictionnaire de Pédagogie et d'Instruction Primaire*. Paris: Hachette, 1911, p. 485, art. "Discipline".
20. Ibid., p. 489, art. "Discipline scolaire".
21. VINCENT, G. (dir.). *L'Éducation prisonnière de la forme scolaire?* – Scolarisation et socialisation dans les sociétés industrielles. Lyon: PUL, 1994.

Vejamos, por exemplo, Denis de Rougemont, que opõe, em 1929, a escola à infância: ele evoca a ardósia "na qual secam fileiras de giz cinza, na qual os números demasiado grandes se embaralham" antes de declarar:

Mas a infância está em outra parte. Revejo esse fundo de jardim onde se encontram os bichos-de-conta na teia molhada de uma cabana de índios, pequenas guerras misteriosas, com inimigos e aliados imaginários, jogos escondidos, odores de peles, como em um sonho, manhãs de domingo sonoras e muito limpas, a colher de óleo de fígado de bacalhau antes da refeição, e o senhor que contava gravemente coisas que não compreendíamos, a prece da noite para que no dia seguinte haja sol, Michel Strogoff e Rémy, um filho de vencidos, as voltas do carrossel, os caminhos na floresta no outono, brincadeiras, folhagens, fantasias, recantos, uma longa aventura grave e incerta, um pouco suja e um pouco divina, banhada em uma angústia bem vaga da qual fugíamos com felicidades loucas nos braços maternos, ou então esses passeios segurando forte a mão do pai que dava longos passos regulares...[22]

Denis de Rougemont nos leva para o lado da infância da lembrança, origem fundadora cujas emoções vivas permanecem na rememoração[23], singularidade insurgida perante uma ordem normativa.

É preciso mencionar aqui que o estudo da escrita autobiográfica revelou uma certa rejeição pela sua infância dos próprios sujeitos, antes que sua lembrança não fosse exaltada em obras a partir do século XIX. Emmanuelle Lesne-Jaffro, em *Le Récit d'enfance et ses modèles* [O relato de infância e seus modelos], atribui um valor exemplar às memórias do duque de Saint-Simon[24]. Ela cita um breve relato de infância deste último que privilegia a educação e o estudo, e termina assim:

---

22. ROUGEMONT, D. *Les méfaits de l'instruction publique*. Op. cit., p. 124.
23. Ao contrário dos relatos sobre a infância, que colocam em cena crianças, ou da literatura para crianças, que se dirige a elas antecipando seus gostos.
24. LESNE-JAFFRO, E. "Le récit d'enfance à la première personne au XVIIe siècle: entre mémoire et fiction". In: CHEVALIER, A. & DORNIER, C. (dirs.). *Le récit d'enfance et ses modèles*. Op. cit., p. 120.

> Em 1661, estudava filosofia e começava a montar a cavalo na academia dos senhores Nesmont e Rochefort, e começava também a me aborrecer muito com os mestres e com a sala de estudos, e a desejar muito entrar para o serviço. [...] Tomei então a decisão de sair da infância, e suprimo as astúcias de que me servi para conseguir[25].

Com essa evocação lacônica das emoções negativas da sala de estudo, e da decisão de "sair" da infância e da minoridade, estamos longe do romantismo, e de sua literatura que reconstitui de maneira positiva as emoções da criança revividas pelo adulto, com uma intensidade que o presente não tem mais. O episódio da madalena de Proust em *Do lado de chez Swann* (1913) é sua expressão insuperável; mas por que nem sempre valorizamos esse gênero de experiência? Podemos imaginar que nossos antepassados a ignoravam? A explicação certamente se encontra antes da *Busca do tempo perdido* (1913-1927), em Chateaubriand por exemplo. Nas *Memórias do além-túmulo* (1894), a exploração da lembrança de infância é inseparável da nostalgia e até de uma certa melancolia, ela supõe uma perda, um afastamento do presente. Como se sabe, nesse caso, o aprofundamento subjetivo da memória e da emoção ligadas às lembranças de infância se inscreve na meditação política da ruptura revolucionária. "Vastos palácios da memória", como diz Agostinho, que se abrem para uma perda, testemunhos da evidência das sensações e emoções, revelada pelo seu desaparecimento do presente.

Não se deve, portanto, buscar aqui uma verdade precedentemente ignorada, um desvelamento. Trata-se mais, para além do sentimento de um passado definitivamente perdido, da experiência de um rompimento, de uma descontinuidade, na temporalidade histórica, para além da qual o sujeito busca a coerência de sua identidade, de um sentido para sua vida no presente. Walter Benjamin, em plena tormenta do século XX, deu a sua mais contundente formulação:

---

25. SAINT-SIMON. *Mémoires* (1829-1830). T. 1. Paris: Gallimard, 1983, p. 20-21 [Col. "Bibliothèque de la Pléiade"].

> Talvez o que torne o passado tão pesado e tão pregnante não seja nada mais do que o vestígio de hábitos desaparecidos nos quais não poderíamos mais nos encontrar. A maneira como esse passado é combinado com os grãos de poeira de nossa casa em ruínas talvez seja o segredo que explica sua sobrevivência[26].

A questão da ciência

Ao contrário da literatura autobiográfica e da introspecção, a psicologia científica se apodera tanto da alma quanto da criança para integrá-las nas ciências da natureza e no conhecimento objetivo. A psicologia experimental começa sua expansão no final do século XIX, e desse ponto de vista o século XX começa por volta de 1870. A criança torna-se nesse período um sujeito de estudo privilegiado, pois a ciência pretende arrancar a infância da ficção e da lembrança para alcançar a criança *verdadeira.*

Com o estudo das expressões das emoções de Charles Darwin, o bebê torna-se objeto do olhar científico. Encontramos em *A expressão das emoções no homem e nos animais* retratos de crianças que choram: por que Darwin precisou disso? Ele explica que as experiências de Duchenne de Boulogne, que fotografara os sinais das emoções depois de ter submetido os músculos do rosto de um homem aos estímulos elétricos, não são satisfatórias e, como o título indica, isso não decorre de um interesse unicamente dirigido à criança. Com efeito, as pessoas às quais são mostradas as fotografias nem sempre reconhecem nas deformações do rosto uma *expressão*. Embora a expressão seja feita de sinais materiais estes devem ser também interpretáveis em uma comunicação. "O que provavelmente induziu ao erro, diz Darwin, é que elas não esperam ver um velho chorar, e que não há traços de lágrimas". Mais vale então se voltar para a criança, que, como o animal, expressa espontânea e completamente suas emoções com seu comportamento. Os choros e os gritos do bebê são captados

---

26. BENJAMIN, W. *Une enfance berlinoise* (1933). In: *Sens unique, précédé de Une enfance berlinoise*. Paris: Nadeau, 1988, p. 77.

por fotografias instantâneas que testemunham formas naturais de expressão, de uma linguagem do corpo, na fronteira entre o psicológico e o fisiológico:

> Em um de meus próprios filhos, observei muitas vezes, a partir de seu oitavo dia e durante algum tempo depois, que o primeiro sinal de um acesso de gritos – quando se podia perceber sua primeira aproximação – era um leve franzimento de sobrancelhas, devido à contração dos superciliares [...], de tal forma que nessa idade muito tenra os traços já tomavam a mesma forma que em um período mais avançado[27].

Mesmo quando se trata das primeiras aparições do sorriso da criança, a expressão do bebê é um fato de observação naturalista, o que nos mergulha em pleno paradoxo: o olhar objetivante de Darwin impede qualquer enternecimento, a criança torna-se uma realidade natural assim como os animais, e a busca da exatidão na descrição dos fatos elimina a emoção da escrita científica. Podemos considerar essa atitude hostil, dominadora: o historiador de arte Georges Didi-Huberman pensa da mesma forma ao comentar uma das fotos de criança chorando do livro de Darwin: "Creio compreender que o fotógrafo ordenou que a outra criança, o irmão mais velho por exemplo, mantivesse, contivesse esse corpo em lágrimas para que não saísse do enquadramento"[28].

Ao mesmo tempo essa curiosidade nova em relação ao bebê inaugura a psicologia da criança, ela releva que a criança é agora o objeto de um interesse novo, interesse teórico certamente, mas com repercussões concretas, por exemplo em pediatria. De uma certa maneira, René Spitz, quando denuncia em 1945 os malefícios do hospitalismo nos recém-nascidos privados de relações precoces[29], ou John Bowlby, quando desenvolve a teoria do apego, mostrando a

---

27. DARWIN, C. *L'Expression des émotions chez l'homme et les animaux* (1872). Paris: Reinwald, 1877, p. 162-163. Aqui ele faz alusão ao seu artigo "L'esquisse biographique d'un petit enfant" (*Revue Scientifique de la France et de l'Étranger*, n. 2, 1877, p. 25-29).
28. DIDI-HUBERMAN, G. *Peuples en larmes, peuples en armes* – L'oeil de l'histoire, 6. Paris: Minuit, 2016, p. 12.
29. SPITZ, R. *De la naissance à la parole, la première année de la vie* (1965). Paris: PUF, 1993.

importância dos vínculos no desenvolvimento da criança pequena[30], fecharam o círculo: a objetivação científica da criança, depois de ter colocado em parênteses tanto as emoções da criança como as do adulto e, de alguma forma, reduzido a criança a um corpo observável, a movimentos reflexos, a aprendizagens adaptativas volta a dar espaço à troca emocional entre o adulto e a criança, essa realidade tão muda quanto familiar[31].

Novos pais?

O conhecimento científico da criança engendra remanejamentos até na esfera familiar, como bem mostra o livro de Marcel Braunschvig e de sua esposa, *Notre enfant, journal d'un père et d'une mère* [Nosso filho, diário de um pai e de uma mãe], editado em Paris em 1913. Marcel Braunschvig é mais conhecido como professor e historiador da literatura do que por seus escritos sobre a infância e a literatura infantil, no entanto muito interessantes. *Notre enfant* se apresenta, pois, como um diário, e nele se assiste a uma espécie de conversão do casal, que se dedica inteiramente ao filho. Durante quatro anos, os pais anotaram os progressos do filho, René, observações sobre seu comportamento, fatos da vida cotidiana, testemunhos de sua inteligência e suas "palavras de criança"...

O diário começa antes do nascimento, pois os pais desejam que, quando adulto, o filho possa saber tudo sobre si mesmo, e conservar uma prova do amor deles quando não estiverem mais aqui. Portanto, além do relato da infância de seu filho, é o testemunho de sua "parentalidade", para utilizar um termo atual, que eles querem imortalizar. O livro do casal Braunschvig traz, primeiramente, a marca da literatura científica pela forma monográfica do diário, em seguida pela preocupação em reunir e anotar fatos e, por fim, pela preocupação em ser útil a outros pais preocupados em conhecer melhor o filho para educá-lo

---

30. BOWLBY, J. *Attachement et perte* (1969). T. 1. Paris: PUF, 1978.
31. NEYRAND, G. *L'Évolution des savoirs sur la parentalité*. Bruxelas: Frédéric Delcor-Fédération Wallonie-Bruxelles, 2016, p. 12.

melhor: "O desenvolvimento de cada criança, embora descrito no detalhe das curvas originais, não deixa de seguir em suas grandes linhas o traçado habitual da evolução comum"[32].

A vida biológica se repete em cada criança, marca cada uma com uma espécie de igualdade de destino, ela a submete à "evolução comum". Se cada ser é um átomo na imensidão da espécie humana, então qual é seu valor, por que viver? Essa questão persegue os pais esmagados pelo sentimento de sua responsabilidade: "Quando no teatro a cortina cai, lamentamos que a peça tenha começado?"[33]

O casal Braunschvig inaugura de certa forma uma atitude característica da parentalidade moderna: verificar e encorajar o bom desenvolvimento da criança, zelar pelo seu florescimento, com a ajuda dos conhecimentos científicos. Poderíamos ir mais longe e perceber em sua solicitude e em sua curiosidade as premissas daquilo que Daniel Marcelli nomeou "a criança, chefe da família"[34]: a existência da criança orienta todos os projetos do casal, quem nunca olhou o bastante para a criança, nunca buscou o bastante na sua vida a segurança da sua própria. É por isso que esse filho amado e objeto da atenção de seus pais é também uma criança escrutada, empurrada para suas trincheiras, e da qual esperam implicitamente muito, a quem deram, aliás, o embaraçante presente da monografia dos inícios de sua existência.

Essa luz projetada sobre ele também será amplificada pela dos especialistas que vão se reunir em torno da família. Com esse livro – livro que quer dizer tudo –, temos a impressão de assistir ao desaparecimento da intimidade de que fala Hannah Arendt, o desmoronamento da muralha diante do mundo exterior que constitui, para ela, a vida privada:

---

32. BRAUNSCHVIG, M. & BRAUNSCHVIG, G. *Notre enfant, journal d'un père et d'une mère*. Paris: Hachette, 1913, p. 8.
33. Ibid., p. 9.
34. MARCELLI, D. *L'Enfant, chef de la famille* – L'autorité de l'infantile. Paris: Albin Michel, 2003.

Toda vida, e não somente a vida vegetativa, emerge da obscuridade e, por mais forte que seja sua tendência natural a buscar a luz, precisa, no entanto, da segurança da obscuridade para chegar à maturidade[35].

A sombra da psicanálise

Mas essa obscuridade, essa intimidade, Freud não as escrutou quando atraiu a atenção para a sexualidade infantil? Formando na passagem um quadro absolutamente dramático do desenvolvimento da criança. Mais próximo do estado de espírito de Darwin do que da observação familiar e complacente dos progressos do bebê, ele descobre nas neuroses adultas o estrato do *infantil*, em que reinam as pulsões terríveis, as fantasias tirânicas, o Outro da moral e dos ideais... A psicanálise desqualifica a observação na medida em que não impede a negação da sexualidade, e a lembrança na medida em que ela é uma reconstrução e uma tela, como em *Leonardo da Vinci e uma lembrança de sua infância* (1910)[36]. Freud sabe fazer reviver essas emoções violentas e potencialmente destruidoras, como quando evoca em 1922 a cabeça de Medusa, e a angústia da castração:

> Se os cabelos da cabeça de Medusa são tantas vezes representados pela arte como serpentes, é porque estas, por sua vez, provêm do complexo de castração e, coisa notável, por mais terríveis que sejam em si mesmas, elas servem, no entanto, para atenuar o horror, pois se substituem ao pênis, cuja ausência é a causa do horror[37].

Mas quem experimenta esse terror, antes do neurótico ou do sujeito atormentado por um pesadelo? Com certeza a criança, cujo desenvolvimento é dominado pelo conflito, pela culpa. A infância é a sede de emoções tão violentas que não podem senão ceder ao esquecimento, ou reaparecer na cura, graças à

---

35. ARENDT, H. *La crise de la culture* (1961). Paris: Gallimard, 1972, p. 239.
36. FREUD, S. Un souvenir d'enfance de Léonard de Vinci (1910). In: *OEuvres completes*. T. 10. Paris: PUF, 1993 [*Leonardo da Vinci e uma lembrança de sua infância*. Rio de Janeiro: Imago, 1997].
37. FREUD, S. "La tête de Méduse" (1922). In: *Résultats, idées, problèmes II*. Paris: PUF, 1985.

transferência e graças às palavras que ultrapassam a personalidade consciente. Essas emoções são "primitivas", vinculam a criança a uma hipotética humanidade mais selvagem? Essa teoria contestada já se encontra no *Totem e tabu* (1913). Contudo, o recurso ao mito para ilustrar a qualidade dessas emoções permite a economia de uma tal teoria: nas obras de arte, na civilização antiga, Freud emprestava sua intuição de um trabalho profundo e irreversível realizado pela cultura e pela educação, que reconduzem de geração em geração a transformação das pulsões e o ordenamento da sociedade humana, com seus interditos fundamentais. Obras e mitos continuam dando espaço a esses afetos e a essas experiências cujo recalque é necessário, oferecendo prazer à imaginação. Mas o crescimento, o desenvolvimento, no momento mesmo da infância são uma tragédia e, ao contrário do que sugere a reconstituição *a posteriori* da lembrança, não há infância realmente feliz.

Emoções, adolescência e mal-estar

Nem a crise de adolescência nem os direitos da criança existiam na cultura europeia anterior ao século XVII. Se Freud a atribuía aos remanejamentos psíquicos do fim da infância e ao retorno do recalcado, Agnes Thiercé vinculou sua aparição ao prolongamento da escolarização, adequado para dramatizar o período de transição entre a infância e a idade adulta, principalmente nos meios burgueses que frequentavam o liceu[38]. Todavia, as dificuldades da passagem para a vida adulta já eram expressas no século XVIII. Se o século XX prolongou essa angústia diante do mal-estar adolescente sob formas por vezes irreconhecíveis, ainda assim a adolescência é, na época moderna, um período da vida saturado de emoções, que suscitam novas representações, por vezes estereotipadas.

Jean-Jacques Rousseau já havia atraído a atenção sobre os desafios do fim da infância para o educador. No quarto livro de *Emílio, ou da educação* (1762),

---

38. THIERCÉ, A. *Histoire de l'adolescence, 1850-1914*. Paris: Belin, 1999.

o período é habitado pela revolta; a necessidade de entrar em uma sociedade pervertida, em que a natureza humana não pode mais se desenvolver, explica, para Rousseau, uma recusa que se expressa pela violência. Um fenômeno que ele entende prevenir com suas ideias novas sobre a educação: os jovens "acreditam não sair da infância senão lutando contra todo tipo de jugo, eles se recompensam então pela longa limitação em que foram mantidos, como um prisioneiro livre de seus ferros, estica, agita e dobra seus membros". Temos aqui uma espécie de matriz de todos os personagens de adolescentes revoltados que causam medo e povoam as ficções do século XX, inclusive no cinema *Zero de conduta* (1933), de Jean Vigo, *Juventude transviada* (1955), de Nicholas Ray, ou ainda *Sementes de violência* (1955), de Peter Brook... Rousseau, como filósofo político denunciador do mal social, anuncia também as análises psicológica e social que desejarão explicar violência e delinquência e não as condenar. Os primeiros sociólogos de Chicago que estudaram a delinquência juvenil deram consistência a esse ponto de vista com suas pesquisas de campo[39].

Contudo, a exteriorização da revolta pode dar lugar a um mal-estar difuso e a uma inadaptação interiorizada. Já na primeira metade do século XIX, Adrienne Necker de Saussure evidenciava a preponderância desse estado de espírito no(a) adolescente, destacando um mal-estar próprio a essa idade. Ela opunha assim a tranquilidade da infância ao tormento que ocorre na puberdade:

> Ainda não obsedado pelos sonhos da adolescência, livre da perturbação interior que obscurecia seus belos dias, o aluno tem ordinariamente a cabeça clara, seu espírito é nítido, positivo, muito capaz de se apoderar de um objeto dado. Suas opiniões, é verdade, não são muito profundas [...]. Nada prenuncia ainda o movimento que logo mudará sua existência moral, que recuará em todas as direções os limites de seu ser, e fará com que experimente emoções desconhecidas nas artes, na poesia e mesmo no campo sagrado da religião[40].

---

39. CHAPOULIE. J.-M. *La tradition sociologique de Chicago, 1892-1961*. Paris: Seuil, 2001.
40. SAUSSURE, A.N. *L'Éducation progressive, ou Étude du cours de la vie* (1828). T. 3. Paris: Paulin, 1861, p. 306.

Longe do apego à simplicidade da infância e da rejeição às "ciências e às artes"[41] que caracteriza a educação de *Emílio*, Adrienne Necker de Saussure considera a abertura ao sentimento estético, dentro do mesmo movimento da descoberta da fé religiosa. Essa mudança qualitativa das emoções faz parte do desenvolvimento normal, ainda que represente para o educador ou a educadora uma dificuldade.

A ideia de uma torrente emocional que varre o equilíbrio da infância reaparece no início do século XX, na psicologia de Granville Stanley Hall, psicólogo e verdadeiro inventor da "crise de adolescência"[42], antes mesmo de os conflitos psíquicos próprios à adolescência serem tratados pela psicanálise freudiana. O psicólogo americano pede mais liberdade corporal, sobretudo para a mulher, mais exercício físico, higiene, o direito de se sentir bem em seu corpo. Pede também para não alimentar artificialmente os segredos da sexualidade e da culpa[43]. Para os rapazes, os riscos da adolescência encontram-se sobretudo do lado do excesso, da exaltação por uma causa ou da conversão religiosa brutal, da tentação suicida, de comportamentos que podem conduzir tanto a proveitosos desenvolvimentos como à destruição, ou à autodestruição. Hall convida os educadores a interpretar finamente os sinais físicos e morais da angústia dos adolescentes, como os problemas de pele ou de sobrepeso[44], o rubor que denota a timidez excessiva[45].

Maurice Debesse, um dos fundadores das ciências da educação na França[46], retomou e seguiu as sugestões de Hall, introduzindo, todavia, certas nuanças em sua teoria. Convencido da necessidade de se dar maior importância ao

---

41. ROUSSEAU, J.-J. *Discours sur les sciences et les arts*. Genebra: Barrillot, 1751.
42. HALL, G.S. *Adolescence*: Its Psychology and Its Relations to Physiology, Anthropology, Sociology, Sex, Crime, Religion and Education. Nova York: Appleton & Cie, 1904.
43. Cf. OTTAVI, D. "Adolescent, adolescente". In: *Le Télémaque*, n. 16, 1999, p. 53-62.
44. HALL, G.S. "The Budding Girl". In: *Educational Problems*. T. 2. Nova York: Appleton & Cie., 1911.
45. HALL, G.S. & SMITH, T.L. "Showing Off and Bashfulness as Phases of Self-Consciousness". In: *Pedagogical Seminary*, vol. 10, n. 2, 1903, p. 159-199.
46. As Ciências da Educação como disciplina universitária surgiram em 1967.

estado psíquico dos alunos, ele os estudou a fim de melhor apoiá-los[47]. Como professor de escola responsável pela formação de professores da educação infantil a partir de 1925, ele fez circular junto aos estudantes questionários que lhe permitiram localizar certas constantes: eles têm horror ao uniforme, são atraídos pelo ato gratuito e pela perseguição de recordes; gostam de chocar, defendem suas ideias pessoais, e vão até o esnobismo. Suas preferências vão para as artes anticonformistas, para a solidão e para o segredo. A face social da crise é a revolta[48].

Mas, enquanto Hall insistia nos fatores fisiológicos da crise, Debesse enfatiza a mudança de "alma", retomando uma expressão de Romain Rolland em *Jean-Christophe* (1904-1912), que destaca que não mudamos apenas de corpo, mas também de alma. Existe, para ele, um movimento de individualização universal e intemporal na adolescência, para além de suas diferentes formas. René Descartes não relata uma crise de adolescência no *Discurso do método?* (1637). A cessação da crise corresponde então ao momento em que um desejo de adaptação prevalece sobre essa afirmação da individualidade, sobre esse "desejo de ser si mesmo"[49], que Debesse qualificava de crise de *originalidade juvenil*.

Como não pensar, diante dessas expressões surpreendentes, no "cansaço de ser si mesmo" do sociólogo Alain Ehrenberg? Como se esse desejo adolescente tivesse se tornado, com o aprofundamento dos valores individualistas, uma injunção e um peso: os de ter de provar suas competências, ser original e criativo, vencer o outro na relação de competição, exacerbada, ser totalmente autônomo e senhor de seu destino...[50] Sob esse aspecto, a abundante literatura de gestão que se desenvolveu no final do século XX em torno do "desenvolvimento pessoal" deve ser considerada como um prolongamento de valores adolescentes, assim como foram expostos pela psicologia.

---

47. DEBESSE, M. *La crise d'originalité juvénile* (1937). Paris: PUF, 1948, p. 14.
48. Ibid., p. 195.
49. Ibid., p. 160.
50. EHRENBERG, A. *La fatigue d'être soi* – Dépression et société. Paris: Odile Jacob, 1998.

No início do século XX, o fim da infância tornou-se um período em que o sofrimento é intenso; os adultos, confrontados à confusão da ordem estabelecida, à realidade contudo desse sofrimento, devem compreender e apoiar. Isso conduz finalmente a uma grande ambivalência, entre sobrevalorização e desconfiança. Novos ideais de desenvolvimento e de liberdade conquistaram inclusive a idade adulta mas podem coexistir com o crescimento do controle dos comportamentos e da medicalização da inadaptação escolar e social[51], tanto quanto com uma recuperação pragmática da criatividade.

Assim, o "problema" dos adolescentes torna-se também o problema dos adultos.

A armadilha dos bons sentimentos

Nossas emoções em relação à infância se dirigem para novas transformações? As crianças, por sua vez, experimentam emoções inéditas, ou novas experiências modificam sua entrada na vida? O próprio Philippe Ariès havia tentado pensar na continuação da história de longa duração que ele estudara. Em uma entrevista dada para a *Nouvelle Revue de Psychanalise*, ele se surpreendeu com o veredicto de um júri que absolvera uma mulher culpada de infanticídio, alegando sua depressão social. Ela havia estrangulado seu recém-nascido, fruto de um estupro repetido por seu empregador. Ariès levanta a hipótese, diante do que ele considera como um sinal, de uma atenuação do "sentimento" da infância. Ainda oficialmente puerocentrada, a sociedade ocidental contemporânea, que promove os direitos da criança e pretende fazê-los respeitar no mundo, seria no fundo menos sensível do que acredita ao destino das crianças[52]. Talvez isso pareça contradizer o aumento do poder do Estado de direito, dos direitos sociais e das instituições educativas. Contudo, Ariès não foi o único a

---

51. GATEAUX-MENNECIER, J. *La débilité légère, une construction idéologique*. Paris: CNRS, 1990.
52. ARIÈS, P. "Entretien" [sobre a criança]. In: *Nouvelle Revue de Psychanalyse*, vol. 19, 1979, p. 13-26.

ter expressado suspeitas quanto às boas intenções da sociedade puerocentrada. Na primeira metade do século XX se espalha, em todos os tipos de campos, um discurso positivo, no entanto muito geral, sobre a criança. Com o passar do tempo, com efeito, a referência às "grandes descobertas" sobre a criança e aos progressos da educação torna-se muitas vezes formal. Roland Barthes, nas *Mitologias* (1957), expressou uma crítica ao mito da universalidade da infância, de um lirismo que dificultou a consideração dos verdadeiros problemas encontrados pelas crianças concretas[53]. Ao ver a exposição fotográfica de Edward Steichen, "The Family of Man", apresentada em Nova York, em 1955, e em seguida em Paris. As fotografias davam uma especial importância à vida familiar em todos os países e em particular às crianças, como mostra o cartaz da exposição, que, no conjunto, apelava para o registro emocional do visitante. Depois da Segunda Guerra Mundial, em plena reconstrução econômica, a saúde e a educação deviam prosperar sob a égide da Unesco, e o otimismo das imagens mostrando a universalidade dos sentimentos humanos era partilhada por muitos, enquanto Barthes via ali a mentira de um universalismo abstrato e na compaixão uma piedade condescendente, máscara de uma verdadeira indiferença, para com os "primitivos" e os pobres. A exaltação da maternidade nas fotografias da exposição lhe inspirou a seguinte crítica:

> Sem dúvida, a criança ainda nasce, mas, na dimensão geral do problema humano, o que nos importa a "essência" desse gesto em detrimento de seus modos de ser, que, quanto a eles, são perfeitamente históricos? Que a criança nasça bem ou mal, que custe ou não sofrimento à mãe, que seja atingida ou não pela mortalidade, que aceda a esta ou àquela forma de futuro, eis sobre o que nossas exposições deveriam falar, e não sobre uma eterna lírica do nascimento[54].

Longe dessa lírica da infância, foi igualmente para a singularidade que a fotografia se direcionou no século XX. Para testemunhar violências sem pre-

---

53. BARTHES, R. "La grande famille des hommes". In: *Mythologies* (1957). Paris: Seuil, 1970 [*Mitologias*. Rio de Janeiro: Difel, 2002].
54. Ibid., p. 175.

cedentes que caracterizam o século XX, são imagens de crianças que rodaram o planeta, estimuladas pelas mídias, veiculadas pela imprensa e depois pela televisão. Podemos citar a imagem da criança judia, com as mãos levantadas, detida no gueto de Varsóvia em 1943; também podemos lembrar da menina correndo pela estrada, aterrorizada pelo napalm durante a Guerra do Vietnã. Ainda em 2015, o mesmo se passou com a foto de uma criança curda afogada em uma praia durante sua fuga da Síria, tornando brutalmente insuportável o destino dos refugiados.

É como se esses casos de crianças vítimas tivessem por si só o poder de fazer chegar à consciência eventos inimagináveis, porque terríveis demais, distantes demais, ou cujas causas complexas não parecem mais ao alcance da razão. Como ecos irônicos da criança universal exaltada por Steichen, essas crianças singulares transcenderam pela fotografia as distâncias geográficas, as clivagens ideológicas, os preconceitos raciais, ainda que a unanimidade adquirida na compaixão não permita extirpar as raízes do mal assim denunciado.

A criança, uma paixão perigosa?

As imagens evocadas defendem causas justas. No entanto, devemos nos perguntar se a atitude compassiva em relação aos sofrimentos das crianças deve ser considerada de maneira unívoca como um progresso da consciência. Hoje, assistimos a uma intensificação de certas emoções que colocam em jogo a relação adultos-crianças, que Laurence Gavarini designou com a expressão "paixão pela criança"[55].

Em primeiro lugar, a valorização da criança pequena é correlativa a uma vitimização, a uma apreciação da infância sob o ângulo do sofrimento, ao reaparecimento da "infância em perigo", contudo não pelas mesmas razões de antes. Em perigo, a infância estava, desde o início do século XX, e principal-

---

55. GAVARINI, L. *La passion de l'enfant* – Filiation, procréation et éducation à l'aube du XXIe siècle. Paris: Denoël, 2001.

mente após a Segunda Guerra Mundial, por causa da ausência da família, do risco de exploração, da delinquência, e também como adolescente perigoso, já assinalado por Rousseau. Tudo isso não desapareceu, mas o risco adquiriu na atualidade recente a face dos maus-tratos[56]. As mídias transmitiram tanto esse escândalo a ponto de nos anos de 1990 ficarem saturadas de abusos sexuais, dos casos de pedofilia, cuja denúncia vimos despontar nos trabalhos de Gabriel Compayré[57]. Essa denúncia era justificada pelos crimes trágicos cuja gravidade não é o caso de negar, e isso só tem como equivalente, contrário e reativo, a tolerância cega que podia reinar nos anos de 1970. A mobilização emocional da sociedade em torno desse fenômeno pode, contudo, ser considerada, com todas as precauções necessárias, como um sintoma a ser interrogado. A fantasia acompanha de maneira sorrateira a intenção de proteger e, potencialmente, uma suspeição se espalha sobre qualquer pessoa, inclusive dentro da família, que cuida ou educa a criança. A antecipação de um abuso não resulta na inibição dos educadores, na redução da qualidade do cuidado? E, eventualmente, na percepção da criança como um fator de risco, fazendo com que carregue o peso desse novo mal?

Um outro aspecto inquietante dessas emoções contemporâneas refere-se à procriação. O desejo de ter um filho não é mais hoje uma esperança depositada na fecundidade natural, trata-se muito mais de um direito, satisfeito pela ciência quando ele não ocorre de maneira espontânea. Aqui também uma "paixão" está em ação, sensível na reivindicação da reprodução medicamente assistida, por causa da recusa da esterilidade, ou porque o casal parental é de mesmo sexo, ou mesmo porque a mãe é demasiado velha... Para além das soluções trazidas pelo controle da reprodução a esse sofrimento e a essa falta, Laurence Gavarini vê o esboço de importantes remanejamentos: a ciência cria novos mitos sobre a origem das crianças no inconsciente dos adultos, e ela os infantiliza

---

56. GAVARINI, L. & PETITOT, F. *La fabrique de l'enfant maltraité* – Un nouveau regard sur l'enfant et la famille. Toulouse: Érès, 1998.
57. COMPAYRÉ, G. *L'Orbilianisme...* Op. cit.

uma vez que aceitam seu poder, na maioria das vezes, sem compreendê-lo. O desejo exacerbado de ter um filho não leva a concentrar a atenção em si mesmos e em seus corpos, a considerar a criança como uma coisa e um meio de felicidade, com o risco de impossibilitar sua formação como pessoa?

Se, como diz Jean-Claude Quentel, ser pai implica uma dissimetria que reconhece que a criança ainda não tem a capacidade de se situar no mundo[58], podemos imaginar a existência de um vínculo entre dois fenômenos contraditórios que caracterizam o final do século XX: de um lado, a paixão pela criança, que a considera como o bem mais precioso; de outro, a crise das relações familiares, que leva a considerar certos pais ineficientes? Surge então a necessidade de "reparentalizar" os adultos, cuja boa vontade declarada nem sempre basta para criar os filhos, cujas carências os psicólogos lamentam[59]. Entre as consequências negativas dessa inversão, os pais podem também se tornar ansiosos, até mesmo tóxicos[60], para seus filhos submetidos a uma dominação afetiva.

Um último risco, mas não o menor deles, é enfim ver ressurgir uma forma de eugenismo discreto. No século XIX, antes que esse termo adquirisse um sentido unicamente negativo, depois das tentativas de purificação racista do regime nazista, o eugênico visava a melhoria da saúde, principalmente das mães e dos lactentes. Hoje, o controle da reprodução e as manipulações biológicas produzem uma nova utopia biológica.

O direito de "ter" um filho se estende potencialmente ao desejo de uma criança não somente normal e saudável, como também perfeita, em um projeto que é bem mais o de satisfazer o indivíduo desejante do que o de efetuar um aperfeiçoamento da "raça". Imaginamos o peso suplementar que isso pode representar para a criança, que tem todas as chances de decepcionar.

---

58. QUENTEL, J.-C. L'Enfant – Problèmes de genèse et d'histoire. Bruxelas: De Boeck, 1997. • QUENTEL, J.-C. Le Parent – Responsabilité et culpabilité en question. Bruxelas: De Boeck, 2001.
59. NEYRAND, G. L'Évolution des savoirs sur la parentalité. Op. cit.
60. FORWARD, S. Parents toxiques – Comment échapper à leur emprise. Paris: Marabout, 2013.

Novos sofrimentos escolares

O período contemporâneo é igualmente marcado por outra modificação do registro das emoções no universo escolar. A inquietação, o mal-estar, o sofrimento, invadiram a escola, isso no mesmo momento em que a "socialização", o projeto de formar cada vez mais cedo os alunos para uma adesão livre e feliz ao pacto social, é constantemente repetida nos textos oficiais da Educação nacional.

O tema se presta à polêmica, uma vez que essa realidade é com frequência recoberta pela deploração da "crise da autoridade". Constatar o agravamento da indisciplina, a multiplicação das incivilidades, e se questionar sobre o fracasso dos professores e também da instituição escolar em geral em restaurar uma autoridade contestada pode ser justo e necessário. Contudo, para colocar esse problema de maneira objetiva, também é preciso dar espaço às emoções violentas que se apresentam sob uma nova forma, e se interrogar sobre o sentido delas.

Como sempre em matéria de emoção, é preciso se perguntar quais podem ser as melhores fontes e os melhores indícios para alcançar esse estrato da vivência institucional. Neste caso, não faltam materiais, pois o mal-estar é objeto de uma apresentação regular pela imprensa, especializada ou não, pontuado por fatos diversos sempre inquietantes, e por vezes trágicos. Esses eventos alimentam o sentimento difuso de uma mudança que se expressa dificilmente – a menos que não sejam objeto de uma denegação, em nome do fato de a escola sempre ter conhecido problemas de disciplina, ou porque os adolescentes encontram-se naturalmente em crise, ou ainda porque as pedagogias não são bastantes modernas... São justamente esses impasses e falsas pistas que o psicanalista Jacques Lévine quis evitar, dando toda sua importância à desordem diante de um "novo povo escolar". Essa abordagem resultou na elaboração de procedimentos de apoio para os professores, baseados no trabalho de grupo e na clínica psicanalítica. No que diz respeito diretamente ao nosso tema, esse método permite aceder às descrições e testemunhos que tornam tangível a modificação do registro das emoções e pensar os fatos, não reduzidos ao "que sempre se viu na escola"[61].

Do ponto de vista dos professores, qual é o principal problema? Os grupos de fala de inspiração psicanalítica nos informam primeiramente sobre uma necessidade: "Poder romper a solidão e ser ouvidos pelos pares em condição de acolher, sem julgar, o caos emocional que sentem, poder manifestar a inquietação que experimentam ao suportar este aluno ou aquele grupo..."[62] Em outras palavras, as prescrições da instituição e a hierarquia não enquadram mais a solidão do professor, o que certamente não é novidade, mas se apresenta como uma exposição ao grupo sem mediação, agravada pela culpa de não mais "suportar" atitudes individuais ou coletivas. É por isso que a expressão "caos emocional" nos parece particularmente bem escolhida pelos psicanalistas para designar uma ruptura na forma que pode assumir o problema do ensino diante de uma classe, a irrupção de algo inesperado, desconhecido até aqui, que paralisa e engendra um impedimento de pensar.

O problema é particularmente sensível, mesmo que não sejam os únicos envolvidos, para os novos professores, bloqueados na necessária passagem do estudante ao profissional. A fim de ajustar seu método e seu posicionamento, de adquirir a experiência que naturalmente lhes falta, com sua parcela de riscos, de erros, de revisões críticas, eles apenas podem estagnar diante da questão da disciplina.

Jeanne Moll descreve assim a aflição emocional do jovem professor revelada em seus estudos de caso, após uma acolhida geralmente impessoal em um estabelecimento:

> Seu corpo está paralisado, como se suas forças vitais o tivessem subitamente abandonado, a confusão o invade, todos esses jovens que ocupam o espaço com seus gritos, com suas discussões aca-

---

61. LÉVINE, J. & MOLL, J. *Prévenir les souffrances d'école* – Pratique du soutien au soutien. Issy-les-Moulineaux: ESF, 2009, p. 10.
62. Ibid.

loradas e seus gestos desordenados vão lhe deixar um pouco de ar? O desejo de desaparecer, de fugir se apodera dele, para escapar ao seu medo fantasístico de ser devorado, tragado por aquilo que ele percebe como uma matilha selvagem. Ameaçado em sua existência corporal e psíquica, como se tivesse sido entregue às bestas, não é raro que perca toda compostura, que perca a voz ou, ao contrário, que se surpreenda "fazendo um sermão" do qual não se acreditava capaz[63].

Mas o que há por trás dessa "classe-batalha", quem são esses alunos que parecem simplesmente ignorar que estão na escola, que agridem, interpelam, ou ao contrário parecem indiferentes, não envolvidos, e que até mesmo dormem sobre suas carteiras? Uma tempestade emocional está também na base desses comportamentos, que é preciso evitar apreender com uma atitude compassiva, mergulhando também na emoção. Com efeito, a compaixão despertada por essas situações mobiliza uma série de explicações disponíveis: sofrimento infligido pela coerção, baixa autoestima resultante de fracassos, defasagem entre a escola e os meios populares etc. Em seu nome os remédios se acumulam, sem jamais atingir o objetivo dado. Esses remédios e essa compaixão não estariam negligenciando que, por trás de uma disfunção coletiva, há ainda assim indivíduos, com sua complexidade? Jeanne Moll considera que o aumento da miséria psíquica na sociedade contemporânea é tal que muitas crianças e jovens carregam um sofrimento cuja raiz é anterior à escola e que, codificado no inconsciente e na ausência de expressão, impede que se tornem alunos, inclusive maus alunos como muitos o foram antes, aqueles que pactuam com a instituição, trapaceiam, mas aceitando sua forma e talvez suas finalidades últimas[64].

O que constitui um fenômeno novo não é, portanto, o fracasso, nem a desordem, nem os professores sem autoridade, mas esse transbordamento de emoções brutas, nesse bloqueio do desenvolvimento e em uma justaposição das solidões, que se colocam ao longo da relação educativa. Sem dúvida é pre-

---

63. Ibid. p. 72.
64. Ibid., p. 60. Cf. BLAIS, M.-C.; GAUCHET, M. & OTTAVI, D. *Transmettre, apprendre*. Paris: Stock, 2014.

ciso ver ali um sintoma, de alcance antropológico, da perda do domínio dos adultos sobre as crianças, como diz Jeanne Moll, ou do fato de "termos perdido as crianças", como diz a socióloga italiana Marina D'Amato[65].

Hoje, tanto o lirismo como o desprendimento científico devem ser completados e superados por uma atenção fina às condições da educação e do desenvolvimento. Uma vez que estamos informados sobre a instrumentalização potencial das emoções, bem como sobre os excessos da compaixão dos adultos, talvez fosse necessário redescobrir, graças aos textos literários ou filosóficos, e por vezes às teorias pedagógicas e psicológicas, que as emoções se cultivam. Embora enraizadas na fisiologia, elas são parte integrante das formas mais elaboradas das identidades individuais e sociais.

É por isso que o contexto historicamente determinado do despertar emocional da criança do século XXI deve se tornar o objeto de um cuidado maior[66], para não ver na criança o ressurgimento de uma alteridade incompreensível.

---

65. D'AMATO, M. *Ci siamo persi i bambini*. Roma: Laterza, 2014.
66. HAROCHE, C. *L'Avenir du sensible* – Les sens et les sentiments en question. Paris: PUF, 2008.

7
ENGAJAR-SE: POLÍTICA, EVENTO E GERAÇÕES

Ludivine Bantigny

A era da suspeita estaria terminada? As ciências sociais em geral e a história política em particular por muito tempo desconfiaram das emoções, consideradas alternadamente fugidias, inalcançáveis e, no fundo, anistóricas. Havia ali, alimentada do zero, uma maneira de reavivar a oposição entre razão e emoção, bastante ocidental em sua categórica divisão desde Zenon e Platão: o primeiro fustigava os "movimentos da alma desarrazoada e contranatural"; o segundo, os poetas que, com seu canto, perturbavam a serenidade da cidade[1]. Eles inauguravam assim o político em perímetro circunscrito, lugar de uma temperança suposta de onde os afetos estavam banidos. A clivagem persistiu por muito tempo no discurso das elites, traduzindo uma relação de força social e política. "Emoções" e "revoltas" se confundiram por muito tempo, desqualificadas como plebeias pelos notáveis inquietos com a ira popular e, por sua vez, orgulhosos de alegar seu bom-senso e sua moderação. A dicotomia fortaleceu-se ainda mais no final do século XIX, a pretexto de sociologia: a "psicologia das multidões" segundo Gustave Le Bon associava as emoções à manipulação, relegadas à categoria de inconsciente coletivo sem inteligência nem controle. No campo da sociologia política, Max Weber estava isolado

---

1. LAËRCE, D. *Vie, doctrines et sentences des philosophes illustres.* Paris: Garnier Flammarion, 1965.

quando defendia em 1919: "Se a dedicação a uma causa política é algo mais do que um simples jogo frívolo de intelectual, mas uma atividade conduzida com sinceridade, não pode haver outra fonte que a paixão e deverá se alimentar de paixão"[2]. Ao contrário, segundo uma posição majoritária, a política devia ser o lugar do domínio de si, depurada de toda emoção, desapaixonada.

Este capítulo propõe analisar a historicidade das emoções políticas. O político aqui não está associado ao enfrentamento pelo poder e ao seu exercício, em suma ao governo, mas bem mais à ação coletiva, ao investimento militante: ao engajamento. Pois o político não é apenas, longe disso, a gestão dos negócios, é também "partilha do sensível", segundo as palavras de Jacques Rancière[3]. Essa partilha se compõe de disposições para agir, de saberes e de habilidades, de heranças e de aprendizados. Desse ponto de vista, os inícios no engajamento parecem essenciais: eles permitem compreender como se adquirem as convicções e que lugar nelas ocupam as emoções, ao sabor dos vínculos familiares, dos amores, das amizades e das sociabilidades. A juventude é o seu coração, como momento da formação e dos primeiros engajamentos: ela abre um tempo político específico. Mas muitos estereótipos são propagados a seu respeito, entre vigor e ardor, subversão e insubmissão: outros tantos estereótipos sobre "a juventude, como se ela não fosse atravessada por clivagens sociais, políticas e culturais, e compusesse, ao contrário, uma entidade singular. O recurso à história é necessário para se opor a esses estereótipos e situar os engajamentos em seus contextos, em seus pertencimentos sociais e em suas ancoragens geracionais. As gerações não são elas mesmas homogêneas; elas podem certamente formar comunidades emocionais: grupos que aderem às mesmas normas de expressão e valorizam as mesmas emoções ou constelações de emoções[4]; mas

---

2. WEBER, M. "Le métier et la vocation d'homme politique" (1919). In: *Le savant et le politique*. Paris: UGE, 1963, p. 163.
3. RANCIERE, J. *Le partage du sensible* – Esthétique et politique. Paris: La Fabrique, 2000 [*A partilha do sensível*: estetica e política. São Paulo: Ed. 34, 2009].
4. ROSENWEIN, B.H. *Emotional Communities in the Early Middle Ages*. Ithaca: Cornell University Press, 2006, p. 24-26.

são sempre diferenciadas segundo as trajetórias particulares e as culturas políticas às quais os indivíduos se referem. Essas culturas mobilizam repertórios de ação e registros emocionais próprios, jamais cristalizados, no entanto. Em seu seio estão em ação impregnações, formas de acomodamento e de ajustamento assim como de distanciamentos, ou seja, um *trabalho emocional*[5]. Existem códigos e normas na expressão das emoções, segundo os grupos sociais, as culturas e os momentos; mas esses códigos são na prática constantemente transformados e reinventados. A relação com as emoções não está desconectada das estruturas sociais e das linhas de fratura que as atravessam.

Nenhuma generalidade é então possível. Para perceber a parte das emoções no nascimento e na perseverança dos engajamentos, é possível cruzar efeitos de períodos e de geração, papel das culturas políticas e lugar do evento. Pois, se o evento muitas vezes faz advir um sentimento de pertencimento geracional, ele é igualmente catalisador de emoções, quando se aguçam as intensidades. O paroxismo do evento coincide, aliás, muito bem com o que é a própria emoção na estrutura afetiva: ambos são da ordem do surgimento, por vezes da fulgurância. O tempo nela é em si matéria para emoção: a referência à história, a dívida para com os desaparecidos, o legado e sua transmissão são todos matrizes emocionais. É essa dimensão, o papel da memória e da história, o lugar da herança no advento das gerações, que este capítulo vai privilegiar. Para constatar sua historicidade, para percorrer ao mesmo tempo as evoluções discretas e a força dos abalos, sua trama será cronológica, marcada pelo ritmo das rupturas que forjam as gerações e redesenham as emoções.

Dos estudantes de 1900 à geração do fogo

A socialização primária, que entre outras pode ser familiar ou escolar, recorre a dispositivos emocionais que se singularizam a cada época, segundo

---

5. HOCHSCHILD, A.R. "The Sociology of Feeling and Emotion: Selected Possibilities". In: *Sociological Inquiry*, vol. 45, n. 2-3, 1975, p. 280-307.

os desafios do momento. Esses dispositivos são objeto de um trabalho simbólico do qual a escola é um dos espaços privilegiados, onde se formam e se consolidam representações afetivas. Desse ponto de vista, a escola republicana desenvolve, no início do século XX, uma economia emotiva particularmente poderosa, forjada nas grandes metonímias, que engendra projeções e identificações: neste caso, a pátria, a nação.

Para medir seus efeitos, as memórias são muitas vezes enganosas: seus relatos reacomodam o tecido daquilo que foi vivido, imaginam um pouco, elaboram. Ainda assim: se elas reconstituem as emoções experimentadas em um passado recomposto, elas não as inventam absolutamente; pois no mínimo essas emoções são ressentidas no momento da escrita. No limiar de suas memórias redigidas no opróbrio do exílio, Marcel Déat intitula sua primeira parte "Vinte anos em 1914". É justamente a idade que ele tinha quando a guerra foi declarada. Para perceber os contornos dessa geração, ele se lembra primeiro dos "estudantes de 1900", aos quais os professores da época "nada ensinaram que fosse a contrapelo de nossas experiências familiares nem de nossos instintos históricos". Os professores da escola laica no tempo dos "hussardos negros"[6] não formam um corpo homogêneo, em termos políticos: alguns deles sustentam um fervor revanchista, outros um pacifismo internacionalista[7]. Um efeito de geração é, contudo, perceptível em seu interior, a contar de 1905 e da Crise de Tanger. Essa virada nacionalista revigora a vontade de apagar o traumatismo de 1870; ela é transmitida aos alunos transformando essa relação emocional com a história em um poderoso vetor de mobilização. "Quanto ao nosso patriotismo, continua Déat, teria sido melhor moderá-lo, pois ele se tor-

---

6. "hussardos negros": esse nome deve-se à cor preta e austera das roupas usadas pelos(as) professores(as) da escola primária da rede pública de ensino na III República, e cuja missão era instruir a população francesa. A expressão foi popularizada pelo escritor Charles Péguy: "Nossos jovens mestres eram belos como hussardos negros. Esbeltos; severos; contidos. Sérios, e um pouco trêmulos por sua precoce, por sua repentina onipotência" (Extraído do *L'argent*, 16 de fevereiro de 1913) [N.T.].
7. CHANET, J.-F. "Pour la patrie, par l'école ou par l'épée? – L'école face au tournant nationaliste". In: *Mil Neuf Cent* – Revue d'histoire intellectuelle, n. 191, 2001, p. 127-144.

nava chauvinismo. Nossas brincadeiras não eram senão militares, gritávamos a plenos pulmões nas clareiras, e a visão de uma bandeira tricolor nos levava ao êxtase"[8]. As emoções patrióticas se fazem aqui paroxísticas. A bandeira é a esse respeito um dos "signos emotivos" evocados por Pierre Ansart[9], bem como o são os cantos escolares patrióticos e militares, da *Bandeira da França* à *Partida do regimento*, passando pelo emblemático *Morrer pela pátria*, e os heróis erigidos como sujeitos de identificação emotiva[10].

Na mesma época, os Camelots do rei, jovens que compõem o braço armado da Ação Francesa, trocam socos no Quartier Latin. Ao seu repertório de ações, entre brigas de rua e provocações, corresponde um repertório de emoções, repleto de um entusiasmo buscado na subversão reacionária. Seu dirigente, Maurice Pujo, fala de uma juventude nova que ataca "os ídolos dreyfusistas e republicanos com a fúria alegre do sacrilégio"; e essa "alegria" retorna constantemente em sua escrita para qualificar as ofensivas violentas dos jovens extremistas[11]. Nelas o antissemitismo e a xenofobia foram levados à incandescência. Charles Maurras teoriza então "sua doutrina do ódio justo" em relação aos judeus bem como aos "metecos"; mas ela não basta, e Maurras lhe associa uma "doutrina de desejo e de amor", amor supremo de uma nação sonhada em um retorno à ordem monárquica[12].

As emoções guerreiras, acompanhadas de ressentimento nacional, mas também de paixão pela mística das armas, ressurgem a pleno vapor. Em 1913 aparece sob o pseudônimo de "Agathon" a primeira "pesquisa" sobre a juventude, *Os jovens de hoje*; ela nada tem de um método rigoroso e se mostra bem mais política do que sociológica. Seus autores, os escritores nacionalistas Henri Massis e Alfred de Tarde, interrogaram estudantes, sobretudo de direito

---

8. DEAT, M. *Mémoires politiques*. Paris: Denoël, 1989, p. 17.
9. ANSART, P. *La gestion des passions politiques*. Lausanne: L'Âge d'Homme, 1983, p. 69.
10. CHANET, J.-F. *L'École républicaine et les "petites patries"*. Paris: Aubier, 1996, p. 308ss.
11. PUJO, M. *Les camelots du roi* (1933). Paris: Le Manant, 1989, p. 21-22.
12. JOLY, L. "Les débuts de l'action française (1899-1914) ou l'élaboration d'un nationalisme antisémite". In: *Revue Historique*, n. 639, 2006, p. 695-718.

e de medicina, para elogiar o ardor guerreiro que anima uma certa juventude e mostrá-la pronta para o combate. Traduzir tais emoções, socialmente circunscritas a uma juventude burguesa e politicamente situada, é uma maneira, performativa, de propagá-las: pois essa paixão nacionalista, "Agathon" trata de divulgá-la embora afirmando apresentá-la objetivamente. Jean Guéhenno se lembrará, em 1934, desse viés que o chocava: "Essa parte da juventude herdeira, esse milhar de jovens senhores de boa família, tentaram nos fazer acreditar que representavam toda a juventude. Atribuíram a todos os jovens franceses os gostos, os desejos, as paixões desse milhar de desocupados"[13].

Não obstante, do patriotismo afirmado pelos republicanos moderados ao ultranacionalismo dos neomonarquistas, o sentimento nacional se mostra exacerbado na socialização de uma geração, aquela a que são confiadas pelas armas tanto a rendição quanto a revanche. Em 1º de agosto de 1914, mesmo as convicções dos mais fervorosos internacionalistas estão abaladas. Os socialistas ainda estão em choque depois do assassinato de Jean Jaurès, em 31 de julho. O evento é traumático: a figura tutelar não existe mais, e é como se com ela desaparecesse qualquer bússola política, na hora em que se encadeiam as circunstâncias dramáticas. A maioria dos socialistas se une ao princípio acenado: travar a guerra contra o militarismo alemão, não sem crise de consciência e dilaceramento. "O que se passa na base militante?"[14] As correspondências e os registros de soldados socialistas deixam percebê-lo, perceber apenas porque restrições imensas pesam na formulação política dos sentimentos. Os militantes de base expressam sobretudo seu abatimento: o fosso cavado entre os valores de solidariedade internacionalista até então defendidos nas fileiras

---

13. GUEHENNO, J. *Journal d'un Homme de 40 ans*. Paris: Grasset, 1934, p. 124.
14. DUCOULOMBIER, R. "La 'Sociale' sous l'uniforme: obéissance et résistance à l'obéissance dans les rangs du socialisme et du syndicalisme français, 1914-1916". In: LOEZ, A. & MARIOT, N. (dirs.), *Obéir/désobéir* – Les mutineries de 1917 en perspective. Paris: La Découverte, 2008, p. 266-279. Mesma referência para as citações que seguem, assim como DUCOULOMBIER, R. "Succéder à Jaurès? – Filiations et ruptures aux origines de la culture communiste en France". In: BANTIGNY, L. & BAUBEROT, A. (dir.), *Hériter en politique* – Filiations, générations et transmissions politiques (Allemagne, France, Italie, XIXe-XXe siècle). Paris: PUF, 2011, p. 61-76.

do partido e a reviravolta da União sagrada provoca em suas rachaduras uma desolação tanto triste como resignada. Em 1º de abril, André Texcier anota a imensidão da angústia que varre tão rapidamente "as declarações de antanho": "Sentimo-nos presos na tempestade como em uma morsa movente. Ela te pega e te imobiliza. Somos estúpidos, estamos angustiados, desorientados. É um *nostra culpa* que fizemos esta noite". Mas em alguns soldados se descobrem também emoções tabus ou pelo menos malconfessadas, que contrastam com a fraternidade das trincheiras tantas vezes exaltada e, mais geralmente, com o sentimento de "união sagrada". Nascidas da mistura humana que veio abalar as barreiras sociais, essas emoções, frequentemente expressas nas correspondências de jovens soldados instruídos e burgueses, devem-se à aversão ou mesmo à repugnância, às inimizades criadas pela promiscuidade. Assim o estudante de letras Étienne Tanty descreve já em 8 de agosto de 1914 uma viagem de trem insuportável em que estavam "empacotados, empilhados, entre os bêbados fedendo a álcool". Dois meses mais tarde, ele evoca "uma incessante comunidade de rebanho com indivíduos onde reinam apenas a indiferença, o ciúme, a gabolice"; em março de 1915, ele menciona ainda "a grosseria e o lixo" que o revoltam. Élie Faure, médico, crítico de arte, antigo dreyfusista e simpatizante socialista, reconhece já em outubro de 1914 que "todos os dias ele acumula um pouco mais de desprezo e de ódio pela maioria dos que o cercam". Ele lança em outra carta, com data de 24 de novembro de 1916: "A imbecilidade dos camaradas é sinistra"[15].

O tempo passado nas trincheiras aprofunda a desordem e a desilusão. No verão de 1916, o cansaço misturado à angústia do desencorajamento se lê em uma carta do militante socialista Raymond Lefebvre, acompanhada de uma tristeza sem fim: "Vocês devem ter tido consciência do imenso desespero que sufocamos em nossa lama. Aguentar até o fim – é claro. Mas aguentar – só isso. E queremos saber a que fim nos levam por um caminho tão terrível". Para

---

15. Cf. MARIOT, N. "'Je crois qu'ils ne me détestent pas' – Écrire l'inimitié dans les correspondances lettrées de la Grande Guerre". In: *Genèses*, n. 96, 2014, p. 63ss. • MARIOT, N. *Tous unis dans la tranchée?* – 1914-1918: les intellectuels rencontrent le peuple. Paris: Seuil, 2013.

alguns, no entanto, essa submissão torna-se insuportável. Nos diários e nas correspondências começam a funcionar as "máquinas de desacreditar"[16] que, pela ironia, pela desconfiança e pela virulência, afastam a mística patriótica. Em julho de 1915, Henry Dispan de Floran escreve para sua mãe uma carta fustigando os dirigentes socialistas que, garante ele, "podem se preparar para uma linda queda": "[Por] todos os soldados pertencentes ao Partido e com quem pude conversar, eles são simplesmente considerados como traidores que deverão ser julgados no retorno". Mais geralmente, a situação alimenta nessa geração da linha de frente um vasto ressentimento, o horror dos burgueses "emboscados" e dos "aproveitadores", uma execração que é também um ódio de classe nos socialistas e sindicalistas marcados pela cultura operária.

Saindo da guerra para a Frente Popular: a influência do choque moral

Uma geração política se ergue então, no coração, da tormenta na qual a guerra mergulhou a Seção Francesa da Internacional Operária (Sfio). Ela experimenta traço a traço o "choque moral" descrito por James Jasper: a ruptura existencial nascida de um evento perturbador; a reação visceral sentida muito profundamente e até a náusea; a consciência dos valores vilipendiados cuja negação causa horror; enfim a necessidade de reagir para reajustar a ação às emoções[17]. São jovens antes de mais nada, rebeldes à maioria do partido pela qual se sentem traídos: uma juventude indócil e indisciplinada, animada por um sentimento de revolta e de indignação diante da oligarquia do partido, julgada corrompida e envelhecida. Essa geração se sente portadora de uma tradição, a da cultura internacionalista vilipendiada na União sagrada. Emissária dessa herança, ela se pretende portadora de uma missão: reatar com o passado revolucionário e operário. À determinação apaixonada dessa juventude revolucionária, Marcel Sembat opõe a "sabedoria que dá vontade de dormir" dos

---

16. ANSART, P. *La gestion des passions politiques*. Op. cit., p. 179.
17. JASPER, J.M. *The Art of Moral Protest*: Culture, Biography and Creativity in Social Movements. Chicago: University of Chicago Press, 1997, p. 106ss.

dirigentes da Sfio[18]. A maioria desses jovens adere ao Partido Comunista no final do Congresso de Tours, em 1920[19]. Nesse exemplo, podemos ver que a indignação é vivida não apenas como um valor, mas também como uma ação, uma emoção em atividade que resulta em um projeto de transformação política; nesse sentido, ela está longe de ser apenas uma "politização negativa"[20], ela não é feita unicamente de rejeição, e sim de construção.

"A guerra em que a juventude da França iria perecer aos milhares não foi em nenhuma parte mais sentida do que aqui": assim se expressa em 1926 Louis Dimier, militante da Ação Francesa. Um dispositivo afetivo corresponde a ela, em que se entrecruzam ressentidos e prescrições de emoções. A contrapelo dos jovens engajados no internacionalismo revolucionário, é um nacionalismo exasperado pelo conflito que domina em suas fileiras. Nelas a exaltação é frenética: os Camelots do rei são exortados ao culto aos mortos erigidos em mártires, como Marius Plateau morto na linha de frente com a idade de 29 anos. Nelas a guerra não é objeto de temor e de "Isso nunca mais", e sim tema de fervor, ao passo que, entre os Cruz-de-Fogo, se difunde uma espécie de comunhão mística na lembrança dos combates, na solidariedade das trincheiras, na epopeia romanesca e cavalheiresca à qual convida a lenda guerreira: uma "espiritualidade secular"[21]. A vocação à pureza e à abnegação deve ser transmitida às jovens gerações, com a evocação constantemente repetida de "educar a juventude no culto ao dever". Essas ligas nacionalistas têm ainda mais o sentimento de uma distinção social, quase aristocrática, porque esse código de

---

18. SEMBAT, M. *La victoire en déroute*. Paris: Le Progrès Civique, 1925, p. 138.
19. DUCOULOMBIER, R. *Camarades!* – La naissance du Parti Communiste en France. Paris: Perrin, 2010.
20. "Politização negativa", tal como a descreve Pierre Rosanvallon (*La contre-démocratie* – La politique à l'âge de la défiance. Paris: Seuil, 2006, p. 187) e à qual Christophe Prochasson associa a indignação dos socialistas que ele nomeia "sentimentais" ("Le socialisme des indignés – Contribution à l'histoire des émotions politiques". In: AMBROISE-RENDU, A.C. & DELPORTE, C. (dir.). *L'Indignation* – Histoire d'une émotion (XIXe-XXe siècles). Paris: Nouveau Monde, 2008, p. 190.
21. KECHICHIAN, A. *Les croix-de-feu à l'âge des fascismes* – Travail famille patrie. Seyssel: Champ Vallon, 2006, p. 41.

honra lhes parece ter desaparecido, tal uma emoção perdida[22]. Mas a educação que elas propõem é também moldada com ódio: ódio ao pacifismo, ao parlamentarismo, ao comunismo.

Três trajetórias similares ajudam a compreender os sentimentos forjados nesse intenso nacionalismo integral: as de Philippe Ariès, de François Léger, nascidos em 1914, e de Raoul Girardet, nascido em 1917, os três são militantes da Ação Francesa desde a adolescência, na transição dos anos de 1920 e 1930. A experiência deles ilustra a comunidade emocional formada pela família, pelos grupos de pares e pela cultura política na qual eles se inscrevem. Eram pequenos demais para conhecer a imensa mobilização infantil praticada pelos países beligerantes durante o conflito, a culpabilização das crianças, o apelo ao sacrifício e ao devotamento, a brutalidade dos discursos de ódio em relação ao inimigo espalhados tanto na imprensa como no ensino[23]. Em contrapartida, nascidos na "sombra da guerra", como escreverá Raoul Girardet, eles são criados como se fossem os depositários de uma dívida para com esses mortos ainda tão jovens.

Oriundo de uma média burguesia, filho e neto de militares de carreira, Girardet fala de uma guerra que, "quando criança, nos envolvia por todos os lados". Ele cresceu no culto à história e no culto aos mortos, alimentado pelos livros de imagens e pelas manobras de seus soldadinhos de chumbo. Sua verdadeira politização começa no início dos anos de 1930, no Liceu Voltaire em Paris, nas fileiras da Ação Francesa. Lendo Jacques Bainville e Pierre Gaxotte, tem então certeza de que a história "está de [seu] lado". As ligas, a Ação Francesa, os Cruz-de-Fogo e as Juventudes Patriotas, são vistas como o refúgio da subversão e de um "romantismo da ação" no seio de uma juventude entusias-

---

22. BERGER, P.L. "On the Obsolescence of the Concept of Honor". In: BERGER, P.L.; BERGER, B. & KELLNER, H. *The Homeless Mind*. Nova York: Random House, 1973, p. 83-96. • FREVERT, U. *Emotions in History*: Lost and Found. Budapeste/Nova York: Central European University Press, 2011.

23. Cf. AUDOIN-ROUZEAU, S. *La guerre des enfants, 1914-1918* – Essai d'histoire culturelle (1993). Paris: Armand Colin, 2004. • PIGNOT, M. *Allons enfants de la patrie* – Génération Grande Guerre. Paris: Seuil, 2012.

mada pelo nacionalismo ofensivo, galvanizada pelo ódio aos supostos inimigos. As emoções buscadas na virulência e na brutalidade mostram-se decisivas no relato do engajamento: "Como muitos, fui da Ação Francesa antes de ter lido Maurras. A veemência, a violência do jornal e seu rigorismo lógico tinham me atraído bem antes de seu conteúdo doutrinal". O "bando de amigos" é também fonte de ritos, de sociabilidade calorosa e de fidelidades, que retiram o adolescente da tristeza familiar e de seu próprio isolamento[24].

Na mesma época, François Léger dirige o grupo da Ação Francesa no Liceu Buffon. Nascido de pais monarquistas, o adolescente é desde cedo fascinado por Maurras e mais tarde reconhecerá ter se tornado nessa época um "perfeito *papagaio maurrassiano*". Mas ele se felicita: "Nessa idade precoce da vida intelectual deve-se evitar pular de ideia em ideia mas escolher uma grande doutrina, apaixonar-se por ela e nela se instalar". Sobre Philippe Ariès do qual é próximo, François Léger anota: "Nunca conheci ser mais continuamente apaixonado do que esse homenzinho magro e agitado, que vivia em um permanente estado de ebulição"[25].

A exemplo dos pais de Léger, os de Philippe Ariès são da Ação Francesa, e toda sua família é católica e monarquista. Os mortos e a história contrarrevolucionária formam o universo de sua infância, como se o passado coabitasse no presente: "Esse mundo nada tinha de nostálgico: temos nostalgia de uma coisa passada, mas esse passado era em nossas casas tão presente! Mostravam-me, como se fosse ontem, o barrete de um tio-avô, padre, que morrera no período da Convenção nos afogamentos ordenados por Jean-Baptiste Carrier em Nantes". No imaginário familiar, a realeza está revestida de um conteúdo mágico, de rituais e de cerimônias, a sagração, o milagre das escrófulas etc.; os Chouans são celebrados por seu sentido do sacrifício e da solidariedade. O

---

24. GIRARDET, R. & ASSOULINE, P. *Singulièrement libre* – Entretiens. Paris: Perrin, 1990. • GIRARDET, R. "L'ombre de la guerre". In: NORA, P. (dir.). *Essais d'ego histoire*. Paris: Gallimard, 1987, p. 139-171.
25. LEGER, F. *Une jeunesse réactionnaire*. Paris: FB, 1993, p. 114-115.

rapaz adere rapidamente às teses desenvolvidas pela "escola histórica da Ação Francesa"; a emoção prevalece nessa apreensão da história: "Não percebemos claramente as coisas que sentimos profundamente"[26]. Por essa relação sensível e carnal, um estilo emocional se esboça, feito de normas, de ideal e de intensidade passional.

O que essas memórias calam, nos três casos, pelo recalcamento ou pelo contornamento, é o ódio antissemita e xenófobo reativado nas ligas de extrema-direita no início dos anos de 1930, acentuado com o 6 de fevereiro de 1934[27] e depois exacerbado pelo medo do "vermelho" durante a Frente Popular. Naquele momento, quando os Camelots do rei e os estudantes da Ação Francesa vendem o jornal da liga, eles o fazem gritando: "Jornal antijudaico!" As agressões físicas pretendem "calar a boca dos judeus". As agressões antissemitas se multiplicam a partir de 1936 e culminam em 13 de fevereiro no violento ataque contra Léon Blum, a quem Maurras denomina o "velho camelo semítico" e ameaça com "algumas boas facas de cozinha" ou com a lâmina da guilhotina[28].

Em um contexto internacional abalado pela chegada de Hitler ao poder, as organizações de esquerda adeptas do Rassemblement Populaire [Reunião Popular] decidem lutar contra o que elas percebem como um fascismo francês. No seio das Juventudes Socialistas mais particularmente se desenha uma importante mudança: a passagem a um "repertório forte"[29]. Essa conversão do repertório não traduz certamente uma unanimidade entre os quadros e dirigentes; ela é conduzida por uma fração minoritária, a mais à esquerda no partido, a mais jovem também. Esta fração está determinada a propor um novo

---

26. ARIÈS, P. [com a colab. de Michel Winock]. *Un historien du dimanche*. Paris: Seuil, 1980.
27. Data de uma grande manifestação antiparlamentar ocorrida em Paris diante da Câmara dos Deputados e organizada pelos grupos de direita, pelas associações dos veteranos e pelas ligas de extrema-direita [N.T.].
28. JOLY, L. "D'une guerre l'autre – L'Action française et les Juifs, de l'Union sacrée à la Révolution Nationale (1914-1944)". In: *Revue d'Histoire Moderne et Contemporaine*, n. 59/4, 2012, p. 97-124.
29. TILLY, C. & TARROW, S. *Politique(s) du conflit* (2007). Paris: Presses de Sciences Po, 2008, p. 42.

dispositivo de sensibilização, forjado com técnicas renovadas de organização e de encenações emocionais[30]. Segundo essa corrente conduzida principalmente por Marceau Pivert, o momento exige um registro ao mesmo tempo antifascista e bem mais voluntarista na afirmação revolucionária. A conjuntura parece impô-la ainda mais que o tempo é curto, que a urgência é política e o contexto, histórico. Um sentimento de angústia domina e oprime; Marceau Pivert declara durante o XXXI Congresso da Sfio, em maio de 1934: "A situação se apresenta da seguinte forma: *socialismo ou fascismo*. É uma questão de vida ou morte, não dentro de dez anos, mas dentro de alguns meses, no decorrer do ano". Esses militantes desejavam utilizar as armas emocionais do fascismo para voltá-las contra ele, o principal inimigo: segundo eles, é preciso recorrer às forças do inconsciente, às emoções "de massa". Jean Haver explica em *A batalha socialista*, de 9 de outubro de 1934: "Em sua propaganda, o socialismo negligenciou demais os fatores irracionais, a sede religiosa, mística, das multidões [...], ignorou as leis mais elementares da psicológica coletiva". Os modos de propaganda política mudam, sob a influência de Kurt Löwenstein, animador dos Falcões vermelhos alemães – organização socialista que reúne crianças e adolescentes –, e do socialista russo Serge Tchakhotine, discípulo de Pavlov, teórico da sugestão na propaganda de massa. Para responder à cruz gamada, aparecem as três flechas, que os Falcões vermelhos e as Juventudes Socialistas pintam nos muros, espalham em cartazes, panfletos, braçadeiras, broches e brasões. Nesse dispositivo de sensibilização, as flechas são vistas como armas ofensivas, adequadas ao esforço de autodefesa ativa desenvolvido na formação dos jovens militantes ao combate de rua. Quanto ao punho erguido, este deve responder à saudação fascista e ao "*Heil!*" hitlerista. Todo um registro emocional é incorporado por uma geração de jovens militantes impacientes em chegar às vias de fato[31].

---

30. TRAÏNI, C. & SIMEANT, J. "Pourquoi et comment sensibiliser à la cause?" In: TRAÏNI, C. (dir.). *Émotions... Mobilisation!* Paris: Presses de Sciences Po., 2009, p. 13.
31. NADAUD, É. "Le renouvellement des pratiques militantes de la Sfio au début du Front populaire (1934-1936)". In: *Le Mouvement Social*, n. 153, 1990, p. 9-32.

Também aqui é preciso discernir uma concorrência ou mesmo um complexo de inferioridade perante a potência organizacional das Juventudes Comunistas, que sabem mobilizar os recursos emocionais. Com efeito, no interior do Partido Comunista, não falta o lirismo para exaltar a juventude, associada sistematicamente a um duplo sentimento: a felicidade como uma disposição quase existencial de uma idade em que a alegria parece se impor; a infelicidade, circunstancial desta vez, devida à ameaça fascista, à alienação do trabalho, ao sistema econômico. Paul Vaillant-Couturier fala sobre esse Jano afetivo em uma pesquisa publicada no jornal *L'Humanité* entre 10 de fevereiro e 16 de março de 1935, intitulada "A infelicidade de ser jovem", em que ele afirma ao mesmo tempo: "Ser jovem é ter a luta pela felicidade diante de si". O eixo antifascista, tornado uma prioridade a partir de 1934, apoia-se em um repertório emocional em que tanto a história como a homenagem aos mártires são intensamente mobilizadas. As figuras de Storticcati, 16 anos, Vuillemin, 19 anos, e Lauchain, 20 anos, jovens operários, sindicalistas, antifascistas mortos durante as rixas de fevereiro de 1934, atingem um estatuto heroico que convida à resposta ativa e afetiva. "Você será vingado", lança *L'Avant-garde* sobre Vuillemin. É também ao heroísmo revolucionário que esses mártires são comparados, como indica ainda o jornal das Juventudes Comunistas: "A juventude não esqueceu o exemplo dos Bara, Viala, Gavrochee, mortos pela liberdade". Durante o desfile de 14 de julho de 1934, os jovens comunistas são convocados segundo o *L'Humanité* a "vingar Jaurès". Durante "as festas da juventude e da alegria", juram fidelidade à história do movimento operário e aos seus mortos caídos de revoltas em revoluções[32].

A mobilização desses registros emocionais nada diz, no entanto, das trajetórias que levam a entrar no engajamento nem dos sentimentos políticos que ele suscita. Nesse campo, cada história é pessoal e mobiliza um conjunto de fatores particulares. Neles se cruzam os destinos singulares assim como

---

32. Cf. SANCHEZ, C. *"Pour conquérir les jeunes, faut-il faire moins de politique?* – La Jeunesse communiste sous le Front populaire [Disponível em Histoire-politique.fr, 2008].

a parte do passado coletivo e individual: os motivos do engajamento decorrem do registro íntimo, muitas vezes menosprezado, muitas vezes silenciado. Raro é, por exemplo, o testemunho de Daniel Guérin, membro da tendência esquerda revolucionária da Sfio. Guérin, nascido em 1904 em uma família burguesa liberal e dreyfusista, revelou sua "conversão" ao engajamento revolucionário; nela sua homossexualidade teria ocupado um lugar essencial, dentro de uma economia moral que decorre ao mesmo tempo da emoção física e da defasagem social:

> Embora se apoiasse em vastas leituras, meu movimento em direção ao socialismo não é objetivo, de ordem intelectual. Era muito mais subjetivo, físico, oriundo dos sentidos e do coração. Não estava nos livros, estava em mim, primeiro, através dos anos de frustração sexual, e no contato com os jovens oprimidos foi que aprendi a odiar a ordem estabelecida. A busca carnal havia me libertado da segregação social[33].

Nessa busca, ele evoca a vontade de transformar seu "erotismo" em energia política. De acordo com suas palavras, ele chegou ao socialismo "pelo falismo", não pela compaixão ou pela fraternidade, mas antes pela frequentação de "jovens proletários" e atraído pela "alegria invencível a despeito de uma vida tão miserável". Ancorado em um contraste social entre o meio abastado de onde ele vem e o combate proletário, seu engajamento militante responde igualmente "ao desejo de reparar o mal feito pelas precedentes gerações burguesas"[34]. Há pouca coisa em comum entre essa politização, a não ser a origem social que se trata de contornar pelo engajamento, e aquela de Arthur Koestler, que relata no *Les militants* sua adesão ao comunismo pela teoria, não desprovida de emoção no entanto: as páginas de Marx e de Engels lhes trazem, escreve ele, "uma revelação e um encantamento intelectual", mas também "o entusiasmo de uma brusca libertação das correntes de uma infância burguesa anterior a 1914": as

---

33. GUERIN, D. *Un jeune homme excentrique*. Paris: Julliard, 1965, p. 240.
34. BOUCHET, T. *Les fruits défendus* – Socialismes et sensualité du XIXe siècle à nos jours. Paris: Stock, 2014, p. 193. • MESLI, R. "L'ambivalente émancipation sexuelle de Daniel Guérin". In: GIAMI, A. & HEKMA, G. (dirs.). *Révolutions sexuelles*. Paris: La Musardine, 2015, p. 147-150.

"delícias intelectuais" estão estreitamente misturadas aqui ao "fervor afetivo" que elas alimentam[35].

A história familiar é muitas vezes essencial para explicar a emoção dos primeiros engajamentos nos quais se entrelaçam as lembranças transmitidas, vivificadas, reativadas. Filha de socialistas russos chegados na França em 1926 para fugir do estalinismo, Dina Vierny se lembra da emoção suscitada por sua presença, criança ao lado pai, no muro dos Federados[36]. São sobretudo sensações, poderosas, na rememoração da Semana Sangrenta: a gente "dançava sobre os túmulos, cantava, declamava, e [isso] nos dava arrepios. Por isso disse: "Papai, vou entrar nesse movimento. Porque é a verdadeira expressão"[37]. Ela adere no início dos anos de 1930 às Juventudes Socialistas. Quanto a Victor Leduc, nascido em Berlim em 1911, filho de judeus russos revolucionários emigrados para a França depois de 1905, o pai operário metalúrgico e a mãe costureira, ele cresce cercado pelos relatos de seus pais, que ele percebe como extraordinários: imaginário revolucionário, clandestinidade, detenções e temporadas na prisão, marchas fúnebres pelos mártires da revolução, cantos com bandeira vermelha manchada de sangue: "[Esses] relatos maravilhosos porque recebidos na infância [...] despertam em mim uma verdadeira paixão revolucionária". Victor Leduc retraça também na história de seu engajamento toda uma economia moral ligada às injustiças sociais – dignidade, revolta contra a desigualdade, ressentimento contra os dominantes:

> Não se pode ser rico inocentemente. Sem ter lido Marx, busquei essa convicção no folclore familiar. Aqueles que sofreram a injustiça, os espoliados, os humilhados, os oprimidos, têm direito à reparação, e mesmo à vingança. Resignar-se com a desigualdade,

---

35. KOESTLER, A. *Les militants* (1950). Paris: Mille et Une Nuits, 1997, p. 15-16.
36. O Muro dos Federados é uma parte do cemitério de Père-Lachaise, em Paris, onde em 28 de maio de 1871, 147 federados, combatentes da Comuna de Paris, foram fuzilados e jogados em uma fossa ao pé do muro. Desde então ele simboliza a luta pela liberdade e pelos ideais anarquistas, comunistas e autogestionário [N.T.].
37. Apud BIRNBAUM, J. *Leur jeunesse et la notre* – L'espérance révolutionnaire au fil des générations. Paris: Stock, 2005, p. 45.

aceitar sem reagir o reino dos proprietários, a tirania dos poderosos, é a pior das covardias[38].

O surgimento da Frente Popular reforça evidentemente essas emoções, declinando-as de outra forma. A alegria se mistura às lembranças da história, das quais a morte não está ausente: na noite do domingo 7 de junho de 1936, enquanto se desenrolavam as negociações no Matignon, uma grande manifestação ocorre no Velódromo de inverno. Sobre uma imensa faixa suspensa ao balcão, pode-se ler: "A XV seção saúda com alegria os primeiros ministros socialistas da história da França". Mas é uma dupla morte que vem ao mesmo tempo alimentar e temperar essa alegria pela lembrança dos mártires: "Camaradas, anuncia em um alto-falante às quase duas mil pessoas ali reunidas, um de nossos mortos, Renaudel, vai nos contar a morte de Jaurès, da qual ele foi uma das raras testemunhas"[39]. A manifestação de 24 de maio no muro dos Fuzilados já recorrera à sua história e às emoções nascidas do desejo de obter castigo e reparação; em uma faixa dos soldados de Versailles, carregada pelos dirigentes das Juventudes Socialistas, estava escrito: "A soldadesca versalhesa de 1871 assassinou a Comuna. Os soldados de Versailles em 1936 a vingarão"[40]. Sabemos como Simone Weil descreveu a alegria da greve e a felicidade que ela engendrou em tempos incertos:

> Independentemente das reivindicações, essa greve era em si mesma uma alegria. Uma alegria pura. Uma alegria absoluta [...], alegria de percorrer livremente essas oficinas onde cada um estava arrimado à sua máquina, de formar grupos, de conversar, de comer algo. Alegria de ouvir, não o barulho das máquinas, símbolo tão forte da dura necessidade sob a qual nos dobrávamos, e sim a música, os cantos e os risos[41].

Alegria igualmente ligada ao orgulho de levantar a cabeça diante dos patrões e dos chefes, constelação de emoções fundada na experiência moral da

---

38. LEDUC, V. *Les tribulations d'un idéologue*. Paris: Galaade, 2006, p. 27-31.
39. MALRAUX, A. *Carnet du front populaire, 1935-1936*. Paris: Gallimard, 2006, p. 53-60.
40. KERGOAT, J. *La France du front populaire*. Paris: La Découverte, 2006, p. 101.
41. GALOIS, S. [Simone Weil]. "La vie et la grève des ouvrières métallos". *La Révolution prolétarienne*, 10/06/1936, retomado de WEIL, S. *OEuvres*. Paris: Gallimard, 1999, p. 159-170.

dignidade e do reconhecimento[42]. Ela ilustra a "carga moral particular ao protesto" que busca a justiça social e a justeza da expressão[43].

Evidentemente, naqueles que rejeitam com repugnância a Frente Popular, uma outra visão das emoções políticas mobilizadas é proposta. François Mauriac fustiga, em suas crônicas do *Figaro*, tanto os comunistas quanto os radicais ao denunciar o que ele imagina animá-los – o ódio:

> Infelizmente! O que são essas pessoas razoáveis se não grandes apaixonados. [Os radicais] temem a revolução, mas odeiam essa classe com contornos indecisos na qual colocam tudo o que os ultrapassa. Seu ódio é mais forte do que seu medo. Seu ódio apoia-se na inveja e a inveja é uma paixão triste que é preciso alimentar constantemente e que não se sacia jamais[44].

Quando a marcha para a guerra enterra definitivamente os últimos traços da Frente Popular, o ódio da Ação Francesa, quanto a ele, continua se espalhando, em canto de ameaça violenta, em uma paródia da *Internacional*: "S'ils s'obstinent, ces cannibales/À faire de nous des héros/Il faut que nos premières balles/Soient pour Blum, Mandel et Reynaud" [Se eles se obstinam, esses canibais/Em fazer de nós heróis/então que nossas primeiras balas/Sejam para Blum, Mandel e Reynaud][45].

De uma guerra à outra: ressurgência dos sentimentos e dos ressentimentos

Apoiada na humilhação da vertiginosa derrota, a instrumentalização política da juventude está a pleno vapor desde a instauração do regime de Pétain.

---

42. HONNETH, A. *La lutte pour la reconnaissance* (1992). Paris: Cerf, 2000, p. 195.
43. THOMPSON, E.P. "The Moral Economy Reviewed". In: *Customs in Common*. Londres: Merlin Press, 1991, p. 259-351. Cf. tb. seu primeiro artigo sobre o assunto: "The Moral Economy of the English Crowd in the Eighteenth Century". In: *Past & Present*, n. 50, 1971, p. 76-136. Por outro lado, cf. FASSIN, D. "Les économies morales revisitées". In: *Annales – Histoire, Sciences Sociales*, vol. 64, n. 6, 2009, p. 1.238ss. • SIMEANT, J. "Économie morale" et protestation – Détours africains". In: *Genèses*, n. 81, 2010, p. 142-160.
44. MAURIAC, F. *Journal* – Mémoires politiques. Paris: Robert Laffont, 2008, p. 707.
45. *L'Action française*, 29/09/1938.

À juventude corresponde uma particular relação com a historicidade, ajustada ao que a "Revolução nacional" pretende ser: os jovens representam o futuro contra um passado considerado depravado, encarnam uma espécie de pureza e a "esperança", um termo ao qual estão sempre associados, entre juvenilidade e regenerescência. Os aduladores de Vichy pretendem produzir uma comunidade emocional da qual a juventude seria o pilar essencial. O que é bem observado nos cantos e nos *slogans* dos Chantiers de la jeunesse française[46]: "Les chants, les sports, la joie de vivre / Feront de nous de beaux garçons / Regardez bien notre sourire / La Gaîté rayonne sur nos fronts" [Os cantos, os esportes, a alegria de viver / Farão de nós belos rapazes / Olhem bem nosso sorriso / A alegria irradia em nossos rostos][47]. Entre uniforme e marchas, os Chantiers inculcam o senso da hierarquia e da honra, bem como a fibra patriótica com a saudação cotidiana às cores da bandeira. Na mobilização, as emoções formam um recurso importante: afetos positivos com a alegria incessantemente demonstrada de servir seus país, o amor pela natureza regeneradora contra a cidade corruptora; afetos negativos uma vez que o antissemitismo e o anticomunismo ali se conjugam ao antigaullismo e à anglofobia.

"Certos regimes políticos, escreve Willian Reddy, [...] exigem um conformismo estrito entre suas normas e seus ideais emocionais, de um lado, e as expressões emocionais de seus cidadãos, do outro. Os desvios, mesmo leves, não são tolerados"[48]. Esse regime emocional, imposto no topo do Estado, suscita reticências, oposições e resistências: nesses desvios se aloja precisamente

---

46. Os Chantiers de la jeunesse française nasceram da derrota militar francesa em 1940 e foram criados para substituir o serviço militar obrigatório, agora proibido pelo ocupante. Do verão de 1940 a maio de 1945, 400 mil jovens de 20 anos, nascidos entre 1920 e 1940, foram então mobilizados. O principal objetivo era associar uma educação com uma transmissão dos valores nacionais, atividade laboriosa com uma vida em grupo. Tudo isso em montanhas afastadas ou em plena floresta.

47. Apud PECOUT, C. *Les Chantiers de la jeunesse et la revitalisation physique et morale de la jeunesse française (1940-1944)*. Paris: L'Harmattan, 2007, p. 142, 59, 126.

48. REDDY, W.M. "Émotions et histoire contemporaine: esquisse d'une chronologie". In: AMBROISE-RENDU, A.-C.; DEMARTINI, A.-E.; ECK, H. & EDELMAN, N. (dirs.). *Émotions contemporaines, XIXe-XXe siècles*. Paris: Armand Colin, 2014, p. 43-44

a força do engajamento. Sabemos o quanto a "marechalatria" se impõe sob os auspícios de Vichy. O culto a Pétain deve ativar as emoções mais fervorosas: a abnegação, a gratidão, a afeição. O "coração" é muito mais celebrado do que a "razão", e os afetos mobilizados tocam os da religião. Um "Pater do Marechal" destinado aos alunos é redigido por Georges Girard: "Nosso Pai que nos comanda / Que seu nome seja glorificado". As *vidas do Marechal para uso das crianças* e os abecedários declinando letra por letra os objetos que devem ser venerados e os afetos que devem ser sentidos (entre "Q como quepe" e o "Z como o zelo que o povo, em toda parte, começa a aclamar") são difundidos nos estabelecimentos escolares para despertar emoções e vocações. O Marechal é associado a Joana d'Arc, apresentada como "a jovem de grande coração" e que deve ser festejada – Georges Lamirand, secretário de Estado para a juventude do governo de Vichy, a descreve assim: "Esta festa é a da juventude porque vocês, os jovens, encontram no exemplo de Joana o mais comovente chamado ao que deve ser a vida de vocês". É a alegria, afinal, que é editada, prescrita assim como se poderia fazer em um ordenamento político. Georges Lamirand nada dissimula na mensagem dirigida aos estudantes do liceu e do colégio, em 14 de setembro de 1941: "Sejam alegres, apesar da dureza da prova. Que seus cantos afirmem sua esperança e sua vontade de cumprir a magnífica missão que lhes é confiada: reconstruir a França mais bela do que nunca"[49].

Mas testemunhos, esparsos e difíceis de expressar em um país sob a dominação autoritária, indicam o quanto as injunções às emoções podem ser contornadas, deslocadas e ridicularizadas. Existem adaptações irônicas e cômicas do *Maréchal, nous voilà* [Marechal, estamos aqui], desde um *Maréchal, ôte-toi de là* [Marechal, saia daí] até uma versão defendendo claramente os aliados na esperança de um desembarque: "Maréchal, les voilà/C'est fini de brader notre France / La patrie renaîtra / Malgré toi, Maréchal, les voilà!" [Marechal, eles chegaram / Chega de liquidar nossa França / A pátria renascerá/Apesar de você, Marechal, eles chegaram!" Certas canções infantis adquirem um ar maliciosa-

---

49. Apud GIOLITTO, P. *Histoire de la jeunesse sous Vichy*. Paris: Perrin, 1991, p. 275, 443.

mente desrespeitoso: "Les enfants, poil aux dents / Respectez, poil au nez / La vieillesse, poil aux fesses / La vertu, poil au cul" [Crianças, pelo nos dentes / Respeitem, pelo no nariz / A velhice, pelo nas nádegas / A virtude, pelo na bunda]. Muitos jovens decidem infringir a proibição dos bailes, o que é uma outra maneira de enfrentar o regime e isso nada tem de apolítico: esta é na realidade uma atitude "contra a redução da alegria, contra o pudor e, em última análise, pró-aliado"[50]. Tal atitude também é vista nos "zazous" tão detestados pelas autoridades em Paris e em Vichy. Exibir como elas e eles o fazem uma estrela amarela falsificada em solidariedade aos judeus perseguidos, na qual figuram ironicamente as palavras "zulus", "auvernês", "swing" ou "zazous", é um sinal de resistência, um pequeno gesto, mas ainda assim uma provocação perigosa. De fato, os colaboradores os consideram repugnantes; para eles, são "judeu-gaullistas", "judeu-negro-americanos", parasitas a eliminar "com algum tipo de unguento", como sugere um editorialista do *La Gerbe* em abril de 1942.

A Resistência, no sentido da passagem ao ato estruturado e organizado, conta com uma forte proporção de jovens. É impossível esboçar em algumas linhas um mapa mental das emoções que a norteiam: as motivações, do patriotismo ao antifascismo, os modos de organização, das redes aos movimentos, e as formas do engajamento são diversos demais para reduzi-los aqui. É importante, contudo, ressaltar o quanto a memória afetiva dos precedentes conflitos e os relatos que eles despertam nas famílias podem ser motores de engajamentos resistentes. Maurice Jeanmougin, um resistente do Franche-Comté, explicou a Olivier Wieviorka: "Entrei para a Resistência porque, em nossa casa, já me contavam histórias da guerra de 1870-1871". Jean-Marie Delabre, membro da Defesa da França, cujos ancestrais alsacianos haviam escolhido a França em 1870, narra o quanto sua mãe "odiava o prussiano". As tradições locais, transmitidas de geração em geração, alimentam também sentimentos de orgulho e de dignidade na dívida em relação aos antepassados. Os resistentes protestantes das Cévennes entoam a *Complainte des maquis cévenol*, que infor-

---

50. HALLS, W.D. *Les jeunes et la politique de Vichy* (1981). Paris: Syros, 1988, p. 191.

ma bem sobre a relação emocional deles com a história: "Les fiers enfants des Cévennes, / Réfractaires et maquisards / Montrent qu'ils ont dans les veines / Le sang pur des Camisards"[51] [Os orgulhosos filhos das Cévennes / Refratários e resistentes / Provam que nas veias deles / Corre o sangue puro dos protestantes][52]. Como judeus, são vítimas de uma perseguição sem nome que faz oscilar suas referências e seu universo, jovens, por vezes ainda adolescentes, se engajam como resistentes e lutam contra o desespero de serem banidos da humanidade pelos nazistas e por seus cúmplices. Annie Kriegel, que aos 16 anos entrou para a JC-MOI (Juventude Comunista-Mão de Obra Imigrante), evocou essa mistura de imensa dor e de alegria em se sentir vivo(a) no engajamento:

> Talvez nunca tenhamos avaliado bem que irreparável dilaceramento foi, para o tecido frágil de nossas almas adolescentes, o fato de se ver do dia para a noite bruscamente rejeitado, expulso da comunidade nacional e mais ainda da sociedade instituída [...]. [Desde então, engajar-se], era dissolver a indizível tristeza da perda de sentido que a perseguição havia infligido à existência cotidiana e dissolvê-la no calor de uma pátria subterrânea [...]. A adesão ao comunismo reatava, contra o mundo ameaçador que me sufocava, me enterrava, me humilhava, os vínculos que me ligavam a um outro mundo sem dúvida distante, mas também vasto, poderoso, combativo[53].

Pois, para além do medo, há a alegria de resistir, alegria nascida de satisfazer a "consciência do necessário"[54]. Felicidade, por exemplo, de travar a guerra à luz do dia, assim como descreve Pierre Guillain de Bénouville quando, depois do engajamento no Combat, ele se junta ao teatro das operações italiano: "Partir contra o inimigo, de arma em punho e à luz do dia, era para um combatente do Exército secreto uma alegria que chegava à embriaguez"[55]. O que choca na

---

51. Camisard: em referência aos calvinistas das Cévennes que, depois da revogação do Édito de Nantes, se revoltaram para defender sua liberdade [N.T.].
52. Apud WIEVIORKA, O. *Histoire de la Résistance, 1940-1945*. Paris: Perrin, 2013, p. 107, 122.
53. KRIEGEL, A. *Ce que j'ai cru comprendre*. Paris: Robert Laffont, 1991, p. 195-196.
54. AGLAN, A. *Le temps de la resistance*. Arles: Actes Sud, 2008, p. 40.
55. BENOUVILLE, P.G. *Le sacrifice du matin*. Paris: Robert Laffont, 1946, p. 515.

leitura das cartas dos jovens resistentes no limiar da morte é realmente a insistência na alegria, na euforia e na beleza da vida que motiva o engajamento. "A vida será bela. Partimos cantando", confia Pierre Benoit aos pais; "Vocês não devem se entristecer, mas, ao contrário, alegrarem-se porque para vocês chegam os amanhãs que cantam", escreve Thomas Ellek aos amigos antes de ser fuzilado em 21 de fevereiro de 1944, aos 20 anos; "O principal é avançar sempre, de etapa em etapa, de mudança em mudança, chegaremos ao fim. Então mais nada destruirá minha alegria", garante Elie Wallach algumas horas antes de sua execução em 27 de julho de 1942, aos 21 anos. É com um "Viva a vida!" que termina a última carta de Marcel Rayman, um dos 23 do grupo FTP-MOI (Franco-Atiradores e Partidários-MOI) de Manouchian, fuzilado aos 21 anos no dia 21 de fevereiro de 1944. Quando o próprio Coronel Fabien morre em 27 de dezembro de 1944, aos 25 anos, uma grande cerimônia é organizada para suas exéquias, descrita por Albert Ouzoulias com uma ênfase em que a história se mistura ao presente: "Os jovens se recolhem e vemos luzir, nos olhos desses jovens perfilados diante de sua escola, a chama patriótica de Guy Môquet, de Fabien, dos descendentes de Bara e de Gavroche"[56]. A transmissão é mais uma vez essencial no embasamento das emoções.

Uma geração cresce e se forma ali, nos relatos da Resistência e dos combates. É uma geração da dupla guerra: o segundo conflito mundial vivido na infância, a Guerra da Argélia feita aos 20 anos, no final da adolescência. Desse ponto de vista, a instrução que recebem os convocados do contingente durante os "eventos" argelinos constitui um laboratório de experimentação em matéria de emoções: o Estado-maior do exército francês mobiliza um repertório emocional específico a essa geração, insistindo na dívida, na história e na morte. Durante o treinamento das "classes", as referências não faltam a essa outra guerra tão próxima, às proezas de seus "irmãos mais velhos, combatentes dos maquis ou dos exércitos de libertação, os gloriosos

---

56. Apud BERLIERE, J.-M. & LIAIGRE, F. *Le Sang des communistes* – Les bataillons de la jeunesse dans la lutte armée, automne 1941. Paris: Fayard, 2004, p. 109.

soldados de Bir-Hakeim, do Zaghouan, de Garigliano, do desembarque tanto do Reno como do Danúbio", como destaca em julho de 1958 o General Daillier[57]. As comemorações oficiais são a ocasião de homenagear a memória dos resistentes, para que os recrutas compreendam que a ação deles prolonga esse engajamento. Cartas de jovens fuzilados são lidas aos convocados apresentados não apenas como seus irmãos mais jovens, mas como seus sucessores. Os soldados do presente estão "em dívida", na acepção forte que lhe dá Paul Ricoeur: eles são considerados responsáveis em relação aos mortos do passado[58].

No terreno, as "operações de pacificação" engendram por vezes junto aos jovens soldados emoções singulares, nascidas desse espelho da história. A memória da infância e de sua violência é determinante para isso. Para alguns convocados, tratar a população argelina como inferior significa se comportar como os nazistas haviam feito durante a Ocupação. A comparação retorna, lancinante e dolorosa: "A imagem que me perseguia era que com meu capacete e meu uniforme eu parecia mais com um soldado alemão do que com um resistente"[59]; "é doloroso fazer a experiência do ódio: vi em meio a um ódio recíproco entre árabes e franceses, o que vivêramos durante a resistência, em 43, 44"[60]. "Desta vez, você será o alemão e lutará contra os resistentes", Noël Favrelière, que se expressa assim, escolhe desertar para salvar um jovem prisioneiro argelino de uma execução certa e livrá-lo fugindo em sua companhia. Ele escreve então ao seu pai: "Papai, você sabe bem que eu nunca traí meu país, mas que muito pelo contrário é agora que eu o sirvo ao impedir os argelinos de odiarem essa França que tanto amaram [...]. [Em vez disso] acredito que jamais teria ousado olhá-lo de frente, [você] o resistente que me gritou: "Não

---

57. *Aurès-Nemencha*, jul-ago./1958 (Service Historique de l'Armée de Terre. Vincennes, 1H1118/2).
58. RICOEUR, P. *La mémoire, l'histoire, l'oubli*. Paris: Seuil, 2000, p. 473ss.
59. Testemunho de um recruta, apud ORR, A. *Ceux d'Algérie* – Le silence et la honte. Paris: Payot, 1990, p. 66.
60. HUTIN, S. *Journal de bord* – Algérie, novembre 1955-mars 1956. Toulouse: Groupe de Recherche en Histoire Immédiate, 2002, p. 86.

se torne um alemão"[61]. O registro do sentimento moral mobiliza as referências do conflito passado como fidelidade de uma transmissão e lealdade a um ideal. Escolher o opróbio e o isolamento pela deserção significa aqui inverter os polos da traição.

O engajamento político durante a Guerra da Argélia se ilustra também pela participação em manifestações proibidas, e por isso clandestinas, em um punhado de militantes. Nos enfrentamentos violentos com as forças da ordem, os protagonistas evocam o medo que eles e elas experimentam, muitas vezes vivido como um batismo de fogo, como explica Philippe Robrieux: "Foi naquele momento que pela primeira vez em minha vida realmente fui tomado pelo medo"[62]. Essa violência, intimamente vivida, decide por vezes os engajamentos. Arlette Laguiller, então com 21 anos, vai à manifestação contra a guerra organizada em 27 de outubro de 1960:

> Vi, pela primeira vez, a polícia em ação; jamais a vira de tão perto. Ela logo veio para cima desferindo golpes de "bidules", esses longos porretes que cortam profundamente a pele do crânio. E corríamos como coelhos. Saindo da Mutualité, nos vimos, sempre correndo, sob o ataque brutal dos policiais, diante da Santé. Tive muito medo. Era minha primeira experiência, e ela apenas reforçou meu desejo de fazer alguma coisa[63].

Naquela mesma noite ela toma a decisão de aderir ao Partido Socialista Unificado. O massacre do Metrô Charonne em 8 de fevereiro de 1962 é outro momento de oscilação. Oriundo de uma família modesta "na qual todos éramos vermelhos", Daniel Bensaïd, futuro dirigente da Liga Comunista Revolucionária, se recorda: "[Aqueles mortos] me revoltaram e me fizeram dar o passo"; com 16 anos, ele adere à Juventude Comunista, na promoção batizada "Daniel Féry", nome do adolescente militante morto em Charonne[64]. A entrada

---

61. Apud *Résister à la guerre d'Algérie par les textes de l'époque*. Paris: Les Petits Matins, 2012, p. 61.
62. ROBRIEUX, P. *Notre génération communiste*. Paris: Robert Laffont, 1977, p. 33-34.
63. LAGUILLER, A. *Moi, une militante*. Paris: Stock, 1974, p. 25.
64. BENSAÏD, D. *Une lente impatience*. Paris: Stock, 2004, p. 48-49.

no engajamento é também uma homenagem aos mártires: ela vem da indignação e da mágoa.

Os anos de 1968 ou as emoções subversivas

A Guerra da Argélia deixa uma ranhura de indignação que, em 1968, novamente se abre como se as emoções experimentadas então despertassem. No decorrer dos "eventos", a matriz memorial é muito forte em sua potência emocional. Desde o início de maio, durante os primeiros confrontos brutais com a polícia, a memória do massacre se reativa e se faz viva. A violência empregada suscita uma reminiscência que é ao mesmo tempo física e política: "Charonne" ressoa como um grito. No dia 3 de maio, um repórter filma o caos resultante das interpelações na Sorbonne, de onde uma voz anônima exclama, a propósito dos policiais: "Eles vêm de Charonne e vão recomeçar". Alguns dias mais tarde, o cartaz de um comitê de ação, no XIII *arrondissement* de Paris, indica claramente a responsabilidade de Roger Frey, o ministro do Interior: "Frey, chefe dos informantes, assassino de Charonne, patrão dos fura-greves". No mesmo momento, os comitês de ação dos alunos de liceu (CAL) espalham um panfleto denunciador e mobilizador: "Basta de Charonne, não à ditadura"[65].

Mas, no coração da oposição frontal com as forças da ordem, de uma ordem mais e mais detestada pelos contestadores, a emoção que parece prevalecer é a solidariedade física diante da violência da repressão; tomar parte dela é, simbolicamente, lançar um paralelepípedo. Testemunhas se entregam "de coração" a essa reação que lhes parece elementar. Ao descer de seu prédio para não permanecer espectador durante a noite das barricadas, Julien G., um estudante de direito de 27 anos, explica esse "nível fisiológico" do engajamento:

> E então, primeiro o fato de ver o muro azul e cinza dos policiais me revoltou, essa espécie de muralha que avançava em nossa di-

---

65. "Zoom", reportagem de Guy Demoy, segundo canal da Ortf, 14/05/1968 (BNF, NU-MAV-41563). • Collectif ARC, *CA13. Comité d'action du treizième*, 1968. • CAL. "Mobilisation générale", s. d. (4 de maio de 1968?) (BDIC, GF delta 113/1).

reção... tive vontade de também lançar meu paralelepípedo. [...] Quando se está na rua, diante da polícia, e ao lado dos camaradas, a reação de violência, ela se infiltra na pele. Não pensamos mais no que existe por trás dela. Ali, simplesmente, somos solidários[66].

Muitos manifestantes em maio-junho de 1968 falam de seu medo e das maneiras de conjurá-lo. O Movimento de 22 de Março insiste nisso: é preciso poder provar que "ela, a repressão, não nos faz recuar". Segundo esses militantes, trata-se sobretudo de mostrar que o medo mudou de lado. "O capitalismo tem medo", "a burguesia tem medo", "o Poder tem medo", é o que se lê nos vários panfletos e declarações que emanam dos comitês de bairro e dos comitês de ação. O desfile de 30 de maio de 1968 na Avenida Champs-Élysées, que reúne os partidários do poder, é apresentado em uma assembleia da Sorbonne como uma "matilha apavorada" e, significativamente, como uma reunião de "versalheses". Aliás, o jornalista Marc Kravetz evoca, durante a evacuação muitas vezes brutal das universidades e de certas fábricas ainda ocupadas em junho, "os lacaios saboreiam com uma alegria bem versalhesa a vitória do medo e do ódio"[67]. A história da Comuna e de sua repressão é um forte reservatório de emoções políticas em 1968. A presença de sua referência ilustra a violência da clivagem que separa os manifestantes de ambos os lados das barricadas políticas. Mas esse fosso está cheio de indignação, de execração e, evidentemente, de ódio recíproco. Emoções que Jacques Prévert expressa em um poema sobre o dia 30 de maio na Champs-Élysées:

> Não podemos gritar
> Não podemos cair mais baixo
> Renault volte ao trabalho
> Miserável *slogan* berrado
> Champs-Élysées
> Em toda segurança
> Renault volte ao trabalho

---

66. Apud DURANDEAUX, J. *Les Journées de Mai 68*. Paris: Desclée de Brouwer, 1968, p. 13-14.
67. *L'Insurrection étudiante, 2-13 mai 1968* – Ensemble critique et documentaire. Ed. de Marc Kravetz. Paris: UGE, 1968, p. 23 e 34.

> A França para os franceses
> Gritos tricolores
> Gritos de medo azul
> De terror branco
> De vergonha vermelha recalcada [...][68].

Ou que um anônimo traduziu em versos contundentes:

> Os esgotos de Paris vomitaram todos os ratos tricolores
> quando o chefe soou o clarim dos bem-pensantes
> bem-protegidos
> pelos bons manuseadores dos porretes e das metralhadoras
> da Ordem sagrada [...][69].

Ou ainda nos militantes que homenageiam o estudante maoísta Gilles Tautin, morto afogado perto de Flins em 10 de junho ao tentar escapar dos policiais que o perseguiam:

> Gilles, nosso ódio contra seus assassinos, contra a vitória daqueles que os armaram, é imenso[70].

Esse ódio não seria capaz de apagar o que Pierre Bourdieu chamou "o riso de maio"[71], a alegria de um tempo incerto, que também se revela em certas poesias, tal como esta escrita por um anônimo: "Deixar o riso transbordar/ Invadir/A pradaria"[72]. Por sua vez, Michel de Certeau evocou a "alegria de compartimentações despedaçadas e de camaradagens imprevisíveis"[73].

Uma viva tomada de consciência se manifesta, no coração mesmo dos eventos, sobre a política das emoções, sobre sua pregnância no engajamento e na necessidade de não as recusar. No campus de Censier, o comitê "Estamos a caminho" apela para a recusa das compartimentações entre a realidade e a

---

68. PREVERT, J. "Renault, au boulot", s. d. [BDIC, F delta 813/8].
69. Poema distribuído no mercado de vinhos de Paris após o 30 de maio de 1968 [BNF, LB61-600, 2130].
70. THORN, J.-P. *Oser lutter, oser vaincre!*, 1969 [BNF, NUMAV-44737].
71. BOURDIEU, P. "Le rire de Mai". In: *Interventions, 1961-2001*. Marselha: Agone, 2002.
72. "Rigodon" (1968). In: *Poèmes de la révolution, Mai 68*. Paris: Caractères, 1998, p. 41.
73. DE CERTEAU, M. *La prise de parole, et autres écrits politiques*. Paris: Seuil, 1994, p. 42.

utopia, o concreto e o abstrato, mas também entre a razão e a emoção" "Toda pessoa que considera a emoção como estranha ao pensamento lógico deve se desfazer imediatamente dessa visão idealista. Toda criação parte de uma emoção vivida"[74]. Mas, finalmente, a reflexão mais afirmada sobre as emoções de maio talvez venha de um dos mais virulentos oponentes da contestação: Raymond Aron. Em seu ensaio escrito imediatamente após os eventos, Aron não deixa, com efeito, de recorrer ao registro das emoções e principalmente àquelas que ele sentiu: "Cada um viveu esse período com suas emoções. [...] Quanto a mim, vivi essas semanas nos Estados Unidos no sofrimento e na França na indignação. Mas em uma indignação que ultrapassa todas as indignações que experimentei ao longo de minha existência". Ele menciona seu "horror" diante do que nomeia "a irrupção dos bárbaros", sua "repulsa quase física" em relação à rebelião, sua "raiva" enfim, dita sem rodeios. No entanto, esse recurso às emoções, elas mesmas políticas, pode por sua vez conduzir a uma despolitização. É em parte o caso na análise de Aron: segundo ele, que cita explicitamente Gustave Le Bon, as "causas profundas pertencem à ordem afetiva, à ordem emocional". Em uma interpretação que ele reconhece não sem ironia "desnudada de poesia", ele pensa poder esclarecer a contestação apoiando-se nos "trabalhos dos biólogos": "Sabemos que os ratos e muitos outros animais, a partir de uma densidade excessiva em um espaço dado, manifestam todos os sinais de desregramento que vinculamos, no reino humano, à neurose. Os estudantes franceses, especialmente em Paris, sofrem de uma neurose de superpopulação"[75]. Ali se encontra o limite de uma interpretação monolítica do engajamento, aquela que o reduz a supostas determinações psicológicas, o que significa negar-lhe suas raízes políticas e, finalmente, privá-lo de sua substância ao despolitizá-lo.

Em contrapartida, porque os engajamentos de 1968 se situam no cruzamento de histórias íntimas e coletivas, restituir a parte singular das trajetórias

---

74. COMITE CENSIER. "Nous sommes en marche" / "Propositions préliminaires pour une révolution culturelle", s. d. [BNF, LB61-600, 929].

75. ARON, R. *La revolution introuvable* – Réflexions sur les événements de Mai. Paris: Fayard, 1968, p. 13-14, 26-27, 32 e 54.

é não retirar nada de seu sentido político. Nascido em 1950 em Constantine, onde passou sua infância antes de sua ruptura e do exílio de 1962, Benjamin Stora iluminou, por exemplo, seu engajamento revolucionário com esse momento literalmente resplandecente:

> Esse mês de maio crucial me fez reencontrar a luz da Argélia, tirou-me de meu liceu, lançou-me fora de minha cidade de Sartrouville. Esse momento fez um mundo aparentemente polido e organizado oscilar para a desordem, a cor, a insolência, o desejo evidente de uma sociedade nova. Em resumo, descobri com o Maio de 68 o sol e o calor de Constantine, minha cidade natal[76].

A partir do outono seguinte, quando está no último ano do colégio, ele se engaja na Aliança dos Jovens pelo Socialismo (AJS). Essa organização trotskista lhe oferece uma educação política que o ajuda, explica ele, a vencer sua timidez, mas também a vergonha e a tristeza do êxodo. Essa educação é igualmente portadora de uma história: "Nas reuniões sempre longas da AJS, tinha a impressão de receber como herança as linhas de uma história que os "outros" ainda ignoravam, as receitas secretas da vida, da revolta, e da inteligência"[77]. Edwy Plenel, engajado na Liga Comunista Revolucionária, evoca esse sentimento de história e de dívida: "Pois nossa educação política não foi feita de vitória, e sim de derrota. Nossos heróis eram mortos vencidos e, longe de nos lamentarmos e de pranteá-los, pensávamos que o sacrifício deles tinha valor de promessa". Essa cultura que bebe amplamente na memória dos mortos torna-se "princípio ativo, suplantando por vezes a lógica mais fria e seca dos raciocínios políticos"[78]. "Nossa guerra ainda não terminara", explica por sua vez Daniel Bensaïd[79], e aqui também se estabelece a particularidade de uma geração de jovens militantes comunistas revolucionários de origem judaica cujos pais emigraram para a França para fugir das perseguições antissemitas:

---

76. STORA, B. *La Derniere Generation d'Octobre* (2003). Paris: Hachette, 2008, p. 20.
77. Ibid., p. 57.
78. PLENEL, E. *Secrets de jeunesse*. Paris: Stock, 2001, p. 144-145.
79. Apud JOHSUA, F. "'Nous vengerons nos pères...' – De l'usage de la colère dans les organisations politiques d'extrême gauche dans les années 1968". In: *Politix*, n. 104, 2013, p. 203-233.

o engajamento é também o fruto de uma conversão da fúria, do ódio e de uma sede de vingança em potência de agir político, transferência de um desejo de represálias individual a um projeto político internacionalista e universalista. Por sua vez, Jean Ortiz, filho de um militante antifranquista e resistente, escolheu a adesão à Juventude Comunista, ainda quando estava no liceu. Mas, aqui também, é com o sentimento de uma filiação, de uma transmissão, e mesmo de uma missão vinda da história. "Filho de vermelho" e "filho de pobre". Ortiz se engaja contra "a solidariedade de classe dos poderosos, que fizera de seu pai um proscrito". E é na iniciação adolescente nas emoções do flamenco, nos cantos de longa tradição (*palos con solera*), nos cantos de trabalho dos mineiros (*los mineros*), que ao mesmo tempo ele se "anormaliza" e se politiza, por meio de um retorno "às raízes de classe desse canto desesperado e também festivo, mas sempre subversivo"[80]. Sobre esse assunto, Georges Lavau havia falado de uma "adesão de emoção", em contraste com a "adesão-regularização" e a "adesão-impregnação", ainda que seja melhor não separar estritamente demais essas motivações[81].

Nas lutas libertadoras e emancipadoras dos anos de 1968, a emoção está presente e pregnante, sob a forma de uma fúria política e construtiva, como se pode ver nos engajamentos feministas. O afeto nesses engajamentos é transformado em motor da luta, e essa atualização sob a forma de revelação se afirma também como uma subversão. Ela se aparenta a uma sublevação, assim como cantada no hino do Movimento de Libertação das Mulheres:

> Levantemo-nos, mulheres escravas
> E rompamos nossos grilhões
> De pé! De pé! [...]
> A hora da fúria, mulheres,
> Nossa hora chegou!
> Conheçamos nossa força, mulheres,
> Descubramo-nos milhares!

---

80. ORTIZ, J. *Rouges vies* – Mémoire(s). Sarrant: La Librairie des Territoires, 2013, p. 23, 33, 37.
81. LAVAU, G. *À quoi sert le Parti Communiste français?* Paris: Fayard, 1981, p. 103-111.

Muitas trabalham então escrevendo a história das mulheres e encontram nessa memória ainda em pontilhado uma força política renovada. Na primavera de 1971, grupos de mulheres da região parisiense reproduzem o "chamado das mulheres patriotas de Montrouge e de Belleville" difundido sob a Comuna: "Somos simples mulheres, mas não somos feitas de um estofo menos forte do que o de nossas avós de 1893. Não permitamos que as sombras delas se envergonhem de nós, mas ergamo-nos e ajamos como elas o fariam se ainda vivessem". Mas as mulheres engajadas nas lutas políticas desses anos de 1970 também tomam consciência de que as emoções não devem permanecer vinculadas ao gênero delas. Com plena participação na greve autogestionária na fábrica de relógio de Lip, empregadas e operárias se reúnem entre elas para falar de sua situação singular. Uma delas, Georgette, manifesta um distanciamento quanto às qualidades que as mulheres supostamente devem ter, a suavidade e a ternura: "Nós a quem repetem desde a infância que devemos ser amor, dedicação, harmonia, tivemos de aprender a lutar"[82]. Esse recuo permite uma interrogação sobre as mulheres, mas igualmente sobre os homens, e em particular sobre as injunções emocionais que lhes são feitas. Por exemplo, Monique explica:

> Sempre me disseram: um homem é forte e corajoso, e eu acreditava nisso. Mas, durante a invasão de nossa fábrica pela tropa de choque, vi homens que eu considerava lutadores terem medo, recusarem qualquer enfrentamento. Foi uma decepção, e difícil de admitir. Julguei-os mal e então refleti: o homem não tem por que ser mais corajoso do que a mulher; assim como, em uma outra ordem de ideias, a mulher não tem por que gostar mais de arrumar a casa do que o homem[83].

O próprio engajamento na greve se revela um catalisador para interrogar não só as emoções, como também sua distribuição por gênero no espaço social e político.

---

82. VV.AA. *Lip au féminin*. Paris: Syros, 1977, p. 72.
83. Ibid.

Uma nova arte de militar?

Em uma de suas mais belas novelas, "Vent de face", Erri De Luca se lembra do engajamento militante de uma geração "surgida do nada", "tão contrária a qualquer autoridade", durante os anos de 1970. O narrador se dirige a um interlocutor jamais nomeado, que poderia muito bem ser o próprio escritor: "Nas reuniões, você falava do direito de ter medo, pois ele é saudável e faz raciocinar corretamente"[84]. Essa confissão, esse direito ao medo, é então raro nos meios militantes, em que certo virilismo dificulta a expressão das emoções, e principalmente dessas emoções, daquelas que só podemos confessar, secretamente, quase clandestinamente. Talvez seja isso o que muda nos engajamentos militantes mais recentes: os afetos são muito mais assumidos, exibidos; não constituem mais só um recurso individual e coletivo, e sim um suporte político.

Podemos ver nessa mudança o espelho, em matéria de engajamento, daquilo que George Marcus nomeou a inteligência emocional (*affective intelligence*): a emoção não é mais considerada como um polo oposto à racionalidade[85]. Sem dúvida há também aqui uma lucidez nova sobre as "retribuições afetivas do militantismo":

> A solidariedade, a coesão, a comunidade dos gostos e dos sentimentos, a identificação com um grupo, as alegrias da vitória, os reconfortos mútuos nas derrotas e nos infortúnios individuais, os riscos e as adversidades enfrentadas em comum, as reuniões em que se encontram os velhos amigos e em que se enfileiram as lembranças, as controvérsias inflamadas, as longas discussões continuadas no café, a afeição, a cumplicidade, a amizade dos militantes, oferecem alegrias que podemos julgar prosaicas e acessórias, mas que constituem, no entanto, um poderoso meio de ligação[86].

---

84. DE LUCA, E. "Vent de face" (2003). In: *Le contraire de un*. Paris: Gallimard, 2004, p. 23.
85. MARCUS, G.E. *Le citoyen sentimental* – Émotions et politique en démocratie (2002). Paris: Presses Sciences Po, 2008, p. 20.
86. GAXIE, D. "Économie des partis et rétributions du militantisme". In: *Revue Française de Science Politique*, vol. 27, n. 1, 1977, p. 137.

Certamente, enfim, essa maneira de brandir emoções e de usá-las como recurso corresponde a uma nova era social e política, aberta nos anos de 1980 com a aparição de um "novo espírito do capitalismo"[87]. Inúmeras análises são conduzidas sobre o que faz sua especificidade, e em particular sobre o registro afetivo. Pois o neoliberalismo remodela as subjetividades: interiorização das imposições de rentabilidade e de competição, administração por objetivos e avaliação dos desempenhos, pressões múltiplas para se tornar "empreendedor de si"; os custos psíquicos para os indivíduos podem ser elevados[88]. Essa tomada de consciência se acompanha, para além do mero neoliberalismo, de análises renovadas sobre o que Frédéric Lordon chamou a "paisagem passional do capitalismo", "do capitalismo considerado em seu regime de desejos e de afetos"[89].

Durante esse período surgem dispositivos de sensibilização que correspondem a uma "nova arte de militar"[90], mobilizando muitas vezes afetos alegres, irônicos e lúdicos em terrenos políticos tão sérios quanto a luta contra a pobreza, a ajuda aos imigrantes ilegais e aos refugiados, os combates pelo direito à moradia e pelo meio ambiente, a mercantilização generalizada... *Happenings*, reuniões festivas, ocupação de imóveis abandonados, bloqueios, paródias de logotipos e de *slogans* publicitários, provocações como expressão da raiva e encenações espetaculares como os *die-in* de Act Up, piqueniques selvagens nos supermercados, desbastadores voluntários de OGM, palavras de ordem indisciplinadas e cáusticas do tipo "Salvemos os ricos", ações de grupos como as dos Robin des Toits[91] ou dos "*hackers* contra *Big Brother*", esses repertórios

---

87. BOLTANSKI, L. & CHIAPELLO, È. *Le nouvel esprit du capitalisme*. Paris: Gallimard, 1999.
88. Cf. DARDOT, P. & LAVAL, C. *La nouvelle raison du monde* – Essai sur la société néolibérale. Paris: La Découverte, 2009.
89. LORDON, F. *La societe des affects* – Pour un structuralisme des passions. Paris: Seuil, 2013, p. 82-83. • LORDON, F. *Capitalisme, désir et servitude* – Marx et Spinoza. Paris: La Fabrique, 2010, p. 48.
90. PORTE, S. & CAVALIE, C. *Un nouvel art de militer* – Happenings, luttes festives et actions directes. Paris: Alternatives, 2009. Cf. SOMMIER, I. *Le renouveau des mouvements contestataires à l'heure de la mondialisation*. Paris: Flammarion, 2003, p. 230.
91. Robin des Toits: associação pela segurança sanitária das telecomunicações sem fio. Eles lutam por uma exposição segura às ondas emitidas pelos celulares, pelas torres de transmissão e pelo wifi [N.T.]

misturam na maioria das vezes ações diretas não violentas e desobediência civil, poesia e estética política.

Encontramos também nesse registro um certo espírito de 1968. Aliás, esse espírito insufla as mobilizações de jovens que cadenciam a história contemporânea e forjam novas gerações políticas, e um retorno deslocado das fórmulas de Maio: "Uma greve jamais pode ser triste", "Seleções, armadilhas para carneiros", "Estudantes, eu odeio vocês, falou", em 1986 durante o movimento dos alunos dos liceus e dos estudantes contra a Lei Devaquet; "Sejamos realistas, inventemos os possíveis", "O assalariado se mata no trabalho, o patrão é no machado", "O espírito revolucionário nos libertará do ar podre do medo", vinte anos mais tarde durante o movimento contra o contrato para o primeiro emprego (CPE)[92]. Mas, em contrapartida, a execração geral de "68" também encontra sua ilustração no *slogan* adotado durante a campanha dos Jeunes Populaires em apoio a Nicolas Sarkozy, no verão de 2006: "As ideias deles nos plantaram, eles acabarão cansando"[93]. Uma execração se reativa aqui, continuamente mais bem-assumida.

A dimensão afetiva do engajamento vincula-se, pois, a um labirinto complexo, que embaralha os fios da socialização familiar, dos encontros de acaso, das bifurcações individuais e dos eventos políticos. Um último exemplo nos é dado pelas trajetórias militantes percebíveis no seio de uma geração engajada no Front National durante os anos de 1990 e 2000. As emoções específicas experimentadas por esse(a)s jovens militantes vêm principalmente do contexto hostil no qual eles e elas evoluem, em razão da estigmatização associada ao seu partido. Contudo, a singularidade dos percursos e dos relatos de vida impede toda generalidade sobre os motivos emocionais dessas entradas na política. Com efeito, o que há de comum, fora a adesão deles ao Front National, entre Philippe, nascido em 1974, vindo de uma família cuja nobreza é distante

---

92. Cartazes, panfletos e coletâneas de *slogans* [BDIC, GF peça 1146/10, F delta 1.959 e 2.144].
93. Apud BARGEL, L. "'La jeunesse qui bouge a changé de camp!' – Des usages partisans de la catégorie 'jeunesse'". In: *Mouvements*, n. 59, 2009, p. 86.

e cujos membros sempre juraram fidelidade à monarquia, Marc, nascido em 1970 em meio rural, de pais operários, e Blanche, nascida em 1975 na periferia de uma grande cidade, jovem faxineira sem diploma e em situação de extrema fragilidade social? Para Philippe, o registro emocional mobilizado está essencialmente na fidelidade aos valores familiares, ao sentimento de dívida e de continuidade, à necessidade de "manter sua posição"; para Marc, apoia-se na vontade de defender o "amor pela terra e pelas tradições" em ligação com o mundo rural de onde ele vem; para Blanche, enfim, é a importância do vínculo encontrado ali para sair da solidão e do isolamento social[94].

As emoções são o que leva a se mexer – como indica a etimologia do verbo *movere*: elas colocam em movimento. São também o lugar onde nos sentimos vivos, intensamente. Como calá-las então na análise dos engajamentos? Quer se trate da aversão, da ira, do ódio, da compaixão, da alegria, ou ainda da admiração, as emoções cumprem um papel político: o importante é não as enfraquecer, nem as despolitizar. No cruzamento do tempo individual e do tempo coletivo, da esfera privada e da cena pública, elas estão no coração da formação das gerações, moldadas na maioria das vezes no momento forte de um evento. No dia seguinte aos atentados ocorridos em Paris em 13 de novembro de 2015, muitas mídias evocaram imediatamente uma "geração Bataclan", apresentada como alegre, festiva e criativa, mas repentinamente tocada pela dor, pela incompreensão e pelo medo. A tragédia relançou assim uma operação frágil: a designação de uma geração. Inegavelmente, as gerações se fabricam ao sabor das emoções que os eventos suscitam. Contudo, etiquetá-las muitas vezes significa aprisioná-las nessa designação, desdenhando sua diversidade e o tecido das singularidades que, justamente, tornam os indivíduos indesignáveis. Afinal, não é senão no cruzamento das estruturas sociais e das trajetórias, em seu ponto de intersecção, que podemos perceber a intensidade política das emoções, da morte na alma, da violência do drama ou dos estilhaços da alegria.

---

94. LAFONT, V. "Les jeunes militants du Front national: trois modèles d'engagement et de cheminement". In: *Revue Française De Science Politique*, vol. 51, n. 1, 2001, p. 175-198.

8
COMOVER-SE COM OS ANIMAIS

Éric Baratay

Os animais provocam inúmeras e fortes emoções, a começar pelo maravilhamento estético, expresso dos afrescos pré-históricos à arte animalista contemporânea. Contudo, representam um caso muito particular, pois não são objetos, e sim seres que sentem, experimentam, reagem, se adaptam. Por isso, querer compreender as emoções desencadeadas exige o abandono imediato da antiga concepção ocidental, historicamente construída, de animais passivos, ainda demasiado presente nas ciências humanas, pois ela empobrece o tema no entanto dialético das relações entre os homens *e* os animais, o reduz a um campo de polo único (os homens) e de sentido único (homens em direção aos/sobre os animais), esquecendo ou descartando uma boa parte de sua realidade e de sua complexidade. Mesmo a emoção estética, que poderíamos rapidamente analisar como uma simples reação diante de um objeto dotado de uma morfologia ou de cores deslumbrantes, é na realidade dependente das variações individuais desses aspectos. Isso é ainda mais verdadeiro para as posturas, as atitudes e as ações que provocam tanto e até mais a emoção dos artistas, dos naturalistas, dos visitantes de zoológico, dos turistas em safári, dos telespectadores etc., porque elas encarnam a estranheza, o mistério, a diversidade da vida. É preciso levar em conta o papel dos animais na produção das emoções, portanto de seu estatuto de atores e também de indivíduos, tendo caracteres singulares, de pessoas, tendo condutas próprias, até mesmo de sujeitos, tendo estratégias particulares. Quando em 1827 as multidões se amontoavam em torno de uma girafa, a primeira na Europa desde muito tempo, não era para ver um objeto empalhado e colocado sobre rodinhas, e sim para contemplar um ser vivo autônomo cujas ações e reações, medos, interrogações, emoções, ao mesmo tempo específicas e individuais, contribuem para construir esse evento, tão extraordinário quanto se hoje levássemos para passear um extraterrestre, para aguçar as curiosidades humanas, para suscitar o maravilhamento, o temor, o medo, para desenvolver as imaginações e as paixões[1].

O fato de a emoção ser o fruto de uma ação animal e de uma reação humana pode ser mais bem observado nas situações de dor animal, e vamos consagrar este capítulo às relações entre os animais em sofrimento e os homens comovidos. A recepção humana desses estados não é evidentemente sistemática, sobretudo quando estes últimos resultam da violência dos homens. Os autores ou apreciadores desta violência negam ou minimizam o estado animal, como mostram as grandes caçadas, apresentadas no volume precedente por Sylvain Venayre[2], ou a tourada. Afirmam que se trata de bestas grosseiras e perigosas ou, ao contrário, de valorosos combatentes atraídos pelo enfrentamento, aplicando assim uma etologia falsa mas conveniente. Aqui, as emoções do risco, do medo, do prazer, expressas pelos caçadores, pelos toureiros, pelos aficionados, podem efetivamente ser lidas, não como reações a estados animais, mas como fruto de projeções sobre seres vivos considerados objetos. Ainda assim não podemos ser ingênuos quanto a essas posições. Negar ou minimizar o sofrimento animal não significa não o ver: a questão dos cavalos estripados e dos touros transpassados está assim no

---

1. BARATAY, É. "Écrire l'histoire du point de vue de l'animal". In: DESPRET, V. & LARRÈRE, R. (dirs.). *Les Animaux*. Paris: Hermann, 2014, p. 83-100. • BARATAY, É. *Le Point de vue animal*. Paris: Seuil, 2012.
2. VENAYRE, S. "Le temps des grandes chasses". In: CORBIN, A.; VIGARELLO, G. & COURTINE, J.-J. (dirs.). *Histoire des émotions*. T. 2. Paris: Seuil, 2016, p. 257-276.

centro da evolução da tourada no século XX, embora ela seja varrida para debaixo do tapete[3].

Contudo, nossa época se caracteriza por uma exibição emocional crescente em situações excepcionais ou na vida cotidiana. Bem mais do que antes, os conflitos armados são os principais. Durante a Primeira Guerra Mundial, os escritos dos soldados estão repletos de descrições de cavalos agonizando e de cadáveres equinos, muitas vezes os únicos visíveis em um primeiro momento, com seu "odor esmagador, atordoante, que nos havia envolvido pouco a pouco, e que antes havíamos cheirado distraidamente"[4], as patas esticadas, enrijecidas, erguidas, o ventre inchado ou perfurado, a boca viscosa, os olhos vidrados, o sangue e as entranhas no chão, deslocando-se devagar. Eles representam a primeira visão da morte que se anuncia, proclamam o vazio das coisas, sobretudo quando se deve contorná-los na estrada, passar por cima, ou quando estão entregues aos vermes. "Em toda parte, escreve Paul Cocho, eram apenas casas em ruínas, cavalos mortos, e tudo à noite com os obuses explodindo com um tremendo barulho, aterrador, especialmente para nós que os ouvíamos pela primeira vez. Por muito tempo nos lembraremos de tudo!"[5]

Para uns, isso não muda em nada sua relação distante, até violenta, com os animais, como esses soldados divertindo-se com um cavalo agonizante ou aquele outro testando sua baioneta em um cadáver, justificando-se pela convicção de que não é hora para piedade enquanto os homens sofrem. Para outros, sem que se possa perceber uma distinção social ou cultural, as agonias e os cadáveres provocam-lhes piedade, e até mesmo náuseas nos primeiros momentos de guerra, quando chegam a lugares novos ou quando se trata de animais tornados familiares: "Nunca esquecerei os olhos apavorados dos cavalos sufocados pelo gás", escreve John Dos Passos, enfermeiro

---

[3]. BARATAY, É. "La mort de l'animal, moteur occulté de l'histoire de la corrida". In: PORCHER, J. & PEREIRA, C. (dirs.). *Toréer sans la mort?* Versailles: Quae, 2011, p. 219-233.
[4]. ROMAINS, J. *Verdun* (1938). Paris: Le Livre de Poche, 1975, p. 141.
[5]. COCHO, P. *Mes carnets de guerre et de prisonnier, 1914-1919*. Rennes: PUR, 2010, p. 18.

voluntário[6]. O mesmo vale para as violências institucionalizadas com os animais, como os abates, as caças, as touradas, não para aqueles que as praticam, mas para aqueles que as visitam ou as percebem pelas imagens midiáticas, e cujas emoções escandalizadas são cada vez mais expostas, afirmadas na cena pública desde os anos de 1980, e agora bem transmitidas pelas mídias[7].

Todavia, é sobre a agonia e o falecimento de um cão doméstico que acompanhamos melhor o crescimento das emoções, evocadas em textos, em epitáfios em alguns casos, ou durante discussões com os veterinários de hoje. Desde há muito tempo pouco confessados, salvo exceções[8], a dor e o luto são expressos, e amplificados, a partir dos anos de 1960-1970, à medida que os donos se sentem mais livres de seus sentimentos, que estes se intensificam e que o cão é inserido na família, seu desaparecimento tornando-se cada vez mais o de um verdadeiro membro e de uma parte de si. Até os anos de 1960, é a amizade e a fidelidade do cão que justificam a tristeza, a fidelidade sendo então louvada como uma qualidade importante para a solidez das comunidades, da família à nação. A partir dos anos de 1970, é muito mais o filho que é lamentado, aquele que brincou e partilhou com os da família, que se submeteu e solicitou tudo ao mesmo tempo, com quem foram estabelecidas uma comunicação e uma dependência, não unilateral, do cão em relação ao dono, mas recíproca – uma interdependência rica, reconfortante, buscada em contraponto ao aumento de um individualismo social[9].

Atualmente, veterinários e psicólogos destacam o traumatismo do falecimento, principalmente para as crianças e os adolescentes, que perdem um

---

6. DOS PASSOS, J. *1917* (1920). Paris: Gallimard, 1996, p. 43. Cf. BARATAY, É. *Bêtes des tranchées*. Paris: CNRS, 2013.
7. RÉMY, C. *La fin des bêtes*. Paris: Economica, 2009. • TRAÏNI, C. *Dramaturgie des émotions, traces des sensibilités* – Observer et comprendre des manifestations anticorrida [Disponível em Ethnographiques.org – Acesso em nov./2010].
8. ZOLA, É. "L'Amour des bêtes". In: *Nouvelle Campagne, 1896*. Paris: Fasquelle, 1897, p. 93-95.
9. VINCENT, J.-C. "Le rapport à l'animal de compagnie à travers le traitement de sa mort". In: BODSON, L. (dir.). *La sépulture des animaux*. Liège: Université de Liège, 2001, p. 37-54.

companheiro de brincadeiras e de emoções, que descobrem a morte e sentem o fim da infância, ou ainda para os solteiros, os divorciados, os viúvos, os velhos, pois as interações com seu cão e as obrigações que eles exigem fazem deles um verdadeiro parceiro de existência. Para além dos indivíduos, a família é abalada, pois o animal participava com frequência da dinâmica do grupo, da estruturação e do equilíbrio dos vínculos entre os membros. A partida cria um vazio, anuncia o fim de uma época, inaugura um tempo de saudades, provoca uma angústia. De uma duração e de uma intensidade variáveis segundo os indivíduos, o luto atual segue as mesmas etapas que o humano (negação, fúria contra o veterinário, sentimento de culpa, aceitação), mas com a dificuldade ou a impossibilidade de vivê-lo abertamente, de afirmá-lo perante os outros, pois a rejeição social ainda é visível, mesmo que esteja diminuindo[10].

Não multipliquemos os exemplos como nos inventários à moda de Prévert. É melhor, para bem analisar o fenômeno, concentrar a atenção em duas ideias bem difundidas: a novidade dessas emoções no século XX; sua produção por uma sensibilidade crescente e por uma trivial projeção antropomórfica.

Das emoções ocultas ao século XIX

Na realidade, os testemunhos de emoções humanas diante dos sofrimentos animais aumentam muito a partir da segunda metade do século XVIII, em razão de uma maior sensibilidade à violência e ao sofrimento, e sobretudo de um aspecto material que multiplica as ocasiões de vê-los, demasiado negligenciado em benefício da explicação cultural. Com efeito, a época conhece uma utilização exponencial dos animais domésticos, portanto um importante aumento dos efetivos, principalmente para quatro usos. A atrelagem, com equídeos manejados por condutores novos, rapidamente e malformados, sem muita paciência, que nem sequer procuram compreendê-los, de onde a multiplicação de acidentes

---

10. SALOMON, A. & GAGNON, A.-C. "Un grand chagrin dans la maisonnée". In: *Études sur la mort*, vol. 218, 2000, p. 87-97. • BOURDIN, M. "La mort de l'animal de compagnie". In: Ibid., p. 123-126.

com cavalos desgovernados, a vulgarização da castração a sangue-frio, porque preferem cavalos calmos aos garanhões impetuosos, e a transferência de uma violência muitas vezes vivida nas relações humanas, aplicada aos animais nas ruas e nos caminhos. O consumo urbano de carne, em expansão, com tropas de gado sempre mais numerosas, com seu cortejo de pancadas para fazer avançar mais rápido os animais cansados pelo trajeto, mal-alimentados e sedentos porque vão morrer, com a multiplicação das matanças a portas abertas, revelando os gritos, as fugas, as agonias. Divertimentos, como as rinhas de galo, de cães, de bovinos, também se multiplicaram em consequência de um enriquecimento que possibilita o acesso a esses espetáculos ou à posse dos animais para organizá-los. Por fim, as guerras recrutam mais e mais animais[11].

Os sofrimentos engendrados já são evocados em vários textos, principalmente dos protetores dos animais[12], o que coloca evidentemente a questão das fontes. Até a primeira metade do século XX, a maioria dos testemunhos vem das burguesias urbanas e acusa os meios populares. Em consequência, a violência é muitas vezes minimizada, até mesmo negada ou negligenciada pelos historiadores, pelos sociólogos, pelos etnólogos, uma vez que essas acusações não seriam senão o fruto de uma luta de classes ou de uma cultura dolorista exacerbada, fazendo obscurecer, ou mesmo inventar o quadro. É claro que existe um jogo social conduzindo essas elites a denunciar as violências dos modestos... esquecendo-se das suas, como a caça de montaria. Do mesmo modo, as denúncias das primeiras são amplificadas pela sua crescente rejeição à violência física, ao passo que as segundas a utilizam ainda como um modo de relação com os outros, não somente com os animais[13]. Mas isso não deve

---

11. BOUCHET, G. *Le cheval à Paris*. Paris: Champion, 1993. • ROCHE, D. *La culture équestre de l'Occident*. Paris: Fayard, 2007-2011. • BARATAY, É. *Bêtes de somme*. Paris: Seuil, 2011.
12. Arquivos do Institut de France, I H 8 ms. • *Le Moniteur Universel*, 14/06 e 03/07/1850. Cf. PELOSSE, V. "Imaginaire social et protection de l'animal". In: *L'Homme*, vol. 21, n. 4, 1981, p. 5-33; vol. 22, n. 1, 1982, p. 33-51. • AGULHON, M. "Le sang des bêtes". *Romantisme*, vol. 31, n. 11, 1981, p. 81-110.
13. CORBIN, A. *Le village des cannibales*. Paris: Aubier, 1990. • CHAUVAUD, F. (dir.). *Corps saccagés*. Rennes: PUR, 2009.

resultar na negação do fenômeno com o pretexto de que ele está mergulhado na subjetividade. O perspectivismo das testemunhas não deve resultar no relativismo das análises. Aliás, não se deve tomar o desequilíbrio dos testemunhos como a prova de uma clivagem social. A violência não está ausente dos meios burgueses embora pouco falem sobre ela. Em contrapartida, ela é reprovada pelos modestos quando eles não partilham mais os valores e as maneiras que a acompanham. É preciso ultrapassar a esquemática clivagem social em proveito de uma outra, de sensibilidade pessoal, levada em conta pelos contemporâneos, por exemplo quando as companhias de transporte procuram e encontram, no mesmo meio social, condutores "bons" com os cavalos, a fim de melhorar os rendimentos.

Se quisermos realmente aceitar a realidade (interpretada) das violências e dos sofrimentos, a importância destes últimos torna-se evidente já nessa época na produção das emoções. Tomemos o exemplo dos protetores. Atentos aos gemidos de um animal em sofrimento, escreve um candidato ao concurso do Instituto nacional, consagrado a essa questão em 1802, todo "seu interior se revolta... ele treme, as entranhas estão dilaceradas, o peito comprimido, os nervos tensionados, e o sangue congelado em suas veias; tomado de uma agitação cruel, ele estende os braços, avança a pata, a indignação brilha em seus olhos, a ameaça endurece sua fronte, os lábios meio que articulam uma promessa sagrada, tudo nele anuncia o horror, o ódio, a resistência aos carrascos e o socorro ao oprimido!"[14] Ao mencionar os cavalos à espera do esquartejamento sem serem alimentados, durante a discussão de seu projeto legislativo de repressão contra os maus-tratos em animais domésticos, em 1850, o General Grammont esclarece que "vimos alguns desses animais viverem durante nove dias, lançando os gemidos mais queixosos toda vez que ouviam os passos de um homem [...]. Isso, Senhores, é medonho"[15]. E é realmente a indignação, um "sentimento doloroso", que faz pegar a pena

---

14. Apud PELOSSE, V. "Imaginaire social et protection de l'animal", art. cit., p. 9-10.
15. Apud *Le Moniteur Universel*, 03/07/1850.

para escrever as memórias, pedir a educação dos homens, a adoção de uma legislação, a repressão das violências.

Sofrimentos dos animais, emoções e reações dos homens. Vejamos as análises de sociólogos e politicólogos a respeito da proteção atual. Apoiando-se na ideia de que não se deve dissociar os pensamentos das emoções e que estas cumprem um papel importante na vida social e política, eles insistem na importância delas junto aos militantes e às associações para a causa animal, bem como para as outras. O recurso às neurociências a fim de compreender a produção individual das emoções conduz a destacar o papel essencial de choques emocionais e morais para a passagem à ação, que os militantes atuais evocam sob a forma de múltiplas histórias de animais em sofrimento, que eles viram, ouviram. Esses eventos desencadeiam choques que intervêm em biografias preparadas pelos itinerários anteriores, pelas experiências sociais, pelas vizinhanças, pelos temperamentos...[16]

Mas essa análise se mostra pertinente para os protetores dos anos de 1800-1940, tão inclinados quanto a relatar experiências individuais sob a forma de relatos cujo efeito moral é evidente. Em pleno debate de 1850, um deputado exclama:

> Certamente vocês experimentaram um sentimento penoso quando viram [...], certamente vocês gemeram ao ver [...]. Digo isso porque eu vi com meus próprios olhos [...]. Isso fere profundamente o sentimento público, e garanto a vocês que, onde quer que percebamos essas brutalidades, somos verdadeiramente afetados por elas, somos afligidos por elas [...][17].

As memórias de 1802 estão repletas de evocações idênticas, enquanto choques emocionais estão muitas vezes na origem das adesões à Sociedade Protetora dos Animais (SPA), fundada em 1845[18]. Portanto, o sofrimento ani-

---

16. TRAÏNI, C. "Les émotions de la cause animale – Histoire affective et travail militant". In: *Politix*, n. 93, 2011, p. 74-78.
17. *Le Moniteur Universel*, 14/06/1850.
18. PIERRE, É. "La souffrance des animaux dans les discours des protecteurs français au XIXe siècle". In: *Études Rurales*, n. 147-148, 1998, p. 81-97.

mal já é um motivo importante, mas suas traduções humanas (o sentimento, a afetividade, a emoção) estão muitas vezes interiorizadas, acantonadas na dimensão individual (é esta a grande diferença com nossa época, que o construiu como argumento coletivo) e minimizadas na cena pública a fim de não se expor às chacotas, porque ainda não têm, em um contexto cultural que valoriza muito menos o eu e suas emoções, a importância que lhe damos desde os anos de 1960-1970.

Eis o exemplo significativo dos debates parlamentares de 1850. O projeto de lei sendo de pronto criticado, o General Grammont e um membro da comissão o defendem invocando os maus-tratos aos animais, que Grammont nomeia como "fatos recentes e que ocorreram aqui, sob os olhos [deles], como "detalhes que são corretos; isso se passou na presença de todos os habitantes do bairro". Mas essas historietas provocam risos, agitação e piadas: "*Um membro à esquerda:* Não é razão para fazer uma lei. (Sim! Sim!)"; "*Um membro à esquerda:* É preciso ter piedade pelos homens antes de tê-la pelos animais!" O projeto parece passar em terceira leitura sobretudo graças às intervenções favoráveis de Victor Schoelcher, membro da esquerda da época, promotor da abolição da escravidão em 1848, societário da SPA desde sua fundação. Durante essa leitura, Grammont cita ainda "fatos" [que] vão justificar [...] o artigo 3º, o mais preciso sobre o sofrimento dos animais. Ele logo provoca interrupções e uma apóstrofe significativa ("*Um membro:* Isso não é importante") que revela não só uma recusa da forma, essas histórias à base de emoção e de compaixão não são consideradas sérias na cultura letrada que pretende fundar a argumentação na razão (aliás, Grammont parece ser considerado por seus pares como uma boa pessoa), como também uma recusa do fundo. Durante a segunda leitura, os críticos haviam destacado a imprecisão da expressão "maus-tratos" e a possibilidade de questionar todas as práticas humanas sobre os animais, o que abalaria a ordem estabelecida e, indiretamente, as "necessidades de nossa ordem social". Essas divergências explicam por que na terceira leitura, enquanto a oposição se fortaleceu, principalmente pela voz de um deputado da direita católica alegando uma ameaça à esfera privada, à propriedade e à liberdade individual, Grammont privilegia as razões econômicas e morais da proteção, confessando ter preparado essa defesa com a ajuda da SPA. Esses argumentos não provocam nem risos nem zombarias e permitem manifestamente a adoção de uma emenda edulcorada de menções "dores" e "tormentos"[19].

O papel dado às justificativas humanas ressoa com a análise de Robert Garner[20], destacando o fato de os grupos de interesse terem mais facilidade para se constituírem e para agirem do que os grupos ligados a uma causa, e que, entre estes últimos, a proteção animal, defendendo outras espécies que a humana, criticada como prejudicial aos interesses humanos, tem mais dificuldades para convencer, de onde a prioridade dada aos animais mais próximos dos homens, os mais úteis, e o desenvolvimento de argumentos humanos. Não se deve concluir com isso que aqueles não passariam de subterfúgios. Os conflitos no interior da SPA mostram bem a realidade e a importância desses aspectos para muitos protetores[21]. Em contrapartida, o argumento do sofrimento e da emoção não deve ser rejeitado mesmo que os protetores o minimizem, em grande parte porque têm dificuldade de evocá-lo de uma maneira audível.

Uma libertação dos sentimentos a partir do século XX

Essa dificuldade é progressivamente suprimida no século XX. Isso se torna claro durante as tentativas de reforma da lei de 1850, doravante julgada insuficiente. De 1909 a 1938, sete projetos são depositados pelos deputados, pelos senadores e mesmo pelo ministro da Justiça em nome do presidente da República em 1909, na época de uma adesão à proteção por parte dos políticos e dos intelectuais. De 1909 a 1914, os argumentos humanos, na verda-

---

19. *Le Moniteur Universel*, 14/06 e 03/07/1850.
20. GARNER, R. "Le mouvement pour la protection des animaux aux États-Unis et en Grande-Bretagne". In: *Politix*, n. 64, 2003, p. 77-80.
21. PIERRE, É. "Réformer les relations entre les hommes et les animaux: fonctions et usages de la loi Grammont en France (1850-1914)". In: *Déviance et Société*, vol. 31, n. 1, 2007, p. 65-76.

de unicamente morais, mantêm sua prioridade nas motivações, mas um lugar quase igual é dado ao sofrimento animal e à emoção humana, em nome de uma "imensa piedade", de uma "compaixão", dizem os senadores em 1911, ou seja, de uma responsabilização assumida pelo aspecto animal, que se torna, no período entreguerras, praticamente o único motivo. Porém este é ao mesmo tempo transformado em sua apresentação para ser mais crível. Até a Primeira Guerra Mundial, ele ainda passa pela evocação de "cenas de rua" (1909), referindo-se dessa vez aos cães torturados, cada vez mais prioritários na proteção. Todavia, esses relatos são acompanhados de afirmações sobre a natureza de "seres sensíveis" (1909, 1911) dos animais, que "sofrem" (1911) e devem ser protegidos por isso, como se fosse preciso ultrapassar o nível desacreditado das historietas para aceder ao estágio apreciado da argumentação filosófica. Isso se torna sistemático nas proposições do pós-guerra, em que não se evocam mais fatos, apenas a capacidade de sofrer (1935)[22].

Essa promoção do sofrimento animal e de seu corolário, a emoção humana, acentuou-se no século XX com o enfraquecimento ou a transformação das crenças religiosas e filosóficas que acentuavam a diferença homem-animal e recusavam, portanto, qualquer tratamento, qualquer emoção semelhante. O exemplo católico é significativo. Diante da reticência ou da hostilidade do clero, muitos protetores ativos ou particulares preocupados com os animais abandonam essa Igreja e vão procurar uma legitimação de seus sentimentos alhures, principalmente no panteísmo ou no budismo, como por exemplo Marguerite Yourcenar, cujo percurso espiritual é simbólico de uma época. Mesmo no catolicismo, uma minoria ativa desenvolve uma moral e depois uma teologia acolhedora para os animais, baseadas na rejeição ao sofrimento animal e na justificação das emoções humanas. Essa teologia animal ganha uma crescente respeitabilidade no século XXI, beneficiando-se da promoção do franciscanismo como catolicismo mais bem-adaptado aos desafios ecoló-

---

22. Apud BARATAY, É. "Pour une relecture de l'histoire de la protection: regarder la souffrance". In: *Prétentaine*, n. 29-30, 2014, p. 390.

gicos, uma tendência oficializada pelo Papa Francisco na encíclica *Louvado seja* (2015)[23].

O avanço da expressão das emoções humanas também é favorecido pela crítica, desde o final do século XX, ao racionalismo cartesiano, que separava emoção e razão, desvalorizava a primeira, que aproximava demais dos animais, e valorizava a segunda até constituí-la como definição do homem, uma posição muito enraizada nas elites intelectuais, políticas, religiosas, em parte responsável pela censura das emoções em relação aos animais. Impulsionada pelas descobertas nas neurociências, desenvolve-se a ideia de que as emoções estão ligadas aos pensamentos, de que estão mais em harmonia do que em oposição com estes e que elas têm uma função adaptativa fundamental[24]. Isso justifica, fortalece ou desencadeia, segundo os casos, uma valorização das emoções que, no mesmo momento, são trazidas ao nível coletivo e à cena pública, como mostram as comoções comunitárias e midiáticas sobre as questões da tourada, do abate, da caça. Os séculos XX-XXI não são, pois, a época de um nascimento das emoções relativas aos animais, e sim a de sua libertação, o que evidentemente permitiu seu desenvolvimento e sua afirmação, e levou a acreditar em uma radical novidade. Sua predominância na proteção atual não é nem uma revolução nem um desvio, mas o resultado de uma lenta maturação a respeito delas, recentemente precipitada por um outro fenômeno fundamental que não foi ressaltado. Desde os anos de 1990, o discurso científico tem levado em conta o sofrimento animal e, sobretudo, aprendido a medi-lo por diversos meios considerados indubitáveis (como as taxas de substâncias secretadas pelo organismo), portanto a prová-lo e a falar sobre ele em uma linguagem mais e mais valorizada, saindo das historietas depreciadas ou de posições filosóficas contestadas[25].

---

23. Cf. BARATAY, É. *L'Église et l'animal (France, XVIIe-XXIe siècle)*. Paris: Cerf, 2015.
24. DAMÁSIO, A. *L'Erreur de Descartes*: la raison des émotions. Paris: Odile Jacob, 2006 [*O erro de Descartes*. São Paulo: Companhia das Letras, 1996].
25. VAN DER KEMP, T.A. & LACHANCE, M. (dirs.). *La Souffrance animale*. Cowansville: Blais, 2013.

Uma leitura e uma tradução, não uma projeção

Isso levanta um segundo ponto importante. É forte a tentação de analisar os relatos de sofrimento animal e de emoção humana em termos de simples reações antropomórficas, de simples projeções afetivas e sensíveis nos animais[26]. Esse desejo é ainda mais forte em relação às múltiplas menções de olhares e de gestos animais, deixando nascer a convicção de uma comunidade de dor. Assim, sobre a Primeira Guerra Mundial, quando relatos, vindos de todos os campos, evocam a "expressão de terror" de um cavalo ou "nos olhos desse animal uma dor humana", confessam a sensação de serem interpelados por esses animais, desse animal estripado que "olha seu dono com seus olhos tristes e calmos, como se lhe perguntasse o que isso significa"[27] a esse outro ferido a bala: "E sentimo-nos remexidos por uma espécie de agonia humana diante desse belo animal em pé e ofegante, que está morrendo, e que fixa em nós que passamos o olhar comovido e suave de seus grandes olhos sombrios"[28].

As palavras utilizadas têm evidentemente uma expressão antropomórfica uma vez que descrevem as maneiras como os homens pensaram os animais, e que esses homens são apenas humanos, membros de uma espécie entre outras, não espíritos etéreos. Mas muitos de nós seríamos tentados a reter somente isso, a não ver aí senão uma projeção humana em seres sem muitas capacidades e que não podem ter tais comportamentos, no caso de uma representação redutora dos animais, ou com um mundo pessoal tão diferente do humano que podemos apenas mal-interpretá-lo, no caso de uma concepção mais generosa que, no entanto, leva longe demais a teoria dos "mundos próprios", desenvolvida por Jakob von Uexküll[29], e que se impede de pensar as múltiplas interações entre indivíduos de espécies diferentes. Essas interpretações são de-

---

26. BALDIN, D. "De l'horreur du sang à l'insoutenable souffrance animale". In: *Vingtième Siècle* – Revue d'histoire, n. 123, 2014, p. 52-68.
27. JOHANNSEN, E. *Quatre de l'infanterie*. Paris: L'Épi, 1929, p. 46.
28. GENEVOIX, M. *Ceux de 14* (1950). Paris: Seuil, 1996, p. 96.
29. UEXKÜLL, J. *Milieu animal et milieu humain* (1934). Paris: Rivages, 2010.

masiado simples e insuficientes porque caem na armadilha inversa do antropocentrismo, fazendo crer que a relação homem-animal é em sentido único, que nada de importante ou de decisivo por vir de um animal, julgado passivo ou rudimentar, e porque elas não mobilizam que a análise cultural ao negligenciar a vertente animal e suas interações com a vertente humana.

Ora, muitas vezes negada, posta em dúvida ou minimizada, a realidade da dor foi demonstrada para os mamíferos e depois para os pássaros no século XX, para os répteis no final dos anos de 1990, para os peixes, os moluscos e os crustáceos nos anos de 2000. Está provado que não se trata de simples reação reflexa inconsciente (nocicepção), presente em todos os animais, inclusive no homem, e sim de dores. A proximidade fisiológica dos cavalos, dos cães, dos bovinos etc., com o homem, principalmente a presença de um neocórtex e de um sistema de transmissão da dor, construído e funcionando da mesma maneira, autoriza a dizer que a dor deles e o sofrimento deles são reais, semelhantes e iguais em proporção aos humanos. A diferença instalada na precipitação, no decorrer da segunda metade do século XX, entre a dor física e o sofrimento psicológico, para diferenciar o homem dos animais, não perdurou por muito tempo uma vez que os vertebrados, em particular os mamíferos, sentem emoções ligadas à dor (medo, angústia), e outras absolutamente independentes (tédio, solidão, frustração), que podemos reunir sob o termo de sofrimento. Aliás, as expressões concretas são similares em suas dimensões fisiológicas (perturbações cardíacas, respiratória, hormonal; sudorese; perda de peso), psicológicas (depressão com apatia ou agressividade, estereotipias) e comportamentais (recolhimento, vocalizações, posturas), ainda que haja evidentemente particularidades de espécie. E o sofrimento se integra ao cortejo das emoções cuja realidade foi mostrada, bem como seu importante papel adaptativo e evolutivo ou sua forte proximidade com os humanos no caso de uma proximidade neurológica[30].

---

30. VAN DER KEMP, T.A. & LACHANCE, M. (dirs.). *La souffrance animale*. Op. cit. • BEKOFF, M. *The Emotional Live of Animals*. Novato, Calif.: New World Library, 2008. • WAAL, F. "What Is an Animal Emotion?" In: *Annals of the New York Academy of Sciences*, vol. 1224, 2011, p. 191-206.

Essas expressões são bastante bem-vistas e citadas nos relatos. Assim, as brutalidades e os sofrimentos descritos pelos protetores do século XIX não são inventados, pois os golpes evocados não são dados ao acaso. Nos exemplos de Grammont, os cocheiros atingem os flancos, o ventre, o crânio, as narinas, isto é, as partes mais sensíveis do animal, para fazer reagir, obedecer, o que mostra que os homens sabem como proceder para causar sofrimento, que todos percebem os sinais de dor. Candidatos ao concurso de 1802 os descrevem tanto melhor porque têm a convicção, agora provada, de que os "quadrúpedes domésticos [...] manifestam seus sofrimentos com os mesmos sinais que expressamos os nossos"[31].

Relatos da Primeira Guerra Mundial mencionam muito as dores dos cavalos, pois estes reagem de maneira espetacular ao contrário de muitas espécies, que as ocultam para não atrair os predadores, como os asnos expressando-se somente por um abatimento ou os cães permanecendo imóveis, prostrados, com a cauda e o pescoço encolhidos[32]. Um cavaleiro descreve um cavalo que desaba, ergue-se e manca "relinchando", um jumento "cuja perna quebrada sacoleja lamentavelmente", que "relincha suavemente", alguns feridos que se arrastam ou galopam, fugindo dos homens[33]. Outro cavaleiro percebe uma expressão do esgotamento: "Distinguíamos muitas vezes a cavidade das saboneteiras, tão encovadas que se poderia enfiar o dedo, a ruga de sofrimento arriando suas pálpebras"[34]. Um veterinário observa que os cavalos em sofrimento fixam o olhar, abaixam as pálpebras até a metade, dilatam as narinas, jogam as orelhas para trás, rangem os dentes, fazem caretas. Feridos, eles sofrem, tremem, suam, patinham, levantam o membro atingido, mancam, se prosternam, desabam[35].

---

31. *Le Moniteur Universel*, 14/06/1850, candidato anônimo citado em PELOSSE, V. "Imaginaire social et protection de l'animal", art. cit., p. 40.
32. JACQUES, C. *La douleur chez le cheval*. École Nationale Vétérinaire de Lyon, 2001, p. 53-60 [Tese de doutorado].
33. DUPONT, M. *En campagne (1914-1915)*. Paris: Plon, 1915, p. 77 e 93.
34. Mac CARTHY, M.D. *La cavalerie au temps des chevaux*. Paris: EPA, 1989, p. 270.
35. BOUCHET. "Les plaies de guerre". In: *Revue Vétérinaire Militaire*, 1932, p. 297.

O interesse dado aos olhos e aos olhares poderia ser considerado como uma deformação, ou mesmo uma invenção desses homens, que muitas vezes privilegiam a visão e não outros sentidos. Ainda seria necessário ter certeza de que os animais não emitem sinais oculares de emoções, mas a etologia e as neurociências começam a mostrar o contrário em relação aos cavalos, e ainda seria preciso poder determinar nos cavalos feridos em condições semelhantes, o que não é evidentemente desejável, o jogo sutil entre as expressões animais e as interpretações humanas. Com efeito, os cavalos, como a maior parte dos mamíferos e vertebrados, inclusive os homens, têm a capacidade de se fazer em parte compreender pelas outras espécies desses grupos com posturas, gestos, gritos, recorrendo a aspectos comuns nessas comunidades de seres vivos, entrando, pois, em ressonância com as práticas de cada uma, transmitindo assim o alarme, o medo, a raiva, a ameaça, que cada espécie lê a seu modo[36]. Em outras palavras, os documentos históricos mostram à sua maneira o que estudos científicos recentemente provaram: os homens (ou melhor *alguns*, pois é modulado no espaço e no tempo) avaliam bem os estados e as atitudes dos animais próximos, particularmente suas emoções; têm em relação a elas uma sensibilidade emocional, até mesmo uma empatia pelo mecanismo dos neurônios espelhos, que permitem se colocar no lugar desses animais; eles podem viver assim um contágio emocional, funcionando aliás nos dois sentidos, cujos efeitos no organismo podem ser medidos[37].

Nesse contexto, é preciso dar mais complexidade ao antropomorfismo dos relatos, considerá-lo como a *leitura* humana de uma real e significante postura animal, não como uma simples projeção sensível ou afetiva. Ele representa uma reação humana a uma realidade animal; ele indica uma verdadeira interação emocional, com uma emissão animal e uma recepção humana. Contudo, as pa-

---

36. WENDT, M. *How Horses Feel and Think*. Richmond: Cadmos, 2011.
37. MIKLOSI, A. *Dog Behaviour, Evolution, and Cognition* (2008). Oxford: Oxford University Press, 2014, p. 224. • FARAGÓ, T. et al. "Humans Rely on the Same Rules to Assess Emotional Valence and Intensity in Conspecific and Dog Vocalizations". In: *Biology Letters*, n. 10, 2014, doc. 20130926. • WAAL, F. "Empathy in Primates and other Mammals". In: DECETY, J. (dir.). *Empathy*: From Bench to Bedside. Cambridge, Mass.: MIT Press, 2011, p. 87-106.

lavras e as frases empregadas são mais do que *leituras*: são também as *traduções* em termos humanos dessa realidade animal, dessa dor e desse sofrimento cujas expressões físicas falam aos homens. Invocar uma *tradução* é bem mais interessante do que se contentar com uma projeção, pois isso sugere um processo mais complexo, à imagem da realidade que sempre é mais do que se acredita, que vai dos animais sentindo e expressando aos homens olhando, e depois evocando, com um ponto central, o das modalidades da *tradução*: o que é ignorado, negligenciado, visto por um homem, o que é dito, respeitado, amplificado, deformado, inventado por esse homem em função dos critérios fisiológicos, etológicos, culturais, psicológicos de uma espécie, de uma civilização, de uma época, de um meio social, de um indivíduo. Portanto, é uma cadeia contínua de interações que é preciso invocar para explicar tais eventos; uma cadeia que vai dos animais aos homens, cujo estudo não pode apenas mobilizar uma análise cultural, mas aproximações diferentes com outras disciplinas para fazer intervir as fisiologias, as etologias, as culturas, as psicologias animais e humanas.

Voltemos ao exemplo da Primeira Guerra Mundial e às emoções humanas provocadas pelos gritos dos cavalos, evocadas em todos os campos, de Erich Maria Remarque[38] a Maurice Genevoix, que ouve os gemidos dos feridos e, "mais contundente do que esses lamentos humanos, o relincho de um cavalo moribundo"[39], do qual Darwin já havia ressaltado o caráter estridente, forte, emocional: "Os bovinos e os cavalos suportam em silêncio uma grande dor; mas, quando esta é excessiva, e particularmente quando está associada ao terror, ele lançam gritos pavorosos"[40]. Não conseguimos decidir se se trata de gritos provocados por uma extrema dor ou por um louco terror, ou por uma aflição lançada como apelo aos congêneres ou os três conjugados, pois não conhecemos mais tais situações. O fato é que os soldados se dizem muito impactados com esses potentes gritos equinos e os incorporam aos sons mais

---

38. REMARQUE, E.M. *À l'ouest, rien de nouveau* (1929). Paris: Le Livre de Poche, 1974, p. 64-66.
39. GENEVOIX, M. *Ceux de 14*. Op. cit., p. 529.
40. DARWIN, C. *L'Expression des émotions chez les hommes et les animaux* (1872). Paris: Rivages, 2001, p. 118.

emocionais da guerra, a exemplo de Gerhard Gürtler, que retém "o troar da explosão, os gemidos dos camaradas feridos, os gritos dos cavalos abatidos, o batimento selvagem de seus próprios corações"[41].

A análise deve começar pelo cavalo, primeiro as partes afetadas pelos projéteis e os estragos cometidos, o que pede um recurso à *anatomia*; depois a forma e a intensidade da dor provocada, do sofrimento desencadeado em razão da organização nervosa e neurológica (*fisiologia, neurociências*); por fim, as reações, emoções suscitadas e as maneiras de exprimi-las (*etologia*) pela forma e pela intensidade dos gritos e das agitações corporais (*fisiologia, etologia*), considerando-se a cada vez diferenças de temperamento segundo as raças (*etologia*), os grupos (*cultura social*) e os indivíduos (*psicologia*) mais ou menos irritáveis.

Essas reações são também sinais lançados a quem quiser ouvir, recepcionados pelos homens que os *leem* segundo suas maneiras de espécie, de grupo, de indivíduo. A análise deve partir do fato de que podem ver e ouvir sinais equinos (*fisiologia comparada*), levando em consideração diferenças sociais e individuais, oferecendo olhares e ouvidos mais ou menos aguçados (*fisiologia social e cultural*), e para tanto não acreditar em uma permanência e em uma igualdade dos dispositivos sensoriais humanos, como infirmam esses soldados urbanos quando confessam que seus colegas camponeses enxergam melhor do que eles na noite escura das trincheiras. As percepções suscitadas desencadeiam emoções (*neurociências*), isto é, as ações expressivas de um sentimento criado por uma reação afetiva suscitada por uma percepção sensorial. Elas variam em natureza e em intensidade segundo as culturas de uma época, de um grupo (*cultura histórica e social*) e as disposições individuais (*cultura individual, psicologia*), indo da indiferença divertida ao terror.

Neste último caso, o choque emocional e moral representa a *tradução* em termos antropomórficos daquilo que foi percebido. Ele se traduz, em graus variáveis segundo os indivíduos, por reflexões pessoais ou em pequenos grupos

---

41. Apud WITKOP, P. *German Student's War Letters*. Filadélfia, PA: Pine Street Books, 2002, p. 363.

sob a aparência da guerra, o destino dos homens e dos animais, por gestos de evitamento (fechar os olhos, os ouvidos, dar as costas, se esconder...) ou de intervenção, por formas de ação dependente da espécie (*etologia humana*) e das maneiras de uma época, de um meio, de um indivíduo (*cultura, psicologia*), enfim por evocações ulteriores, orais ou escritas. Estas reconstroem o evento ao omitir o que não foi percebido, o que foi esquecido, o que não se quer ou não se pode dizer, ao respeitar, minimizar, amplificar, deformar o resto, ou mesmo inventar, aqui também em graus variados segundo os indivíduos e em função de diversos parâmetros (*cultura, psicologia*), mas também das maneiras de escrever da época, do meio nacional e social, das convenções estilísticas em vigor (*análise literária*), o que faz com que todos os relatos estejam longe de mostrar toda a cadeia de interações.

Não é preciso, portanto, permanecer no estágio da análise cultural, mas defender que existe realmente um desejo de ver e de dizer uma realidade, muitas vezes ocultada por outras para satisfazer os interesses humanos, a propósito de um ator ativo. Que essa realidade seja lida pelo viés de uma cultura e de um antropomorfismo variáveis segundo os autores é evidente, mas isso é ainda uma realidade e persiste uma vontade de ver. É melhor então se perguntar, não por que uns veem o sofrimento e outros não, pois a maioria o vê, mas por que este é legitimado ou negado por uns, denunciado por outros. Há aqui uma dimensão cultural, que está, no entanto, deslocada em relação à interpretação habitual.

Da emoção à ação

As emoções provocam reações concretas cujos exemplos poderíamos multiplicar, mas limitamo-nos aos evocados no início. A começar pelo engajamento na proteção, na criação das sociedades, na pressão sobre os responsáveis políticos para desenvolver uma legislação, na informação do público. A exemplo de Grammont que vê um cavalo desabar em uma rua perto da assembleia e, ao constatar que ele está faminto, faz trazer um maço de feno: "No dia seguinte, mandei adicionar à comissão o artigo relativo à privação abusiva de alimento"[42]. A exemplo também de Henry Blatin, por certo tempo vice-presidente da SPA, autor do *Nossas crueldades com os animais* (1867), que constitui um catálogo dos sofrimentos infligidos aos animais, não só aos cavalos mas também aos cães, aos animais dos jogos e dos abatedouros, aos pássaros desanichados, aos insetos empalados, aos peixes empilhados etc. Cada página oferece múltiplas indicações, precisas, detalhadas, e sobretudo validadas pelos arquivos e pela literatura da época quando se tem a boa vontade de cruzá-los. E Blatin logo anuncia: "Venho expor publicamente os fatos de selvageria pouco honrosos para a espécie humana: espero que uma vez conhecidos e apreciados eles parecerão intoleráveis para um povo civilizado"[43].

Outro exemplo, a Primeira Guerra Mundial, em que a emoção desencadeada pelos sofrimentos dos cavalos acarreta, em todos os campos, decisões de abatê-los para aliviá-los, mas também para não mais os ver nem ouvir. Soldados vencem a repulsa, o medo, o perigo, assumem riscos, infringem as interdições, como o lugar-tenente Wheatley, que assiste ao bombardeio de um trem e que passa, com outros, "a hora seguinte a colocar os pobres animais gravemente feridos fora de sua miséria atirando-lhes na cabeça. Para fazê-lo, [tiveram] de chafurdar até os tornozelos no sangue e nas tripas"[44]. Do lado alemão, essa ação é até encorajada pelas associações de proteção, que, já em 1914, distribuem avisos aos soldados para encorajá-los a recorrer rapidamente aos veterinários ou a matar eles mesmos, com a desvantagem de que cavalos que poderiam ter sido cuidados, ou mesmo salvos, são rapidamente abatidos! Não há dúvida de que esses homens se assemelham a Jules Dupleix, condutor de cães mensageiros no interior do 98º regimento francês de infantaria:

> Em 23 de setembro de 1918, estando em um posto de batalhão submetido a um violento bombardeio, teve um de seus cães gravemente ferido ao carregar uma mensagem. Ele não hesitou, ape-

---

42. *Le Moniteur Universel*, 14/06/1850. Este artigo foi suprimido na emenda adotada.
43. BLATIN, H. *Nos cruautés envers les animaux*. Paris: Hachette, 1867, p. 1. Cf. TRAÏNI, C. *La cause animale (1820-1980)* – Essai de sociologie historique. Paris: PUF, 2011.
44. Apud BUTLER, S. *The War Horses*. Londres: Halsgrove, 2011, p. 125.

sar da violência do ataque inimigo, em andar 4km com o cão nos braços para que ele fosse cuidado. Durante doze dias consecutivos, não deixou de cuidar de seu animal com a maior dedicação, varando noites para lhe dar medicamentos e trocar seus curativos. Fez o impossível para salvá-lo. Tendo o cão morrido em consequência dos ferimentos, o Soldado Dupleix lhe fez uma cova com um cercado e uma inscrição com o motivo da recompensa de seu cão, pois este fora citado na ordem do regimento por feitos de guerra. O Soldado Dupleix sempre se fez notar pela ternura e pelos bons cuidados dispensados aos seus cães, obtendo assim resultados maravilhosos. Muito bom soldado, muito merecedor de uma recompensa[45].

Isso nos leva ao último exemplo, o dos animais domésticos quando a vida deles acaba, suscitando uma dor e um luto crescentes, mas também um tratamento funerário condizente. Ao hábito comum de jogar em qualquer lugar os cadáveres se opõe pouco a pouco a vontade de enterrá-los para respeitar seus corpos e materializar a lembrança deles. O uso se estabelece de uma maneira esporádica na aristocracia dos séculos XVI-XVIII, difunde-se na burguesia do século XIX, principalmente com a moda das residências de verão, que torna possível enterrar em um canto do jardim depois recoberto com grama, flores, algumas vezes com uma lápide ou um pequeno monumento, para manter a localização e a memória. O desejo aparece até entre as pessoas modestas, como o menino Jules Vallès nos anos de 1830, que queria enterrar a cadela que o velava e o reconfortava durante suas aflições, mas que seu pai obriga a jogar na rua, e entre a burguesia urbana não proprietária de terras, que deve mandar empalhar seus companheiros e guardá-los em casa.

Para essa clientela, um cemitério canino é criado em Asnières em 1899, com verdadeiros túmulos, tendo muitas vezes o nome, a idade ou as datas de nascimento e de morte do animal, tendo algumas vezes a forma de monumentos imponentes, e até representando o companheiro em ação. Esse cemitério

---

45. HOFFMANN, J.A. "Die Taetigkeit der Tierschutzvereine hinter der Front". In: *Liller Kriegszeitung*, 1918, p. 116, apud MÉGNIN, P. *Les chiens de France*. Paris: Albin Michel, 1920, p. 260.

foi por muito tempo o único, e reservado a poucos parisienses devido ao elevado preço das concessões, mas outros são abertos perto das grandes cidades de província a partir dos anos de 1960, quando os companheiros se espalham entre as classes médias. Aqui também os túmulos evoluem à maneira dos humanos (dos simples montículos cercados por uma borda às estelas de granito), com mais e mais flores, placas, estatuetas, fotografias, epitáfios nas décadas de 1990-2000. Todavia, esses lugares são pouco numerosos e seu uso bastante minoritário. É nas casas de subúrbio, vulgarizadas na segunda metade do século XX e onde os cães são os mais presentes, que as inumações (lembradas por sinais discretos, muitas vezes plantas para afirmar a continuidade da vida) se multiplicam, até representar o tratamento mais frequente dos cadáveres caninos (dois terços dos casos no final do século XX).

Pois o esquartejamento, que pouco a pouco substituíra o jogar nas ruas, nos rios e nos bosques na primeira metade do século XX, principalmente nas cidades, sob a impulsão das municipalidades e dos veterinários, declina rapidamente a partir dos anos de 1980, até não ser mais proposto hoje em dia, uma vez que a personalização dos companheiros leva a não querer mais jogá-los como os objetos ou a esquartejá-los como os gados. Em sentido inverso, a incineração assume um lugar cada vez maior desde os anos de 1980 (assim como para os homens), já representando um terço dos casos no final do século, e muito mais nas grandes cidades, onde sua parte supera os 80-90%. Com muito mais frequência (10% em 1990, 50% em 2000), as cinzas são recuperadas pelos donos, que as guardam em casa, as enterram ou as dispersam em um lugar de memória (encontrando assim a prática comum entre os homens). Isso explica a recente vulgarização da incineração para os cães das residências em condomínios, pois ao mesmo tempo que permite a lembrança no jardim responde ao desejo de higiene e à crescente repulsa quanto ao apodrecimento na terra[46].

---

46. BARATAY, É. "Chacun jette son chien – De la fin d'une vie au XIXe siècle". In: *Romantisme*, vol. 153, n. 3, 2011, p. 159. • BARATAY, É. "De l'équarrissage à la sépulture – La dépouille animale en milieu catholique". In: BODSON, L. (dir.). *La sépulture des animaux*. Op. cit., p. 15-35. • VINCENT, J.-C. "Le rapport à l'animal de compagnie...", cap. cit., p. 37-54.

Assim, é preciso tornar mais complexa as análises recentes sobre as emoções suscitadas pelos animais. Quando se trata de inventariar suas causas não se avançam senão aspectos humanos, certamente críveis (o amor pelos animais, a exigência moral, a experiência de vulnerabilidade, a evolução dos limites de tolerância, a recusa das discriminações, a valorização de si...), mas não aspectos animais, como se bichos fossem, mais uma vez, apenas objetos sobre os quais se exerceriam as paixões humanas. Da mesma maneira que o recurso às neurociências permite analisar melhor o lado humano, um recurso à fisiologia e à etologia deve levar em conta o lado animal. É preciso considerar os dois lados do processo conectando uma realidade humana ativa a uma realidade animal tão ativa quanto. Encontramos assim análises atuais defendendo que os animais, como os homens, não são fechados sobre si mesmos. Eles expressam seu ser no entorno e este não é um entorno passivo: é um espaço de interpenetração das vidas, cuja percepção não está apenas ligada a uma representação, e sim a um polo de interações entre si e os outros[47].

---

47. GIBSON, J.J. *The Ecological Approach to Visual Perception* (1979). Londres: Routledge, 2014.
• INGOLD, T. *The Perception of the Environment*. Londres: Routledge, 2011.

9
TRANSPORTES AFETIVOS: A VIAGEM, ENTRE O MARAVILHAMENTO E A DECEPÇÃO

Sylvain Venayre

Nos anos de 2000, os franceses foram surpreendidos pela existência de uma nova patologia ligada à viagem: a síndrome de Paris[1]. Afetando principalmente turistas japoneses, ela se traduziria por certo número de manifestações fisiológicas, como vertigens, atordoamentos, taquicardia e suores incontroláveis. Por vezes, seria acompanhada de delírios, alucinações, ansiedades, ou mesmo um sentimento de perseguição (pois os japoneses em viagem têm a impressão de serem zombados e desprezados pelos parisienses). Essa patologia, alguns médicos a explicaram pela radical diferença entre a vida em Paris e a vida no Japão, diferença reforçada pela barreira da língua e pelo cansaço devido ao deslocamento. Mais ainda, alguns deles pensam que o ideal veiculado pelas representações de Paris no Japão seria o principal responsável pela nova doença, pois a origem do sofrimento poderia estar na defasagem entre a experiência da realidade parisiense e as fortes expectativas dos turistas.

A viagem seria, pois, a causa de um perigoso transbordamento de emoções. A ideia não é nova. Uma *síndrome de Jerusalém*, identificada um pouco antes

---

1. VIALA, A. et al. "Les japonais en voyage pathologique à Paris: un modèle original de prise en charge transculturelle". In: *Nervure*, vol. 17, n. 5, jun./2004, p. 31-34.

como uma sobrevivência do século XIX, já havia misturado as emoções da viagem e as da fé[2]. Do mesmo modo, uma *síndrome de Stendhal* as relacionara às perigosas intensidades do gozo artístico. Com efeito, pode-se ler em *Roma, Nápoles e Florença*:

> Absorvido na contemplação da beleza sublime, eu a via de perto, eu a tocava por assim dizer. Chegara àquele ponto de emoção em que se encontram as sensações celestes dadas pelas belas-artes e os sentimentos passionais. Ao sair da Santa Croce, meu coração batia, o que chamam nervos em Berlim; a vida esgotara-se em mim, caminhava com medo de cair[3].

Um século e meio depois, tal descrição justificava pensar nas vertigens dos visitantes diante das obras de arte[4]. As observações feitas sobre alguns turistas japoneses em Paris permanecem, contudo, originais na medida em que as emoções do viajante apareceriam aqui em toda sua pureza. Nem a fé nem o gosto pela arte desempenhariam qualquer papel – apenas a viagem.

A viagem já foi considerada a causa ou o sintoma de certo número de desordens psíquicas e morais. No século XIX, a nostalgia fora definida como uma patologia extremamente grave, a saudade do país ocasionando, por si só, perturbações tais que podiam levar à morte[5]. A nostalgia se aparentava a essa *calenture* que, a bordo dos navios, teria se apoderado dos marinheiros, apresentando aos olhos deles miragens da terra firme e levando-os a se precipitarem no abismo. Tais concepções médicas se enfraqueceram, sob os efeitos conjugados do debate em torno da aclimatação e da revolução pas-

---

2. WITZTUM, E. & KALIAN, M. "The Jerusalem Syndrome, Fantasy and Reality: A Survey of Accounts from the 19th Century to the End of the Second Millennium". In: *Israel Journal of Psychiatry*, n. 36, 1999, p. 260-271.

3. STENDHAL. Rome, Naples et Florence (1817). In: *Voyages en Italie*. Paris: Gallimard, 1973, p. 480 [Col. "Bibliothèque de la Pléiade", 1973].

4. Cf. MAGHERINI, G. *La Sindrome di Stendhal*. Florença: Ponte alle Grazie, 1989.

5. Cf. VENAYRE, S. "Le corps malade du désir du pays natal – Nostalgie et médecine au XIXe siècle". In: DEMARTINI, A.-E & KALIFA, D. (dirs.). *Imaginaire et sensibilités* – Études pour Alain Corbin, Grâne, Créaphis, 2005, p. 209-222. • DODMAN, T. "Mourir de nostalgie en Algérie française, 1830-1880". In: *Annales* – Histoire, Sciences Sociales, vol. 66, n. 3, 2011, p. 743-784.

teuriana. Mas permaneceram as interrogações sobre as consequências morais do desenraizamento. Elas eram colocadas sobretudo em termos de desejo: o que incentivava certos indivíduos a desejarem tanto viajar? Para designar a irreprimível vontade de abandonar seus lares, alguns médicos haviam falado de *apodemalgia*. Outros identificaram "alienados viajantes"[6], doentes sofrendo de automatismo ambulatório, para retomar uma categoria do final do século XIX, ou ainda de lipemania, isto é, de uma "doença da civilização [...], tanto mais frequente quanto mais avançada for a civilização"[7]. Em 1875, o Dr. Foville havia estimado que era lógico encontrar um grande número desses alienados viajantes na cidade do Havre, uma vez que o Havre era um dos principais portos do mundo: "O comércio, a indústria, todos os ofícios relativos à navegação, alcançaram ali um desenvolvimento excessivo, e se acompanham, naturalmente, de muitas influências capazes de produzir a alienação mental"[8]. A agitação da cidade portuária teria engendrado, também naturalmente, uma vacilação da razão.

Tratava-se de casos extremos, é claro, e aliás diferentes entre eles. Mas, afinal, todos esses casos manifestavam, de uma maneira muito violenta, uma realidade mais modesta da qual cada um podia fazer a experiência: a situação do viajante é geradora de emoções às quais os indivíduos não estão habituados, e que eles vivenciam mais ou menos bem. Os médicos viam no desejo de viajar um desejo de desequilíbrio, a perigosa vontade de ver as emoções vencerem, ao menos por um tempo, a reflexão. O caso dos turistas japoneses afetados pela Síndrome de Paris provaria, por outro lado, que tal concepção da viagem escaparia à história e à geografia e seria um dos caracteres da condição humana. Onde quer que os modos de transporte tenham acelerado os deslocamentos,

---

6. Cf. HACKING, I. *Les fous voyageurs*. Paris: Les Empêcheurs de Penser en Rond, 2002. • RICHARD, N. "Voyageurs aliénés: voyage et mémoire dans la psychologie française fin-de-siècle". In: MOUSSA, S. & VENAYRE, S. (dirs.). *Le voyage et la mémoire au XIXe siècle*. Grâne: Créaphis, 2011, p. 417-434.

7. *Dictionnaire des Sciences Médicales*. T. 32. Paris: Panckoucke, 1819, art. "Mélancolie".

8. Apud VENAYRE, S. *Panorama du voyage (1780-1920)* – Mots, figures, pratiques. Paris: Les Belles Lettres, 2012, p. 315.

e não apenas no Le Havre dos anos de 1870, a viagem seria o meio de viver emoções novas, mesmo com o risco de adoecer delas.

Impressões, emoções

Essas representações, ainda hoje atuantes, se ancoram em uma história longa, que é importante relembrar. Os debates da virada dos séculos XVIII e XIX permitem compreender o que se passou. Contribuindo para a evolução da definição da impressão, eles autorizaram o desenvolvimento de todo um imaginário da viagem, cujas consequências foram essenciais para a constituição das práticas turísticas modernas.

Ao estender os códigos que haviam comandado a reconstituição da experiência da viagem aos tempos modernos, muitos autores insistiram então no papel das impressões na formação dos conhecimentos. Em sintonia com a filosofia sensualista, assim como a expressavam por exemplo os Ideólogos, eles lembraram que as ideias nascem primeiro das sensações ou, em outras palavras, da impressão que o espetáculo do mundo, espetáculo total, pode fazer sobre os sentidos. Os relatos dos viajantes mais eruditos apoiavam-se em tais concepções. "Dediquei-me apenas a explicar claramente os objetos que vi e as impressões que senti", escrevia Horace-Bénédict de Saussure no início de sua *Viagem pelos Alpes*, em 1779[9]. "Não tinha outro objetivo que reunir provisoriamente uma variedade de fatos que não tivera tempo de classificar, e descrever as primeiras impressões agradáveis ou incômodas que recebia da natureza e dos homens", acrescentava Alexander von Humboldt nas primeiras páginas de sua *Viagem às regiões equinociais do Novo Continente* em 1814[10]. Para esses homens de ciência, a percepção direta da impressão e sua devida lembrança participavam diretamente do processo de conhecimento.

---

9. Discurso preliminar ao *Voyage dans les Alpes* (1779), apud em epígrafe a BOUÉ, A. *Guide du géologue-voyageur*. Paris: Levrault, 1835.
10. HUMBOLDT, A. *Voyage aux régions équinoxiales du Nouveau Continent*. Paris: Schoell, 1814, p. 29.

A isso se acrescentava uma outra virtude cognitiva da impressão. Jean-François de La Harpe a expusera ao mencionar o método que seguira em seu *Resumo da história geral das viagens* em 1780:

> Quando o relato é feito pelo próprio viajante, que se viu em situações extraordinárias, tomamos todo cuidado para não tomar seu lugar: nós o deixamos falar sem nada alterar, nada acrescentar ao seu relato. Não substituímos esse tom de verdade, essa expressão ingênua que a lembrança de um grande perigo dá ao homem que o viveu, ao homem cuja alma, depois de ter sido fortemente abalada, repercute, por assim dizer, por um bom tempo a impressão recebida[11].

Não apenas, sugeria La Harpe, o viajante se lembra bem mais daquilo que lhe deixou uma impressão muito forte, mas a própria expressão dessa impressão, para dizê-lo à sua maneira, age, em uma espécie de efeito colateral, no leitor do relato. Em outras palavras: retemos tanto melhor o que lemos quanto mais impressionados formos pelo relato.

Na virada dos séculos XVIII e XIX, essas concepções sensualistas foram acompanhadas de outra teoria da impressão, a qual acabaria tendo grandes consequências nas práticas da viagem. Pouco a pouco, fizeram da impressão o objetivo mesmo do deslocamento. Na Itália, na Suíça, diziam, os viajantes não partiam realmente para descobrir um saber novo, e sim para sentir, diante do espetáculo do mundo, emoções inéditas que, por si só, justificavam a viagem. As impressões não tinham outra utilidade que elas mesmas. Eram o que o viajante partira em busca, com o único objetivo de desfrutá-las. A figura do turista, emergente entre os anos de 1780 e os anos de 1820, foi a manifestação desse desejo novo. Já em 1816, a *Viagem de um francês pela Inglaterra*, de Louis Simond, primeiro livro a colocar em cena, em francês, a figura do *tourist*, apresentava-se como um diário no qual o viajante anotara "todas essas impressões fugidias que se produzem e se apagam pela sucessão e pela diversidade de todos os

---

11. LA HARPE, J.-F. *Abrégé de l'histoire générale des voyages* (1780). Paris: Ménard & Désenne, 1825, prefácio.

objetos novos que a curiosidade ávida dos viajantes os faz buscar em toda parte, admirar em toda parte, e que a saciedade logo faz com que esqueçam"[12]. Uma testemunha de 1841 anotava, em um livro intitulado *Lembranças de um turista*: "A palavra *impressões* aplicada aos relatos de um turista é muito usada hoje"[13]. Não se tratava mais de reunir, como Saussure e Humboldt, a matéria-prima de conhecimentos vindouros. Os turistas certamente anotavam em seus cadernos as emoções que haviam sentido, mas apenas para se lembrarem delas assim que retornassem aos seus lares, a memória do prazer vindo redobrar o próprio prazer. Essas representações foram essenciais para a institucionalização da viagem de lazer. Elas a definiram pela busca de emoções novas, cujas lembranças seriam agora conservadas tanto pela compra de objetos como pela escrita. A viagem de impressões tornava-se um gênero literário, enquanto a nascente indústria turística vendia aos seus clientes, com guias e publicidade, a promessa de sensações inéditas. Um guia de 1910 expressava isso em poucas palavras: "A busca de emoções novas [...] é o pensamento dominante do turista"[14].

A busca do maravilhamento

Essa matriz intelectual fez da viagem o lugar de uma tensão extremamente forte entre duas emoções ao mesmo tempo antagonistas e complementares: o maravilhamento e a decepção. Não se trata de sugerir que tais emoções não cumpriam nenhum papel nas experiências anteriores da viagem. Mas, a partir do século XIX, elas se tornaram essenciais, precisamente porque a busca das emoções era agora pensada como o principal objetivo do deslocamento. A viagem mais satisfatória não era mais aquela que produzira mais conhecimentos. Era aquela que conduzira seu autor ao maior número e à maior intensidade de maravilhamentos.

---

12. SIMOND, L. *Voyage d'un Français en Angleterre pendant les années 1810 et 1811*. T. 1. Paris: Treuttel & Würtz, 1816, p. VI.
13. HERVIEU, S. *Souvenirs d'un touriste*. Bayeux: Nicolle, 1841, p. 20.
14. *Grand Tourisme en Algérie et en Tunisie* – Sahara, oasis, sites, monuments, types. Paris: Touring-Club de France, s. d. (1910), p. I.

Tal imperativo organizou muito rapidamente toda a indústria do turismo. Desde meados do século XIX, as novas coleções de guias, começando pelas de Karl Baedeker, criaram o código do asterisco para designar os lugares e os objetos particularmente dignos de atenção. Ao passo que, graças aos grandes desempenhos dos modos de locomoção, as viagens eram agora mais curtas do que antes, os guias indicavam aos turistas como se oferecer o máximo de maravilhamento no mínimo de tempo. Do mesmo modo, a introdução de novas normas para a hotelaria acabou propondo aos viajantes o maravilhamento e o conforto, à espera que a definição da gastronomia moderna e o triunfo do restaurante não façam desse conforto uma parte do próprio maravilhamento. A partir do final do século XIX, os trens de luxo e os transatlânticos foram os meios privilegiados para alcançar tais emoções, que não deixavam nada a dever às regiões atravessadas pelos passageiros. Da única viagem que fez em direção à América, Júlio Verne conservou somente a lembrança de sua estupefação maravilhada nos salões e nos corredores do fabuloso navio *Great Eastern*.

Ora, tal evolução se acompanhou de toda uma estratégia de distinção, pela qual certas classes de viajantes pretendiam aproveitar as maravilhas que a maioria desconhecia. Já nos anos de 1830, viajantes, como George Sand, falavam mal da massa dos turistas, "verdadeira praga de [sua] geração, que jurou desnaturar com sua presença a fisionomia de todas as regiões do globo e aprisionar todos os prazeres dos transeuntes contemplativos"[15]. Estava aberto o caminho que devia levar diretamente à letra da canção *Hexagone* escrita por Renaud, estigmatizando em 1975 as massas desses veranistas que, no mês de agosto, "vont polluer toutes les plages / Et par leur unique présence / Abîmer tous les paysages" [vão poluir todas as praias / e apenas com sua presença / Estragar todas as paisagens]. Enquanto o turista era aquele que partia para longe em busca do maravilhamento que não podia sentir em sua casa, ele era simultaneamente acusado de ser um obstáculo a esse mesmo maravilhamento[16].

---

15. SAND, G. *Lettres d'un voyageur* (1837). Paris: Gallimard, 1971, p. 666.
16. Sobre esta questão, cf. URBAIN, J.D. *L'Idiot du Voyage* – Histoires de touristes. Paris: Plon, 1991.

Entretanto, ninguém questionava a legitimidade da busca das emoções pela viagem. Ao contrário, todos aqueles que definiram normas alternativas às da viagem turística o fizeram em nome da qualidade das emoções que desejavam experimentar. Este foi o caso das grandes caçadas, a partir de meados do século XIX[17]. Foi também o caso do alpinismo a partir dos anos de 1870. A expressão do gosto pela alta montanha passava com efeito pela busca de emoções inacessíveis aos que eram incapazes de efetuar as ascensões mais entusiasmantes. Para dizê-lo como um dos membros da União dos turistas de Grenoble em 1907, as "emoções vivificantes"[18] da montanha eram o verdadeiro objetivo dos alpinistas, muito mais do que a proeza, aliás cada vez mais comum, que consiste em conquistar este ou aquele cume.

O alpinismo e as grandes caçadas foram assim o cadinho no qual se experimentaram formas de viagem extraordinárias, capazes de provocar emoções raras. Os jornais ilustrados e os romances de aventuras para crianças difundiram seus motivos. Muitas outras práticas se acrescentaram a essas nas décadas seguintes, a começar pelas primeiras viagens de avião. Entre os romancistas que, nos anos de 1910 e 1930, celebraram essas experiências de um gênero novo, André Malraux tentou explicar as emoções particulares que tais experiências podiam propiciar[19]. Ele as designava pela sensação do "retorno à terra"[20], o qual não era exatamente a aterrissagem, mas sim, no momento em que o voo chega ao fim, o desaparecimento imediato dessas emoções únicas que acompanharam o piloto acima do solo e que, por si só, valiam o preço de sua viagem.

Na virada dos séculos XIX e XX, a mística moderna da aventura reagrupou todas as imposições para viver intensamente sua existência, sejam quais

---

17. VENAYRE, S. "Le temps des grandes chasses". In: CORBIN, A.; VIGARELLO, G. & COURTINE, J.-J. (dirs.). *Histoire des émotions*. T. 2. Paris: Seuil, 2016, p. 257-276.
18. FERRAND, H. *Contribution à l'histoire de l'alpinisme à Grenoble – L'Union des touristes grenoblois*. Lyon: Geneste, 1907, p. 7.
19. WOHL, R. "Par la voie des airs – L'entrée de l'aviation dans le monde des lettres françaises, 1909-1939". In: *Le Mouvement Social*, n. 145, 1988, p. 41-64.
20. MALRAUX, A. Antimémoires (1965). In: *OEuvres completes*. T. 3. Paris: Gallimard, 1996, p. 72 [Col. "Bibliothèque de la Pléiade"].

forem os objetivos materiais ou ideológicos da ação[21]. De Joseph Conrad a Ella Maillart, não acabaríamos de enumerar os apelos a "viver intensamente"[22], isto é, a viver uma vida repleta de emoções. "A isso você chamava viver intensamente", escrevia Antoine de Saint-Exupéry dirigindo-se ao falecido Jean Mermoz[23]. O risco era o meio de tal objetivo, mas um risco precisamente definido. Todos que se esforçaram para pensar em uma moral da aventura destacaram que a busca do risco não significava nem o desejo da morte nem a vontade de conferir à vida uma dimensão a mais. Em um movimento nostálgico, a aventura era pensada como uma luta contra a uniformização das condições de existência. O risco corrido pelo viajante era o que permitia redescobrir o sabor da verdadeira vida, que a civilização, pensavam eles, tendia a fazer desaparecer. Henry de Monfreid o expressava à sua maneira depois de ter passado por uma tempestade no mar: "É preciso ter sentido o pouco que somos diante de todas essas forças enfurecidas para sentir a alegria de redescobrir a Vida"[24]. Jack London consagrou toda uma novela, intitulada *O amor pela vida* (1907), descrevendo a exageração da felicidade de viver sentida pelo sobrevivente. A alegria do aventureiro não era definida como uma emoção extraordinária, embora suas aventuras fossem fora do comum. Ela era a alegria simples que cada um deveria sentir diante do milagre da vida – e que a civilização e todas suas representações (a cidade, a burguesia, a multidão etc.) nos impediriam de conhecer. Segundo o britânico Peter Fleming, ao retornar do Mato Grosso, a aventura é o meio de "tirar imensas satisfações das coisas mais simples, mais elementares, das coisas que de ordinário passam despercebidas: um copo de água, um pedaço de

---

21. Sobre tudo isso, cf. VENAYRE, S. *La gloire de l'aventure* – Genèse d'une mystique moderne, 1850-1940. Paris: Aubier, 2002, p. 81-85.
22. Cf., p. ex., CONRAD, J. La rescousse (1920). In: *OEuvres*. T. 5. Paris: Gallimard, 1992, p. 435 [Col. "Bibliothèque de la Pléiade"]. • MAILLART, E. *Croisières et caravanes* (1951). Paris: Payot, 1993, p. 249.
23. SAINT-EXUPÉRY, A. *OEuvres completes*. T. 1. Paris: Gallimard, 1994, p. 263-264 [Col. "Bibliothèque de la Pléiade"].
24. MONFREID, H. *Les secrets de la mer Rouge* (1932). Paris: Hachette, 1952, p. 87.

pão, o calor do fogo"[25]. A busca de tais emoções se acompanhava da condenação das drogas e do álcool. Para esses viajantes desejosos de se distinguir dos outros, não se tratava apenas de manifestar seu desprezo pelo estereótipo do colono embrutecido pelos aperitivos consoladores, mas de celebrar a autenticidade das emoções que tinham vivido. Como escrevia Ernst Jünger:

> No fundo, parecia-me absurdo partir rumo a países tão distantes para de alguma forma colocar um véu sobre os olhos. Quanto a mim, eu também pensava em viver coisas prodigiosas, mas pretendia não renunciar ao sofrimento do homem que se morde o dedo para se certificar de que não está sonhando[26].

A aventura foi assim uma das formas que permitiram aos viajantes se distinguir da massa dos turistas. O maravilhamento dos aventureiros passava pela busca de emoções intensas, mistura original de alegrias e de sofrimentos, sem relação com as emoções que, ao contrário, poderiam ser oferecidas pelo luxo e pelo conforto dos meios de transportes modernos.

O deserto foi então pensado, mais e mais precisamente, como o lugar ideal da aventura. Vazio de homens, obrigando a confrontar seu corpo com situações extremas, impondo o uso de meios de locomoção arcaicos – a pé ou no lombo de um animal –, ele se beneficiava de todas as representações associadas desde muito à busca mística de Deus. Os aventureiros que para lá se precipitavam podiam esperar viver ali emoções de uma qualidade superior, em que o maravilhamento era enobrecido pelos motivos antigos e veneráveis da iluminação[27]. O mar, renovado pelos trajetos de barco a vela, logo mais o espaço infinito dos astronautas, também iriam se beneficiar desse entrelaçado de imagens geradoras de emoções únicas (ou, em todo caso, definidas, em oposição às do turismo de massa, por sua unicidade).

---

25. FLEMING, P. *Un aventurier au Brésil* (1933). Paris: Phébus, 1990, p. 336.
26. JÜNGER, E. *Jeux africains* (1944). Paris: Gallimard, 1978, p. 131.
27. Sobre as representações do deserto, cf. BARTHÉLÉMY, G. *Fromentin et l'écriture du désert*. Paris: L'Harmattan, 1997.

Redefinição da decepção

Esse triunfo do maravilhamento se acompanhou da obsessão da decepção, enquanto as viagens de lazer, cada vez mais precisamente codificadas, tornavam-se mais e mais comuns, começou-se a definir com exatidão a viagem fracassada. É claro que uma viagem podia ser arruinada pela presença desses outros turistas que impedem de desfrutar convenientemente do espetáculo do mundo (em todo caso, algo repetido pelo menos desde os anos de 1830). Mas ela podia sobretudo ser fracassada, na medida em que os gozos tão esperados eram doravante impossíveis de sentir. Essa ideia muito difundida levou à redefinição dos motivos da decepção.

Esse movimento também deve ser inscrito em um tempo bastante longo, do qual o século XIX constitui um momento capital. A expressão da decepção conheceu então uma profunda renovação, que a célebre viagem de René Caillié permite compreender[28]. Sabemos que ele publicou em 1830 o relato dessa viagem com o título *Diário de uma viagem a Tumbuctu e a Jené na África Central, precedido de observações colhidas entre os mouros braknas, os nalus e outros povos, durante os anos de 1824, 1825, 1826, 1827 e 1828*. Essa obra fazia o balanço de uma expedição empreendida sob a proteção da recente Sociedade de Geografia de Paris. Longe de ser redigida apenas por Caillié, ela contava com o trabalho de Edme-François Jomard, um membro da Academia das Inscrições e Belas-Letras, que também tinha uma boa experiência de viajante, tendo antes participado da expedição ao Egito[29]. Mas os imperativos eruditos do relato conduziram a expressar com uma força nova o sentimento de decepção. Já no início do livro, os autores destacaram a que ponto Tumbuctu tinha sido, desde a infância de Caillié, "o objeto contínuo de [seus] pensamentos, o objetivo de todos [seus] esforços". Caillié, lemos, passara sua juventude cercado pelos

---

28. VENAYRE, S. "La ville mourante du voyageur européen, 1770-1830 – Contribution à une histoire de la déception". In: *Hypothèses*, vol. 19, n. 1, 2016, p. 365-376.
29. SURUN, I. "De l'explorateur au geografe – La société de géographie et l'Afrique (1821-1854)". In: LECOQ, D. & CHAMBARD, A. (dir.). *Terres à découvrir, terres à parcourir*. Paris: Publications de l'Université Paris 7/Denis Diderot, 1996, p. 269-271.

livros de geografia e pelos mapas. Sua paixão era tal que resolvera chegar a Tumbuctu ou morrer. Sua entrada na cidade, em 20 de abril de 1828, fora logicamente acompanhada de "um sentimento inexprimível de satisfação". Caillié nomeava a emoção que sentira então: "Jamais experimentara tal sensação e minha alegria era extrema"[30]. No entanto, essa alegria durou pouco. Ela não resistiu à visão da cidade de Tumbuctu:

> Passado meu entusiasmo, descobria que o espetáculo diante de mim não correspondia à minha expectativa; havia feito da grandeza e da riqueza dessa cidade uma ideia muito diferente; ela não oferece, à primeira vista, senão um amontoado de casas de terra, malconstruídas; em todas as direções, não se veem senão planícies imensas de areia movediça, de um branco puxando para o vermelho pálido; tudo é triste na natureza; ali reina o maior silêncio; não se ouve o canto de um único pássaro[31].

Essa decepção de 1828 conheceu um belo destino no final do século XX. Enquanto se inventavam a *Síndrome de Stendhal*, a *Síndrome de Jerusalém* e a *Síndrome de Paris*, foi possível fazer da desventura de Caillié o ponto de partida de uma *Síndrome de Tumbuctu*, teoria sobre a viagem de natureza psicológica, que explica a intensidade da decepção pela intensidade do desejo[32]. A decepção constitui o horizonte necessário da viagem, avaliam os partidários da Síndrome de Tumbuctu, na mesma medida em que a viagem adquiriu, desde a definição moderna do turismo, uma significação mais essencial.

A explicação não basta, no entanto. Se a decepção de Caillié pôde servir de modelo, foi sobretudo porque manifestava, no início do século XIX, a glória do relato de viagem erudito. A lenda de cidades longínquas, magnificamente ricas e surpreendentemente curiosas, não era nova nessa época. O que era

---

30. CAILLIÉ, R. *Journal d'un voyage à Temboctou et à Jenné dans l'Afrique centrale* (1830). T. 2. Paris: Anthropos, 1965, p. 300-301.
31. Ibid., p. 301.
32. Cf. URBAIN, J.D. *L'Idiot du voyage*. Op. cit. • SURUN, I. "La découverte de Tombouctou: déconstruction et reconstruction d'un mythe géographique". In: *L'Espace Géographique*, vol. 31, n. 2, 2002, p. 131-144.

novo era a ideia segundo a qual era possível verificar de maneira científica a realidade da existência dessas cidades. Mais ainda, o que era novo era um tipo de relato, doravante capaz de se ater à realidade das observações feitas pelo viajante, deixando de lado o pitoresco e o romance[33]. A expressão da decepção de Caillié, para a qual muito contribuiu o erudito Jomard, não correspondia forçosamente à expressão de emoções realmente sentidas. Ela significava sobretudo a vontade de destruir, pelo conhecimento, o mito que a ignorância construíra em torno de Tumbuctu. Ela provava, por sua recusa das graças do exotismo, o caráter erudito da viagem. A decepção participava de uma certa poética do saber[34]. Ela garantia o conhecimento positivo. Era como o remorso que, inevitável, mas inoperante, deve acompanhar o processo de desencantamento do mundo pela seriedade da ciência. Convém, pois, ser muito prudente diante das manifestações discursivas da decepção. Não apenas não provam a realidade das emoções outrora sentidas, como podem servir para fins bem diferentes: neste caso, desenhar a figura de um viajante precisamente definido por seus objetivos científicos e, como corolário, por sua recusa das emoções em nome da razão.

Assim valorizada, a decepção se beneficiou de um segundo movimento que também se ancora na virada dos séculos XVIII e XIX: o sentimento do caráter inelutável do desaparecimento do mundo antigo. Não seria exagerado pretender que a antropologia foi fundada em tais bases[35]. As *viagens à Guiné e às Ilhas Caraíbas na América*, de Paul Erdmann Isert, já testemunhavam isso em 1793:

> Alguns de meus leitores talvez digam com um tom irônico: "Que pretende então esse escritor ao nos contar os usos e as idiotices de nações selvagens e bárbaras?" Como Reynal, eu responderia que para todo historiador deveria ser uma lei sagrada nos conservar os usos e os costumes desses povos selvagens. Mais um século, e essa

---

33. Cf. BRAHIMI, D. "Exotisme, science et idéologie". In: *Studies on Voltaire and the Eighteen Century*, vol. 151, 1976, p. 363-384. • WEBER, A.-G. *A beau mentir qui vient de loin* – Savants, voyageurs et romanciers au XIXe siècle. Paris: Champion, 2004.
34. Sobre essa noção, cf. RANCIÈRE, J. *Les noms de l'histoire*. Paris: Seuil, 1992.
35. Cf. DUCHET, M. *Anthropologie et histoire au siècle des Lumières*. Paris: Maspero, 1971.

nação não existirá mais, ou terá passado por uma transformação total. O que foram os peruanos, os mexicanos, ou outras nações dessa célebre parte do mundo? E o que são hoje? Para conhecer a história dos povos selvagens, é mais necessário conservar seus usos, uma vez que eles mesmos não podem preservá-los do esquecimento, não tendo a faculdade de escrever que as nações civilizadas têm[36].

O desaparecimento dos usos e costumes vindos do passado (ou mesmo de um misterioso *fundo das eras*) obsedou assim o século XIX. Na América, Chateaubriand se apresentava como o "último historiador dos povos da terra de Colombo, desses povos cuja raça não tardará a desaparecer"[37]. Na Espanha, Astolphe de Custine julgava que "atualmente há algo de fatal na corrida dos viajantes: nem bem colocaram os pés fora de um país que o solo sobre o qual andavam afunda atrás deles"[38]. O turista Stendhal explicava: "É porque a França muda rápido que ousei escrevê-la"[39]. Théophile Gautier, na Espanha, evocava o "espetáculo doloroso de ver as formas e as cores desaparecerem do mundo, suas linhas se turvarem, os tons se confundirem e a uniformidade mais desesperante invadir o universo sob um pretexto qualquer de progresso"[40]. Nerval, no Egito, suplicava aos viajantes "que se apressassem, daqui a pouco o Oriente não existirá mais"[41].

Lamentos românticos? Com certeza. A estética do tempo não é estranha a esse concerto de queixas. Sabemos que os escritores das primeiras décadas do século XIX se deleitavam com o tormento do *nevermore*. Ainda assim, é

---

36. Apud BLANCKAERT, C. "Histoires du terrain – Entre savoirs et savoir-faire". In: BLANCKAERT, C. (dir.). *Le terrain des sciences humaines* – Instructions et enquêtes (XVIIIe-XXe siècle). Paris: L'Harmattan, 1996, p. 25.
37. CHATEAUBRIAND. Voyage en Amérique (1827). In: *OEuvres romanesques et voyages*. T. 1. Paris: Gallimard, 1969, p. 663 [Col. "Bibliothèque de la Pléiade"].
38. Apud WOLFZETTEL, F. *Wege und Entwicklung des französischen Reiseberichts im 19. Jahrhundert*. Tübingen: Max Niemeyer, 1986, p. 123.
39. STENDHAL. Mémoires d'un touriste (1838). In: *Voyages en France*. Paris: Gallimard, 1992, p. 144 [Col. "Bibliothèque de la Pléiade"].
40. GAUTIER, T. *Voyage en Espagne* (1843). Paris: Gallimard, 1981, p. 263.
41. GAUTIER, T. *Correspondance générale*. T. 2. Paris: Droz, 1986, p. 208.

preciso constatar que o sentimento da uniformização do mundo não deixou de ser expresso depois. "A Tensão exótica do Mundo diminui", escrevia Victor Segalen nos anos de 1910[42]. Sua fórmula tornou-se o teorema dos viajantes do século XX, reforçando o vigor da expressão da decepção. Ruminamos o arrependimento de chegar tarde demais, quando os costumes ancestrais desapareceram ou se degradaram. Hoje, seria simplesmente possível se maravilhar com o espetáculo do mundo? Em uma passagem notável de *Tristes trópicos* (1955), Claude Lévi-Strauss definiu assim o "círculo intransponível" no qual os viajantes europeus tinham se enclausurado desde a virada dos séculos XVIII e XIX:

> Menos as culturas humanas eram capazes de comunicar entre elas e, portanto, de se corromper com seu contato, menos também seus emissários respectivos eram capazes de perceber a riqueza e a significação dessa diversidade. Afinal, sou prisioneiro de uma alternativa: ora viajante antigo, confrontado a um prodigioso espetáculo do qual tudo ou quase lhe escapava – pior ainda, inspirava troça e repugnância; ora viajante moderno, em busca dos vestígios de uma realidade desaparecida. Diante desses dois quadros, eu perco, e mais do que parece: pois eu que lamento diante das sombras, não seria impermeável ao verdadeiro espetáculo que toma forma nesse instante, mas para a observação do qual meu grau de humanidade ainda não tem o sentido requisitado?[43]

Esse vai e vem de interrogações contraditórias embaraçou o imperativo da busca das emoções pela viagem. O que se podia sentir diante de uma alteridade a um só tempo mais e mais desejada e mais e mais desprezada? Qual podia ser a sinceridade das emoções suscitadas por formas julgadas degradadas, ou mesmo inautênticas, aquelas que agora eram estigmatizadas sob as denominações de *folclorização* e *arte de aeroporto*?[44]

---

42. SEGALEN, V. *Essai sur l'exotisme* (1955). Montpellier: Fata Morgana, 1994, p. 76.
43. LÉVI-STRAUSS, C. *Tristes tropiques*. Paris: Plon, 1955, p. 44-45.
44. Entre as numerosas reflexões dos antropólogos sobre essa questão atual, cf. CRAVATTE, C. "L'anthropologie du tourisme et l'authenticité – Catégorie analytique ou catégorie indigène?" In: *Cahiers d'Études Africaines*, n. 193-194, 2009, p. 603-619. • COUSIN, S. "'Destination authentique' – Le tourisme, ou la quête (é)perdue de l'authenticité". In: *Les Cahiers du Musée des Confluences*, vol. 8, 2011, p. 59-66. • OLSEN, K. "Authenticity as a Concept in Tourism

A impossível autenticidade

Se a viagem é primeiro uma busca de emoções, assim como se repete desde o início do século XIX, então a questão da autenticidade do mundo observado pelo viajante deve ser colocada antes de todas as outras. A esse respeito, as estratégias de distinção dos turistas, em sua infinita variedade, não podem ser explicadas a partir de considerações demasiado sociológicas. Ainda que a viagem tenha sido um dos meios privilegiados do "consumo ostentatório", outrora teorizado por Thorstein Veblen, ainda que se possa reconhecer no luxo dos transportes o esforço das antigas aristocracias para continuar a afirmar simbolicamente sua superioridade, em particular nas primeiras décadas do século XX, algo diferente está em jogo[45]. A viagem mais exitosa sendo aquela que provoca as emoções mais desejáveis, o viajante consequente tentará, seja qual for seu pertencimento social, viver as experiências menos comuns possível. A escolha dessas experiências dependerá em grande parte de sua situação social. Mas a principal restrição é a de um imaginário que, desde dois séculos, impôs essa escolha.

Não seria difícil mostrar que a indústria do turismo, a partir de meados do século XIX, teve de lidar com essa regra. Os grandes empreendedores dos transportes ou da hotelaria podiam muito facilmente propor aos seus clientes mais afortunados produtos apresentados como raros, e até mesmo únicos. Ainda hoje é assim, e os projetos atuais de turismo espacial deixam adivinhar o que ainda será o caso amanhã. Aos que têm os meios, sempre será possível vender viagens extremamente caras, que também sejam promessas de emoções muito raramente sentidas.

Mas o menos afortunado dos turistas também pode adaptar sua estratégia ao imperativo consistindo em conhecer, na viagem, as emoções mais raras. A

Research – The Social Organisation of the Experience of Authenticity". In: *Tourist Studies*, vol. 2, n. 2, 2002, p. 159-182. • WANG, N. "Rethinking Authenticity in Tourism Experience". In: *Annals of Tourism Research*, vol. 26, n. 2, 1999, p. 349-370.

45. VEBLEN, T. *Théorie de la classe de loisir* (1899). Paris: Gallimard, 1978. No caso da aristocracia britânica, cf. CANNADINE, D. *The Decline and Fall of British Aristocracy*. New Haven, Conn.: Yale University Press, 1990.

indústria do turismo soube, aliás, captar perfeitamente esse desejo. Um dos primeiros autores de guias de viagens, Napoléon Chaix, expressava isso muito bem já em meados do século XIX: "Jamais faça projetos de viagem; nada dá mais charme a uma excursão ou a qualquer outro prazer que o inesperado"[46]. Que tal injunção figurasse em um guia inteiramente consagrado a aconselhar os viajantes nada tinha de paradoxal. Os autores de tais guias tomavam o cuidado de distinguir o imprevisto e a imprevidência, de definir uma forma de imprevisto razoável, da qual o risco mortal estivesse excluído. Isso não os impedia de fazer da busca de emoções o coração da viagem e, ao mesmo tempo, uma das principais missões da indústria turística. Desse ponto de vista, seria um erro ver nos anos de 1970 uma ruptura demasiado acentuada. Enquanto o turismo de massa se definia, os *Guias do mochileiro* certamente se esforçavam para traduzir o imperativo das emoções raras para a maioria, a imagem do "mochileiro" associando de maneira original as antigas figuras socialmente antagonistas do riquíssimo *globe-trotter* e do vagabundo miserável. Mas eles se inscreviam em uma história longa, por meio da qual a indústria turística tentava há muito tempo enquadrar e rentabilizar o desejo de emoções dos viajantes. Os agentes de viagem contemporâneos que vendem hoje a "aventura" aos seus clientes não traem o espírito que presidiu a institucionalização do turismo, muito pelo contrário.

Várias fórmulas são assim propostas, desde muito tempo, aos turistas sobre a partida. A invenção do *camping*, na Belle Époque, e depois sua renovação durante os Trinta Gloriosos, vem desse desejo de emoções novas, pensadas contra a uniformização dos hotéis e dos restaurantes[47]. No interior mesmo dessas práticas, existem inúmeras distinções: a expressão "*camping* selvagem", por exemplo, traduz também o desejo de viver emoções não domesticadas. O mesmo deveria ser dito de certas formas de lazer, de alpinismo, de espeleolo-

---

46. *Guide-Chaix* – Conseils aux voyageurs en chemins de fer, en bateaux à vapeur et en diligences. Paris: Chaix, 1854, p. 93.
47. Sobre a invenção do *camping*, cf. BERTHO-LAVENIR, C. "Camper en 1900 – De l'ascèse laïque au loisir élégant". In: *Ethnologie Française*, vol. 31, n. 4, 2001, p. 631-640.

gia, de mergulho submarino, bem como da multiplicidade de estadias turísticas associando o desenraizamento e as práticas esportivas cada vez mais insólitas, desde a asa delta até o trenó puxado por cães. Em outros lugares, os turistas são igualmente convidados a viver emoções fortes, seja diretamente, seja por procuração, em uma lógica que, também ela, remonta aos princípios do turismo moderno. A visita aos campos de batalha, por exemplo, assim como inaugurada no início do século XIX (e até os "memoriais" contemporâneos), vem desse desejo turvo de visitar um lugar rico de emoções[48] – quando não se trata, como há algum tempo, de visitar o próprio lugar de uma guerra em andamento. Que dizer enfim desses turistas que saem em busca não só do exotismo, como também das emoções das drogas ou das relações sexuais interditas? Também eles procedem de uma história longa, basta pensar no comércio do ópio ou nas formas da prostituição colonial[49]. A institucionalização de tais práticas, por muito tempo não contrariada, contribuiu para ligar as práticas turísticas modernas ao imaginário das emoções.

A cada vez, a variedade e a intensidade das emoções permitiram compensar, em parte, o sentimento de inautenticidade do mundo. Em um movimento que de bom grado associamos à ideia de romantismo, o desejo de natureza, de guerra ou de sexo foi confusamente pensado como um meio de recuperar os danos causados pela marcha do tempo. Toda uma tradição do discurso sobre a viagem faz deste uma fuga. A história do turismo teve de lidar com essa ideia, no entanto, tão profundamente contrária à realidade dos deslocamentos turísticos. Partir a pé, no lombo de um animal, de barco a vela, quando seria tão fácil fazer de outra forma; dormir ao ar livre ou em uma tenda mongol, quando tantos hotéis confortáveis existem; buscar longe *frissons* cada vez mais precisamente definidos como ilegais: tudo isso testemunha o sentimento complexo

---

48. Sobre os primeiros momentos dessa prática, cf. HANTRAYE, J. "La visite du champ de bataille (1800-1870)". In: DEMARTINI, A.-E. & KALIFA, D. (dirs.). *Imaginaire et sensibilités*. Op. cit., p. 61-72.

49. Cf. princ. TARAUD, C. *La prostitution coloniale* – Algérie, Tunisie, Maroc, 1830-1962. Paris: Payot, 2003.

de que, se a verdadeira vida está em outro lugar, esse lugar tende infelizmente a se refugiar, em grande parte, no passado.

Ilusões, talvez. Assim, ao contrário do que se repete em toda parte, Rimbaud nunca escreveu que a vida está em outro lugar. Escreveu, no início dos anos de 1870, em a "Virgem louca": "Qual vida! A verdadeira vida está ausente. Não estamos no mundo"[50]. O que é muito diferente, e só pouco a pouco a fórmula foi sendo modificada pelos admiradores do poeta (p. ex., por André Breton no *Manifesto do surrealismo* de 1924: "É viver e deixar de viver que são soluções imaginárias. A existência está em outro lugar")[51]. Montaigne certamente escrevera: "Pensamos sempre em outro lugar"[52]; mas a fórmula não implicava, para o autor dos *Ensaios*, um referente geográfico. Foi, no entanto, isso que se impôs, sob a proteção involuntária de Rimbaud, na segunda metade do século XX. Doravante, tratava-se menos de pensar em outro lugar do que de viver em outro lugar, esta vida, ou simplesmente este desejo de vida, acompanhando-se de uma busca emocional de um gênero novo. Os espaços longínquos do mundo se ofereceram como os lugares de secularização de um desejo que até então não tinha, para desabrochar, senão a crença de uma vida após a morte. As férias do turista, como um parêntese fora do tempo, são uma tentativa de fazer de conta que é possível satisfazer esse desejo. Claro, desde que existem, os turistas são objeto de zombarias, encarnando uma distância imensa entre seu objetivo, que seria absoluto, e os meios que, para alcançá-lo, seriam vulgares e derrisórios. Suas viagens seriam como jogos de crianças, onde fariam "de conta". Mas seria algo tão ridículo, se quisermos realmente admitir que a viagem faz sentido, desde dois séculos, assim como acabamos de analisar? Não são as brincadeiras de crianças também grandes fornecedoras de emoções?

---

50. RIMBAUD, A. "Délires I, Vierge folle" (1873). In: *OEuvres complètes*. Paris: Gallimard, 2009, p. 260 [Col. "Bibliothèque de la Pléiade"].
51. BRETON, A. Manifeste du surréalisme (1924). In: *OEuvres completes*. T. 1. Paris: Gallimard, 1988, p. 346 [Col. "Bibliothèque de la Pléiade"].
52. MONTAIGNE, M. "De la diversion". In: *Essais* (1580-1588). Paris: Gallimard, 2007, p. 875 [Col. "Bibliothèque de la Pléiade"].

10
A TERRA DEVASTADA: TRANSFORMAÇÕES DO SENTIMENTO PELA NATUREZA

Charles-François Mathis

Em um divertido monólogo de 1881, o poeta Charles Cros descreve o "dia verde" de um auxiliar administrativo, que saiu para passar um domingo no campo: o passeio virou um pesadelo, a chuva, as refeições insípidas, os espaços artificializados pintados de verde que o cercam tendo vencido seu entusiasmo e sua saúde[1]. Para além da anedota, esse relato permite situar de forma divertida um momento de transição no registro emocional da relação com a natureza: o século XIX foi o de emoções novas perante espaços naturais dos quais nos afastamos e cujas paisagens causam alegria, apaziguamento, por vezes terror quando o sublime triunfa[2]. Cros revela esse desejo tornado banal de um retorno às origens na natureza, talvez também de um embotamento das sensibilidades, e de uma dificuldade concreta para reavivar o maravilhamento naturalista em um mundo cuja artificialização está

---

1. CROS, C. "Une journée verte" (1881). In: *Saynètes et monologues* [sétima série]. Paris: Tresse, 1877-1882, p. 79-85.
2. Cf. MATHIS, C.-F. "'Comme un archet qui jouait sur mon âme': l'individu face au paysage". In: CORBIN, A.; VIGARELLO, G. & COURTINE, J.-J. (dirs.). *Histoire des émotions*. T. 2. Paris: Seuil, 2016.

aumentando. É sem dúvida o que, para além de uma continuidade evidente, distingue o início do século XIX de seus últimos anos e do século seguinte: enquanto a sociedade industrial não cumpriu todas suas promessas, sua força de inércia é tal que seu avanço parece quase irremediável, suscitando angústia e temor. Para neutralizá-la, ao menos desacelerá-la, movimentos de proteção da natureza emergem em toda a Europa, que querem poupar um patrimônio, essencialmente nacional e identitário[3]. É essa relação emocional com a natureza, forjada a partir do final do século XVIII, que desejam, pois, preservar de uma concepção mais e mais racional e abstrata do espaço e do mundo. Em meados dos anos de 1970, o geógrafo e sociólogo marxista Henri Lefebvre faz esta constatação desiludida:

> Fonte e recurso, a natureza obseda, como a infância e a espontaneidade, pelo filtro da memória. Quem não quer protegê-la, salvá-la? Redescobrir o autêntico? Quem quer destruí-la? Ninguém. Entretanto tudo conspira para prejudicá-la. O espaço-natureza se distancia: horizonte deixado para trás, para aqueles que se viram. [...] A natureza, esse mito potente, se muda em ficção, em utopia negativa: não é mais que a matéria-prima na qual operaram forças produtivas das sociedades diversas para produzir seu espaço. Resistente, é certo, e infinita em profundidade, mas vencida, em curso de abandono, de destruição...[4]

Se há uma continuidade na relação emocional com a natureza desde o final do século XIX, ela certamente deve ser buscada no pavor progressivo causado pela perda de sentido dessa natureza sempre mais distante, degradada, dessacralizada – essa "Terra devastada" da qual T.S. Eliot fez o objeto de seu maior poema e que será o fio condutor de nossa reflexão[5].

---

3. WALTER, F. *Les figures paysagères de la nation*. Paris: Éd. de l'Ehess, 2004.
4. LEFEBVRE, H. *La production de l'espace* (1974). Paris: Anthropos, 2000, p. 40.
5. ELIOT, T.S. *La terre vaine* (1921-1922). Trad. de Pierre Leyris. Paris: Seuil, 1976. Todos os títulos de nossas partes remetem à versão original desse poema.

Pã ou o retorno ao selvagem: "The awful daring of a moment's surrender"[6]

Em seu relato para crianças que se tornou um clássico da literatura britânica[7], *O vento nos salgueiros*, publicado em 1908, Kenneth Grahame descreve as aventuras da Toupeira e de seu amigo o Rato das águas. Em um capítulo central, bem menos infantil do que os outros, os dois amigos têm, no alvorecer, um encontro surpreendente em uma ilhota no meio do rio:

> Um grande pavor, junto a um grande respeito (*awe*), se apodera então do Senhor Toupeira. Ele curva a cabeça, os pés grudados no chão, e sente todo seu corpo se liquefazer. Esse pavor nada tinha, no entanto, de aterrador. Na realidade, ele experimentava um maravilhoso sentimento de paz e de felicidade. Mas ele estava ali, o pavor, e o segurava. E ele adivinhava que havia, tão próximo dele, embora invisível, uma presença augusta[8].

A potência emotiva dessa experiência pagã[9] é quase sempre mais buscada do que vivida, mas caracteriza em grande parte o final do século XIX e o início do século XX, até mais ou menos os anos de 1930, como justamente mostrou John Alcorn a respeito da literatura britânica[10]: toda uma veia "naturista" corria assim de Thomas Hardy a D.H. Lawrence. Ela seria influenciada pela teoria da evolução e deixaria de considerar o homem como exterior à natureza, descolado dela – ao reduzir o homem à sua animalidade, essa literatura privilegiaria assim o instinto contra o intelecto. Essa inflexão na sensibilidade pela natureza se explica certamente pelo abalo da visão do mundo trazida por Darwin, mas também por uma rejeição crescente à civilização industrial que atravessa toda a Europa, e mesmo os Estados Unidos, passando por uma modernização

---

6. "L'épouvantable audace d'un moment d'abandon" [A pavorosa audácia de um momento de abandono]. Ibid., p. 129.
7. HUNT, P. *Grahame, Kenneth (1859-1932)* [Disponível em OxfordDNB.com – Acesso em mai./2011].
8. GRAHAME, K. *Le vent dans les saules* (1908). Paris: Phébus, 2006.
9. A primeira obra de Grahame intitula-se *Pagan Papers* (1893).
10. ALCORN, J. *The Nature Novel from Hardy to Lawrence*. Nova York: Columbia University Press, 1977.

brutal e traumatizante. A perda da fé no progresso, a inquietude quanto à degenerescência das raças produzida pelo mundo urbano e seus avatares técnicos, o processo da razão instruído tanto pelas teorias esotéricas quanto pela psicanálise nascente, contribuem para essa desconfiança e para um desejo de retorno à natureza. Este se manifesta em inúmeras associações, como o Club Alpin francês (1874), o Touring-Club de France (1890), o National Trust britânico (1894), os Wandervogel alemães (1901) e na surpreendente convergência europeia da virada dos séculos XIX e XX, que vê surgir em toda parte movimentos e políticas de proteção patrimonial das paisagens[11]. Até a Primeira Guerra Mundial, essa busca pela natureza é um retorno ao Paraíso perdido[12]. Mogli é seu símbolo: *O livro da selva* (1894-1895) é ao mesmo tempo a lembrança de uma comunidade de destinos dos animais e dos seres humanos, todos submetidos a uma "lei da selva" transcendente, e o relato de um distanciamento do meio ambiente natural – um distanciamento que certamente mutila um pouco o homem, pelo abandono de sua infância e de suas alegrias simples entre as plantas e os animais[13].

É claro que algumas divergências nacionais ainda perduram: a França rural foi desde o início menos afetada cultural e socialmente por esse movimento do que uma Grã-Bretanha obcecada por sua relação com a indústria. A Primeira Guerra Mundial triunfa sobre essas diferenças: a violência inusitada das destruições humanas e das paisagens pela máquina alimenta a desconfiança e o sentimento de declínio de uma civilização mortífera. Escritores tão diferentes como D.H. Lawrence e Jean Giono dão conta desses fatos em seus romances. O primeiro, na linhagem de William Henry Hudson, só vê salvação para o homem na rejeição ao seu verniz civilizador em benefício de um abandono nas

---

11. WALTER, F. *Les figures paysagères de la nation*. Op. cit.
12. Embora pouco a pouco, como testemunha Grahame, essa busca pela natureza possa assumir um ar de regressão animal, de um caminho em si, para esse "coração das trevas", descrito por Conrad em 1899.
13. KARLIN, D. Introdução a KIPLING, R. *The Jungle Books* (1894-1895). Londres: Penguin, 1987.

mãos da natureza – um abandono, como em Grahame, tingido de perigo, tão aterrador quanto euforizante[14]. Giono, por sua vez, não hesita em unificar seus três primeiros romances, escritos em 1929-1930, sob o título de *Trilogia de Pã*.

Vários intelectuais testemunham a profundidade dessa rejeição à civilização industrial, tal como Bernard Charbonneau em um texto comovente publicado em 1937 e intitulado "O sentimento pela natureza, força revolucionária"[15]. Um rápido esboço histórico desse sentimento convence Charbonneau de que ele jamais atingiu tal intensidade, pois simplesmente jamais a artificialização da vida chegara tão longe:

> Porque o sentimento pela natureza não é mais para os rapazes de hoje a vaga emoção do espetáculo, é uma sede nascida de nosso desejo de viver, um sentimento trágico antagonista da vida cotidiana que levamos [...]. Se não tivermos medo de expressar a emoção que nos sacode nas orlas das florestas, compreenderemos que ela tem sua fonte em uma situação revolucionária [...]. Se sentirmos o contato com os objetos da natureza, nossa meditação de andarilho solitário se obrigará a uma vontade de mudar o mundo[16].

A prova, ele a vê na literatura, mais ainda nos movimentos de retorno à natureza que continuam se desenvolvendo no período entreguerras. A história de Frank Trentmann mostrou, para a Grã-Bretanha, a dimensão cada vez mais comunitária desses movimentos, que os distingue de seus predecessores[17]. De fato, o naturismo[18] ou os clubes de trilhas de evidente sucesso ostentam cada vez mais um desejo de mudança não apenas individual mas coletivo: é uma

---

14. EHLERT, A.O. *"There's a Bad Time Coming"* – Ecological Vision in the Fiction of D.H. Lawrence. Universidade de Uppsala, 2001 [Tese de doutorado].

15. CHARBONNEAU, B. "Le sentiment de la nature, force révolutionnaire" (1937). In: CHARBONNEAU, B. & ELLUL, J. *"Nous sommes des révolutionnaires malgré nous"* – Textes pionniers de l'écologie politique. Ed. de Quentin Hardy. Paris: Seuil, 2014, p. 117-192.

16. Ibid., p. 124-126.

17. TRENTMANN, F. "Civilization and Its Discontents: English Neo-Romanticism and the Transformation of Anti-Modernism in Twentieth-Century Western Culture". In: *Journal of Contemporary History*, vol. 29, n. 4, 1994, p. 583-625.

18. BAUBÉROT, A. *Histoire du naturisme* – Le mythe du retour à la nature. Rennes: PUR, 2004.

outra vida que é proposta, para alguns uma outra política – daí a esperança de Charbonneau de vincular essa reação ao personalismo, único capaz, como ele acredita, de realizar a revolução de civilização tão desejada. É bastante revelador que ele não veja no retorno à natureza uma promessa de paz e de repouso; trata-se pelo contrário de nela reencontrar a luta contra a matéria, que forma o homem para a liberdade. Para o espírito como para a mão, sempre há um elemento de espanto nesse contato redescoberto: "O sentimento verdadeiro pela natureza é sempre uma surpresa: "Fui tomado de admiração". Ser tomado, eis o que falta ao homem"[19].

Os historiadores também testemunham a potência dessa necessidade emotiva de retorno à natureza no período entreguerras. Em 1938, por ocasião de uma série de conferências interdisciplinares sobre "a sensibilidade no homem e na natureza", Lucien Febvre evoca a historicidade das emoções, e particularmente daquelas ligadas à natureza. Ele também, assim como seus colegas intervindo nas discussões retranscritas, percebe uma "onda emotiva" nos anos de 1930:

> Um culto pelas potências elementares traduzindo a lassidão dos animais constrangidos que nós somos – animais esmagados, cansados, aniquilados pelo barulho alucinado, pelo dinamismo alucinado de milhares de máquinas que nos cercam. Ressurreição singular de um tipo de culto à Terra-mãe no seio da qual é agradável à noite, discretamente, esticar os membros cansados. Ressurreição não menos singular de uma espécie de culto ao Sol nutridor e curador. Nudismo e *camping*, deslizamentos desvairados no ar e na água. Exaltação dos sentimentos primários, com brusca ruptura de orientação e de valência; exaltação da crueldade em detrimento do amor, da bestialidade perante a cultura – mas de uma bestialidade proclamada igual, proclamada superior à cultura[20].

Do outro lado do Atlântico, a melodia antitecnicista também se ouve e é acompanhada da busca de emoções vivas no contato com os espaços natu-

---

19. CHARBONNEAU, B. "Le sentiment de la nature, force révolutionnaire", cap. cit., p. 176.
20. FEBVRE, L. "La sensibilité dans l'histoire". In: *La Sensibilité dans l'homme et dans la nature*. Paris: PUF, 1943, p. 100.

rais. O fim da Fronteira, essa zona de contato entre a natureza selvagem do Oeste americano e a civilização vinda do Leste, decretada pelo recenseamento de 1890, é apresentada muito justamente pelo historiador Frederick Jackson Turner em 1894 como uma reviravolta na história dos Estados Unidos: pois é ali que, para ele, se forjou a alma americana, em incessante movimento, e cuja luta constante contra um ambiente hostil dispensa energia e individualismo[21]. No texto de Turner, não se trata propriamente de uma questão de choque emocional, e com certeza esse encontro com a natureza do Oeste não foi formulada nesses exatos termos no início do século XIX. Mas o avanço da conquista permite justamente uma apreciação distanciada e a expressão de emoções, que suscitam as primeiras criações de parques. Com o fechamento da Fronteira, o movimento cresce: é preciso imperativamente preservar espaços selvagens para que o americano possa ali refortalecer a alma em uma experiência sem dúvida mais emocional do que a dos pioneiros, que ele procura reproduzir. Por outro lado, a virada dos séculos XIX e XX também corresponde a uma intensa fase de modernização e de industrialização do país, cuja brutalidade acarreta por sua vez rejeições e inquietudes, e que encoraja esse retorno à natureza. Como testemunham tanto as críticas cada vez mais fortes à exploração industrial e turística das quedas do Niágara, que se esforçam doravante para provocar reações emotivas intensas e não formatadas[22], quanto a popularidade de Joe Knowles, que em 1913 decide viver como Adão, nu nas florestas do Maine, e cuja experiência origina um livro de sucesso intitulado *Alone in the Wilderness* [Sozinho na floresta][23].

Esse desejo de comunhão emocional com a natureza se perpetua para além dos anos de 1930, evidentemente, em sua versão pagã e extrema ou em uma

---

21. TURNER, F.J. "The Significance of the Frontier in American History". In: *American Historical Association* – Annual Report, 1894, p. 119-227.
22. ADAMSON, J.E. (dir.). *Niagara*: Two Centuries of Changing Attitudes, 1697-1901. Washington DC: Corcoran Gallery of Art, 1985.
23. MERCHANT, C. *Reinventing Eden*: The Fate of Nature in Western Culture. Londres: Routledge, 2003, p. 142.

versão mais edulcorada – ambas influenciam de diversas formas os movimentos ecologistas[24]. No entanto, como John Alcorn para a Grã-Bretanha, o crítico literário René Marill Albérès percebe uma inflexão no decorrer dos anos de 1930 na sensibilidade à natureza dos escritores franceses: o ano de 1933, precisamente, é para ele o momento em que o homem deixa "de ser um filho da terra para nela se tornar uma criança perdida". A alegria selvagem e o contentamento exigidos à natureza, em reação ao racionalismo da civilização moderna, se tingem doravante de inquietude e de desilusão: "Essa vida mudou de sentido; não é mais descoberta de jardins encantados, não se afirma mais ao contato de um mundo sempre novo, mas deve sua realidade apenas ao fato de se saber incessantemente ameaçada..."[25]

Da fragilidade do globo à angústia do desastre: "I Will show you fear in a handful of dust"[26]

Essa angústia de filhos perdidos está sobretudo ligada à conscientização generalizada sobre a finitude do globo. Que certos espaços naturais sejam frágeis não é de todo uma novidade. Contudo, a despeito de alguns alertas precoces[27], permanece compartilhada a convicção de que a Natureza, com maiúscula e o que ela induz de alteridade e de virgindade em sua relação com o homem, sempre existirá, em algum lugar[28]. A Terra é vasta, afinal de contas! Mas cada vez menos: os últimos territórios inacessíveis são pouco a pouco conquistados – Roald

---

24. O caso de Rolf Gardiner é a esse título revelador, pois faz o vínculo entre os movimentos de juventude e de retorno à natureza do período entreguerras, e o movimento ecologista dos anos de 1960-1970. Cf. JEFFERIES, M. & TYLDESLEY, M. "Rolf Gardiner: Eminence Vert?" In: *Folk, Nature and Culture in Interwar Britain*. Farnham: Ashgate, 2011, p. 169-175.
25. ALBÉRÈS, R.M. *L'Aventure intellectuelle du XXᵉ siècle*. Paris: Albin Michel, 1963, p. 31 e 34.
26. "Je te montrerai ton effroi dans une poignée de poussière" [Mostrar-te-ei teu pavor em um punhado de poeira]. Cf. ELIOT, T.S. *Poèmes (1910-1930)*. Op. cit., p. 89.
27. MARSH, G.P. *Man and Nature*. Londres: Low & Marston, 1864.
28. Sebastian Vincent Grevsmühl mostrou justamente que a tomada de consciência da finitude do globo se inscreve em um tempo relativamente longo, muito anterior aos anos de 1970, e que encontra sua fonte na conquista de espaços marginais (*La Terre vue d'en haut*. Paris: Seuil, 2014, p. 13).

Amundsen alcançou o Polo Sul em 1911, o Everest é trilhado desde os anos de 1920, seu topo conquistado em 1953. Mas o são apenas por um punhado de aventureiros e ainda escapam à mão do homem. A Natureza permanece, em sua imutabilidade, apesar dos ultrajes pontuais: Jacques-Yves Cousteau ainda pode celebrar a beleza e a aparente pureza de um *Mundo do silêncio* (1955), que lhe valeu a Palma de ouro em 1956 e um Oscar no ano seguinte. O caminho que conduz ao reconhecimento dos limites do planeta é, portanto, longo.

As reações às assombrosas destruições de paisagens durante a Primeira Guerra Mundial são testemunhas desse percurso de pensamento, que é também um caminho emotivo. As pessoas se afligem sobretudo com essas regiões devastadas pelo fogo das armas: Élie Faure descreve assim um "planeta desconhecido", mineral, sem vida, que lhe causa "vagamente medo"[29]. O doutor bruxelense Maurice Duwez, sob o pseudônimo de Max Deauville, anota que, "por momentos, a impressão de miséria que se desprende dessa paisagem de trevas é tão grande que o coração se aperta e que o homem se sente simplesmente às portas da morte"[30]. No entanto, esse abatimento diante da potência de destruição do homem é algumas vezes afastado pelos testemunhos da capacidade de regeneração da natureza – ou mesmo de sua eternidade: Duwez, ao ouvir o rouxinol desde as trincheiras, conclui que a guerra é algo "artificial"[31]. Faure, por sua vez, descreve com êxtase o estabelecimento em um bosque recente da Picardia, retorno salutar a uma natureza rica em emoções: "Tudo isso cheira a quássia, o subsolo úmido, inebria, diverte, e a alegria está em todos os olhos"[32].

A ciência ecológica, que se constitui nos últimos anos do século XIX[33], acompanha esse caminhar e leva a uma compreensão mais justa, e comparti-

---

29. Apud BÉGUIN, F. "L'épouvantable grandeur: Élie Faure et les paysages de la bataille". *Les Carnets du Paysage*, n. 5, 2000, p. 83-84.
30. Apud MASSON-LOODTS, I. *Paysages en bataille* – Les séquelles environnementales de la Grande Guerre. Bruxelas: Nevicata, 2014, p. 7.
31. Ibid.
32. FAURE, É. *La Sainte Face*. Paris: Georges Crès, 1919, p. 218.
33. DROUIN, J.-M. *L'Écologie et son histoire*. Paris: Flammarion, 1993.

lhada por um número crescente de pessoas, da finitude da natureza. Ela revela, com efeito, a complexidade das interações dos meios naturais e, por consequência, sua fragilidade. As descobertas científicas, em geral, revelam também a extensão da ignorância do homem e a imprevisibilidade fundamental dos fenômenos naturais mais elaborados: a humanidade assim devolvida ao seu lugar descobre que a natureza não é mais um objeto estável sobre o qual se pode agir impunemente ou que é capaz de ser devolvida a um estado original. É, para Carolyn Merchant, toda uma tradição herdada do Iluminismo que desmorona, tributária que era de um controle absoluto da natureza para transformá-la em um novo *jardim* do Éden[34].

Essa compreensão se materializa particularmente nos anos de 1930 – Charbonneau intitula um livro ainda inédito, escrito em 1943, *Pan se meurt* [Pã está morrendo][35]. Mas é certamente após a Segunda Guerra Mundial que ela se propaga. Vários fenômenos contribuem para isso. É claro que a explosão atômica de Hiroshima em 6 de agosto de 1945 logo adquire valor de símbolo do poder excessivo do homem, doravante capaz de aniquilar a vida sobre o planeta. Paralelamente se elabora uma visão da Terra "vista de cima", como muito bem-analisado por Sebastian Vincent Grevsmühl. Ela começa a ser esboçada em 1935, com o voo do balão estratosférico *Explorer 2*, possibilitando que seus pilotos façam a primeira fotografia oblíqua da Terra, revelando não apenas a estreiteza de sua camada atmosférica protetora, como também a noite do espaço que a envolve... É, no entanto, no pós-guerra, e particularmente nos anos de 1960, que a imagem do Planeta Terra se impõe: o primeiro "nascer da Terra" é fotografado em 1966 pela sonda espacial *Lunar Orbiter 1*, mas o primeiro a ser visto e fotografado diretamente pelos homens é o de 24 de dezembro de 1968 durante a missão Apollo 8, transmitido a cerca de um bilhão de seres

---

34. MERCHANT, C. *Reinventing Eden*. Op. cit.

35. "Não é só a civilização que muda de base, é a sociedade, é o ser humano naquilo que tem de mais interior" (apud HARDY, Q. "L'école de Bordeaux de critique de la technique, une pensée source de l'écologie politique". Introdução a CHARBONNEAU, B. & ELLUL, J. *"Nous sommes des révolutionnaires malgré nous"*. Op. cit., p. 10).

humanos, seguido por diferentes fotos da Terra toda, entre as quais a mais famosa é a dos astronautas da missão Apollo 17 em 1972[36]. É evidente que essa imagem tornada icônica acompanhou – mais do que engendrou – a expansão dos movimentos ambientais. Sua potência emocional, de que testemunham os contemporâneos[37], foi de alguma forma antecipada pelo astrônomo Fred Hoyle que, em 1948, afirma: "O dia em que uma fotografia da Terra tomada do espaço estiver disponível, teremos adquirido uma nova dimensão emocional"[38]: a de uma insuperável fraternidade ligada ao destino comum que une aqueles que o poeta Archibald MacLeish, em um famoso texto, magnificamente nomeou *riders on Earth* [viajantes sobre a Terra][39]. Denis Cosgrove mostrou as duas atitudes que podem nascer dessa concepção global: ou a de um *One-World* [Um só mundo] fundado em uma concepção gerencial e tecnicista da "espaçonave Terra"; ou uma ideia de *Whole-Earth* [Terra como um todo], mais sentimental, de que a hipótese Gaia seria a encarnação[40].

Com efeito, não surpreende que tal hipótese tenha sido avançada pelo químico James Lovelock em 1972 e desenvolvida nos anos seguintes. Nela a biosfera é vista como um sistema autorregulador, um organismo completo que teria a capacidade de tornar a Terra habitável[41]. Para além das controvérsias que cercam essa teoria, criticada pelo estatuto de sujeito que ela dá uma terra deificada, é preciso constatar sua potência metafórica, que explica em grande

---

36. GREVSMÜHL, S.V. *La terre vue d'en haut*. Op. cit.

37. Cf., p. ex., o choque que o historiador Fred Speier descreve um "The Elusive Apollo 8 Earthrise Photo" em BOECK, B.J.; MARTIN, R.E. & ROWLAND, D. (dir.). *Dubitando*: Studies in History and Culture in Honor of Donald Ostrowski. Bloomington, Ind.: Slavica Publishers, 2012, p. 411. Sua significação, como observa Grevsmühl, ainda é confusa: emoção diante da fragilidade de um planeta do qual o homem é ao mesmo tempo responsável e tributário para sua própria sobrevivência, ou alívio diante da beleza aparentemente eterna de um globo onde o homem e suas ações permanecem invisíveis e insuspeitadas?

38. "Once a photograph of the Earth, taken from outside, is available, we shall, in an emotional sense, acquire an additional dimension" (apud GOLDBERG, V. *The Power of Photography*: How Photographs Changed Our Lives.Nova York: Abbeville Publishing Group, 1991, p. 52).

39. MacLEISH, A. "Riders on Earth Together, Brothers in Eternal Cold". In: *The New York Times*, 25/12/1968.

40. Apud GREVSMÜHL, S.V. *La terre vue d'en haut*. Op. cit., p. 225.

41. LOVELOCK, J. *Gaia*: A New Look at Life on Earth. Oxford: Oxford University Press, 1979.

parte seu sucesso: pois com ela a humanidade descobre, na realidade, outras relações emocionais com a natureza, as de crianças perdidas em relação à sua Terra-mãe que elas estão brutalizando.

No decorrer da segunda metade do século XX, essa brutalização parece ganhar importância, gravidade e visibilidade. É denunciada incessantemente pelos "lançadores de alerta", Cassandras modernas, cujas obras expressam o alarmismo: *La planète au pillage; Nous n'avons qu'une Terre; Changer ou disparaître; Avant que nature meure* [O planeta saqueado; Temos somente uma Terra; Mudar ou desaparecer; Antes que a natureza morra][42]. E, de fato, as ameaças se acumulam, os desastres também. A advertência da bióloga Rachel Carson em 1962, prevendo uma *primavera silenciosa* caso não se proibisse o uso do DDT responsável pelo desaparecimento de milhares de pássaros, é acompanhada pela primeira grande maré negra, a do Torrey Canyon em 1967, prenúncio de tantas outras. Com os anos de 1980, novas ameaças se desenham, mais angustiantes ainda porque tornam-se invisíveis à primeira vista, inscritas no tempo longo, cumulativas e transnacionais: chuvas ácidas, nuvem de Chernobyl ou efeitos de Fukushima, buraco da camada de ozônio, catástrofes alimentares e, claro, cada vez mais, o aquecimento climático criando um clima de incerteza particularmente ansiogênico, pois tanto as nações como os indivíduos parecem não ter controle sobre elas. A criação de ministérios do Meio Ambiente nos anos de 1970 (1971 na França), o sucesso americano do primeiro *Earth Day* [Dia da Terra] em 1970, tornado mundial em 1990[43], as Cúpulas da Terra, à imagem da de Estocolmo em 1972 e do Rio em 1992, testemunham certamente, ao menos no mundo ocidental, uma sensibilidade nova em relação à natureza, ou mais precisamente uma consciência da responsabilidade humana quanto ao meio ambiente. Essa responsabilidade está no centro do conceito de

---

42. Respectivamente: OSBORNE, F., 1949; WARD, B. & DUBOS, R., 1972; GOLDSMITH, E., 1972; DORST, J., 1965. Cf. TRESPEUCH-BERTHELOT, A. "La réception des ouvrages d'alerte environnementale dans les médias français". In: *Le Temps des Médias*, n. 25, 2015, p. 104-119.

43. Reunindo vinte milhões de americanos, depois duzentos milhões de pessoas em todo o mundo.

antropoceno, forjado em 2000 pelo Prêmio Nobel de Química Paul Crutzen, que designa assim um período geológico inédito, no qual o homem se torna uma força plena, pois ele agora modifica todos os fundamentais do planeta (clima, solo, oceanos)[44]. Portanto, não existe mais, em nosso mundo, espaço intocado, virgem da mão do homem: para Bill McKibben é o fim de uma ideia da natureza há muito dominante no imaginário ocidental e que foi pouco a pouco destruída no decorrer dos séculos XIX e XX, a de um Éden intacto, de uma infinita capacidade de absorção e de resiliência, na qual o homem poderia se reabastecer[45]. A relação de força parece se inverter, ainda que suas consequências escapem à humanidade: é essa extraordinária reviravolta que está na origem das grandes reflexões contemporâneas sobre a crise ambiental, quer se trate da *deep ecology* [ecologia profunda] imaginada por Arne Naess em 1972, para quebrar uma concepção antropológica da ecologia[46], ou de *O contrato natural* (1990) de Michel Serres[47].

O impacto emocional dessa evolução ainda tem de ser definido em detalhes: nostalgia, medo, ira? Christian Godin vê em tal impacto a persistência de um "ódio à natureza" próprio da nossa civilização[48]. Hans Jonas, por sua vez, em seu *O princípio responsabilidade* (1979), considera uma "heurística do medo"[49] nascida dessa reviravolta: ela se traduz em política por um princípio de precaução, introduzido em 2005 na Constituição francesa e que se apoia justamente em uma apreciação da finitude e da fragilidade da natureza perante o poder tecnológico da humanidade. O sucesso das ideias de Jonas, retomadas a cada debate sobre a proibição dos OGM, por exemplo, testemunha a onipre-

---

44. BONNEUIL, C. & FRESSOZ, J.-B. *L'Événement anthropocène*. Paris: Seuil, 2013.
45. McKIBBEN, B. *The End of Nature*. Nova York: Random House, 1989.
46. NAESS, A. "The Shallow and Deep, Long-Range Ecology Movement: A Summary". In: *Inquiry*, vol. 16, n. 1-4, 1973, p. 95-100.
47. SERRES, M. *Le contrat naturel*. Paris: François Bourin, 1990 [*O contrato natural*. Rio de Janeiro: Nova Fronteira, 1991].
48. GODIN, C. *La haine de la nature*. Seyssel: Champ Vallon, 2012, p. 12-13.
49. JONAS, H. *Le principe responsabilité* (1979). Paris: Cerf, 1990 [*O princípio responsabilidade*. Rio de Janeiro: Contraponto, 2015].

sente midiatização não apenas das questões ambientais[50], como também da própria natureza.

A midiatização de uma emoção planetária: "You know only a heap of broken images"[51]

Em 1933, Magritte descreve a "condição humana" com um quadro colocado diante de uma janela e sobre o qual está pintada a paisagem que deveríamos ver no lado de fora: o destino da humanidade está doravante ligado a uma representação totalmente artificial da natureza, por trás da qual talvez não haja nada – quem pode nos dizer que o quadro pintado não esconde uma abertura? Três anos depois, ele nos dá "a chave dos campos": para fugir, não bastaria quebrar a janela, sobre a qual desta vez está pintada diretamente a paisagem exterior? Mas se é para encontrar a mesma coisa, por que quebrá-la? A imagem não se equivale à realidade? Basta recolar os pedaços amontoados... No decorrer do século XX, a natureza parece tornar-se "um espaço de sonho" que a cada dia desrealizamos um pouco mais mantendo-a em imagens[52]. Este é sem dúvida um dos outros fatos marcantes desse período, que se anuncia desde o século anterior, mas adquire agora uma amplitude inédita: a emoção diante da natureza é vivida cada vez mais por procuração. Charbonneau já observava isso com uma mistura de divertimento e de amargura ao citar o número da revista de cinema *Pour vous* [Para vocês] publicado na Páscoa de 1937:

> Tarzan chegou [...]; quando ele aparece, "o funcionário enterrado sob uma avalanche de dossiês sente por ondas uma crescente alegria invadi-lo já nos primeiros planos de florestas agitadas pela brisa..." Assim, aqueles que não podem partir em cruzeiro para

---

50. Cf. AMBROISE-RENDU, A.-C. & MATHIS, C.-F. "De la nature à l'écologie" [dossiê]. In: *Le Temps des Médias*, n. 25, 2015, p. 5-228.
51. "Tu ne connais qu'un amas d'images brisées" [Só conheces um amontoado de imagens partidas] (ELIOT, T.S. *Poèmes (1910-1930)*. Op. cit., p. 89).
52. GODIN, C. *La haine de la nature*. Op. cit., p. 178.

as ilhas do Pacífico "encontram nos filmes exóticos um descanso nervoso. A natureza jamais recusa suas forças a quem as pede"[53].

É o cinema que, significativamente, cumpre agora esse papel de mediador de emoções: a pintura e a poesia são pouco a pouco descartadas. Já disseram a que ponto estas foram centrais, no século precedente, para a construção de uma relação emotiva particular com uma natureza-paisagem. A invenção da fotografia muda as regras do jogo: cabe a ela agora a representação fiel do mundo; depois de algumas tentativas, o artista-pintor se dá finalmente outras ambições, a da pura sensação nos impressionistas, depois, para seus sucessores, a de uma subjetividade absoluta da tela, cuja relação com o mundo natural se distende, até por vezes encerrá-la sobre si mesma – é trabalhando sobre a paisagem que Mondrian e Kandinsky chegam à abstração. Ainda existem, é claro, paisagens nos fauvistas ou nos cubistas: mas a emoção, se houver, não emana mais da natureza representada, simples pretexto para um jogo formal ou para a exposição da interioridade do pintor. "Sob seus pés a natureza esmagada" – Apollinaire viu com justeza[54]: a pintura não é mais essencial na aprendizagem de uma emoção pela natureza, ainda que existam grandes artistas como Nicolas de Staël ou Gerhard Richter que mostram o caminho. É somente nos Estados Unidos que persiste de maneira notável uma pintura de paisagem, com Grant Wood, Burchfield, Hopper, a qual se abisma nas obras berrantes e *kitsch* de Thomas Kinkade, do qual em cada dez americanos um possuiria hoje uma reprodução, mesmo em uma camiseta ou em uma caneca[55]. Aliás, não surpreende que, no final dos anos de 1960, seja no Oeste americano que nasça a *Land Art*: contemporânea do desenvolvimento dos movimentos ecológicos, essa corrente muito heterogênea visa inicialmente abandonar museus e galerias para criar *in situ*, em espaços por vezes espetaculares, e trabalhando

---

53. Apud CHARBONNEAU, B. "Le sentiment de la nature, force révolutionnaire", cap. cit., p. 147.
54. APOLLINAIRE, G. "Sur la peinture". In: *Les peintres cubistes* – Méditations esthétiques. Paris: Figuière, 1913.
55. BÜTTNER, N. *L'Art des paysages*. Paris: Citadelles & Mazenod, 2007.

os materiais da própria natureza. Como testemunha evidente do apagamento reconhecido de um mundo não antropizado, a *Land Art* se inscreve claramente em uma busca de uma relação emotiva renovada com os espaços naturais: o artista não dá mais as costas à natureza, ele cria com e contra ela, oferecendo assim outras maneiras de interação, não exclusivamente visuais[56], inclusive para o público. James Turrell, com sua "Abóbada celeste", e Wolfgang Laïb, em seu "Quarto das certezas", propõem outros pontos de vista sobre o mundo ao modificar os espaços naturais sobre os quais eles intervêm, a fim de suscitar emoções[57]. Outros, como Andy Goldsworthy ou Nils-Uno, certamente mais em acordo com o pensamento ecológico de uma fragilidade da natureza, contentar-se-ão em criar obras essencialmente efêmeras.

A poesia seguiu um caminho afinal muito próximo do da pintura, como mostra admiravelmente Michel Collot em um belo estudo[58]. Também ela, é claro, torna-se absolutamente marginal na construção de uma relação emotiva com a natureza. Também ela busca se afastar dessa relação, no período entreguerras, e depois nos anos de 1950-1970 – sem que essa recusa seja unânime, pois grandes artistas como Francis Ponge ou Louis Aragon perpetuam uma forma de lirismo ou de celebração da paisagem nacional –, antes de um retorno ao mundo natural, flagrante desde os anos de 1980 em Philippe Jaccottet (*Cahier de verdure* [Caderno de relva] 1990) ou Édouard Glissant (*Poética da relação*, 1990); *Traité du tout-monde* [Tratado do mundo todo] 1997), por exemplo. O século é percorrido pela dificuldade em se ligar poeticamente a um mundo desprovido de sentido e de esperança, e que se distancia. Percebendo "arbustos de gritos de pássaros" que o comovem particularmente, Philippe Jaccottet se aflige com sua impotência: "Sei que gostaria, a esse respeito, de fazer ouvir alguma coisa (o que ele incumbe à

---

56. HAWKINS, H. "Picturing Landscape". In: HOWARD, P.; THOMPSON, I. & WATERTON, E. (dirs.). *The Routledge Companion to Landscape Studies*. Londres: Routledge, 2013, p. 190-199.
57. BRUNON, H. & MOSSER, M. *L'Art du jardin, du début du XXe siècle à nos jours*. Paris: CNDP, 2011, p. 52-53.
58. COLLOT, M. *Paysage et poésie* – Du romantisme à nos jours. Paris: José Corti, 2005 [obra na qual me apoio para este parágrafo].

poesia de fazer ouvir, mesmo hoje em dia), e isso não é nada simples"[59] – alguns anos antes, em 1959, com uma motivação talvez semelhante, Olivier Messiaen dava as primeiras representações de seu *Catálogo dos pássaros*. A mesma ambição habita Ponge quando ele afirma que o artista deve criar a partir das emoções dadas pela matéria do mundo; ele "expressa *perante o mundo* (sobre emoções que dele recebe) *sua mais profunda intimidade*. [...] Ele está ali para expressar a natureza muda"[60]. A natureza não é mais o espelho das emoções do artista; são as emoções do mundo que constituem o reservatório, a matéria de uma busca de sentido, de uma outra maneira de ser e de criar.

Portanto, da *Land Art* a essa nova forma de lirismo, há na criação artística uma espécie de retorno à natureza e às emoções que ela pode suscitar, muitas vezes intimamente ligado à percepção da crise ecológica. O mesmo se passa com o cinema, que de certa maneira parece desempenhar um papel-chave de substituição de uma relação direta com o ambiente natural[61].

A sétima arte, reflexo do "comércio mental do homem com o mundo", segundo a bela fórmula de Edgar Morin[62], se apoia em emoções partilhadas, próprias a uma cultura, para criar atmosferas ou tocar os espectadores: a chuva será signo de tristeza, de uma floresta sombria surgirá o medo etc. Mais profundamente, seu papel de vetor emocional na relação com a natureza transformou-se sensivelmente no decorrer do século XX, integrando pouco a pouco as inquietudes ambientais – mas, e esta é uma de suas ambiguidades fundamentais, sem quase nunca perder uma dimensão de evasão[63]. O sucesso do documentário so-

---

59. Apud COLLOT, M. *Paysage et poésie*. Op. cit., p. 153.
60. Ibid., p. 149.
61. Cf. DAVIDSON, T.K.; PARK, O. & SHIELD, R. *Ecologies of Affect*: Placing Nostalgia, Desire and Hope (Waterloo: Wilfrid Laurier University Press, 2011), em que os autores indicam com efeito que nossa relação afetiva com o mundo está em grande parte construída por uma realidade virtual, oriunda de tecnologias como o cinema. Cf. tb. PLANTINGA, C. & SMITH, G.M. *Passionate Views* (Baltimore, Md.: Johns Hopkins University Press, 1999), cujos autores evocam que as salas de cinema são espaços essenciais onde as sociedades modernas experimentam emoções coletivas.
62. MORIN, E. *Le cinéma ou l'homme imaginaire*. Paris: Minuit, 1956.
63. CUBITT, S. *Eco Media*. Amsterdã: Rodopi, 2005.

bre animais, por exemplo, não se desmente desde os *nature films* de Disney nos anos de 1940 até as obras de Jacques Perrin, e se encontra tanto na tela grande quanto na pequena, com canais de TV a cabo como o Discovery, Animal Planet ou National Geographic. A despeito de uma crescente pertinência da representação da natureza, esses filmes compartilham globalmente um ponto de vista antropomórfico que permite uma identificação fácil com o indivíduo-animal escolhido como "herói" da narração, e portanto um compartilhamento emocional. Devendo representar "a realidade", o documentário nem por isso deixa de revelar uma natureza muitas vezes fictícia porque autorreguladora, em que o homem está ausente e sem influência: é claro que esse aspecto vem se reduzindo há uns quinze anos, mas sem deixar de mostrar a dimensão de evasão[64].

Quanto aos filmes de ficção, eles acompanham as inquietudes ligadas à questão ambiental[65]. Os primeiros filmes catástrofes datam da era nuclear e refletem sobre a vingança de uma natureza abalada que ataca a civilização moderna. O sentimento de fragilidade da Terra, em ligação com o desenvolvimento dos movimentos ecológicos nos anos de 1970, se expressa por meio das obras como *Corrida silenciosa* (1972), de Douglas Trumbull, em que a fauna e a flora, destruídas no planeta, só sobrevivem nas estufas das naves espaciais. Nos anos de 1980, a Amazônia torna-se a encarnação do maravilhamento diante da beleza natural, e do medo de seu desaparecimento (*A floresta de esmeralda*, 1980, ou *O curandeiro da selva*, 1992, p. ex.) – é significativo que o buraco da camada de ozônio, outra causa ambiental dessa década, não encontre expressão cinematográfica equivalente, uma vez que ela é *invisível*. Leo Braudy vê até emergir nesses anos um novo gênero de filme, ligado justamente a esse sentimento de crise nas relações da humanidade com seu ambiente natural[66].

---

64. BOUSÉ, D. *Wildlife Films*. Filadélfia, PA.: University of Pennsylvania Press, 2000.
65. Aqui me apoio muito em *Les dossiers de l'éducation aux médias*, n. 8: *Médias plus verts que nature* – L'exploitation du thème de l'environnement dans les médias. Bruxelas: Media Animation, 2013 (principalmente nas análises de Daniel Bonvoisin).
66. BRAUDY, L. "The Genre of Nature: Ceremonies of Innocence". In: BROWNE, N. (dir.). *Refiguring American Film Genres*. Berkeley, Calif.: University of California Press, 1988, p. 278-309.

Desde os anos de 2000, a desconfiança em relação à tecnologia triunfa, e as catástrofes globais voltam a aparecer, muitas vezes ligadas ao aquecimento climático" *O dia seguinte* (2004), de Roland Emmerich, que mergulha paradoxalmente a humanidade em uma nova era glacial, testemunha a potência visual e emocional desses filmes – com a Estátua da Liberdade tragada e congelada, por exemplo. Claro, o resultado espetacular dessa corrente é *Avatar* (2009), de James Cameron, com um sucesso cinematográfico sem precedentes. Como mostrou Daniel Bonvoisin, *Avatar* reuniu tudo o que fez o sucesso dos filmes anteriores: indústria predatória, ameaça ao meio ambiente virginal e idílico próximo da Amazônia etc. Seu sucesso deve-se principalmente à imersão proposta (sobretudo pelo 3D) no mundo edênico de Pandora. Os críticos, contudo, insistiram muito nas ambiguidades do filme[67]: embora seja o resultado de uma proeza técnica de tirar o fôlego, ele exalta os méritos de uma sociedade "primitiva" com relações íntimas com a natureza. Além disso, *Avatar*, como seus predecessores, porém ainda mais espetacular, revela uma natureza irreal: ele critica a avidez de uma humanidade que quer se apoderar do "unobtainium" em vez de se contentar com o que tem; ao fazê-lo, ele cria um mundo paradisíaco igualmente inatingível e que de todo modo nunca existiu. O risco está então em ultrapassar o ambiente natural real, tornado decepcionante, insatisfatório – a emoção na natureza inclinando-se diante das emoções de uma realidade virtual[68]. Essa confusão explica o aparecimento em certos espectadores de uma "depressão pós-Pandora"...[69]

---

67. MOSSNER, A.W. (dir.). *Moving Environments*. Waterloo: Wilfrid Laurier University Press, 2014, p. 173.

68. Até então, as obras de arte ou de ficção (quadros, romances ou filmes) podiam encorajar a descobrir *in situ* o território ou a paisagem que eles descrevem: é uma constante, da Montanha Santa Vitória de Cézanne à Nova Zelândia, Terra média do *Senhor dos Anéis* (2001-2003), do cineasta Peter Jackson, passando pelo Dorset de Thomas Hardy, p. ex. Cf. GOLD, J.R. & GOLD, M.M. "The Field and the Frame: Landscape, Film and Popular Culture". In: HOWARD, P.; THOMPSON, I. & WATERTON, E. (dir.). *The Routledge Companion to Landscape Studies*. Op. cit., p. 210-219.

69. Expressão empregada no intitulado de uma discussão sobre um fórum consagrado ao filme *Avatar* ("Ways to Cope with the Depression of the Dream of Pandora Being Intangible" [Disponível em Tree-of-souls.com].

Da emoção à proteção: "Shall I at least set my lands in order?"[70]

O impacto emocional das obras de ficção em sua descrição da natureza se traduz em ações de proteção? Uma emoção, por definição limitada no tempo, é capaz de inspirar uma relação nova com o meio ambiente que se inscreva na longa duração? A questão foi explicitamente colocada com relação a certos filmes e documentários, como *Avatar* ou *Uma verdade inconveniente* (2006), de Davis Guggenheim. Este último filme, para além de uma pretensão científica contestável, joga claramente com o registro emocional, não apenas pelo relato personalizado da vida de Al Gore, como também por algumas imagens marcantes (derretimento das geleiras ou cidades submersas). Ele consegue, por outro lado, não jogar com um registro emocional puramente negativo, o que o torna ainda mais acessível do que muitos documentários mais apocalípticos[71]. Alguns raros estudos, além disso difíceis de realizar e de resultados incertos, parecem mostrar o impacto concreto imediato desses filmes na posterior atitude dos espectadores em relação ao meio ambiente natural[72].

É evidente que desde meados dos anos de 1990 os vínculos entre engajamento emocional e proteção à natureza passam por um novo questionamento. As ciências cognitivas reabilitaram consideravelmente as emoções na compreensão do mundo e tendem a suprimir a fronteira que as separava da razão; são até mesmo incluídas em estudos de "geografia emocional", recusando uma concepção demasiado abstrata do espaço[73]. Muitos pesquisadores e ativistas incentivam a se apoiar nas emoções para convencer os indivíduos a proteger melhor o meio ambiente[74]: como testemunho de uma verdade mais profunda

---

70. "Mettrai-je au moins de l'ordre dans mes terres?" [Conseguirei ao menos organizar minhas terras?] (ELIOT, T.S. *Poèmes (1910-1930)*. Op. cit., p. 131).
71. MOSSNER, A.W. "Emotions of Consequence?" In: MOSSNER, A.W. (dir.). *Moving Environments*. Op. cit., p. 41-60.
72. MOSSNER, A.W. "Introduction". Ibid., p. 8.
73. SMITH, M.; DAVIDSON, J.: CAMERON, L. & BONDI, L. *Emotion, Place and Culture*. Farnham: Ashgate, 2009.
74. MILTON, K. *Loving Nature*: Towards an Ecology of Emotion. Londres: Routledge, 2002.

de cada um[75], elas seriam a condição essencial de um verdadeiro engajamento[76]. Incentivar a população a defender a natureza dependeria, portanto, bem mais das representações emocionais do planeta do que de um discurso racionalista sobre as consequências desse ou daquele comportamento[77]. O naturalista François Terrasson propunha assim, para superar um "medo da natureza", que ele acreditava ainda enraizado em nós e no qual via a fonte da devastação ecológica atual, educar para as emoções para então sensibilizar melhor ao meio ambiente, tentando valorizar os espaços que suscitam as reações afetivas mais negativas (medo das florestas, repugnância pelos pântanos etc.)[78]. Aldo Léopold, por sua vez, estima que "a evolução de uma ética da Terra é um processo tanto intelectual quanto emocional": apenas uma "consciência intensa da Terra", como aquela que ele expressa em seu *Almanach d'un comté des sables* [Almanaque de um condado das areias] (1949), pode, segundo ele, trazer as mudanças necessárias[79].

Essa reabilitação das emoções, essa refutação da razão como base suficiente de uma atitude ecologicamente responsável, sugerem, pois, outras relações com o mundo, outras cosmologias[80], talvez com elas a arte ao menos retome

---

75. Cf. BELL, M. *Sentimentalism, Ethics and the Culture of Feeling*. Londres: Palgrave, 2000. O autor pensa que passamos de uma compreensão das emoções como *truth of feeling* (a emoção se afina com os princípios morais que a precedem) a uma outra como *truth to feeling* (ela dá acesso a uma verdade desembaraçada das convenções sociais).

76. Elizabeth Kals, Daniel Schumacher e Leo Montada mostram empiricamente que uma abordagem racional do ambiente não basta para justificar e explicar uma atitude protetora; esta geralmente se apoia em uma afinidade emocional forte e antiga com a natureza ("Emotional Affinity toward Nature as a Motivational Basis to Protect Nature". In: *Environment and Behavior*, vol. 31, n. 2, 1999, p. 178-202).

77. ANDERSON, E.N. *Caring for Place*: Ecology, Ideology, and Emotion in Traditional Landscape Management. Walnut Creek, Calif.: Left Coast Press, 2014. O autor enfatiza o sucesso na gestão ambiental de certas civilizações que têm uma outra relação emocional com a natureza do que a da Modernidade.

78. TERRASSON, F. "L'éducation impossible". In: *La peur de la nature*. Paris: Sang de la terre, 2007, anexo 4, p. 185ss.

79. LÉOPOLD, A. *Almanach d'un comté des sables* (1949). Paris: Flammarion, 2000, p. 282 e 284.

80. Philippe Descola relembra que nossa relação com o mundo, que ele nomeia "naturalista", não é senão uma cosmologia possível entre outras – totemismo, animismo e analogismo (*Par-delà nature et culture*. Paris: Gallimard, 2005).

seus direitos, assim como qualquer obra que ajudar a redescobrir, segundo as belas palavras de Julien Gracq, "o sentimento da maravilha"[81]. Esta é uma das tarefas a que se propôs o sucessor da *Land Art* nos últimos dez anos: o *Environmental Art* busca, com efeito, promover uma relação mais equilibrada entre o planeta e a humanidade, como na exposição "Earth: Art of a Changing World" [Terra: arte de um mundo em transformação], realizada na Royal Academy de Londres em 2009-2010[82]. É de fato possível que nenhuma "política ambiental seja bem-sucedida sem lirismo nem poesia"[83], pois se trata, afinal, de devolver um sentido a uma Terra tornada devastada, "a fim de salvar o mundo do suicídio", como desejava T.S. Eliot em um comentário ao seu poema[84]. Para isso, é preciso "habitar como poeta"?[85] Redescobrir o caminho de emoções terrenas? É o que sugeria afinal Rimbaud no "Adeus", no final de sua *Temporada no inferno* (1873): "Eu! eu que me chamei mago ou anjo, dispensado de toda moral, retornei ao chão, com um dever a buscar, e a realidade rude a abraçar! Campônio!"

---

81. Apud COLLOT, M. *Paysage et poésie*. Op. cit., p. 171.
82. COLLINS, T. "Art, Imagination and Environment". Apud HOWARD, P.; THOMPSON, I. & WATERTON, E. (dirs.). *The Routledge Companion to Landscape Studies*. Op. cit., p. 199-209.
83. GODIN, C. *La haine de la nature*. Op. cit., p. 223.
84. ELIOT, T.S. *La terre vaine*. Op. cit., p. 107. Como Eliot, Bernard Charbonneau faz do termo "terreno baldio" a paisagem do ano 2000. Cf. CHARBONNEAU, B. *Une seconde nature* – L'homme, la société, la liberté. Paris: Sang de la Terre, 2012, p. 173-174.
85. PINSON, J.-C. *Habiter en poète*. Seyssel: Champ Vallon, 1995.

TRAUMAS: EMOÇÕES-LIMITE E VIOLÊNCIAS EXTREMAS

11
APOCALIPSES DA GUERRA

Stéphane Audoin-Rouzeau

Apreender as emoções de guerra exige primeiramente que se leve em consideração o tempo de guerra. Pois este é um tempo *outro*, um tempo ao qual é permitido aplicar a profunda observação de Michelet sobre a Revolução Francesa: "O tempo não existia mais, o tempo perecera"[1]. Também a guerra constitui uma "brecha do tempo"[2] induzindo uma economia das emoções que também é *outra* – radicalmente diferente, em todo caso, daquela das sociedades "pacificadas", doravante marcadas, além do mais, por um espetacular desprezo pela guerra. É isso que é tão difícil de perceber, tanto é verdade que a historiografia se recusa na maioria das vezes a inscrever o fato guerreiro em sua temporalidade própria. Aqui, no entanto, a operação histórica deve se fazer *apocalipse*, isto é, no sentido próprio do termo, *revelação*.

Sendo assim, o medo constitui a emoção central dos tempos de guerra contemporâneos. Medo dos soldados no combate em uma guerra mais e mais industrializada, fazendo mais e mais basear no acaso e na sorte a sobrevivência daqueles que carregam as armas; medo dos civis que pouco a pouco, no século

---

1. Apud FURET, F. *La Révolution Française*. Paris: Gallimard, 2007, p. 892.
2. HARTOG, F. *Régimes d'historicité* – Présentisme et expériences du temps (2003). Paris: Seuil, 2012, p. 115.

XX, se tornaram o verdadeiro alvo dos grandes aparatos de violência guerreira; medo dos prisioneiros de guerra, quando o cativeiro resultava em uma eliminação pura e simples pela fome e pelos maus-tratos; medo dos internados nos campos de concentração, esse aterrador parasita da atividade guerreira, surgido desde o final do século XIX para não abandoná-la senão em meados do século seguinte. Mas a economia das emoções de guerra não poderia se resumir ao medo, ou mesmo ao seu paroxismo: o terror. Pois um e outro fazem um bom par com o ódio, tão pregnante na conflitualidade moderna. Por fim, a guerra não se concebe sem a dor da perda, seja o luto por aqueles que morreram em combate, sob os bombardeios ou nos campos, seja o luto por uma parte de si mesmo (o rosto destruído dos "caras quebradas", o membro faltante dos amputados...). Pensamos também em uma outra forma de morte – esta invisível –, quando feridas de uma outra ordem (as da psique, muitas vezes irremediáveis...) permanecem incompreensíveis aos outros e a si mesmo: sendo assim, o luto, sob todas suas formas, constitui uma das grandes emoções da economia moral dos tempos de guerra contemporâneos. É com ele que concluiremos este capítulo.

O medo, o terror

Enunciar o medo dos soldados em combate com certeza não é algo evidente. Clausewitz, que o vira de perto durante a campanha da Rússia, a ele consagra uma única passagem no *Da guerra* (1832-1837), aliás o único que ele consagrou à experiência direta da batalha:

> Acompanhemos o noviço pelo campo de batalha. À medida que dele nos aproximamos, o urro dos canhões mais e mais distinto acaba por se misturar ao sibilo das balas que atrai a atenção do inexperiente. As balas começam a cair bem perto de nós. Apressamo-nos para subir a colina onde estão o general e seu numeroso Estado-maior. As balas de canhão percutem tão perto de nós, as granadas explodem a uma tal velocidade, que o lado sério da vida acaba por se impor à imaginação juvenil. De repente, um de nossos conhecidos desaba – uma granada cai no meio do grupo de pessoas, provocando um rebuliço involuntário –, damo-nos conta

> de que perdemos um pouco da calma e da presença de espírito, e até o mais corajoso sente-se ao menos desamparado. Um passo a mais e entramos com os dois pés na batalha que se trava diante de nós, até agora parecíamos participar de um espetáculo, e aqui estamos nós ao lado do general de divisão mais próximo. Aqui, as balas se sucedem sem descanso e o alarido de nossas próprias armas aumenta a confusão. Deixemos o general de divisão e vejamos o general de brigada. Este, de uma bravura notória, mantém-se prudentemente atrás de uma colina, de uma casa ou de algumas árvores, indício certo de que o perigo está a aumentar. Os cartuchos crepitam sobre os telhados e nos campos, as balas de canhão voam de todos as partes ao nosso lado e acima de nós, e já podemos ouvir o sibilo das balas de fuzil. Aproximemo-nos mais um pouco das tropas, dessa infantaria que, com uma perseverança indescritível, aguenta longas horas sob o fogo cerrado. O espaço está repleto de balas. Elas se anunciam com esse som breve e agudo que roça nosso ouvido e nossa alma. Para encerrar, a visão dos mutilados, daqueles que caem, enche de compaixão nosso coração que bate[3].

Sutil gradação dos afetos aqui descrita por Clausewitz: a "atenção" dada primeiramente ao homem inexperiente, depois o "sério da vida" que se impõe à sua "imaginação", a perda da "calma" e da "presença de espírito" diante das primeiras perdas, a ponto de fazê-lo se sentir "desamparado"; por fim, nas primeiras linhas, o som das balas roçando a própria "alma", e a "compaixão" sentida à visão dos feridos... Nesse texto excepcional se lê evidentemente a presença de um medo mais e mais intenso; mas impressiona tanto quanto a ausência dessa mesma *palavra*. Tudo parece se passar como se Clausewitz tivesse se recusado a escrevê-la. Assim como se recusa a escrever seu efeito sobre o corpo, com exceção do batimento do coração evocado *in fine*: apenas o espírito é evocado aqui.

Mais tarde, em meados do século, relatando em junho de 1855 uma fase do cerco de Sebastopol em que ele próprio está entre os combatentes, Léon Tolstói faz uma escolha bem diferente. Desta vez, o medo é realmente nomeado, por

---

3. CLAUSEWITZ, C. *De la guerre* (1832-1837). Paris: Minuit, 1955, p. 103-104.

meio da sutil gradação das emoções experimentadas pelo ajudante de campo Kaluguine, um homem com "amor-próprio" e com "nervos de aço", "em uma palavra o que chamamos um bravo". A caminho de um bastião, este último cruza primeiramente com um grande número de feridos: não se deixando levar pela "desagradável impressão" experimentada naquele instante, ele continua seu caminho para a zona de perigo. Ali, um estilhaço de bomba zune e cai aos seus pés antes de achar que um obus se dirige diretamente sobre ele: "De repente ele foi tomado de terror, deu cinco ou seis passos correndo e se jogou de barriga no chão". A vergonha e então a fúria contra si mesmo imediatamente se seguem. Mas elas não podem livrar o oficial do medo sentido, ele que, tendo "se apoderado da alma, [...] não cede de pronto o lugar a um outro sentimento": desde então, "esse homem que se vangloriava de nunca curvar a cabeça caminhava na trincheira apressado e quase rastejando". Ao mesmo tempo, nada lhe escapa do que se passa em seu íntimo, e que ele não pode controlar: "Ao constatar o quanto ofegava e o quanto transpirava, surpreendeu-se, sem mesmo tentar se recompor", prossegue Tolstói. Em resumo, "ele não se reconhecia mais". Vêm os últimos passos antes do abrigo: eis o oficial "mais uma vez tomado do mesmo desvario e do mesmo medo estúpido; o coração batia em golpes redobrados, o sangue afluía ao cérebro". Como vemos: a dimensão somática do medo, desta vez, é mencionada com uma grande nitidez. Depois, o oficial uma vez no abrigo, vem a sedação desse medo tão intensamente experimentado: "Kaluguine nunca conseguiu realmente compreender como, por duas vezes, tinha se entregado a uma fraqueza tão imperdoável: sentiu-se furioso consigo mesmo e teria desejado enfrentar um perigo para mais uma vez se pôr à prova"[4].

No mesmo momento, no campo em frente, um oficial francês – Charles Ardant Du Picq – também fez sua experiência do medo sob o fogo cerra-

---

[4]. TOLSTÓI, L. "Sébastopol en mai" (26/06/1855). In: *Les Récits de Sébastopol*. Paris: Payot, 2005, p. 69-72. Para a primeira metade do século XIX muito particularmente, cf. MAZUREL, H. "Enthousiasmes militaires et paroxysmes guerriers". In: CORBIN, A.; VIGARELLO, G. & COURTINE, J.-J. (dirs.). *Histoire des émotions*. T. 2. Paris: Seuil, 2016. Nosso capítulo se inscreve na continuidade deste.

do. Com seus *Estudos sobre o combate* (1880), tornou-se depois seu primeiro teórico: "Os soldados têm emoção, medo mesmo", escreve ele, antes de acrescentar: "O sentimento do dever, a disciplina, o amor-próprio, o exemplo dos chefes, sobretudo o sangue-frio, os sustentam e impedem o medo de se tornar terror". Interessante gradação: na escrita de Ardant Du Picq, a "emoção" dos combatentes parece um afeto que precede a chegada do medo, que por sua vez precede o reinado do terror. O que exatamente é essa "emoção", o autor não esclarece; em contrapartida, é o controle de si que, aos seus olhos, distingue nitidamente o medo do terror. Nos "mais fortes", acrescenta ele, e aqui está pensando nos chefes, dos quais faz parte, "o medo nunca se torna terror e desaparece nas preocupações do comando". De todo modo, esclarece, ele nunca deve se tornar terror; pois "na guerra", quando *o terror* toma conta, e a experiência mostra que isso acontece muitas vezes, é como se estivesse diante de um leão, você foge tremendo e se deixa imolar". Todo o pensamento de Ardant Du Picq é impedir o terror de se apoderar das tropas – de se apoderar delas com mais frequência, com mais facilidade, como ele teme, à medida que a potência das armas aumenta e que os soldados se espalham pelo campo de batalha, escapando assim ao comando dos chefes. Pois – e está convencido disso – o homem "só suporta uma determinada quantidade de terror"[5].

Neste ponto, e talvez apenas neste ponto, Ardant Du Picq se enganava: a guerra "moderna", anunciada pela guerra civil americana de 1861-1865 e pela guerra franco-prussiana de 1870-1871, mas que só exibe realmente seus efeitos em grande escala quando do conflito russo-japonês de 1904-1905, iria forçar milhões de homens oriundos das sociedades industriais – europeias em primeiro lugar, mas não apenas – a suportar "quantidades de terror" sem qualquer precedente. Ali se estabeleceu uma das maiores experiências emocionais coletivas do século XX.

---

5. PICQ, C.A. *Études sur le combat* – Combat antique et combat moderne (1880). Paris: Economica, 2004, p. 99-100, esp. 88.

No fim das três semanas da grande Batalha de Moukden (fevereiro-março de 1905), os adidos militares que seguiam os exércitos russos e japoneses em batalha constatam, estupefatos, um dos efeitos do medo nas tropas japonesas que assaltaram as posições russas: os terrenos visitados pelos observadores estão "varados com incontáveis buracos individuais mais ou menos profundos"[6]: o medo experimentado pelos soldados japoneses diante da eficácia mortífera do fogo das armas modernas, levando-os a um uso intenso de suas ferramentas para escavar a terra, fez literalmente o combate penetrar o solo. Uma década mais tarde, a Primeira Guerra Mundial levará tal evolução ao seu paroxismo.

E, doravante, o medo no combate poderá ser dito. Se não naquele instante, pelo menos depois, ele poderá até mesmo ser dito na primeira pessoa. Em 1930, Gabriel Chevallier faz do medo o título de seu primeiro romance autobiográfico. Evocando um dos primeiros bombardeios sofridos por ele mesmo e por seus camaradas, em Artois, no outono de 1915, é primeiramente o medo do *grupo* que ele escolhe evocar:

> Os obuses devastaram o silêncio em um instante. Vinham sobre nós em golpes rápidos, bem regulares, não caindo a mais de cinquenta metros. Por vezes tão perto que nos recobriam de terra e que respirávamos sua fumaça. Os homens que riam não passavam de uma caça acuada, animais sem dignidade cuja carcaça não agia senão por instinto. Vi meus camaradas pálidos, o olhar enlouquecido, se empurrarem, se amontoarem para não serem atingidos sozinhos, sacudidos como espantalhos pelos sobressaltos do medo, agarrando o chão e nele escondendo o rosto. As explosões eram tão contínuas que seu sopro quente e acre elevou a temperatura desse lugar e transpirávamos um suor que congelava sobre nós, mas não sabíamos mais se esse frio não era um calor. Nossos nervos se contraíam com queimaduras de entalhe e mais de um se acreditou ferido e sentiu, até o coração, o terrível dilaceramento que sua carne imaginava de tanto temê-la[7].

---

6. COSSON, O. *Préparer la Grande Guerre* – L'armée française et la guerre russo-japonaise (1899-1914). Paris: Les Indes Savantes, p. 150.

7. CHEVALLIER, G. *La peur*. Paris: Stock, 1930, p. 53-54.

Como dissemos: sem se abstrair do coletivo aqui evocado, o autor se coloca como observador, e isso, ainda mais facilmente porque ele mesmo "sustentado por [sua] razão, que aliás se exerca em vão", se imagina que o tiro contínuo dos canhões de campanha impedia que os obuses caíssem na trincheira onde então ele se encontrava. Tranquilizado por essa "bobagem", diz ele, "[ele] sofre[u] menos do que os outros"[8]. Seria por essa razão que a observação se faz fina sobre os efeitos corporais do medo – ou melhor, do terror neste caso? Nesse texto de uma rara precisão, Gabriel Chevallier evoca sem nada omitir os sinais de animalização dos homens, desbordados por afetos que não podem dominar: palidez dos rostos, provocada pela vasoconstrição do sistema vascular da face; olhos arregalados – tão característico do homem aterrorizado, e que Otto Dix representou tão bem; reagrupamento instintivo dos corpos, sacudidos por espasmos incontroláveis; reflexo de afundar a parte mais vulnerável do ser – o rosto – no próprio chão. Uma abundante transpiração se adiciona a esse quadro somático, enquanto as noções de quente e de frio se confundem até se tornarem indistintas. E, no entanto, as imagens mentais não desaparecem por causa da brutalidade da experiência sensorial: pelo contrário, a imaginação dos homens se fixa no possível desmembramento de seu próprio corpo, esse "outro medo" característico da guerra moderna e de suas armas de grande potência, esse medo irracional e, no entanto, previsível evocado por Marc Bloch em *A estranha derrota* (1946): "O homem, que sempre teme morrer, jamais suporta tão mal a ideia de seu fim do que quando a ele acrescenta a ameaça de uma mutilação completa de seu ser físico; o instinto de conservação talvez não tenha forma mais ilógica do que essa; mas também nenhuma outra que esteja mais profundamente enraizada"[9].

Mais adiante no relato de Gabriel Chevallier – trata-se da ofensiva da primavera de 1917 no Chemin des Dames –, é ao seu próprio medo e somente a ele que o autor consagra uma longa passagem:

---

8. Ibid., p. 54.
9. BLOCH, M. *L'Étrange défaite* – Témoignage écrit en 1940 (1946). Paris: Gallimard, 1990, p. 88 [*A estranha derrota*. Rio de Janeiro: Zahar, 2011].

> Não conheço efeito moral comparável àquele provocado pelo bombardeio quando se está no fundo de um abrigo. A segurança ali se paga com uma comoção, com um desgaste dos nervos que são terríveis. Não conheço nada mais deprimente do que essa martelagem surda que o persegue sob a terra, que o mantém escondido em uma galeria fedorenta que pode se tornar sua tumba. É preciso, para voltar à superfície, um esforço para o qual a vontade torna-se incapaz se não se vencer essa apreensão desde o início. É preciso lutar contra o medo aos primeiros sintomas, caso contrário ele o enfeitiça, e se está perdido, arrastado para uma derrocada que a imaginação precipita com suas invenções apavorantes. Os centros nervosos, uma vez desarranjados, comandam inadequadamente e trairiam mesmo o instinto de conservação com suas decisões absurdas[10].

Mais uma passagem importante, sugerindo que o medo pode e deve ser combatido de pronto: caso contrário ele estabelece seu domínio, a ponto de fazer que aquele que está preso em suas armadilhas tome as decisões mais contrárias à razão. Até aqui, no entanto, a anatomia do medo no combate à qual se dedica Gabriel Chevallier busca se manter a alguma distância do objeto evocado. Mas o texto oscila a seguir, quando finalmente o escritor evoca a si mesmo, *tomado* literalmente por seu próprio medo:

> O cúmulo do horror, que acrescenta a essa depressão, é que o medo deixa ao homem a capacidade de se julgar. Ele se vê no último grau da ignomínia e não pode se erguer, se justificar aos seus próprios olhos.
> Estou nesse ponto.
> Rolei no fundo do abismo de mim mesmo, no fundo das masmorras onde se esconde o mais secreto da alma, e é uma cloaca imunda, uma treva pegajosa. Eis o que eu era sem sabê-lo, o que sou: um sujeito que tem medo, um medo intransponível, um medo a implorar, que o esmaga... Para sair, precisaria que me expulsem aos murros. Mas aceitaria, creio eu, morrer aqui para que não me obriguem a subir os degraus... Tenho medo a ponto de não querer mais viver. Aliás, eu me desprezo. Contava com minha es-

---

10. CHEVALLIER, G. *La peur*. Op. cit., p. 228.

tima para me sustentar e eu a perdi. Como poderia ainda mostrar segurança, sabendo o que sei de mim, colocar-me em evidência, brilhar, depois do que descobri? Enganarei[ria] talvez os outros, mas saberei[ria] bem que minto e essa comédia me desgosta. [...] Tenho vergonha desse animal doente, desse animal espojado que me tornei, mas todos os recursos estão quebrados. Tenho um medo abjeto. Deveria cuspir em mim[11].

Assim, o medo extremo representa aqui uma iniciação. Mas uma iniciação ao contrário, de alguma forma: o iniciado acredita atingir aqui o que nele existe de mais baixo, a ponto de perder a estima de si em tal ordálio. Como toda iniciação, no entanto, nenhum passo para trás é possível e a prova sofrida revoga, para sempre, um antes de um depois. Aproximamo-nos aqui de uma compreensão de todos aqueles que, retornados da Primeira Guerra – retornados também das guerras ulteriores –, jamais puderam *retornar* do medo então sentido?

Com toda razão, a confissão de Gabriel Chevallier, dois anos anterior à de Bardamu à sua noiva no *Viagem ao fim da noite* (1932)[12], atesta que a experiência combatente do primeiro conflito mundial resultou na possibilidade de *escrever* o medo no combate, abordá-lo de frente, embora despojando sua evocação de qualquer julgamento de valor. De alguma forma, o medo, desmedidamente aumentado pelos efeitos da guerra moderna, tornou-se com ela uma emoção moralmente legítima.

Sem dúvida, ele havia se tornado um pouco mais cedo para as disciplinas da psique. Em 1916, ao relatar sua experiência com duzentos "neuróticos de guerra" no seu serviço de neurologia do hospital militar Maria-Valeria em Budapeste, em alguns incapazes de se deslocar por causa de tremores violentos nos membros inferiores apesar da ausência de qualquer dano orgânico, em outros permanecidos na posição na qual a explosão de um obus os tinha surpreendido, o psicanalista húngaro Sándor Ferenczi identifica bem o papel

---

11. Ibid., p. 228-229.
12. CÉLINE, L.-F. *Voyage au bout de la nuit*. Paris: Denoël & Steele, 1932 [*Viagem ao fim da noite*. São Paulo: Companhia de Bolso, 2009].

determinante do medo na efração traumática cujas formas de somatização extremas ele descreve longamente: "O *traumatismo*, ele explica, é a consequência de um afeto repentino (o medo) que não pode ser dominado pelo psiquismo. [...] Em outras palavras: esses pacientes ainda não retornaram de seu pavor, ainda que não repensem mais conscientemente no que viveram..."[13] Com a invasão da atividade guerreira pelo "fato psiquiátrico" – invasão bem anterior à Primeira Guerra Mundial, como mostra particularmente a Guerra de Secessão americana (1861-1865) –, fixou-se pouco a pouco um vocabulário que pretende colocar palavras sobre os efeitos psíquicos do medo: assim o termo *stress* atravessa a literatura americana no final da Segunda Guerra Mundial, antes de a noção de Post-Traumatic Stress Disorder (PTSD) se espalhar depois da Guerra do Vietnã[14] e se impõe no início dos anos de 1990 na nosografia internacional oficial[15]. Mas as palavras designando as afecções psíquicas provocadas pelo medo no combate não são o medo em si; aliás, elas não acabam estendendo uma proteção – uma proteção cada vez mais intransponível, talvez – diante da emoção central do fato guerreiro moderno?

O medo, mas em grupo

Na guerra, é comum que o medo não seja individual, e sim coletivo, e que tal emoção se apodere *ao mesmo tempo* tanto dos civis quanto dos soldados. Essa dimensão de grupo – grupos por vezes muito grandes – constitui uma outra de suas principais características. O *pânico*, para utilizar aqui o termo consagrado, era uma realidade muito antiga nos campos de batalha. Era ele, aliás, que tanto angustiava Ardant Du Picq, tão ansioso que o excesso de terror provocado pelo armamento moderno aliado à crescente dispersão dos homens

---

13. FERENCZI, S. "Deux types de névrose de guerre (hystérie)" (1916). In: FERENCZI, S.; FREUD, S. & ABRAHAM, K. *Sur les névroses de guerre*. Paris: Payot, 2010, p. 71-72.

14. O PTSD se impôs em 1980 na terceira versão do *Diagnostic and Statistical Manual of Mental Disorders* (*DSM*).

15. Ou classificação internacional das doenças mentais (CIM). Cf., a esse respeito, CROCQ, L. *Les traumatismes psychiques de guerre*. Paris: Odile Jacob, 1999.

imposto por esse mesmo armamento os impeçam de permanecer sob o controle do comando e tornem-se ainda mais sensíveis ao risco de pânico coletivo. Com a guerra moderna, todavia, são conjuntos de homens sem precedentes que se veem envolvidos: quando o 2º exército francês é derrotado em Sedan entre 13 e 15 de maio de 1940, vinte mil soldados tendo abandonado suas posições "avançadas" propagam para a retaguarda sua "experiência de terror", até a aquietação desse medo coletivo que só ocorreu em 22 de maio. Um capelão da 36ª divisão descreveu os fugitivos nos seguintes termos:

> Rápidos ou exauridos, eles estão tão torturados pelo medo que se assustam mutuamente em sua retirada com as informações mais fantasistas, como se desejassem impedir qualquer esperança de retorno. Eles partem para o sudoeste, em grupos, em uma desoladora confusão de todas as armas. Muitos não têm nem mochila nem fuzil e não parecem preocupados em recuperá-los. Eles "partem"[16].

Todas as características do pânico estão aqui reunidas: papel-chave do rumor, desorganização e não hierarquização do grupo, abandono do equipamento e das armas, fuga enfim, para o mais longe possível do epicentro desse medo tão intensamente experimentado. Muito logicamente, a psiquiatria militar levou esse tipo de fenômeno muito a sério:

> O comportamento de fuga causado pelo pânico é contagioso, explica assim o antigo psiquiatra dos exércitos franceses Louis Crocq. Ele pode oferecer um modelo de conduta aos sujeitos muito estressados para elaborar uma solução racional, e que vão imitar impulsivamente esse modelo para acabar com sua tensão ansiosa. Podemos assim ver pânicos coletivos nascerem e se propagarem por imitação, como uma maré que se precipita. Mas também podemos ver pânicos coletivos capturar de imediato todo um grupo ou uma multidão, sob o efeito de um terror partilhado momentaneamente por todos[17].

---

16. Testemunho do Abade Poueydebasque, apud CRÉMIEUX-BRILHAC, J.-L. *Les Français de l'an 40*. T. 2. Paris: Gallimard, 1990, p. 585.
17. CROCQ, L. *Les traumatismes psychiques de guerre*. Op. cit., p. 77.

Como ainda observa o autor, "o grupo em estado de pânico perde sua estrutura, sua hierarquia, sua repartição das tarefas e sua moral de solidariedade e de entreajuda"[18].

Ainda é difícil dizer se os pânicos que capturam igualmente as populações civis em tempos de guerra são exatamente da mesma ordem. O êxodo francês de maio-junho de 1940, que lança nas estradas de seis a oito milhões de homens, de mulheres e de crianças em um dos maiores movimentos de medo coletivo do século XX, é propriamente falando um *pânico* diretamente assimilável àquele que se apoderara dos soldados no campo de batalha? Falta, com efeito, a maioria dos elementos que caracterizam as corridas loucas produzidas pelo enfrentamento nos lugares de batalha. Não longe de uma forma de antropologia histórica, o historiador Jean-Pierre Azéma propôs então inscrever o fenômeno na profundidade de campo do tempo longo: "Em certa medida, considera ele, o êxodo deve-se aos grandes medos ancestrais que puseram em movimento as multidões medievais ou os camponeses de 1789"[19]. Podemos ler pelo mesmo padrão o terror que em 9 de julho de 1944 se apoderou das mulheres de Saipan, nas Mariannes, quando sob os olhares dos *marines* americanos, e apesar de suas objurgações anunciadas pelos alto-falantes, elas se jogaram das falésias com seus filhos nos braços, em um suicídio coletivo cujas imagens foram fixadas pelas câmeras dos repórteres de guerra?

Muito tempo depois dos testemunhos-escritores, depois dos artistas, depois dos médicos, as ciências sociais também se apoderaram do medo em tempos de guerra e fizeram dele um objeto de investigação legítimo. Durante a Segunda Guerra Mundial, pesquisando sobre os soldados americanos engajados no teatro europeu ou no Pacífico, a equipe de pesquisadores reunida na *research branch* [ramo de pesquisa] do Departamento de Guerra em torno do sociólogo Samuel Stouffer não hesitou em distribuir aos soldados encontrados um questionário detalhado sobre o medo sentido no combate, prova de que o

---

18. Ibid.
19. AZÉMA, J.-P. *De Munich à la Libération, 1938-1944*. Paris: Seuil, 1979, p. 63.

assunto deixara de ser tabu[20]. Aliás, ele era ainda menos porque as questões tornavam-se muito precisas, menos aliás sobre o próprio medo – uma emoção doravante considerada como normal diante do perigo – do que sobre seus efeitos somáticos e fisiológicos. Depois de explicar que "os soldados que foram expostos ao fogo do inimigo mencionam[vam] diferentes reações físicas aos perigos do combate", o questionário propunha uma lista de reações físicas perguntando quantas vezes elas tinham sido sentidas no combate. A lista comportava nove itens, classificados segundo uma ordem de "gravidade" crescente em termos de capacidade de controle do corpo e de visibilidade social: "Coração batendo violentamente?" "Estômago apertado" "Sensação de fraqueza ou de desmaio?" "Náuseas?" "Suor frio?" "Vômitos?" "Arrepios ou tremores em todos os membros?" "Micção nas calças?" "Relaxamento involuntário do esfíncter?"[21] Como se pode ver pela presença dessas duas últimas perguntas, tal questionário retirava os últimos véus.

Para cada questão, eram propostas quatro respostas possíveis: "Com frequência", "Às vezes", "Uma vez", "Nunca", a ausência de resposta sendo igualmente possível. Suspeitamos do viés que afetou as manifestações dos combatentes. Assim como destaca, em um dos maiores livros sobre a experiência de

---

20. STOUFFER, S.A. et al. *Studies in Social Psychology in World War II*. Princeton, NJ: Princeton University Press, 1949. A obra é mais conhecida sob o título de seus dois primeiros volumes, *The American Soldier*. Duzentos questionários diferentes foram feitos desde o fim de 1941 a 1946, centrados na condição física e moral dos combatentes americanos, em um contexto científico em que a noção de *ajustamento* do soldado ocupava um lugar central.

21. Trata-se aqui de um dos cinco questionários (numerados de B a F) administrados entre janeiro e abril de 1944 aos oficiais subalternos encarregados de companhias combatentes na Europa e no Pacífico no quadro do estudo "S-101, Attitudes of Combat Infantry Officers". Eles não são citados diretamente na obra publicada por Samuel Stouffer, mas estão disponíveis on-line no site do Roper Center for Public Opinion Research da Universidade de Connecticut (RoperCenter. UConn.edu). Também são conservados pelos Arquivos Nacionais Americanos (Headquarters, Army Service Forces, Washington, S-101B, S-101C, S-101D, S-101E et S-101F, janeiro-abril 1944, Box 973, Entry 90, Assistant Secretary of Defense, Manpower, Personnel and Reserve, Research Division, Surveys on Troop Attitudes, 1942-junho 1955, Records of the Office of the Secretary of Defense, 1921-1995, Record Group 330, National Archives at College Park, College Park, Maryland). Agradeço vivamente a Hélène Solot, doutoranda, pelas preciosas contribuições acima e pela autorização para utilizar sua própria tradução, resultado de sua pesquisa sobre o "encontro" entre *social scientists* e soldados americanos entre 1941 e 1953.

guerra, o especialista de literatura Paul Fussell – também veterano do segundo conflito mundial, no decorrer do qual foi gravemente ferido –, "um dos medos mais comuns, na verdade, é justamente o de se molhar e de trair seu medo revelando-o na frente de todos pelo mais pueril dos sintomas. O medo desse medo é tanto mais forte quanto mais elevada é a patente. Para um coronel, mijar em suas calças sob o bombardeio de obuses é muito pior do que para um simples soldado"[22]. Mas, uma vez que o medo já não podia mais ser negado, o principal problema consistia em estabelecer diversas formas de readquirir segurança para o uso dos combatentes. Como enunciava um pequeno livro de conselhos aos substitutos da infantaria que iam ao encontro do 5º exército americano durante a campanha da Itália:

> Não tenham medo demais. Todos têm, mas é possível aprender a controlar seu medo. E, como repetem os suboficiais, "vocês têm uma boa chance de sair da situação se mantiverem a cabeça fria. Ter medo demais é ruim para vocês". Lembrem-se de que uma boa parte do barulho que vocês ouvem é aquele que nós fazemos, e de que ele não é perigoso[23].

O ódio

Por mais importante que seja, o medo certamente não é a única emoção do fenômeno de guerra contemporâneo: alimentado pelo medo que ele próprio retroalimenta, o ódio também ocupa nesse fenômeno um lugar central.

A construção e a afirmação progressiva dos sentimentos nacionais no espaço cultural ocidental no decorrer do século XIX provocaram um investimento maciço dos cidadãos europeus em sua própria nação, investimento que, com certeza, alcança seu apogeu no início do século seguinte: a Primeira Guerra Mundial – guerra de nações europeias em primeiro lugar, antes de se estender

---

22. FUSSELL, P. *À la guerre* – Psychologie et comportements pendant la Seconde Guerre mondiale (1989). Paris: Seuil, 1992, p. 388.
23. Ibid., p. 385.

em 1917 ao conjunto do mundo – constitui o grande enfrentamento de nações *acabadas*. O ódio ao Outro é o seu corolário. Sem a pregnância dessa grande emoção surgida com uma força inusitada a partir do verão de 1914, ele mesmo tão estritamente ligado ao medo, e talvez por ele engendrado, como mostrou magistralmente Marc Bloch em 1921 em suas "Reflexões de um historiador sobre as falsas notícias da guerra"[24], não podemos compreender os grandes massacres de civis – inclusive de mulheres e crianças – aos quais se entregaram as tropas alemãs que entraram na Bélgica, e depois no norte e no leste da França em agosto de 1914; sem essa presença do ódio, também não podemos compreender, no mesmo momento, a caça aos supostos "espiões alemães" nas ruas de Paris e o saque das lojas "alemãs" pela multidão; nem a legitimação dos bombardeios recíprocos das cidades, que significam que a totalidade da população adversária é doravante considerada como *inimiga*; nem o aprisionamento dos civis tornados "inimigos", precisamente, em campos de concentração; nem os discursos de uma extrema violência que invadem a totalidade, ou quase, do espaço social: na cultura de guerra francesa em particular, a Alemanha se vê muitas vezes essencializada, ou mesmo "racializada". Assim vários escritores – médicos principalmente – estão persuadidos da existência de um odor alemão particular – e particularmente repugnante – devido à diferença fisiológica e cultural. Entre tantas outras, um médico reconhecido, o Dr. Bérillon, teoriza seu próprio ódio em conferências na Sociedade de Medicina de Paris, depois editadas em brochuras[25]. Mas nos enganaríamos se pensássemos que a expressão de tal ódio constitui uma espécie de acidente isolado. Em tom de evidência, o grande escritor de guerra Maurice Genevoix enunciou por sua vez a mesma certeza odiosa, quando descreve em seu *Sous Verdun* [Em Verdun] (1916) sua entrada em uma granja anteriormente ocupada por soldados alemães, em 13 de setembro de 1914:

---

24. BLOCH, M. "Réflexions d'un historien sur les fausses nouvelles de la guerre" (1921). In: *Écrits de guerre, 1914-1918*. Paris: Armand Colin, 1997, p. 169-184.
25. BÉRILLON, E. *La bromidrose fétide de la race allemande*. Paris: Revue de Psychothérapie, 1915. • BÉRILLON, E. *La polychésie de la race allemande*. Paris: Maloine, 1915.

> Que mau cheiro! Cheira a soro de leite, a rato, a suor das axilas. É acre e enfadonho, revira o estômago. Mas o que fede a esse ponto? E de repente, uma lembrança já antiga surge em mim, despertada por esse odor: revejo o quarto do "assistente" alemão, no liceu Lakanal. Às vezes eu ia até lá passar uma meia hora, para treinar meu alemão escolar. Era durante um verão tórrido; ele retirava seu casaco, colocava-se à vontade. E, quando eu empurrava a porta, esse mesmo fedor enchia minhas narinas, ardia na garganta. Ele sorria, a metade de seu rosto inchado por trás dos óculos com armação de casco de tartaruga, falava-me com sua voz empastada e rouca. [...] Eu recuava minha cadeira até empurrar a parede com o espaldar e acabava sempre dizendo:
> "Você não quer ir ao parque? Ali respiramos melhor do que aqui".
> É isso! Terei de dormir nesse odor de alemães, deitar sobre esse feno no qual eles se refestelaram[26].

Esse ódio pelo inimigo, tão manifesto desde 1914-1918, ocupou vinte anos mais tarde um lugar determinante na economia das emoções do segundo conflito mundial. O extermínio dos judeus da Europa, a violência extrema dos enfrentamentos entre alemães e soviéticos na linha de frente do Leste, bem como o tratamento atroz da população civil na União Soviética ocupada, as grandes demonstrações recíprocas de crueldade entre soldados japoneses e americanos durante a Guerra do Pacífico, constituem ainda configurações de violência muito diferentes, mas todas moldadas com ódio racial, e constantemente trabalhadas e retrabalhadas por ele. Um ódio que o fim da guerra exacerba, assim como testemunham os estupros em massa cometidos pelas tropas soviéticas em mulheres alemãs nas semanas que precederam e depois seguiram a capitulação. O estupro que Marta Hillers sofreu em Berlim em 28 de abril de 1945 é característico do ódio punitivo que anima seu estuprador naquele dia:

> Fechar os olhos, cerrar os dentes.
> Nenhum som deve sair de minha boca. Apenas quando as roupas de baixo são rasgadas, meus dentes começam involuntariamente a ranger. Minhas últimas roupas intactas.

---

26. GENEVOIX, M. Sous Verdun (1916). In: *Ceux de 14*. Paris: Flammarion, 1950, p. 66-67. Sobre essa questão, cf. COURMONT, J. *L'Odeur de l'ennemi, 1914-1918*. Paris: Armand Colin, 2010.

> De repente um dedo sobre meus lábios, ele cheira a cavalo e a tabaco. Abro os olhos. As duas mãos estrangeiras destravam habilmente meus maxilares. Os olhos nos olhos. Depois, inclinado sobre mim, ele deixa cair lentamente, conscienciosamente em minha boca, a saliva acumulada na sua[27].

Em contrapartida, é impressionante observar a que ponto o ódio americano contra o inimigo japonês – inimigo desumanizado a ponto de ser representado como macaco, e mesmo animalizado até se tornar banal a vivisseção de seu corpo para fabricar troféus[28] – a que ponto esse ódio, portanto, desaba depois da capitulação de 1945: como mostrou o historiador John Dower, o inimigo tão longamente e tão fortemente odiado (uma pesquisa realizada em 1943 no exército americano mostrava que perto da metade dos GI pensava que era preciso matar *todos* os japoneses para alcançar a paz)[29] torna-se rapidamente uma criançola que doravante um tutor caridoso deve educar[30]. Atualmente, os descendentes dos soldados americanos, que trouxeram tantos crânios japoneses ao país, ficam estupefatos diante da presença de tais objetos em suas casas[31]: o ódio do tempo de guerra se volatizou, tornando incompreensíveis tanto a presença de tais troféus humanos quanto as inscrições vingativas outrora traçadas em sua superfície.

Mas o ódio não se apagou da economia das emoções de guerra com o fim desses grandes conflitos interestáticos que foram as duas guerras mundiais. Ele é encontrado nas guerras de descolonização, mas também nos conflitos intraestáticos da segunda metade do século XX, e com tanta nitidez que um antropólogo como Arjun Appadurai não hesita fazer dele um dos marcadores

---

27. *Une femme à Berlin* – Journal, 20 avril-22 juin 1945 (1954). Paris: Gallimard, 2006, p. 73. Diante da recepção escandalizada do livro na Alemanha, sua autora decidira só publicá-lo se permanecesse no anonimato, mas seu nome é atualmente conhecido.
28. DOWER, J.W. *War Without Mercy*: Race and Power in the Pacific War. Nova York: Pantheon Books, 1986.
29. Ibid., cap. 3.
30. Ibid., cap. 11.
31. HARRISON, S. "Skull Trophies of the Pacific War: Transgressive Objects of Remembrance". In: *Journal of the Royal Anthropological Institute*, vol. 12, n. 4, 2006, p. 817-836.

do processo atual de globalização. Trata-se aqui do ódio aos *vizinhos*[32]. Este, no entanto, certamente não é novo: os grandes massacres "hamidianos" de 1894-1896 no seio do Império Otomano são largamente massacres de vizinhos, como aliás discernem muito bem os observadores ocidentais que estão no local, que não ocultam sua incompreensão diante dessa brutal inversão das relações de vizinhança[33]. Esse ódio se manifesta novamente, em uma escala ainda maior, durante o genocídio de 1915[34]. Assim como para o extermínio dos judeus da Europa: ali onde Raul Hilberg tendia a não ver o ódio funcional que havia animado as testemunhas do extermínio na Europa Central e Oriental[35], a historiografia recente lhe dá ao contrário todo seu lugar. Os trabalhos de Jan Gros também mostraram o papel determinante da vizinhança no massacre dos judeus da aglomeração polonesa de Jedwabne[36], em 10 de julho de 1941, assim como nos grandes pogroms do pós-guerra no seio de uma Polônia sob ocupação soviética: em Kielce[37], em 4 de julho de 1946, dezenas de judeus são atacados por uma vizinhança polonesa certamente brutalizada pela guerra, certamente ansiosa pelo retorno dos sobrevivente da Shoah, de todo modo moldada por um ódio alimentado pelo rumor – o rapto e o assassinato ritual das crianças cristãs pelos judeus. Um ódio tornado naquele dia poderosamente performativo.

Também aqui se trata de uma explosão de ódio de guerra apoiada em uma hostilidade prévia, pelo menos em um antissemitismo há muito tempo enraizado, em formas de coabitação desprovidas de qualquer heterogeneidade

---

32. APPADURAI, A. "Dead Certainty: Ethnic Violence in the Era of Globalization". In: HINTON, A.L. (dir.). *Genocide*: An Anthropological Reader. Oxford: Blackwell, 2002, p. 286-303. Cf. tb. *Géographie de la colère* – La violence à l'âge de la globalisation (2006). Paris: Payot, 2007.

33. Cf., p. ex., MEYRIER, G. *Les massacres de Diarbékir* – Correspondance diplomatique du vice-consul de France, 1894-1896. Paris: L'Inventaire, 2000.

34. DUCLERT, V. *La France face au génocide des Arméniens, du milieu du XIXe siècle à nos jours* – Une nation impériale et le devoir d'humanité. Paris: Fayard, 2015.

35. HILBERG, R. *La destruction des juifs d'Europe* (1985). T. 1. Paris: Gallimard, 1988, p. 266.

36. GROSS, J.T. *Les Voisins* – 10 juillet 1941, un massacre de Juifs en Pologne. Paris: Fayard, 2002.

37. GROSS, J.T. *La Peur* – L'Antisémitisme en Pologne après Auschwitz. Paris: Calmann-Lévy, 2010.

social. Este não é o caso tratando-se de conflitos mais recentes, no decorrer dos quais o ódio ao Outro – e com ele a expressão de uma violência muitas vezes extrema, exibida segundo uma gama de práticas cheias de uma grande crueldade – expressou-se contra uma vizinhança com a qual as relações sociais eram ricas, alimentadas por cuidados recíprocos obedecendo rituais escrupulosamente observados. É assim que, durante a Guerra do Líbano (1975-1990), o ódio e as atrocidades que estão ligadas a ela parecem surgir do nada entre drusos e cristãos da montanha[38], habituados a celebrar *juntos* as festas religiosas e os grandes eventos familiares de cada uma das duas comunidades; no início dos anos de 1990, na Bósnia, são muitas vezes vizinhos – e entre eles os "primeiros vizinhos" do *komsiluk*, aqueles com os quais a proximidade era tal que eram considerados como parte da família – que operam a identificação dos bósnios mais próximos em nome das milícias, antes de participar com frequência do massacre, do estupro de mulheres, da pilhagem dos bens[39]. Em Ruanda, entre abril e julho de 1994, a dissolução dos vínculos sociais sob a pressão de um ódio étnico radical – cuja origem, europeia, mergulha na mesma fonte do genocídio dos armênios e dos judeus – foi ainda mais nítida: em uma sociedade marcada não pelas "pequenas particularidades"[40], e sim pela *inexistência* da diferença – em Ruanda, ela não era nem somática, nem linguística, nem religiosa –, e na qual tutsis e hutus viviam em estreita imbricação nas colinas, na qual além do mais os casamentos mistos eram muito numerosos, a guerra aberta a partir de outubro de 1990 provocou uma inversão radical e sem exemplo dos vínculos sociais. A reversibilidade dos vínculos de vizinhança provocou o assassinato, em condições muitas vezes atrozes, dos vizinhos mais próximos, dos colegas de trabalho, dos alunos por seus professores (ou *vice-versa*), dos doentes pelos seus médicos, dos paroquianos pelos seus padres. O massacre de proximidade não poupou certas famílias mistas, cujos membros

---

38. KANAFANI-ZAHAR, A. *Liban* – La guerre et la mémoire. Rennes: PUR, 2011.
39. CLAVERIE, É. "Techniques de la menace". In: *Terrain*, n. 43, 2004, p. 15-30.
40. FREUD, S. "Le tabou de la virginité" (1918). In: *Revue Française de Psychanalyse*, vol. 6, n. 1, 1933, p. 8. Seguimos aqui essa tradução de 1933.

hutus massacraram seus parentes tutsis; até a família nuclear foi afetada, com assassinatos de crianças por um de seus dois ascendentes[41]. *Meu vizinho, meu assassino*: esse título de um documentário de 2009 realizado por Anne Aghion resume perfeitamente a equação do genocídio dos tutsis ruandeses que, sem a participação maciça das vizinhanças, jamais poderia ter se traduzido por um massacre dessa amplidão, em um tempo tão condensado, no contexto de um Estado que na época estava entre os mais pobres do mundo.

O ódio, com certeza, fora construído ao longo de muitos anos[42]. Foi reativado durante a independência e os anos seguintes, antes de ser levado à incandescência quando da invasão do país em outubro de 1990 pelo exército do Frente Patriótica ruandesa. O ódio também fora suscitado e enquadrado pela propaganda (jornais e rádio principalmente), pelos militantes dos partidos, pelos milicianos, pelos quadros administrativos locais. Todavia, sem o investimento dos vizinhos, a dimensão funcional desse ódio não teria sido a mesma.

Arjun Appadurai teria razão de considerar que a globalização atualmente em ação, ao homogeneizar os modos de vida, ao aumentar os movimentos de populações, introduz uma incerteza nova e crescente sobre a identidade de cada um, bem como sobre o número de uns e de outros? Seria preciso então considerar que o ódio de guerra, apoiado na percepção de uma diferença radical, está cedendo lugar a um ódio de um outro tipo, talvez ainda mais radical porque menos seguro de si mesmo, destinado a criar a diferença *faltante*? Em outros termos ainda, deveríamos considerar que no seio da economia das emoções de guerra uma nova forma de ódio estaria surgindo e se desenvolvendo, tendo como corolário uma crueldade agravada, destinada não mais a confirmar uma diferença visível, ou julgada como tal pelos carrascos, mas a criar do nada uma diferença inexistente, ao significá-la ao outro e ao objetivá-la para si mesmo gra-

---

41. DUMAS, H. *Le génocide au village* – Le massacre des Tutsi au Rwanda. Paris: Seuil, 2014. • AUDOIN-ROUZEAU, S. & DUMAS, H. "Le génocide des Tutsi rwandais vingt ans après – Réflexions introductives". In: *Vingtième Siècle* – Revue d'Histoire, n. 122, 2014, p. 3-16.
42. CHRÉTIEN, J.-P. & KABANDA, M. *Rwanda* – Racisme et génocide, l'idéologie hamitique. Paris: Belin, 2013.

ças a um programa de crueldade mais aterrador do que nunca? Sem buscar multiplicar os exemplos, destaquemos simplesmente que ali reside uma das questões mais trágicas e menos trabalhadas de nosso contemporâneo mais imediato.

Os lutos

A guerra caminha junto com a morte; caminha, portanto, com o luto, a emoção mais largamente sentida, sem dúvida, nos tempos de guerra de massa, quando a morte se faz maciça por sua vez. Desse ponto de vista, lembremos que os países ocidentais – sobretudo europeus – da primeira metade do século XX foram sociedades enlutadas, largamente e por duas vezes, no final da Primeira, e depois da Segunda Guerra Mundial. Afetados pelo luto, estavam certamente dois terços dos franceses no final da Primeira Guerra Mundial. Assim como os alemães, também atingidos maciçamente, e novamente, e ainda mais maciçamente, por ocasião do segundo conflito mundial. No fim deste conflito, as sociedades soviética, polonesa ou ainda japonesa, estavam pesadamente marcadas por um luto de guerra generalizado.

A dor desse luto não é uma emoção idêntica àquela engendrada pela perda de seres queridos em tempos de paz[43]. Na maioria das vezes, a morte na guerra inverte a ordem normal de sucessão das gerações: é particularmente o caso com a morte dos soldados – quase sempre uma morte dos jovens. Mas sabemos, graças às ciências da psique contemporâneas, que a morte de um jovem adulto constitui o pior evento que pode ocorrer na vida daqueles que lhe deram a vida. Além do mais, quer se trate do combate, do campo ou do bombardeio das populações civis, a morte na guerra é quase sempre uma morte violenta, e essa violência feita aos corpos induz um acréscimo de dor para os familiares, para os mais próximos. Uma dor ainda mais viva porque a morte na maioria

---

43. Sobre essa questão, cf. AUDOIN-ROUZEAU, S. *Cinq deuils de guerre, 1914-1918*. Paris: Tallandier, 2013. • AUDOIN-ROUZEAU, S. & BECKER, A. *14-18, retrouver la guerre*. Paris: Gallimard, 2000, cap. 3. • DAMOUSI, J. *The Labour of Loss*: Mourning, Memory and Wartime Bereavement in Australia. Cambridge: Cambridge University Press, 1999.

das vezes se deu em um lugar distante, sem que o entorno pudesse se preparar para ele, nem preparar ou ajudar de uma forma qualquer o moribundo a deixar o mundo dos vivos – que ele seja o soldado na linha de frente ou então um civil encarcerado em um campo, ou ainda esmagado pelas bombas em sua casa. Ao mesmo tempo, em geral, a morte na guerra impede a realização dos rituais de luto normalmente feitos em tempos de paz. E o fim da guerra não os torna necessariamente possíveis: a perda dos corpos é, entre tantas outras, uma das grandes dores infligidas aos sobreviventes pelas guerras modernas contemporâneas. É realmente por isso que o luto de guerra aparece no mais das vezes como infinito, pois os sobreviventes não podem se desligar daqueles que eles perderam, à imagem de Norbert Elias, evocando pouco antes de sua morte (ele tinha então 87 anos) a morte de sua mãe em Auschwitz. À questão "Mas, naquela época [antes do início da Shoah], o pior ainda não tinha se produzido?", o sociólogo alemão responde evocando sua dor irremediável: "É exato e, o que resta, é o luto... Não consigo me libertar dessa imagem de minha mãe em uma câmara de gás. Não consigo superar isso. [...] Meu sentimento é presente, e muito forte, mesmo quarenta anos depois, não consigo superá-lo"[44].

É nesse sentido que o sofrimento tão particular do tipo de luto aqui evocado constitui a emoção de guerra mais duradoura no tempo, muito além de todo modo do próprio tempo de guerra. O medo e o ódio podem certamente sobreviver à guerra, mas, por mais lentos e por mais difíceis que sejam, eles foram pouco a pouco sendo desgastados entre os antigos beligerantes pelos desfechos guerreiros do século XX: sabemos que a Europa Ocidental constitui hoje o melhor exemplo dessa forma de desprezo pelas emoções antigas. Este não é o caso do luto, que continua a carregar, muito além das gerações que conheceram e sofreram a violência guerreira, o trágico irredutível de nosso contemporâneo.

---

44. *Norbert Elias par lui-même* (1990). Paris: Fayard, 1991, p. 99. Citação retirada da "Entrevista biográfica", realizada em 1984 em Bielefeld por Arend-Jan Heerma van Voss e Abram van Stolk e publicada em inglês nos Países Baixos no mesmo ano; Norbert Elias estava então com 87 anos.

12
O UNIVERSO CONCENTRACIONÁRIO: OS AFETOS, MESMO ASSIM

Sarah Gensburger

> *Uma pequena imagem de Birkenau. Um professor, de quem me lembro com uma irrespeitosa emoção, porque ao encontrar punhados de grama na poeira das aleias do campo ele tentava se fazer e nos fazer um pouco de bem.*
> KLÜGER, R. *Refus de témoigner* [Paisagens da memória] (1996)[1].

> *As luzes. Aí está uma importante palavra abandonada. Há mais de uma década, as reflexões contidas neste livro estavam ao serviço de luzes que podem ser qualificadas como burguesas ou socialistas, e espero que ainda sirvam essa causa. [...] Todavia – e deve-se também insistir nisso –, luzes não quer dizer clarificação. Não estava na claridade quando redigi este ensaio, ainda não estou e espero nunca estar. [...] Nada cicatrizou, e a ferida que em 1964 talvez estivesse a ponto de ser curada se reabre e supura. O efeito da emoção? Que seja! Onde está escrito que a atitude esclarecida deve renunciar à emoção? O contrário é que me parece verdadeiro. O espírito esclarecido só realizará então corretamente sua tarefa se agir com paixão.*
> AMÉRY, J. *Par-delà le crime et le châtiment* [Além do crime e castigo] (1977)[2].

---

1. KLÜGER, R. *Refus de témoigner* – Une Jeunesse (1996). Paris: Viviane Hamy, 1997, p. 138. Nascida em Viena em uma família judia, Ruth Klüger tinha 12 anos quando chegou em Auschwitz com sua mãe [*Paisagens da memória*. São Paulo: Ed. 34, 2005].
2. AMÉRY, J. *Par-delà le crime et le châtiment* (1977). 2. ed. Paris: Actes Sud, 1995, Prefácio. Jean Améry era um intelectual alemão preso como resistente e depois detido em Auschwitz como judeu [*Além do crime e castigo*: tentativa de superação. Rio de Janeiro: Contraponto, 2013].

No pós-guerra, muitos dos primeiros relatos dos antigos deportados deixaram de lado a descrição das emoções sentidas na esperança de fazer compreender o universo concentracionário. Mais de setenta anos depois, e uma vez que os deportados pouco a pouco desaparecem, a transmissão da história dos campos apoia-se nas emoções que visitantes, espectadores ou alunos devem sentir. A simples evocação do extermínio sistemático das crianças judias na chegada em Auschwitz, símbolo do sistema concentracionário nazista, basta efetivamente para despertar a emoção na maioria de nossos contemporâneos. É a partir dessa tensão entre 1945 e hoje, entre silêncio e onipresença, que serão percebidos, no que segue, as relações complexas entre universo concentracionário e emoções.

Para isso, várias observações preliminares são necessárias. O universo concentracionário de que trataremos aqui se restringe ao caso dos campos nazistas e no interior deles quase exclusivamente à deportação racial, tornada, por múltiplas razões que não serão abordadas nos limites deste texto, o cânone da experiência concentracionária. Essa escolha não se deve de forma alguma a uma defesa de uma hierarquia qualquer, e sim à constatação da grande diversidade das situações dos deportados, inclusive no caso ao qual este texto se restringirá. Como descreve perfeitamente Ruth Klüger, sobrevivente do universo concentracionário nazista do qual ela conheceu vários lugares, "é mais fácil para nosso entendimento que todo o saber a respeito dessas instituições seja reunido sob o vocábulo 'campos'. E todas as vítimas, todos os campos se encontram assim no mesmo plano. [...] Mesmo o horror exige ser examinado de mais perto. Por trás da cortina de arame farpado, nem todos são iguais, um campo não é idêntico a um outro. Na verdade, mesmo essa realidade diferia para cada um"[3].

"Essa realidade" diferia entre os campos, do campo de trabalho ao campo de extermínio passando pelo campo de concentração, mas igualmente entre

---

3. KLÜGER, R. *Refus de témoigner*. Op. cit., p. 97-98.

os internados, dos deportados políticos aos deportados raciais passando pelos deportados de direito comum. Todavia, e este será o segundo esclarecimento preliminar, tratar das emoções e do universo concentracionário implica ir mais adiante na consideração dessa diversidade para incluir igualmente na análise a experiência emocional dos SS, guardiões e guardiãs dos lugares, e mais largamente do conjunto dos executores da política concentracionária nazista. Na medida em que ela humaniza os "carrascos" e outros "torcionários", essa inclusão certamente tem uma carga moral que não se trata de negar. Ela obriga assim, previamente, a lembrar o que, já em 1989, abordando a "psicologia do genocídio" do ponto de vista daqueles que foram seus artesãos, Robert Lifton resumia claramente: "Quaisquer que sejam os comportamentos individuais, os deportados eram potencialmente ameaçados, ao passo que os nazistas eram potencialmente ameaçadores. Toda avaliação dos comportamentos em Auschwitz deve se apoiar nessa distinção"[4]. Essa distinção fundamental equivale à idêntica *quaisquer que sejam as emoções sentidas*.

Por fim, a consideração das emoções dos guardiões e membros do enquadramento dos campos faz do estudo das emoções no interior do universo concentracionário um caso paradigmático da análise das emoções, inclusive em situação "normal". A situação "extrema"[5] constituída pelo universo concentracionário evidencia claramente, na realidade, a maneira como as emoções ainda afetam as relações de poder, que nos ligam aos "nossos" e nos opõem aos "outros"[6]. Portanto aqui não será feita a lista das emoções sentidas no interior dos campos, lista que certamente não deixaria de comover o leitor. Em vez disso, as páginas que seguem tentarão mostrar em que as emoções foram capazes de estruturar o próprio funcionamento dos campos, bem como os traços que estes deixaram até nós.

---

4. LIFTON, R.J. *Les médecins nazis* – Le meurtre médical et la psychologie du génocide (1986). Paris: Robert Laffont, 1989, p. 15.
5. POLLAK, M. *L'Expérience concentrationnaire* (1982). Paris: Métaillié, 1990.
6. BOURKE, J. "Fear and Anxiety: Writing about Emotion in Modern History". In: *History Workshop Journal*, vol. 55, n. 1, 2003, p. 111-133.

Emoções e poder concentracionário

Partir das emoções para compreender o cotidiano e o funcionamento do universo concentracionário nazista pode parecer paradoxal, pois ainda perdura uma visão dos deportados como massa indiferenciada de indivíduos desumanizados à mercê de um enquadramento incapaz de qualquer emoção. As emoções constituíram, no entanto, uma força fundamental da vida dos campos.

Em diversos aspectos, os campos de concentração podem parecer à primeira vista caracterizados como um espaço de confrontação entre duas emoções paroxísmicas complementares: o ódio dos SS e o terror dos deportados. Essa tipologia canônica dos papéis afetivos no interior do universo concentracionário se explica em parte pelo desenvolvimento quase paralelo de dois conjuntos de pesquisa: um sobre os carrascos e a implementação do extermínio, por um lado, um sobre a experiência das vítimas e dos sobreviventes, por outro. Tudo se passa de certa forma como se cada grupo tivesse sua emoção ou, no caso, sua ausência de emoção. É claro que existem razões metodológicas para essa abordagem dicotômica. É difícil para um único e mesmo pesquisador tratar conjuntamente essas duas dimensões. Mas essa distinção decorre, mais fundamentalmente ainda, da carga moral de tal pesquisa. Interessar-se pelas emoções no interior do universo concentracionário é, com efeito, tornar a dar uma forma de humanidade tanto às vítimas quanto aos executores, penetrando assim no interior daquilo que, a partir da luminosa fórmula de Primo Levi, é possível qualificar de "zona cinza" emocional[7].

Longe de qualquer hierarquização moral, é do lado dos carrascos que a reflexão sobre as emoções no interior dos campos deve começar. Nestas poucas páginas, não retomaremos a imensa literatura relativa à construção do sistema concentracionário nazista e ao estabelecimento do extermínio dos judeus. Para além da oposição antiga entre abordagens funcionalista e intencionalista, já

---

7. LEVI, P. *Les naufragés et les rescapés* – Quarante ans après Auschwitz (1986). Paris: Gallimard, 1989.

está estabelecido que a implementação de um sistema concentracionário dedicado ao trabalho forçado e ao extermínio tem múltiplas causas. Entre estas figuram o imperativo de gerar as emoções e a necessidade de implementar uma divisão do trabalho emocional. Os dispositivos técnicos que, cada um à sua maneira segundo suas funções, os campos constituíram visavam, ao menos em parte, normalizar a internação e o extermínio, a interface técnica e organizacional permitindo afastar emoções capazes de entravar a realização dos objetivos[8]. Em Auschwitz, as câmaras de gás cumpriram esse papel técnico. A entrada e a saída das duchas eram administradas por um grupo particular de deportados, os destacamentos do crematório, ou *Sonderkommandos*, sobre os quais repousava a carga emocional, e não pelos SS.

Perceber e compreender essa gestão das emoções no centro do sistema concentracionário não é algo fácil. Como resumiu muito bem Christopher Browning, "nada é mais difícil de delimitar do que as atitudes e as disposições de espíritos dos homens "ordinários" que "fazem a história", mas não deixam para trás nenhum documento oficial – exceto, muito raramente, um diário íntimo ou uma correspondência. A tarefa do historiador se complica e se torna ainda mais necessária quando esses homens "ordinários" adotam comportamentos que se distinguem completamente de seus modos de ser anteriores e que se tornam os autores de crimes "extraordinários"[9]. A violência extrema que foi exercida no interior dos campos convida muitas vezes a considerar esses lugares como espaços desumanizados e de dessocialização onde os SS encarregados do campo, bem como, aliás, suas vítimas, embora por razões opostas, estavam reduzidos à condição de animais. Os vários estudos de que dispomos hoje indicam, no entanto, que não foi assim e que, precisamente, é porque esses campos eram realmente sociedades e que no interior delas seus membros sentiam emoções que eles puderam existir e funcionar.

---

8. BAUMEISTER, R.F. *Evil*: Inside Human Violence and Cruelty. Nova York: Henry Holt & Co, 1997.
9. BROWNING, C.R. *À l'intérieur d'un camp de travail nazi* – Récits des survivants (2010). Paris: Pluriel, 2013.

A organização dos campos apoiava-se assim naquilo que Ute Frevert qualificou muito justamente de "política nacional-socialista das emoções"[10], ressaltando como, desde a origem, o regime nazista soube fazer com que uma grande parte de sua população aderisse ao seu programa graças a uma mobilização das emoções, do ódio à alegria. A emoção que de pronto vem ao espírito logo que nos interrogamos sobre as motivações das pessoas encarregadas dos campos nazistas, bem como mais largamente daqueles que decidiram sua edificação, é o ódio contra o outro, cuja forma mais extrema é o antissemitismo nazista. O papel desempenhado por esse ódio antissemita deu origem a inúmeros debates, principalmente quando da publicação em 1996 do livro *Os carrascos voluntários de Hitler*[11]. Nessa obra que causou grande alvoroço, Daniel Goldhagen pretendia demonstrar que o extermínio dos judeus, e o sistema concentracionário do qual ele constituía a finalidade última, não teria existido sem a adesão do conjunto do povo alemão ao ódio contra os judeus. Com efeito, é inegável que uma parte dos executores do regime nazista, entre os quais os SS encarregados dos campos de extermínio, foram motivados principalmente por um antissemitismo ideológico e passional – e, mais ainda que muito dos executores, *"had fun"* ("divertiam-se"), segundo uma das fórmulas surpreendentes do livro.

Esse ódio e o prazer regozijante que foi capaz de acompanhá-lo não bastam, todavia, para explicar o que pôde se passar tanto no interior dos campos como no conjunto da política de extermínio do Reich. A partir de fontes em grande parte idênticas às mobilizadas por Daniel Goldhagen, Christopher Browning e Harald Welzer evidenciaram assim que são também outras emoções que explicam a mobilização e a violência[12].

---

10. FREVERT, U. "Faith, Love, Hate: The National Socialist Politics of Emotions". In: NERDINGER, W. (dir.). *Munich and National Socialism*: Catalogue of the Munich Documentation Centre for the History of National Socialism. Munique: Beck, 2015, p. 479-486.

11. GOLDHAGEN, D.J. *Les bourreaux volontaires de Hitler* – Les Allemands ordinaires et l'Holocauste (1996). Paris: Seuil, 1997 [*Os carrascos voluntários de Hitler*. São Paulo: Companhia das Letras, 1997].

12. BROWNING, C.R. *Des hommes ordinaires* – Le 101ᵉ bataillon de réserve de la police allemande et la solution finale en Pologne (1992). Paris: Tallandier, 2007. • BROWNING, C.R. *Politique*

Os executores são movidos em primeiro lugar pela relação afetiva que os liga àqueles que lhes são próximos e pelos quais sentem emoções: acima de tudo pelo grupo de pares, aqui os membros do batalhão encarregado do extermínio, ali os colegas guardiões ou guardiãs do campo. Tratava-se em um primeiro momento de não abandonar seus colegas de trabalho, de poder se orgulhar da tarefa realizada diante de sua família e de seus próximos, e de ter a satisfação do trabalho bem-feito. De maneira paradoxal e, em um plano ético, especialmente chocante pela seletividade com a qual se manifestaram, são realmente emoções, além do mais consideradas como nobres, que explicam em grande medida o terror que reinava nos campos: a empatia e a compaixão pelos seus colegas guardiões para os quais trata-se apenas de lealdade e de solidariedade; o orgulho e a satisfação de si na situação profissional e social que é a dos executores no momento de realizar o que deles se espera.

Todavia, os trabalhos de Browning e de Welzer não tratam sobretudo da compreensão da experiência emocional dos SS encarregados dos campos. Já a obra de Elissa Maïlander sobre as 28 guardiãs do campo de mulheres de Majdanek trata muito diretamente dessa questão, a escolha de sujeitos femininos convidando ainda mais a dar importância ao papel potencial das emoções, tradicionalmente associadas às mulheres[13]. A partir de análises relacionais e interacionistas finas, a autora mostra como o comportamento cotidiano das guardiãs em relação às deportadas foi primeiramente o produto das emoções induzidas pelas relações internas ao grupo que elas formavam com suas colegas e pelas relações afetivas mantidas com o enquadramento masculino do campo. Aqui também é o desenvolvimento e o experienciado de emoções no interior de um espaço de inter-reconhecimento, o espaço dos "próximos", que estruturam a maneira como são tratados aqueles que são exteriores a esse espaço, neste caso as internadas. Aqui, as emoções compartilhadas com alguns

---

nazie, travailleurs juifs, bourreaux allemands (2000). Paris: Tallandier, 2009. • WELZER, H. *Les exécuteurs* – Des hommes normaux aux meurtriers de masse (2005). Paris: Gallimard, 2007.
13. MAÏLANDER, E. *Female SS Guards and Workaday Violence*: The Majdanek Concentration Camp, 1942-1944. East Lansing, Mich.: Michigan State University Press, 2015.

possibilitaram não apenas uma reprodução da ideologia nazista, como também sua reapropriação emocional pelas executoras encarregadas de um elemento do sistema concentracionário. Desse ponto de vista, o funcionamento do campo produz uma divisão do trabalho emocional que se apoia em uma microssatisfação social que ele em troca reforça. Elissa Maïlander descreve assim em detalhe as consequências da epidemia de tifo que atingiu as detentas de Majdanek. Esse risco de contágio suscitou no interior do grupo das guardiãs um estado emocional de muito medo que aumentou um pouco mais a distância entre o grupo delas e o das deportadas. Essa emoção intensa provocou um aumento de violência e de humilhação em relação às deportadas para destruir o objeto que lhes causava medo e, ao mesmo tempo, reforçou o sentimento de solidariedade entre as guardiãs.

Essa constatação não é própria nem às mulheres nem às guardiãs. O estudo dos médicos nazistas responsáveis pelas experiências médicas no interior dos campos também evidenciou a maneira como divisão do trabalho, gestão das emoções e estratificação social associam-se no interior dos campos. Robert Lifton mostrou como os médicos mobilizaram seu vínculo emocional ao fato de cuidarem da população alemã para justificar práticas que estavam em total contradição com o juramento de Hipócrates. Aqui, o horror concentracionário não se situa fora do campo das emoções, mas se encontra, ao contrário, justificado por emoções como a empatia e a dedicação a alguns em detrimento de outros. Lifton chegou mesmo a descrever essa recomposição psicológica e emocional pela formação de um "*Auschwitz self*" (de uma "personalidade Auschwitz") que veio substituir o "*pré-Auschwitz self*" (de uma "personalidade pré-Auschwitz")[14].

Os guardiões e detentores do poder no interior do universo concentracionário não recalcaram nenhuma de suas emoções, mas, pelo contrário, apoiaram-se em algumas delas para fazer seu trabalho. Essa gestão emocional explica

---

14. LIFTON, R.J. *Les médecins nazis*. Op. cit.

porque, afinal, os antigos executores do universo concentracionário raramente expressaram remorsos e não conheceram quaisquer problemas psicológicos. "Muitos dizem que os executores teriam, no pós-guerra, "recalcado" sua culpa; quando observamos de mais perto, é uma visão demasiado positiva das coisas: pois, afinal, recalcar sua culpa supõe que a tenham inicialmente sentido. Não é este o caso, pelo menos a partir dos materiais de que dispomos"[15]. Os detentores do poder e do arbitrário no interior dos campos não tiveram recalque a superar porque não tiveram nada para recalcar. A experiência deles não foi nem se tornou traumática[16].

Os deportados: seres sem emoções?

Em contrapartida, e isso será longamente tratado mais adiante, os transtornos emocionais dos antigos deportados e principalmente dos sobreviventes dos campos de extermínio são hoje bem conhecidos. Ao contrário do que a imagem dos deportados como massa indistinta de indivíduos desumanizados pode sugerir, estes compunham uma verdadeira sociedade, cujas principais linhas de fratura segundo as competências linguísticas, os motivos de deportação, ou ainda as habilidades, para citar somente alguns exemplos, foram evidenciadas por vários trabalhos. Também aqui é na perspectiva de sua dimensão social que as emoções das vítimas do universo concentracionário devem ser apreendidas.

A questão das emoções dos deportados foi inicialmente abordada em um contexto preciso: o da relação entre gestão das emoções e chance de sobrevivência. A relação com as emoções está assim no centro das primeiras publicações sobre a experiência concentracionária, o destino do "muçulmano", verdadeira testemunha silenciosa de Auschwitz, sendo alternativamente considerado como imputável à sua renúncia a sentir qualquer emoção ou à sua incapacidade de dominar a violência das emoções sentidas.

---

15. WELZER, H. *Les exécuteurs*. Op. cit., p. 232.
16. SHAPIRO, D. "The Tortured, Not the Torturers, Are Ashamed". In: *Social Research*, vol. 70, n. 4, p. 1.131-1.148.

Desde 1943, em sua reflexão sobre "o limite extremo", e reconsiderando seu próprio internamento em 1939 no campo de Dachau como deportado político, Bruno Bettelheim prioriza o controle racional das emoções como condição de sobrevivência no campo:

> Pude assim verificar a validade do que minha própria psicanálise me ensinara: o quanto pode ser psicologicamente reconstrutivo tentar compreender suas próprias reações a uma certa experiência, e o quanto é útil sondar o que se passa na cabeça daqueles que sofrem o mesmo destino. Esses esforços que eu fazia para alcançar uma certa tomada de consciência me deram a certeza de que poderia salvar alguma coisa de meu antigo sistema de domínio de mim mesmo; de que certos aspectos de minha crença no valor do exame racional – da ordem daquilo que se pode aprender em psicanálise – poderiam me servir, mesmo nessas condições de vida radicalmente modificadas[17].

Nessa abordagem, apenas a gestão do abalo emocional e moral induzido pela chegada e pela subsequente manutenção da identidade social anterior pode assegurar a sobrevivência física e psicológica do deportado.

Os trabalhos realizados a partir dos escritos pioneiros de Bettelheim evidenciaram os limites dessa análise cuja pertinência é finalmente limitada a uma categoria particular de deportados, os deportados políticos cujos engajamento e convicções prévias foram capazes de favorecer uma tal gestão emocional da vida no campo.

Um dos primeiros a refutar a tese de Bruno Bettelheim é Terrence Des Pres, que em 1976 se interessa pelos "sobreviventes" dos "campos da morte"[18]. Mais do que um controle ou um recalque das emoções, são então a reorganização e a adaptação delas ao novo ambiente concentracionário que são evidenciadas. Sua teoria dos *stages of adjustment* (etapas de ajustes) revela a maneira como o

---

17. BETTELHEIM, B. *Survivre* (1952). Paris: Robert Laffont, 1979, p. 27. Cf. BETTELHEIM, B. "Individualism and Mass Behavior in Extreme Situations". In: *Journal of Abnormal and Social Psychology*, vol. 38, n. 4, 1943, p. 417-452.

18. DES PRES, T. *The Survivor*: An Anatomy of Life in the Death Camps. Nova York: Oxford University Press, 1976.

horror e a dureza das condições de vida nos campos obrigaram os deportados a redefinir o espaço de humanidade comum e, portanto, de engajamento emocional que era o deles antes da chegada ao campo. As relações emocionais são então perspectivas restritas a uma rede limitada de relações sociais.

Segundo esse caminho teórico, e a partir do estudo do campo de mulheres de Auschwitz-Birkenau, Michael Pollak mostrou que toda experiência concentracionária implicou para o deportado a "criação de um mundo à sua imagem e segundo suas afinidades". Esses "micromundos" foram então o único lugar possível para um engajamento emocional, "ilhotas limitadas no espaço e no tempo onde se negocia localmente a humanidade comum"[19]. Nesses espaços, o ferrolho das emoções era destravado, deixando abertas as possibilidades de sentir, de partilhar, o horror é claro, mas também a alegria, o riso ou ainda a tristeza. Fora desses espaços, em contrapartida, os deportados trabalhavam na construção de uma forma de proteção emocional.

Desde o estudo pioneiro de Michael Pollak, a história dos campos de trabalho de Starachowice retraçada por Christopher Browning confirma suas conclusões, ligando mais uma vez emoções, quadro social e quadro moral:

> Com raras e admiráveis exceções, a submissão em massa não transforma pessoas comuns em santos e em mártires. [...] Nos campos, reinava uma tal inversão dos valores que os preceitos mais elementares, como "não faça mal ao outro", eram muitas vezes desprovidos de sentido. No "jogo de soma zero" em que nazistas os obrigaram a entrar, os judeus podiam, de maneira muito limitada, agir ou fazer escolhas, mas todas essas escolhas causavam mal a muitos outros e nenhuma era, para si mesmo ou para um próximo, uma garantia de salvação. Esta não é, contudo, a atitude que, no final de meu estudo, me pareceu caracterizar a vida nos campos de trabalho forçado de Starachowice. Longe de abandonar toda noção de obrigação moral, os detentos ali forjaram um quadro ético mais adaptado à sua condição de impotência quase total. Longe de uma impossível universalidade ou de uma

---

19. POLLAK, M. *L'Expérience concentrationnaire*. Op. cit., p. 17 e 299.

total renúncia, esse quadro ético estabelecia uma hierarquia das obrigações. O que eles esperavam e aceitavam uns dos outros era a prioridade dada aos membros ainda em vida de sua própria família. Em seguida, cada um tinha obrigações para com seus amigos e seus vizinhos, depois as pessoas de sua cidade e, por fim, os judeus por oposição aos não judeus[20].

O relato feito por Ruth Klüger sobre a "adoção" de sua nova "irmã", ao chegar a Auschwitz proveniente de Theresienstadt, revela muito concretamente esse mecanismo de redelimitação daquilo que é possível aqui qualificar de "espaço de emoções" no interior do campo:

> Ditha sempre acreditou que minha mãe lhe salvara a vida. É verdade que a afeição a ela dedicada poupou-lhe uma parte de destruição psíquica e a preservou da degradação psicológica que ocorre quando mais ninguém se preocupa em saber se a gente existe ou não. Para nós, não apenas Ditha existia, mas sua existência importava, pois ela existia também para ela mesma, simplesmente porque minha mãe tornara-se sua pessoa de referência, porque Ditha podia contar que ela era das nossas. Sem nós, estaria completamente isolada, conosco era um membro da família, era preciosa. Não saberia dizer se ela teria sobrevivido sem minha mãe. Penso que talvez nos salvamos mutuamente formando essa pequena unidade familiar[21].

Relatos e testemunhos

Os relatos dos antigos deportados permanecem, com efeito, a fonte principal para captar as relações entre emoções e universo concentracionário. Desse modo, todos os trabalhos que acabam de ser citados apoiam-se em testemunhos. O título de um dos primeiros deles, publicado sobre o campo de Auschwitz, refere-se assim diretamente às emoções. Nele os deportados são descritos como "prisioneiros do medo"[22]. Depois, e particularmente a partir dos anos de 1990, a publicação de relatos de concentração conheceu um crescimento

---

20. BROWNING, C.R. À l'intérieur d'un camp de travail nazi. Op. cit., p. 285-286.
21. KLÜGER, R. Refus de témoigner. Op. cit., p. 176.
22. LINGENS-REINER, E. Prisoner of Fear. Londres: Victor Gollancz, 1948.

exponencial. Essas obras biográficas são recursos preciosos para aceder a um melhor conhecimento das emoções nos campos. Esse tipo de fontes tem, todavia, inúmeras consequências e induz algumas especificidades.

O ato de escrita, principalmente estética e literária, foi para alguns um meio de se reapropriar das emoções concentracionárias. Sobrevivente de Auschwitz, que se tornou escritor, Imre Kertész termina seu *Sem destino* (1975) dando voz ao seu duplo narrador, de retorno do campo à sua cidade natal:

> Minha mãe me espera e certamente ficará feliz em me rever, coitada. Lembro-me, seu desejo era de que me tornasse engenheiro, médico ou algo do gênero. De todo modo, tudo será certamente como ela previu; não há nenhum absurdo que não se possa viver muito naturalmente, e na minha estrada, como já sei, está à espreita, como uma espécie de armadilha incontornável, minha felicidade. Pois também nos campos, entre as chaminés, nos intervalos do sofrimento, havia algo que se parecia à felicidade. Todos me fazem perguntas sobre as vicissitudes, os "horrores": no entanto em relação a mim, talvez seja esse sentimento que permanecerá o mais memorável. Sim, é sobre isso, sobre a felicidade dos campos de concentração, que deveria falar na próxima vez, quando me fizerem perguntas. Se nunca me fizerem essa pergunta e se eu mesmo não a esquecer[23].

Embora seja uma das únicas vias de acesso à análise das emoções no interior do universo concentracionário, as lembranças e sua narração também são estruturalmente dependentes das emoções sentidas. Os trabalhos de neurociências, de ciências cognitivas e de psicologia social são unânimes: existe um vínculo forte, e complexo, entre memória e emoção[24]. O sujeito se lembra melhor de um evento que despertou nele uma emoção. Retemos e contamos na maioria das vezes, e com mais detalhes, episódios autobiográficos que na época tiveram para nós uma carga emocional importante.

---

23. KERTÉSZ, I. *Être sans destin* (1975). Paris: Actes Sud, 1998, p. 361 [*Sem destino*. São Paulo: Planeta do Brasil, 2003].

24. HIRST, W. et al. "A Ten-Year Follow-Up of a Study of Memory for the Attack of September 11, 2001: Flashbulb Memories and Memories for Flashbulb Events". In: *Journal of Experimental Psychology*: General, vol. 144, n. 3, 2015, p. 604-623.

Essa constatação desperta o interesse pelos contextos sociais de produção dos testemunhos dos sobreviventes e por suas possíveis consequências quanto à expressão das emoções. Desse ponto de vista, o estudo de Michael Pollak é exemplar na medida em que nele os testemunhos são considerados "como verdadeiros instrumentos de reconstrução da identidade, e não apenas como relatos fatuais, limitados a uma função informativa"[25]. Nessa perspectiva, o autor de *L'Expérience concentrationnaire* (1982) propõe uma tipologia das situações de testemunho. Ele distingue "o depoimento judiciário", "o testemunho histórico" e o "relato biográfico", cada um deles dando um espaço particular às emoções. A evocação das emoções encontra-se assim praticamente ausente do testemunho histórico, ao passo que está muito presente no relato biográfico; o depoimento judiciário constitui um meio-termo, uma vez que a evocação das emoções vem em apoio ao requisitório. Essa constatação não deve fazer com que se considere uma forma de narrativa da experiência concentracionária mais autêntica do que uma outra, mas que, em vez disso, à imagem da formação das emoções no interior dos campos, sua evocação nos testemunhos se explica pela situação social dos sobreviventes, pelo lugar de onde falam e pelo estatuto que é o deles no momento dessa fala.

O exemplo dos relatos dos que estiveram nos campos de trabalho anexos de Drancy em Paris é a esse respeito esclarecedor. Situados à margem do sistema concentracionário nazista, permitindo por isso aumentar o foco de análise, esses lugares abrigaram cerca de oitocentos internados judeus entre 1943 e 1944[26]. Cerca de 20% desses homens e mulheres foram finalmente deportados para Bergen-Belsen ou para Auschwitz. O restante recuperou a liberdade na Libertação da capital, em agosto de 1944. Mas os relatos desse internamento parisiense e o lugar que nele é dado às emoções diferem sensivelmente segundo o destino final dos internados. Aquelas e aqueles que tiveram a sorte de

---

25. POLLAK, M. *L'Expérience concentrationnaire*. Op. cit., p. 12.
26. DREYFUS, J.-M. & GENSBURGER, S. *Des camps dans Paris* – Austerlitz, Lévitan, Bassano, juillet 1943-août 1944. Paris: Fayard, 2003. • DREYFUS, J.-M. & GENSBURGER, S. *Images d'un pillage* – Album de la spoliation des Juifs à Paris, 1940-1944. Paris: Textuel, 2010.

escapar à deportação raramente empregam o "eu" e nunca falam das emoções que puderam sentir: "Ouso dizê-lo, não era dramático exceto pela separação. Peço desculpas por dizer isso, mas, em relação a Auschwitz, é o dia e a noite"[27]. Sua fala, que aqui claramente pertence ao "testemunho histórico", não tem outro objetivo que atestar o trabalho efetuado no contexto da pilhagem sistemática dos móveis e objetos possuídos pelos judeus. A personalidade e o experienciado das testemunhas são silenciados.

Ao contrário, ainda hoje, e mesmo depois de a pesquisadora ter sistematicamente tentado encontrar os antigos internados desses campos parisienses e coletar seus testemunhos, aqueles que foram finalmente deportados são os únicos a mencionar as emoções vividas nesses campos parisienses. Em seus "relatos biográficos", deportadas para Auschwitz em 30 de junho de 1944, Yvonne Klug, evoca assim a tristeza e o frio extremo, e Vivette Baharlia-Politi descreve o medo e a angústia diante dos enormes ratos que se enfiavam à noite em sua cama[28]. As emoções, os sofrimentos, os medos e as "felicidades" que sem dúvida os internados finalmente libertados em 1944 também sentiram estão ausentes dos testemunhos coletados.

Transmissão e pós-memória

O silêncio feito sobre as emoções por aqueles que os campos parisienses protegeram da deportação se explica ao menos em parte pelo sentimento de culpa sentido depois da guerra. "Afinal", como eles mesmo formulam, devem o fato de terem ficado em Paris à sua "participação", embora forçada e coagida, na espoliação dos judeus em fuga ou deportados, que às vezes eram membros de sua própria família. Dos 1.300 milhões deportados para Auschwitz, apenas

---

27. Testemunho colhido por Sarah Gensburger e publicado em "Essai de sociologie de la mémoire: le cas du souvenir des camps annexes de Drancy dans Paris". In: *Genèses*, n. 61, 2005, p. 47-69.
28. KLUG, Y. *Le 8616 revint* – Souvenirs d'une rescapée du camp d'extermination d'Auschwitz. • BAHARLIA-POLITI, V. *Mémoires* (Mémorial de la Shoah-CDJC, Carton de l'Amicale Austerlitz--Lévitan-Bassano) [não publicadas].

400 mil efetivamente entraram nos campos e 850 mil foram diretamente para as câmaras de gás assim que chegaram, sem penetrar nos campos. Quando de sua chegada em 27 de janeiro de 1945, o Exército Vermelho não encontrará senão alguns milhares de sobreviventes. A questão do sentimento de culpa, qualificado de "síndrome do sobrevivente"[29], está assim no centro da gestão das emoções e de sua expressão ao sair do universo concentracionário.

Primo Levi, ele mesmo um sobrevivente de Auschwitz, explicitou isso nos seguintes termos:

> Que muitos (e eu mesmo) tenham sentido "vergonha", isto é, um sentimento de culpa, durante o cativeiro e depois, é um fato certo e confirmado por numerosos testemunhos. Pode parecer absurdo, mas ele existe [...]. Ao sair das trevas, sofríamos ao descobrir a consciência de termos sido diminuídos. Não por nossa vontade, nem por covardia, nem por nossa culpa, tínhamos vivido durante meses e anos em um nível animal: nossos dias eram ocupados desde o amanhecer até a noite pela fome, pelo cansaço, pelo frio, pelo medo, e a possibilidade de refletir, de raciocinar, de experimentar sentimentos, estava em nós reduzida a nada[30].

Esse sentimento de vergonha que pertence aos antigos deportados decorre muito diretamente da gestão das emoções no interior do campo. Ele tem sobretudo um componente moral. As normas éticas que são as do campo estão em ruptura com as das sociedades do pós-guerra. Essa defasagem foi então capaz de originar um sentimento de culpa e de vergonha de si em muitos sobreviventes. Em seguida, essa síndrome do sobrevivente toma a forma de uma incapacidade emocional. Enquanto o espaço de humanidade comum se encontra alargado pela libertação e pelo fim da deportação, um trabalho a contrapelo de "ajustamento emocional", para retomar outra fórmula utilizada por Terrence Des Pres[31], mostra-se necessário para permitir, novamen-

---

29. ZAJDE, N. *Guérir de la Shoah*. Paris: Odile Jacob, 2005.
30. LEVI, P. *Les naufragés et les rescapés*. Op. cit., p. 72-73 [*Os afogados e os sobreviventes*. Rio de Janeiro: Paz e Terra, 2016].
31. DES PRES, T. *The Survivor*. Op. cit.

te, um engajamento afetivo com os outros. Esse reajustamento é ele mesmo produtor de emoções, indo da vergonha ao desespero diante, para alguns, da impossibilidade de qualquer reengajamento emocional. Todavia, e na outra ponta do espectro comportamental, esse ajustamento emocional pode igualmente ser bem-sucedido e assim produzir uma nova dinâmica virtuosa. Esse fenômeno de superação positiva da experiência traumática está então na origem de novas emoções, e sobretudo da autorização para recomeçar a senti-las, a tal ponto que Boris Cyrulnik fala de "maravilhoso infortúnio" para descrever essa resiliência que certos sobreviventes dos campos foram capazes de conhecer[32].

Qualquer que seja a saída, essa readaptação emocional que caracteriza os antigos deportados tem consequências que vão além de suas próprias pessoas. Ela estrutura igualmente a relação com as emoções de seus descendentes. As entrevistas realizadas com os filhos de deportados revelam claramente o sentimento de "vergonha" por seus pais terem "deixado" acontecer[33]. Mas também manifestam outras emoções. Em uma das primeiras obras a dar a palavra aos filhos de deportados, Joseph, antiga criança escondida cujo pai morreu em Auschwitz, revela essa difícil gestão emocional do passado familiar:

> Tive vontade de me suicidar, especialmente na adolescência... mas jamais dei o passo; teria tido vergonha em relação ao meu pai; ele teria sacrificado sua vida para nada! Devo-lhe a vida. Se ele não tivesse tido a personalidade que tinha, seus amigos não teriam feito de tudo para nos salvar, como eles o fizeram. Era por meu pai que o faziam, não por nós! Parece que meu pai era alegre. Quanto a mim, eu me recrimino por não saber rir nem brincar com meus filhos; uma falta de hábito sem dúvida; creio que saber se divertir se aprende, assim como o francês... Minha mãe afirma que não fui marcado pela guerra, que meu pai não me fez falta... pois não

---

32. CYRULNIK, B. *Un merveilleux malheur*. Paris: Odile Jacob, 2002. Para um estudo sociológico pioneiro sobre a trajetória dos sobreviventes, cf. HELMREICH, W.B. *Against All Odds*: Holocaust Survivors and the Successful Lives They Made in America. Nova York: Simon & Schuster, 1992.
33. EPSTEIN, H. *Children of the Holocaust*: Conversations with Sons and Daughters of Survivors. Nova York: G.P. Putnam's Sons, 1979.

me lembro dele. Será que existem crianças judias que não foram "marcadas"?[34]

Portanto, é um verdadeiro "trabalho sobre as emoções" que caracteriza essa segunda geração[35]. Confrontados com emoções interditas e com normas emocionais de seus pais deportados, os filhos e filhas desenvolveram uma gramática das emoções conciliável com o equilíbrio familiar. Os membros dessa segunda geração foram objeto de vários estudos[36]. A obra de Marcel Cohen sobre os raros traços de seus pais e de sua jovem irmã, deportados para Auschwitz, talvez seja a manifestação literária mais límpida dessa forma extrema que é o interdito das emoções, ou mais exatamente o de sua expressão. *A cena interior* (2013) manifesta essa tensão, falar sobre seus familiares e sobre perdê-los por meio da descrição de simples fatos e objetos, livres de qualquer sentimentalismo que revele nas entrelinhas a potência das emoções[37]. A maneira como os membros dessa segunda geração se encarregaram da memória de seus antepassados foi conceituada por Marianne Hirsch sob o termo de *postmemory*[38]. A "geração da pós-memória" designa o conjunto daqueles que, ao crescerem, viram suas próprias emoções repelidas pelos historiadores da geração que os precedeu e que viveu eventos traumáticos que não podiam nem ser compreendidos, nem vividos, nem mesmo imaginados. São então as emoções sentidas em relação a esse passado que fazem as vezes de vínculo e permitem se apropriar da história de seus familiares sobreviventes.

---

34. Testemunho colhido por Claudine Vegh e publicado em *Je ne lui ai pas dit au revoir* (1979). Paris: Gallimard, 1996.
35. GOTTSCHALK, S. "Reli(e)ving the Past: Emotion Work in the Second Generation". In: *Symbolic Interaction*, vol. 26, n. 3, 2003, p. 355-380.
36. HASS, A. *In the Shadow of the Holocaust*: The Second Generation. Ithaca: Cornell University Press, 1990. • BERGER, A. *Children of Job*: American Second-Generation Witnesses to the Holocaust. Albânia: State University of New York Press, 1997. • McGLOTHLIN, E. *Second Generation, Holocaust Literature*: Legacies of Survival and Perpetration. Rocheste: Camden House, 2006.
37. COHEN, M. *Sur la scène intérieure* – Faits. Paris: Gallimard, 2013 [*A cena interior*. São Paulo: Ed. 34, 2017].
38. HIRSCH, M. *The Generation of Postmemory*: Writing and Visual Culture after the Holocaust. Nova York: Columbia University Press, 2012.

No museu, na escola

Essa relação entre emoções e memória da experiência concentracionária vai atualmente muito além da questão dos descendentes dos deportados. Ressentir é, inclusive para a não testemunha, considerado como a via de acesso privilegiado à realidade do universo concentracionário, a tal ponto que alguns conseguiram falar de "fantasias do testemunho"[39]. O relato do destino "da mala de Auschwitz" evidencia o desafio emocional da memória da experiência concentracionária e as tensões que ele pode suscitar[40]. Em 2005, em Paris, Michel Lévi-Leleu visita, em companhia de sua filha, uma exposição no Memorial da Shoah. Em uma vitrine, uma mala encontrada em Auschwitz está exposta, ela é atribuída a Pierre Lévi, o pai de Michel, que para lá foi deportado em 1943. A emoção de Michel e de sua filha é imensa. Eles procuram saber mais sobre a mala. A investigação confirma que Pierre era o proprietário da mala emprestada pelo museu de Auschwitz-Birkenau ao Memorial da Shoah durante a exposição temporária. Inicia-se então uma batalha judicial entre o filho e o museu. Duas legitimidades emocionais encontram-se então cara a cara. O museu destaca a importância dos objetos capazes de encarnar trajetórias individuais para emocionar, e assim impressionar, os visitantes do campo. Michel faz valer sua profunda emoção de encontrar um traço de seu pai desaparecido e seu direito legítimo de propriedade. Aqui, emoção museográfica e emoção individual são colocadas em oposição.

Como fortemente revelado por esse episódio, a relação centralmente emocional com a memória dos campos apoia-se sobretudo na individualização do relato. A proposição feita ao visitante do United States Holocaust Memorial Museum, desde sua abertura, constitui com certeza seu melhor exemplo. Com efeito, o visitante ao chegar já se depara com a proposta de assumir uma identidade escolhida entre os fac-símiles de passaportes apresentados. É então com

---

39. WEISSMAN, G. *Fantasies of Witnessing*: Postwar Efforts to Experience the Holocaust. Ithaca: Cornell University Press, 2004.
40. CEAUX, P. "Soixante ans de douleur dans une valise". *Le Monde*, 02/09/2006.

essa identidade de adoção, do "carrasco" à "vítima", que o visitante pode começar sua deambulação. O pressuposto de tal dispositivo é que o vínculo de identificação estabelecido com um personagem do passado permite a instauração de um vínculo emocional forte, uma melhor transmissão e, portanto, uma transformação do visitante.

Individualização e identificação são assim os dois principais recursos mobilizados hoje para estabelecer uma relação empática com a história do universo concentracionário, com a ideia implícita de que esse vínculo emocional, se for estabelecido, permitirá a transformação não apenas sentimental, mas também moral e cívica daqueles a quem se dirige. Essa política de identificação como vetor de emoções e, portanto, de transmissão eficaz, está no centro da maioria dos dispositivos museográficos e pedagógicos contemporâneos relativos ao passado concentracionário nazista[41]. Alison Landsberg qualificou de *prosthetic memory*[42], que poderíamos traduzir por "memória estético-emocional", essa memória inscrita em uma época de onipresença dos dispositivos de mediação que faz da empatia e do compartilhamento de emoções as modalidades centrais de todo vínculo com o passado.

Esse vínculo intrínseco entre transmissão e emoção está igualmente no centro do ensino da história dos campos nazistas. Shoshana Felman, em uma obra já clássica, destaca por exemplo a necessidade para o professor de transmitir um saber cognitivo e, acima de tudo, um saber performativo sobre o passado, esse saber apoiando-se no recurso às emoções[43]. Por meio dessa abordagem, o próprio professor se constitui como testemunha do passado. Por uma inversão de perspectiva, a sensibilidade à história dos campos é considerada comum um critério de cidadania e de adesão aos valores democráticos. É ela

---

41. LANDSBERG, A. "Memory, Empathy and the Politics of Identification". In: *International Journal of Politics Culture and Society*, vol. 22, n. 2, 2009, p. 221-229.
42. LANDSBERG, A. *Prosthetic Memory*: The Transformation of American Remembrance in the Age of Mass Culture. Nova York: Columbia University Press, 2004.
43. FELMAN, S. *Testimony*: Crises of Witnessing in Literature, Psychoanalysis and History. Nova York: Routledge, 1992.

que atualmente se encontra no centro das novas políticas de ensino da história, especialmente para as populações consideradas em processo de integração e de socialização à democracia[44].

A transmissão da memória dos campos e do Holocausto seria particularmente o suporte da difusão cosmopolita de uma sensibilidade humanitária e de uma relação ética com os outros. O quadro social no qual é aqui pensada a relação entre emoções e universo concentracionário rompe assim radicalmente com o papel social desempenhado pelas emoções no interior dos próprios campos. Essa inversão traz um questionamento tanto mais que várias pesquisas empíricas sobre as apropriações efetivas, em situação, da *prosthetic memory* mostram os limites dessa emoção universal que é esperada da frequentação dos lugares e dos relatos do universo concentracionário.

O estudo de Harold Marcuse sobre os jovens alemães em visita ao campo de Dachau e o de Jackie Feldman sobre os grupos de israelenses em peregrinação ao campo de Auschwitz mostram de forma clara que a emoção é com certeza o principal motivo dessas visitas, mas que o sentido, político e cívico, que lhe é associado depende muito diretamente do grupo social, e simbólico, no qual se inserem os visitantes[45]. No segundo caso, por exemplo, as lágrimas e a profunda tristeza sentida vêm fortalecer o que Jackie Feldman qualifica de "mentalidade de enclave", ou seja, a delimitação de uma fronteira hostil entre a população judaica, e sobretudo de Israel, e os poloneses, e mais largamente o resto do mundo. Porque no interior do universo concentracionário a emoção memorial ressentida participa aqui da delimitação do "nós" e dos "outros". Da mesma forma, o estudo de Alexandra Oeser sobre "o ensino sobre Hitler" em

---

44. BAUM, R.N. "What I Have Learned to Feel": The Pedagogical Emotions of Holocaust Education". In: *College Litterature*, vol. 23, n. 3, 1996, p. 44-57. • BROWN, J.A. "Our National Feeling is a Broken One": Civic Emotion and the Holocaust in German Citizenship Education". In: *Qualitative Sociology*, vol. 37, n. 4, 2015, p. 425-442.
45. MARCUSE, H. *Legacies of Dachau*: The Uses and Abuses of a Concentration Camp, 1933-2001. Cambridge: Cambridge University Press, 2008. • FELDMAN, J. *Above the Death Pits, Beneath the Flags*: Youth Voyages to Poland and the Performance of Israeli National Identity. Nova York: Berghahn Books, 2010.

quatro liceus alemães confirma a estruturação social da empatia emocional em relação ao passado dos campos nazistas[46]. A relação emocional com a memória do universo concentracionário não é a mesma para todos e delimita grupos sociais, opondo aqueles que experimentam a emoção esperada e os outros. Diante das emoções obrigatórias, por vezes são então emoções subversivas, como o riso, que são expressas, para grande angústia dos professores.

Esse limite da ferramenta das emoções para construir uma memória universal é por vezes denunciado pelos próprios sobreviventes. É particularmente este o caso dos dois antigos deportados cujos propósitos estão no início do presente texto. Assim, desde os anos de 1990, Jean Améry clamava sua "reduzida inclinação para o espírito de conciliação, mais precisamente: [sua] convicção de que a vontade de conciliação clamada bem alto pelas vítimas dos nazistas só pode proceder de uma letargia emocional e de um sentimento de indiferença para com a vida, ou então da convivência masoquista com uma sede de vingança autêntica mas recalcada"[47]. Mais recentemente, Ruth Klüger fez uma forte crítica ao que ela chama "o sentimentalismo concentracionário" induzido pela cenografia dos sites dos antigos campos tornados lugares patrimoniais:

> O visitante que ali se encontra e que experimenta uma emoção, nem que seja um leve arrepio de horror, ainda assim se sentirá um homem melhor. Quem se permite se questionar sobre a qualidade dos sentimentos, quando se tem orgulho de simplesmente experimentar alguma coisa? Esses vestígios renovados de terrores antigos não induzem ao sentimentalismo, não nos distanciam na realidade do objeto para o qual só aparentemente atraíram a atenção, para nos levar a contemplar nossos sentimentos em um espelho?[48]

---

46. OESER, A. *Enseigner Hitler* – Les adolescents face au passé nazi en Allemagne. Paris: Éd. de la Maison des Sciences de l'Homme, 2010.
47. AMÉRY, J. *Par-delà le crime et le châtiment*. Op. cit., p. 123.
48. KLÜGER, R. *Refus de témoigner*. Op. cit., p. 89-91.

O historiador do universo concentracionário e as emoções

Limitar-se a "contemplar [seus] sentimentos em um espelho" foi o que por muito tempo temeram os historiadores do universo concentracionário. Até um período recente, estudar os campos nazistas e o extermínio dos judeus significou assim colocar de lado suas emoções. Raul Hilberg, um dos primeiros historiadores a ter conduzido uma pesquisa sistemática sobre o assunto, narrou o trabalho de controle das emoções que acompanhou a escrita de sua obra pioneira, para a qual ele buscou o título mais neutro possível na matéria: *La destruction des juifs d'Europe* [A destruição dos judeus da Europa] (1985). Procurar conhecer o universo concentracionário certamente encurrala o historiador em suas trincheiras emocionais. O grau de empatia que deve ser o dele e a legitimidade de seu recurso às emoções do leitor na administração da prova foram assim vivamente debatidos durante a discussão da obra de Daniel Goldhagen sobre os carrascos involuntários[49].

Desse modo, a gestão "extrema" de suas próprias emoções pelo historiador do universo concentracionário evidencia por sua vez a maneira "normal" como todo historiador, não importando seu objeto de pesquisa, mantém uma relação complexa e ambígua com as emoções. Arlette Farge dá um perfeito resumo sobre isso:

> É preciso fazer justiça, em um primeiro momento, a essa desconfiança em relação ao subjetivismo, a fim de evitar não apenas sistemas de identificação demasiado marcados, mas também incômodos anacronismos. Mas outra coisa é tornar tabu a força da emoção, para quem pretende estudar os fatos sociais: isso seria se privar de uma ferramenta de conhecimento indispensável que permite atravessar, não como previsto, o espaço tanto da estética quanto da intensa fragilidade dos eventos individuais e sociais que são uma das tramas da história. De todo modo, quem poderia negar que o surgimento da emoção é muitas vezes consubstancial

---

49. FRIEDLÄNDER, S. "Reflections on the Historicization of National Socialism". In: *Memory, History, and the Extermination of the Jews of Europe*. Bloomington, Ind.: Indiana University Press, 1993, p. 64-84.

à descoberta de certos textos ou arquivos? Quando trabalhamos sobre as vidas singulares ou minúsculas, sobre as existências desprovidas e trágicas, tornamo-nos evidentemente o interlocutor de personagens que formam a areia fina da história, surgindo da noite escura de fundos de arquivos pouco decifrados [...]. Confrontar-se [com emoções] representa um verdadeiro exercício intelectual; é claro que não se deve mergulhar nele de maneira inconsequente, mas dele se servir para colocar novas questões sobre a atitude a tomar, sobre as interrogações a levantar[50].

Com efeito, os trabalhos mais recentes sobre a experiência concentracionária reivindicam o papel desempenhado pelas emoções em sua realização[51]. Na introdução de seu estudo sobre o "interior de um campo de trabalho nazista", Christopher Browning faz então o relato da maneira como, em 1972, Walther Becker foi absolvido, pelo presidente do tribunal, da acusação quanto ao papel que teria tido na liquidação, em 27 de outubro de 1942, do gueto de Wierzbnik por causa das incoerências entre os depoimentos das testemunhas. "Essa indignação" então sentida foi para o historiador a primeira "motivação" da pesquisa sobre os campos de trabalho que vieram depois da destruição do dito gueto. "O desafio metodológico e historiográfico" que essa motivação lhe permitiu assumir tem um importante papel no sucesso do livro que Browning finalmente dedicou a essa engrenagem no universo do campo concentracionário nazista[52].

---

50. FARGE, A. "La part de l'émotion". In: *Socio-anthropologie*, n. 27, 2013, p. 99-101.
51. DEAN, C.J. *The Fragility of Empathy after the Holocaust*. Ithaca: Cornell University Press, 2004. • LaCAPRA, D. *History in Transit*: Experience, Identity, and Critical Theory. Ithaca: Cornell University Press, 2004.
52. BROWNING, C.R. *À l'intérieur d'un camp de travail nazi*. Op. cit., p. 33.

13
O QUE OS GENOCIDAS SENTEM QUANDO MATAM?

Richard Rechtman

No que pensam os genocidas quando eles matam? O que sentem quando assassinam friamente inocentes desarmados? O que se passa pela cabeça deles quando abatem em série homens, mulheres, crianças, velhos, que nem mesmo conhecem, que nada lhes fizeram, que não podem se defender ou escapar, que jamais viram e dos quais nada sabem? Pensam no que estão fazendo, ou simplesmente deixam seu espírito vagar por aí, como quando fazemos maquinalmente gestos cuja tecnicidade, reproduzidas todos os dias, não exigem mais um grande esforço de concentração?

Essas questões nunca foram objeto de pesquisas aprofundadas. Entretanto, ainda hoje estão no centro da maioria das tentativas de elucidação históricas e psicológicas das condições de possibilidade das execuções sumárias de civis, dos crimes em massa, dos processos de extermínio e das políticas radicais de depuração étnica. Aqui, o desafio não é quem dá a ordem, mas sim quem a executa. Quem apoia no gatilho, quem segura a faca que vai cortar a garganta, ou ainda quem com uma paulada estraçalha o crânio do homem ou da mulher ajoelhado de costas diante dele. Ver quem, armado com uma kalashnikov, abate indistintamente homens e mulheres tranquilamente sentados em um terraço de café. Quem são eles? O que sentem? Por que aceitam fazê-lo? E o que dizem depois de fazê-lo?

Alguns processos estrondosos trouxeram um esclarecimento essencial ao submeter diretamente os protagonistas a interrogatórios extremamente precisos cujos minutos estão hoje acessíveis a todos[1]. E, no entanto, mesmo ali, o mistério não se dissipa por completo. É o caso, por exemplo, do estupefaciente depoimento do lugar-tenente Willian Calley durante o processo do massacre de My Lai perante a corte marcial dos Estados Unidos em 1970[2]. Em meio aos debates, diante da fleuma exibida pelo lugar-tenente Calley ao enunciado das vítimas civis – mulheres, crianças e velhos –, o advogado de defesa, George Latimer, procura saber se seu cliente certificara-se de que não se tratava de combatentes e o que ele pensava naquele momento. A resposta de Calley permanecerá memorável por sua frieza (e sem dúvida por sua precisão):

> Pois bem, recebi a ordem de ir até lá e destruir o inimigo. Era o meu trabalho naquele dia. Não parei para começar a refletir em termos de homens, de mulheres ou de crianças. Todos eles estavam classificados na mesma rubrica, e era essa rubrica de que devíamos tratar: combatentes inimigos[3].

O procurador, Aubrey Daniel, também insiste, mas não obtém qualquer resposta. Não, naquele dia, Calley não diferenciava entre um homem, uma mulher, uma criança, um velho. Não, ele não diferenciava entre combatentes

---

1. Trata-se certamente dos processos dos principais protagonistas do regime nazista, mas também dos genocidas hutus. Cf., p. ex.: HATZFELD, J. *Une saison de machettes*. Paris: Seuil, 2003.
• DUMAS, H. *Le génocide au village* – Le massacre des Tutsi du Rwanda. Paris: Seuil, 2014. Também encontramos nos minutos do processo de altos dirigentes do khmer vermelho, como Duch, vários testemunhos de pequenos executores que nos informam até nos detalhes mais sórdidos sobre o ordinário desses torturadores. Cf. ECCC.gov.kh

2. Na manhã de 16 de março de 1968, uma pequena companhia de soldados americanos, sob o comando do lugar-tenente William Calley, penetra no pequeno vilarejo de My Lai, em que toda a população, isto é, mais de quatrocentas pessoas, será dizimada naquele dia – mulheres, crianças, velhos, mas nenhum combatente. A partir do ano seguinte, My Lai se tornará o símbolo das atrocidades cometidas pelas forças americanas no Vietnã e acabará em um estrondoso processo. Cf. *Famous American Trials*: The My Lai Courts-Martial, 1970 [Disponível em Law2.UMKC.edu].

3. *Lt. William Calley, Witness for the Defense* [Disponível em Law2.UMKC.edu].

armados capazes de atirar neles e civis desarmados que seus próprios subordinados iam jogando em uma vala antes de metralhá-los[4].

Ele nada sentiu? Estava anestesiado? Houve uma suspensão de seu julgamento e de sua consciência? Uma espécie de clivagem capaz de explicar como esse soldado, até então muito bem-avaliado por seus superiores, conseguiu oscilar assim no horror e na indiferença?

O que mostra a que ponto a questão das emoções dos genocidas e de outros assassinos em massa é central para a compreensão desses crimes. Com efeito, o fato de saber o que sentem, ou não sentem, os homens que matam em série outros homens sem defesa pode permitir penetrar o enigma do ato de matar.

Historicamente, várias figuras se sucederam para tentar penetrar esse enigma.

O monstro: gozo e crueldade

Por muito tempo, a figura do monstro ocupou um lugar privilegiado para descrever esses assassinos em massa. Distintos dos combatentes das guerras clássicas, mesmo as mais brutais[5], esses homens muitas vezes foram descritos como seres sedentos de sangue, sobretudo capazes de massacrar mulheres, crianças e velhos indefesos. Homens literalmente habitados por uma violência extrema posta ao serviço de seu desejo doentio de fazer sofrer até a abominação, sem mesmo correr o risco do combate. A literatura clássica, bem como a pintura, transborda dessas figuras de monstros perversos desprovidos de qualquer humanidade[6]. Seus atos não responderiam senão à lógica de um gozo total liberto de qualquer entrave moral – um gozo

---

4. Para maiores desenvolvimentos quanto às consequências do processo de My Lai sobre a figura contemporânea dos autores de atrocidades, cf. FASSIN, D. & RECHTMAN, R. *L'Empire du traumatisme* – Enquête sur la condition de victime. Paris: Flammarion, 2007.
5. Cf., cap. 11: "Apocalipses da guerra".
6. Cf., p. ex., WILLIAMS, W. *Monsters and Their Meanings in Early Modern Culture*: Mighty Magic. Oxford: Oxford University Press, 2011.

monstruosamente sádico levando às piores exações para alcançar seu apogeu orgásmico na matança.

Matar faria então gozar! Pelo menos os mais perversos dentre os guerreiros, isto é, os monstros, aqueles que teriam abandonado toda forma de humanidade em proveito do benefício desse único gozo. Antes mesmo dos desenvolvimentos psicanalíticos sobre o gozo da transgressão, sobre a existência de pulsões reputadas sádicas nos homens e sobre a pulsão de morte, a figura do monstro havia instalado a ideia de que o assassinato podia também ser explicado pelo gozo que ele era capaz de provocar nos seres já transgressivos[7].

Daí a imaginar que os assassinos em massa eram justamente esses monstros criminosos em busca do prazer perverso que estados torcionários, exércitos de assassinos e grupos armados sanguinários iam não apenas lhes proporcionar, como também lhes ordenar, não havia que um passo a dar. Como se a obtenção do direito de transgredir maciçamente o interdito do assassinato liberasse um gozo devastador que mais nada poderia deter[8].

Não obstante, essa imagem pavorosa do monstro e de suas abominações concedia à humanidade o benefício de uma dúvida. Com efeito, o "processo civilizador" não era a melhor garantia para precaver a humanidade contra o retorno da barbárie? Em *O processo civilizador* (1939), Norbert Elias soubera mostrar como a aquisição progressiva dos princípios da civilização tinha se acompanhado de uma interiorização individual do interdito e dos limites

---

7. Cf. a esse respeito RENNEVILLE, M. *Crime et folie* – Deux siècles d'enquêtes médicales et judiciaires. Paris: Fayard, 2003.
8. O roteiro do filme *Os deuses malditos* (1970), de Luchino Visconti, é precisamente construído em torno dessa oscilação em que a primeira transgressão antecipa as seguintes pela repentina retirada do interdito, quer se trate da condenação à morte, do incesto ou da pedofilia, abrindo o caminho a um gozo devastador que leva cada protagonista para além das fronteiras do humano. A encenação de sua adaptação para o teatro, realizada por Ivo van Hove, em 2016 em Avignon, explora à porfia essa veia de um gozo infinito da transgressão que se conclui em uma apoteose na qual a sala é metralhada por um energúmeno armado com uma kalachnikov. Cf. RECHTMAN, R. "Arts vivants et banalités du mal". In: *Politika*, "Le Politique à l'épreuve des sciences sociales" [Disponível em www.politika.io/fr].

do possível[9]. Matar para exterminar não era então simplesmente um interdito social, mas simplesmente uma impossibilidade subjetiva, com certeza tão potente quanto o "horror ao incesto". Nessa perspectiva, a transgressão era ao mesmo tempo a efração de limites sociais de outra forma intransponíveis e a transgressão das fronteiras subjetivas que delimitam o humano em cada indivíduo. O monstro se revelava assim como a figura de um fracasso isolado e sobretudo efêmero do processo civilizatório.

A Segunda Guerra Mundial, com a revelação dos campos de extermínio, soava como o desmentido mais categórico da ilusão civilizatória[10]. Pois não se tratava de um ou de dois homens transformados em monstros, nem mesmo de algumas dezenas ou de centenas, mas de milhares, até mesmo de povos inteiros, caucionando ou se entregando à mais extrema crueldade. A figura do monstro era realmente incapaz de explicar a sofisticação, a industrialização da matança e a frieza emocional com a qual o extermínio de vários milhões de seres humanos foi programado e metodicamente posto em prática pelos nazistas.

A perversão, o gozo do horror, a liberação dos instintos mais arcaicos, como tantas outras noções herdadas da figura do monstro, revelavam-se hipóteses bem insuficientes para explicar como homens, até então ordinários, conseguiram tão facilmente se tornar os instrumentos dóceis da matança de vários milhões de europeus no coração mesmo da Europa civilizada.

O antimonstro: a anestesia do "homem ordinário"

Três principais registros explicativos vão, pois, ser mobilizados para tentar penetrar o mistério desses assassinos em massa. Todos apoiam-se na ideia

---

9. ELIAS, N. *La civilisation des moeurs* (1939). Paris: Pocket, 2003 [*O processo civilizador 1*: Uma história dos costumes. Rio de Janeiro: Zahar, 1990].
10. A tal ponto que Elias evocará sobre o nazismo um "avanço descivilizatório" (*Les Allemands – Évolution de l'habitus et luttes de pouvoir aux XIXe et XXe siècles* (1989). Paris: Seuil, 2017). Cf., a esse respeito, a excelente análise de Sabine Delzescaux em *Norbert Elias – Distinction, conscience et violence*. Paris: Armand Colin, 2016.

prévia de que esses homens, longe de serem monstros, são sobretudo *homens ordinários*, isto é, pessoas comuns, que, em condições particulares, tornar-se- -ão assassinos. São, portanto, essas condições particulares: sociopolíticas, psicológicas, cognitivas e até psicanalíticas, que cumprirão o papel essencial na transformação de homens ordinários em carrascos implacáveis.

O primeiro registro atribui à situação o poder de criar uma nova ordem "moral" na qual a nova norma social edita claramente que aqueles designados como outros devem ser eliminados. Nesse sentido, essa nova norma determina nos atores o sentido do justo e do que é preciso fazer. Essa tese, que chamamos "situacionista", foi particularmente desenvolvida para dar conta da implicação de homens ordinários nos massacres em massa de larga escala durante a Segunda Guerra Mundial. Devemos a Christophe Browning o fato de ter mostrado com uma incomparável minúcia como homens que nada predestinava a se tornarem assassinos em massa, policiais em grande parte, vão executar um dos maiores massacres de civis no decorrer de vários meses nas florestas polonesas[11]. Sempre repetindo a mesma sequência: da seleção dos condenados, depois o transporte deles ao ponto de execução, à sua disposição diante de seus carrascos até o abate metódico, esses homens executaram várias dezenas de milhares de judeus. Mas nenhum desses assassinos era um especialista do crime, nem mesmo um racista, ainda que alguns o fossem um pouco, pais de família, a maioria, tendo em média 40 anos, reservistas porque muitas vezes inaptos aos combates, esses homens, no entanto, não hesitaram (ou muito pouco, e mesmo raramente) em obedecer às ordens. A tese explicativa de Browning apoia-se justamente nesse último aspecto. O contexto da Alemanha nazista, isto é, a política, a organização e a planificação do extermínio, a hierarquização das tarefas, até a propaganda defendendo a ideia de uma justa causa, tornava o crime em massa realizável por indivíduos *lambda*. É a mesma tese defendida por Harald Welzer, mesmo que ele substitua a ideia de homens ordinários pela

---

11. BROWNING, C.R. *Des hommes ordinaires* – Le 101e bataillon de réserve de la police allemande et la Solution finale en Pologne (1992). Paris: Les Belles Lettres, 2006.

de alemães ordinários para destacar a importância do antissemitismo ordinário que já existia antes do advento da política de extermínio e que, segundo ele, teria enormemente facilitado a tarefa da propaganda de depuração[12]. Para esses autores, como para a maioria de seus comentaristas[13], são a docilidade e a obediência que caracterizariam melhor as emoções que conduzem à aceitação quase passiva do horror[14].

O psiquiatra americano Robert Lifton também irá se inspirar na tese situacionista para tentar justificar os autores de atrocidades cometidas durante a Guerra do Vietnã. Segundo ele, não são os autores que são os verdadeiros responsáveis dos crimes de guerra; é a situação mesma da guerra que é diretamente responsável, muito particularmente quando se trata de massacres de civis, mesmo quando no caso do Vietnã esses crimes não foram diretamente comanditados pelas mais altas hierarquias militares. É essa situação, que Lifton designa pela noção de *atrocity producing situations* (situações produtoras de atrocidades)[15], que inverte os valores morais usuais e promove uma nova ordem moral na qual matar civis desarmados torna-se não só possível, mas sobretudo justa e necessária. O que sentem esses homens no momento dos fatos limitar-se-ia, para o especialista psiquiatra, ao sentimento de terem feito o que era preciso fazer naquele momento, assim como procurava expressar o lugar-tenente Calley durante sua audição[16].

Os homens ordinários seriam, portanto, não apena o avesso do monstro, quase o antimonstro tanto seus atos seriam para eles banais, mas também

---

12. WELZER, W. *Les exécuteurs* – Des hommes normaux aux meurtriers de masse (2005). Paris: Gallimard, 2007.
13. Cf. cap. 12: "O universo concentracionário: os afetos, mesmo assim".
14. Encontrando nesse sentido a hipótese da banalidade do mal, formulada por Hannah Arendt sobre Eichmann e os comandantes (*Eichmann à Jérusalem* – Rapport sur la banalité du mal (1963). Paris: Gallimard, 2002).
15. LIFTON, R.F. *Home from the War* – Learning from Vietnam Veterans (1973). Boston: Beacon Press, 1992.
16. É preciso destacar que Robert Lifton foi especialista psiquiatra no processo dos autores do massacre de My Lai.

homens obedecendo a uma espécie de inversão social das categorias morais usuais. Como se aquilo que até então teria sido social e psicologicamente condenado se tornasse nessas condições muito específicas possível e realizável, e sobretudo valorizado.

O risco seria ainda grande, se a tese situacionista ficasse por aí, de reencontrar a figura do monstro uma vez que, ao inverter as categorias do bem e do mal, a diferença entre o monstro e o homem ordinário seria muito frágil, para não dizer ilusória. Mas justamente a tese situacionista apoia-se em um segundo postulado essencial, embora pouco explícito nos primeiros trabalhos. Foi com certeza o sociólogo holandês Abram de Swaan que a formulou da maneira mais clara, por meio da noção de compartimentação[17]. Com efeito, os regimes genocidas dividem a sociedade em compartimentos estanques no interior dos quais o devir de cada um é regido por ordens morais radicalmente distintas. Embora seja possível matar aqueles que se encontram no compartimento a ser destruído, em contrapartida continua sendo ilegal, e portanto repreensível, atentar contra qualquer membro do compartimento principal da sociedade, aquele destinado a perdurar. Assim, os assassinos se encarniçariam exclusivamente contra os membros de um compartimento que para eles se tornou radicalmente exterior. Matar um desses homens ou uma dessas mulheres não equivaleria a matar um semelhante, e sim um "ser" radicalmente diferente, não importa o nome que recebam – como os "sub-homens" ou os "judeus" dos nazistas, os "tutsis" dos genocidas hutus, regularmente designados pelo termo "baratas", para ressaltar bem seu não pertencimento ao mundo dos "humanos". A compartimentação permitiria, portanto, colocar em prática tanto o projeto genocida, ao autorizar as piores violências no interior do grupo especificamente designado para ser eliminado, quanto a preservação do resto da sociedade, ao interditar que essa mesma violência possa se desencadear no interior do grupo dominante. O que não quer dizer que nenhum dominante não poderia ser abatido, e sim que, para

---

17. SWAAN, A. *Diviser pour tuer* – Les régimes génocidaires et leurs hommes de main. Paris: Seuil, 2016.

matá-lo, seria antes preciso mudá-lo de compartimento por meio de uma nova denominação que o tornaria *outro*, tal qual o traidor, o conspirador etc. É por meio da noção de compartimentação da sociedade que o carrasco se distancia da figura do monstro, pois no interior de seu compartimento as noções de bem e de mal permanecem preservadas, ao passo que elas se invertem no interior do compartimento a ser destruído. É esse processo posto em prática com a divisão da sociedade que engendraria aos olhos dos carrascos uma "desumanização" das vítimas. A compartimentação da sociedade favoreceria, pois, uma espécie de anestesia parcial e, sobretudo, muito contextual, uma vez que os assassinos não sentiriam as mesmas coisas pelos homens e pelas mulheres de seu grupo do que por aqueles dos outros setores.

Todavia, mesmo completada pela noção de compartimentação, a tese situacionista deixa inúmeras questões sem resposta, entre as quais ao menos duas têm incidências determinantes em relação à compreensão das emoções que agitam ou não agitam os genocidas. Com efeito, esses homens ou essas mulheres, não importando o nível de adesão a essa nova ordem moral, realmente se dão conta de que, poderíamos dizer, estão matando seres humanos, ainda que não sejam mais "seus semelhantes". Ainda que os façam acreditar que estão matando inimigos, baratas, dejetos, impuros, sub-homens, eles não sabem mais realmente que, em última instância, são homens, mulheres, crianças, velhos?

A tese exclusivamente situacionista tropeça regularmente nesse ponto. Pois se as condições sociais e políticas permitem perceber *por que* esses homens e essas mulheres são levados a fazer o que fazem, se a compartimentação da sociedade lhes oferece uma facilitação incomparável, a tese situacionista não tem vocação para explicar a natureza dos recursos internos mobilizados por esses assassinos para fazer o que fazem, em outras palavras, o *como*. Como esses homens e essas mulheres conseguem suportar o que fazem? Enquanto alguns viviam em perfeita harmonia com suas futuras vítimas, como fingem em seguida não ver o horror de seus atos? Como não experimentam uma profunda repugnância de si mesmos diante do espetáculo dessas vidas que eles aniquilam? E se a situação é a única causa desses horrores, significa dizer que cada um dentre nós é capaz de se tornar um assassino sem emoção?

Portanto, a tese situacionista deixa pairar uma perigosa incerteza cujas consequências políticas certamente são mais críticas. Com efeito, a ideia do homem ordinário, que se opõe assim à figura do monstro e, de uma certa maneira, à predisposição criminosa, não esclarece se *todos* os homens ordinários são capazes de se tornar assassinos em massa em função das circunstâncias, ou se somente *alguns deles* e *quais*.

No primeiro caso, isto é, se todos os homens ordinários são capazes de se tornar assassinos em massa, o desafio principal será o de evidenciar os mecanismos gerais do funcionamento humano que permitiriam ao mesmo tempo cometer o pior e não ser afetado por isso. Ao passo que, no segundo caso, a questão seria explicar por que *alguns* homens, certamente ainda ordinários, terão uma maior tendência do que outros para cometer tais crimes porque não seriam afetados por eles. Mas nos dois casos a explicação principal da oscilação para o crime apoia-se na hipótese de uma supressão da inibição de matar, isto é, da ausência de uma emoção repulsiva diante do ato de matar.

O segundo registro vai precisamente tentar responder à questão partindo do princípio de que *todos* os homens ordinários são capazes de se tornar assassinos em massa em função das circunstâncias, ou seja, aplicando literalmente a tese situacionista[18]. O desafio consiste aqui em desvelar os mecanismos, ora psicológicos, ora cognitivos, capazes de explicar como esses assassinos não sentem perante suas vítimas o que em outros lugares, perante outras pessoas, eles certamente teriam sentido se tivessem de cometer atos idênticos.

---

18. Tanto esse registro psicológico como a tese situacionista levantaram numerosas críticas, por vezes violentas, denunciando os perigos de tais discursos que banalizam os assassinatos em massa e que desculpam seus autores. Este é, por exemplo, o ponto de partida de uma obra de Didier Epelbaum: "Se os carrascos são homens ordinários presos no interior de situações inelutáveis, o que significa ser carrasco, o que significa ser vítima?", insurge ele, para logo acrescentar: "A ideia de que seríamos perfeitamente capazes, você e eu, de arremessar bebês contra os muros me é perfeitamente intolerável" (*Des hommes vraiment ordinaires?* – Les bourreaux génocidaires. Paris: Stock, 2009).

A psicanálise freudiana foi sem dúvida o principal vetor dessa perspectiva que faz da regressão aos estágios primordiais do desenvolvimento psíquico a condição de possibilidade da transgressão do interdito do assassinato e da crueldade guerreira. Nas "Considerações atuais sobre a guerra e a morte"[19], surgidas em 1915, Freud procura explicar a explosão de violência que se abate sobre a Europa e sobretudo por que os homens parecem entregar-se a ela com um grande deleite, embora suas declarações em tempos de paz sugerissem que tal violência pertencia a uma era passada da evolução social.

No homem, segundo Freud, a guerra está aninhada no mais profundo de suas mais sombrias pulsões. E ainda que o processo civilizatório consiga domá-las em tempo de paz, este último nada pode contra sua ressurgência assim que a ocasião social lhes ofereça a oportunidade de se expressar sem medo. O interdito da crueldade e da violência mortífera não seria senão uma aquisição tardia do desenvolvimento psíquico. Como estão ocultas na sombra do inconsciente sob camadas encobertas, mas sempre disponíveis, bastariam simples condições sociais favoráveis para que as camadas superiores da interiorização das regras se apaguem e deixem o arcaico cruel retomar o controle, mesmo nos seres reputados civilizados. Portadora de uma tal carga emocional, a guerra faria gozar ao libertar essas famosas pulsões arcaicas. É precisamente com a introdução da pulsão de morte em 1920 que Freud, profundamente abalado pela Primeira Guerra Mundial, trará na segunda tópica o quadro conceitual que faltava às suas "considerações sobre a guerra"[20]. Infringindo o ideal de um desenvolvimento sempre mais civilizatório, a pulsão de morte trazia o equilíbrio necessário à explicação desses surgimentos de violência cega. Freud prolongará essa perspectiva em 1934 quando, para responder ao convite de Albert Einstein pedindo-lhe para explicar os recursos psíquicos capazes de prevenir

---

19. FREUD, S. "Considérations actuelles sur la guerre et sur la mort" (1915). In: *Essais de psychanalyse*. Paris: Payot, 1989 [Considerações atuais sobre a guerra e a morte. In: *Obras completas* – Introdução ao narcisismo, ensaios de metapsicologia e outros textos. São Paulo: Companhia das Letras, 2010].
20. FREUD, S. "Au-delà du principe de plaisir" (1920). In: *Essais de psychanalyse*. Paris: Payot, 1982.

a guerra, ele entregará um texto ainda mais crepuscular que o precedente, anunciando que o pior estava por vir e, sobretudo, que nada no inconsciente era capaz de impedi-lo, muito pelo contrário[21].

Antes mesmo da descoberta das atrocidades nazistas, Freud trazia uma noção central que no decorrer dos anos iria se distanciar da explicação da guerra para dar conta de um outro horror, ainda mais incompreensível: o assassinato sistemático de milhões de civis sem defesa, homens, mulheres, crianças, velhos.

A pulsão de morte, a clivagem, a regressão aos estágios anteriores do desenvolvimento psíquico, ali onde ainda reinam as pulsões mais brutais, permitiriam explicar a inacreditável "normalidade" dos criminosos nazistas. Os chefes, bem como os pequenos executantes, todos eram "normais" antes, isto é, não necessariamente perversos, e certamente não eram monstros, isto é, não humanos. Todos eram homens.

Compreendemos que em Freud, apesar do perceptível desespero que colore esses dois textos – as "Considerações atuais sobre a guerra e a morte" e "Por que a guerra?" –, persiste, como mais tarde em Hannah Arendt, a esperança (ou a ilusão) de que existiria algo de especial e, portanto, de "patológico" naqueles que matam seus semelhantes em série. Ao introduzir a noção de banalidade do mal[22], Hannah Arendt tentará fazer com que coexistam duas percepções radicalmente opostas, e ordinariamente inconciliáveis: o conhecimento do crime e sua denegação. É precisamente esse mecanismo que será o foco dos psicanalistas para explicar o que para eles seria de outra forma inexplicável. Nessa leitura psicanalítica, a situação social da guerra ou mais ainda do extermínio genocida ofereceria a cada um a oportunidade de regredir aos estágios primordiais do desenvolvimento psíquico, a uma época arcaica da psique que libera em uma espécie de gozo orgásmico as forças mais brutais – mas sempre mantendo, graças a uma operação psíquica de clivagem, um sentido do bem

---

21. FREUD, S. "Pourquoi la guerre?" (1934). In: *Résultats, idées, problèmes II*. Paris: PUF, 1985.
22. ARENDT, H. *Eichmann à Jérusalem*. Op. cit. [*Eichmann em Jerusalém*. São Paulo: Companhia das Letras, 1999].

e do mal que não seria afetado pela matança de todos aqueles destinados à morte. Essa clivagem seria assim o elemento psicológico essencial capaz de explicar por que esses assassinos em massa não sentiriam o que todo ser humano normalmente constituído, em outras palavras, um homem ordinário, deveria sentir em tal situação e que, em contrapartida, eles sempre sentiriam assim que se tratasse de seus próximos.

Os limites dessa hipótese de uma regressão aos estágios primordiais, em que a violência e o gozo se associariam para permitir aos homens infringir sem "estados de alma" o interdito do assassinato a sangue-frio, são muito evidentemente numerosos. Pois, assim como parecia difícil criar a hipótese de que esses milhares de homens ordinários que aceitaram no decorrer da Segunda Guerra Mundial cometer o pior eram monstros, também seria ilusório imaginar que a simples clivagem e o prazer regressivo que eles encontrariam nisso explicaria a passagem ao ato. Nem todos gozam quando matam. Alguns só obedecem a ordens sem, ao que parece, se questionarem. É justamente isso que alguns psicossociólogos vão tentar demonstrar em seguida.

Nesse movimento para buscar a explicação para a explosão de violência e de horror que acabava de se abater sobre todo um continente, certos trabalhos científicos conheceram um grande sucesso. Os trabalhos do psicossociólogo Stanley Milgram sobre a submissão à autoridade são com certeza os mais representativos[23]. Eles atestam esse crescente interesse pela compreensão do que transforma um homem ordinário em carrasco. Em uma série de experimentos desenvolvidos entre 1950 e 1963, Stanley Milgram e sua equipe da Universidade de Nova York propunham a voluntários a participação em uma experiência que supostamente testaria a eficácia de novas técnicas de aprendizagem. Oficialmente, o objetivo era propor a um estudante instalado em uma sala ao lado da do examinador e separada por um vidro que aprendesse a decorar uma série de palavras e a descobrir o conjunto da série a partir da apresentação de

---

23. MILGRAM, S. *Soumission à l'autorité*. Paris: Calmann-Lévy, 1974.

uma das palavras que a compunha. A cada erro, o voluntário devia enviar uma descarga elétrica ao estudante com a ajuda de uma sofisticada máquina munida de múltiplos quadrantes e alavancas. Conforme os erros eram cometidos, a amplitude da corrente aumentava até uma dose considerada mortal, assim como indicado no quadrante de controle. É claro que o objetivo da experiência não era a técnica de aprendizagem, o experimentador que acompanhava o voluntário era um comparsa simplesmente vestido com o avental branco da autoridade científica e o estudante um ator fingindo o sofrimento causado pela descarga elétrica. Em contrapartida, o objetivo era estudar à revelia as reações do voluntário e avaliar a partir de qual amplitude elétrica ele exigiria renunciar à experiência. Os resultados foram impressionantes. Na maioria dos casos, os voluntários ativavam a máquina até alcançar correntes letais sem jamais protestarem. Alguns interrogavam com o olhar o experimentador de avental branco na expectativa de um sinal. Mas bastava que este simplesmente deixasse entender que era preciso continuar para que o voluntário agisse. Em casos muito raros, o voluntário parava por conta própria a experiência pouco antes de enviar as correntes mais fortes. Para Milgram, o dispositivo reproduzia a situação experimental da submissão à ordem, ao passo que o baixo número de recusas traduzia a grande dificuldade para resistir às ordens ilegais ou escandalosas.

À pergunta "Como é possível se tornar carrasco?", Milgram contribuía para trazer uma resposta moral: qualquer um pode cometer uma violência cega desde que imposta por uma autoridade respeitada. Inútil invocar o medo, a perversidade ou o gozo arcaico para justificar tal comportamento, a simples obediência basta. A experiência de Milgram podia assim se impor como o modelo de laboratório capaz de explicar a pavorosa mudança de milhares de homens considerados civilizados. Nenhuma predisposição particular, ou mais exatamente todas as predisposições sendo capazes de chegar ao mesmo resultado, desde que a autoridade fosse incontestada.

A força da demonstração está em seu caráter ao mesmo tempo terrificante e reconfortante. Terrificante, pois ela deixa supor que qualquer um poderia se tornar um executante dócil. Nesse sentido, Milgram traz uma resposta experimental à questão filosófica de saber o que pode transformar um homem ordinário em carrasco impiedoso. A obediência, diz ele, a submissão passiva, o abandono de sua consciência íntima em proveito da supremacia dos chefes ou das autoridades, eis o que explica como homens ordinários podem se tornar operários da morte. Raros são aqueles, ele mostra, que ousam contestar as ordens, mesmo quando a desobediência não os expõe a nenhuma sanção. O que mostra a que ponto em um contexto em que a desobediência seria severamente punida, e até passível da pena de morte, os homens ainda teriam menos "razões" de não se submeter às ordens.

Mas, ao mesmo tempo, essa demonstração procura apresentar implicitamente dois aspectos afinal mais reconfortantes sobre o humano e seu futuro[24]. No primeiro, ela deixa entrever um caminho de salvação. Com efeito, bastaria preparar os homens para que jamais aceitem ordens inaceitáveis (até mais do que ilegais) a fim de que aprendam a mobilizar sua consciência independentemente da autoridade que busque desapossá-los dela, como foi o caso de certas cobaias da experiência que se recusaram a empurrar a alavanca até a zona letal. A segunda razão é sem dúvida mais importante, pois o dispositivo de Milgram coloca em cena um modelo experimental de suspensão temporária do julgamento que permitiria ultrapassar, sem sabê-lo e sem mesmo se sentir o autor da transgressão, a barreira que interdita a matança de inocentes. No fundo, essa barreira já existiria, como nos deixa perceber a experiência, a autoridade não faria senão suspender a emoção natural que habitualmente impediria de matar seu semelhante. Ao desresponsabilizar o executante, este não sentiria, pois, o que sentiria em outras condições. A prova viria justamente no *a pos-*

---

[24]. Procurei mostrar em outro lugar em que a experiência de Milgram respondia de fato à necessidade histórica de explicar os horrores cometidos pelos homens do nazismo, embora preservando a ideia da supremacia da civilização ocidental. Nesse sentido, a experiência de Milgram seria mais uma resposta socialmente aceitável à angustiante questão da responsabilidade do Ocidente na barbárie nazista do que o modelo científico de reprodução experimental da participação individual nos massacres em massa. Cf. RECHTMAN, R. "Faire mourir et ne pas laisser vivre – Remarques sur l'administration génocidaire de la mort". In: *Revue Française de Psychanalyse*, vol. 80, n. 1, 2016, p. 136-148.

teriori da experiência, quando as infelizes cobaias se conscientizam do horror do que fizeram e se reconfortam ao constatar que não passava de um jogo. A tomada de consciência no *a posteriori* do crime factício é aqui o ponto mais importante da experiência, uma vez que ela demonstra que esses sujeitos não perderam justamente seu senso moral nem sua aptidão para condenar o crime, e ainda menos sua repulsão natural em relação à matança de inocentes, mesmo que, sob a dominação da autoridade, essa faculdade tenha sido momentaneamente "anestesiada"[25].

Contudo, essa maneira de considerar a passagem do homem ordinário ao carrasco, mediante uma submissão experimental, não tem afinal nada a ver com o cotidiano de um funcionário de uma burocracia genocida. A experiência de Milgram trunca a realidade cotidiana de um funcionário do extermínio em proveito de um dispositivo totalmente diferente no qual a obediência cega é a única em jogo. Mas, na realidade de um exterminador, a obediência com certeza existe, mas a cegueira com certeza não. O princípio inaugural da experiência se apoia na confiança do exterminador na autoridade do fiador que a acompanha, é claro, mas também, e talvez sobretudo, na pertinência do protocolo de aprendizagem, do qual ele pensa sinceramente participar. Até o último momento, o examinador ignora que arrisca ter de ir até o fim e, portanto, de "matar". Além disso, uma vez consciente do que fez, ele não recomeça uma segunda vez. Aliás, a experiência nunca consistiu em pedir a um mesmo candidato para retornar no dia seguinte para participar do mesmo jogo.

Esta é uma diferença essencial com os carrascos ordinários. Pois, quando se levantam de manhã, os carrascos ordinários sabem que vão matar, nenhuma surpresa os aguarda, nenhuma armadilha lhes é estendida. E assim que se dei-

---

25. Foi também essa leitura da experiência de Milgram que abalou toda a França em 2010, depois da difusão de um programa de *reality show* reproduzindo *grosso modo* a técnica das descargas elétricas enviadas por um candidato a um falso candidato. Aqui também tratava-se de fazer com que franceses ordinários percebessem que a submissão passiva ou a obediência de ordens absurdas podia resultar no pior. Cf. KERVIEL, S. "Mal vus à la télé" (In: *Le Monde*, 21/04/2010), que oferece um importante espaço ao "arrependimento" dos infelizes candidatos que se deixaram cair na armadilha.

tam, sabem também que será preciso recomeçar no dia seguinte e no outro, e assim por diante[26]. À ignorância das infelizes cobaias de Milgram corresponde a perfeita consciência dos funcionários da morte.

Por fim, a hipótese da submissão passiva à autoridade deixa intacta a questão do ato de matar e da consciência daquele que, ao se submeter a ela, não hesita em matar todos os dias dezenas ou centenas de civis indefesos, ou mesmo mais, e em recomeçar no dia seguinte com plena consciência do que o espera e sem consideração pelas distinções, tais como entre mulheres, crianças, velhos...

O terceiro registro se distingue justamente do precedente na medida em que não busca demonstrar que *todos os homens ordinários* são capazes de se tornar assassinos, mas, ao contrário, como alguns, e apenas alguns, se tornarão. Essa perspectiva reintroduz a questão da predisposição e persegue os sinais precursores que provariam que esses homens não eram afinal tão ordinários assim.

Quando os homens não são tão ordinários assim

Apesar das inúmeras diferenças, é certamente o modelo dos assassinos em série que, na maioria dos estudos, permanece o padrão da tentativa de compreensão do ato de matar – aqui compreendido como um ato eminentemente patológico. O perito psiquiatra Daniel Zagury, que, nesses últimos anos, periciou a maioria dos assassinos em série na França, desenvolveu um modelo psicopatológico no qual a "pseudonormalidade" ou a "supernormalidade" desses criminosos seria o traço psicopatológico mais notável, explicando igualmente a frieza afetiva e a insensibilidade à dor do outro[27]. Nesse modelo, o assassino em série seria um psicótico não descompensado cuja "supernormalidade" seria o indício de sua patologia pré-passagem ao ato. A própria passagem ao ato poderia ser compreendida como uma espécie de terrificante solução protegendo

---

26. Cf. a esse respeito a fria descrição do cotidiano dos genocidas hutus em HATZFELD, J. *Une saison de machettes*. Op. cit.
27. ZAGURY, D. [com ASSOULINE, F.]. *L'Énigme des tueurs en série*. Paris: Plon, 2008.

o sujeito de uma descompensação delirante. É nesse sentido que esses assassinos seriam responsáveis por seus atos a despeito de sua patologia. Mas é também por causa de sua psicose que os assassinos em série não sentiriam o que todos os outros seres ordinários (ou seja, normais) sentiriam diante do horror do crime. Aplicada aos genocidas, essa perspectiva concede à frieza afetiva, para não dizer à anestesia afetiva, uma função essencial. É justamente porque não sentem o que os outros homens ordinários sentem diante do ato de matar que os assassinos em massa podem matar sem afeto a exemplo dos assassinos em série sem, no entanto, serem psicóticos. Para Abram Swaan, a frieza afetiva estaria em estreita correspondência com um defeito de mentalização que explicaria por que esses homens poderiam obedecer sem torcer o nariz ordens tão terríveis e aplicá-las sem consciência[28].

No mesmo caminho, mas em uma versão mais neurocognitiva, o neurocirurgião americano Itzhak Fried tentou evidenciar uma síndrome neuropsiquiátrica, a Síndrome E (para *Evil*), que a maioria dos assassinos em massa apresentaria e que explicaria a surpreendente facilidade com a qual matam sem afetos ou remorsos[29]. Calcado no modelo das síndromes psiquiátricas da classificação americana do Diagnostic and Statistical Manual of Mental Disorders (DSM), a Síndrome E seria caracterizada por: atos repetitivos de violência; ideias obsedantes de dominação e da existência de grupos humanos inferiores; uma queda da afetividade diante do ato de matar, uma espécie de compartimentação do espírito, emparedando o bem e o mal em função das populações; uma estreita dependência desses sintomas do contexto ambiental que prescreveria a realização desses atos; e enfim uma preservação de todas as outras funções cognitivas e afetivas[30].

---

28. SWAAN, A. *Diviser pour tuer*. Op. cit.
29. FRIED, I. "Syndrom E". In: *The Lancet*, vol. 350, 1997, p. 1845-1847.
30. Apesar da repercussão da publicação das teses de Itzhak Fried no *Lancet* e sua retomada em 2015 e 2016 em dois colóquios internacionais no Instituto de Estudos Avançados de Paris com o eloquente título "The Brains that Pull the Trigger", a Síndrome E não obteve reconhecimento médico.

Para esses autores, nem todos podem se tornar carrascos na medida em que o ato de matar permanece segundo eles um ato eminentemente patológico que necessita de precondições psíquicas ou cognitivas para ser realizado. Entretanto, por mais reconfortante que seja, a tese patológica não é capaz de explicar a amplidão dos crimes em massa e o número de executantes implicados. Nem todos, talvez, poderíamos dizer, mas ainda assim muitos, e até um número excessivo de homens se encontram implicados nos crimes em massa. A ideia segundo a qual as causas psicopatológicas levariam a uma compreensão do que se passa em um nível individual e depois extrapolá-la a todos os indivíduos implicados para explicar a amplidão desses crimes permanece insuficiente.

Mas, como todas as outras perspectivas que acabo de mencionar, esta última tese reforça a ideia de que realmente existiria, nas configurações normais, uma emoção propriamente humana e natural tornando necessariamente insustentável emocionalmente o ato de matar, na falta de torná-lo fisicamente impossível.

Todos esses três registros explicativos apoiam-se no mesmo postulado psicológico: a ausência patológica da emoção protetora. Todos buscam explicar os mecanismos – sejam eles sociais, políticos, psicológicos, psicanalíticos ou neurocognitivos – capazes de explicar por que e como essa emoção supostamente normal e esperada, que impediria todo homem de fazer o que eles fazem, não se produziria justamente neles. Poderíamos resumir essas diferentes hipóteses da seguinte maneira:

- Se esses homens não tivessem sido colocados em condições extraordinárias de violência extrema, tendo abolido seu próprio julgamento sobre o bem e o mal, então...

- Se esses homens não tivessem sofrido uma alteração, mesmo limitada, de sua consciência no momento dos fatos, então...

- Se esses homens não tivessem sido irremediavelmente doutrinados a ponto de perder toda capacidade autônoma, então...

- Se esses homens não tivessem sido submetidos à autoridade demoníaca de chefes intransigentes, eles mesmos submetidos à autoridade tão intransigente quanto de superiores hierárquicos ainda mais ferozes, mas também submetidos à autoridade não negociável de um chefe supremo, então...

- Se esses homens não tivessem sido acometidos de uma tara congênita cognitivo-neurológica não se revelando que em situação de violência extrema, como a Síndrome E de Itzhak Fried, então...

- Se esses homens não sofressem de um distúrbio dissociativo da consciência, impedindo-os de ter qualquer dimensão da extensão de suas ações, então...

- E, por fim, como remanescente das hipóteses precedentes, se alguns desses homens não tivessem sido monstros perversos sedentos de sangue, então...

E então? Então, todas essas pesquisas postulam, pois, que esses homens e por vezes essas mulheres jamais teriam ousado fazer o que fizeram porque teriam tido consciência do horror de seus atos! Em todas essas perspectivas, a consciência do horror do ato e a emoção repulsiva que ela engendra deveriam, portanto, ser os determinantes universais da impossibilidade presumida do assassinato em massa.

Os trabalhadores da morte: repugnância, cansaço e indiferença

A existência dessa emoção natural é afinal largamente invalidada por todos os relatos, os testemunhos e as confissões de torcionários, quer se trate dos criminosos nazistas, dos genocidas hutus ou dos carrascos do khmer vermelho, pois todos dizem mais ou menos as mesmas coisas. Ou, mais exatamente, dizem muito pouca coisa sobre o ato de matar. O que eles sentem? A exemplo do lugar-tenente Calley, eles deixam entender, sem insistir demais por medo de chocar o auditório, que não sentiram muita coisa. Mais precisamente, essa é uma questão que eles nunca se colocaram, como reconhecem, pelo menos nesses termos: "Era preciso fazê-lo, é isso. Mais ou menos bem, segundo os momentos, raramente com prazer, esperando acabar o mais rápido possível, para descansar, mas evitando sobretudo ser pego reduzindo o ritmo por medo de ser repreendido por um superior. Como qualquer outro trabalho, dizem todos eles"[31].

A dificuldade que esses homens e essas mulheres têm para falar do ato de matar foi regularmente interpretada (para mim, erroneamente) como confissão do recalque ou da denegação. Eles não dizem nada sobre isso, como se pensa, porque o que fizeram é a tal ponto abjeto que devem psiquicamente se proteger afastando a emoção que o surgimento de uma repentina consciência do ato provocaria.

Essa suposição tem o duplo inconveniente de ser indemonstrável e, sobretudo, em total contradição com o que dizem realmente esses homens e essas mulheres. Pois se muitas vezes se mostram incapazes de falar sobre o que sentiram em relação aos homens, às mulheres, às crianças, aos velhos que eles mataram, revelam-se especialmente eloquentes quando se trata de evocar as condições de "seu trabalho" e as dificuldades encontradas em sua realização. Aqui, as emoções estão presentes, fortes, poderosamente inscritas na memória, mas não são radicalmente aquelas que, sem dúvida, teríamos apreciado encontrar.

Essas emoções não dizem respeito aos outros, não têm senão uma relação distante com o destino desses homens e dessas mulheres fadados a morrer. Estão intrinsecamente ligadas ao que esses carrascos vivem e sentem em relação a eles. Não surpreende então que esses homens e essas mulheres implicados nos massacres odientos não retenham senão o que os afetou diretamente. Talvez seja este o grande mistério dos assassinos em massa, um mistério bem pouco misterioso afinal, pois esses homens e essas mulheres, como muitos de seus semelhantes, são antes afetados pelo que lhes diz respeito e, para alguns deles, pela ideia do trabalho bem-feito, qualquer que seja ele.

---

31. As aspas não indicam palavra por palavra, mas recomposições a partir da pluralidade de fragmentos de testemunhos. Quando se trata de uma citação literal, isso está claramente indicado no texto.

Os carrascos ordinários do genocídio perpetrado pelos khmer vermelho, por exemplo, eram em grande parte jovens adolescentes dos campos, e os mais velhos foram sem dúvida bons rizicultores, bons vizinhos também. Entretanto, sem ódio nem paixão, sem desejo de revanche social, sem prazer também, eles mataram mais homens, mulheres, crianças e velhos do que sua memória lhes permite hoje contabilizar. Cerca de duas mil com suas próprias mãos, dirá um deles. Mas isso lhe parece muito, acrescentará. De fato, ele não sabe o número, esqueceu. Não o que ele fazia, isso é evidente – ninguém esquece condições de trabalho tão penosas: "Com porrete, vocês imaginam, é difícil matar alguém com um único golpe!"[32] Ele não se lembra de nenhum rosto, não tinha tempo de vê-los e ainda menos de fixá-los. Do mesmo modo, esse outro que diante da câmera de Rob Lemkin se lembra com uma grande precisão da técnica que empregava para degolar suas vítimas[33]. Não do número, havia gente demais, mas dos gestos e da dor que sentia toda noite após o esforço. Para provar o grande número de pessoas, ele reproduzirá os gestos exatos da matança. Sem grandes afetos, mas com excelentes lembranças gestuais, ele aceitará de bom grado reproduzir a integralidade da sequência pedindo a um amigo distraído que represente o papel do supliciado. Sem mesmo perder tempo explicando-lhe o que o aguarda, ele força seu comparsa a se deitar de barriga para baixo, depois enfia vigorosamente o joelho nas costas para imobilizá-lo enquanto puxa a cabeça para trás separando os cabelos para deixar livre o pescoço cuja hiperextensão faz repentinamente saltar duas enormes carótidas pulsáteis. Então, ele pega uma pequena faca e finge cortar da esquerda para a direita em um gesto preciso, rápido e poderoso. É preciso força, diz ele, para repetir esse gesto ao longo de um dia. Aliás, no final do dia, suas mãos não aguentavam mais, as bolhas nos dedos ardiam conforme o cabo da faca esquentava sua pele. A tal ponto que, para os últimos, ele simplesmente enfiava a faca diretamente nas carótidas, apenas para evitar o movimento que lhe provocava tantas câimbras.

---

32. *About My Father*, documentário realizado por Guillaume Suon, 2010.
33. *Enemies of the People: A Personal Journey into the Heart of the Killing Fields*, documentário realizado por Rob Lemkin e Thet Sambath, 2010.

Ah sim, das câimbras, delas ele se lembra, diz mostrando seu punho, mas de nenhum rosto, nem do número. Ainda hoje, os corpos estão todos lá, não muito longe, nas valas comuns que a natureza recobriu. Ninguém os procura, ninguém chora por eles, e ele, o carrasco, não sabe nem mesmo o número, o que dirá do rosto de cada um!

Hoje, não há ódio nem má consciência:

> Primeiro, ele nunca gostou do que fazia. Mas o fazia da melhor maneira possível, como se faz seu trabalho sob as ordens de um chefe, no caso uma chefe, pois ela era um quadro do partido particularmente intransigente e má. Ela podia injustamente gritar com qualquer um, e *a fortiori* com aquele que perdesse tempo em sua tarefa. Sim, ele a temia, mesmo que nunca tivesse pensado que ela poderia matá-lo. Não, ela não teria qualquer razão para matá-lo, ele não pertencia ao *povo novo*. Mas gritar com ele, sim, isso ela podia, e ele tinha medo disso.

Quando lhe perguntam o que pensa hoje desse trabalho, ele responde com a maior simplicidade que preferiria nunca ter matado tantas pessoas, e que espera nunca ter de recomeçar. Parece compreender a angústia de seu interlocutor cuja família desapareceu em massacres equivalentes, mas ao mesmo tempo não sente muita coisa. Não mais do que na época. Ele nem sequer tenta se dar uma consciência leve, reconhecendo seus crimes, nem mesmo uma consciência pesada, confessando-os.

Os primeiros policiais alemães que participaram das execuções maciças de judeus nas florestas conservaram por muito tempo a lembrança precisa da repugnância que sentiram depois do fuzilamento. Impossível engolir qualquer alimento; apenas o álcool em grande quantidade podia apaziguá-los[34]. O apaziguamento buscado não era tanto o de uma consciência devastada, mas sim o de um corpo cansado, esgotado pelo barulho, pela violência e pelo odor. Este é o segundo elemento que geralmente retorna nos relatos dos carrascos, depois

---

34. *Enemies of the People: A Personal Journey into the Heart of the Killing Fields*, documentário realizado por Rob Lemkin e Thet Sambath, 2010.

do cansaço, o odor e as projeções de sangue e de carnes se conjugam nessa profunda repugnância experimentada por esses trabalhadores da morte.

Aliás, é esse sentimento de repugnância, essa violência do odor e do sangue que Himmler lhes pede para superar quando evoca a necessidade de ultrapassar o que à primeira vista choca a sensibilidade humana[35]. É por meio dessa superação, como ele dirá, que será possível alcançar a grandeza da tarefa. Em sua autobiografia, ele pretenderá da mesma maneira ter conservado seu coração e sua alma, pois sempre tomou cuidado para evitar o espetáculo repugnante da matança e da decomposição dos corpos[36]. Frantz Stangl, que comandou o campo de Treblinka, manterá o mesmo discurso ao explicar como era possível para o chefe se manter à distância do mau cheiro das valas e deixar seus subalternos agir, pois segundo ele estes últimos eram menos sensíveis do que ele[37].

Em sua defesa, Duch, o diretor do centro S21[38], não hesitará em apresentar sua frágil constituição física e sua formação intelectual para convencer o presidente do tribunal de que ele nunca, com suas mãos, matou alguém. É uma tarefa muito dura fisicamente para um intelectual, acrescenta, ele teria de se corrigir várias vezes, pois nunca teve a tecnicalidade dos poderosos guardas que trabalhavam sob seu comando. Eles poderiam viver com os gritos, o suor, o sangue e o fedor, mas não ele. Eles ainda seriam capazes de zombar de sua hesitação em torturar ou em matar. Esta era a prova de que ele, o respeitado chefe de todos, nunca havia matado, de que nunca havia sujado as mãos, mas que, em contrapartida, sempre ordenara[39]. Duch estabelece uma diferença muito significativa entre a ordem de matar, uma necessidade política sem apelo

---

35. Cf. a esse respeito BROWNING, C.R. *Des hommes ordinaires*. Op. cit. Cf. tb. os documentos e entrevistas colhidos em YahadInUnum.org
36. WELZER, H. *Les exécuteurs*. Op. cit., p. 27.
37. HOESS, R. *Le commandant d'Auschwitz parle* (1959). Paris: La Découverte, 2005.
38. O tristemente célebre centro S21, instalado no centro de Phnom Penh em um liceu abandonado, foi um dos principais centros de detenção, de tortura e de extermínio do regime do khmer vermelho.
39. RECHTMAN, R. "Reconstitution de la scène du crime – Sobre *Duch, le maître des forges de l'enfer*, de Rithy Panh". In: *Études* – Revue de Culture Contemporaine, n. 4.154, 2011, p. 320-339.

para ele, e sua realização prática, fisicamente muito dolorosa e que era melhor deixar para os outros, mais rústicos e mais fortes.

Assim, não é resolutamente o ato de suprimir uma vida que é impensável, e ainda menos irrealizável, e sim sua contingência prática, a qual, ao levantar uma variedade de problemas técnicos, suscita inúmeras emoções bem distantes apenas do gozo da crueldade. Essa forma de gozo certamente existe, mas ela se esgota muito rápido na repetição, ao passo que o odor, o suor, o cansaço, a tensão, perduram e se amplificam até a náusea. E, no entanto, esses homens e essas mulheres tornados carrascos ordinários continuam seu trabalho com todo conhecimento de causa.

No fundo, esses homens e essas mulheres nos mostram que não sentem nada em relação àquele que abatem quando matam sem outro motivo que ter de fazê-lo todos os dias, como um trabalho qualquer, e que não se lembram do número de pessoas mortas ou de seus rostos mais do que do número de baldes que tiveram de esvaziar para limpar o chão.

Se esses homens e essas mulheres nada dizem sobre o ato de matar, é principalmente porque, para eles, a matança precede de longe a ação que realizaram. Como evoca esse executante khmer vermelho encarregado de dar o último golpe de porrete diante das valas de Choeung Ek, para ele, suas futuras vítimas já estavam mortas quando chegavam ao S21. Das 15 mil pessoas que ali entraram, apenas sete sobreviveram. Todas as outras foram interrogadas e torturadas nas instalações do S21, e depois executadas, a maioria a alguns quilômetros da capital em um terreno baldio escavado com dezenas de valas comuns, perto do pequeno vilarejo de Choeung Ek, hoje museu do genocídio. Enquanto contempla os restos mortais ainda espalhados pelo chão dessa vala comum, o homem permanece impassível, ele se lembra dos gestos, dos gritos, das luzes, do odor, especialmente do odor, das ordens, e mais uma vez não se lembra dos homens ou das mulheres. Mesmo antes de golpeá-los, eles já não existiam[40].

---

40. RECHTMAN, R. "Produire du témoignage". In: COQUIO, C. (dir.). L'Histoire trouée – Négation et témoignage. Nantes: L'Atalante, 2004, p. 613-624.

Não encontramos nele como tampouco na maioria dos executantes essa famosa denegação. Todos, como ele, estão cientes do que fizeram. Embora não se lembrem do número e menos ainda dos rostos, sabem muito bem que estavam ali para matar. Também não encontramos a clássica clivagem tantas vezes evocada para explicar a anestesia afetiva dos carrascos. Eles a explicam de maneira bem diferente. Porque não era nada pessoal, dizem eles, era apenas o trabalho que tinham de fazer. Na ausência de um desafio pessoal entre eles e suas vítimas, como relatam, não poderia haver nenhum afeto particular. As esferas afetivas e cognitivas estão visivelmente intactas...

Tirar uma vida, assim como cem ou mil, permanece afinal uma questão psicologicamente simples, para não dizer infelizmente banal; sua realização técnica é, em contrapartida, o mais complexo e fisicamente penoso. A partir dessa constatação, podemos compreender como para esses carrascos ordinários o desafio diário é o de limitar ao máximo toda confrontação com os aspectos mais repugnantes da execução da morte[41].

À luz dessa investigação e dos relatos dos executantes, os assassinos em massa revelam-se em sua maioria homens bem ordinários. Não são monstros, e nem necessariamente perversos. São provavelmente executantes demasiado dóceis e bem pouco empáticos. Com certeza nem todos são, longe disso, casos patológicos. É evidente que muitos deles jamais teriam feito o que fizeram em outras circunstâncias, menos favoráveis. Mas uma coisa parece pelo menos certa, cada um deles sabia o que fazia. Todos tinham plena consciência de seus atos. Todos sabiam que nenhuma de suas vítimas escaparia ao destino trágico decidido por seus chefes.

Portanto, todos são responsáveis por seus atos e deveriam responder por eles diante da justiça dos homens, mesmo que pretendam que a morte desses

---

41. Todos os regimes genocidas dedicaram regularmente especial atenção ao desenvolvimento dos métodos de extermínio cada vez mais produtivos, a fim de matar o maior número com o menor custo, limitando ao máximo as efusões de matérias orgânicas capazes de incomodar demais os executantes.

milhares de homens, de mulheres e de crianças não pode ser reduzida a um ato, o deles, mas ao contrário se limitaria a ser o fruto de um longo processo decidido bem antes de sua intervenção.

À questão que mencionei no título desta caminhada pela mente de um assassino em massa – a saber: o que pensa um genocida quando ele mata? – a resposta é, em última análise, muito simples: ele pensa nele, no que sente fisicamente nesse trabalho, pensa em seu próprio corpo, procura se defender das bolhas, das câimbras ou das dores, tenta lutar contra o cansaço e, especialmente, contra os odores ou as projeções, ele às vezes pensa no dia seguinte e lamenta previamente de ter de voltar, também às vezes reflete sobre o que seria capaz de aumentar seu ritmo mesmo diminuindo o esforço, mas nunca pensa no ser humano que ele mata. Este, ele já não o vê, nunca o viu e nunca mais o verá. Para ele, esse ser humano não existe, e é por isso que o mata sem paixão e sem emoção.

14
MUROS E LÁGRIMAS: REFUGIADOS, DESLOCADOS, MIGRANTES

Michel Peraldi

> *Dai-me seus pobres, seus extenuados*
> *Que em fileiras cerradas aspiram a viver livres,*
> *O refugo de suas margens superpovoadas,*
> *Mandai-os para mim, os deserdados, que a tempestade me traz,*
> *Com minha luz, ilumino a porta dourada!*
> EMMA LAZARUS. *O novo colosso* (1883) [Gravado no pedestal da Estátua da Liberdade em Nova York].

Dos "trabalhadores imigrantes", últimos operários de fábricas agora fechadas ou deslocalizadas aos "imigrantes ilegais", modernos fornalheiros de um capitalismo que ambiciona ser financeiro e esconde sua criadagem; das prostitutas africanas aprisionadas na clandestinidade de uma escravidão moderna às longas filas de refugiados apanhados em ratoeiras nas fronteiras da Europa: é sob as formas contemporâneas da migração que as sociedades ocidentais se representam doravante o estrangeiro, aquele que é preciso temer e lamentar ao mesmo tempo, vigiar e proteger.

Desde os anos de 1980, e até o ano em que Donald Trump chegou ao poder, não existe mais campanha eleitoral na Europa ou nos Estados Unidos em que não se acene com o espectro de uma migração invasiva. O migrante está no centro dos temores e das fantasias suscitadas pela ameaça terrorista, transformando cada requerente de asilo em uma vítima expiatória do medo da sombra. Mas essa hipervisibilidade, sob muitos aspectos histérica, se combina paradoxalmente com um apagamento muito real dos migrantes no espaço público. Entrevistos em uma área de descanso de autoestrada ou no desvio de uma passagem de fronteira, relegados às cozinhas dos restaurantes ou às oficinas clandestinas, escondidos atrás dos tapumes dos canteiros de obras da modernidade, constrangidos por sua própria condição a viver na sombra, os migrantes constituem uma categoria de pessoas que poucos cidadãos comuns têm a ocasião de cruzar em sua vida cotidiana[1]. Fora das trocas comuns se constrói, portanto, uma figura midiática do migrante, uma figura de retórica política e de discurso que o coloca no centro de um vórtex emocional de medos, e mesmo de ódio, ou então de empatia e de compaixão.

Não é, no entanto, apenas por isso que os migrantes figuram nesta história das emoções. Como um reflexo das emoções extremas que eles provocam, parece normal hoje considerar a migração como uma tragédia, um *trauma* para aquele que a efetua. Para nós tornou-se difícil ver na migração uma experiência social banal, como se ela devesse ser a um só tempo crucial e determinante até o fim de suas vidas para aqueles que passaram por suas provações – quase a mesma definição clínica do traumatismo.

Essa dimensão trágica faz da migração a vertente sombria de todas as formas pelas quais o mundo moderno se pôs em movimento[2]. O migrante é de certa forma o exato oposto do turista e do executivo intercontinental, dois personagens que aparecem nas mesmas épocas e constituem as figuras "solares" dessa mobilidade em vias de banalização. Raramente percebida como uma

---

1. Com a notável exceção da Itália, onde *badante* [enfermeiras, cuidadoras, babás], informais, marroquinas, albanesas, ou romenas, vivem nas famílias e nela cuidam das pessoas idosas.
2. ZOLBERG, A.R. "Managing a World on the Move". In: *Population and Development Review*, 2006, vol. 32, p. 222-253.

oportunidade, uma aventura, ou mesmo simplesmente uma banal peripécia, a migração é interpretada como um acidente, um drama, e até um delito. E mais: é com a condição de ser uma tragédia que ela existe como objeto político, isto é, ao mesmo tempo como objeto de designação, de discurso e de governança. Em suma, existe uma relação estreita entre a construção da migração como tragédia, seu formato emocional e seu tratamento como objeto político. Pois quanto ao resto...

A narrativa política serve-se de uma confusão entre o que desencadeia os movimentos migratórios e a realidade da experiência que começa pela viagem migratória. Das grandes tragédias que são as guerras ou os desastres a essas pequenas tragédias familiares que são os destinos despoticamente atribuídos pelos pais aos filhos, é evidente que a migração nasce muitas vezes de uma tragédia original, mas à qual ela oferece uma saída, uma oportunidade de resistência e de salvação. É essa dimensão que a narrativa política esconde, e que ao contrário é objeto das narrativas íntimas: na abundante literatura etnográfica ou jornalística dominada pelos relatos de vida realistas, a migração é conduzida pela esperança de escapar a uma situação que era, de múltiplas maneiras possíveis, uma negação de ser. E na grande maioria de casos, essa esperança se realiza.

Portanto, é entre esses dois regimes narrativos, o político de uma tragédia e de uma ameaça de um lado, o biográfico de uma salvação do outro, que se constrói a carga emocional da experiência migratória contemporânea cuja história vamos tentar aqui: única maneira de tomar consciência de que se trata de uma construção, pois essa representação nos formatou a pensar as migrações desde o grande abalo da era industrial.

O abalo do mundo: "sentir-se verdadeiramente homem"

No século XIX, o desenvolvimento industrial provoca fluxos migratórios inéditos em volume e em potência, inclusive nos séculos seguintes. É preciso medir a importância deles.

Enquanto os Estados Unidos contam com 2,2 milhões de estrangeiros para 31 milhões de habitantes em 1850, estima-se que entram nesse país 30 milhões de migrantes entre 1861 e 1920, dos quais 8,8 milhões na primeira década do século XX[3].

Na Europa, os fluxos são menores, mas, na escala de um continente ainda imerso na ruralidade, eles causam transtornos. Embora a Alemanha e a Grã-Bretanha consigam organizar a industrialização a partir de seus próprios recursos demográficos ou em sua redondeza[4], na França, a insuficiência do crescimento demográfico se conjuga com um êxodo rural tardio. Recorre-se, portanto, maciçamente aos imigrantes para garantir o desenvolvimento industrial. Perto de 16 milhões de italianos migram entre 1876 e 1920, em grande parte para os Estados Unidos, mas pelo menos 7 milhões deles para os países europeus em vias de industrialização; a França acolhe 38% deles.

Apesar de sua importância, esse movimento migratório é muito concentrado espacialmente, e ainda mais espetacular. Em Chicago, por exemplo, a cidade cresce, "nos dias úteis e nos feriados, e mesmo à noite", passando de quatro mil habitantes em 1840 para mais de 500 mil em 1880[5]. Primeiros irlandeses, que, após a grande fome dos anos de 1845-1849, constituem 20% dos habitantes no início da segunda metade do século. Ali eles formam o braço operário da construção dos canais, e são com outros, como os operários açougueiros dos grandes abatedouros, aqueles dos quais a cidade tira o essencial de sua prosperidade. Uma onda alemã segue de perto a onda irlandesa, atingindo 470 mil indivíduos na aurora do século XX, ou seja, um habitante em cada quatro. Empregados nos abatedouros, os alemães também constroem praticamente um monopólio nas cervejarias até a proibição. A comunidade polonesa dobra entre 1900 e 1914, passando de 150 mil a 300 mil pessoas. Mais tardia, a grande

---

3. RYGIEL, P. *Le temps des migrations blanches* – Migrer en Occident (1840-1940). Montreuil: Aux lieux d'être, 2007.
4. BLANC-CHALÉARD, M.-C. *Histoire de l'immigration*. Paris: La Découverte, 2001.
5. DIAMOND, A. & NDIAYE, P. *Histoire de Chicago*. Paris: Fayard, 2013.

migração italiana marca permanentemente a cidade a partir dos anos de 1910. Na costa Oeste, são os chineses que participam da corrida do ouro em meados do século XIX, trabalhando maciçamente nas minas e depois na construção das estradas de ferro. Em São Francisco, em 1870, eles ocupam de maneira quase exclusiva alguns setores produtivos: o têxtil, a fabricação de cigarros e, sobretudo, o trabalho agrícola em toda a Califórnia.

Em 1881, Marselha conta com 360 mil habitantes, dos quais 16% de estrangeiros; 80% são italianos. No início do século XX, contam-se 86% de operários italianos nas fábricas de óleo, 77% nas fábricas de telhas e 72% nas fiações[6]. Marselha é também um ponto intermediário essencial do grande movimento migratório para os Estados Unidos. A primeira agência de migração aparece em 1861 e a Companhia Fabre inaugura uma linha para Nova York, a partir da qual rapidamente estabelece um quase monopólio. Os viajantes, primeiro essencialmente italianos, chegam a pé ou de trem ao porto de onde embarcam para as Américas, não sem antes passar alguns dias na cidade, alimentando assim os restaurantes baratos, as espeluncas e as oficinas. Em 1906, ano banal, a Compagnie Générale Transatlantique encaminha 30 mil migrantes só para os portos da América do Sul. Seu diretor, Henry Bergasse, declara, não sem cinismo, que "não há melhor frete do que o frete dos emigrantes"[7].

O enorme apelo à mão de obra constitui por si só uma explicação suficiente para o desencadeamento desse grande movimento? Compreender a experiência migratória, e sobretudo o fundo imaginário e emocional que vai lhe dar seu sentido e as modalidades de seu tratamento político, impõe uma abordagem mais fina, menos estritamente economista.

Observemos antes que se as pessoas partem é porque já estão habituadas a fazê-lo. As migrações operárias, ao menos na Europa, prolongam hábitos de

---

6. DAUMALIN, X. "Industries marseillaises et immigration italienne en Méditerranée: nouveaux regards (XIXe siècle-1930)". In: *Cahiers d'Histoire*, n. 132, 2016, p. 45-67.
7. Apud LOPEZ, R. & TEMIME, É. *Migrance, histoire des migrations à Marseille*. T. 2. Aix-en--Provence: Édisud, 1990.

nomadismo e de pendularidade que fundam uma complementaridade sazonal entre agricultura e indústria. A indústria utiliza também a contratação diária ou temporária dessas mãos de obra menos qualificadas, as quais, uma vez acumulado o pecúlio, retornam aos campos. Reina, portanto, nesses mundos operários uma certa indistinção, em Marselha entre candidatos à "grande migração" e mão de obra local, mais globalmente, porém, sobre o estatuto mesmo dessas mãos de obras móveis.

Para compreender o que significa partir é preciso evocar três grandes razões para fazê-lo. Uma, muito bem descrita pela sociologia nascente, diz respeito à incapacidade em que doravante se encontram as sociedades rurais tradicionais europeias de oferecer um lugar, um teto, uma vida ao conjunto de seus filhos. As crises agrícolas, a pressão fundiária nas cidades, deslocam as sociedades camponesas na Irlanda, na Polônia, na Alemanha ou na Itália. Essa constatação é objeto do primeiro tomo de uma obra monumental publicada pelos antropólogos da Escola de Chicago[8]. Baseado na história de vida de um migrante estabelecido em Chicago e em sua correspondência com sua família que ficou na Polônia, essa obra pioneira vai largamente contribuir para a construção da visão "trágica" dos fenômenos migratórios. Essa visão é apresentada inicialmente como a consequência de uma desorganização da sociedade rural tradicional polonesa. Imersos em uma sociedade urbana também descrita como "desorganizada", os migrantes, sem referências nem vínculos, sucumbem à delinquência e à anomia. A vontade individual de migrar se dissolve na onipotência destrutiva do meio urbano e se transforma em paixões negativas criminosas ou revolucionárias.

A segunda razão para partir está ligada à existência de uma indústria da migração que acompanha o desenvolvimento dos transportes marítimos e ferroviários. Um verdadeiro setor econômico faz então com os trabalhadores o que os operadores turísticos fazem hoje com os turistas. Por exemplo, as com-

---

8. THOMAS, W.I. & ZNANIECKI, F. *Le paysan polonais en Europe et en Amérique* – Récit de vie d'un migrant (1919). Paris: Nathan, 1998.

panhias de navegação marselhesas dispõem de balcões na África e no Oriente Médio, em que funcionários pouco qualificados organizam as viagens de candidatos à migração. Pastores, nômades, entregam assim rebanhos, bagagens, colheitas, a esses corretores que, em troca, lhes vendem uma passagem de barco até Marselha, duas noites em uma espelunca dirigida por correligionários que aproveitam para depená-los. Quando gastaram todo o seu pecúlio na primeira etapa, oferecem-lhes embarcar para os Estados Unidos como fornalheiro a bordo de navios. A partir dos anos de 1920, quando os Estados Unidos impõem cotas por países, as companhias chegam a exigir desses viajantes uma comissão, supostamente para reembolsar as multas que arriscam por desembarcar imigrantes em solo americano. E é o que fazem, longe dos portos vigiados de Nova York ou de Baltimore. O desencanto encontra-se muitas vezes no final de uma viagem que começa com uma ilusão de facilidade – ilusão largamente produzida e alimentada pelas correspondências dos migrantes com sua família "no país". No centro da banalização da experiência migratória, está com certeza o desenvolvimento de meios de transporte transcontinentais, o navio e o trem, e depois o avião. Mas existe também, viajando nas mesmas cabines, a intensificação da correspondência, do vínculo afetivo doravante mantido pelos correios.

Por fim, nas premissas da migração se percebe algo como um desejo de realização, de promoção social que passa por uma furiosa paixão de si individuado – mais difícil de identificar, uma vez que ela depende da subjetividade. Em outras palavras, a migração permite, como a escola, escapar à sua condição, mas justamente sem passar pela escola: viajando. No início do século XX, a escola e a migração são os principais motores da emancipação daqueles – e mais ainda daquelas, pois a migração também é feminina – que as lógicas linhageiras, os despotismos familiares e o reinado dos chefes de família cerceiam e mantêm ainda na domesticidade.

É aliás a emancipação – no sentido estrito – que é o motor de uma outra migração americana, a dos negros do Sul para as cidades industriais do Norte após a Guerra de Secessão. Em 1864, as emendas à Constituição preveem a abolição da escravidão, dão aos negros a cidadania americana incondicional e o direito de voto. Na realidade, contudo, os burgueses sulistas não param de eludir as disposições tomadas, principalmente quanto ao direito de voto; uma sociedade de *apartheid* se estabelece lentamente, tendo como pano de fundo o linchamento e o desemprego crônico. A "grande migração" dos negros libertos, mas não verdadeiramente iguais, começa antes da guerra. Em Chicago, a população negra passa de quatro mil pessoas em 1860 a 44 mil em 1910. Operários na indústria, esses indivíduos são também e sobretudo domésticos, garçons ou empregados na hotelaria. O que não impede, desde o início do século, tensões raciais e choques, principalmente com os operários irlandeses[9]. O movimento se intensifica no período entreguerras, quando as grandes empresas industriais recorrem à contratação de negros para compensar o esgotamento dos fluxos migratórios europeus. Chicago vê assim sua população negra passar para 110 mil pessoas em 1920 e depois para 234 mil em 1930. É muito, no entanto menos do que em Nova York, onde o número de afro-americanos cresce de 60 mil em 1900 para 328 mil em 1930. Libertação? Esta carta de 3 de novembro de 1917 diz claramente o que partir pode significar:

> Então, quais são as notícias de Hattiesburg (Mississippi)? Eu deveria ter saído há vinte anos. Só agora estou começando a me sentir como um homem de verdade. É um prazer e tanto saber que temos alguns direitos. Meus filhos vão para a mesma escola que os brancos, e não tenho de me curvar diante de ninguém. Inscrevi-me nas listas de eleitores, vou votar nas próximas eleições e não há "*Yes sir*" ou "*No sir*" que perdure. Aqui, é sim ou não, e Sam e Bill[10].

Partir não é, portanto, simplesmente buscar um emprego – nem mesmo uma ilusão ou uma esperança de liberdade em mundos desprovidos delas. É, por meio dessa busca, concretizada ou não, se realizar como pessoa em um mundo onde o individualismo, doravante, será a norma.

---

9. DIAMOND, A. & NDIAYE, P. *Histoire de Chicago*. Op. cit.
10. SCOTT, E.J. "More Letters of Negro Migrants of 1916-1918". In: *The Journal of Negro History*, vol. 4, n. 3, 1919, p. 440-459.

Na fogueira dos ódios, a invenção dos indesejáveis

Antes da escolarização maciça, é preciso tentar relativizar a distância linguística e cultural entre um operário piemontês e um operário "marselhês" vindo dos Alpes ou entre um belga valão e um francês de Lille... Por mais numerosos que sejam nas fábricas que mobilizam mais e mais mão de obra, por mais malpagos que sejam e por vezes utilizados habilmente pelos patrões para pesar na relação de força salarial, esses trabalhadores "novos" não se distinguem tanto dos antigos, em sociedades em que o essencial da vida social se organiza em mundos de vizinhança: partilham o trabalho e os lugares de culto, os bares; os casamentos e o viver juntos são banais, como as trocas e as brigas. Pois a oposição é esporadicamente violenta entre os "trabalhadores daqui" e "os estrangeiros", mesmo vindos das montanhas vizinhas. Existe, portanto, para retomar a expressão de Gérard Noiriel, um "localismo operário"[11] na França, que tem seu equivalente em um "etnicismo" nos Estados Unidos. Eles se exacerbam no final do século em razão do monopólio – aqueles que as comunidades migrantes assumem rapidamente ao ocupar nichos econômicos – e da competição, ali onde esses monopólios são rejeitados pelo patronato – nas minas, nos abatedouros ou na estrada de ferro, por exemplo. Estes últimos são todos lugares habituais de pugilatos que degeneram em massacres a partir dos anos de 1870.

As primeiras violências coletivas contra os estrangeiros ocorreram quase no mesmo momento na França e nos Estados Unidos, país no seio do qual os chineses são particularmente visados. Em Los Angeles, onde foram contratados em condições próximas da escravidão para terminar em ritmo acelerado a construção das estradas de ferro, o bairro chinês é saqueado em 1871, as lojas incendiadas e umas vinte pessoas são queimadas vivas[12]. Os apelos à agressão se multiplicam nos panfletos racistas como *The Chinese Invasion* (1873), em

---

11. NOIRIEL, G. *Immigration, antisémitisme et racisme en France (XIXe-XXe siècle)* – Discours publics, humiliations privées. Paris: Fayard, 2007.

12. JACQUIN, P.; ROYOT, D. & WHITFIELD, S. *Le peuple américain* – Origines, immigration, ethnicité et identité. Paris: Seuil, 2000.

que os chineses são descritos como furadores de greve, traficantes de ópio, e suas mulheres como prostitutas doentes. A polêmica aumenta, em um contexto de negociações internacionais para a organização da migração entre a China e o Estado federal[13]. Em 1882, o Congresso vota o primeiro ato jurídico de "política migratória", o *Chinese Exclusion Act* [Lei de exclusão dos chineses], que funda a política americana das cotas.

Na França, os incidentes se produzem com regularidade também no Norte mineiro, onde operários belgas são agredidos; mas é no Sul que conflitos violentos tomam uma forma paradigmática. Em 17 de junho de 1881, um contingente francês desembarca no Porto de Marseille, coroado com seus sucessos na Tunísia. A lembrança da derrota de 1870 ainda é muito presente, a humilhação nacional dolorosa, e a cidade enfeitada dá as boas-vindas triunfal à tropa. Na passagem pela cidade, ouvem-se assobios e piadas vindas das janelas do Círculo Nacional italiano. A multidão se inflama, persegue os italianos pela cidade, e a revolta que dura três dias deixa três mortos e 21 feridos. A imprensa nacional se aproveita, ávida de fatos diversos cujas histórias meticulosas ela moraliza[14]. A repercussão de sua indignação chega ao parlamento, no interior do qual o debate sobre o "código da nacionalidade" teve início. Mudemos mais uma vez de escala: o jovem Estado italiano, preocupado em manifestar sua existência, se indigna e vitupera, apoiado ali também por uma imprensa bastante dedicada à causa nacional.

Em 1893, em Aigues-Mortes, durante incidentes ainda mais violentos, exibe-se o mesmo dispositivo. Operários italianos contratados pela companhia Salins du Midi são agredidos por uma multidão arruaceira que nem a gendarmaria nem o exército consegue conter. Depois de dois dias de perseguições, contam-se uma centena de feridos e uns vintes mortos[15]. Como em Marseille, a

---

13. GUERASSIMOFF, É. "Des coolies aux Chinois d'outre-mer: la question des migrations dans les relations sino-américaines (1850-1890)". In: *Annales* – Histoire, Sciences Sociales, vol. 61, n. 1, 2006, p. 63-98.
14. NOIRIEL, G. *Le massacre des italiens* – Aigues-Mortes, 17 août 1893. Paris: Fayard, 2010.
15. Ibid.

imprensa nacional aproveitou-se do caso, do *Figaro* ao *Temps*, do *Petit Parisien* à *L'Illustration*. Na Itália, uma multidão espremida diante do Palácio Farnese clama pela mobilização contra o inimigo francês.

Devemos então nos questionar. Por que disputas que se regrariam nos círculos de vizinhança não mais encontram resolução e transbordam para o espaço público? É que a fratura que se opera, o redemoinho de paixões que se focaliza na relação com o estrangeiro, são o resultado de um trabalho político e midiático, e não a irrupção de uma nova população ou de um conflito cultural. A regularidade com a qual a imprensa nacional contribui doravante para insuflar o ódio, ora para atiçá-lo, ora para denunciar seus excessos, é uma engrenagem essencial. Por meio dela são difundidos os estereótipos do italiano astuto, que joga com a faca e, para além, da "selvageria" natural e nunca redutível dos migrantes, indissociável do sensacional. Por outro lado, o ódio e a violenta rejeição ao migrante nascem de uma separação, de uma redistribuição e de uma nova divisão dos direitos e das identidades políticas. O migrante é construído como o contraponto de uma cidadania republicana, no mesmo momento em que as democracias ocidentais revisam seu conteúdo. Com um sufrágio universal eficiente, com a implantação de políticas sociais, desde a escola obrigatória e o serviço militar até a assistência, é todo o "contrato social" que muda e, com ele, o lugar dos operários na sociedade. É porque ela chega a ser pensada como um privilégio na França da III República ou na jovem democracia americana que são excluídos da cidadania aqueles que até então eram uma parte indistinta das massas operárias: os trabalhadores estrangeiros. Em suma, é quando a cidadania dá realmente acesso às vantagens sociais e a um estatuto político pelo voto que aqueles cuja única diferença era ter nascido em outro lugar tornam-se deficitários de um direito que lhes é recusado e, por isso mesmo, suspeitos de cobiçar suas vantagens ou, ao contrário, indignos de serem beneficiados. A pulsão amotinadora, esse frio na barriga dos burgueses, é então desviada para o estrangeiro, isto é: o concorrente objetivo no terreno do trabalho (aquele que o patrão sabe habilmente utilizar para quebrar as exigências operárias); o traidor cujos sindicatos denunciam uma docilidade e um servilismo que não são mais apropriados para o trabalhador nacional, sindicalizado e agora capaz de votar; o fraco, enfim, no qual se pode bater sem nada temer além de uma reprimenda de uma polícia e de uma justiça que fingem a imparcialidade sem nunca realmente condenar.

"O indesejável"[16] nasceu. Nos Estados Unidos, é doravante uma política das cotas étnicas que constitui o cerne das políticas migratórias, recusando de maneira transitória ou perene certas nacionalidades – como para os chineses desde 1882, concedendo a outras autorizações à migração proporcionais às comunidades existentes. Na França, é uma moral da nacionalidade que governa as políticas migratórias, uma nacionalidade considerada como uma chave de acesso aos direitos, concedida ou recusada, parcial ou totalmente segundo os preconceitos que pesam sobre os requerentes. O estrangeiro é doravante o "cliente" privilegiado de uma burocracia identitária[17], escritórios discretos e quase escondidos onde funcionários dotados de poderes discricionários organizam os quadros de um "regime de suspeição"[18]. Na França, a "carta de identidade", inventada em 1917 para os estrangeiros, será seu instrumento ordinário, que permite essa ambivalência entre acesso ao direito e controle estreito – uma carta demorada a ser atribuída, rapidamente retirada e neste caso raramente restituída.

Um último avatar dessa produção social, imaginária, emocional, concentrando todos os estereótipos e todas as ambivalências, encontra-se no "trabalhador colonial", que pouco a pouco apaga, na França sobretudo, as outras figuras da época industrial. Durante a Primeira Guerra Mundial, os trabalhadores coloniais fazem girar as fábricas francesas. Eles vêm substituir os operários que partiram para a linha de frente e são recrutados militarmente nas regiões

---

16. AGIER, M. *Gérer les indésirables* – Des camps de réfugiés au gouvernement humanitaire. Paris: Flammarion, 2008.
17. WEIL, P. *Qu'est-ce qu'un Français?* Paris: Grasset, 2002.
18. SPIRE, A. *Étrangers à la carte* – L'administration de l'immigration en France (1945-1975). Paris: Grasset, 2005.

mais indisciplinadas do Império, como o Rif no Marrocos, a Cabília na Argélia, as regiões dos Mong no que na época é a Indochina. Uma parte deles permanece na França no período entreguerras; tornam-se maciçamente o braço operário da reconstrução nos anos de 1950. Depois das independências africanas e até o início dos anos de 1980, eles formam o coração operário não qualificado da indústria francesa, no automobilístico e na construção principalmente.

Em 1974, o recenseamento contabiliza 3.442 milhões de estrangeiros, dos quais mais de um milhão vêm do Magrebe[19]. Turcos na Alemanha, marroquinos na Bélgica ou nos Países Baixos, mexicanos nos Estados Unidos, eles ocupam o mesmo tipo de nicho econômico e sofrem a mesma situação de dominação, ainda que nem todos possam se dizer oriundos de situações coloniais. Com efeito, esses "trabalhadores imigrados" têm em comum, segundo um termo emprestado de Abdelmalek Sayad, o fato de serem "anfitriões e reféns"[20], sujeitos de estados novos que os "emprestam" de acordo com contratos de troca (*braceros*, p. ex., nos Estados Unidos, contratos de troca entre o Marrocos e a Bélgica, a França, os Países Baixos) nas indústrias sob a "proteção especial" dos estados que os recebem por um período que pensam determinado. Nenhuma de suas tutelas institucionais prevê então que essa situação possa conduzir à formação de comunidades duradouramente construídas na dupla afiliação... E ninguém vê, portanto, chegar nem a segunda geração nem a organização de um setor migratório persistente. Ao querer se opor a esse movimento natural, os estados voluntaristas desencadeiam um fenômeno do qual ainda hoje não têm a dimensão, o da proliferação dos imigrantes ilegais, novo avatar midiático da indesejável.

Pois esses migrantes da era industrial iniciaram uma migração de trabalho que se prolonga em condições econômicas e políticas que mudaram

---

19. A primeira comunidade nacional presente na França em 1974 é portuguesa, com quase 800 mil pessoas. São também 462 mil italianos e quase 500 mil espanhóis. Mas esses são poucos na grande indústria, eles ocupam, seja como operários qualificados, seja como artesãos, os nichos econômicos dominados pelas pequenas e médias empresas. Quanto aos magrebinos, eles estão maciçamente na grande indústria.

20. SAYAD, A. *La Double Absence* – Des illusions de l'émigré aux souffrances de l'immigré. Paris: Seuil, 1991.

radicalmente. Os setores que recrutam exigem agora uma mão de obra flexível e silenciosa. E para garantir sua docilidade, eles a preferem controlada pela clandestinidade mesmo na maior discrição – uma garantia infinitamente mais sólida do que a dos contratos de tutela estatais. Um pouco mais de dez milhões de clandestinos, principalmente mexicanos, vivem e trabalham hoje nos Estados Unidos, diariamente submetidos à ameaça de uma expulsão. Estão na restauração, no têxtil, na construção, na domesticidade[21]. Nos estados fronteiriços do Oeste, aliás, nem são mais estritamente nomeados migrantes, mas "turistas", que passam diariamente a fronteira para trabalhar nos Estados Unidos.

Na Europa, estima-se em quatro milhões o número desses imigrantes ilegais, entrados legalmente e depois tornados ilegais pelas restrições dos chamados vistos turísticos. Se os ministros do Interior se vangloriam regularmente das expulsões que operam, até 30 mil em 2015 desde a França, essas medidas, na realidade, dizem respeito apenas a uma pequena parte dos "expulsáveis", detidos, localizados e depois soltos, dez vezes mais numerosos.

A situação dos imigrantes ilegais não incita à revolta. Viver com medo, na paranoia permanente, supõe não chamar a atenção, tornar-se invisível, desconfiando inclusive dos próximos ou da simpatia caso ela se manifeste: "Você é marginalizado, tem medo, fica na sua concha. Mesmo quando se aproximam, as pessoas, elas encontram um muro", declara um dos imigrantes ilegais encontrados por Stefan Le Courant quando fazia sua tese[22]. Para eles, essa situação de clandestinidade é hoje a garantia mais certa de serem empregáveis no mercado de trabalho. Certas agências de trabalho temporário, como assinala essa tese, não hesitam, aliás, em fornecer elas mesmas os documentos falsos aos trabalhadores clandestinos.

---

21. SASSEN, S. *Guests and Aliens*. Nova York: The New Press, 1999.
22. LE COURANT, S. *Vivre sous la menace* – Ethnographie de la vie quotidienne des étrangers en situation irrégulière en France. Université Paris Ouest-Nanterre-La Défense, 2015 [Tese de doutorado].

A contrapartida simbólica dessa nova condição migrante é evidente: homens, e mulheres porque são numerosas nessa condição, principalmente nos empregos de serviço, são essas sombras cruzadas cuja presença/ausência gera as fantasias, acende os medos. Incluindo o deles, permanente. Esses "invisíveis" vivem em um incessante estado de angústia e de estresse, quando uma pequena interação ou um simples encontro pode se transformar em denúncia e em expulsão.

Faz dois anos que Angel Garcia passa todos os dias a fronteira em Tijuana para trabalhar em San Diego com um *border crossing card* (BCC; equivalente de um visto turístico, renovável a cada 48 horas). Até o dia em que ele cai com um aduaneiro que decide retirar sua autorização de passagem. O diálogo entre eles é muito indicativo do universo discricionário no qual evoluem esses "irregulares" e a precariedade da condição deles:

> O oficial da imigração me pergunta: "Olá, por que está passando tão cedo?" Digo-lhe que vou buscar meu pai, e ele me diz: "Não, você vai trabalhar!" E continua falando que vou para trabalhar e, a cada vez, eu respondo que não. Ele mistura o inglês e o espanhol ao falar comigo, esse e... deve ter se perguntado como era possível que eu compreenda o inglês. Tenta me forçar a dizer: "Sim, venho trabalhar", mas nunca admiti isso. E finalmente ele me diz: "É um privilégio que damos aos mexicanos, e esse privilégio nós retiramos quando bem entendemos, e hoje seu BCC está confiscado"[23].

Direito de asilo e campos: do exílio suspeito à compaixão delegada

Quem são os primeiros? Russos brancos expulsos pela revolução? Armênios fugindo do genocídio? Muito provavelmente esses judeus asquenazes que, no século XIX, fugiam dos pogroms para ir aos Estados Unidos, à França ou à Grã-Bretanha[24]. Misturados à multidão indistinta da grande migração, eles ainda não são assinalados como refugiados ou requerentes de asilo.

---

23. Apud CHÁVEZ, S. "Navigating the US-Mexico Border: The Crossing Strategies of Undocumented Workers in Tijuana, Mexico". In: *Ethnic and Racial Studies*, vol. 34, n. 8, 2011, p. 1.320-1.337.

24. Na Grã-Bretanha, em 1905, é que foi editado o primeiro *Alien Act*, claramente destinado a afastar essas populações (BLANC-CHALÉARD, M.-C. *Histoire de l'immigration.* Op. cit.).

Essa distinção ocorre depois da Primeira Guerra, em um mundo que se fraciona sob o impacto dos novos nacionalismos. Os estados novos que florescem sobre o desastre dos impérios não se contentam com efeito em caçar os diferentes, os dissidentes, ou mais simplesmente os vencidos. Eles expulsam, e fabricam assim "enfermos nacionais"[25]. O excesso de estados cria os sem Estado; o excesso de pátrias, os apátridas.

Que tenhamos consciência da importância do fenômeno. Desde a tomada do poder pelos bolcheviques na Rússia, o êxodo é maciço e se prolonga até o início dos anos de 1930. De uma maneira geral, se as frentes do Norte, com exceção da frente russa, não geraram senão poucos movimentos de população, no Sul, em contrapartida, as catástrofes se sucedem no contexto do desmoronamento do Império Otomano. Na Turquia, os massacres dos armênios começam em 1915, continuando até os anos de 1920, provocando desde o fim da guerra um gigantesco êxodo que dura até pelo menos 1927. A eles se adicionam os assírio-caldeus, expulsos do Irã e do Iraque, os gregos expulsos da Turquia, os turcos expulsos da Grécia.... Nada melhor para dar uma ideia das desordens que esses movimentos provocam na Europa do que observar sua porta de entrada (a única ou quase) que é o Porto de Marselha. Desde 1920, os armênios se amontoam em Beirute, então sob mandato francês, em campos abertos apressadamente para acolhê-los. Ali seriam 125 mil por ocasião da assinatura do Tratado de Lausanne, em 1923[26]. Progressivamente evacuados, eles partem para Marselha, seja para ali se instalarem provisoriamente, seja para ali fazer uma pausa antes de continuar viagem para os portos americanos. Estima-se em um pouco menos de 100 mil o número dos que chegaram entre 1918 e 1930. São vários milhares que todos os dias entram no porto a partir de 1923 e até 1927... O prefeito de Marselha escre-

---

25. NOIRIEL, G. *Réfugiés et sans-papiers* – La République face au droit d'asile, XIXe-XXe siècle. Paris: Fayard, 2012.
26. Tratado assinado sob a égide da Sociedade das Nações, que concede aos armênios o benefício do passaporte Nansen e o engajamento humanitário dos estados signatários, entre os quais a França e os Estados Unidos, que serão os principais países de destino desses refugiados.

ve, em 1923, ao dirigente de departamento, resumindo uma opinião então corrente na cidade:

> Anunciam que 40 mil desses acolhidos estão vindo para a França, o que significa dizer que a varíola, o tifo e a peste vêm em nossa direção, se já não estão em germe, pululando desde a chegada dos primeiros desses migrantes desprovidos de tudo, refratários aos nossos costumes ocidentais, rebeldes diante de qualquer medida de higiene, imobilizados em sua indolência resignada, passiva, ancestral[27].

Os que chegam povoam acampamentos improvisados logo saturados como o campo Oddo, que já conta com três mil pessoas: armênios, mas também russos, soldados desmobilizados do exército do Oriente, senegaleses dos batalhões da África em trânsito de retorno ao seu país, assírio-caldeus. São também campos que vão acolher os vencidos da guerra civil espanhola durante a *Retirada*. Pela fronteira passam 475 mil homens, mulheres, crianças, somente nos quinze últimos dias de janeiro de 1930 após a queda de Barcelona[28]. Se certas comunas colocam à disposição alguns locais públicos, o próprio Estado empurra os refugiados para campos sumários, como o de Argelès, instalado diretamente em uma praia e que encarcera até 87 mil pessoas. Vigiados pela gendarmaria, alguns deles pelo exército, os campos são espaços de distanciamento, de acantonamento, de filtragem e de humilhação, pois nesse dispositivo, pela dupla condição de precariedade e de indistinção, o exílio parece uma infração que coloca em perigo a sociedade que acolhe.

Embora por vezes menos sumários, são também campos que vão acolher, depois da Segunda Guerra Mundial e dos ciclos de exílio que ela produzirá, sucessivamente os trabalhadores ditos coloniais mobilizados para fazer girar as

---

27. Apud ATTARD-MARANINCHI, M.-F. & TEMIME, É. *Migrance* – Histoire des migrations à Marseille. T. 3. Aix-en-Provence: Édisud, 1990.
28. ASSOCIATION ADELANTE. *La* Retirada *ou l'exil républicain espagnol d'après-guerre* [Disponível em Histoireimmigration.fr].

fábricas, os "exodus"[29], candidatos à partida para Israel, os harkis[30], os *pieds-noirs* (os pés negros) e todos os que retornam da Argélia após as independências africanas; enfim, mais recentemente, uma grande parte dos *boat people* vietnamitas vindos para a França no fim da guerra.

Um duplo dispositivo se estabelece então. Foi sobretudo para proteger os prisioneiros de guerra que se criou sob a égide da Sociedade das Nações o passaporte Nansen (do nome do primeiro alto comissário para os refugiados), passaporte para os que não o tinham mais e cujo benefício se estende para os que os nacionalismos ascendentes expulsam de seus país de origem.

O que se inventa aqui, em teoria pelo menos, é um direito humanitário mundial que se opõe ao direito nacional quando este é abusivo ou deficiente. Esse princípio, que será instituído em 1951 na Convenção de Genebra, organiza o direito de asilo moderno. Na abertura desse novo espaço público transnacional se organiza um tecido de associações ou de iniciativas cuja missão é menos a responsabilização pelos "expulsos" do que a organização humanitária de uma assistência tornada necessária pela penúria dessas massas móveis e pelo engajamento mínimo dos estados. Desde então, essas missões podem ser qualificadas, com o risco de ofendê-las, de compassivas. Nessa compaixão marcada pelo selo da urgência, o direito de asilo persiste em ser instituído de maneira mínima, como se os fenômenos em questão fossem situações de exceção, acidentes da história. Ora, os movimentos inaugurados pela febre nacionalista do pós-Primeira Guerra Mundial nada têm de catástrofes excepcionais, mas tornam-se depois dessa data fenômenos recorrentes na nova ordem mundial. Toda a questão se sustenta em uma alternativa: é preciso tratar os "expulsos" como vítimas de um traumatismo, ou como imigrantes e como tais, assim como os outros, úteis e "indesejáveis" ao mesmo tempo?

---

29. Assim chamados os que se candidataram para partir no Exodus 1947, um velho navio americano que transportou milhares de judeus, muitos deles sobreviventes do Holocausto, até Haifa [N.T.].
30. Argelinos que lutaram pela França durante a Guerra de Independência da Argélia, que se estendeu de 1954 a 1962 [N.T.].

Mas também é preciso se deter na outra peça do dispositivo, esses campos que constituem doravante a forma ordinária da acolhida dessas populações expulsas ou, para dizer como Luís Bonet, "essa multidão abatida que continua seu caminho"[31]. Esse lugar que ousam chamar de "recepção" tem afinal uma dupla eficácia emocional e simbólica. O campo, com suas barreiras, seus cordões de policiais, tem como efeito sobretudo transformar o sofrimento, a penúria, o mal-estar daqueles que tudo perderam em periculosidade aparente, como se sua condição de "vida nua"[32] fizesse deles um perigo contra o qual a força da ordem é uma prevenção. Da mesma maneira, a improvisação e o estado de transbordamento que parecem continuamente caracterizar a recepção, o mal-estar dos gestores é também uma encenação emocional eficaz para afirmar a força da pressão e sugerir uma outra ameaça, a da invasão. Mas qual sentido deve ser dado a essa encenação? Não se trata necessariamente de estigmatizar a poeira invisível dos migrantes, mas talvez de defender essa construção ideológica que faz da migração uma questão doravante demasiado importante para ser gerida pela sociedade, pelos notáveis, pelo povo, pelos cidadãos, pelas associações: em resumo, pela "sociedade civil". Os acampamentos e as ONGs estão substituindo tanto o que poderia ser uma solidariedade interpessoal de proximidade quanto o dever social do Estado ordinário. Pois é preciso para administrar um tal "choque", ou segundo a vulgata midiática uma tal "crise", um Estado. Mas não qualquer Estado, um Estado que não é o das controvérsias parlamentares, das leis votadas e da democracia. Um Estado que age, rápido, um Estado forte, Um Estado de exceção.

É preciso, por fim, nessa mesma organização institucional da urgência, evocar um dispositivo recente que fez emergir uma nova figura da migração. Desde 1986, os Estados Unidos consideram a construção de um muro ao longo dos mais de 3.000km da fronteira que os separa do México. A construção é ini-

---

31. BONET, L. *Une auberge espagnole*. Paris: Gallimard, 1994.
32. Segundo a expressão de Giorgio Agamben (*Homo sacer* – Le pouvoir souverain et la vie nue. Paris: Seuil, 1997).

ciada em 1995 com materiais recuperados da Guerra do Golfo na porção mais frequentada dessa faixa, desde o Oceano Pacífico até a Ciudad Juárez. Hoje, depois das peripécias políticas e financeiras, o que se tornou a fronteira "mais militarizada do mundo"[33] exibe nos mais de 450km uma barreira ultrassofisticada compreendendo, além de um muro de concreto, torres bem-informatizadas para a identificação dos passantes, dispositivos antitúneis e uma zona de proteção cercada por várias fileiras de arame farpado onde circula a *Border Patrol*, com mais de 20 mil homens encarregados de perseguir os passadores. O custo de uma prisão na fronteira aumentou sete vezes entre 1986 e 2000. Qualquer que seja a sua aparente enormidade, o dispositivo fronteiriço tem um impacto mínimo nas passagens clandestinas. Na opinião de seus muitos observadores, é acima de tudo um dispositivo cênico, midiático, destinado a mostrar para a América profunda as garras do Estado[34]: Donald Trump e sua campanha para a construção do muro na fronteira sul e mais globalmente suas diatribes permanentes contra os clandestinos são sua perfeita ilustração. Embora a fronteira continue sendo atravessada[35], em contrapartida é mais difícil fazê-lo, e o que aumenta então é o nível de angústia, de estresse, que a passagem implica.

Na Europa, considerando-se a complexidade territorial da rede fronteiriça, a militarização segue vias diferentes. Uma barreira foi construída em torno de dois enclaves espanhóis e agora europeus instalados em território marroquino. Ceuta e Melilla foram dotadas de um cinturão hermético com duas fileiras de arame farpado ao redor de seu perímetro; nelas encontramos, como na Califórnia, dispositivos de vigilância modernos e uma guarda militar (aqui, a polícia

---

33. A expressão é de Douglas Massey, hoje um dos mais regulares analistas dos fenômenos migratórios nos Estados Unidos. Entre uma abundante bibliografia está: MASSEY, D.S. & RIOSMENA, F. "Undocumented Migration from Latin America in an Era of Rising U.S. Enforcement". In: *The Annals of the American Academy of Political and Social Science*, vol. 630, 2010, p. 294-321.
34. ANDREAS, P. *Border Games*: Policing the U.S.-Mexico Divide. Ithaca: Cornell University Press, 2000.
35. David Spener, que conduziu um longo trabalho de campo na fronteira entre Tijuana e San Diego, no Texas, estima que 600 mil pessoas a atravessaram clandestinamente todos os anos a partir de 2000. Cf. *Clandestine Crossings*: Migrants and Coyotes on the Texas-Mexico Border. Ithaca: Cornell University Press, 2009.

espanhola). Em suas fronteiras líquidas, no Mediterrâneo, Frontex, a agência europeia criada em 2002 para vigiar as fronteiras, mobiliza uma frota militar responsável pela vigilância e pela fiscalização das *pateras* e de outras embarcações improvisadas, que são o modo de passagem mais comum entre as duas margens. Essa vigilância causou "abscessos de fixação", que além de eclusas de bloqueios para a Europa são também verdadeiros cemitérios[36]. Por fim, a Europa desenvolveu com seus vizinhos e países emissores de migração uma política de *limes*, externalizando uma parte da vigilância policial e da repressão das migrações clandestinas; acordos feitos com Marrocos, Argélia, Mauritânia, Senegal, Turquia, associam compensações financeiras com engajamento das polícias locais na luta contra os clandestinos e favorecem, no local, um processo de criminalização daqueles cujas tentativas de partida se chocam com a vigilância policial. No Marrocos e na Argélia, por exemplo, a lei pune com a prisão aqueles que são pegos no mar quando tentavam partir. Essa colaboração internacional, que arrasta de fato os estados vizinhos para a guerra travada pela Europa contra os migrantes, implica também acordos de "readmissão", termo equivocado para designar o que no México chamam mais diretamente de "deportação", ou seja, a expulsão de trabalhadores ilegais. O controle de identidade baseado na aparência dos migrantes é hoje, por sua própria facilidade, uma das principais atividades "rotineiras" da polícia francesa[37]. Enquanto os Estados Unidos deportam todos os anos mais de 400 mil pessoas detidas muitas vezes por infrações menores, na Europa geralmente se expulsa para estados que não são os lugares de origem da migração, e sim lugares de passagem que assinaram acordos de readmissão com os estados expulsores.

---

36. Desde os anos de 2000, a Ilha de Lampedusa, na costa da Sicília, cumpre esse papel de eclusa, assim como as Ilhas Canárias, na costa da África até 2005, em que a via terrestre, por Istanbul e pela Turquia, acabará se impondo. Cf. ASLAN, M. & PÉROUSE, J.-F. "Istanbul: le comptoir, le hub, le sas et l'impasse". In: *Revue Européenne des Migrations Internationales*, vol. 19, n. 3, 2003, p. 173-204. Eurostat declara mais de 25 mil mortos afogados entre 1990 e 2016 na costa da Ilha de Lampedusa. As ONGs, como também SOS Méditerranée ou Médecins du Monde, que fretaram navios especialmente concebidos para salvamento no mar, recolheram várias centenas de náufragos por dia nesse mesmo período. Cf. SOSMediterranee.fr

37. Como atesta em seu trabalho etnográfico Didier Fassin: *La force de l'ordre*. Paris: Seuil, 2011.

Perto de 45 mil pessoas foram assim encarceradas em centros de retenção na França em 2013, sendo que a quase totalidade delas, após períodos de detenção que podem chegar até a dezoito meses, foi objeto de uma expulsão[38]. O desenvolvimento da retenção administrativa e policial nas "zonas de não direito" é uma das armas comuns às duas políticas, americana e europeia, que cruzam três dispositivos: a multiplicação das zonas internas nos aeroportos, portos, lugares e espaços de trânsito (e para a Europa as "eclusas" insulares como as ilhas Canárias e de Lampedusa), dos acampamentos precários e favelizados nos pontos fronteiriços de passagem, por fim dos acampamentos externalizados em territórios de *limes*. O observatório Migreurop recenseou mais de 450 dessas zonas de não direito na Europa ou em suas bordas, mais de 900 nos Estados Unidos e em seu vizinho mexicano[39]. O complemento dessas políticas é muito evidentemente a instauração de vistos e a seleção dos candidatos. Essas práticas, marcadas por seu caráter discricionário e burocrático, se caracterizam: por uma multiplicação dos tipos de vistos, reforçando a precariedade dos estatutos de permanência concedidos; pela radicalização das condições exigidas, econômicas e financeiras; pela exclusão evidenciada de categorias "suspeitas", e, portanto, para dizê-lo em uma palavra, uma "lógica da suspeição"[40] organizadora da burocracia.

Objeto de várias análises e críticas[41], essas políticas migratórias tiveram como consequência modificar profundamente o estatuto dos imigrantes. O migrante de hoje, ao contrário do trabalhador imigrado ou do refugiado de ontem, é portanto um viajante desafortunado que passa doravante uma grande parte de sua vida em zonas que, por negligência, são qualificadas de "não direito", dominadas por relações institucionais totalitárias e feitas de interliga-

---

38. MAKAREMI, C. & KOBELINSKY, C. "Confinement des étrangers: entre circulation et enfermement". In: *Cultures et Conflits*, n. 71, 2008, p. 7-11.
39. Cf. Migreurop.org
40. SPIRE, A. *Étrangers à la carte*. Op. cit.
41. Para uma boa síntese, cf. LACROIX, T. *Migrants, l'impasse européenne*. Paris: Armand Colin, 2016.

ções de regimes de exceção que misturam ONGs, funcionários predadores e corrompidos, policiais e militares. Foi sem nada mudar nesse dispositivo que a Europa policialesca, querendo ou não, viu-se na posição de administrar o que constitui uma das maiores crises políticas e sociais deste século nas guerras africanas e médio-orientais. Pois, se a crise síria ocupa o lugar central, sua violência oculta outros conflitos também produtores em ritmo acelerado de exilados – na Eritreia, no Sudão, na Líbia, no Iêmen, no Iraque e no Afeganistão, cada um desses países fornecendo sua parcela de exilados e de rejeitados.

Na frente síria, estima-se em quatro milhões hoje o número dos exilados. A maior parte está instalada no Líbano (1,2 milhão), na Turquia (1,9 milhão), na Jordânia (650 mil). No total, pensa-se que a guerra terá deslocado mais de dez milhões de pessoas na Síria, seis milhões tendo permanecido em seu país. A Europa, ao mesmo tempo, se propõe a acolher 160 mil requerentes de asilo sírios e administra em função das circunstâncias as barreiras e os muros improvisados que seus novos aliados do Leste erigem diante dos exilados, ao passo que uma verdadeira economia subterrânea, lucrativa e mafiosa, organiza a passagem clandestina dos mais temerários[42], com uma excessiva exposição ao risco.

Ao conjunto das figuras descritas até aqui soma-se, portanto, agora a dos náufragos. Vivos, eles formam uma multidão compacta e anônima amontoada em velhos barcos; mortos, não vemos deles senão seus corpos desconhecidos flutuando entre duas águas, depois arrastados até as praias e colocados em sacos idênticos: o mar, como coveiro consciencioso, arrasta quase todos os corpos para a margem. Por vezes, a morte faz deles heróis ou vítimas expiatórias que as redes sociais glorificam e aos quais os deputados do Parlamento Europeu, em pé, o ar grave, homenageiam com um minuto de silêncio. Excepcionalmente, eles adquirem um nome, uma história, abrindo as portas à empatia: é preciso o rosto de uma criança morta, enterrado na areia de uma praia

---

42. Segundo o Alto Comissariado das Nações Unidas para os refugiados, seriam 3.771 mortos no Mar Mediterrâneo em 2015 e 720 nos quatro primeiros meses de 2016 (LaCimade.org).

turca, para que o mundo inteiro consiga atravessar por um segundo o muro da indiferença[43]. Um segundo.

Vivos, esgotados, esfarrapados, eles estão somente no início de um percurso que vai conduzi-los de precariedade em precariedade aos enclaves onde as sociedades "de recepção", tão mal nomeadas, se esforçam para mantê-los. O universo dos migrantes é agora feito – além das zonas de retenção já mencionadas – de acampamentos, de barracas, de prisões enfim, pouco antes da expulsão. Universos precários e mal-afamados, dominados por um duplo regime de exceção, o do Estado policial ou militar que não se incomoda com o direito, o das máfias, dos ladrões, dos meliantes, dos estupradores, que só conhecem a lei do mais forte[44]. Todos os relatos atestam isso, engajar-se em uma migração é abandonar qualquer sentimento de proteção, viver, no dia a dia, sob regimes de terror que se encadeiam uns nos outros.

"Quando você é uma mulher, os homens querem o tempo todo dormir com você. É preciso prestar muita atenção com quem você fala, pois nunca sabe se a pessoa quer o seu bem ou o seu mal. Como não sabe o que está à sua espera, você não pode prever. A viagem é uma aventura", testemunha essa congolesa que fez a viagem da Guiné até Ceuta, onde o pesquisador a entrevistou[45]. Nenhum excesso, nenhuma invenção por necessidades ideológicas neste testemunho. Na Europa, hoje, na maioria das vezes a condição de "migrante" se reduz a uma alternativa entre uma morte violenta e uma evacuação lamentável após longos períodos de perambulação e precariedade. Em Tijuana, como já observei, a *noria* das picapes da polícia mexicana todos os dias traz de volta desde a fronteira aqueles que as patrulhas americanas pegaram no deserto – sentados em silêncio na parte de trás da picape, magros, empoeirados, humilhados. A Europa não tem nessa questão nem a exclusividade dos mortos nas fronteiras nem o apanágio

---

43. RITAINE, É. "Quand les morts de Lampedusa entrent en politique: *damnatio memoriae*". In: *Cultures et conflits*, n. 99-100, 2015, p. 117-142.
44. Cf., sobre o assunto, LAACHER, S. *De la violence à la persécution, femmes sur la route de l'exil*. Paris: La Dispute, 2010.
45. Ibid.

da humilhação. Os desertos do Arizona, no continente americano, e o Saara, no continente africano, cumprem o horrível papel de *lands of open graves* (países dos túmulos a céu aberto), como destacam inúmeros trabalhos etnográficos[46].

No entanto, por mais úteis e agudas que sejam essas visões críticas das políticas migratórias, elas só levam em consideração uma parte delas; esquecem, de alguma forma, pela hipervisibilidade das vítimas, o fato de que essas políticas também fazem beneficiários. Quando as mídias, as redes militantes e os pesquisadores que as mantêm se indignam legitimamente com os terríveis perigos aos quais estão expostos os *boat people* de hoje no Mediterrâneo, eles ocultam as centenas de milhares de pessoas que circulam passando pelas mesmas fronteiras de maneira legítima e regular, inclusive para realizar atividades que o são menos. A Europa de Schengen concede, por exemplo, vários milhões de vistos todos os anos, mesmo para os países supostamente provedores de migração[47]. Nos Estados Unidos, o *boarder crossing card* é um instrumento muito usado que torna possível uma infinidade de circulações e de comércios. Não se trata de negar o desastre humano e as violências feitas aos "indesejáveis"; trata-se antes de deslocar a perspectiva para evidenciar que, embora as políticas migratórias sejam hoje principalmente políticas de desqualificação social, elas também são, além disso, políticas segregativas que dão a alguns o que recusam a outros. De forma que o estatuto do migrante contemporâneo não se constrói apenas na ameaça que lhe é feita de ser tratado como indesejável, inclusive dando-lhe assim uma "utilidade" econômica, mas também na distância em relação ao "circulante", seu *alter ego* legitimado. É nesse cara a cara, nesses encontros entre quem circula livremente e quem o faz no terror e na precariedade, na infâmia, que reside hoje o motor da esperança que cria, apesar de tudo, a vontade de partir.

---

46. Entre os quais um trabalho de Jason De León, do qual essa expressão é emprestada (*The Land of Open Graves*: Living and Dying on the Migrant Trail. Oakland, Calif.: University of California Press, 2015).

47. Para o ano de 2014, segundo Eurostat, os países signatários do Acordo de Schengen terão distribuído perto de 17 milhões de vistos, dos quais 1,2 milhão para os três países do Magreb e 300 mil para uma dezena de países da África francófona. Se colocarmos esses números em perspectiva, os vistos concedidos são dez vezes mais numerosos do que apenas os dos requerentes de asilo – todas as origens confundidas – na zona de Schengen.

Levados pela esperança

"Peço-lhe humildemente que considere minha situação patética com compaixão e me conceda asilo político e proteção em seu tão estimado país para que nele possa viver em paz", escrevia um requerente de asilo tâmil[48], nesse relato que deve obrigatoriamente acompanhar todo pedido de asilo junto ao Gabinete francês de proteção aos refugiados e apátridas[49]. Viver em paz, ou melhor, sobreviver em paz, esta é a força desejante que subtende hoje muito dos percursos migratórios, dos exílios e das peregrinações, a esperança que está no centro mais íntimo da vontade de partir e de enfrentar, muitas vezes com conhecimento de causa, os perigos e as humilhações da viagem. Mas o relato verdadeiro ou inventado que os migrantes fazem da "vida lá" é também uma peça essencial, sentimental, do desejo migratório alimentado nas sociedades onde a migração se instalou, depois de quase dois séculos de circulações alternadas, como uma instituição. Essa liberdade de circular da qual alguns fazem uso, aos olhos admirados ou invejosos de seus primos ou vizinhos, a tangibilidade das circulações, o ordinário de sua realização, são o motor concreto, o princípio ativo do desejo aventureiro de partir: ver, experimentar, qualquer que seja seu preço, o que outros experimentaram legalmente. Portanto, os perigos da viagem, os acasos da reconstrução de si, as resistências, podem ser concebidos por homens ou por mulheres jovens e ávidos de individuação como muitas das provações de uma longa iniciação. "Depois da segunda barreira, diz Mahmoud, corro como um louco para o centro de Melilla. Meu coração bate tão forte no peito que ele se acreditaria praticamente sozinho no mundo, como um dançarino de dudumba, a celebração guineense de homens fortes"[50].

---

48. Apud PESTRE, É. *La vie psychique des réfugiés*. Paris: Payot & Rivages, 2010.
49. É então, depois da entrega de um dossiê, que se decide a concessão do estatuto de requerente de asilo. Entre 2012 e 2017, a taxa de recusa esteve próxima de 80%.
50. TRAORÉ, M. & LE DANTEC, B. *"Dem ak Xabaar": partir et raconter* – Récit d'unclandestin africain en route vers l'Europe. Paris: Lignes, 2012.

15
DECADÊNCIAS CORPORAIS: DIANTE DA DOENÇA E DA MORTE

Anne Carol

O próprio das emoções é se expressar no corpo, por mímicas, gestos, reações fisiológicas (rubor, lágrimas, tremores), que as exteriorizam e as tornam legíveis. Gostaríamos de inverter aqui o ponto de vista, e ver quais emoções nascem, desde um século, diante do espetáculo do corpo colocado em situações-limite.

Por situações-limite, compreendemos momentos ou circunstâncias em que o corpo rompe o silêncio, a neutralidade, a ordem e a discrição da vida fisiológica ordinária e das conveniências sociais, e em que sua dimensão orgânica se impõe cruamente a todos. Nesses estados, o corpo se aproxima perigosamente dos limites, ou os ultrapassa: os de dentro e de fora, os da vida e da morte, os do humano e do inumano. Pensamos assim no corpo devastado pela doença, pela dor ou pela idade avançada, desfigurado pelo acidente genético ou físico, entrado na agonia ou já alterado pela morte. Essas formas de decadências corporais engendram um complexo de emoções que é preciso examinar à luz das mudanças ocorridas a partir do final do século XIX na gestão social desses estados, e principalmente em sua visibilidade no seio do espaço público.

À primeira vista, as decadências corporais talvez devessem causar repugnância[1]. Os excrementos, os cadáveres, as feridas, as aberrações morfológicas desafiam os sentidos e forçam a desviar o olhar – na impossibilidade de fugir –, quando não provocam náuseas. Essa repugnância orgânica vem da alteridade: sabemos que a complacência em relação às nossas próprias manifestações corporais é muito superior àquela que toleramos nos outros. Entretanto, essa alteridade não cria necessariamente ódio ou terror, aqueles que uma alteridade radical provocaria; o que suscita a repugnância é muitas vezes sentir algo que, obscuramente, não nos é totalmente estranho, que desperta em nós um eco confuso e inconfessável, que toca no íntimo; é a potencialidade de uma experiência comum, de uma partilha, de um paralelo, de uma transferência – não importando sua natureza –, que repulsa. Paradoxalmente, essa repugnância orgânica só existe em um contexto de identificação com o outro, e até mesmo de incorporação. A outra face dessa repugnância é, portanto, a empatia, mas uma empatia subterrânea e dolorosa, mais sofrida do que buscada. A repugnância orgânica entra em conflito com a piedade e nos dilacera entre a rejeição e o compartilhamento. Não é raro que os dois sentimentos se confundam, a moral – principalmente a caridade cristã – exigindo que a piedade supere a repugnância, como na prática medieval do "beijo franciscano", que consistia em beijar as feridas dos doentes mais repugnantes.

Essa dialética da piedade e da repugnância encontra como espelho as emoções daquilo que é seu objeto. Quais sentimentos de vergonha, de culpa ou de revolta provocam esses estados e, mais ainda, o olhar ora revoltado ora apiedado que eles despertam?

Corpos alterados, emoções e espaço público

Gostaríamos de começar evocando o que talvez seja o mais simples, as emoções suscitadas pelos corpos alterados, desfigurados, por vezes a ponto

---

1. RAVENEAU, G.; MEMMI, D. & TAÏEB, E. (dir.). *Ethnologie Française*, vol. 41, n. 1, 2011.

de perder algo de sua humanidade: corpos carcomidos ou deformados pela doença, aleijados ou monstruosos, e cuja visão é ainda mais difícil de suportar quando o ultraje atinge o rosto.

Esses corpos conheceram, desde o final do século XIX, um movimento antagonista. O primeiro, o mais poderoso, é o enfraquecimento de sua prevalência[2]. A medicina contribuiu para esse recuo. As graves patologias desfigurantes que grassavam ainda no século XIX no Ocidente abandonaram as ruas e mesmo os hospitais para se refugiarem nos museus de anatomia patológica. A sífilis, por exemplo, cuja fase terciária podia provocar impressionantes deteriorações faciais, desapareceu, mais bem tratada a partir do começo do século pelo Salvarsan e, sobretudo, pelos antibióticos após a Segunda Guerra Mundial. A poliomielite, cujo caráter epidêmico é descoberto no final do século XIX, é progressivamente erradicada pela vacinação, depois de ter acometido uma última vez em 1952 e ter traumatizado a América. Para observar corpos que desenvolvem sintomas terríveis, é preciso ir cada vez mais longe: nas colônias, onde os médicos fotografam elefantíases, lepras e outras patologias exóticas, ou no que nós chamaremos por muito tempo de países do Terceiro Mundo como o subcontinente indiano ou a África, onde a pólio permanece endêmica.

Outras terapias permitiram, por outro lado, reduzir a frequência das anormalidades morfológicas: a cirurgia ortopédica corrigiu o lábio leporino, a radioterapia reduziu alguns tumores aberrantes. As técnicas de diagnóstico genético ou pré-natal, as da cirurgia intrauterina, também permitiram prevenir antes do nascimento monstros ou crianças gravemente malformadas.

A essa rarefação se opõem, no entanto, algumas ressurgências. De modo pontual e mais limitada, a evolução concorrencial das armas de destruição e das técnicas de reparação suscitaram novas aberrações corporais. A Primeira Guerra Mundial, por sua duração, sua abrangência na população, pelas devastações que exerceu na carne dos combatentes, foi a primeira que multiplicou o

---

2. BOURDELAIS, P. *Les épidémies terrassées*. Paris: La Martinière, 2003.

número dos mutilados entre os sobreviventes. Entre eles, os mutilados da face (300 mil em toda a Europa, 15 mil na França) até mesmo adicionaram figuras inéditas e insustentáveis a esse repertório do horror. Em seguida, cada guerra fabricou e continua a fabricar seu lote de aleijados, como aquelas que os Estados Unidos travam desde 2001. Da mesma forma, os malogros da tecnologia deram origem a novas bombas-relógio: explosões nucleares civis e militares (Hiroshima, Nagasaki, Chernobyl), catástrofes industriais (Minamata, Bhopal), intoxicações farmacêuticas (Distilbene).

Essa questão da prevalência não deve, todavia, ser confundida com a da visibilidade, que obedece a seus próprios ritmos sociais e culturais. O caráter variável dessa visibilidade se explica por outros fatores, que estão ligados às emoções. Uma primeira análise rápida, calcada no modelo das teorias de Norbert Elias[3], poderia levar a acreditar que, paralelamente a uma elevação dos limites de sensibilidade, ocorre um recuo maciço dos corpos disformes do espaço público. Nós suportaríamos cada vez menos seu espetáculo, levando-os, quando subsistem, a se esconder nos depósitos dos museus de anatomia patológica, nas barracas de *freak shows* [*shows* de horrores] miseráveis ou nas comunidades dos hospitais militares. Inúmeros indícios parecem ir nessa direção. A indústria do espetáculo dos monstros, tão florescente no século XIX, abandona progressivamente a Europa e os Estados Unidos no século XX[4]. Mais recentemente, a escolha dos abortos terapêuticos pelos pais confrontados a diagnósticos de malformações externas *in utero* é maciça nos países europeus. Por outro lado, falou-se em denegação ou em tabu para descrever a atitude dos americanos diante de seus mutilados de guerra, principalmente aqueles vindos dos conflitos no Iraque e no Afeganistão – mas sem dúvida seria preciso remontar aos veteranos do Vietnã, cuja denúncia da marginalização acabou por se tornar banal[5].

---

3. ELIAS, N. *La civilisation des moeurs* (1939). Paris: Calmann-Lévy, 1973.
4. BOGDAN, R. *La fabrique des monstres* – Les États-Unis et le freak show, 1840-1940 (1988). Paris: Alma, 2013.
5. PORTE, J. *Les États-Unis et la guerre du Viêtnam*. Bruxelas: Complexe, 2008.

Tal análise se revela, no entanto, insuficiente para explicar a complexidade das cronologias, bem como a complexidade das emoções em jogo. Na idade de ouro dos *freak shows*, é difícil delimitar as emoções do espectador e seu papel no sucesso desse tipo de espetáculo. Como mostrou Jean-Jacques Courtine, para além da curiosidade, trata-se com certeza de experimentar no cara a cara uma gama de emoções mais ou menos fortes: é sem dúvida o "choque" sensacional que é buscado, como na maioria das atrações dos parques e feiras, inclusive as atrações mecânicas[6]. É preciso relembrar, no entanto, que essas reações emocionais como o medo, a repugnância, a estupefação, ou o riso, são em grande parte construídas, estimuladas, orientadas e manipuladas pelos cenários e pelas encenações mais ou menos sofisticadas. Mais difícil ainda é a apreensão das emoções sentidas pelos que são exibidos: a indústria do *freak show* foi suficientemente duradoura e organizada para que alguns tenham feito carreira e por vezes fortuna como estrela; sem poder generalizar, os poucos testemunhos de que dispomos evocam por vezes o desprezo dos *freaks* pelo público crédulo com o qual estão lidando. Por outro lado, a instrumentalização da deformidade pode revestir um caráter irônico, que supõe a cumplicidade entre quem é olhado e quem olha: a carreira de Maurice Tillet (1903-1954), acometido de acromegalia em sua juventude e que se tornou lutador profissional sob a alcunha de "French Angel", testemunha essa ambiguidade.

No século XX, todavia, ocorre uma mudança nas normas sensíveis: o monstro perde progressivamente sua alteridade para ser reconhecido como plenamente humano. No coração da sideração insinuou-se a possibilidade de uma empatia, a busca da humanidade. Diante de John Merrick, "Elephant man", Frederick Treves expressa o desejo de "que ele possa se tornar uma criatura humana e se juntar finalmente à comunidade dos homens"[7]. A medicina ao converter monstros em doentes ou deficientes – sem, aliás, necessariamente

---

6. COURTINE, J.-J. "Le corps anormal – Histoire et anthropologie culturelle de la difformité". In: CORBIN, A.; COURTINE, J.-J, & VIGARELLO, G. (dir.). *Histoire du corps*. T. 3. Paris: Seuil, 2006, p. 201-260 [*História do corpo*. T. 3. Petrópolis: Vozes, 2011].

7. TREVES, F. *Elephant Man* (1923). Paris: Le Sonneur, 2011, p. 34.

tratá-los com mais humanidade – sem dúvida contribuiu para essa mudança e tornou moralmente intolerável a exploração ou a exibição de seu infortúnio biológico. O único sentimento permitido diante do corpo disforme é então a compaixão, enquanto nele projetam uma vergonha e uma humilhação aparentes. O *freak show* desaparece nos anos de 1940, vítima de sua "falência moral"[8], e o corpo disforme abandona esses lugares de superexposição para se misturar à multidão, fundindo-se na massa dos *disabled*. Mas as coisas não param por aí: a injunção compassiva é ela mesma gradualmente desqualificada, porque discriminatória. A norma atual preconizaria antes a indiferença, aliás reivindicada pelos *disabled*, ansiosos por parecerem semelhantes e acederem às mesmas atividades sem serem marcados por sua condição[9].

E no entanto... A fibra compassiva continua sendo periodicamente reativada. Pensamos aqui nos Teleton, surgidos nos Estados Unidos nos anos de 1950 a propósito da poliomielite, e na forte visibilidade dos indivíduos – e mais particularmente das crianças – acometidas por doenças genéticas neuromusculares a fim de coletar fundos para a pesquisa. Expressa-se também uma reivindicação de visibilidade: pensamos na promoção midiática dos jogos paraesportes, pela qual se batem homens e mulheres, não orgulhosos de sua deficiência, e sim de terem conseguido superá-la. Hoje, portanto, uma rede muito complexa de emoções encerra esses corpos, propícia às inabilidades relacionais.

É a mesma complexidade de regimes emocionais e de cronologia que encontramos nos casos dos mutilados de guerra. No decorrer dos anos de 1920, esses corpos eram muito presentes no espaço público. Entre eles, os feridos da face, rapidamente batizados de *gueules cassées* [caras quebradas] na França, são sem dúvida aqueles que suscitam as emoções mais violentas em razão do papel central do rosto nas interações sociais. Nas vítimas, a angústia da despersona-

---

8. BOGDAN, R. *La fabrique des monstres*. Op. cit., p. 67.
9. FLEISCHER, D.Z. & ZAMES, F. *The Disability Rights Movement*: From Charity to Confrontation. Filadélfia, Pa.: Temple University Press, 2001. • STIKER, H.-J. *Corps infirmes et société*. Paris: Dunod, 2013.

lização acompanha a descoberta progressiva da extensão das desfigurações; a elas se somam o medo da rejeição, a vergonha de uma feiura insustentável. Naqueles que os olham é provável que as reações de fuga, de repugnância ou de medo não tenham sido poucas, impossíveis de superar inclusive, infelizmente, nas famílias e nos próximos das vítimas. Essa potência emocional foi explorada pela política: durante a assinatura do Tratado de Versalhes, em junho de 1919, os membros da delegação alemã são obrigados a sustentar o olhar de cinco antigos combatentes desfigurados; um deles, o Coronel Picot, fundador da União dos Feridos da Face, ocupará um efêmero cargo de subsecretário de Estado no Ministério da Guerra em 1926. Mas essa visibilidade encontra seus limites; uma grande parte dos *gueules cassées* vai se fechar em comunidades próprias que os protegerão do olhar do outro e das colisões emocionais. Iniciadas no hospital, onde eles estão reunidos em salas particulares e protegidos do exterior, essas comunidades se prolongam em formas de sociabilidade e em instituições que os mantêm a distância, como o Castelo de Moussy e a propriedade de Coudon na França[10].

Coloca-se aqui a questão dos limites da compaixão pelas vítimas. Na Alemanha, o caso dos mutilados impiedosamente pintados por Grosz ou Dix talvez seja ainda mais dramático na medida em que estes encarnam a derrota e estendem ao país um espelho que ninguém quer enfrentar. A recusa de ver os danos feitos nos corpos dos soldados americanos desde os anos de 1970, certamente rompido por algumas midiatizações excepcionais, testemunha um mal-estar que procede talvez de uma dúvida quanto à legitimidade dessas intervenções armadas. O sentimento de culpa e a vergonha que dela decorre (agravada no caso dos feridos pelas sequelas de suas feridas) circulam entre os soldados e a sociedade, criando as condições de uma ocultação consensual.

Um último exemplo desse jogo complexo de emoções em torno dos corpos alterados pode ser encontrado na comparação das emoções suscitadas pelas

---

10. DELAPORTE, S. *Gueules cassées*. Paris: Noesis, 2001.

doenças sociais, sobretudo quando são investidas de moral[11]: doenças venéreas, alcoolismo e intoxicações diversas. No final do século XIX, como dissemos, as formas espetaculares da sífilis terciária recuam; mas, ao lado dos cancros e das pápulas comuns, os ataques corporais mais extremos da doença permanecem expostos em um esforço de pedagogia higiênica e moral. O Museu Spitzner, que percorre a Europa antes de se fixar na Bélgica, oferece ao olhar dos curiosos até a Segunda Guerra Mundial um pavilhão inteiro de "higiene social" consagrado aos moldes anatômicos das deteriorações genitais e faciais ocasionadas pela doença venérea. A repugnância despertada por esses moldes de cera de um realismo chocante é aqui cultivada sob a frieza anatômica: trata-se de dissuadir os jovens, os conscritos particularmente, de recorrer aos serviços das prostitutas. A mesma lógica prevalece quanto aos efeitos do alcoolismo: nos museus, mas também nas escolas, como relata Marcel Pagnol, a contemplação diária de pranchas anatômicas mostrando "fígados avermelhados e tão perfeitamente irreconhecíveis por causa de suas bolhas verdes e de seus estrangulamentos arroxeados que lhes davam a forma de uma alcachofra de Jerusalém" deveria provocar "terror" e "repugnância"[12] – sem sucesso duradouro todavia, se acreditarmos nas estatísticas do consumo e do número de estabelecimentos que vendem bebidas. Entre os flagelos sociais, apenas a tuberculose parece escapar a essa estigmatização; menos espetacular sem dúvida em suas devastações externas, menos carregada de um opróbrio moral (embora se acredite que possa ser pega pelo de consumo de álcool), a tuberculose é reconhecida como uma doença que afeta tanto as elites quanto o povo, alternadamente vítimas e culpados.

Um século mais tarde, são outras doenças sociais que atormentam os corpos. Será que elas dão origem às mesmas estratégias emocionais? Apenas em parte[13]. Ao redor do mundo, as campanhas de prevenção contra o tabagismo

---

11. HERZLICH, C. & PIERRET, J. *Malades d'hier, malades d'aujourd'hui* – De la mort collective au devoir de guérison. Paris: Payot, 1984.
12. PAGNOL, M. *La gloire de mon père*. Paris: Le Livre de Poche, 1957.
13. PERETTI-WATEL, P. & MOATTI, J.-P. *Le principe de prévention* – Le culte de la santé et ses dérives. Paris: Seuil, 2009.

focaram no medo e na repugnância; às publicidades *fashionable* [elegantes] maciçamente difundidas pela indústria do cigarro vieram se opor as imagens brutais e aterrorizantes dos efeitos do tabaco no corpo: dentes podres, extremidades gangrenadas, pulmões enegrecidos, além das advertências escritas, estão expostos desde o início do terceiro milênio nos maços de cigarro, transformando-os em vitrines portáteis dos museus dos horrores. Mesma estratégia de choque exibida nos *spots* de prevenção contra os acidentes da estrada, em que a violência das imagens pretende despertar uma tomada de consciência.

O mesmo não ocorre com a Aids, que não substituiu a sífilis. Entretanto, a potencialidade de estigmatização da doença era forte, uma vez que à intemperança venérea se adicionava – pelo menos assim se acreditava – sua dimensão homossexual; além disso, os danos corporais ligados à Aids podem ser espetaculares. Certamente, a epidemia suscita no início poucas imagens; repugnâncias e medos se focalizaram no tato, provocando uma fobia coletiva ao contato, alimentada por rumores urbanos sobre as seringas abandonadas e os limões contaminados. Por que não imprimiram imagens de doentes nas embalagens de preservativos? No final do segundo milênio, depois de algumas décadas de "liberação sexual" no Ocidente, é com certeza impossível estigmatizar moralmente comportamentos sexuais. A conscientização de que a Aids pode ser transmitida independentemente de relações sexuais, como mostra o caso do sangue contaminado na França em meados dos anos de 1980, sem dúvida também tem seu papel nessa conversão compassiva. A foto quase crística de David Kirby em seu leito de morte feita por Theresa Frare (1990), seguida das séries de Nan Golding, inverte com efeito o potencial emocional desses corpos descarnados, transforma a estigmatização em compaixão, até mesmo em exibição: o imperativo é doravante mostrar celebridades tocando, beijando publicamente os portadores da Aids, para desarmar medos e repugnâncias; em 1992, um célebre fabricante italiano de pulôveres até mesmo utiliza a fotografia de Frare para vender seus produtos. Todavia, o que domina é um abandono do espaço público. Se a Aids suscita emoções, elas não são instrumentalizadas, e as campanhas do Sidaction, equivalente do Teleton, apoiam-se muito mais nas imagens desencarnadas da pesquisa do que nos efeitos da doença no corpo[14].

Luto e sofrimento

Resta abordar uma última categoria de corpos alterados: aqueles que a morte capturou e que a decomposição transforma em "algo que não possui nome em nenhuma língua" (Bossuet). A partir do momento em que a morte se apodera do corpo, a repugnância diante do cadáver é descrita como universal por Louis-Vincent Thomas[15]. A alteração das feições, as mudanças de cor, as exsudações e, sobretudo, as exalações nauseantes agridem os sentidos e desestimulam os impulsos afetivos dos familiares enlutados, criando uma forte discórdia emocional. Podemos, no entanto, nos interrogar sobre a história dessa tensão, e observar que ela só existe na medida em que o cadáver serve de suporte ao *culto dos mortos*, o que nem sempre foi o caso no Ocidente[16].

Com efeito, esquecemos hoje que se durante longos séculos o dever de todo cristão era oferecer ao corpo de seu próximo uma sepultura em terra consagrada, o cadáver não ocupava mais em seguida o centro das relações entre os vivos e os mortos. A lembrança e a afeição passavam pelas preces e pelas missas destinadas a ajudar em sua salvação. O sepultamento e a inumação rápidos eram, pois, a regra. Assim, a repugnância espontânea pelo cadáver podia coexistir sem culpa com o lamento pelo desaparecido. *A contrario*, a exposição de restos humanos, ossos ou múmias ressecadas nos ossuários ou nas catacumbas, tinha como função, por um choque atenuado – esses restos "secos"

---

14. Cf. CONSTANCE, J. & PERETTI-WATEL, P. "Prévenir le tabagisme par l'image". *Ethnologie Française*, vol. 41, n. 1, 2011, p. 67-78. • PEZERIL, C. "Le dégoût dans les campagnes de lutte contre le sida". Ibid., p. 79-88.
15. THOMAS, L.-V. *Le cadavre* – De la biologie à l'anthropologie. Bruxelas: Complexe, 1980.
16. ARIÈS, P. *L'Homme devant la mort*. Paris: Seuil, 1977. • VOVELLE, M. *La mort et l'Occident, de 1300 à nos jours*. Paris: Gallimard, 1983. • BERTRAND, R. "La transition funéraire en France – Une rapide synthèse". In: *Mort et mémoire*. Marseille: La Thune, 2011, p. 21-56.

sendo obtidos após um processo de transformação físico-química –, convidar a refletir sobre seu próprio fim e em sua salvação.

É o século XIX, ao colocar o cadáver no centro do luto, e ao apoiar nele a lembrança e a afeição, que cria as condições dessa tensão emocional entre o desejo de guardar e a necessidade de se livrar. Esse culto aos mortos (que não necessariamente tem a ver com a salvação deles) se esforça com efeito para prolongar sua presença entre os vivos, trabalha em sua conservação, se resigna com sua frequentação, e até mesmo a procura: exposição privada ou pública dos corpos antes da inumação, ritualização da visita, embalsamento, fotografia e moldagem mortuárias, artigos com cabelos do defunto, servem de suporte para a expressão da dor, ao passo que o túmulo torna-se um lugar de peregrinação para os enlutados, onde se pratica um diálogo fictício com o morto presente[17]. Essa familiaridade empática torna necessário que o corpo ou o que resta dele seja tratado para estar apresentável, se não belo, pelo menos apaziguado, e que a tanatomorfose seja conjurada, combatida ou tornada invisível e inodora. A difusão dos cuidados de conservação nos Estados Unidos a partir da Guerra da Secessão, a onda do embalsamamento na França, a difusão das criptas de alvenaria e dos caixões herméticos são testemunhos desse esforço para purgar de toda repugnância o conjunto das emoções que se manifestam em torno do corpo, e não deixar subsistir senão o lamento pela pessoa. Se a repugnância ou a rejeição conseguem ainda nascer e se expressar, é na contemplação malsã dos cadáveres desconhecidos expostos no necrotério, das matanças penais e das catástrofes coletivas, ou no turismo das catacumbas sicilianas.

Esse esforço para sufocar a repugnância e expurgar o luto se amplifica na segunda metade do século XX: a tanatopraxia se profissionaliza e se banaliza nos Estados Unidos, mais lentamente na França[18]; ela autoriza prazos cada vez mais longos antes da separação e das cerimônias em torno do corpo vestido,

---

17. URBAIN, J.D. *La société de conservation*. Paris: Payot, 1978.
18. LEMONNIER, M. *Thanatopraxie et thanatopracteurs*. Sarrebruck: Éditions Universitaires Européennes, 2011.

embelezado, por vezes apresentado em posturas cheias de vida no interior das funerárias americanas. A expansão rápida e recente da cremação, inclusive nos países católicos, parece constituir uma maneira de resolver o conflito entre a preocupação com os restos e a repugnância pela tanatomorfose. Assim, em oposição à ideia aceita segundo a qual o cadáver seria tabu, ele vem se tornando, ao contrário, mais e mais visível, desde que não se pareça como tal. Aliás, espalhou-se um lugar-comum segundo o qual "ver o morto" ajudaria os próximos a "fazer o luto", principalmente nos casos das crianças natimortas em que essa injunção pode se revelar opressiva sem que tenha o menor fundamento científico[19]. Em contrapartida, as execuções capitais abandonaram pouco a pouco as praças públicas na Europa e nos Estados Unidos, e o necrotério de Paris foi fechado aos visitantes em 1907. Durante os atentados de 11 de setembro de 2001, optou-se por não mostrar os restos humanos, assim como não são difundidos pelas mídias os filmes do Estado Islâmico mostrando suas execuções. O espetáculo da crueza das carnes mortas e o estresse emocional que o acompanha se refugiaram na arte, em que eles participam de uma abordagem desestabilizadora, ou mais simplesmente provocadora[20].

Deixemos o terreno do espaço público para tratar de um enfrentamento mais delimitado: os dos doentes (falamos dos que estão gravemente acometidos) e dos que cuidam deles. Gostaríamos de questionar aqui o lugar das emoções na prática médica. Duas abordagens são possíveis, que se sobrepõem parcialmente: a da expressão das emoções pelos pacientes e de sua recepção, possível ou não, pelos médicos; as das emoções dos profissionais confrontados à doença e à morte, e do lugar que a ética profissional lhes concede.

O sofrimento expresso pelos pacientes foi por muito tempo objeto de uma desconfiança, até mesmo de uma negação por aqueles que o enfrentam; essas reações provocaram uma reticência persistente em aliviá-lo. Para explicar essa

---

19. MEMMI, D. *La seconde vie des bébés morts*. Paris: Éd. de l'Ehess, 2011.
20. CAROL, A. & RENAUDET, I. (dirs.). *La mort à l'oeuvre* – Usages et représentations du cadavre dans l'art. Aix-en-Provence: Presses Universitaires de Provence, 2013.

atitude é preciso mencionar o lugar ocupado pela dor na medicina[21]. Por muito tempo a dor foi considerada como tendo um valor diagnóstico, e mais geralmente revelatório. Ela alerta, dizem, sobre uma lesão oculta na obscuridade dos órgãos, quando não sanciona uma conduta anti-higiênica; o médico não é, portanto, indiferente à dor, pois ela participa da sintomatologia. Além do mais, a dor faz parte do arsenal terapêutico ainda no final do século XIX: pontas de fogo, mochas ou ventosas escarificadas aliviam o paciente criando uma dor localizada e intensa que "apaga" uma dor mais difusa. Em suma, como resume ironicamente o cirurgião René Leriche no *Cirurgia da dor* (1937), sobre seus colegas: "Eles até diriam que, se ela não existisse, seria preciso inventá-la"[22].

Essa familiaridade com a dor não cria, no entanto, as condições de uma atenção empática. A atenção é científica, isto é, ela tende a reduzir a dor a um conjunto de sinais emitidos pelo corpo, e não a uma reclamação expressa por uma pessoa. Ela procede da observação e deve, portanto, ser decifrada, isto é, localizada, medida, identificada – a semiologia da dor é de uma riqueza fantástica: nítida, pulsativa, perfurante, cruciante, gravativa, tensiva... Todavia, e contrariamente a outros sintomas, a dor na maior parte do tempo só é acessível ao médico pela fala do paciente. Mas a expressão da dor e a própria dor são consideradas como altamente subjetivas; as mulheres seriam particularmente sensíveis, já os recém-nascidos e os idosos seriam menos etc. O ideal seria, portanto, apreendê-la fora da pessoa, como um dado objetivável. De onde as tentativas recorrentes em medicina clínica para quantificar a dor, graças aos algômetros e outras máquinas de medição.

Apesar dessa desconfiança, a dor é parcialmente controlada e combatida pela medicina no final do século XIX; combate feito especialmente pelos anestésicos no âmbito da cirurgia, em que a dor constitui um obstáculo à ação do médico, e nos casos de dores agudas, supostamente sintomáticas, graças a

---

21. PETER, J.-P. *De la douleur*. Paris: Quai Voltaire, 1993. • BOURKE, J. *The Story of Pain*. Oxford: Oxford University Press, 2014.
22. LERICHE, R. *Chirurgie de la douleur*. Paris: Masson, 1937, p. 27.

uma gama de antálgicos na qual se distingue a benéfica morfina. Mas as dores crônicas, sobretudo se forem inexplicadas, continuam esquecidas. Primeiramente tratadas generosamente com injeções de morfina – como atestado por Alphonse Daudet em seu relato *La Doulou*[23] (1930) – elas sofrem no início do século XX de um descrédito que acompanha a multiplicação dos casos de morfinomania iatrogênica e da circunspecção de que agora dão prova os médicos na administração do poderoso antálgico[24]. A Grã-Bretanha em 1868, os Estados Unidos em 1912 e a França em 1916 regulamentam a distribuição dos estupefacientes, cujo uso terapêutico não avança mais.

Portanto, o reconhecimento e o controle da dor pela medicina efetuaram-se lentamente no século XX, e segundo cronologias complexas. As guerras desempenharam certamente um papel decisivo. Marcado por sua experiência nas trincheiras, confrontado a inúmeros pacientes amputados atormentados pelas dores "fantasmas", René Leriche defende o reconhecimento de uma "dor doença" em sua integralidade e o fim da ilusão objetivante: "Só conheceremos realmente a dor física quando soubermos o que constitui o individual em um sistema morfologicamente o mesmo para todos, quando tivermos analisado o que mais acima chamei de, para tocar os espíritos, a dor viva"[25]. E é no final da Segunda Guerra Mundial que o anestesista americano John Bonica começa a se cercar de equipes hospitalares pluridisciplinares integrando psiquiatras e depois psicólogos clínicos, dedicadas a tratar globalmente as dores rebeldes. Essas abordagens lutam contra a dor mais do que contra suas causas e reabilitam a queixa; elas não se generalizam senão lentamente, a partir dos anos de 1960. Em 1965 se impõe, com efeito, uma nova teoria da dor, a *gate control theory* (teoria do portão) do psiquiatra Melzack e do neurobiólogo Wall; a dor é determinada pela atividade das fibras nervosas periféricas, bem como pela experiên-

---

23. Assim chamada a dor que Alphonse Daudet sentia desde os vinte anos devido à sífilis e complicada por uma tuberculose. *La doulou* é o diário que ele começou a fazer a partir de 1887 [N.T.].
24. CAROL, A. *Les médecins et la mort*. Paris: Aubier, 2005.
25. LERICHE, R. *Chirurgie de la douleur*. Op. cit., p. 11.

cia anterior do sujeito. É a interação entre essas forças que abre mais ou menos a "porta" à sensação; em outras palavras, a subjetividade é um componente da dor, e não um fenômeno parasitário. Algumas *pains clinics* se implantam nos Estados Unidos, e depois na Europa nos anos de 1970, na Grã-Bretanha, na Itália; na França, os primeiros centros antidor são criados, primeiramente em oncologia, em 1977. Apesar de sua multiplicação, esses centros são insuficientes e sua própria existência sinaliza involuntariamente o fosso que ainda deve ser preenchido entre uma medicina comum capaz de integrar a luta contra a dor e uma medicina de ponta. Por outro lado, observam-se algumas dificuldades, como na tardia consideração da dor real dos recém-nascidos ou na estigmatização de uma pretensa "síndrome mediterrânea", que designaria populações mais queixosas e exigentes, que seria necessário tratar com desconfiança, e até com severidade[26].

Outro caso se presta à observação da recepção pela equipe médica das emoções expressas pelo paciente: a do prognóstico grave ou fatal. O câncer é particularmente ilustrativo para o século XX, já que está investido de uma pesada carga emocional: seu diagnóstico há muito coincide na mente dos pacientes com o medo da morte, do sofrimento e, às vezes, até com um sentimento de culpa, dado que, nas representações comuns, considera-se que o câncer nasce de emoções reprimidas[27].

Enunciar um prognóstico fatal desencadeia um terremoto emocional no paciente que ouve que está condenado. Esse terremoto, com suas réplicas, foi descrito no final dos anos de 1960 por Elisabeth Kübler-Ross, que distingue cinco fases: a negação, a ira, a barganha, a depressão, a aceitação[28]; como se vê, algumas dessas fases colocam em jogo emoções que podem afetar a relação com o médico. Mas, muito antes dos trabalhos da psiquiatra suíça, a dificuldade de administrar esse terremoto tinha sido não apenas pressentida,

---

26. BASZANGER, I. *Douleur et médecine, la fin d'un oubli*. Paris: Seuil, 1995.
27. SONTAG, S. *La maladie comme métaphore* (1978). Paris: Christian Bourgois, 2005.
28. KÜBLER-ROSS, E. *Les derniers instants de la vie* (1969). Genebra: Labor & Fides, 1975.

como também avançada para justificar a estratégia do silêncio e/ou da piedosa mentira que acompanha a crescente medicalização da morte. Em virtude das simpatias entre o físico e o moral, o desespero podia minar, diziam, as últimas resistências do organismo enfraquecido; ao contrário, alimentar a esperança permitia oferecer uma morte tranquila, acalentada pelas ilusões de uma cura próxima. Essa estratégia de evitamento, no entanto, vai além do interesse exclusivo do paciente. Ela pode responder à necessidade, a partir do final do século XIX, de evitar responder a uma demanda crescente de antálgicos, especialmente de morfina. O médico de família, forçado a visitar regularmente um paciente cuja condição está se deteriorando, pode ter considerado às vezes mais confortável manter o paciente na ignorância do que ter de enfrentar essas variações emocionais, que podem ser violentas[29]. Além disso, a questão da verdade está no centro de um complexo emocional que também afeta o médico. Essa dimensão só foi levada em conta tardiamente, nos anos de 1970: nos serviços de oncologia começaram a aparecer, integrados às equipes de atendimento, psico-oncologistas, encarregados de acompanhar tanto as emoções dos pacientes como as da equipe médica.

Cuidar dos corpos e das almas

A questão da atenção ao sofrimento remete, com efeito, à da sensibilidade do médico e ao lugar que lhe é atribuído na prática profissional. Ora, desde os anos de 1970, tornou-se comum denunciar a "desumanização" da medicina e exigir um reinvestimento das relações pacientes-médicos por mais humanidade e compaixão[30].

Na realidade, o discurso sobre a profissão médica oscila já no início do século XIX entre dois polos. De um lado, como a medicina é uma arte fundada na filantropia, falar de compaixão médica seria uma tautologia. O médico, que,

---

29. CAROL, A. *Les médecins et la mort*. Op. cit.
30. Cf., p. ex., ILLICH, I. *Némésis médicale* – L'expropriation de la santé. Paris: Seuil, 1975.

para retomar uma expressão banal, "se interessa" pelos males de seus semelhantes, é movido pela piedade e pelo altruísmo. A empatia funda a própria noção de vocação médica.

Mas outros discursos tendem simetricamente a desvalorizar a emotividade; neles a sensibilidade é antes considerada como um obstáculo a uma medicina exitosa. Em uma oposição banal, a emoção turvaria o conhecimento – e, por exemplo, o diagnóstico – mas também a ação e, portanto, a terapêutica. Assim, toda a prática cirúrgica se funda historicamente em um elogio à insensibilidade. Indispensável nos tempos da cirurgia pré-anestésica – não era possível se deixar perturbar pelos gritos ou pelas súplicas do paciente –, essa insensibilidade se inseria, além do mais, em uma prática prudente, pois a periculosidade do gesto impunha que a ele se recorresse em último caso. No início do século XX, o ato cirúrgico se banaliza graças aos progressos realizados na hemóstase e na antissepsia; a anestesia livrou o cirurgião do estresse de infligir a dor e tornou mais fácil o distanciamento. No entanto, a insensibilidade continua sendo muito elogiada: é preciso mostrar "sangue-frio", não se deixar dominar por seus "nervos". Não é mais tanto a contaminação compassiva que temamos quanto a incapacidade de efetuar gestos violentos sobre o corpo, a timidez, o medo paralisante. O cirurgião permanece uma figura forte da virilidade. Essa rejeição da emotividade certamente explica o longo ostracismo das mulheres na cirurgia mesmo quando penetram na medicina.

Como resolver essa tensão entre duas normas opostas? Ela se resolve idealmente na construção de um modelo de médico capaz de conciliar essas duas normas. O bom médico, até mesmo o médico heroico, é aquele que é assaltado pelas emoções, mas que é também capaz de controlá-las, colocá-las de lado: superando sua aversão diante das patologias repugnantes, enfrentando o medo nas epidemias ou nos campos de batalha, compassivo na cabeceira do moribundo. O profissionalismo tem esse preço. Como contraponto se constrói a figura do mau médico: o médico frio, distante, ou, ao contrário, aquele que se entrega à *hubris* de sua onipotência, se inebria com seu poder de vida e de morte, com seu virtuosismo técnico.

Essa tensão se resolve mais pragmaticamente na aprendizagem desse controle. Nos estudos médicos, o lugar ocupado pela dissecação é muito importante desde sua renovação no início do século XIX. Mas a dissecação não ensina apenas a anatomia: ensina também (sobretudo?) a dominar uma ampla gama de emoções que vai do medo à repugnância passando pela piedade, durante as dissecações de crianças, por exemplo. É a aquisição desse autocontrole, bem como sua função de rito de passagem, que explicaria, segundo Emmanuelle Godeau, sua manutenção atual a despeito do aparecimento de suportes pedagógicos mais sofisticados[31].

Ela se resolve, por fim, em uma divisão das tarefas que aconteceria, como às vezes lemos, entre duas práticas da medicina – a medicina de consultório e a medicina hospitalar –, estabelecendo relações negociadas de forma diferente. De um lado, uma prática de proximidade e de interconhecimento, em que a familiaridade é capaz de gerar simpatias e em que a relação de cuidado é debatida, barganhada. Do outro, uma medicina de ponta (com um importante lugar concedido à cirurgia), mais anônima, em que o compromisso terapêutico com certeza pende de forma muito mais clara para a pesquisa da eficácia do que da conivência. Esse sistema de representações opostas é, no entanto, demasiado maniqueísta para corresponder perfeitamente à realidade. Em primeiro lugar, no início do século XX, as diferenças entre esses dois tipos de prática não são assim tão marcadas quanto poderíamos acreditar; a "vocação" médica é compartilhada pelos dois atores. No hospital, as fontes revelam tanto retratos de médicos desprovidos de sensibilidade quanto de chefes compassivos, inclusive (principalmente) sob aparências ranzinzas. Quanto à medicina de consultório, os manuais de deontologia profissional ensinam a regular muito mais as relações dos médicos entre eles ou com o Estado do que as relações com os

---

31. GODEAU, E. *L'Esprit de corps* – Sexe et mort dans la formation des internes em médecine. Paris: Éd. de la Maison des Sciences de l'Homme, 2007.

doentes; e, neste último caso, trata-se ainda menos de ofender sensibilidades do que arriscar processos; a defesa unânime do segredo médico é o melhor exemplo dessa deontologia mais corporativista do que humanista. Portanto, os diferentes comportamentos observados entre o hospital e o consultório provavelmente dependem nessa época tanto de fatores sociais e econômicos, isto é, do estatuto dos pacientes e da retribuição do cuidado, quanto da suposta sensibilidade dos médicos que exercem em um ou em outro. Em outros termos, como o hospital da época recebia populações mais modestas, os refinamentos da polidez são ali menos imperativos.

Em segundo lugar, esse duplo setor liberal e hospitalar, estabelecido no início do período, existe ainda hoje: nada de novo, portanto. De onde vêm então essa nostalgia e esse sentimento de perda assinalados mais acima? Voltemos ao econômico e ao social: podemos supor que o que está mudando não é tanto a prática médica quanto, por um lado, a natureza das doenças e, de outro, a transferência de um certo número de competências de um setor ao outro, e que foi essa transferência que resultou na "desumanização" da medicina nos anos de 1970. Natureza das doenças? A multiplicação das polipatologias, das doenças crônicas e degenerativas, supõe um enquadramento de cuidados numerosos e constantes que os sistemas de saúde não estão preparados para assegurar[32]. Transferência de competências? Pensamos aqui no encargo de patologias graves, como o câncer, em que uma grande parte do tratamento agora é feito em ambiente hospitalar; pensamos também no fim da vida, que migra maciçamente da casa para o hospital a partir dos anos de 1960, sem falar da velhice. Mas esses estados muito graves ou desesperados são propícios às interações emocionais poderosas; ou, para falar mais familiarmente, eles são "dramáticos". Tratados cada vez mais no hospital, eles utilizam equipamentos cada vez mais opressivos, uma medicina cada vez mais tecnicizada (quimioterapia, radioterapia, cirurgia em um caso, aparelhagens substitutas no outro),

---

32. BAUTZER, É.R. *Entre cure et care* – Les enjeux de la professionnalisation infirmière. Rueil-Malmaison: Lamarre, 2012.

que aumentam objetivamente a distância e a frieza do cuidado; o contraste é, portanto, muito forte entre a inquietação emocional dos pacientes em situação de perigo e a resposta técnica da instituição.

Não voltaremos à questão do câncer, parcialmente abordada pela questão do prognóstico fatal. Salientemos simplesmente que a evolução tanto da medicina quanto do hospital tornou possível, ao mesmo tempo em que se efetuava essa transferência de competências que acabamos de mencionar, manter por muitos anos (e ainda hoje?) o muro de silêncio diante das emoções do paciente. Não é nem mais questão de mentir: as estruturas já bastam. A fragmentação dos métodos de diagnósticos, a pulverização dos serviços e das especialidades hospitalares fazem com que o paciente, reduzido a uma soma de sintomas e a uma série de indicadores, às vezes tenha dificuldade de encontrar diante dele um interlocutor capaz de compartilhar sua inquietação ou de reanimar sua esperança.

No entanto, o hospital não pode se resumir a uma oferta de cuidado técnico. Mais sutilmente, uma divisão das tarefas parece ocorrer em seu interior, onde as emoções tentam encontrar seu lugar por meio de um novo modo de relação com o paciente, o *care*. Popularizado a partir dos anos de 1980, particularmente pelo trabalho de Carol Gilligan *Une voix diferente* [Uma voz diferente] (1982), o *care* se opõe ao *cure* como modo de relação com o paciente[33]. O *cure* está voltado para doença que se trata de combater, e para a cura, definida como principal objetivo do cuidado; sua prática incumbe ao médico, o topo da hierarquia profissional. Mais humano, mais centrado na compaixão, na atenção, assim como no reconforto físico e moral, o *care* se afirma ao mesmo tempo como o "serviço sujo" que ninguém quer fazer: cuidar dos doentes crônicos, incuráveis, condenados, acamados ou demasiado velhos... mas também como um projeto mais global, filosófico e político de redefiniçao do trabalhos e das relações sociais. Esse conjunto de tarefas e de competências incumbe de fato aos profissionais subalternos das equipes médicas, e por isso mesmo muitas

---

33. PAPERMAN, P. & LAUGIER, S. (dirs.). *Le souci des autres* – Éthique et politique du Care. Paris: Éd. de l'Ehess, 2005.

vezes às mulheres: enfermeiros(as), auxiliares de enfermagem, portadores de maca etc. Esses atores garantem tanto a continuidade do cotidiano como os cuidados concretos básicos, ao contrário do médico, de presença mais intermitente e mais distante. Historicamente, essa divisão foi construída em uma diferença de gênero que não exclui algumas hesitações. A profissão de enfermeira tem lutado para se definir desde sua criação no final do século XIX; dois modelos são então propostos. No modelo francês (muito marcado pelo contexto da laicização militante), as enfermeiras foram formadas nas escolas como auxiliares do *cure*, encarregadas de aplicar com zelo, docilidade – mas nos limites de certas competências científicas e técnicas –, as diretivas dos médicos; trazidas pelo pasteurismo, elas também foram encarregadas de lutar em seu modesto nível contra o micróbio, juntando-se à cruzada mais vasta das donas de casa contra a sujeira. Esperava-se delas, enfim, em virtude de suas qualidades "naturais" de mulheres e de mães, devotamento, bondade e compaixão. No modelo anglo-saxão definido por Florence Nightingale, embora a vocação de cuidar da mulher também seja um consenso, é o paciente que se encontra no centro das missões e não a luta contra a doença; o *care* é reivindicado como a competência das enfermeiras, independentemente do médico, o que implica a criação de formações especializadas e universitárias[34]. O modelo anglo-saxão, enriquecido pelos trabalhos de Virginia Henderson sobre as necessidades do doente[35], é importado para a formação francesa a partir dos anos de 1960, no mesmo momento em que as reivindicações feministas levam as enfermeiras a se emanciparem dos médicos. Mas ele se choca em situação profissional com as realidades das hierarquias e das representações vigentes, e com as estratégias que delas decorrem: é o gesto técnico que permanece no centro da relação, é o aumento da especialização técnica que permanece valorizado nas carreiras, enquanto o cuidado mais prosaico (a higiene, a alimentação, o *nursing*) é abandonado cada vez mais às assistentes de enfermagem ou às enfermeiras de base,

---

34. NIGHTINGALE, F. *Des soins à donner aux malades*: ce qu'il faut faire, ce qu'il faut éviter (1860). Paris: Didier, 1862.
35. HENDERSON, V. *La nature des soins infirmiers* (1966). Paris: InterÉditions, 1994.

recrutadas no exterior, e por isso automaticamente desvalorizado. Nesse contexto, a reivindicação de uma especificidade da enfermagem baseada no *care* parece, pelo menos na França, presa em um beco sem saída[36].

O cuidado dos moribundos resume e ilustra essas evoluções. A herança do século XIX é pesada: a prioridade para médicos ainda impotentes diante de tantas patologias era então prolongar a vida, lutar contra a morte até o último suspiro: "Todos os médicos avaliam que o primeiro de seus deveres é levar o mais longe possível as convulsões mais atrozes da agonia desesperada", constata Maurice Maeterlinck em 1913[37]; quarenta anos mais tarde, o decano Mauriac ecoa: "Isso é medicina humana? A regra manda atiçar até a última centelha uma vida que se apaga?"[38] Nesse momento, precisamente, inicia-se uma série de processos que vão contribuir para fazer do "fim da vida" uma verdadeira questão social: o alongamento rápido da duração da vida, que, antes de multiplicar as pessoas muito idosas, torna possível a explosão das doenças degenerativas de longo curso; os progressos das técnicas de reanimação e de substituição fisiológica, que permitem atenuar as deteriorações vitais ou que diversificam os casos de coma; a transferência maciça dos tratamentos mas também da morte para o hospital: nos anos de 1960, mais de dois terços dos franceses morriam em suas casas, e o resto no hospital; hoje, essa proporção se inverteu, e aqueles que morrem em casa (em torno de 20%) às vezes retornam para ela *in extremis*, depois de uma longa doença administrada em quadro hospitalar. A partir dos anos de 1950, a agonia, portanto, se medicalizou, tecnicizou, bem como a velhice e a maior parte das doenças degenerativas em fase terminal. Graças aos aparelhos que substituem as funções vitais, a existência dos pacientes é prolongada sem levar em conta a qualidade de vida assim ganha, ou mesmo seu grau de consciência. No seio da profissão, mas sobretudo nos usuários, a indignação cresce nos anos de 1970 contra "a obstinação terapêu-

---

36. BAUTZER, É.R. *Entre cure et care*. Op. cit.
37. MAETERLINCK, M. *La mort*. Paris: Fasquelle, 1913, p. 14.
38. MAURIAC, P. "Mourir en paix". In: *La Presse Médicale*, 1953, p. 1.413.

tica", claramente associada à medicina de hospital[39]. "A insensibilidade" médica culminaria nessa mistura de abandono humano e de profusão técnica que caracteriza a Modernidade. Transformado em "bola de agulhas", o moribundo ressente, com efeito, não apenas um sofrimento físico como também um sofrimento moral, uma forma de humilhação nessa sujeição a uma *"performance"* e nessa despossessão do controle de sua vida e de sua morte. Medem-se aqui as mudanças ocorridas em um século: agora queremos, tanto quanto possível, controlar a morte assim como aprendemos a controlar os nascimentos. Talvez fosse exigir muito de um hospital pouco preparado para acolher, em algumas décadas, tanto moribundos; poderia ele assumir, para além de sua missão de cuidado, o que antes cabia aos familiares quando se morria em casa?

Seja como for, esses anos de 1970 são também aqueles que veem surgir uma tentativa visando reinjetar humanidade na gestão médica do fim da vida, com os cuidados paliativos e a reivindicação de um direito à eutanásia. O desenvolvimento dos cuidados paliativos é assumido por Cicely Saunders, uma enfermeira que se tornou médica e fundou o Saint Christopher's Hospice em Londres, em 1967. O princípio é criar estabelecimentos ou serviços especializados na acolhida dos moribundos. Alguns cuidados médicos são ali dispensados, mas não visam mais um prolongamento da vida ou uma cura. Tecnicamente, trata-se de cercar de conforto os últimos dias dos pacientes, de suprimir as dores que acompanham o fim da vida, recorrendo de maneira desinibida aos antálgicos e à morfina em particular. Mas trata-se também de oferecer um acompanhamento relacional feito de diálogo e de contato físico, destinado a apaziguar a dor moral, o medo da morte, e a tornar sua perspectiva emocionalmente suportável; essa ambição global, que realiza o ideal do *care*, é assumida por equipes (médicos, enfermeiros, psicólogos, voluntários etc.) que administram coletivamente cada um dos casos aos quais são confrontadas. Os cuidados paliativos se espalham pelo Reino Unido e pelo mundo anglo-

---

39. Cf., p. ex., FABIEN, S. *Messieurs les médecins, rendez-nous notre mort*. Paris: Albin Michel, 1975.

-saxão nos anos de 1970, e depois pela França, mais timidamente, nos anos de 1980. Progressivamente se estabelecem serviços de cuidados paliativos em ambulatórios, dedicados a responder ao desejo largamente expresso de "morrer em casa". Ainda que em franca progressão, os serviços de cuidados paliativos permanecem insuficientes perante as necessidades, e a própria especificidade deles mostra os limites do encargo global dos sofrimentos físicos e morais na instituição hospitalar[40].

A denúncia da obstinação terapêutica suscita um outro movimento: aquele que milita pela eutanásia voluntária ou pelo direito ao suicídio assistido, defendido na França a partir do final dos anos de 1970 pela Associação pelo direito de morrer na dignidade, fundada por Michel Landa e Pierre Simon. No rastro das reivindicações do *birth control* [controle da natalidade] se expressa com efeito a exigência de um *death control* [controle da morte] concebido como uma dupla libertação: do sofrimento e do "poder médico". Não apenas o paciente tem o direito de pedir o fim de tratamentos que ele julga degradantes e inúteis, como também tem o direito de ser tecnicamente assistido para morrer quando desejar. Embora em um primeiro momento os dois movimentos dividam pontos comuns – como a rejeição da obstinação terapêutica, a denúncia da indiferença médica à dor –, eles divergem claramente a seguir, em grande parte devido à sensibilidade e à cultura religiosa muito presentes nos primeiros militantes dos cuidados paliativos. Em meados da década de 1980, a ruptura é consumada entre os defensores do suicídio assistido, particularmente ativos na Holanda, na Bélgica, em Luxemburgo e na Suíça, e os defensores dos cuidados paliativos, que rejeitam essa possível saída. Ora, as emoções desempenham um papel considerável no debate. Para aqueles que rejeitam a eutanásia, o pedido do paciente é deslegitimado, desacreditado porque seu sofrimento, seu medo e as emoções nas quais está mergulhado turvariam sua razão e seu julgamento; em outros termos, convenientemente cuidado, ele não desejaria mais morrer; ou ainda: o pedido de morte não existiria, ele seria apenas o fruto de um des-

---

40. CASTRA, M. *Bien mourir* – Sociologie des soins palliatifs. Paris: PUF, 2003.

vario emocional. Para os partidários do suicídio assistido, ao contrário, é a preocupação com a dignidade pessoal, o desejo de não mergulhar na vergonha e na repugnância de si que motivam a decisão prévia – com o risco de serem acusados de se dobrarem às normas de vergonha e de dignidade que não são intimamente escolhidas, mas socialmente determinadas. As duas posições não têm, portanto, nada de inconciliável...

No século XX, todos os corpos passam progressivamente para o domínio da medicina, mesmo aqueles que a violência, a doença ou a morte tornaram irreconhecíveis e cuja humanidade é difícil de ser provada. A medicina explica e corrige malformações, prolonga e acompanha patologias incuráveis ou crônicas; ela também penetra a fisiologia ordinária e se apodera do envelhecimento ou da morte. Essa racionalidade provoca uma modificação dos olhares e uma reconfiguração das emoções suscitadas por essas situações-limite. Emoções fortes e muitas vezes negativas como a repugnância ou o medo que a visão de decadências corporais provocava se encontram civilizadas, quer estejam socialmente recuperadas ou recalcadas em sua expressão. Mas a relação técnica que a acompanhou e garantiu a qualidade do cuidado na medicina moderna ofereceu poucas saídas às emoções expressas pelos pacientes ou legitimidades às sentidas pelos médicos – e ainda menos espaço de compartilhamento. A esperança levantada pelos progressos terapêuticos teve então um certo preço: o de uma indiferença com o sofrimento comum e incurável, que as novas definições do cuidado vêm contestar ao lembrar que corpo e emoções não podem ser separados, e que não podemos cuidar de um sem experimentar as outras.

REGIMES EMOCIONAIS E GENEALOGIAS DOS AFETOS

16
O MEDO NA ERA DA ANSIEDADE

Jean-Jacques Courtine

"*Then, back they come, the fears that we fear*" – "Então, eis que voltaram, os medos de que temos medo"[1]. Foi nesses termos que W.H. Auden anunciou, logo após o fim da Segunda Guerra Mundial, o advento de uma era da ansiedade. Nova York, 1947: mas a guerra acabara de terminar, e com ela os terrores que a acompanharam. Na diminuição do medo, Auden percebeu, no entanto, o crescimento da ansiedade, cujo reinado a Guerra Fria iria consagrar. Que perspicácia surpreendente a deste longo poema barroco que é *The Age of Anxiety* [A era da ansiedade]. Ele afirma o papel central que esse sentimento indefinível é destinado a cumprir nos regimes emocionais das sociedades de massa, e isso desde a origem delas. Ele percebe nelas um traço essencial da vida psíquica dos indivíduos que ali vivem e prediz o futuro desse afeto de massa, componente permanente dos discursos públicos tanto quanto das preocupações privadas. Anuncia a formação de um império da ansiedade, cujo território foi depois consideravelmente expandido pelo neoliberalismo e pela globalização. É a essa expansão do domínio da ansiedade que vão ser consagradas estas páginas. É também à elucidação de seu vínculo com o medo, essencial para quem quer

---

1. AUDEN, W.H. *The Age of Anxiety* (1947). Londres: Faber & Faber, 1948, p. 24.

compreender o domínio deste sobre os indivíduos que nós somos e sobre as sociedades que são as nossas.

Este texto não tem, nos limites que aqui são os seus, a ambição de propor uma história, ainda que breve, da ansiedade. Mas sim de esboçar sua trama, e sugerir certas vias que ela poderia tomar. Ainda sem se preocupar com a continuidade cronológica, ele tomará então a liberdade de se alongar sobre os momentos históricos disjuntos do período que este volume cobre. Por outro lado, ele entra em ressonância com certas de nossas inquietudes mais recentes, uma vez que sua concepção é contemporânea dos eventos que, desde 2015, ensanguentaram a Europa. Ele carrega este traço. Pois uma das particularidades da escrita da história das emoções é se fazer incansavelmente o eco do universo sensível que é hoje o nosso. É também o preço a pagar. Se, portanto, este texto tivesse somente um objeto, seria certamente o de colocar esta simples questão: esses "medos de que temos medo", eles voltaram?

Angústia na civilização

Uma palavra, em primeiro lugar, sobre a gênese dessa questão: por que, nesta história das emoções na longa duração, querer fazer uma história da ansiedade? A primeira resposta é óbvia: porque não há realmente uma. Tanto dispomos de inúmeras histórias do medo, ou melhor, de histórias de seus inumeráveis objetos, ou ainda de seus múltiplos usos políticos – as obras tendo por título qualquer variante da expressão "*the politics of fear*" [políticas do medo] são em número quase infinito na literatura das ciências sociais em língua inglesa[2] – tanto, no que se refere à ansiedade, os objetos parecem faltar,

---

2. Razão da proliferação de obras consagradas ao medo, ou à emergência de "novos medos", que com muita frequência se contentam em enumerar os objetos contemporâneos dos medos coletivos e apagar toda distinção entre "medo" e "ansiedade". Embora nos limitemos aqui àqueles que apresentam um maior interesse e embora negligenciemos dezenas de artigos, cf. em particular FUREDI, F. *Culture of Fear*: Risk- Taking and the Morality of Low Expectation. Londres: Continuum, 1997. • DAVIS, M. *Ecology of Fear*: Los Angeles and the Imagination of Disaster. Nova York: Vintage Books, 1998. • GLASSNER, B. *The Culture of Fear*: Why Americans Are Afraid of the Wrong Things. Nova York: Basic Books, 1999. • LEVY, J.T. *The Multiculturalism of*

assim como as sínteses históricas. A ansiedade é em geral compreendida como uma espécie de humor ou de sentimento coletivos que se manifestariam em períodos históricos dados, batizados, na literatura que acabo de mencionar e em referência ao poema de Auden, "*the age of anxiety*". Algumas "políticas do medo", portanto, e algumas "eras da ansiedade", por vezes não relacionadas umas com as outras, por vezes sucedendo-se de maneira mecânica, quando não são, o mais frequente, simplesmente confundidas

A segunda razão que pode levar a querer interrogar a história da ansiedade é provavelmente o interesse que podemos encontrar na leitura dos textos freudianos, e a convicção de que às vezes podemos descobrir neles intuições que a história cultural não poderia negligenciar, desde que colocados em perspectiva. Podemos assim tanto ser sensíveis à ideia freudiana do "mal-estar na civilização" quanto persuadidos da necessidade de sua atualização, pois pouco convencidos da fonte psíquica da qual Freud o via surgir: o sentimento de culpa. Conhecemos a tese central do *Mal-estar* (1930):

> O sentimento de culpa é o elemento mais importante da evolução da civilização [...]. O progresso desta se paga com uma perda da felicidade, devido ao crescimento do sentimento de culpa[3].

Fear. Nova York: Oxford University Press, 2000. • ROBIN, C. *Fear*: The History of a Political Idea. Nova York: Oxford University Press, 2004. • JOHNSON, H. *The Age of Anxiety*: McCarthyism to Terrorism. Nova York: Harcourt, 2005. • PAIN, R. & SMITH, S.J. (dir.). *Fear*: Critical Geopolitics and Everyday Life. Aldershot: Ashgate, 2008. • CRÉPON, M. *La culture de la peur*. Paris: Galilée, 2008. • BONELLI, L. *La France a peur* – Une histoire sociale de "l'insécurité". Paris: La Découverte, 2008. • VIRILIO, P. *L'Administration de la peur*. Paris: Textuel, 2010. • HIER, S.P. (dir.). *Moral Panic and the Politics of Anxiety*. Nova York: Routledge, 2011. • LAFFAN, M. & WEISS, M. (dirs.). *Facing Fear*: The History of an Emotion in Global Perspective. Princeton, N.J.: Princeton University Press, 2012. • PLAMPER, J. & LAZIER, B. (dirs.). *Fear*: Across the Disciplines. Pitesburgo, Pa.: University of Pittsburgh Press, 2012. • AUGÉ, M. *Les nouvelles peurs*. Paris: Payot, 2013. • BOUCHERON, P. & ROBIN, C. *L'Exercice de la peur* – Usages politiques d'une émotion. Lyon: PUL, 2015. Algumas obras atribuem à ansiedade propriamente dita um papel mais importante na vida psíquica e social. Cf. principalmente BOURKE, J. *Fear*: A Cultural History. Londres, Virago, 2005. • Bauman, Z. *Liquid Fear*. Cambridge: Polity Press, 2006. • Tone, A. *The Age of Anxiety*: A History of America's Turbulent Affair with Tranquilizers. Nova York: Basic Books, 2009. A obra de Renata Salecl (*On Anxiety*. Nova York: Routledge, 2004), escrita em uma perspectiva clínica, tem um interesse histórico mais limitado.

3. FREUD, S. *Le malaise dans la civilisation* (1930). Paris: Seuil, 2010, p. 155.

O ceticismo a esse respeito procura sobretudo se apoiar nas recentes observações da própria clínica que viu no decorrer do século XX progressivamente recuar a um só tempo as estruturas neuróticas e o sentimento de culpa em favor dos sintomas narcísicos e dos dispositivos da perversão ordinária[4], enquanto se multiplicavam as queixas ansiosas ou depressivas[5].

Lendo com um pouco mais de atenção, no entanto, podemos encontrar no próprio trabalho de Freud indicações que permitem compreender o mal-estar como um afeto de massa do ponto de vista não tanto do sentimento de culpa quanto da ansiedade como um sintoma no sujeito:

> O sentimento de culpa não é senão uma forma tópica de angústia [...]. De uma certa maneira, a angústia está por trás de todos os sintomas, ora ela requisita com grande alarde toda a consciência, ora oculta-se tão perfeitamente que somos forçados a falar de angústia inconsciente [...] ou de possibilidades de angústia[6].

É possível discernir aqui uma potencialidade de construção de um objeto histórico: compreender as formas contemporâneas do mal-estar que nos afeta a partir de uma "história das possibilidades de angústia na cultura", isto é, de uma história da ansiedade. E isso tanto mais que essas possibilidades de angústia na vida coletiva não parecem em nada inéditas, e que podemos, certamente, aquém e além de Freud, encontrar seus traços históricos no interior de uma genealogia da ansiedade na civilização, tão perfeitamente oculta, como sugere Freud, e, no entanto, onipresente nas sociedades de massa.

Um indefinível sentimento de insegurança

Não podemos aqui nos alongar muito sobre esse ponto, mas poderíamos, provavelmente em uma contribuição mais desenvolvida, localizar os estratos

---

4. Cf., entre outros, MELMAN, C. *L'Homme sans gravité – Jouir à tout prix*. Paris: Denoël, 2002. • LEBRUN, J.-P. *Un monde sans limite* (1997). Toulouse: Érès, 2009.
5. CASTEL, P.-H. *La fin des coupables*. Paris: Ithaque, 2012. • EHRENBERG, A. *La fatigue d'être soi – Dépression et société*. Paris: Odile Jacob, 1998.
6. FREUD, S. *Le malaise dans la civilisation*. Op. cit., p. 155.

de tal arqueologia, os sedimentos antigos da angústia na cultura. Eles também seriam encontrados na tradição da filosofia política, quando, na origem das sociedades democráticas, Tocqueville discernia "o ardor febril", "o medo vago", "a singular tristeza", que pareciam habitar os indivíduos das primeiras sociedades de massa: "Parecia que uma espécie de nuvem sempre cobria seus rostos; eles me pareciam sérios e tristes, mesmo em seus prazeres". Provavelmente ele percebera os primeiros traços modernos, paradoxais, desse mal-estar particular das sociedades modernas, "uma surda inquietude [...] em meio à abundância"[7]. Como mais tarde, desta vez nas origens do totalitarismo, Hannah Arendt saberá reconhecer o isolamento, a atomização, a insignificância dos indivíduos nas sociedades de massa. Portanto, não desenvolveremos aqui uma enumeração que se tornaria cansativa, uma vez que a ansiedade está em toda parte na cultura, e que sua história se veria na obrigação de registrar suas pulsações no decorrer do século passado: inventariar os objetos da sociologia urbana, a das multidões e também a da burocracia, explorar sua vertente literária (de Stefan Zweig à Don DeLillo *via* Franz Kafka ou Dino Buzzati...) tanto quanto cinematográfica e sondar seu questionamento filosófico, para considerar enfim as lições que a história cultural poderia tirar da psicopatologia da angústia.

Limitemo-nos aqui a dizer uma palavra sobre este último ponto, pois ele tem sua importância quanto à delimitação do campo propriamente histórico deste trabalho. Assim o objeto da clínica psicanalítica, desde Freud, é a angústia mórbida, ou neurótica. O objeto com o qual nos preocupamos aqui é bem mais a angústia banal, comum, que escolhemos, a fim de marcar claramente a distinção, designar como "ansiedade" (mais próxima do uso anglo-saxão do termo *anxiety*). Podemos encontrar sua confirmação em uma tese sobre a angústia defendida logo após a guerra por Juliette Favez-Boutonier, sob a orientação de Gaston Bachelard, eis aqui um trecho:

---

7. TOCQUEVILLE, A. *De la démocratie en Amérique* (1835-1840). T. 3. Paris: Gosselin, 1874, p. 274-275. Sobre esse ponto, cf. ROBIN, C. *Fear*. Op. cit.

> Parece-nos então que, embora a angústia devesse ser olhada como essencialmente mórbida, a maioria dos homens tem uma certa experiência dela, bem como certas doenças são ao mesmo tempo tão benignas e tão difundidas que podem ser descritas como características do ser humano "médio" [...]. Trata-se de anomalias às quais as condições atuais da vida em sociedade predispõem provavelmente os homens, sem que possamos considerá-los doentes. A angústia seria, acreditamos, semelhante a essas anomalias por sua frequência em nossa civilização e por sua benignidade[8].

Eis novamente a hipótese da angústia colocada no centro da percepção do mal-estar na civilização. Nossa proposta é simplesmente reservar o termo de angústia para suas formas mórbidas, e preferir o de ansiedade quando se trata de compreender esse sentimento coletivo que, com uma intensidade histórica variável, não nos abandona, mas não necessariamente considerá-lo como individual, social ou politicamente benigno. Com essas considerações, é com proveito que os historiadores da cultura lerão a clínica da angústia[9].

Com ela aprenderão que a psicopatologia distingue a angústia da "inquietude surda, feita de uma inexplicável impressão de insegurança", próxima do que compreendemos aqui por ansiedade. Que esta se distingue do medo, mas voltaremos a isso mais adiante. Pois se o medo sempre se refere a um objeto determinado, "a sensação de angústia é de fonte desconhecida"[10]. A angústia, ou a ansiedade assim como entendida aqui, é a evocação de algo que dá medo, e não o perigo em si"[11], "um sentimento de insegurança indefinível", conclui Édouard Brissaud em 1902 na *Revue Neurologique*[12]. A angústia, sob sua for-

---

8. FAVEZ-BOUTONIER, J. *L'Angoisse*. Paris: PUF, 1945, p. 9.

9. Cf. a esse respeito o notável artigo de Jean-Pierre Peter: "Pour une histoire critique du concept d'angoisse". *Recherche en Soins Infirmiers*, n. 109, 2012, p. 37-43.

10. FAVEZ-BOUTONIER, J. *L'Angoisse*. Op. cit., p. 10 e 13.

11. ARTHUS, H. *Les peurs pathologiques* – Genèse, mécanisme, signification, principes directeurs de leur traitement. Paris: Baillière, 1935, p. 12.

12. BRISSAUD, É. "Compte rendu du XIIe congrès des médecins aliénistes et neurologistes". In: *Revue Neurologique*, n. 2, 1902, p. 762-763.

ma socialmente difundida da ansiedade, seria então uma forma de "medo sem objeto", segundo a expressão de Pierre Janet[13].

Tendo chegado a essa conclusão provisória, vamos colocá-la à prova dos fatos retornando à nossa história mais recente.

A confusão dos medos

Qual é a natureza mais comum da ansiedade, quais são suas manifestações discursivas mais comuns? Quisemos, antes de mais nada, tentar percebê-las estabelecendo uma espécie de catálogo semanal dos medos comuns, identificados a partir dos títulos de jornais impressos ou televisivos ao longo de uma semana do mês de fevereiro de 2014, uma semana qualquer, escolhida ao acaso, uma semana banal, a mais comum que seja.

Naquela semana, uma onda de meteoritos abateu-se sobre a Sibéria, fornecendo "uma visão geral de um cenário apocalíptico", segundo vários jornais europeus e norte-americanos. Simultaneamente, piratas informáticos atacaram o Facebook e o Twitter. No mesmo dia, na França, a indústria automobilística anunciava déficits sem precedentes, no que era descrito como uma "descida aos infernos". Em outros lugares, desempregados ameaçavam explodir sua empresa. Um deles havia escolhido se imolar pelo fogo na frente de seu lugar de trabalho. Ainda no mesmo dia – e essas informações se seguiam de maneira contínua, lado a lado, sem ligação –, os apreciadores de lasanhas ficaram subitamente nervosos em toda a Europa: 4,5 milhões de lasanhas congeladas, fraudulentamente cozidas com carne de cavalo, acabavam de ser vendidas em treze países diferentes. Mas a ansiedade europeia extrapolava não só o horário das refeições, bem como as fronteiras das nações: o crescimento econômico não dava qualquer resposta, os déficits públicos vertiginosos e o moral do consumidor no ponto mais baixo. "A Europa está com medo", concluiu o jornal francês *Le Monde*.

---

13. JANET, P. *De l'angoisse à l'extase*. T. 2. Paris: Alcan, 1928, p. 308.

No entanto, não há nada além do muito banal nessa litania diária de medos e ameaças, nada que não possa ser encontrado dia após dia nas mídias ocidentais: este é o regime habitual, o ruído grave e contínuo, o *white noise* [ruído branco] da ansiedade comum[14], a crônica inquieta daquilo que se passa quando nada se passa. Ela possui, no entanto, alguns traços discursivos recorrentes: sua permanência, pois não conhece qualquer interrupção; sua ubiquidade, ali onde as ameaças globais convivem com as preocupações locais; sua intensidade variável, quando grandes perigos alternam com pequenas inquietudes; sua indiferença à realidade dos perigos, quando nada mais distingue as catástrofes reais de puras construções imaginárias, produtos de dispositivos discursivos para gerar ansiedade; sua natureza cumulativa, como se a adição das ameaças, a soma dos medos ou a multiplicidade de seus objetos (cósmicos ou tecnológicos, políticos e guerreiros, industriais e financeiros, alimentares e médicos...) constituíssem a prova de sua existência; sua relação particular com o tempo: o presente dos temores contemporâneo é obsedado pela evocação de medos antigos (as metáforas do apocalipse e do inferno, ou a ressurreição da imolação na lista que acabamos de mencionar), mas resta extraordinariamente sensível no dia a dia aos perigos mais ordinários (o escândalo industrial das lasanhas não fez, afinal, outras vítimas que os próprios cavalos) e desenrola esses terrores arcaicos e essas inquietudes cotidianas em um horizonte de espera ansiosa, que parece então inevitável: o pior ainda está por vir. Em resumo, nos regimes enunciativos mais comuns dos discursos em que se materializam os medos contemporâneos, o que reina é a confusão dos tempos, dos lugares, dos objetos, dos perigos imaginários e dos riscos reais. Esses discursos se baseiam, por outro lado, em um dispositivo discursivo singular. Sabemos perfeitamente a quem esse discurso se dirige, quem ele interpela – todos nós, individual e coletivamente. Mas existe algo que ignoramos: quem fala? Quem, pela boca de tal responsável político, pela de tal jornalista em uma bancada de televisão,

---

14. O que é admiravelmente bem-ilustrado por Don DeLillo no romance epônimo (*White Noise*. Nova York: Penguin Books, 1985, traduzido para o francês, em 1986, com o título *Bruits de fond* (Stock) e para o português em 1987 com o título *Ruído branco* (Companhia das Letras).

pela voz *off* de uma reportagem quente, quem então está nos dizendo para ter medo? Jamais saberemos: esse discurso em que se confundem os tempos, os lugares ou os objetos – ter medo sempre, em toda parte, de tudo, sem muito saber de que – é também um discurso sem sujeito. Teremos de nos perguntar se não se trata aqui, tanto quanto, como há pouco sugeria a clínica da angústia, de um discurso sem objeto.

Estamos lidando, no entanto, com algo inédito na ordem do discurso? Poderíamos objetar que não há nada de muito novo na presença maciça e confusa de medos individuais e coletivos em nossas sociedades. E sem mesmo retornar aos medos antigos que antecedem o momento histórico que nos interessa aqui – os flagelos do pecado, as fomes, as epidemias e as guerras de outrora[15], "medo sempre, medo em toda parte", dizia Lucien Febvre sobre a vida na França antiga – [16], o século XX e a aurora do nosso fizeram a experiência contínua das catástrofes humanas engendradas pelas transformações históricas de um mundo que pouco a pouco se globalizou na violência das guerras mundiais, das conquistas coloniais e das crises econômicas. O tempo é necessariamente curto para enumerar aqui seus desastres: será suficiente recordar que a Modernidade, que desde o Iluminismo trazia consigo a promessa de criar um mundo onde os velhos medos estariam dissipados, deu origem a uma era de ansiedade, a mesma cujo advento Auden previra na citação que abre este texto: "Então, eis que voltaram, os medos de que temos medo". Podemos então ter medo de um medo. O medo pode por vezes não ter outro objeto que o próprio medo, pode não ter outra existência material que linguageira: o discurso do medo em si. Pois, se por acaso a ansiedade não tivesse um objeto, a linguagem não se tornaria então sua forma de existência material privilegiada? Aqui estamos no coração do problema.

---

15. Sobre esse ponto, cf. esp. DELUMEAU, J. *La peur en Occident, XIVe-XVIIIe siècles*. Paris: Fayard, 1978. • DELUMEAU, J. *Sin and Fear*: The Emergence of a Western Guilt Culture. Nova York: St Martin's Press, 1990. • DELUMEAU, J. & LEQUIN, Y. (dirs.). *Les malheurs des temps* – Histoire des fléaux et des calamités en France. Paris: Larousse, 1987. Cf. igualmente NAPHY, W.G. & ROBERTS, P. *Fear in Early Modern Society*. Manchester: Manchester University Press, 1997.
16. FEBVRE, L. *Le problème de l'incroyance au XVIe siècle*. Paris: Albin Michel, 1942, p. 380 [*O problema da incredulidade no século XVI*. São Paulo: Companhia das Letras, 2009].

Há, no entanto, sem sombra de dúvida, boas razões para ter medo. Alguns de nossos medos são familiares, enquanto outros parecem não ter precedentes. Conservamos desde os anos de 1930 a memória do desemprego em massa e da precariedade da vida engendradas pelas crises econômicas e pelos colapsos financeiros; nada esquecemos do retorno de antigas epidemias e do advento de novas doenças; e o medo do crime e os desastres da guerra estão profundamente enraizados na consciência do Ocidente. Mas parecemos menos prontos, e nossos espíritos menos dispostos, a enfrentar a globalização dos medos – que inauguraram o século XXI. Pois este começou verdadeiramente, isso agora parece evidente, em 11 de setembro de 2001.

E à medida que os perigos se tornaram planetários, o medo tornou-se global e sua natureza parece ter mudado ao longo do caminho: um estado permanente de ansiedade individual e coletiva parece ter colonizado as mentes e as sociedades no Ocidente. Essa ansiedade é vaga, difusa, líquida ou nebulosa – como se queira – e contagiosa. Não conhece fronteiras e permanece presente na ausência mesma de perigo imediato ou identificável, como um "medo do próprio medo". Mas se, como Freud costumava dizer, o medo não precisa de qualquer introdução, a ansiedade, esse medo contemporâneo do medo, não poderia, por sua vez, se privar dele, e este é com certeza o objeto essencial deste texto. O que mostra que não é o medo em si, assim como muitas vezes o vemos escrito na variedade de livros que lhe são consagrados, que deve constituir hoje o centro da interrogação de nossas maneiras de temer em uma história das emoções, mas a relação entre medo e ansiedade, o estatuto do medo na era da ansiedade. Pois eles são inseparáveis um do outro, pressupõem um ao outro, se alimentam um do outro. E compreender o advento dos medos coletivos na era da ansiedade me parece, para além da dificuldade intelectual propriamente dita que isso pode representar, uma tarefa política prioritária do combate democrático, no momento em que políticas do terror ameaçam os princípios fundamentais sobre os quais se apoia nossa concepção da coisa pública e da vida em comum. Não ceder ao medo, resistir à ansiedade: é exatamente isso o que está em jogo neste texto.

Medos capitais

Paris, janeiro de 2015: a capital conhecia então um clima geral de ansiedade mais pesado do que aquele que havia presidido, mais ou menos um ano antes, ao estabelecimento do catálogo de medos mencionados mais acima. Os mesmos males econômicos e sociais persistiam, sem que nenhuma melhora se anuncie. A isso se somava em toda parte no continente a perspectiva de desordens e de desequilíbrios políticos: na Alemanha, os patriotas europeus contra a islamização da Europa desfilavam em massa todas as semanas, na Grécia a extrema-esquerda parecia às portas do poder, e a França, por sua vez, fiel a uma longa tradição nacional, somava à inquietude geral seu toque propriamente literário. A atualidade cultural agitava-se com o sucesso de duas obras, muito diferentes, a não ser pelo fato de manifestarem um inegável ar de família ao profetizar, cada qual à sua maneira, com base no suicídio coletivo ou na servidão voluntária, o declínio da nação perante a ascensão do Islã[17]. E a crítica parecia cega à genealogia dessa literatura da ansiedade, quando essas obras se limitavam a repetir à sua maneira uma tradição firmemente estabelecida na história das crises de identidade europeias, cujos precedentes são abundantes no final do século XIX e na década de 1930.

Em 7 de janeiro de 2015, dois terroristas entraram nas instalações da revista *Charlie Hebdo*. Conhecemos a sequência de eventos que não vamos comentar aqui diretamente, limitando-nos apenas a citar uma passagem do livro de Zygmunt Bauman *Liquid Fear* (2006) – "o medo líquido", ou talvez aqui fosse melhor dizer "os medos líquidos". Com efeito, para nós, ela parece ilustrar a sequência de eventos que então ocorreram, estar em ressonância com o que as testemunhas desses eventos viveram e colocar ao mesmo tempo a questão complexa da relação entre medo e ansiedade, assim como iria se repetir na sucessão de violências terroristas que ensanguentou várias capitais europeias desde então:

---

17. HOUELLEBECQ, M. *Soumission*. Paris: Flammarion, 2015. • ZEMMOUR, É. *Le suicide français*. Paris: Albin Michel, 2014.

> Estranho alívio, mas tão comum e familiar a cada um, aquele que sentimos, e o repentino fluxo de energia e de coragem que o acompanha, quando depois de um longo período de inquietude, de ansiedade, de sombrios presságios, de dias cheios de apreensão e noites insones, finalmente nos deparamos com a realidade do perigo: uma ameaça que podemos ver, e tocar. Mas talvez essa experiência não seja tão estranha quanto parece, se, afinal, chegarmos a saber o que estava por trás desse sentimento vago, mas permanente, de que algo terrível iria acontecer[18].

Bauman chega assim a uma conclusão paradoxal: o medo alivia da ansiedade, quando finalmente ele ocorre. Porque o medo tem um objeto, no medo sabemos o que nos ameaça, enquanto a ansiedade não tem objeto. Ou melhor, ela tem um, que não conhecemos. Bauman é aqui perfeitamente fiel à tradição freudiana de análise do vínculo entre o medo e a ansiedade, e da importância crucial que Freud atribuiu a ele: "É certo que o problema do medo está na encruzilhada de questões muito importantes, um enigma cuja resolução lançaria uma luz sobre a vida psíquica"[19]. Assim como é fiel à distinção freudiana entre um e outro, que podemos resumir assim: "o medo se concentra no objeto", enquanto "a ansiedade faz abstração do objeto"[20].

E Bauman continua:

> O medo está em seu paroxismo quando é disperso, difuso, turvo, diluído, desamarrado, livre para flutuar, sem propósito ou causa

---

18. BAUMAN, Z. *Liquid Fear*. Op. cit., p. 1 [*Medo líquido*. Rio de Janeiro: Zahar, 2008].
19. FREUD, S. *Introduction à la psychanalyse* (1915-1917). Paris: Payot, 2004, p. 370.
20. Ibid., p. 372. Em 1920, Freud faz mais uma vez a distinção entre o pavor, o medo e a angústia: "O pavor (*Schrek*), o medo (*Furcht*) e a angústia (*Angst*) são termos que é um erro utilizar como sinônimos; a relação deles com o perigo permite diferenciá-los bem. O termo 'angústia' designa um estado caracterizado pela expectativa do perigo e pela preparação deste, ainda que seja conhecido. O termo 'medo' supõe um objeto definido, do qual se tem medo. Quanto ao termo 'pavor', ele designa o estado que ocorre quando se cai em uma situação perigosa, sem estar preparado para ela. Ele enfatiza o fator 'surpresa'" (*Au-delà du principe de plaisir*. Paris: PUF, 2013). Em 1926, ele mais uma vez ressalta a relação da angústia com o medo, e não com o objeto. Eis o que ele diz: "A angústia tem com a expectativa uma relação não irreconhecível; ela é angústia diante de algo. Vincula-se a ele um caráter de indeterminação e de ausência de objeto; o uso da língua correta muda até mesmo seu nome quando ela encontrou um objeto, e o substitui pelo medo" (*Inhibition, symptôme, angoisse*. Paris: PUF, 1993, p. 78).

determinada, quando nos assombra sem qualquer razão visível, quando a ameaça que deveríamos temer pode ser percebida em toda parte, mas em nenhum lugar vista. O medo é o nome que damos à nossa incerteza, à nossa ignorância da ameaça, e daquilo que deve ser feito[21].

Subscreveremos aqui inteiramente essa definição, com um pequeno senão, mas importante: essa é uma definição perfeita, não do medo, mas da ansiedade. Pois o que é difuso, flutuante (*free-floating*, como lemos nas traduções dos textos freudianos), perceptível em toda parte, mas em parte alguma visível, o que decorre da expectativa ansiosa (*expectant fear*, dizem novamente as traduções freudianas), *é a ansiedade, e não o medo*. É a ansiedade que se apresenta sob uma forma nebulosa, dispersa, nômade, a menos que escolhamos para caracterizá-la as metáforas líquidas das águas subterrâneas, freáticas. E é então a nebulosa ansiosa que se precipita, em certas circunstâncias históricas, em cristais de medo, a ansiedade que se cristaliza em medos. A menos que não seja o lençol freático das ansiedades subterrâneas, aquele que não vemos e que, no entanto, se encontra bem sob nossos pés, que, de súbito, tendo atingido um limiar crítico, atravessa a superfície tranquila de nossas existências, afinal bem menos estável ou resistente do que poderíamos esperar.

Não poderíamos dizer qual é a metáfora mais propícia – gasosa, líquida, ou de outra natureza[22] – para expressar essas conversões de uma ansiedade difusa em múltiplos medos dotados cada um deles de seus objetos, mesmo que estes sejam muitas vezes somente o deslocamento de outros perigos que não sabemos reconhecer. Mas não é impossível que não haja no interior dessas questões a possibilidade de construir um objeto histórico, de entrever a trama daquilo que poderia ser uma história contemporânea do medo; e de esclarecer, uma

---

21. BAUMAN, Z. *Liquid Fear*. Op. cit., p. 2.
22. Ela poderia também ser sísmica: a ansiedade que acompanha a baixa de um evento traumático não poderia afinal ser percebida como a sequência de réplicas enfraquecidas do grande terremoto do medo, cuja onda de choque diminui com o tempo?

vez que é evidentemente umas das preocupações deste texto, sua inscrição na linguagem, sua articulação com o discurso.

Uma arqueologia da ansiedade: sedimentos e memória do medo

Nosso ponto de partida inicial era a ideia de que certamente seria possível seguir uma abordagem que ao mesmo tempo desenrolasse o fio cronológico das ocorrências do medo e da ansiedade da segunda metade do século XIX até os dias atuais, insistindo na presença da ansiedade, que parecia a grande ausente desta história, o que é compreensível: como fazer a história de uma emoção sem objeto, ou então, mais exatamente, pois isso não significa a mesma coisa, como fazer a história de uma emoção cujo objeto não conhecemos?

Pois existe, no entanto, uma maneira simples, canônica, de contar tal história. Haveria assim, no decorrer do século que acabou de terminar, eras da ansiedade, assinaladas por referências cômodas, as das guerras. Antes da Primeira Guerra Mundial, como nos diz Stefan Zweig em *Autobiografia: O mundo ontem* (1944), tudo corria muito bem e a vida era tranquila no Império Austro-húngaro, embora seja necessário acolher com cautela esse diagnóstico[23]. Após as carnificinas humanas, e em seguida a depressão econômica das décadas de 1920 e 1930, abrir-se-iam uma primeira era da ansiedade, uma crise inquieta da consciência europeia, quando Paul Valéry anuncia, em 1919, em sua *Crise do espírito*, "as civilizações descobrem que são mortais"[24]. É essa era da ansiedade cuja natureza Freud quer caracterizar no *Mal-estar na civilização*, escrito durante o verão de 1929, que termina assim: "Tornou-se fácil [para aos homens] exterminarem-se uns aos outros até o último. Eles sabem disso, de onde uma boa parte de sua inquietude atual, de sua desventura, de sua angústia"[25]. Mas de tudo isso, conclui ele, "quem pode predizer a saída"? Prelúdio à

---

23. ZWEIG, S. *Le monde d'hier* – Souvenirs d'un Européen (1944). Paris: Le Livre de Poche, 1996 [*Autobiografia* – O mundo ontem. Rio de Janeiro: Zahar, 2014].
24. VALÉRY, P. *La crise de l'esprit* (1919). Paris: Manucius, 2016.
25. FREUD, S. *Le malaise dans la civilisation*. Op. cit., p. 173 [*O mal-estar na civilização*. São Paulo: Companhia das Letras, 2011].

ascensão dos totalitarismos, este livro sobre a angústia na civilização termina, portanto, com uma questão: não se poderia dizer melhor se o próprio da angústia é precisamente não ter resposta.

Com a Segunda Guerra Mundial retornam o medo, o terror, o pavor. Ela seria imediatamente seguida por uma segunda era da ansiedade, cujo advento é anunciado pelo poema de Auden, publicado com esse título em 1947. E o mundo do pós-guerra, o mundo do pós-Auschwitz e Hiroshima, o mundo da Guerra Fria, sobre o qual ainda paira a sombra da destruição total, seria novamente, porém agora de forma muito mais explícita – *covert anxiety*, "ansiedade mascarada" da primeira metade do século XX, *overt anxiety*, "ansiedade manifesta" da segunda metade[26] –, um universo de angústia: nele o consumo e o lazer não parecem aliviar duradouramente os indivíduos das ansiedades do anonimato, do isolamento, das obrigações produtivistas e burocráticas das sociedades de massa. Uma terceira era da ansiedade se abriria mais tarde, à qual o 11 de setembro de 2001 também fornece uma referência cômoda, a dos medos planetários, econômicos, políticos, ambientais e sanitários: o sujeito ansioso, devidamente equipado com próteses farmacêuticas e psicoterápicas doravante indispensáveis, tornou-se o homem comum do século que se inicia e das sociedades globalizadas.

Como testemunha a recente autobiografia de Scott Stossel, redator-chefe do *The Atlantic*, intitulada de maneira sintomática *My Age of Anxiety* [Minha era da ansiedade] (2014)[27], que acaba de integrar a dimensão ansiosa à panó-

---

26. MAY, R. *The Meaning of Anxiety*. Nova York: The Ronald Press Company, 1950.
27. STOSSEL, S. *My Age of Anxiety*: Fear, Hope, Dread, and the Search for Peace of Mind. Nova York: Knopf, 2014. Para uma história menos romanceada, cf. TONE, A. *The Age of Anxiety*: A History of America's Turbulent Affair with Tranquilizers. Nova York: Basic Books, 2009. E na perspectiva das neurociências, cf. LeDOUX, J.E. *Anxious*: Using the Brain to Understand and Treat Fear and Anxiety. Nova York: Penguin Books, 2015. O fluxo midiático sobre o tema é desde então constante e pletórico, dos dois lados do Atlântico. Cf. ABEBE, N. "America's New 'Anxiety' Disorder". In: *The New York Times*, 18/04/2017. • WILLIAMS, A. "Prozac Nation Is Now the United States of Xanax". In: *The New York Times*, 10/06/2017. • COOKE, R. "Living with Anxiety: Britain's Silent Epidemic". In: *The Observer*, 15/09/2003.

plia narcísica da personalidade normal. Como também testemunha este blog do *New York Times*, que por mais de um ano e meio em 2012-2013 insistiu no tema: *Anxiety: We worry – A gallery of contributors count the ways* (Ansiedade: nós nos preocupamos – Uma série de colaboradores conta as maneiras). O cinema de Woody Allen há muito tempo abrira o caminho.

Mas pode parecer agora que uma atenção exclusiva dada à ansiedade, pela simples razão de que teria sido negligenciada pela história, seria insuficiente e, provavelmente, um sintoma de época. Quão demasiado simples seria a história cuja trama acabamos de evocar, que faria suceder mecanicamente ao medo e ao terror das guerras as expectativas ansiosas das pré-guerras e as lentas diminuições da ansiedade durante os pós-guerras. Um objeto a ser construído, de um grande interesse e de uma grande pertinência históricos, poderia ser o dos modos sucessivos de copresença, dos dispositivos de coexistência dos medos e da ansiedade nas sociedades contemporâneas, mas sobretudo o dos regimes de conversão recíproca de uns nos outros. Sem deixar de inscrever estes últimos na historicidade dos discursos, que encontramos para concluir.

Assim a questão: como, em que momento, em que circunstâncias, sob o efeito de que fatores históricos, uma nebulosa de ansiedade difusa, flutuante, sem objeto particular, se cristaliza em medos de tal ameaça, de tais perigos? Alguns exemplos históricos logo vêm à mente: como as ansiedades difusas da América da Guerra Fria desencadearam o grande medo vermelho e a caça aos comunistas orquestrada pelo Senador Joseph McCarthy? Como a enxurrada das inquietudes alemãs logo após a Primeira Guerra Mundial alimentou a ascensão do nazismo, e com esta o medo, e depois o ódio aos judeus? Sobre esse ponto, encontramos em Hannah Arendt elementos de resposta: massas inertes de indivíduos desenraizados e desorganizados, unidas somente por uma "aterradora solidariedade negativa"[28], constituem vastos reservatórios de ansiedades estagnadas que saberão ser utilizados e canalizados pela propaganda

---

28. ARENDT, H. *Le système totalitaire* (1951). Paris: Seuil, 1972, p. 37 [*A origem do totalitarismo*. São Paulo: Companhia de Bolso, 2018].

totalitária. Ela saberá colocar a massa em movimento ("em fusão", diria Elias Canetti) a fim de aliviar cada um de sua ansiedade e de substituí-la pelo sentido de uma identidade e de uma estrutura coletivas da qual todos estão desprovidos, mas que todos desejam: a história da conversão de uma ansiedade de massa em terror totalitário.

Tudo isso significa, em outras palavras, ver na ansiedade estruturas narrativas flutuantes, em parte submersas, largamente indeterminadas, comportando espaços vazios de sujeito e de objeto, mas prontas, quando as circunstâncias históricas exigem, ou são arranjadas por um evento (é preciso também por vezes, para isso, que o Reichstag seja incendiado), para ressurgirem e para se converterem em discursos de medo, carregados de ameaças e de inimigos. Vemos então que a ansiedade, como discurso, é o pré-construído do enunciado do medo, um medo em estado virtual, latente, uma célula discursiva adormecida, de alguma forma, à espera de objeto e de agente.

Outra questão: como, inversamente, medos que pareciam solidamente enraizados e feitos para durar se dispersam em zona cinzenta de ansiedades indistintas? E, consequentemente, como a ansiedade carrega consigo uma memória confusa, inconsciente, dos medos e dos traumas que a precederam e nutriram? O que aconteceu com os medos da guerra, da bomba, das grandes epidemias, das depressões econômicas? Os grandes medos depositam sedimentos discursivos na memória coletiva, que a ansiedade recolhe. A ansiedade é o campo de memória dos medos atenuados, filtrados, não completamente apagados. Os medos ali se ocultam, se enfraquecem, tornam-se irreconhecíveis, "brancos", vazios, esquemáticos, mas nunca desaparecem completamente. A ansiedade e os discursos que a materializam – os ruídos confusos, os rumores infundados, as lendas urbanas, as notícias inquietantes, os pânicos morais, os complôs sugeridos, as previsões alarmistas, as profecias de infelicidade, os silêncios eloquentes..., são ao mesmo tempo o fantasma de medos antigos e o presságio dos temores vindouros.

E por isso uma última questão, talvez, para terminar, embora ligada às precedentes: como o discurso da ansiedade, memória inconsciente, lembranças flutuantes de medos antigos, pode se tornar novamente o berço, a matriz discursiva de novos medos, simplesmente deslocados para os novos objetos que a história lhes apresenta? Voltemos à história norte-americana: houve muitas caças às bruxas antes daquela empreendida pelo Senador McCarthy nos anos de 1950. Houve no final do século XVII, na Nova Inglaterra puritana, no decorrer de todo o século XIX contra essa ou aquela seita religiosa, desde o início do século XX contra ameaças socialistas. Ainda há algumas que acontecem diante de nossos olhos, e haverá outras, contra outros inimigos do interior, outras conspirações, outros terroristas, outros perigos, reais ou imaginários. Por quê? Porque há linguagem, e porque os discursos são a trama da memória coletiva. Há, evidentemente, ciclos históricos do temor, inscritos nos discursos, no interior dos quais os medos e as ansiedades circulam e se trocam, metamorfoseando-se uns nos outros. E, para mim, este é o verdadeiro objeto de uma história de medo, muito mais do que as cansativas enumerações dos objetos de nossos temores mais recentes, dos quais tantos livros tentam fazer um inventário sem fim.

Ansiedades masculinas, medos brancos

Não poderia haver melhor exemplo dos perigos políticos que o peso das ansiedades de massa representam para a democracia do que os altos e baixos das eleições presidenciais americanas de 2016. Aliás, elas têm o mérito de nos lembrar, mas isso é evidente, que a história das emoções não poderia ser indiferente à do gênero, à da raça ou da classe social.

São muitos os livros e os observadores políticos que apontaram seu paradoxo: uma minoria de homens brancos de estados rurais ou dos cemitérios industriais no Meio-oeste, pouco ou sem nenhum diploma, grandes perdedores da globalização, mobilizou-se maciçamente em favor de uma política que sem dúvida acabará despojando-a dos poucos benefícios sociais de que ainda dispõe. Como entender esta raiva súbita que colocou no topo da primeira das democracias a incompetência política, a ignorância radical, o racismo explícito, o sexismo assumido, a negociata desenfreada?

É difícil concebê-lo sem levar em conta a extensão e a profundidade do lençol subterrâneo das ansiedades em que banha a América de hoje, e do qual o "trumpismo" se tornou o exutório. Pois existe, sob essa raiva coletiva[29], uma ansiedade de massa: a percepção de um mundo virado de cabeça para baixo, um sentimento de insegurança, uma incerteza sobre o futuro. Perda de *status* social, vergonha da mudança de classe, angústia do desemprego, erosão de privilégios duramente conquistados, até a aniquilação, uma a uma, das promessas do sonho americano: essas pessoas sentem que se tornaram "estrangeiras em seu próprio solo"[30]. Entre a eleição de Barack Obama em 2008 e as eleições presidenciais de 2016, a América deixou de ser uma nação de maioria branca e cristã, para se tornar um país onde em breve esta última será minoritária: ela tem o sentimento de um direito lesado[31]; ela sabe, confusamente, que seus dias estão contados.

Nem os efeitos da desindustrialização e da globalização, nem mesmo a manipulação populista bastam para explicar o "grande paradoxo" do voto em Trump. Para compreendê-lo, é necessário recorrer a fatores que são da competência da história das emoções. Após um longo mergulho no pântano da Louisiana, em terra republicana, a antropóloga Arlie Russell Hochschild chega a conclusões que vão ao encontro das suposições feitas aqui: existem realmente *deep stories*, como ela as nomeia, fluxos discursivos subterrâneos, narrativas virtuais, relatos ocultos que canalizam emoções, reúnem e organizam ansiedades dispersas e os medos residuais em sentimento de injustiça, convertem-no

---

29. JONES, R.P. "The Rage of White, Christian America". In: *The New York Times*, 11/11/2016.

30. Segundo a expressão do livro que lhe consagra a antropóloga Arlie Hochschild (*Strangers in Their Own Land*: Anger and Mourning on the American Right. Nova York: The New Press, 2016). Em perspectivas próximas, cf. ANDERSON, C. *White Rage*: The Unspoken Truth of Our Racial Divide. Nova York: Bloomsbury, 2016. • ISENBERG, N. *White Trash*: The 400-Year Old Untold History of Class in America. Nova York: Viking Press, 2016. • VANCE, J.D. *Hillbilly Elegy*: A Memoir of a Family and Culture in Crisis. Nova York: Harper Press, 2016. • KIMMEL, M. *Angry White Men*: American Masculinity at the End of an Era. Nova York: Nation Books, 2015. • FRANK, T. *What's the Matter with Kansas?* – How Conservatives Won the Heart of America. Nova York: Holt McDougall, 2005.

31. Cf. principalmente KIMMEL, M. "Manufacturing Rage: The Cultural Construction of Aggrieved Entitlement". In: *Angry White Men*. Op. cit., p. 31-68.

em ira de massa e a transformam em raiva pronta para a ação política. Em poucas palavras, esse discurso diria mais ou menos o seguinte:

> Você pacientemente está na fila subindo uma colina, para alcançar algo que está lá no topo, e que você chama "o Sonho americano". Você é branco, cristão, do sexo masculino, de condição modesta e está esperando sua vez há anos. Há pessoas de cor atrás de você e, por princípio, você não lhes deseja mal. Mas você está esperando há tanto tempo, e trabalhou tão duro e a fila mal se move. E, um belo dia, ela não avança mais... De repente, "Olhe! Há alguns que estão furando a fila! E quem são esses intrusos? Negros, imigrantes, refugiados, mulheres, *gays*... Para eles existem regras que os favorecem, um capital de simpatia e benefícios sociais – cheques para os preguiçosos. E o Estado quer que você tenha pena deles. E quem é o chefe do Estado? O filho mestiço de uma mãe solteira que o criou graças aos programas sociais. Ele é americano, nascido neste país? Outro que furou a fila. O próprio presidente, e sua esposa, são furadores de fila. As mídias? Elas acham você deplorável, tratam vocês de racistas, sexistas, de homofóbicos. Para onde quer que olhe, você se sente traído...

O paradoxo é que a partir daí uma suspeita generalizada se estende a qualquer assistência social que o Estado possa distribuir, mesmo que você também se beneficie dela. E, no entanto, nenhum dos entrevistados por Hochschild jamais sofreu qualquer concorrência das pessoas de cor. O problema está, pois, em outro lugar: embora seja inegável que as transformações demográficas e culturais despojaram alguns homens brancos do estatuto de que desfrutavam, é a desregulamentação capitalista, a corrida por lucros, as transformações tecnológicas, a aceleração da vida social, e a desintegração das estruturas tradicionais, que são as verdadeiras razões da ansiedade que se apoderou de uma boa parte da América. Mas se, como Freud nos lembra, "o medo está concentrado no objeto", enquanto "a ansiedade faz abstração do objeto", então compreendemos como as causas ignoradas da ansiedade podem ocupar o lugar dos objetos do medo nessas "narrativas profundas" que estruturam os temores e as raivas da América branca e masculina.

Inimigos internos, negros, mulheres ou *gays*; intrusos vindos de outros lugares, migrantes mexicanos ou refugiados muçulmanos. O catálogo das ameaças que Donald Trump brande diante de seus eleitores nada tem de novo: está inteiramente inscrito na memória coletiva americana, e mobiliza, hoje como ontem, um arsenal protecionista de vigilância, de expulsões, de confinamentos. Para uma massa ansiosa, ele oferece refúgios psíquicos[32] ilusórios, mas familiares, abrigos temporários que reabrem de maneira cíclica a história dos grandes medos americanos. A sombra da ansiedade, flutuante, contagiosa e fluida, atormenta assim, como podemos sentir, os ciclos dos medos coletivos e os retornos de ira das massas. Ignorante de suas próprias causas, ela continua a ser o agente poderoso de uma repetição cega da história.

Deep stories: a história subterrânea das emoções

Parecem então reunidas algumas das condições que poderiam fazer do trumpismo um novo macarthismo. Teriam, pois, retornado "os medos de que temos medo"? Se por vezes temos a sensação de seu retorno é simplesmente porque eles nunca se dissiparam verdadeiramente. As *deep stories*, essas fundações discursivas que preservam as estruturas narrativas do medo, não têm vocação para desaparecer, e sim para se ocultar, na expectativa de que o movimento, as forças ou os acidentes da história não as despertem.

O que sugerem então esses cenários ansiosos quando examinamos suas ressurgências históricas já mencionadas aqui, e algumas outras? As angústias da Guerra Fria são eloquentes a esse respeito. O intruso está em toda parte: a ameaça de invasão comunista é iminente, e é ainda mais porque o inimigo já se encontra ali, traidores, espiões, agentes duplos, propagandistas, simpatizantes e companheiros de estrada... A produção romanesca e cinematografia do pós--guerra até a década de 1980 o mostra o tempo todo: o perigo vermelho se

---

32. Cf. STEINER, J. *Psychic Retreats*: Pathological Organizations in Psychotic, Neurotic and Borderline Patients. Londres/Nova York: Routledge, 1993.

oculta tanto na sombra do aparelho de Estado, à maneira do *Manchurian Candidate* [Sob o domínio do mal] (1962) de John Frankenheimer, quanto infiltrado na intimidade conjugal, como sugere, entre muitos outros exemplos, *I Married a Communist* [Nuvens da tempestade] (1949), o filme de Robert Stevenson. Portanto, é ao mesmo tempo a sociedade política, o corpo social como um todo, a célula doméstica e, em seu interior, a própria virilidade americana que estão ameaçados de subversão. Mas a exploração política dessas angústias de massa é verdadeiramente, estruturalmente diferente daquelas que, em um contexto histórico completamente diferente, promoveram a fábula do *birtherism*[33], com base na qual Donald Trump deu início à sua ascensão política? Lá também, no comando do Estado, estaria um intruso, não americano, provavelmente convertido ao islamismo. As *deep stories* são a principal matriz das *fake news*, das quais essas "verdades alternativas" extraem a verossimilhança que lhes pretendem dar.

Como compreender de outra forma, para tomar um famoso exemplo histórico, o pânico de massa provocado por um dos mais famosos falsos eventos da história da rádio? Em outubro de 1938, Orson Welles leu em seu programa de rádio trechos do livro *Guerra dos mundos* (1898), de H.G. Wells, à maneira de uma reportagem realista descrevendo uma invasão marciana de Nova Jersey. A extensão do "pânico moral" que então se apoderou dos habitantes da região e os levou a fugir precipitadamente para o oeste foi sem dúvida exagerada[34]. Mas o essencial não está aqui. Está no fato de que esse pânico coletivo é sintomático, e de que tinha precedente. Em 1926, um programa de rádio do Padre Ronald Knox, na BBC, simulando um ataque ao Parlamento Britânico por proletários exasperados, fez com que Londres respirasse o mesmo vento de inquietude[35].

---

33. Movimento iniciado durante as eleições de 2008, que põe em dúvida ou nega que Barack Obama tenha nascido nos Estados Unidos e, sendo este um requisito para ser eleito, ele não poderia se eleger presidente [N.T.].

34. Cf. CANTRIL, H. *The Invasion from Mars*: A Study in the Psychology of Panic. Princeton: Princeton University Press, 1940.

35. Sobre esse ponto e sobre a peça radiofônica de Orson Welles, cf. BOURKE, J. *Fear*. Op. cit., p. 166-188.

Em 21 de outubro de 1924, na Rádio Paris, a estreia de uma peça de Gabriel Germinet e Pierre Cusy, narrando ao vivo o naufrágio do *Maremoto*, provocou tamanha comoção que foi proibida[36]. Os pânicos de massa desencadeados por essas paródias de eventos trágicos permaneceriam incompreensíveis se não admitíssemos a existência de *deep stories*, horizontes de expectativa ansiosos, conjuntos de medos latentes nas circunstâncias históricas em que ocorreram: lembrança do trauma de massa provocado alguns anos antes pelo naufrágio do *Titanic* no caso francês, inquietudes ligadas aos confrontos de classe e conflitos políticos na Grã-Bretanha dos anos de 1920, temores das tensões internacionais, fantasias de invasão e rumores de guerra na América do final da década de 1930.

Isso então mostra o interesse que pode existir em reconstruir tais narrativas profundas no campo da história das emoções. Pois são relatos "ditados pelos sentimentos [...], livres de toda racionalidade e toda realidade, que contam como as coisas são sentidas, o prisma subjetivo pelo qual o mundo é percebido". E Arlie Hochschild acrescenta: "Construí esta narrativa profunda para representar, sob forma metafórica, as esperanças, os medos, o orgulho, a vergonha, o ressentimento, a ansiedade, presentes nas vidas daqueles com os quais eu falava". A reconstrução dessas histórias subterrâneas, mais próximas da investigação antropológica, é um dispositivo essencial da história das emoções "vistas de baixo", bem como uma chave decisiva para a compreensão daquilo que estrutura os regimes emocionais dessa "comunidade imaginada" que é a América dos eleitores de Donald Trump: a amargura diante do declínio, a esperança de uma recuperação, a fantasia de um retrocesso, a indiferença à verdade, a hostilidade a toda a alteridade. O sucesso político de Trump? "A narrativa profunda já estava lá quando alguém acendeu o fósforo", conclui Hochschild[37].

---

36. MÉADEL, C. "*Maremoto*, une pièce radiophonique de Pierre Cusy et Gabriel Germinet (1924). In: *Réseaux*, n. 52, 1992, p. 75-92.
37. HOCHSCHILD, A.R. *Strangers in Their Own Land*. Op. cit., p. 135 e 222.

Ansiedades sem fim: o testamento de Kafka

Haveria, pois, uma ameaça, cuja realidade não causa muita dúvida, e sim um sentimento de incerteza inquieta sobre sua natureza, sobre sua proximidade, sobre sua iminência. Um temor de efração das proteções de um espaço privado, dos limites de um corpo social, das fronteiras de uma nação. É então necessário erguer defesas, cavar abrigos, encontrar refúgios contra a intrusão.

Eis então, reduzido à sua estrutura mínima, o esquema narrativo da ansiedade como afeto de massa, assim como o revelam os poucos exemplos históricos aqui examinados. Poderíamos, *a contrario*, reconhecer essas fundações discursivas dos medos coletivos em muitos outros campos menos conscientes, mais íntimos da vida psíquica dos indivíduos: assim, na preciosa coleção de sonhos sob o Terceiro Reich reunidos de 1933 a 1939, preservados e depois analisados por Charlotte Beradt, retorna constantemente o tema da "vida sem muros"[38]. Esses muros desaparecem repentinamente, deixando o indivíduo nu, exposto às injunções totalitárias que de imediato invadem sua vida doméstica e ressoam ruidosamente até mesmo em seu espaço mental. E é no campo literário, esse suporte documental essencial da história das emoções, que encontraremos o protótipo dos roteiros ansiosos e, literalmente, o paroxismo das narrativas subterrâneas de angústia: em *A toca*, escrito por Franz Kafka em 1923-1924.

Uma história muito simples, a de um animal, corroído pela inquietude, em um buraco. Mas trata-se realmente de um animal (outra *Metamorfose*?) E trata-se realmente de um buraco? A toca está cercada de inimigos invisíveis, cuja identidade não saberíamos afirmar, nem o número, nem sequer o lugar que ocupam ou o momento que escolherão para atacar: um *Deserto dos tártaros* no porão. Relato no condicional, inteiramente hipotético, de um perigo do qual nada saberemos. Salvo que um belo dia a ameaça parece se definir, um ruído se aproximar. De pronto, a excitação defensiva do animal se redobra, outras galerias são cavadas, outros muros são erguidos, em vão. A razão é simples:

---

38. BERADT, C. *Rêver sous le IIIe Reich* (1966). Paris: Payot, 2002.

a toca, blindada com todas essas defesas, é tão vulnerável quanto o corpo do animal – "tornado glabro, a carne nua, e saudado nesse instante pelo rugido de meus inimigos": "A vulnerabilidade da toca me deixou vulnerável; suas feridas me machucam como se fossem minhas". Novo episódio de uma vida sem os muros, a toca nada mais era do que o corpo do animal: "Então tenho a impressão de estar não diante da minha casa, mas diante de mim mesmo"[39]. Podemos compreender, a partir disso, a captura de cada um de nós pela ansiedade como um sintoma de massa, assim como seu contágio: na temida invasão do lar, do grupo social ou do território nacional, é o corpo biológico de cada um que se encontraria ameaçado de contaminação. O sentimento de intrusão, antropologicamente, permanece fundado no caráter espontaneamente percebido como infeccioso, viral ou parasitário desta última.

Primeira lição de um texto que pode ser considerado, sob muitos aspectos, como o testamento que Kafka nos legou em relação à ansiedade. Escrito durante o último ano de sua vida, completado ainda em vida, seu final se perdeu. Sua última palavra é dedicada aos esforços infindáveis, tão fúteis quanto febris, exibidos pelo animal para escapar do inimigo invisível que o caça, a menos que não se trate de evitar a própria ansiedade: "Mas nada mudou..."[40] A toca era, portanto, o corpo; e o intruso, a ansiedade. E uma coisa é certa, a última lição deste último escrito: a ansiedade, como o texto, não tem fim.

---

39. KAFKA, F. *Le terrier* (1931). In: *Récits posthumes et fragments*. Arles: Actes Sud, 2008, p. 360, 395 e 362.
40. Ibid., p. 401.

17
O CASO DA DEPRESSÃO

Pierre-Henri Castel

Comecemos com uma hipótese: desde o instante em que emergiram as primeiras concepções científicas das emoções (com o nascimento da psicologia no final do século XIX), até os atuais avanços das neurociências, sempre houve a preocupação de distinguir os conceitos eruditos das acepções ingênuas, dependentes da linguagem comum, daquilo a que chamamos as "emoções". Contudo, apesar de todos os esforços, categorias científicas e protocolos experimentais nunca romperam totalmente com as representações e as experiências comuns das pessoas, o que significa na verdade duas coisas. Primeiro, que as expectativas sociais em matéria de emoção, expectativas que são de natureza normativa (Quando chorar, e diante de quem? O que é uma verdadeira "alegria"?...) sempre regeram previamente os recortes científicos dos psicólogos – inclusive quando estas últimas foram construídas como fatos naturais independentes da cultura[1]. Mas também que essas emoções eruditas, sublimadas graças às taxonomias, às hipóteses psicoterapêuticas e aos protocolos experimentais, sempre conseguiram encontrar um caminho de volta nas

---

1. O que torna incontornável o texto fundador de Marcel Mauss: "L'expression obligatoire des sentiments (rituels oraux funéraires australiens)". In: *Journal de Psychologie*, n. 18, 1921, p. 425-434.

representações coletivas e nas percepções individuais, reintroduzindo-se na linguagem comum, e até mesmo na ideologia individualista dominante no seio de nossas sociedades (à qual as ciências psicológicas ofereciam seu suporte), até determinar novas práticas de si. Por meio dessa hipótese, portanto, não é absurdo o projeto de examinar o entrelaçamento de uma história conceitual das emoções na psicologia (este último termo englobando no século XX a psicanálise e as neurociências) e a história cultural delas, pelo menos nos países onde essa fecundação mútua teve alguma chance de se produzir, na Europa e nos Estados Unidos. Certamente, testar tal hipótese implicaria percorrer toda uma gama de emoções variadas, desde seu tratamento científico até sua verdade popular, tentando tornar-se sensível à covariação, de atmosfera cultural em atmosfera cultural, das normas afetivas e dos esquemas de compreensão de si, de um lado, e das teorias e dos protocolos experimentais, assim como, à medida que o século XX avança, das terapias mais ou menos formalizadas e das tecnologias da emoção que se justificavam por fazer referências a elas, de outro. Ora, por falta dessa verificação completa, podemos tornar a hipótese ao menos plausível com base em um caso exemplar. E esse caso é o da tristeza depressiva: sentir-se mal, isto é, triste, impotente, até mesmo suicida, constitui de fato para o historiador um terreno privilegiado de estudo à medida que os estados ditos depressivos, ao longo do século XX, tornam-se mais e mais um problema de saúde pública e, ao mesmo tempo, um lugar-comum da crítica da Modernidade e dos sofrimentos que ela inflige, mas também o objeto privilegiado de estudos científicos sofisticados.

Ora, do fim de século a outro (1880-1900, depois 1980-2000), dois grandes fenômenos sócio-históricos permitem, a observação não é nova, desdobrar em detalhes essa conjectura[2]. A analogia não é com efeito gritante entre a vasta epidemia de "neurastenia", que atingiu o mundo do capitalismo industrial e liberal até a Primeira Guerra Mundial, e nossa epidemia de "transtornos de-

---

2. Ela vem do estereótipo em todas as histórias da depressão. Cf. LAWLOR, C. *From Melancholia to Prozac*: A History of Depression. Oxford: Oxford University Press, 2012.

pressivos", que também tomou a forma de um fato social, se não de um fato de cultura e de moral, modulando a relação consigo mesmo de indivíduos confrontados com os desafios das novas imposições de seu mundo? Mesmo sofrimento mental que, contudo, se detém no limiar da alienação e da loucura. Mesma sintomatologia polimorfa, em que o abatimento moral está em consonância com o esgotamento físico, as pequenas dores somáticas com as dúvidas obsessivas, com as angústias, assim como com os problemas sexuais. Mesmo caráter globalizado da epidemia, a neurastenia se apresentando de imediato a partir de seu protótipo americano como a afecção típica de um mundo superexcitado pelo álcool, pelo esgotamento profissional, pela aceleração das temporalidades (os divórcios, mas também as estradas de ferro ou os automóveis), enfim, pela implacável modernização dos estilos de vida. Mesmas declinações nacionais que valorizam as representações culturais e políticas do indivíduo, da diferença entre os sexos, das classes sociais. Mesma perplexidade dos médicos, preocupados em distinguir a verdadeira doença, digna de ser tratada, indiscutivelmente cerebral, isto é, objetiva, da queixa confusa, até mesmo da impostura "chique" de nervosos ociosos[3]. Contudo, a doença depressiva, também ela globalizada, também ela "civilizacional", de nossos contemporâneos não enfatiza menos a fragilização dos vínculos sociais (no trabalho, no casal), as desigualdades de gênero (as mulheres nos países desenvolvidos são duas vezes mais propensas do que os homens a ficar doentes, e mais ainda com a idade), bem como o imperativo exaustivo de se adaptar, mais uma vez, a um mundo em mudança rápida e constante. Qual é o valor deste paralelo? E quais teorias das emoções ele mobilizou?

Vamos puxar o fio. Entre esses dois limites, o da neurastenia e o da depressão, é fácil construir uma periodização em que a ciência (mas também as tecnologias ou os diversos tratamentos) das emoções, consideradas ao menos de uma certa perspectiva, ainda se vende com base em uma emotividade de-

---

3. GIJSWIJT-HOFSTRA, M. & PORTER, R. (dir.). *Cultures of Neurasthenia from Beard to the First World War*. Amsterdã: Rodopi, 2001.

sagradável e proteiforme em que seu mal-estar comum reúne os homens: é a experiência vivida individualmente, mas ainda em referência a um horizonte antropológico universal, o do "mal-estar na cultura", segundo a fórmula de Freud[4]. A era da neurastenia (1880-1914) é, com efeito, a da invenção da psicologia científica, a tal ponto que nenhum de seus promotores pôde ignorar seus sintomas, seja para criticá-los como ilusórios, seja para propor um tratamento, seja para torná-los a pedra de toque dos novos processos de objetivação do subjetivo e do íntimo. Sob essa perspectiva, o período entreguerras apresenta um quadro contrastado[5]. Nele duas tendências se defrontam. Com a emergência da psicanálise e o declínio da neurastenia "fim de século", é, por onde quer que se olhe, menos a era da emoção do que a do afeto (*Affekt*) que começa. A experiência não mais apenas mental, ou *abstratamente psicológica*, mas cada vez mais *subjetiva e vivida* da "neurose" privilegiava, contudo, o traumatismo psíquico e a angústia. A tristeza depressiva, no entanto, não desapareceu do horizonte dos observadores da emoção. Como testemunha a reescrita freudiana da melancolia e do luto[6]. Mas, à medida que a experiência da emoção se subjetivava ainda mais sob a representação do afeto, em sentido inverso, as ciências e as técnicas emergentes do comportamento (*behavior*) abriam o caminho tanto para sua desmentalização (o que se passa na cabeça permanece uma "caixa-preta") quanto para sua manipulação na escala das massas: em uma palavra, para a propaganda e o *marketing*. Se o pós-guerra, até os anos de 1960, muitas vezes foi considerado como a "era da angústia" e não da depressão, a descoberta dos primeiros antidepressivos mudou radicalmente o jogo. Mas, de maneira surpreendente, os anos de 1960 veem também o forte retorno da psicologia das emoções em um *élan* contínuo de contestação filo-

---

4. FREUD, S. *Le malaise dans la culture* (1930). Paris: PUF, 2010.
5. Cf. cap. 11: "Apocalipses da guerra".
6. FREUD, S. "Deuil et mélancolie" (1917). In: *OEuvres completes*. T. 13. Paris: PUF, 1988, p. 259-278. Para uma perspectiva histórica, cf. minha aproximação entre esse texto e o "L'autel des morts" (1895), de Henry James: CASTEL, P.-H. "Loss, Bereavement, Mourning, and Melancholia: A Conceptual Sketch in Defence of Some Psychoanalytic Concepts". In: WAKEFIELD, J.C. & DEMAZEUX, S. (dirs.). *Sadness or Depression?* – International Perspectives on the Depression Epidemic and Its Meaning. Dordrecht: Springer, 2016, p. 109-119.

sófica e epistemológica da dominação behaviorista, mas também, sem muito alarde, do paradigma freudiano do afeto. Nos anos de 1970, a depressão ofereceu-se assim como linguagem do mal-estar comum. A "déprime" [depressão] (a palavra surgiu em francês no início dos anos de 1970) parece até mesmo ter se tornado, junto com o traumatismo ou a adicção, um dos grandes idiomas de tristeza com os quais é possível dizer o mal-estar, de certa forma como se o elitismo da melancolia clássica estivesse em sintonia com a democracia de massa. A partir dos anos de 1980, os antidepressivos se impõem como os psicotrópicos de referência (em detrimento dos ansiolíticos), e o Prozac (fluoxetina) como ícone cultural. Mas é que os ideais também evoluíram: ao humor triste do neurótico culpado se somam, e por vezes se substituem, aos olhos dos médicos bem como dos sociólogos, sentimentos de impotência, de cansaço e de vergonha. O sentimento do erro, centro de gravidade tradicional da dor moral, cede doravante à incapacidade de se autoativar e ao subdesempenho nas tarefas "normais". As novas ideias sobre a depressão se beneficiam enfim, a partir dos anos de 1990, da renovação de uma psicologia inspirada nas ciências cognitivas e na neurobiologia evolucionária. Elas priorizam uma tríade cognições-emoções-ação, na qual ainda vivemos. Contudo, neste último paradigma, a depressão deixou de ser um transtorno de humor; tornou-se uma patologia do agir e da adaptação (social). Estranhamente, é mais ou menos a conclusão à qual tinham chegado filósofos e psicólogos do precedente "fim de século"!

A era da neurastenia

É clássico retraçar a genealogia da emergência da psicologia no final do século XIX relacionando-a a duas rupturas epistemológicas: de um lado, o fim do interdito comtiano contra a psicologia, no quadro do positivismo, por John Stuart Mill[7] e, de outro, o desenvolvimento de um novo espírito experimental e quantificador, que tornou mensuráveis certos fatos repetíveis da vida mental

---

7. CLAUZADE, L. "Auguste Comte et Stuart Mill – Les enjeux de la psychologie". In: *Revue d'Histoire des Sciences Humaines*, vol. 8, n. 1, 2003, p. 41-56.

(como a percepção). Não é menos comum inscrever essa emergência da psicologia no contexto mais amplo da era de ouro do individualismo liberal (1870-1914) e de sua nova antropologia, ligada à urbanização, à modernização dos estilos de vida (o declínio relativo das dependências tradicionais), ao elogio da iniciativa pessoal, da autonomia e do controle de si. Em contrapartida, não foi suficientemente destacado o papel mediador da psicologia *das emoções* "entre" as razões epistemológicas e as causas político-antropológicas do desenvolvimento dessa ciência, depois de sua lenta incorporação, *via* as transformações da medicina mental e, sem dúvida, o novo estilo psicológico da literatura, na linguagem cotidiana, bem como nas maneiras banais de justificar a ação. A dedicação foi ainda menor para cercar o tom afetivo subjacente às primeiras teorias científicas em psicologia, como se qualquer emoção pudesse fornecer a matéria desafetada de uma empreitada tão central ao projeto da modernidade quanto ao da *objetivação do subjetivo por práticas padronizadas* (objetos, sujeitos e práticas sendo os três pilares da história da psicologia renovada por Kurt Danziger)[8].

Contudo, entre as maneiras de "se sentir mal" mais comuns antes da Primeira Guerra Mundial, certos estados complexos de abatimento moral, de perda de confiança em si, de angústia, de cansaço (ligados muitas vezes, mas nem sempre, à noção em plena expansão de "esgotamento intelectual"), de queda da libido, e de um cortejo extravagante (para nós) de dores inexplicáveis, mas às vezes muito incapacitantes, ocupavam claramente o centro do palco. "Depressão", no sentido de tristeza, já existia em francês desde Baudelaire em 1867[9]; mas o emprego é raro na escrita dos médicos (e *depressão* pouco aparece em inglês, no sentido da tristeza mórbida, antes de George Elliot em 1876)[10]. Esses estados foram agrupados sob o nome de "neurastenia", não sem notar a grande variabilidade da interpretação de seus sintomas e de seus tratamentos

---

8. DANZIGER, K. *Constructing the Subject*: Historical Origins of Psychological Research. Cambridge: Cambridge University Press, 1990.
9. REY, A. (dir.). *Dictionnaire historique de la langue française*. Paris: Le Robert, 2006, art. "Déprimer".
10. *The Oxford English Dictionary*. Oxford: Oxford University Press, 1971, art. "Depression".

segundo os países. Seu grande promotor era um neurologista americano, George Miller Beard, nascido em 1839. Três anos antes de sua morte, em 1883, ele conheceu um dos gigantes da ciência médica alemã, Wilhelm Erb, a quem persuadiu da realidade biológica desse estado complexo. A neurastenia que havia conduzido Beard ao mestre de Leipzig era uma doença *de civilização*. Representava tanto a América das estradas de ferro, ou seja, sempre em movimento, do alcoolismo de massa, da superestimulação sexual e do trabalho tenaz, até o esgotamento final, e que além do mais impunha aos indivíduos da nova sociedade democrática rigorosas restrições éticas, que William James recorreu a uma palavra de Annie Payson Call para designar a condição de que sofriam, tanto ele quanto seu irmão, Henry, e a irmã deles, Alice: *americanitis*, a "americanite". Mas a neurastenia acolhida por Erb, difratada pelo prisma da psicofísica e da psiquiatria alemã, tomaria imediatamente outra aparência. Descobridor do eletrodiagnóstico, Erb logo viu no quadro clínico da neurastenia um meio privilegiado para propagar uma nova "eletroterapia". Pois, se "depressão" havia, não era de forma alguma no sentido do humor triste, mas de uma redução geral do tônus, de uma *queda de energia* que era preciso aumentar[11]. A dor moral se observa, aliás, em psiquiatria na melancolia, mas sem essa profusão de sintomas de esgotamento e de pequenas dores extenuantes tão características da neurastenia. A depressão, nesse sentido, contribuía também para naturalizar uma grande inquietude cultural no Império Alemão recentemente proclamado. Esquecemo-nos a que ponto a problemática da vontade (do "querer viver" schopenhaueriano à "vontade de potência" em Nietzsche) servia então menos para fixar novas ideias do que para combater a doença do século, a "fraqueza da vontade". O horror da perda da energia (cujo, mais uma vez, efeito de cauda no humor, a tristeza, nunca está em primeiro plano) fornecia seu tema principal aos extraordinários fragmentos de coragem – como aqueles que lemos nos escritos de Rudolf Diesel, o inventor do motor que leva

---

11. Sobre as implicações antropológicas de longo alcance desse paradigma "energético", cf. RABINBACH, A. *The Human Motor*: Energy, Fatigue, and the Origins of Modernity. Berkeley, Calif.: University of California Press, 1992.

seu nome, reformador social preocupado em generalizar para tudo e para todos as aquisições da termodinâmica[12], o que não o impediu de se suicidar, vítima provável do abatimento que ele denunciava. Diríamos talvez, hoje, que se tratava de um suicídio no contexto de uma depressão "mascarada". A neurastenia permitia no fundo revelar o mal-estar, evitando a armadilha do diagnóstico de melancolia, isto é, da loucura e da alienação, que deveriam permanecer excepcionais. Ora, é também por que a queda quase física da "energia" da vontade não vem recobrir completamente outra grande angústia do tempo: as diferentes representações da "degenerescência" (de um insidioso enfraquecimento da raça humana, fonte última das doenças mentais e físicas, mas também das taras da cultura), que também elas se declinavam de forma diferente de acordo com os contextos nacionais. Pois, a neurastenia, o indivíduo a sente. E embora a degenerescência tenha um alcance explicativo e teórico, a neurastenia é infinitamente mais sensível aos desafios da percepção que os indivíduos têm deles mesmos, segundo seu entorno moral e político. Quase sem impacto na Grã-Bretanha (é decididamente uma afecção para o "nervoso" americano!), a neurastenia atingia no Império Alemão a classe nova dos trabalhadores intelectuais (contadores, professores, técnicos etc.), a ponto de, para tratá-los, o Partido Social Democrata financiar clínicas especializadas. Na França, apesar de Charcot, a ideia que prevaleceu foi a de uma afecção para os cérebros exaustos das classes superiores (negociantes angustiados, oficiais em pé da guerra, pessoas de letras ociosas e um tanto debochadas). Por toda parte na Europa e nos Estados Unidos, à medida que a tuberculose recuava, seus antigos locais de cura se reconvertiam para acolher a nova clientela. Neles se oferecia uma cura baseada no sono e na alimentação abundante, seguindo os conselhos de outro neurologista americano, Silas Weir Mitchell. O pai de Marcel Proust, Adrien, era uma autoridade no assunto. Freud, mas também muitos romancistas que não deixaram de se interessar por essas tristezas psíquicas expostas, aponta-

---

12. Cf. as lembranças de seu filho: DIESEL, E. *Jahrhundertwende* – Gesehen in Schicksal meines Vater. Stuttgart: Reclam, 1949, principalmente p. 184.

rá que os efeitos salutares dessas "curas de repouso" nos espíritos cansados vinculavam-se, em grande parte, à liberdade sexual conquistada com o afastamento do cônjuge... A energia vital supostamente deficitária, o que deprimia as pessoas, era percebida bem antes da psicanálise, nas representações comuns e não eruditas, como de natureza sexual.

Nessa atmosfera opressora, vários traços singulares da emergência de uma psicologia científica das emoções talvez possam ser mais bem explicados. Sua origem é clara. É a publicação, e a rápida tradução em todas as línguas europeias, do clássico de Darwin, *A expressão das emoções no homem e no animal*, de 1872[13]. É verossímil que, inclusive até hoje, uma enorme parte da ciência das emoções baseie-se na clarificação ou na interpretação das teses desse livro fundador. Na realidade, ele estava repleto de ambiguidades fecundas. Para os filósofos engajados na refutação do espiritualismo e do intelectualismo racionalista, seria preciso ler nessa obra a demonstração da continuidade psicobiológica do homem e do animal? Darwin poderia ser então considerado como o ancestral da teoria das "emoções básicas", que são espécies naturais nitidamente distinguíveis, comandadas por atitudes pré-culturais, biologicamente invariantes, impostas aos indivíduos pela luta pela vida e pela adaptação ao meio. Ou seria preciso ser sensível ao esforço que Darwin realiza para delimitar o que distingue o homem do animal? O naturalista inglês se pergunta, por exemplo, se o rubor da ira nos primatas não está em correspondência direta com o rubor da vergonha e o pudor nos humanos – salvo que, nestes últimos, o movimento emocional da ira teria sido interiorizado ("recalcado", "inibido") em relação a uma certa ideação moral. Mas qual é o peso dessa interioridade no fenômeno da emoção?

Sem o problema geral então colocado à cultura, mas também às formas de organização política da autonomia pessoal pela crise da Modernidade (cuja aceleração se revelava como fonte de neurastenia), é difícil entender por que

---

13. DARWIN, C. *The Expression of the Emotions in Man and Animals*. Londres: John Murray, 1872 (traduzido para o alemão em 1872, para o holandês em 1873 e para o francês em 1874).

a tese provocadora de William James no "What Is an Emotion?" (1884) teve tanta repercussão[14]. Com efeito, James sustentava que, longe de expressar uma experiência interior no corpo, uma emoção não era nada mais do que o efeito induzido no espírito por finos movimentos musculares, glandulares e viscerais, a serem decifrados como respostas ao ambiente. O exemplo canônico é aliás eloquente para nós, uma vez que James explica que "se estamos tristes é que choramos", e não o contrário. Como, com efeito, distribuir os papéis respectivos da interioridade psíquica, moral, do corpo afetado, das bases psicobiológicas da emotividade e, *last but not least*, das funções sociais das emoções em uma vida em que as relações entre os homens, cada vez mais autônomas, e cada vez mais interdependentes, estão sempre se tornando mais complexas? As reflexões de John Dewey sobre as "funções sociais" das emoções constituem assim o terceiro eixo teórico da nova ciência da afetividade[15]. Tratava-se então menos de criticar uma filosofia intelectualista seca que reduziria as emoções às paixões do que trazer o combate para o centro do racionalismo frio e calculista da economia política liberal, e de sua antropologia incompleta. Ver seu interesse é uma coisa, ter a força de agir em consequência é outra. Conciliar, assim, a ideia de que existem reações instintivas expressivas, interpretações subjetivas dos objetos pela via das emoções, e o fato de que elas têm manifestamente funções sociais está no centro da reflexão de James Sully, que inspirou gerações de educadores e de médicos[16].

A era da neurastenia é, portanto, a época da tomada de consciência de tudo o que a ação "social" (coletiva e organizada) exige do indivíduo que se vê como autônomo, mas também como isolado moralmente do outro. As desordens emocionais, sobretudo as do abatimento, do sentimento de perda de energia e de confiança em si, situando-se então no ponto de junção entre o corpo particular deste ou daquele, submetido às leis gerais da psicobiologia darwiniana,

---

14. JAMES, W. "What Is an Emotion?" In: *Mind*, vol. 9, n. 34, 1884, p. 188-205.
15. DEWEY, J. *Experience and Nature* (1925). New York: Dover, 1958.
16. SULLY, J. *The Human Mind*. Nova York: Appleton, 1892.

e o indivíduo nesse corpo, cujo eu, ou o *self*, não se constitui em outro lugar que na interação social. É nesse sentido que se deve compreender o sucesso relativo da ideia de "psicastenia" em Pierre Janet[17]: é a neurastenia, mas em seus aspectos mais subjetivos, em que a questão da ação e da força de agir (no sentido do pragmatismo, assim como de uma energética psicobiológica) passa para o primeiro plano. Ela descreve pela primeira vez a repercussão íntima da impotência para agir do homem moderno, e a oferta psicoterapêutica de Janet não deixa de suscitar demandas urgentes em toda a Europa. Foi conservada assim uma carta enviada por Fernando Pessoa em 1919 a dois médicos franceses, Hector e Henri Durville, na qual ele descreve "a intranquilidade" que o atinge, não no habitual registro da melancolia, mas em termos perfeitamente congruentes com o quadro de Janet da tristeza psicastênica[18]. Entretanto, o vocabulário da depressão, mesmo que desse um lugar cada vez mais nítido ao humor triste, permanecia organizado segundo uma teoria da força psíquica necessária para atuar na sociedade. A angústia, as inibições e a dúvida cercavam, pois, essas experiências de tristeza por todos os lados.

O desenvolvimento freudiano dos afetos

Que o desenvolvimento do behaviorismo, depois de John Watson, havia asfixiado a profusão especulativa da primeira ciência das emoções foi uma opinião longamente aceita pelos historiadores da psicologia. O interdito decretado contra toda teoria que tratasse do conteúdo da "caixa-preta" da interioridade certamente teve um grande peso. A emoção foi, mais ou menos, reduzida a uma resposta comportamental objetivada, e sobretudo manipulável experimentalmente[19]. Essa época foi tão sombria assim? Temos nossas dúvidas agora. Pois foi também a época em que eminentes fisiologistas, como

---

17. JANET, P. & RAYMOND, F. *Les obsessions et la psychasthénie*. Paris: Alcan, 1903-1904.
18. PESSOA, F. *Escritos sobre génio e loucura*. Lisboa: Imprensa Nacional/Casa da Moeda, 2006, p. 450-451.
19. Cf. o famoso "Caso Albert". In: WATSON, J.B. & RAYNER, R. "Conditioned Emotional Reactions". In: *Journal of Experimental Psychology*, vol. 3, n. 1, 1920, p. 1-14.

Walter Cannon (que refutou a hipótese de William James)[20] discernem os primeiros mecanismos neurobiológicos da emoção. O período entreguerras foi também a idade de ouro da endocrinologia (seus fundadores ganham vários prêmios Nobel) e de um conjunto de teorias hoje bem esquecidas, o "behaviorismo endocrinológico", que foi, nos fatos e nas práticas cotidianas, o principal concorrente do maremoto do freudismo nos Estados Unidos. O que explica melhor a sexualidade e a agressividade humana: uma teoria comportamentalista apoiada por protocolos experimentais ou uma psicologia das pulsões e dos afetos apoiada por uma clínica das neuroses? Ora, a manipulação das emoções em grande escala é uma das maiores preocupações sociais e políticas da época, e ainda não está muito claro que a oposição contemporânea entre freudismo e comportamentalismo tenha tido então qualquer importância. Basta lembrar de Edward Bernays, recrutado em 1917 pelo Presidente Woodrow Wilson para conquistar a opinião pública americana à ideia de uma intervenção na Europa utilizando como meio o que mais tarde tomará a forma de uma teoria da "propaganda" em democracia. Ele pensava o subconsciente das multidões com as ferramentas da psicanálise (aliás, ele era sobrinho de Freud por parte de pai e de mãe), não hesitando em recorrer à simbólica do sonho nas imagens publicitárias! Em resumo, ele foi o inventor do *marketing* e das relações públicas. Seus métodos, aliás, foram usados por Goebbels. Para ele, no entanto, "a engenharia do consentimento", segundo sua famosa fórmula de 1947, depende não da experiência de laboratório sobre as emoções, mas da experiência natural (seduzir, chocar etc.) em que os efeitos medidos pelos benefícios induzidos pela publicidade, ou então pelos votos, podem ser quantificados[21]. A ciência das emoções se articulava com verdadeiras tecnologias, e a contestação filosófica do intelectualismo e do espiritualismo anterior à guerra se transformava em refutação, pela mani-

---

20. CANNON, W.B. "The James-Lange Theory of Emotions: A Critical Examination and an Alternative Theory". In: *The American Journal of Psychology*, vol. 39, n. 1-4, 1927, p. 106-124.
21. BERNAYS, E. *The Engineering of Consent*. Norman, Okla.: University of Oklahoma Press, 1969.

pulação das massas, da antropologia liberal dos indivíduos racionais, cujas decisões seriam simplesmente numericamente agregadas.

Mas o outro movimento de fundo do período entreguerras é o desenvolvimento inédito de uma doutrina do "afeto". Se hoje o termo é quase equivalente ao de emoção, nem sempre foi assim. O freudismo cumpriu aqui um papel crucial. Não que Freud tenha dado uma definição clara do *Affekt*; mas porque a psicanálise colocou no centro da análise do "mal-estar na cultura", em outras palavras, da condição dolorosa do homem moderno neurótico, seu ressentido subjetivo, o "tom afetivo" de sua consciência, que, na verdade, depende de uma economia inconsciente e de mecanismos dos quais ele nada sabe. É claramente uma ideia alemã. Não somente porque a psicologia do afeto tem profundas raízes na literatura e na espiritualidade germânica, mas porque ela já havia conquistado, com Wilhelm Wundt, um dos fundadores da psicologia científica, sua dignidade. É com Wundt, com efeito, que aparece a ideia de uma maneira específica de ser afetado na vida mental, que é *contínua e não episódica*, como são classicamente as emoções. A verdadeira continuidade psíquica é então a modulação da afetividade[22]. Oculta por trás dessa nuança, uma profunda reorientação das vias pelas quais o indivíduo acede à sua experiência de si mesmo foi detectada pelo primeiro tradutor francês de Freud, Angelo Hesnard: encontrávamos, nos manuais de filosofia do final do século XIX, um uso de "afetivo" para designar essas emoções que sentimos fortemente, mas que não ou pouco expressamos (como o amor). Contudo, a dupla face do conceito freudiano que, sob o título de afeto, combina ao mesmo tempo uma descarga quantitativa da pulsão e sua repercussão na consciência pareceu tão estranha que por um momento germinou a ideia de optar por um neologismo: *affekt*. Pois a dimensão da "descarga" do afeto, em Freud, confere-lhe uma autonomia psíquica real, a tal ponto que ele pode se deslocar como quiser, combinando-se com todo tipo de representações distantes umas das outras. Eis o que explicaria os estranhos sintomas da histeria, da obsessão, das fobias, em

---

22. WUNDT, W. *Outlines of Psychology* (1897). Bristol: Thoemmes Press, 1998.

que não compreendemos por que esta ou aquela ideia, muitas vezes anódina, é a esse ponto "superestimulada" afetivamente. Foi finalmente "afeto" que se impôs, e depois passou para a língua corrente, de tal forma que rapidamente "estar afetado" (que até então queria dizer ou "estar doente de", ou "estar designado a") adquiriu o valor de "estar comovido". Tal porosidade entre um termo inédito, suscitando o escrúpulo técnico de um tradutor, e sua adoção nas maneiras de dizer cotidianas é exemplar da superdeterminação recíproca entre teorias eruditas e percepções ordinárias de si. Mas era difícil renunciar à dimensão interior, psíquica, qualitativa, da experiência emocional – mesmo quando a psicanálise fizesse dessa experiência consciente o efeito de processos inconscientes, excitando a desconfiança dos behavioristas. A redução da emoção a um comportamento, ainda que manipulável experimentalmente, infringe demais a intuição. "Sentir-se mal" (ou "bem") é uma experiência que temos dificuldade de reduzir ao efeito de cauda mais ou menos inescrutável de nossas reações psicobiológicas aos eventos.

Não obstante, o afeto cardinal do qual a psicanálise julgava encarregar-se era muito mais a angústia obsessiva do que a depressão. Os médicos eram unânimes: no período entreguerras, embora por vezes sejam classificados de "depressão"[23], os mal-estares de que as pessoas geralmente se queixavam deviam-se mais aos escrúpulos, às "ideias fixas", à dúvida e às "pequenas manias", do que à tristeza, a qual acompanhava todos essas desordens sem muita especificidade[24]. Mas Freud não era de forma alguma o único a pensar que os sofrimentos tipicamente depressivos, o do luto e da separação, eram banais, desprovidos de interesse médico ou especulativo. Estamos longe da ideia, finalmente recente, e erroneamente relacionada à psicanálise, segundo a qual "fazer seu luto" seria uma tarefa psíquica especial e que necessita de ajuda.

---

23. MONTASSUT, M. *La dépression constitutionnelle* – L'ancienne neurasthénie dans ses rapports avec la médecine générale. Paris: Masson, 1938. Quando cuidavam da depressão eram com excitantes, como a bezendrina.
24. Esses transtornos são aliás bem risíveis. Cf. DUHAMEL, G. *La confession de minuit*. Paris: Mercure de France, 1920.

Pois um luto, por mais doloroso que seja, *se faz*, por si mesmo e naturalmente. Em contrapartida, é à psicanálise que devemos a interpretação dos estados paradigmáticos de dor moral, estados que os psiquiatras reuniam sob o rótulo da melancolia psicótica, em termos de "luto patológico": em outras palavras, interminável. O fato é patente com essa patologia exemplar que é a loucura dita maníaco-depressiva (*manisch-depressiv* substitui pouco a pouco nessa época *manisch-melancolisch*): a grande excitação maníaca, nos freudianos, é vista como uma resposta compensatória, se não defensiva, face a um processo de luto intolerável. Aliás, vale a pena se interessar pelos indivíduos aos quais os psicanalistas atribuíram esse rótulo (e a teoria subjacente). Foi Karl Abraham, em Berlim, que a colocou em circulação na véspera da Primeira Guerra Mundial. Sua atenção tinha sido atraída por um tipo de homens escrupulosos, eticamente rígidos, exercendo profissões intelectuais exigentes, submetidos a fortes restrições sociais e eróticas e que, em intervalos regulares, deixavam sua condição de conformistas obsessivos, seja para mergulhar em uma depressão melancólica, seja para se desinibir em um modo maníaco. A mediação da "loucura maníaco-depressiva" para separar os estados depressivos daquilo que eram até então (uma queda de energia mental) e lhes conferir as características de uma tristeza intensa não se compreende, contudo, fora do contexto político e social. Apresento como prova o que se passava então no outro lado do mundo, no Japão[25]. A modernização acelerada, mas também a militarização da sociedade no período entreguerras, levou Mitsuzo Shimoda, um mestre da psiquiatria japonesa, a identificar uma síndrome estranhamente paralela à de Abraão: *shuuchaku-kishitsu*[26]. Médicos, oficiais zelosos demais, altos funcionários excessivamente conscienciosos e estudantes submetidos à disciplina de ferro, que é o selo da embriaguez nacionalista do período, atravessavam episó-

---

25. Para uma história cruzada da depressão e da sociedade japonesa, cf. KITANAKA, J. *De la mort volontaire au suicide au travail* – Histoire et anthropologie de la dépression au Japon (2011). Montreuil-sous-Bois: Ithaque, 2014.

26. TSUDA, H. *Revisiting Shimoda's 'Shuuchaku-Kishitsu' (Statothymia)*: A Japanese View of Manic-Depressive Patients [Disponível em Hindawi.com – Acesso em 2011].

dios sucessivos de excitação e de depressão, em que ficava claro que se tratava menos de uma queda de energia do que de uma desregulação do humor, o qual virava da alegria excessiva às "ideias negras". Todavia, essa depressão nova, que começa então sua longa carreira na vertente do humor (e não da baixa de tônus psíquico), permanecia ainda ligada às causas acidentais, e mesmo traumáticas. Havia eventos desencadeadores, ainda que inconscientes, antes dessa depressão. Mesmo quando se incrusta sob a forma de disposição nos indivíduos, a depressão testemunhava a dureza das experiências: ela era sobretudo "reacional", como se começará a dizer nos anos de 1950. Ela permanecia assim inteligível. Ninguém via nessa depressão a expressão de um déficit inerente a certos indivíduos[27]. Os primeiros psicanalistas pensavam, portanto, que era possível curar a loucura maníaco-depressiva revelando perdas de objetos recalcados no inconsciente e dos quais o paciente não conseguia fazer o luto. Os desapontamentos foram severos. Ironicamente, um dos propagadores mais zelosos do freudismo nos Estados Unidos, o psiquiatra Horace Frink, ele mesmo maníaco-depressivo e tratado por Freud, também foi um de seus mais trágicos fracassos terapêuticos.

Essa crescente subjetivação da emoção na forma de afeto pareceu, evidentemente, anticientífica tanto para os psicólogos experimentais quanto para os comportamentalistas. Mas a autoridade terapêutica do freudismo e sua posterior banalização na sociedade americana nos anos de 1950 (pelo cinema) mostraram bem o caráter ideologicamente inaceitável de uma objetivação da vida mental, e especialmente das emoções, que não desse lugar algum ao ponto de vista do sujeito em primeira pessoa. Era, no entanto, o mesmo "indivíduo democrático" que servia de alvo à manipulação de massa das emoções pela publicidade ou pelo *marketing* político, e que trabalhava seus afetos íntimos três vezes por semana no divã.

---

27. Em outro registro, foi nos Estados Unidos que presentearam o mundo com a neurastenia, onde nasceu também os *blues*, cuja etimologia, ao que parece, remete aos *blue devils*, os "diabos azuis", o equivalente idiomático às "idées noires" [ideias negras]. Ora, esse é um modo de ser e um estilo de música estreitamente dependentes da opressão racial e da miséria.

Da "tensão ansiosa" ao "cansaço de ser si mesmo"

Os anos de 1960 constituem incontestavelmente uma virada na história tanto da ciência das emoções quanto da depressão propriamente dita. Magda Arnold assinalava com efeito o fim da "era sombria" da psicologia das emoções e a reabilitação do papel do sujeito que avalia e antecipa na gênese de seus afetos (é a teoria do *appraisal*)[28]. Uma célebre experiência de Stanley Schachter e Paul Singer demonstrou quase na mesma época que a maneira como as pessoas interpretam segundo os contextos sociais os estados de excitação fisiológica característicos das emoções faz com que os sintam de maneira diferente[29]. E é no mesmo espírito antibehaviorista que um psicanalista americano, Aaron Beck, descobre que era possível cuidar dos estados afetivos dos depressivos criticando seus "esquemas de pensamento" ou suas "cognições" falsas (pois irracionais, autodepreciativas etc.), lançando as bases das terapias cognitivas[30].

Contudo, os psicobiólogos darwinianos, convencidos da invariância transcultural das emoções, não desistiram. Silvan Tomkins e seu aluno Paul Ekman propuseram o que permanece até hoje a mais rica concepção de "emoções básicas"[31]. Puras, sem objeto, e comuns ao homem e aos primatas, estas são realmente objetivas. Em outras palavras, elas não podem mentir. A ideia de Ekman era de que as microexpressões do rosto humano (do qual ele construiu um sistema complexo de codificação) traem até as emoções ocultas. Um de seus estudos *princeps* tratava dos depressivos suicidas em oposição aos não suicidas (sua mãe se matou quando ele tinha 14 anos). Mesmo depois dos anos de 2000 vendem-se detectores de mentiras que se baseiam nessa tecnologia, mas já são imaginadas máquinas capazes de decodificar as emoções humanas,

---

28. ARNOLD, M.G. *Emotion and Personality*. Nova York: Columbia University Press, 1960.
29. SCHACHTER, S. & SINGER, P. "Cognitive, Social, and Physiological Determinants of Emotional State". In: *Psychological Review*, vol. 69, n. 5, 1962, p. 379-399.
30. BECK, A.T.; RUSH, J.A.; SHAW, B.F. & EMERY, G. *The Cognitive Therapy of Depression*. Nova York: The Guilford Press, 1979.
31. TOMKINS, S.S. & KARON, B.P. *Affect, Imagery, Consciousness*. New York: Springer, 1962-1992. • EKMAN, P. *Emotions Revealed*: Recognizing Faces and Feelings to Improve Communication and Emotional Life. Nova York: Times Books, 2003.

e até de simulá-las em rostos artificiais. O *marketing* das emoções se tornaria então "*neuromarketing*", e o controle das paixões das multidões evoluiria para a vigilância automatizada dos afetos dos indivíduos perigosos. Desde então desencadeou-se o debate sobre a plausibilidade (as emoções sociais são a esse ponto independentes do contexto?), a viabilidade técnica e ética dessas tentativas. As teorias foram refinadas. Elas opõem doravante as posições "construtivistas sociais" a uma *affective neuroscience* que recorre tanto às ciências do cérebro quanto à biologia evolucionista[32]. Mas acima de tudo, no interior de neurociências que adotam cada vez mais os traços da *Big Science* (orçamentos internacionais colossais, divisão minuciosa do trabalho, dispositivos experimentais pesados etc.), a ciência das emoções, na virada dos anos de 2000, reúne os interesses de uma multidão de atores: militares, psiquiatras, analistas da vida política e dos mercados, preocupados em oferecer uma saída prática instrumental ao empreendimento secular de naturalização e de objetivação da vida afetiva dos indivíduos. Com efeito, o que se questiona aqui é menos a emoção sozinha do que a tríade cognições-emoções-*ação*, da qual um modelo correto abriria o caminho às manipulações baseadas na ciência de quase toda nossa vida de relacionamento.

Ao fixar esse limite cronológico alto, podemos, em todo caso, regressivamente discernir certas linhas de força naquilo que conduziu desde os anos de 1960 à nova perspectiva sobre a emoção. A depressão, mais uma vez, é a pedra de toque de vários aspectos centrais dessa evolução.

Pois essa década, do ponto de vista não mais de uma ciência, e sim de uma antropologia das emoções, assinala a mudança entre o que foi a "era da angústia", e o que se anunciava como a da depressão. A angústia, com efeito, não era no final dos anos de 1950 um afeto tão desagradável: o meprobamato, o primeiro ansiolítico moderno, era até comercializado para ajudar os homens

---

32. Confrontaremos Rom Harré (dir.) (*The Social Construction of Emotions*. Oxford: Blackwell, 1986) e Jaak Panksepp (*Affective Neuroscience*: The Foundations of Human and Animal Emotions. Nova York: Oxford University Press, 1998).

(e sobretudo, nos Estados Unidos, o *businessman* médio) a manter psíquica e fisicamente uma "tensão" concebida como valorizadora. A mudança ocorreu quando as benzodiazepinas substituíram esses primeiros medicamentos da mente consumidos em quantidades fenomenais; as mulheres, com efeito, começaram a se beneficiar com elas. É em 1966 que os Rolling Stones cantam "Mother's Little Helper", o Valium maldito em "uma pequena pílula amarela" que uma mãe absorve "ainda que não esteja realmente doente". Mas essa feminização do consumo dos psicotrópicos não parou por aí. Desde o final dos anos de 1970, perceberam que os sintomas que até então eram chamados de ansiosos também eram aliviados pelos "antidepressivos" (considerados menos adictivos) e que seria melhor falar de "transtornos ansiodepressivos" para captar uma população ainda mais vasta entre os potenciais beneficiários. Portanto, é na onda das mutações da angústia que a depressão (fortemente feminizada) tornou-se um alvo médico legítimo, assim como um mercado colossal e um fenômeno de sociedade[33].

Para evitar tomar os efeitos pelas causas, é necessário, no entanto, olhar para os detalhes da ascensão aparentemente irresistível do par depressão-antidepressivo. Quando Roland Kuhn descobre a ação antidepressiva da imipramina em 1957, o estado afetivo que seria *especificamente* sensível a essa molécula parece-lhe tudo menos evidente. E ele mobiliza um considerável arsenal fenomenológico para distinguir a depressão da angústia, da dor moral melancólica, da astenia etc. Na época, um diagnóstico puro de depressão era algo raro, a ponto de Kuhn se confessar cético quanto ao futuro comercial de um antidepressivo! Em contrapartida, ele observa que o efeito da imipramina é mais sensível nos pacientes acometidos do que ele qualifica de "depressão vital": não uma reação aos eventos da vida (luto, perdas diversas), mas essa depressão que será qualificada de "endógena", sem contexto que a explique, e que serviu de base para a construção e para a medicalização de nosso "episódio depressivo maior". Mas essa distinção entre "depressão reacional" e "depressão

---

[33]. HEALY, D. *The Antidepressant Era.* Cambridge, Mass.: Harvard University Press, 1997.

endógena" não subsistiria por muito tempo: à medida que novas variedades de agentes químicos mostravam o mesmo potencial terapêutico, como a iproniazida, isolada por Nathan Kline e por pouco tempo comercializada em 1958, percebeu-se que os dois tipos de depressão respondiam a eles. Descoberta de impacto considerável: pouco importavam as causas circunstanciais ou morais de seu estado, se você tivesse os sintomas da depressão (tristeza, distúrbios do sono, fadiga), que os médicos separavam cada vez melhor do conglomerado ansiodepressivo, o antidepressivo era indicado. Os ansiolíticos tinham uma má reputação e a angústia era uma síndrome difícil de circunscrever, e às vezes até de patologizar (não devemos perder de vista que é um correlato da liberdade em todo o pensamento existencialista). A depressão, com o perigo de suicídio resultante das "ideias negras", mostrou-se mais facilmente medicável. Ela logo se prestou às avaliações psicométricas, e é possível afirmar sem risco que o novo tratamento das doenças mentais, que a usa sistematicamente, implantou-se por toda parte graças às "escalas" da depressão (como as de Max Hamilton ou Aaron Beck, ambas criadas por volta de 1960). A escalada dos antidepressivos coincidia assim com o declínio da psicanálise, a qual tinha uma necessidade vital das causas contextuais (particularmente traumáticas) dos estados psíquicos[34]. O sofrimento moral pôde, portanto, ser completamente desistoricizado. A descoberta do papel central de um neurotransmissor nos estados depressivos, a serotonina, oficializada nos anos de 1970, completou a biologização desse mal-estar proliferante.

No mesmo ano em que os Rolling Stones, Pierre Daninos populariza a depressão (e elogia os antidepressivos) no livro *Le 36ᵉ Dessous*[35] [O 36º subsolo[36]]. Pouco a pouco, as revistas femininas difundem o quadro e o instituem

---

34. A depressão nunca fez parte dos conceitos centrais da psicanálise, com exceção da doutrina dos estados-limite (*borderlines*); mas, mesmo então, os psicanalistas concordavam em dizer que os pacientes não se assemelham realmente mais aos neuróticos vienenses. Cf. BERGERET, J. *La dépression et les états-limites*. Paris: Payot, 1975.

35. DANINOS, P. *Le 36ᵉ dessous*. Paris: Hachette, 1966.

36. Referência a uma expressão teatral usada no século XIX, quando os artistas se refugiavam no subsolo das óperas ou do teatro caso uma peça fosse muito vaiada pelos espectadores. Estar no 36º subsolo equivale a estar muito por baixo, muito deprimido [N.T.].

gradualmente em um novo idioma de aflição. "Déprime" banalizou-se a partir de 1970.

Ninguém mais duvida de que a depressão é uma patologia do "humor": é a tristeza que domina, mesmo quando é associada a essa outra grande expressão do sofrimento moral ligado à fadiga no trabalho, então em plena expansão: o "estresse". Contudo, à medida que seu idioma se generaliza, a depressão reabsorve também as figuras antigas da melancolia. Biologizada e desistoricizada pela psiquiatria, a depressão recolhe também todo o conjunto da vilania da condição humana: Willian Styron publica o relato de sua depressão na *Vanity Fair* em 1989[37]. Mas, enquanto ele atribuía sua cura à sua psicoterapia, e não aos antidepressivos, seu texto foi regularmente exibido como prova da eficácia deles...

Podemos, contudo, distinguir duas fases nessa generalização do idioma da tristeza depressiva, para o qual a história da neurastenia, primeira doença de civilização globalizada, continua oferecendo uma grade de leitura social bem como epistemológica. Um primeiro período, que se inicia em meados dos anos de 1970, nos mostra a depressão como um transtorno do humor patologicamente triste, feminizado, inscrito em uma lógica consumista e ligado à substituição dos ansiolíticos pelos antidepressivos (a tal ponto que nos divertíamos definindo a depressão como "o que se cura com antidepressivos"). O sucesso do Prozac em 1986 foi o ponto culminante dessa primeira fase: a possibilidade de se livrar da tristeza de viver por meios químicos pareceu abrir, ao menos nos Estados Unidos, um período inédito da história moral da humanidade[38]. Tanto quanto podemos julgar a tão pouca distância, essa primeira fase foi seguida de uma segunda que dura mais ou menos até hoje e que parece, de todo modo, apresentar duas características. A primeira é o pânico moral diante da "medicalização da existência"[39]. Também é preciso dizer que, quanto mais

---

37. Cf. STYRON, W. *Darkness Visible*: A Memoir of Madness. Nova York: Random House, 1990.
38. Cf., entre várias outras obras, KRAMER, P. *Listening to Prozac*: A Psychiatrist Explores Antidepressant Drugs and the Remaking of the Self. Nova York: Viking Press, 1993.
39. WAKEFIELD, J.C. & HORWITZ, A.V. *The Loss of Sadness*: How Psychiatry Transformed Normal Sorrow into Depressive Disorder. Nova York: Oxford University Press, 2007.

antidepressivos prescritos, mais o número de depressivos aumenta. A crítica científica das virtudes dos antidepressivos, exageradas pelo *Big Pharma*, o *lobby* farmacêutico (até a fraude), tornou-se uma etapa do questionamento pela esquerda progressista do estilo de indivíduo que o neoliberalismo triunfante pretendia universalizar. A segunda característica é menos visível. Ela reinscreve o desenvolvimento da teoria médica da depressão naquele da ciência das emoções e em sua virada neurocientífica. Ela desvinculava, portanto, a depressão dos antidepressivos e procurava dar-lhe um conteúdo substancial, mobilizando a tríade cognições-emoções-ação. O humor triste volta a ser o efeito de cauda psicológico de um "colapso do agir" ao qual são oferecidos fundamentos evolucionistas. A depressão seria necessária à espécie, para que cada um possa sair de certos planos de ação ultrapassados e adotar outros. Os afetos depressivos contribuiriam para o processo de decisão quando é preciso se separar, ou virar uma página, e apenas uma pequena parte do espectro depressivo, nos extremos, seria mórbida. Os antidepressivos continuam sendo prescritos. Mas, agora, os médicos estão mais preocupados com a "desaceleração psicomotora" dos pacientes do que, mais adiante, com sua tristeza, que parece basicamente normal. O impacto econômico cada vez mais avaliado da depressão certamente desempenhou um papel nessa reorientação da atenção do humor (triste) para a ação (parada ou desacelerada). E, ao que parece, à medida que nos países em desenvolvimento aumenta a consciência dos sofrimentos psíquicos das mulheres, a eventualidade de tratar seus estados depressivos, até o presente praticamente ignorados, é menos guiada pelos cuidados quanto ao que elas poderiam sentir do que pelo peso delas na produção nacional.

Interpretar o conjunto desse processo histórico é delicado. Junto com Alain Ehrenberg, podemos ler o seu lento deslocamento do individualismo de um polo em que a relação consigo mesmo era essencialmente regida pela culpa e pela angústia para um outro em que a impotência e a vergonha dominam: de uma era da neurose, que era também a da psicanálise triunfante, para a era da depressão, em que os ideais reguladores da vida coletiva são menos ideais éticos do que objetivos de desempenho[40]. Pois os estados depressivos nem sempre tiveram, como vimos, o privilégio de encarnar o mal-estar na cultura. Seria preciso, certamente, trançar esse primeiro fio com um segundo, em que se enfatizaria a crescente reivindicação dos indivíduos de se tornarem autores de sua própria mudança. Uma vez que, em suas grandes linhas como nos inúmeros detalhes epistemológicos finos, a história da ciência das emoções no século XX é a história de uma afirmação do papel central da subjetividade na experiência emocional: o extenso parêntese behaviorista (1920-1960) e a rejeição de uma psicologia exclusivamente introspectiva não poderiam sob esse ponto de vista ocultar três coisas. A primeira é a cultura moral do afeto e seu desenvolvimento que contraria a psicologia objetivista da emoção; a segunda é a valorização da emoção como ingrediente essencial à avaliação subjetiva dos estados do mundo; a terceira é que a grande caução psicobiológica da ciência das emoções, o darwinismo, é constantemente testada de acordo com a função da diferença que ela faz para os sofrimentos das pessoas. Os afetos depressivos estão, portanto, na junção da nova ciência das emoções, a *affective science* atualmente em formação, com a tradução deles no nível individual.

---

40. EHRENBERG, A. *La fatigue d'être soi* – Dépression et société. Paris: Odile Jacob, 1998.

18
O SENTIMENTO DE HUMILHAÇÃO: DEGRADAR, REBAIXAR, DESTRUIR

Claudine Haroche

> *Esta disposição a admirar, a quase adorar os ricos e os poderosos, a desprezar ou pelo menos a negligenciar as pessoas indigentes ou obscuras [...] é também a causa primeira e geral da corrupção de nossos sentimentos morais.*
> SMITH, A. *Théorie des sentiments moraux* (1759)[1].

A humilhação é uma história longa e imemorial, oculta, muitas vezes recalcada e silenciosa. Pontuada pelos eventos, essa história contém constantes antropológicas que se traduzem ao longo dos séculos sob a forma de signos, de gestos, de posturas, de olhar de submissão, de humildade[2]. Mas também de ausência de consideração por parte de quem pretende envergonhar aqueles que ele deseja humilhar. Que nasça da afronta ou da indiferença, infligida deliberada ou involuntariamente, a humilhação sentida coloca em questão o orgulho, a honra, a dignidade.

---

1. SMITH, A. *Théorie des sentiments moraux* (1759). Paris: Payot & Rivages, 2016 [*Teoria dos sentimentos morais*. São Paulo: WMF Martins Fontes, 2015].
2. Cf. LE GOFF, J. "Le rituel symbolique de la vassalité". In: *Pour un autre Moyen Âge* (1977). Paris: Gallimard, 1991, p. 349-420 [*Para uma outra Idade Média*. Petrópolis: Vozes, 2014].

Sob o Antigo Regime, a humildade, a submissão e a humilhação são governadas por regras[3]. O humilde, o pobre, na parte mais baixa da escala social, entregue a todos os arbítrios, goza, no entanto, de um estatuto, ainda que miserável. Uma profunda transformação ocorre com o advento da democracia moderna, que vê persistir antigas maneiras de sentir e emergir ao mesmo tempo sentimentos inéditos na relação com o outro e consigo mesmo, desejando promulgar a igualdade de todos, recusar as hierarquias, pensando assim eliminar a humilhação. As sociedades democráticas quiseram reconhecer e instaurar o valor social – político, moral, econômico – de todo indivíduo aos seus olhos e aos olhos dos outros, a autoestima e o valor pessoal de cada um em função de sua qualidade de ser humano. "O próprio pobre, como destacava Tocqueville, tem uma elevada ideia de seu valor pessoal"[4]: garantir a dignidade de todos aparecerá a partir do século XVIII como o ideal supremo das democracias ocidentais. O que levou Michaël Foessel a recentemente destacar que "para que alguém se sinta humilhado é preciso que ele se veja como igual àquele que o fere" e a então concluir que "em certo sentido, a humilhação é um sentimento democrático"[5].

A etiqueta, as maneiras nos tratados de civilidade, as regras do protocolo, as leis da guerra foram por muito tempo responsáveis por deixar de lado, ou pelo menos limitar e codificar a humilhação a fim de proteger sociedades, povos e indivíduos. A abolição dos privilégios e a redação da Declaração dos Direitos do Homem não conseguirão, no entanto, impedir o retorno de diferentes formas de classificação, de hierarquização social, econômica e, por vezes, racial dos povos, dos grupos, das identidades, das comunidades. Elas resultarão na sua inferiorização, na sua humilhação e até mesmo na sua animalização durante os séculos

---

3. Cf. ZINK, M. "Humbles et humiliés – Récits médiévaux de l'abaissement" [Disponível em College de France.fr – seminário de 26/01/2011]. • ZINK, M. L'Humiliation, le Moyen Âge et nous. Paris: Albin Michel, 2017.
4. TOCQUEVILLE, A. De la démocratie en Amérique (1835-1840). Paris: Vrin, 1990, p. 187 [Da democracia na América. São Paulo: Martins, 2019]. Cf. HAROCHE, C. L'Avenir du sensible – Les sens et les sentiments en question. Paris: PUF, 2008, part. cap. 5.
5. FOESSEL, M. "La politique de l'humiliation". In: Libération, 24/02/2017.

XIX e XX. A humilhação, como veremos, toca profundamente o imaginário dos povos, o íntimo de todo indivíduo: a qualidade mesma do humano.

O engajamento solene da Declaração Universal dos Direitos Humanos de 1948 soará assim como uma admissão do fracasso destes últimos diante da necessidade de proteger todo ser humano das degradações e da aniquilação infligidas durante a Segunda Guerra Mundial. Codificada, limitada por rituais dentro dos quadros institucionais sob o Antigo Regime, a humilhação irá gradualmente se diluir com o descrédito das formas antigas, para dar lugar a uma humilhação insidiosa, difusa: "Em uma democracia, a humilhação é a um só tempo mais generalizada e menos facilmente definível"[6].

A vergonha e a humilhação

Embora a humilhação e a vergonha tendam muitas vezes a se confundir, a primeira parece, no entanto, menos ligada à culpa. A vergonha é, com efeito, infligida como sanção a quem cometeu um erro, transgrediu um limite, e até mesmo um interdito, em um sistema, em uma cultura, em uma época, tendo assim desonrado uma família, uma tribo, uma comunidade, um grupo, a pátria. Regida por tradições, a vergonha depende assim de costumes em um sistema em que a honra estrutura as relações familiares, comunitárias, tribais, sociais e políticas. Ela implica sinais de quem a inflige e de quem a sente. A vergonha se pretende espetáculo: ela provoca demonstrações, gritos, urros visando acentuá-la, torná-la exemplar e aterradora. Aquele que sente vergonha enrubesce, a vergonha fica estampada no rosto, ele abaixará a cabeça, calar-se--á, esconder-se-á, resignado, ou então levantará a cabeça, mostrando orgulho e coragem em relação à sanção.

O que é visado e muitas vezes atingido na vergonha? Um indivíduo particular. Com seu comportamento, ele lançou o opróbrio sobre um grupo. Embora tendam a se desenrolar em uma comunidade específica, os funcionamentos

---

6. Ibid.

da vergonha não poderiam, no entanto, se limitar a ela. Assim será com as mulheres que tiveram seus cabelos raspados quando da Libertação. Assim será também com a persistência, por vezes com o retorno, desses fenômenos de vergonha que agora designamos por *public shamming* [vergonha pública]. A vergonha pode igualmente ser vivida sem que ninguém quisesse deliberadamente infligi-la, sem que aquele que a sente tenha realmente transgredido os interditos, os valores comuns: uma pessoa pode ter vergonha de sua fraqueza, de sua condição subalterna, de seu fracasso. Temos vergonha por nós mesmos e também podemos nos envergonhar pelo outro. A vergonha pode ser experimentada passageiramente, ou de maneira contínua, como a consequência de condições de vida degradantes, por causa da precariedade, da vulnerabilidade, da miséria. Ela tende então a se confundir com a humilhação, um processo que, inscrevendo-se na duração, impregna o sujeito a partir de dentro. De forma que seria possível se esquivar da vergonha: pelo refúgio em si, pelo silêncio, pela revolta, pela emancipação. O eu envergonhado, ferido, encontrará um refúgio onde entrever uma esperança. Quando o humilhado não tem para onde se refugiar, é o eu que é visado e pode ser destruído. As pessoas sentirão a vergonha de ser pobre, nessas culturas em que a força e a riqueza acarretam inelutavelmente o desprezo pelos desmunidos, pelos vulneráveis.

Convém ainda distinguir a vergonha infligida a um indivíduo por autores em um sistema daquela sentida em um sistema sem autor, sem um dispositivo. A humilhação parece, todavia, ultrapassar a vergonha: ela toca o íntimo, o mais profundo do indivíduo, e pode preludiar o seu aniquilamento. Ela supõe a consciência que o indivíduo tem de si mesmo e o afeta profundamente.

É por meio de vários exemplos históricos que tentaremos esboçar aqui uma genealogia da humilhação: a humilhação na expansão imperialista no século XIX; a do sistema colonial, que fará perdurar segregações antigas; como também a dos entretenimentos de massa dos anos de crise econômica na América dos anos de 1920 e 1930, que exibem a humilhação do fraco, do trabalhador pobre, ridicularizando-o e rebaixando-o; e depois na Europa o espetáculo descrito por Thomas Mann em *Mário e o mágico* (1930), o da humilhação de um empregado modesto por um mágico sádico e perverso, relato premonitório das futuras humilhações de massa no fascismo e no nazismo dos anos de 1930.

Por fim, essa humilhação em que pouco a pouco parecem ser apagadas as formas tradicionais de administração da vergonha. Ela tende a ser mais e mais social e politicamente desregulada sob o efeito dos processos de individualização nas sociedades contemporâneas: todo indivíduo pode doravante ser submetido a ela, pelo declínio das proteções – as infligidas por um superior, por um especialista, por uma direção mais ou menos anônima, pelas condições de existência miseráveis; as que conduzem, por humilhações desreguladas, difusas e generalizadas, desprovidas de limites apreensíveis, a uma desqualificação, profissional, social, psíquica, ou seja, que tocam o próprio estatuto de ser humano.

Observações empíricas, ensaios e também obras literárias, obras de ficção, souberam descrever o clima, a atmosfera, desses espetáculos de vergonha e de humilhação, refletindo as constantes antropológicas em ação em diferentes momentos históricos.

A vontade de envergonhar

Em 1850, Nathaniel Hawthorne em um texto fundador descreve a vergonha pública infligida a Hester Prynne, condenada por "adultério" a carregar sobre o peito a letra A escarlate[7]. Hawthorne observa o espetáculo oferecido pelos membros da comunidade "das boas pessoas" reunidas diante da prisão na praça do mercado em Boston. O olhar e o rosto delas expressam "uma rigidez selvagem". Pressente-se o gozo, não desprovido de sadismo, desses indivíduos honrados: eles teriam preferido que Hester tivesse sido marcada para o resto da vida, de maneira indelével, para sempre, e não com um sinal rapidamente apa-

---

7. HAWTHORNE, N. *La lettre écarlate* (1850). Paris: Flammarion, 1982 [*A letra escarlate*. Rio de Janeiro: BestBolso, 2012]. Trata-se de atrair a vergonha sobre as mulheres na ordem patriarcal da comunidade; nesse caso, religiosa.

gado. Eles deploram a fraqueza da pena: "Seria [...] bom para a comunidade" que lhe tivessem "marcado a testa com ferro em brasa"[8].

A razão? A causa? "Essa mulher atraiu a vergonha sobre *todas nós* e mereceria a morte." Hester Prynne percebe essa animosidade, sente medo e, tomada de pavor, só encontra reconforto em seu filho: "Quando a jovem mulher, a mãe da criança, se vê plenamente exposta ao olhar da multidão, seu primeiro movimento é estreitar o recém-nascido contra ela". Hawthorne vê nesse gesto como uma necessidade de "proteção, isso menos por ternura materna do que para dissimular certa marca em seu vestido"[9]. Essa marca, "a letra escarlate", encerra Hester em um mundo à parte, distante da humanidade.

O que nos diz esse texto? Que na vergonha, aqui suscitada por um adultério em uma comunidade profundamente religiosa, a mãe culpada encontra o reconforto no olhar que dirige ao seu filho. É preciso ver aqui bem mais do que o simples efeito de um momento histórico na América puritana do século XIX. Uma cena quase idêntica se repete com um século de distância. Estamos em 1945, a objetiva de Robert Capa captura o mesmo olhar, o da "cabeça raspada de Chartres", uma outra mãe "culpada", nesse caso, de ter se deixado seduzir pelo invasor alemão. É em nome da pátria, e não só da comunidade religiosa, que é preciso agora envergonhar. Cercada pelas vociferações do ódio popular, aqui também a mulher com a cabeça raspada encontra seu único reconforto no olhar que dirige ao seu filho estreitado em seus braços. Existem muitas constantes antropológicas, profundamente persistentes, da administração da vergonha tanto quanto das formas de resistência que permitem sobreviver a ela.

A Segunda Guerra Mundial constituíra seu paroxismo trágico. Outras cenas análogas se multiplicarão assim a partir de 1941, cenas de estigmatização, de exclusão, de humilhação, pressagiando o extermínio. Victor Klemperer detalhou o progressivo estabelecimento desse sistema no *LTI* (1975): toda uma

---

8. Ibid., p. 67 e 69.
9. Ibid., p. 69-70.

série de medidas, de técnicas, visando separar em função de sua origem ou pertencimento judaico certos indivíduos do resto da sociedade. Essas medidas consistem em recorrer a sinais visíveis como o uso da estrela, tornado obrigatório a todo momento nos lugares públicos[10]. Klemperer menciona então aquele 19 de setembro de 1941, data a partir da qual não foi mais possível para qualquer judeu se deslocar livremente. Ele enumera então o conjunto das prescrições e interditos visando os judeus: "Estou a ponto de subir no bonde, tenho somente o direito de utilizar a parte dianteira, e somente quando vou para a fábrica, e somente se a fábrica ficar a mais de 6km de meu domicílio, e somente se a parte dianteira estiver separada por uma divisão estanque do interior do veículo". Antes conseguíamos nos "misturar" à multidão, claro que era arriscado: "Pois a qualquer momento alguém mal-intencionado podia me reconhecer e me criar problemas [...], assim que saía de casa e ia além da rua onde todos me conheciam, misturava-me à grande corrente geral [...], tornava-me reconhecível a cada um, a todo instante e por causa dessa marca, isolado e fora da lei"[11].

A obrigação de mostrar a estrela torna então impossível o privilégio de uma invisibilidade protetora. Assim "segundo as ordens da Gestapo, a estrela deve ser usada do lado do coração, sem ser escondida, sobre o casaco, o sobretudo, o jaleco de trabalho, deve ser usada em todos os lugares onde é possível encontrar arianos"[12]. Tudo foi previsto, inclusive o tempo – o frio ou o calor:

> Se, em um dia quente de março, você desabotoou o casaco e a lapela está dobrada sobre o lado do coração, se está segurando a pasta sob o braço esquerdo, se, como mulher, você está usando um regalo, então sua estrela está escondida, talvez involuntariamente e apenas por alguns segundos, talvez intencionalmente, para poder, pelo menos uma vez, andar pelas ruas sem estigma[13].

---

10. KLEMPERER, V. *LTI, la langue du IIIe Reich* (1975). Paris: Albin Michel, 1996 [*LTI* – A linguagem do Terceiro Reich. Rio de Janeiro: Cntraponto, 2009].
11. Ibid., p. 221-222.
12. Ibid., p. 222.
13. Ibid., p. 225.

Qualquer dissimulação é proibida, qualquer invisibilidade proscrita. Nenhum refúgio onde se proteger é necessário revelar a todos – permanentemente – a sua identidade. "Mas a verdadeira causa da morte é a estrela escondida"[14].

É nos campos, portanto, que veremos se exercer o estágio último da administração da vergonha. Primo Levi, como sempre, deu seu aterrador testemunho, quando faz o relato do humilhante despir-se que ali se desenrola. Diante da nudez dos detidos, que, por vergonha, cobrem o ventre com os braços, o oficial alemão continua – em silêncio – exercendo suas banais ocupações cotidianas. O cigarro na boca, o gesto lento, ele escruta os prisioneiros de maneira meticulosa, sem a menor emoção, sem uma única palavra, sem a sombra de um olhar. Ele continua fumando quando o intérprete lhe faz uma pergunta, "atravessando-o com o olhar como se ele fosse transparente, como se ninguém tivesse falado"[15].

Primo Levi descreve assim uma cena em que os nazistas nem mais procuram envergonhar diante de um público: para além da indiferença, fora da humanidade, despidos e privados do olhar do outro, os judeus tornaram-se invisíveis, rejeitados no inexistente, no nada. Estágio final da humilhação...

Desprezar o outro como outro

A humilhação é uma constante do político. Isso aparece claramente quando no século XIX se coloca a questão social e ideológica da comunidade. Em seus escritos, Max Weber ofereceu uma teorização de conjunto que contribui para elucidar os fundamentos dos mecanismos de atração, ou mesmo de fascinação, e ao mesmo tempo de rejeição, de exclusão nas relações entre comunidades. É essa agressividade mesma que Freud havia percebido em sua análise da pulsão de morte, uma vontade de degradação do outro. Escapando às leis da demo-

---

14. Ibid., p. 226
15. LEVI, P. *Si c'est un homme* (1958). Paris: Julliard, 1987, p. 21 [*É isto um homem?* Rio de Janeiro: Rocco, 2013].

cracia, ela perdura, parecendo se apagar apenas para continuar retornando: é a essa parte obscura que queremos nos dedicar aqui com a análise da humilhação.

Weber soube discernir no século XIX a permanência da hostilidade nas relações comunitárias étnicas, analisar o desenvolvimento dos processos que conduzem em relação ao outro primeiro à reserva e à reticência, em seguida ao desprezo, e depois à rejeição e progressivamente à humilhação. Para ele, as origens da humilhação devem-se ao desprezo do outro como outro. "A atividade comunitária [...] é, em geral, puramente negativa, ela se expressa pela segregação e pelo desprezo [...]. O indivíduo diferente [...] é de todo modo desprezado como tal". Weber, porém, também observa o contrário; esse mesmo indivíduo pode ser "adorado supersticiosamente [permanecendo] constantemente em estado de superioridade. Todavia, a repulsão é a atitude primária e normal". Ele soube assim discernir nos funcionamentos comunitários uma oposição entre desprezo, rejeição, repulsão de um lado, e mitificação, atração, fascinação de outro, e pressentir que "o estudo das relações de atração ou de repulsão entre diferentes comunidades étnicas está, atualmente, apenas começando"[16].

É *o estatuto da diferença* – social, cultural, atraente ou repelente – que é aqui apreendido por Weber. Compreendemos então que a diferença não pode ser neutra. Suscitando o medo do desconhecido, ela induz processos e leva a procedimentos de separação, e logo mais de estigmatização. Humilhamos uma pessoa, um grupo, uma comunidade – involuntária ou deliberadamente – porque temos medo; procuramos, assim, elevar-nos rebaixando, tornando o outro subalterno.

Retomando e prolongando os estudos de Max Weber sobre a agressividade nas relações comunitárias, Hannah Arendt e Norbert Elias revelarão dispositivos de exclusão, de segregação, processos psicológicos e sociais de humilhação nos grupos e entre grupos. Elias saberá ver "estabelecidos" que se sentem "ameaçados por intrusos", ao passo que Arendt revelará uma condição mais geral, a de pária, de excluído na Modernidade.

---

16. WEBER, M. *Économie et société* (1921). T. 2. Paris: Pocket, 1995, p. 124-125.

A esse respeito, Arendt levantou uma importante questão: "O que se possui quando só se tem a si mesmo?"[17] O isolamento, a ausência de pertencimento a uma comunidade, prefigura certos traços característicos da condição do homem na Modernidade. Esse isolamento facilita a humilhação, é um de seus elementos e, além disso, a torna possível.

Desenvolvendo análises em certos aspectos análogas às de Elias, Arendt oferece então uma explicação geral sobre a exclusão e a estigmatização, e sobre sentimentos de desvalorização e de humilhação de que se acompanham. O isolamento, em vez de proteger o indivíduo, constituiria uma condição repleta de ameaças, o que ela soube mostrar com a história dos judeus na Alemanha, evocando a respeito deles "uma abstração sem integração social nem histórica"[18]. Ela oferece assim uma notável genealogia da estigmatização deles: integrados do ponto de vista econômico, eles podem permanecer social e psicologicamente isolados.

Arendt e Elias, cada um a seu modo, perceberam em toda sua extensão as consequências políticas, sociais e psicológicas do isolamento na "sociedade dos indivíduos"[19] e mostraram que em diferentes níveis trata-se de considerar indivíduos como intrusos e de torná-los excluídos, de torná-los párias. Resumindo o essencial dos processos psicológicos e sociais em ação na humilhação, Elias se pergunta então: "Que nome dar à principal privação sofrida pelo grupo dos excluídos? Privação de valor? De sentido? De seu quinhão de amor-próprio e de respeito humano? Ele observa que os grupos estabelecidos se sentem fortalecidos "no sentimento de fazer parte do mesmo mundo em relação aos inferiores". Oferece assim uma explicação sociológica do caráter geral desse tipo de relações entre grupos: esta coloca em jogo a existência de relações de força, de dominação na perseguição e na obtenção dos lugares e dos estatu-

---

17. ARENDT, H. *Rahel Varnhagen* – La vie d'une juive allemande à l'époque du romantisme (1957). Paris: Tierce, 1986, p. 82-83.
18. Ibid., p. 266.
19. ELIAS, N. *La société des individus* (1987). Paris: Fayard, 1991.

tos. "De qualquer forma, ele observa, os recém-chegados empenham-se para melhorar sua posição, e os grupos estabelecidos para manter a deles... Os primeiros se indignam com o lugar subalterno que lhes é destinado e geralmente se esforçam para se elevar, enquanto os segundos se esforçam para preservar a superioridade que os recém-chegados parecem ameaçar"[20].

Elias discerne então uma dinâmica de inferiorização, de desvalorização, de rebaixamento desses recém-chegados, que conduz inelutavelmente a uma humilhação do outro que visa fortalecer um sentimento de superioridade de si mesmo. Observa também que os grupos inferiores, os excluídos, internalizam essa depreciação, especificando que esta tem como função "incutir no grupo menos poderoso uma imagem desvalorizada, e assim enfraquecê-lo e desarmá-lo"[21]. Elias discerne aqui um processo social e igualmente psicológico que, desenrolando-se entre grupos, molda uma imagem e uma consciência de si específica, um sentimento de inferioridade ou de superioridade que se reforça mutuamente. Toma então o exemplo dos judeus que no século XVIII na Alemanha foram inscritos em uma relação do tipo "estabelecidos" e "marginais": o estabelecido não quer apenas excluir, pretende também rebaixar o outro, levá-lo a experimentar um sentimento de inferioridade; o outro, marginal e inferiorizado, permanece uma ameaça para aquele que, estabelecido, sente-se superior: "Os estabelecidos sentem uma espécie de humilhação insuportável de ter de competir com membros de um grupo marginal desprezado"[22]. O sentimento de fazer parte do mesmo mundo supõe então a existência, a fabricação de inferiores? E que importância isso tem na construção da identidade?

A exclusão ao mesmo tempo econômica, social e psicológica não se limita ao indivíduo na sociedade: ela pode também se desenhar entre nações, entre povos. Dando continuidade a certos elementos estudados por Weber, Arendt transpôs

---

20. ELIAS, N. & SCOTSON, J.L. *Logiques de l'exclusion* (1965). Paris: Fayard, 1997, p. 61, 287-288, 294.
21. Ibid., p. 42.
22. ELIAS, N. "Notes sur les Juifs en tant que participant à une relation établis-marginaux". In: *Norbert Elias par lui-même* (1990). Paris: Fayard, 1991, p. 153.

essa questão para o contexto da expansão imperialista no século XIX. Com efeito, ela viu na emergência do nacionalismo um *nacionalismo tribal*: ela fala assim de maneiras de ser, mas também de modos de governos, dos efeitos da "nova consciência imperialista" que, experimentando uma superioridade sem limites, pode exercer uma dominação implacável e profundamente humilhante[23].

O futuro colonizador, que deixou sua terra natal, não encontrando ali seu lugar, foi humilhado: excluído econômica e socialmente, foi exilado para outros lugares, para regiões distantes. Ele faz parte dessa "gente pobre", muitas vezes renegada por sua pátria. É na condição de humilhados que eles a deixarão, esses "homens supérfluos [...] que correram para o Cabo [...] [eles] não abandonaram sua sociedade, mas foram rejeitados por ela"[24].

São os mesmos que iriam fornecer a massa de seus contingentes às administrações coloniais, graças às quais "os europeus haviam tentado governar povos estrangeiros nos quais decididamente só conseguiam ver povos inferiores com uma grande necessidade de sua proteção". Arendt oferece então uma descrição psicológica precisa desses administradores: eles expressam um sentimento de superioridade perante populações que consideram como "atrasadas", povos que causam vergonha e medo ao homem europeu, e raças "inferiores". As justificativas não faltam: o colonizado é um impulsivo que é preciso, pois, dominar, domesticar, que é preciso vigiar para, em primeiro lugar, proteger-se dele e, além disso, protegê-lo dele mesmo. Para isso, esses administradores infligem uma humilhação intensa e incessante aos colonizados, que "podiam apenas concluir que [...]: estavam sendo excluídos [...] do resto da humanidade"[25].

São precisamente esses mesmos mecanismos da humilhação cotidiana infligida pelo colonizador ao colonizado que Albert Memmi, em 1957, vai se dedicar

---

23. ARENDT, H. *Les origines du totalitarisme* (1951). Paris: Seuil, 1998, p. 22. Bertrand Badie relembra que Clémenceau inventou "a humilhação estratégica, pela qual a desclassificação do outro e sua perda dramática de estatuto contam mais do que a fria redefinição da relação de poder" (*Le temps des humiliés* – Pathologie des relations internationales. Paris: Odile Jacob, 2014, p. 59).
24. Ibid., p. 117.
25. Ibid., p. 145 e 22.

a dissecar. Seu *Retrato do colonizado* – que é também o do colonizador – mostra a que ponto este é igualmente espreitado pelo sentimento de humilhação e que ele deve, portanto, construir um sistema de defesa, de compensação para ser temido, respeitado. Elaborando uma teoria geral da relação colonial, Memmi estende sua análise a todas as formas de colonização e depreende assim uma psicologia geral da colonização, do colonizador e do colonizado: "O fato colonial (é) uma condição objetiva", e indissociavelmente subjetiva, "que se impõe aos dois parceiros da colonização". A noção de privilégio está no centro do sistema: "A humilhação cotidiana do colonizado e seu esmagamento objetivo não são apenas econômicos [...]. O pequeno colonizador, o colonizador pobre ainda assim se acreditava, e de certa forma ele realmente era, superior ao colonizado; objetivamente e não apenas em sua imaginação". Na colonização, o privilégio também é "subjetivo, psicológico"[26].

Memmi detalha então a desvalorização sistemática que o colonizador inflige ao colonizado, negando-lhe toda alteridade, engessando-o em uma identidade imutável: "O que o colonizado é verdadeiramente [...] pouco importa ao colonizador, [que] se recusa a encarar os eventos pessoais, particulares da vida do colonizado". Privando-o dos atributos, das qualidades e dos direitos, ele o reifica, o instrumentaliza e o desumaniza. Longe de perceber o colonizado em sua realidade própria, o colonizador está "preocupado em lhe infligir essa indispensável transformação". Memmi surpreende-se então com o fato de que "o colonizador pudesse ao mesmo tempo cuidar de seus trabalhadores e metralhar periodicamente uma multidão colonizada", da mesma forma que o colonizado "pudesse ao mesmo tempo detestar o colonizador e admirá-lo com paixão". Ele observa a reação do colonizado esforçando-se para "superar o desprezo", manifestando uma "submissão admirativa", e testemunha "seu empenho em se confundir com o colonizador, em vestir-se como ele, em falar, em se comportar como ele". O colonizado tenta, assim, "ou tornar-se outro, ou

---

26. MEMMI, A. *Portrait du colonisé* – Portrait du colonisateur (1957). Paris: Gallimard, 1985, p. 15 [*Retrato do colonizado*: precedido de retrato do colonizador. Rio de Janeiro: Civilização Brasileira, 2007].

reconquistar todas suas dimensões, das quais a colonização o amputou [...]. Em nome daquilo que deseja se tornar, ele obstina-se em se empobrecer, em se livrar de si mesmo"[27].

Desprovido de história e de personalidade individual, o colonizado não se distingue nem do grupo nem do coletivo; seu único direito, como destaca Memmi, "é afogar-se no coletivo anônimo (eles são isso... eles são todos iguais)". Essa generalização leva o autor a observar que "o colonizado [...] não é [...] o homem em geral, portador de valores universais, comuns a todos os homens". Mas ele vai além dessa indiferenciação: "Procuraram [...] o que o diferencia dos outros homens. [...] Rejeitaram-no com desprezo, para o que, nele, seria inassimilável pelos outros"[28]. As diferenças não poderiam de forma alguma expressar a singularidade do indivíduo mas contribuem para um enclausuramento comunitário, dotado de uma identidade passada, presente e futura cristalizada.

As formas de humilhação e de compensação em ação no sistema colonial aparecem sob muitos aspectos como a exportação da reificação, da despossessão de si que Marx identificara no sistema capitalista. É essa reificação que se revela em tempos de grande crise econômica, nesses entretenimentos em que as pessoas se divertem enfraquecendo um fraco que, oferecendo como espelho formas de dominação e de compensação, fazem parte dessa cultura de submissão.

A humilhação como entretenimento

Entretenimentos em que se procura enfraquecer, ridicularizar, humilhar em público um sujeito fraco, necessitado econômica, social, psicologicamente, desenvolvem-se no decorrer da crise dos anos de 1930 na América do Norte. As condições de vida levam então muitos indivíduos a aceitar para sobreviver tor-

---

27. Ibid., p. 16, 13, 136-137, 139.
28. Ibid., p. 104, 147. Os dominados também saberão fazer esse gesto, que consiste em mergulhar os dominantes no mesmo "eles são todos iguais".

narem-se objetos de diversão em certo tipo de espetáculo em que à humilhação social e psicológica soma-se o esgotamento físico[29]. O esgotamento do trabalhador privado de direitos se desenha aqui em filigrana, aquele que anda em círculos, sem objetivo, aquele também que se extenua na fuga, nas migrações, na marcha forçada, prenunciando ou se acompanhando de desemprego em massa.

Em 1935, Horace MacCoy publica *A noite dos desesperados*, uma obra que dá perfeitamente conta desse espetáculo da fraqueza. Uma moça sem família, sem vínculo, sem trabalho, Glória, cruza o caminho de Robert, um rapaz ao qual ela propõe participar de uma maratona de dança – que na época é um entretenimento muito popular. "Refeições e camas grátis enquanto aguentarmos e mil dólares se ganharmos", ela lhe diz. Ele responde que não sabe dançar. Pouco importa: "trata-se simplesmente de se mexer o tempo todo [...], de não parar de se movimentar"[30]. O público vem em busca de um espetáculo que constitui um espelho da condição social em que competição e desqualificação dominam.

Aqueles que participam dessa maratona não são curiosamente os únicos que devem se mexer o tempo todo: "Todos, o doutor, as enfermeiras, os árbitros, o mestre de cerimônia, até mesmo os garçons que servem a limonada, receberam a ordem de se movimentar continuamente quando falavam com um competidor". Concurso sem vencedor: o atrativo do espetáculo está na "promessa do fracasso", mais ainda na do desmoronamento. "Uma equipe perderá esta noite, exclama com entusiasmo Rocky, o mestre de cerimônia, e todas as noites haverá uma perdedora". A competição, esclarece, se desenrolará até o esgotamento físico e psíquico dos participantes, segundo regras minuciosas e procedimentos que não devem deixar nada ao acaso. Dirigindo-se à plateia, que ele qualifica como "respeitável sociedade", Rocky lança então: "Precisa-

---

29. As maratonas de dança são na época entretenimentos muito populares.
30. MacCOY, H. *On achève bien les chevaux* (1935). Paris: Gallimard, 2010, p. 27, 45. Permanecer sempre em alerta: a aproximação com um livro de Jonathan Crary descrevendo as condições contemporâneas de trabalho que não hesitam em reduzir, ou mesmo ignorar, o tempo de repouso e de sono se impõe aqui: *24 heures sur 24 et 7 jours sur 7: le capitalisme à l'assaut du sommeil* (2013). Paris: La Découverte, 2014.

mos de árbitros para controlar o número de voltas percorridas por cada casal. Cabe ao público vigiar e controlar os movimentos, selecionar e, assim, eliminar os mais fracos"[31].

Robert relata. Eles não paravam de se mexer, conseguiram até mesmo ultrapassar os outros. De repente, bem diante deles, uma garota cai, provoca a queda dos seguintes. Foi então que "Glória tropeçou no corpo, arrastando-o junto com ela, e, antes que pudesse perceber o que estava acontecendo, quatro ou cinco casais estavam no chão amontoados uns sobre os outros e debatendo-se para se levantar"[32]. Versão moderna e trágica da Parábola dos Cegos. Espetáculo, espetáculo contínuo, que nada pode interromper. Distrair continuamente, atrair a atenção a qualquer custo[33]. Rocky se dirige ao público: "Nada grave [...], algo sempre novo, sempre inédito na competição". Epílogo do entretenimento, "a metade das equipes desabam", diante de uma plateia que "berrava freneticamente", os empregados simplesmente ocupados em "recolher os corpos"[34].

Se tivéssemos que resumir essa existência em poucas palavras, poderíamos dizer que é preciso constantemente não tanto ganhar quanto evitar ser desqualificado: agarrar-se a qualquer custo, não ser eliminado. Uma representação profundamente trágica da condição dos trabalhadores durante a Grande Depressão dos anos de 1930: corpos de autômatos logo condenados à inutilidade, ameaçados de demissão a qualquer momento. Dobrando-se às regras sem questioná-las, Robert julga Glória pessimista. Só no final ele vai entender que, sentindo-se profundamente humilhada, ela desejava acabar com tudo aquilo. Frágil, sem qualquer energia, exaurida fisicamente e mais ainda psicologicamente, Glória recusa a sobrevivência. Morta-viva, ela vai pedir ao seu companheiro para ajudá-la a morrer.

---

31. MacCOY, H. *On achève bien les chevaux*. Op. cit., p. 62, 81 e 87.
32. Ibid., p. 91.
33. Sobre o caráter contínuo do espetáculo, cf. DEBORD, G. *Commentaires sur la société du spectacle* (1988). Paris: Gallimard, 1996.
34. MacCOY, H. *On achève bien les chevaux*. Op. cit., p. 92, 95.

As ligas de virtude tentarão proibir esse tipo de maratona. De fato, dela participam mulheres grávidas e garotas que devem ser protegidas do submundo circundante. A fragilidade e a vulnerabilidade de alguns são reconhecidas por essas ligas de virtude; trata-se, no entanto, da privação e da humilhação de todos. "Essa competição nada tem de degradante, exclamam os organizadores. Pelo contrário, esses jovens estão todos encantados com ela. Todos engordaram desde que ela começou"[35].

Ao mesmo tempo, na Europa, com a ascensão do fascismo e do nazismo, os entretenimentos sob muitos aspectos análogos conhecem um grande sucesso. O gosto pela humilhação dos fracos, o espetáculo do sofrimento infligido e da crueldade podem prenunciar um sistema implacável. Desprovido de qualquer dimensão lúdica, perante um público submisso e enfeitiçado, esse processo, cuja natureza só será verdadeiramente percebida depois da Segunda Guerra Mundial, começando pela estigmatização, continuará pela exclusão e resultará no extermínio. Geralmente descrita na literatura, a atmosfera muito mais turva desses entretenimentos, sua parte obscura, se refletem perfeitamente nos filmes *noirs* e realistas do pré e do pós-guerra, e nos escritos engajados da época[36].

Thomas Mann e sua família passam uma temporada na Itália de Mussolini. A atmosfera da pequena cidade na qual se encontra o escritor é pesada, sufocante, inquietante. *Mário e o mágico* é então o relato de um tipo de entretenimento muito apreciado nos anos de 1930 na Itália.

Nele o romancista evoca "um estado de alma coletivo dificilmente perceptível": ao contrário da atmosfera que envolve as maratonas de dança na América, percebe-se aqui a suscetibilidade, o orgulho patriótico. O público se leva a sério e exibe "um amor pela honra continuamente em alerta"[37]. Nele são constantemen-

---

35. Ibid., p. 128.
36. Cf. esp. KRACAUER, S. *De Caligari à Hitler* – Une histoire psychologique du cinéma allemand (1947). Lausanne: L'Âge d'Homme, 2009. • GAY, P. *La culture de la haine* – Hypocrisies et fantasmes de la bourgeoisie, de Victoria à Freud (1993). Paris: Plon, 1997.
37. MANN, T. *Mario et le magicien* (1930). Paris: Grasset, 1994, p. 30.

te evocados a falta de respeito pela nação, os ataques à honra do país, à dignidade da pátria, uma ausência geral da honorabilidade. Diante de qual espetáculo?

O mágico Cipolla priva de vontade um espectador escolhido em função da dominação absoluta que exerce sobre ele. Obsequioso, afetado, ele sabe logo se mostrar cruel, fingindo "admiração pelo gênio das pessoas que ele interrogava; mas seus elogios tinham algo de degradante"; "seus triunfos", algo de "singularmente desonroso para cada um e para todos". No público, podia-se perceber uma obscura mistura de aversão e de fascinação. Cipolla cumpria "uma vontade comum que pairava no ar sem ser expressa": esta acompanhava "a faculdade de se despojar de si mesmo, de se tornar instrumento, de obedecer no sentido mais absoluto e mais perfeito da palavra". Isso era apenas o avesso do outro poder, "a faculdade de querer e de comandar". A Cipolla incumbia "a tarefa mais árdua e a mais extenuante, a ele que conduzia e organizava tudo, que transformava a vontade em obediência". O mágico era "conduzido e levado pela vontade secreta do público"[38]. A sombra do Duce pairava sobre o espetáculo.

Interpelando Mário, o jovem garçom, que se sente "provocado e ferido em sua honra", Cipolla exclama com firmeza: "Antes de ter contado até três [...], você vai mostrar a língua para a sociedade, uma língua tão comprida que você nunca soube que podia esticá-la tão longe". Thomas Mann acrescenta: "Ele realmente mostrou a língua desmedidamente [...], depois retomou sua antiga posição, o rosto sem expressão". "Observo em seu rosto alguma reserva, alguma tristeza [...]. Você está magoado, insiste o mágico, insidiosa intrusão na intimidade. Você achou que eu não veria?" Humilhado, "Mário negava energicamente com a cabeça"[39].

Tomando o lugar de Silvestra, a jovem que Mário ama sem esperança, e entregando então uma descrição falsamente admirativa, profundamente hu-

---

38. Ibid., p. 30, 58, 62-63, 69.
39. Ibid., p. 40-44, 79, 83.

milhante, da condição – literalmente servil – do garçom, o mágico declara: "Como não amar, entregar meu coração a Mário, um cavalheiro do guardanapo, que evolui entre as pessoas de qualidade, que oferece "com destreza" refrescos aos estrangeiros e que me ama de forma ardente e profunda"[40].

A cena exibe assim uma dupla degradação, social e psicológica: o rebaixamento do estatuto e a intrusão na intimidade, "a exposição pública de uma paixão desesperada". Despertando repentinamente, Mário se recompõe, incrédulo. Imóvel, o "olhar fixo", "ele bate várias vezes nas têmporas com os punhos", se esconde, enquanto a sala aplaude. Cipolla ri. Mário retorna bruscamente, "duas detonações secas explodem então em meio aos aplausos e os risos". Cipolla não é mais do que "um pacote disforme"[41]. Um boneco, uma marionete, um objeto. O epílogo diz o suficiente: a violência da humilhação experimentada retorna de forma surpreendente, com tal ferocidade que não pode haver outra saída além da tragédia de uma morte grotesca. O fim do Duce, pendurado em um gancho de açougueiro, terá pairado até o final.

A humilhação infligida ridiculariza assim a honradez, a respeitabilidade: é a dignidade de cada um que é ultrajada, seu valor universal negado. O que se desenha é apenas um voyeurismo, reflexo cruel dos mecanismos e do estado de espírito de uma comunidade fechada: a crueldade e o medo, a mesquinharia e a hipocrisia, a brutalidade do conformismo[42].

A desqualificação subjetiva

Os indivíduos não estão mais tão constrangidos em seus corpos, como Marx enfatizava ontem, quanto indefinidos, sem limites, oscilando entre uma impotência profunda e uma onipotência narcisista. Para além das condições

---

40. Ibid., p. 85.
41. Ibid., p. 86-87.
42. Cf. RECK-MALLECZEWEN, F. *La haine et la honte* – Journal d'un aristocrate allemand, 1936-1944 (1966). Paris: Vuibert, 2015. • *Le ruban blanc*, filme dirigido por Michael Haneke, 2009.

de trabalho, são mais amplamente as condições de existência que mudaram e, com elas, as formas da humilhação. Se esta ainda toca profundamente o íntimo, acarretando o empobrecimento da interioridade, a ausência crescente de proteção do indivíduo induz e reforça agora um estado contínuo de vulnerabilidade, seu caráter difuso, mais dificilmente compreensível.

As antigas formas de humilhar ainda persistem, e com as novas tecnologias surgiram formas e práticas de humilhação inéditas. Fenômenos de multidão, de massas invisíveis e, no entanto, reais, envergonham e humilham pelas e nas redes e, às vezes, entregam-se a verdadeiros linchamentos midiáticos. O espetáculo da vergonha e da humilhação se vê multiplicado pelas mídias. Agora, não se trata mais de grupos, de comunidades fechadas e identificáveis[43], mas de comunidades de um novo tipo: indivíduos incontáveis e anônimos associando-se, orquestrando a vida social pelas mídias; o *public shaming* agora se exerce em nome de um novo conformismo.

Outra vergonha surgiu, que se vincula à obrigação de existir constantemente nas telas: surgem novas formas de humilhação, difíceis de discernir por serem difusas e frequentes. Elas podem ter autores, indivíduos, grupos, empresas, organizações ou instituições, ou, ainda mais ameaçador, podem não ter autor algum. Agentes invisíveis, mecanismos administrativos e burocráticos sem autores.

As situações e as formas de humilhação contemporâneas se transformaram. Primeiro, por causa da intrusão das novas tecnologias na vida mais cotidiana. Estas podem então levar a uma miséria social e psíquica que afeta o eu: um eu privado do olhar do outro diante das telas, cada vez mais isolado, tendendo a se descobrir desprovido de contatos outros que tecnológicos por meio das redes; um eu que se tornou frágil e dependente, impotente e desorientado. Tal humilhação pode nascer, em particular, de um apagamento das distâncias

---

43. Cf. em especial COURTINE, J.-J. & HAROCHE, C. "Le Mondial a-t-il bien eu lieu au Brésil? – Foules sportives et communautés imaginées à l'ère de la globalisation". In: *Le Journal des Psychologues*, n. 318, 2014, p. 38-44.

em relação aos outros e a si mesmo, que promove uma familiaridade imediata em vez do estabelecimento de laços duradouros e que, além disso, acelera o declínio das proteções sociais e psicológicas. Ainda devido aos dispositivos de exclusão nas sociedades neoliberais contemporâneas, ele toca o núcleo mais profundo do indivíduo, o próprio sentimento de identidade e existência, o eu.

Em pesquisas empíricas e em observações teóricas consagradas às recentes fontes da vergonha, Vincent de Gaulejac relata o caso de Eric, que vivendo na rua lhe conta que "não [consegue] suportar o olhar das pessoas". O que diz esse olhar? "Você não é nada..." Eric então explica por que no metrô, por exemplo, "a maioria dos transeuntes finge não ver [...]. É a possibilidade de estar um dia nesta condição de pária que eles não podem suportar"[44].

A pobreza nas sociedades ocidentais – em culturas que valorizam fundamentalmente o dinheiro e seu poder – condena, com efeito, "a pedir ajuda, induz uma relação de dependência perante as instituições [...], outras tantas situações que favorecem a estigmatização, a invalidação e a humilhação". O autor ainda relata esta cena: uma mulher em lágrimas lhe diz "que sua avó, uma camponesa muito pobre, dissera-lhe um dia, enquanto ela tentava fotografá-la: 'É inútil, é um desperdício'". Mas ele tão logo observa que "dois terços da humanidade vivem na pobreza sem se sentirem humilhados. A pobreza é humilhante, quando vários fatores se somam; condições de existência degradantes no plano físico e moral; normas estigmatizantes que rejeitam e desprezam os mais desfavorecidos; um sentimento de decadência para aqueles que estão 'na base da escala social' ou em uma trajetória social descendente"[45]. Isso, no entanto, ainda se refere às formas mais antigas da humilhação. Hoje existem outras mais inéditas.

Um caso parece particularmente interessante a esse respeito, tanto do ponto de vista do método quanto da inspiração profunda que está em sua origem,

---

44. GAULEJAC, V. *Les sources de la honte* (1996). Paris: Seuil, 2011, p. 97-98 e 106.
45. Ibid., p. 83, 110, 130.

o do *assédio moral*. Seu desvelamento nos anos de 1990, as codificações e as legislações que o visam constituem uma tentativa de responder às condições humilhantes de trabalho e de existência, à crescente vulnerabilidade social no contexto das políticas neoliberais. Essas legislações pretendem descrever com precisão tipos de comportamento e de fatos muitas vezes pouco dissociáveis de impressões, de sensações, muitas vezes difusas, mas vigorosamente experimentadas no mais profundo do indivíduo, multiplicadas pelas redes. Tais legislações têm assim como objetivo punir os comportamentos de assédio que desvalorizam, que humilham o indivíduo na empresa, nos espaços institucionais e agora também nas escolas.

Assim, concretamente, os indivíduos que percebem contra eles uma hostilidade e uma reticência difusas, que se traduziriam de maneira insistente, aqui por um gesto, ali por um olhar, e também por uma palavra, têm agora o direito de reclamar de uma desatenção humilhante. Têm o direito de exigir a *atenção*, o direito *ao respeito* da pessoa e de exigir a sanção pela indiferença, pelo desprezo – atitudes insidiosas, sorrisos zombeteiros, por esses gestos e olhares equivocados.

O custo emocional das campanhas de vergonha

Mas essa hostilidade insidiosa, mas inicialmente circunscrita, parece agora se multiplicar nas redes sociais por uma extensão instantânea e ilimitada, assim como pelo anonimato e pelos modos de funcionamento grupal, revelando, para além da vontade de humilhar, uma verdadeira obstinação em destruir: estes fatos recentes, cada vez mais numerosos, fazem de Justine Sacco um caso emblemático.

Em dezembro de 2013, com 30 anos, ela deixa Nova York, onde trabalha como diretora em uma empresa de comunicação, para ir à Cidade do Cabo passar as férias de Natal na casa de sua família. O voo é longo e, durante uma escala em Londres, ela envia um tuíte, uma piada idiota de muito mau gosto: "Vou para a África, espero não pegar Aids. Brincadeira, sou branca!"[46]

Tudo começa ali. Agressividade e ódio, obstinação em destruir nas redes sociais planetárias, vergonha e humilhação infligidas publicamente: o avião aterrissa na Cidade do Cabo, Justine Sacco liga seu telefone. Estupefata, incrédula: um amigo lhe revela que sua mensagem é a mais retuitada do mundo.

Aqui tudo se mistura: julgamento da intenção, ditadura do conformismo, desencadeamento de uma violência anônima: um verdadeiro assassinato psíquico. Seu próprio chefe escreve: "[Seu] comentário [é] escandaloso, violento". O tuíte que deveria ser engraçado é considerado eminentemente racista. "O que eu quero para o Natal", exclama uma das mensagens revelando um voyeurismo sádico disfarçado de propósitos morais: ver o rosto de Justine Sacco quando ela sair do avião e ouvir suas mensagens". Essa fúria tem uma genealogia: aqui encontramos, com efeito, os elementos de *A letra escarlate*: o espetáculo da humilhação, a agressividade, o desejo de assassinato. "Vamos ver essa Justine Sacco, uma cadela, *demitida. Ao vivo*. Antes mesmo de saber que foi demitida" exigem inúmeras mensagens.

O autor do artigo que relata esses fatos diz que no início do Twitter, particularmente atento às piadas racistas ou homofóbicas, ele imediatamente se juntava aos outros. Também confessa estar entre os primeiros a alertar as redes sociais. As reações lhe pareciam justas, poderosas e eficazes. Mas, com o tempo, ele testemunhará a multiplicação "dessas campanhas de vergonha" que podem afetar a todos, pessoas inocentes e também instituições poderosas e responsáveis públicos, atingir qualquer um que seja "percebido" como tendo feito algo vergonhoso. À fúria e à raiva se somam a excitação, o frenesi. No entanto, perante a desproporção insensata entre a banalidade dos fatos e uma sanção tão implacável, o autor conta então que finalmente se perguntou sobre as vítimas desses encarniçamentos, sobre esses indivíduos que como Justine

---

46. RONSON, J. "How One Stupid Tweet Blew Up Justine Sacco's Life". In: *The New York Times Magazine*, 12/02/2015.

Sacco se tornaram os alvos dessas campanhas de vergonha, "condenadas com uma grande brutalidade quase sempre por ter postado nas redes sociais uma brincadeira de muito mau gosto". Ele acrescenta que encontrou muitas dessas vítimas para captar em profundidade o "custo emocional" dessas campanhas. Essas pessoas em geral estavam desempregadas, "demitidas por seus erros: pareciam destruídas, profundamente desorientadas e traumatizadas".

Abalada, Justine Sacco perdeu seu trabalho, mas além disso sua família na Cidade do Cabo, apoiadora de longa data do Congresso Nacional Africano, o partido de Nelson Mandela, a acolhera nos seguintes termos: "Isso não corresponde aos valores de nossa família [...] você quase manchou nossa reputação".

Ao retornar, Jon Ronson, o autor do artigo, encontra-se com Justine Sacco; ela estava com pressa porque devia esvaziar sua mesa: "De repente, ela [lhe] disse, você não sabe mais como deve se comportar, o que esperam de você. Se não começar a agir logo para reencontrar minha identidade e relembrar quem sou eu no cotidiano, corro o risco de me perder". Alguns dias depois de tê-la encontrado, Jon Ronson vai a Boston para consultar os arquivos do Massachusetts. Ele busca explicações na história americana, do tempo em que a vergonha pública era uma forma de sanção frequente... A vergonha outrora infligida a Hester Prynne ressurgiu de uma maneira inédita, intensificada, planetária. O voyeurismo sádico ao serviço do conformismo, o desejo de assassinato psíquico, multiplicam o espetáculo da humilhação com uma amplidão antes inimaginável: as novas tecnologias por meio das redes contribuem com efeito para difundir piadas de mau gosto que, retiradas de seu contexto privado, circulam na imediatez e na ilimitação das informações para serem entregues à vindita popular, que se aliviará em um ódio destrutivo.

Perder sua identidade profissional, hoje confundida com a identidade social, ser obrigado a renunciar a ela: não ter senão a si mesmo, ser desprovido de existência social, não ser nada. É aí que os escritos de Georges Devereux são profundamente esclarecedores.

As leis da humilhação

É possível sair da humilhação? Dela escapar quando foi vivida durante tanto tempo? É possível se prevenir? A afirmação de uma identidade permitiria sair da vergonha, reparar as humilhações sofridas? E se devemos situar essa questão no momento mais contemporâneo: a ameaça que pesa sobre a identidade está hoje acentuada pela imediatez e pela aceleração dos fluxos sensoriais e informacionais?[47] Como não se perder neles, com que meios resistir a eles?

Devereux é um dos que, influenciado por Freud e Mauss, se colocou a questão da identidade de uma maneira particularmente esclarecedora: ele viu nessa questão uma necessidade indissociável da presença de mecanismos de proteção e de defesa do eu, e isso desde a infância.

Ele havia considerado formas de resistência à humilhação ao ler a *Odisseia*. Com efeito, Ulisses "chegara mesmo a renunciar à sua identidade" para evitar ser devorado: foi "o único dos náufragos a escapar do ciclope *canibal* Polifemo [tendo] tido a prudência de fingir que se chamava *Ninguém*". Sem nome, inominável. Mas Devereux logo acrescenta que Ulisses reencontra sua identidade quando "grita seu nome a Polifemo, em um momento em que o perigo não estava afastado [...]. Ulisses sentia a necessidade de reafirmar sua identidade, mesmo arriscando a morte, para reparar seu eu, danificado pela renúncia à sua identidade quando então corria o risco de ser devorado"[48].

Não poderíamos ver aqui uma genealogia possível do que seriam as formas contemporâneas da humilhação? Não somos confrontados, com a desregulação e a ilimitação acarretadas pelas novas tecnologias, ou com a proliferação simultânea das instâncias de controle, de avaliação e de especialistas nas buro-

---

47. Richard Sennett destacou que o fluxo contínuo provoca efeitos de alienação profunda, e mesmo o apagamento do eu, insistindo na necessidade de "salvar o sentimento de si do fluxo sensorial" (*The Corrosion of Character*: The Personal Consequences of Work in the New Capitalism. Nova York: Norton, 1998).
48. DEVEREUX, G. *La renonciation à l'identité* – Défense contre l'anéantissement (1967). Paris: Payot, 2009, p. 70 e 80.

cracias neoliberais, com a emergência de novas formas de humilhação? O caso de Justine Sacco, objeto de um linchamento midiático, destruída nas redes anônimas, não é desse ponto de vista exemplar? O que parece certo é que não é isolado: o cinema mais contemporâneo parece repentinamente povoar-se de personagens que têm algo a ver com ela.

Thierry, 51 anos, está desempregado há mais de um ano e meio, nos informa o filme *La loi du marché* [O valor de um homem] (2015)[49]. Uma vida de desempregado há mais de um ano: uma mulher, um filho incapacitado e, como único interlocutor, a Agência Nacional de Emprego e seus procedimentos. Um sistema invisível e opaco ignora, menospreza sua experiência profissional e sua qualificação: oferecem-lhe apenas um salário de principiante e um trabalho de vigilante. Para sobreviver, ele terá de vigiar precariedades semelhantes à sua, tornar-se o agente e o espectador impotente de sua própria humilhação. O "valor de um homem" coloca assim em cena as formas mais cotidianas da humilhação atual: "Ele foi rebaixado demais para querer rebaixar os outros [...], observa esses homens e essas mulheres pegos na armadilha que ele é incapaz de ajudar. Até este confronto assustador entre uma empregada e seu chefe que a assedia, a encurrala, a acusa de ter guardado para si mesma – e não jogado, como deveria – alguns miseráveis cupons de desconto... Ela primeiro protesta como todo mundo. Mas, pouco a pouco, a vemos perder o pé das coisas, perder a compostura, perder a face. Ela se desfaz diante dos nossos olhos..."[50]

Esse sistema cego, impotente e onipotente é também aquele enfrentado por Daniel Blake[51]. Carpinteiro, vítima de um acidente de trabalho, seu seguro desemprego está terminando. Um indivíduo isolado, apenas conectado com seus semelhantes por "vínculos tênues de vizinhança"[52]. Aqui, novamente, seu

---

49. *La loi du marché*, filme dirigido por Stéphane Brizé, 2015.
50. *M, le magazine du Monde*, 19/05/2015.
51. *Moi, Daniel Blake*, filme dirigido por Ken Loach, 2016.
52. SOTINEL, T. "'Moi, Daniel Blake': les humbles contre l'humiliation". In: *Le Monde*, 25/10/2016.

interlocutor privilegiado continua sendo uma organização anônima e surda, dirigindo-lhe questões absurdas. Os meios de resistir a ela parecem irrisórios.

Ambos lutam contra a humilhação. Thierry, em *La loi du marché* acabará, no entanto, escapando dela. E quando Daniel Blake desce à rua, ele o faz sozinho, tendo como única arma um *spray* de tinta. A simpatia dos transeuntes não provocará qualquer revolta coletiva. A humilhação triunfa: seu protesto terminará na morte.

Dois personagens de ficção permitem assim identificar as formas tão concretas quanto contemporâneas desse sentimento íntimo da humilhação em ação nos processos sociais e psíquicos de dominação. Pois este é o parentesco entre Thierry e Daniel Blake: ambos se tornaram inúteis, datados, ultrapassados, desatualizados, doravante inutilizáveis. Um efeito do que Bernard Stiegler chama a "disrupção", na qual ele vê o próprio fundamento dos abalos mais contemporâneos das "sociedades líquidas"[53]: um processo de aceleração que destrói as proteções, as afiliações, os pertencimentos. "[A disrupção] consiste essencialmente em deixar para trás as organizações sociais [...], apoia-se na destruição de todas as estruturas psicossociais [...], liquidando todas as formas de sistemas sociais na medida em que ainda são sistemas morais"[54].

Há também outro traço comum entre esses dois personagens, que se assemelham como irmãos aos indivíduos que se esforçam para viver, às vezes para sobreviver, nas sociedades burocráticas e neoliberais que se tornaram as nossas: o isolamento deles. Portanto, a questão que agora se apresenta surge das formas de resistência coletiva às humilhações individuais. Não é a primeira vez, no entanto, que tal questão se encontra politicamente colocada em nossa história recente. Pois o que era então o movimento pelos direitos civis na América dos anos de 1960 se não um protesto em massa visando, em particular, restituir a autoestima e a dignidade por tanto tempo negadas pelas segregações raciais?

---

53. BAUMAN, Z. *Liquid Modernity*. Cambridge: Polity Press, 2000.
54. STIEGLER, B. *Dans la disruption* – Comment ne pas devenir fou? Paris: Les Liens qui Libèrent, 2016, p. 127 e 320.

Talvez, ainda hoje, exista aí um modelo de ação coletiva que poderia responder aos ataques diários, às humilhações que indivíduos isolados sofrem. É com certeza em tais formas de solidariedade positiva que seria possível encontrar modos de reparação de tantos eus humilhados no isolamento. E isso, muito mais do que nas vitimizações estereotipadas das reivindicações identitárias, que não veem nas humilhações sofridas outra saída que a exacerbação dos orgulhos comunitários. Não poderia haver como única resposta à humilhação apenas a fidelidade a uma resposta tribal.

19
EMPATIAS, CUIDADOS E COMPAIXÕES: AS EMOÇÕES HUMANITÁRIAS

Bertrand Taithe

> *Admirador de Paul-Louis Courier [...], ele esperava do tempo e da razão pública o triunfo de suas opiniões na Europa. Por isso sonhava com a Jovem Alemanha e a Jovem Itália. Seu coração se inflava com esse estúpido amor coletivo que é preciso chamar de humanitarismo, filho mais velho da falecida filantropia, e que é para a divina Caridade católica o que o sistema é para a Arte, o Raciocínio substituído pela Obra. Esse conscencioso puritano da liberdade, esse apóstolo de uma impossível igualdade, lamentou ser forçado pela miséria a servir o governo...*[1]

A obra de Balzac é cheia de referências e de reflexões sobre a natureza dos sentimentos humanitários. Embora este retrato ácido de um humanitarista de 1824, o personagem de Desroy de seu romance menor das *Cenas da vida parisiense, os empregados* (1838), talvez não seja a primeira utilização do termo em francês, ela não deixa de ser menos contemporânea da utilização feita por Lamartine e por outros românticos[2]. Em seu sentido primeiro, o humanitarismo

---

1. BALZAC, H. Les employés (1838). In: *OEuvres complètes*. T. 5. Paris: Club Français du Livre, 1965, p. 1.082-1083.
2. SEEBER, E.D. "Humanisme, humanitisme, and humanitarisme". *Modern Language Notes*, vol. 49, n. 8, 1934, p. 521-523. • IOTTI, G. "Lamartine: le moi et l'Histoire". In: *Revue Italienne d'Études Françaises* – Littérature, langue, culture, n. 3, 2013, p. 2-9.

é então claramente a forma idealista de um projeto político universal. Entretanto, Balzac opõe também de maneira crítica o humanitarismo à caridade – fazendo contrastar uma tradição de filantropia política oriunda do Iluminismo e a renovação das obras de beneficência religiosa[3]. Em sua obra romanesca, o humanitarismo aparece rebaixado em seu oposto radical: Vautrin. Como Carlo Ginzburg observou, Vautrin representa a antítese dos sentimentos humanitários[4]. Em *O pai Goriot* (1835), Vautrin propõe assim o sacrifício de um desconhecido para um ganho material, e isso a fim de aproveitá-lo, de se retirar para uma plantação e de viver do trabalho de escravos enquanto se reinventa como um milionário americano:

> Preciso de duzentos mil francos, pois quero duzentos negros para satisfazer meu gosto pela vida patriarcal. Negros, entendeu? São crianças nascidas com quem fazemos o que queremos [...]. Com esse capital negro, em dez anos terei três ou quatro milhões. Se conseguir, ninguém me perguntará: "Quem é você? Serei o senhor Quatro Milhões...[5]

A parábola do mandarim chinês – o assassinato de um desconhecido tão distante quanto possível, cuja morte seria a chave da riqueza – está assim inscrita a contrapelo do que nomeamos "o ideal humanitário". Esse egoísmo profundamente imoral é o contrário dos ideais veiculados desde os anos de 1780 já pelos militantes antiescravagistas no Ocidente[6]. Os historiadores das ideias e das sensibilidades como Lynn Hunt por muito tempo se colocaram a questão do humanitário nesses termos e veem no humanitarismo (de utilização mais frequente no mundo anglo-saxão, onde o termo foi importado do

---

3. A própria historiografia da caridade é antiga. Cf. LALLEMAND, L. *Histoire de la charité*. Paris: Picard, 1902-1912. • LEFÉBVRE, L. *L'Organisation de la charité privée en France*: histoire d'une oeuvre. Paris: Didot, 1900. • MARAIS, J.-L. *Histoire du don en France de 1800 à 1939* – Dons et legs charitables, pieux et philanthropiques. Rennes: PUR, 1999.
4. GINZBURG, C. "Killing a Chinese Mandarin: The Moral Implications of Distance". In: *Critical Inquiry*, vol. 21, n. 1, 1994, p. 46-60.
5. BALZAC, H. Le Père Goriot (1835). In: *OEuvres complètes*. Op. cit., t. 4, p. 135.
6. JENNINGS, L.C. *French Anti-Slavery*: The Movement for the Abolition of Slavery in France, 1802-1848. Cambridge: Cambridge University Press, 2000.

francês) o revelador de uma evolução das mentalidades e das sensibilidades[7]. O humanitarismo do início do século XIX seria, nesse exato sentido, a expressão de uma evolução radical dos comportamentos e das representações literárias e políticas.

Mas o humanitarismo não é apenas ideal, ele também se traduz em organizações e em práticas concretas cuja história está em pleno desbravamento. Entre 1863 e 1914, a Cruz Vermelha, a Ordem de Malta e uma variedade de organizações religiosas criaram um universo profissional e uma nova sintaxe das emoções humanitárias. As duas guerras mundiais serviram, segundo as opiniões divergentes dos historiadores, de parênteses ou de aceleradores dessa reorganização – os esforços financeiros dos anos de 1916-1921 ou 1943-1947 ainda são inigualáveis[8]. A Guerra Fria e a descolonização foram também períodos de renovação de ativismos humanitários, certamente mais voltados para o desenvolvimento e as "soluções duradouras" do que para as emergências[9]. A era bem contemporânea que vem após a queda do Muro de Berlim seria, ao contrário, a do grande retorno das "crises humanitárias" de emergência[10] e de uma renovação da linguagem humanitária "que vincula inextricavelmente os valores e os afetos", segundo Didier Fassin[11].

Através de uma complexa história das emoções e de sua prática, este capítulo pretende explorar seu papel na definição dos ideais humanitários, em seus desenvolvimentos práticos e em suas ambiguidades.

---

7. HUNT, L.A. *Inventing Human Rights*: A History. Nova York/Londres: Norton, 2007.
8. REINISCH, J. "Introduction: Relief in the Aftermath of War". In: *Journal of Contemporary History*, vol. 43, n. 3, 2008, p. 371-404. • FARRÉ, S. *Colis de guerre, secours alimentaires et organisations humanitaires (1914-1947)*. Rennes: PUR, 2014.
9. Cf., p. ex., HONG, Y.-S. *Cold War Germany, the Third World and the Global Humanitarian Regime*. Nova York: Cambridge University Press, 2015.
10. Foi pelo menos a cronologia escolhida por Michael Barnett (*Empire of Humanity*: A History of Humanitarianism. Ithaca, NY: Cornell University Press, 2011). Sobre o conceito de urgência, objeto de vários estudos, cf. BRAUMAN, R. "Le sacre de l'urgence". In: *Le Débat*, n. 84, 1995, p. 5-9.
11. FASSIN, D. *La raison humanitaire, une histoire morale du temps présent*. Paris: Gallimard-Seuil, 2010, p. 9.

O discurso humanitário

Como pressentia Balzac, o humanitarismo apoia-se na transferência da compaixão para objetos distantes, até mesmo universais. Se para ele essa compaixão sentimental não podia ter um objeto verdadeiro e dependia, portanto, de uma forma de fantasia emocional, para outros ela podia se tornar uma força passional comparável às outras paixões. Na história das emoções historiadores como Luisa Passerini ou Fay Bound Alberti observaram a relação íntima entre patologia, função social e paixões[12]. Em uma nosologia médica das emoções socialmente úteis, a empatia, a simpatia e a piedade estiveram no centro da reflexão sobre a moralidade. A ausência de emoções empáticas é, com efeito, sintomática das patologias psiquiátricas, bem como seu excesso contrário[13]. Para se tornar social, a emoção deve não apenas ser um ressentido, mas também se fazer visível. A expressão das emoções torna-se, portanto, no século XIX um importante tema de estudo em campos muito variados. A partir da obra de Johann Caspar Lavater[14], cientistas, entre os quais Darwin, se interessam pelo papel dos músculos faciais que expressam a simpatia e permitem a expressão da solidariedade na vida social. Essa expressão estaria no centro da evolução humana. Como François Delaporte bem mostra, o patologista Duchenne de Boulogne, autor de um trabalho pioneiro sobre os músculos da face, buscava encontrar as raízes fisiológicas da semiótica das emoções e dos sentimentos[15]. Essa obra teve um grande número de aplicações artísticas e também permitiu desenvolvimentos na nova ciência da psicologia. Para Charles Darwin em sua obra de 1872, *A expressão das emoções nos homens e nos animais*, as emoções visíveis são essenciais para compreender a evolução social dos homens e dos

---

12. ATHANASIOU, A.; HANTZAROULA, P. & YANNAKOPOULOS, K. "Towards a New Epistemology: The 'Affective Turn'". In: *Historein*, vol. 8, 2009, p. 5-16. • PASSERINI, L. "Connecting Emotions: Contributions from Cultural History". In: ibid., p. 117-127. • ALBERTI, F.B. *Medicine, Emotion and Disease, 1700-1950*. Basingstoke: Palgrave Macmillan, 2006.
13. KONSTAN, D. *Pity Transformed*. Londres: Duckworth, 2001, p. 22-23.
14. LAVATER, J.C. *Physiognomische Fragmente zur Beförderung der Menschenkenntnis und Menschenliebe*. T. 4, Leipzig: Weidmann & Reich, 1778.
15. DELAPORTE, F. *Anatomie des passions*. Paris: PUF, 2003.

animais: as emoções humanitárias estão no centro de uma filosofia do homem como um animal social[16].

Por sua vez, Augusto Comte, em seu *Catecismo positivista* (1852), definia do ponto de vista sociológico o altruísmo como a expressão positiva das forças sociais, em oposição ao egoísmo fundamental daquilo que os economistas denominam o *homo economicus*:

> Nossa harmonia moral baseia-se exclusivamente no altruísmo, só ele pode nos fornecer uma maior intensidade de vida. Esses seres degradados, que hoje aspiram apenas a viver, seriam tentados a renunciar ao seu egoísmo brutal se algum dia tivessem suficientemente provado o que você chama tão bem os prazeres da devoção[17].

Como o economista Gilles Carbonnier mostrou: a economia política clássica considerava difícil explicar a generosidade verdadeiramente desinteressada[18]. Para Comte, o altruísmo representa uma expressão da religião da humanidade em sociedade[19], mais do que uma escolha individual. Ele implica uma ausência de interesse pessoal. Para seus críticos John Stuart Mill e Herbert Spencer, ao contrário, o altruísmo é uma escolha ética fundada em um argumento racional e em noções de justiça bem compreendidas[20]. Ali onde para Comte o altruísmo e sua expressão humanitária dependeriam de uma forma de transcendência ou de benevolência quase religiosa, para seus críticos, em con-

---

16. STEDMAN, G. "Mind, Matter and Morals: The Emotions and Nineteenth Century Discourse". In: SCHLAEGER, J. & STEDMAN, G. (dir.). *Representations of Emotions*. Tübingen: Gunter Narr, 1999, p. 125-135. • HARTLEY, L. *Physiognomy and the Meaning of Expression in Nineteenth-Century Culture*. Cambridge: Cambridge University Press, 2001.
17. COMTE, A. *Catéchisme positiviste* (1852) [Disponível em PEF-online.com, p. 158].
18. CARBONNIER, G. *Humanitarian Economics*: War, Disaster and the Global Aid Market. Londres: Hurst, 2015.
19. STEINER, P. *Comte, Altruism and the Critique of Political Economy* [Disponível em HALSHS. archives-ouvertes.fr – Acesso em 25/06/2015].
20. VAN DER HEIJDEN, E. *On the Notion of Altruism*. Universidade de Tilburg, 1994 [Notas de pesquisa]. • DIXON, T. "Herbert Spencer and Altruism: The Sternness and Kindness of a Victorian Moralist". In: JONES, G. & PEEL, R.A. (dirs.). *Herbert Spencer*: The Intellectual Legacy. Londres: Galton Institute, 2004, p. 85-124.

trapartida, tratar-se-ia de um cálculo justo. Uma sociedade dependeria, portanto, da capacidade de seus cidadãos de serem altruístas – por amor ao outro e por dever moral. Quaisquer que sejam os motivos éticos, o humanitarismo se encontra, pois, no centro da reflexão sobre a natureza da sociedade moderna e sobre a sacralidade da humanidade[21].

As emoções humanitárias não estão simplesmente no centro da reflexão em economia política, em sociologia ou em psicologia, todas ciências sociais modernas do século XIX, também estão enraizadas em práticas que as estruturam. Em outros termos, a organização da compaixão em sentimentos humanitários, seu desdobramento por meio de obras humanitárias mudaram a natureza do humanitarismo[22].

Existe uma relação profunda mais complexa entre emoção e ação coletiva, como observava o psicólogo das multidões Gustave Le Bon em 1895[23], e os historiadores participam dessa busca através da história do humanitário[24]. Assim, o historiador Thomas Haskell demonstrou como a obra antiescravagista não dependia apenas de uma mudança de percepção do corpo do escravo e de seus sofrimentos, mas também da conscientização de que o açúcar ou o chá estavam ligados a esses sofrimentos. Que ao consumir menos ou de forma diferente era possível influenciar vidas humanas[25]. O argumento no centro do consumo ético e do *fair trade* [comércio justo] de hoje teria, portanto, nascido dessa consciência do poder do consumidor em relação aos produtores, e isso apesar da distância.

---

21. Para um trabalho recente, cf. JANSEN, A. "Don't Let Us Be Bystanders! – Anti-Genocide Activists and the Sacralization of Humanity". Universidade Livre de Amsterdã, 2015 [Tese de doutorado].

22. SALVATICI, S. *Nel nome degli altri, storia dell'umanitarismo Internazionale*. Bolonha: Il Mulino, 2015, p. 18-21. • TAITHE, B. "'Cold Calculations in the Face of Horror': Measuring the Meanings of Compassion". In: ALBERTI, F.B. *Medicine, Emotion and Disease…* Op. cit., p. 79-99.

23. LE BON, G. *Psychologie des foules* (1895). Paris: PUF, 1995.

24. NUSSBAUM, M. *Upheavals of Thought*: The Intelligence of Emotions. Cambridge: Cambridge University Press, 2001.

25. HASKELL, T.L. "Capitalism and the Origins of the Humanitarian Sensibility". Partes 1 e 2. In: *The American Historical Review*, vol. 90, n. 2 e 3, 1985, p. 339-361, 547-566. • DAVIS, D.B.; ASHWORTH, J. & HASKELL, T.L. "The Relationship between Capitalism and Humanitarianism". In: *The American Historical Review*, vol. 92, n. 4, 1987, p. 813-828.

Para outros historiadores como Thomas Laqueur, seria uma consciência literária que teria facilitado a conversão dos sofrimentos dos escravos em uma resposta emocional e, portanto, em um movimento coletivo[26]. O crédito dado aos vários relatos de escravos do *Doze anos de escravidão* (1853) ao romance *A cabana do pai Tomás* (1852) parece implicar a origem literária das emoções humanitárias[27]. A natureza quase "pornográfica" dos relatos de sofrimento teria alimentado em sensacionalismo, segundo Karen Halttunen, debates misturando o direito e o sentimentalismo[28]. Cada um anota a qualidade particular dos discursos fundados na caridade e na piedade. Quem desperta piedade não é desprezível? A compaixão humanitária refletiria assim relações de força e de dominação. O sujeito da caridade seria em si mesmo também um objeto de desprezo implícito. Em resposta a essas emoções turvas, uma moralidade política que se baseie não na simpatia, mas no direito é a reivindicação principal de todos aqueles que rejeitam, e isso desde Spencer e Mill, qualquer forma de humanitarismo fundado na superioridade do doador em relação ao objeto de sua caridade[29].

A representação dos sofrimentos

O papel das representações e sua função parecem, pois, essenciais para compreender como o humanitarismo nasceu da representação dos sofrimentos do outro, muitas vezes em um contexto ambíguo. Como compreender, por exemplo, que sejam os mesmos administradores coloniais que expressam sua inquietude sobre o destino dos aborígenes australianos enquanto pre-

---

26. LAQUEUR, T. "Bodies, Details and the Humanitarian Narrative". In: HUNT, L. (dir.). *The New Cultural History*. Berkeley, Calif.: University of California Press, 1989, p. 176-204.
27. NOBLE, M. "The Ecstasies of Sentimental Wounding in Uncle Tom's Cabin". In: *The Yale Journal of Criticism*, vol. 10, n. 2, 1997, p. 295-320.
28. HALTTUNEN, K. "Humanitarianism and the Pornography of Pain in Anglo-American Culture". In: *The American Historical Review*, vol. 100, n. 2, 1995, p. 303-334.
29. A literatura sobre o tema é muito abundante para ser detalhada aqui, mas alguns títulos serão suficientes para dar uma ideia, principalmente: AHMED, S. *The Cultural Politics of Emotion*. Edimburgo: Edinburgh University Press, 2004. • MITCHELL, D.T. & SNYDER, S.L. *Narrative Prosthesis*: Disability and Dependencies of Discourse. Ann Arbor, Mich.: University of Michigan Press, 2000.

sidem o extermínio deles? Como mostrou Alan Lester em sua prosopografia dos humanitários do Império colonial britânico, era possível deplorar os sofrimentos e os massacres *inúteis* e ao mesmo tempo reconhecer o caráter inexorável da obra colonial. As frágeis tentativas para desacelerar, flexibilizar ou regular o avanço dos colonos eram representadas como abusos de poder, segundo os *lobbies* coloniais[30]. Os sofrimentos dos colonos industriosos eram considerados como equivalentes aos, no entanto muito maiores, dos aborígines. Esse contraste entre o que seria desejável e o que seria política e socialmente possível definiu o humanitarismo ao longo dos séculos XIX e XX. Apesar dos apelos dilacerantes para pôr um fim ao insustentável, trata-se ainda de um discurso visando muito mais a atenuação dos sofrimentos do que sua abolição.

Na cronologia do humanitário, o discurso sobre a escravidão domina até o fim da Guerra de Secessão (1861-1865), mas essa mesma guerra, que ocorre após os sofrimentos das guerras da Crimeia ou da Itália, marca uma reviravolta. A luta contra a escravidão certamente conheceu um renovamento entre 1880 e 1940, assim como mostra Amalia Ribi Forclaz[31], mas o "sujeito humanitário", o paciente humanitário de predileção, havia se tornado mais complexo.

O humanitarismo e os sofrimentos de guerra mobilizaram as energias, sem se transformar, no entanto, em pacifismo, e o objeto das atenções era principalmente os soldados mais do que os refugiados. Durante a guerra de 1878 entre a Rússia e o Império Otomano, os britânicos deram dez vezes mais fundos para as vítimas militares do que para as vítimas civis[32]. Os sofrimentos do soldado, e sobretudo os sofrimentos *inúteis*, tornaram-se objeto da atenção dos humanitários. Duas grandes inovações facilitaram sua popularização: o jornalismo

---

30. LESTER, A. & DUSSART, F. *Colonization and the Origins of Humanitarian Governance*: Protecting Aborigines Across the Nineteenth-Century British Empire. Cambridge: Cambridge University Press, 2014.
31. FORCLAZ, A.R. *Humanitarian Imperialism*: The Politics of Anti-Slavery Activism, 1880-1940. Oxford: Oxford University Press, 2015.
32. BERRIDGE, G. *British Diplomacy in Turkey, 1583 to the Present*: A Study in the Evolution of the Resident Embassy. Leyde: Brill, 2009.

de guerra, iniciado durante a Guerra da Crimeia (1854-1856), e a produção artística e fotográfica tendo por objeto o sofrimento na imprensa ilustrada[33].

O jornalismo e os sentimentos humanitários são assim quase indissociáveis. A imprensa repercutiu os sofrimentos dos soldados na Crimeia opondo ao mesmo tempo o trabalho de Florence Nightingale à passividade dos intendentes militares e do serviço de saúde dos exércitos[34]. Henry Dunant, o homem de negócios genebrino em busca de uma concessão suplementar em Sétif, na Argélia, que teria permitido aos seus associados expropriar os argelinos[35], tropeçou na Batalha de Solferino. Seu texto fundador, *Uma lembrança de Solferino*, publicado por conta própria em 1862, fez história em parte por causa da sua estrutura narrativa. Partindo de um relato de batalha bastante convencional, o autor suíço compartilhou o horror dos sofrimentos dos feridos abandonados à caridade de um punhado de italianos, de turistas e de padres. É no detalhe que está a força do relato. Nele percebemos órgãos em contato direto com o chão, agonizantes segurando suas entranhas, ouvimos gemidos e adolescentes chamando pela mãe:

> Um terceiro, com o crânio bem aberto, expira espalhando seu cérebro [sic] sobre as lajes da igreja; seus companheiros de infortúnio repelem-no com o pé porque ele atrapalha a passagem, eu protejo seus últimos momentos e cubro com um lenço sua pobre cabeça, que ele ainda sacode vagamente[36].

Nesse texto encontramos a força e o grafismo dos relatos contra a escravidão. O texto como um todo dá lugar de destaque ao relato anedótico, aos

---

33. MARKOVITS, S. "Rushing into Print: 'Participatory Journalism' during the Crimean War". In: *Victorian Studies*, vol. 50, n. 4, 2008, p. 559-586. • MARKOVITS, S. *The Crimean War in the British Imagination*. Cambridge: Cambridge University Press, 2009. Frédéric Villiers representa o exemplo típico do artista jornalista do apogeu da imprensa ilustrada (VILLIERS. *His Five Decades of Adventure*. Londres: Harper & Brothers, 1920).
34. NIGHTINGALE, F. *Letters from the Crimea, 1854-1856*. Manchester: Mandolin, 1997.
35. Isso no contexto de uma experiência de colonização privada. Cf. LÜTZELSCHWAB, C. *La compagnie genevoise des colonies suisses de Sétif, 1853-1956* – Un cas de colonisation privée en Algérie. Berna: Peter Lang, 2006.
36. DUNANT, H. *Un souvenir de Solférino* (1862). Genebra: CICR, 1990, p. 56.

indivíduos particularmente identificáveis, para concluir com considerações de princípio sobre a necessidade de criar um trabalho humanitário a fim de remediar os piores sofrimentos de guerra. Essa história um pouco mitológica é, contudo, fundamental para a definição dos princípios humanitários, retomados em 1966 por Jean Pictet[37]. Todavia, a Sociedade de socorro aos feridos dos exércitos de terra e de mar, cujo comitê internacional sedia em Genebra, bem como a quantidade de sociedades nacionais, hoje designadas pelo emblema Cruz Vermelha ou Crescente Vermelho, jamais tiveram o monopólio do humanitário. Nem por isso sua forma de altruísmo internacionalista – ao mesmo tempo pragmático e fundado em princípios de direito internacional – deixa de servir de referência ao humanitário desde 1863. Trata-se também de um exemplo quase único de uma indignação que catalisa uma mobilização internacional verdadeiramente global.

A herança de Dunant está na capacidade humanitária para mobilizar fundos ao redor do mundo por ocasião de conflitos e mais tarde de desastres. Desde a Guerra Franco-prussiana de 1870, a ajuda humanitária sempre propõe uma solução prática, ainda que limitada, a sofrimentos representados de maneira muito explícita[38]. Até depois da Primeira Guerra Mundial, as imagens artísticas, pinturas de guerra e desenhos, competiam com as imagens fotográficas para expressar a realidade do sofrimento. Os historiadores se entusiasmaram com essas imagens de guerra ou de sofrimentos e se interessaram pelo profundo impacto de sua difusão. Na campanha humanitária contra o Estado livre do Congo, as fotografias das vítimas de amputações punitivas causaram assim um particular escândalo[39].

---

37. PICTET, J. "Les principes du droit international humanitaire". In: *Revue Internationale de la Croix-Rouge*, n. 573, 1966, p. 411-425.

38. TAITHE, B. "The Red Cross Flag in the Franco-Prussian War: Civilians, Humanitarians and War in the 'Modern' Age". In: COOTER, R.; HARRISON, M. & STURDY, S. (dirs.). *War, Medicine and Modernity*. Stroud: Sutton, 1998, p. 22-47.

39. GRANT, K. "The Limits of Exposure: Atrocity Photograph in the Congo Reform Campaign". In: FEHRENBACH, H. & RODOGNO, D. (dir.). *Humanitarian Photography*. Cambridge: Cambridge University Press, 2015, p. 64-88. • PAVLAKIS, D. *British Humanitarianism and the Congo Reform Movement, 1896-1913*. Farnham: Ashgate, 2015, cap. 7. • TWOMEY, C. "Framing

No momento da ocupação alemã, apenas alguns anos depois, os propagandistas aliados repercutiram os sofrimentos dos congoleses para descrever as perseguições alemãs. Como mostraram John Horne e Alan Kramer, a representação dos sofrimentos infligidos aos belgas tinha um fundamento na realidade sendo ao mesmo tempo um dos exemplos mais marcados de uma propaganda desenfreada[40]. A emoção humanitária devia trabalhar para convencer os Estados Unidos a se unirem aos aliados.

Embora os sofrimentos de guerra tenham sido de particular importância para o humanitário que, ainda hoje, é muito ativo principalmente em zonas de conflito, outras imagens insustentáveis assombraram os jornais e os textos humanitários. Mais do que os sofrimentos das vítimas de terremotos ou de inundações, os das vítimas de fome têm um impacto particular. A representação moderna da fome encontra sua origem europeia na grande fome da Irlanda de 1847, tão bem analisada por Cormac Ó Gráda[41]. Essa fome às portas da primeira economia mundial da época serviu e serve ainda de ponto de referência às análises do que pode levar uma sociedade à beira do abismo[42]. Denunciar a fome como Monsenhor Lavigerie na Argélia em 1869[43] ou o missionário Timothy Richard na China em 1876-1879[44] significava denunciar também uma fratura econômica, social e moral mais profunda. Ainda que as fomes sejam geralmente muito complexas, a representação delas está geralmente reduzida à imagem de corpos famélicos. O espetáculo aterrador de corpos cadavéricos

---

Atrocity: Photography and Humanitarianism". In: *History of Photography*, vol. 36, n. 3, 2012, p. 255-264.
40. HORNE, J. & KRAMER, A. *German Atrocities, 1914*: A History of Denial. New Haven, Conn.: Yale University Press, 2001.
41. Ó GRÁDA, C. *Black '47 and Beyond*: The Great Irish Famine in History, Economy, and Memory. Princeton, NJ: Princeton University Press, 2000.
42. MIDDLETON, N. & O'KEEFE, P. *Disaster and Development*: The Politics of Humanitarian Aid. Londres: Pluto Press, 1997.
43. TAITHE, B. "La famine de 1866-1868: anatomie d'une catastrophe et construction médiatique d'un événement". In: *Revue d'Histoire du XIXe siècle*, vol. 41, n. 2, 2010, p. 113-127.
44. DIGBY, W. *The Famine Campaign in Southern India*: Madras and Bombay Presidencies and Province of Mysore, 1876-1878. T. 2. Londres: Longmans, Green & Co, 1878.

e emaciados não é recente, e as imagens fotográficas provenientes da Índia em 1876-1878[45], bem como os relatos de antropofagia vindos da China em 1878[46], provocavam emoções particularmente fortes e tingidas de revolta diante da abjeção. Como observam Arthur e Joan Kleinman, essas imagens remetiam a uma percepção muito europeia de si através dos sofrimentos dos outros[47].

A representação do si humanitário

As emoções humanitárias são a expressão de uma relação consigo mesmo e não surpreende, portanto, que uma história do altruísmo seja muitas vezes escrita na primeira pessoa. A história das emoções é particularmente útil para explicar o papel que os trabalhadores humanitários dão aos "pioneiros" humanitários. Se Dunant comandou por pouco tempo o movimento por ele fundado, uma vez que se demitiu em 1867, é sua memória e sua exaltação, quase mística, que o Movimento Internacional da Cruz Vermelha e do Crescente Vermelho celebra hoje. O movimento humanitário em seu conjunto tende a santificar com hagiografias os percursos singulares de grandes almas. Desde Henry Dunant, Eglantyne Jebb, fundadora do Save the Children, e Fridtjof Nansen, líder da política humanitária do período entreguerras em favor dos refugiados, uma quantidade de indivíduos mais ou menos famosos juntou-se a um Panteão um pouco mítico que os historiadores retomam a partir de uma perspectiva prosopográfica[48]. Esses relatos hagiográficos representam vidas de santos modernos, muitas vezes secularizadas, mas agitadas

---

45. DAVIS, M. *Late Victorian Holocausts*: El Niño Famines and the Making of the Third World. Nova York: Verso, 2002. • TWOMEY, C. & MAY, A.J. "Australian Responses to the Indian Famine, 1876-1878: Sympathy, Photography and the British Empire". In: *Australian Historical Studies*, vol. 43, n. 2, 2012, p. 233-252.

46. LEGGE, J. *The Famine in China*: Illustrations by a Native Artist with a Translation of the Chinese Text. Londres: Kegan Paul, 1878. • LI, L.M. *Fighting Famine in North China*: State, Market, and Environmental Decline, 1690s-1990s. Stanford, Calif.: Stanford University Press, 2007.

47. KLEINMAN, A. & KLEINMAN, J. "The Appeal of Experience, the Dismay of Images: Cultural Appropriations of Suffering in Our Times". In: *Daedalus*, vol. 125, n. 1, 1996, p. 1-23.

48. CABANES, B. *The Great War and the Origins of Humanitarianism, 1918-1924*. Cambridge: Cambridge University Press, 2014.

por angústias metafísicas e por dúvidas diante dos sofrimentos do mundo[49]. As organizações humanitárias fizeram desses pioneiros atormentados do humanitário uma forma de fundamento identitário ao qual se vincula uma cultura institucional[50]. A sacralidade do fundador e em geral a publicação de suas *ego-narrativas* desempenharam, pois, um papel importante para organizações que no decorrer do século XX tornaram-se sociedades internacionais[51]. Desde os anos de 1990, o orçamento delas aumentou na proporção de sua capacidade de coleta e de ação, e uma dezena de organizações captavam em 2014 o essencial dos 20,5 bilhões de dólares do orçamento humanitário. Essa "oligarquia" de organizações, para retomar os termos do politólogo Stephen Hopgood, constituiu-se entre 1863 e 1971[52]. Cada movimento encontra suas origens na narração do si humanitário e vive da emulação que esses relatos alimentam.

Contudo, os membros fundadores não têm o monopólio da narrativa humanitária e as memórias, relatórios e artigos publicados pelos voluntários e profissionais humanitários (sendo que um dos primeiros poderíamos dizer que foi provavelmente o inglês Vincent Kennett-Barrington, morto em 1903)[53] são, pois, narrativas de si. Muitos começam com um encontro com o horror, com relatos de amizade e de aventuras. O que alguns quiseram chamar "a aventura

---

49. P. ex., os estados de alma de Eglantyne Jebb são particularmente objeto de estudos. Cf. MAHOOD, L. *Feminism and Voluntary Action*: Eglantyne Jebb and Save the Children, 1876-1928. Basingstoke: Palgrave Macmillan, 2009. Para uma versão mais populista, cf. MULLEY, C. *The Woman Who Saved the Children*: A Biography of Eglantyne Jebb. Londres: Oneworld Publications, 2009. Em um registro hagiográfico: WILSON, F.M. *Rebel Daughter of a Country House*: The Life Of Eglantyne Jebb. Londres: Allen & Unwin, 1967.
50. TAITHE, B. "Humanitarian History". In: PETERSON, J.H. & MacGINTY, R. (dirs.). *The Routledge Companion to Humanitarian Action*. Londres: Routledge, 2014, p. 62-73.
51. BAUGHAN, E. "'Every Citizen of Empire Implored to Save the Children!' – Empire, Internationalism and the Save the Children Fund in Inter-War Britain". In: *Historical Research*, vol. 231, n. 86, 2013, p. 116-137.
52. HOPGOOD, S. "Saying 'No' to Wal-Mart? – Money and Morality in Professional Humanitarianism". In: BARNETT, M. & WEISS, T.G. (dir.). *Humanitarianism in Question*: Politics, Power, Ethics. Ithaca, N.Y.: Cornell University Press, 2008, p. 98-123.
53. "Sir Vincent Kennett-Barrington". *Times*, 14/07/1903.

humanitária"[54] retoma os motivos emocionais dos grandes relatos de viagem ou de literatura de juventude que fizeram a fortuna dos editores a partir do final do século XIX.

Se a aventura humanitária é muitas vezes apresentada como um trabalho humanista, é preciso, no entanto, se debruçar sobre suas estreitas relações com a caridade de origem religiosa ou ainda sobre a grande renovação missionária dos séculos XIX e XX. Entre as maiores organizações, encontram-se hoje instituições de origem religiosa como World Vision – originária da Bible Belt americana, Oxfam, Caritas, ao passo que as organizações mais "seculares" assumem muitas vezes uma dimensão quase religiosa, como mostraram Johanna Siméant e Axelle Brodiez-Dolino em seus trabalhos sobre o engajamento humanitário[55]. Esse recurso ao religioso não é apenas um retorno à origem presumida do altruísmo, é também um rastro cultural próprio à expressão dos sentimentos altruístas.

O discurso religioso permite igualmente dar sentido aos sacrifícios aos quais os trabalhadores humanitários consentem – sacrifício de carreira, domesticidade, vida organizada e ordenada – e ao apelo ou vocação que eles invocam. Devido à sua presença em zonas de conflito e no centro das violências, alguns perdem a vida e fazem um sacrifício último que representa uma forma de martírio humanitário[56]. A figura do mártir humanitário não é recente. Muitos voluntários perderam a vida ao serviço dos outros, por causa dos combates ou da doença. Contudo, é sintomático que esse setor da ajuda, tão dividido

---

54. RUFIN, J.C. *L'Aventure humanitaire*. Paris: Gallimard, 1994. • YALA, A. *Volontaire en ONG*: l'aventure ambiguë. Paris: ECLM, 2005.

55. SIMÉANT, J. *Entrer, rester en humanitaire* – Des fondateurs de MSF aux membres actuels des ONG médicales françaises. Paris: Presses de Sciences Po, 2001. • BRODIEZ, A. *Le secours populaire français, 1945-2000* – Du communisme à l'humanitaire. Paris: Presses de Sciences Po, 2006. • BRODIEZ-DOLINO, A. "Penser les mutations de l'engagement: un dialogue entre histoire et sciences sociales". In: OFFERLÉ, M. & ROUSSO, H. (dirs.). *La fabrique interdisciplinaire* – Histoire et science politique. Rennes: PUR, 2008, p. 37-45.

56. TAITHE, B. "Mourir pour des idées humanitaires: sacrifice, témoignage et travail humanitaire, 1870-1990". In: CAZANAVE, C. (dir.). *Mourir pour des idées*. Besançon: PUB, 2008, p. 239-254.

entre uma variedade de grandes e pequenas organizações, só tenha começado a fazer parte de atos comemorativos a partir de meados dos anos de 2000. Um certo número de monumentos aos mortos humanitários foi inaugurado no Canadá, na Austrália e no Reino Unido. Esses monumentos representam um esforço muito particular de trabalho comemorativo inspirado, em uma perspectiva pacífica, nos monumentos aos mortos da Primeira Guerra Mundial. Eles privilegiam objetos específicos: relatos e mártires. A relação entre relato e mártir faz referência ao testemunho, um axioma do trabalho humanitário retomado por certas organizações como Médecins Sans Frontières (MSF). O trabalhador humanitário é ator e testemunha – uma posição que missionários abertos à possibilidade do martírio reconhecerão. Mesmo a burocracia impenetrável das Nações Unidas tem seus próprios heróis, como o carismático (em uma interpretação weberiana do conceito de carisma) Sergio Vieira de Mello, desde sua morte em 2003 em um atentado no Iraque[57].

Os escritos humanitários são uma das principais fontes para apreciar a construção do si humanitário nessa história contemporânea. É surpreendente observar a que ponto de Henry Dunant a Bernard Kouchner várias figuras históricas importantes construíram muitas vezes seus escritos autobiográficos em uma relação particular com a tradição literária[58]. Kouchner, fundador do MSF em 1971, relembra André Malraux, e Xavier Emmanuelli, seu condiscípulo e contraditor, busca sua inspiração nos textos mais religiosos[59]. Se muitos desses textos oferecem um relato da construção do si que passa por fases de desencorajamento, de medo, ou mesmo de "pesadelo humanitário"[60], para terminar em uma resolução mais otimista ou, como Dunant, em um apelo à compaixão do mundo, outros assumem um estilo mais negativo.

---

57. POWER, S. *Chasing the Flame*: Sergio Vieira de Mello and the Fight to Save the World. Londres: Penguin, 2008.
58. KOUCHNER, B. *Le malheur des autres*. Paris: Odile Jacob, 1991.
59. TAITHE, B. "Reinventing (French) Universalism: Religion, Humanitarianism and the 'French Doctors'". In: *Modern and Contemporary France*, vol. 12, n. 2, 2004, p. 147-158.
60. Título da autobiografia do antigo presidente do MSF international James Orbinski (*Le Cauchemar humanitaire*. Paris: Music and Entertainment Books Édition, 2010).

As emoções perigosas

O fracasso ou o sentimento de fracasso respondem muitas vezes aos sofrimentos insuportáveis. Uma tendência à húbris, ao desejo de responder a tudo, a toda hora e em todos os lugares – um desejo inextinguível de compartilhar e de aliviar o sofrimento dos outros –, tropeçam nos limites físicos do indivíduo, ou nos organizacionais do trabalho humanitário. Entre os companheiros de Dunant encontravam-se, segundo seu relato, e que nada permite verificar em detalhe, voluntários tão acidentais quanto ele mesmo: turistas de guerra participando desse *hobby* doentio do século XIX que os historiadores tão bem estudaram[61], viajantes perdidos e entusiastas. Nesse relato, que depois encontramos sob outras formas bastante próximas em inúmeros textos, a emoção humanitária ganha e triunfa, levando alguns deles a um esgotamento total ou a uma espécie de choque. O traumatismo de guerra, tão bem analisado pelos historiadores da psiquiatria como Mark Micale, Richard Rechtman e Didier Fassin[62], ainda não tinha um lugar especial nas nosologias médicas em 1860, mas Dunant descreve seus sintomas:

> Não demora e um desses militares fica doente de emoção, e nossos outros enfermeiros voluntários se retiram sucessivamente, incapazes de suportar por muito tempo o aspecto de sofrimentos que eles pouco conseguem aliviar [...]. Um jovem turista francês, oprimido pela visão desses detritos vivos, começa repentinamente a soluçar; um negociante de Neuchâtel se dedica durante dois dias a tratar das feridas [...]; somos obrigados, em respeito a ele, a diminuir seu ardor, assim como a acalmar a exaltação compassiva de um belga que chegara a um ponto que temíamos que tivesse uma crise de febre alta[63].

---

61. SEATON, A.V. "Guided by the Dark: From Thanatopsis to". In: *International Journal of Heritage Studies*, vol. 4, n. 2, 1996, p. 234-244.
62. MICALE, M.S. & LERNER, P. (dirs.). *Traumatic Pasts*: History, Psychiatry, and Trauma in the Modern Age, 1870-1930. Cambridge: Cambridge University Press, 2001. • FASSIN, D. & RECHTMAN, R. *L'Empire du traumatisme* – Enquête sur la condition de victime. Paris: Flammarion, 2010.
63. DUNANT, H. *Un souvenir de Solférino*. Op. cit., p. 59.

Para Dunant, esses fracassos individuais são causados pela desordem e pelo amadorismo. O fracasso é, pois, sistêmico, ainda que os indivíduos possam apresentar taras ou falhas. Para o fundador da Cruz Vermelha, a organização da caridade seria uma panaceia para esses transbordamentos descontrolados. Encontramos essa abordagem em um bom número de relatos em seguida. Ela permite transmutar e transformar uma emoção individual em apelo universal. Ela cria, portanto, uma forma de transcendência altruísta e facilita sua transformação em soluções concretas e burocráticas. Esse enquadramento e essa realização fazem sentido para os fundadores de obras humanitárias, mas essa alquimia não é evidente para os indivíduos. Se os politólogos do humanitário como Michael Barnett e Thomas Weiss conseguiram datar a burocratização do humanitário como um fenômeno recente[64], um estudo mais atento dos arquivos discerne processos burocráticos desde o início das organizações de ajuda humanitária[65]. Esses arquivos já revelam tensões existenciais entre as organizações e os voluntários. Nesse contexto, as emoções humanitárias são a expressão de uma rebelião contra o jugo no qual tentam conter os impulsos descontrolados. Um dos primeiros humanitários profissionais, Kennett-Barrington, atesta isso em sua correspondência privada no decorrer dos anos de 1880[66]. Muitas vezes implicados em colaborações contranaturais com hierarquias militares, os humanitários se rebelam e se indignam. Essa indignação às vezes se volta contra o trabalho humanitário em seu conjunto.

As críticas mais contundentes ao trabalho humanitário são quase sempre feitas pelos humanitários decepcionados, por vezes destruídos pelo braço de ferro com restrições, com lógicas mercantis, com programas burocráticos ou

---

64. BARNETT, M. & WEISS, T.G. (dirs.). *Humanitarianism in Question*. Op. cit.
65. RODDY, S.; STRANGE, J.-M. & TAITHE, B. "The Charity-Mongers of Modern Babylon: Bureaucracy, Scandal, and the Transformation of the Philanthropic Marketplace, c. 1870-1912". In: *Journal of British Studies*, vol. 54, n. 1, 2015, p. 118-137. • RODDY, S.; STRANGE, J.-M. & TAITHE, B. "Humanitarian Accountability, Bureaucracy, and Self-Regulation: The View from the Archive". In: *Disasters*, vol. 39, n. 2, 2015, p. 188-203.
66. MORRIS, P. (dir.). *First Aid to the Battle Front*: Life and Letters of Sir Vincent Kennett--Barrington (1844-1903). Stroud: Sutton, 1992.

com o que eles percebem como hipocrisia do sistema. Seria preciso fazer um recenseamento mais exaustivo para medir sua extensão, mas uma verdadeira onda de textos de autocrítica submerge o humanitário moderno. Desde os anos de 1980, na França os trabalhos de Jean-Christophe Rufin e de Bernard Kouchner[67], os escritos de Alex de Waal em inglês[68], passando por um pequeno florilégio anedótico bem estudado por Lisa Smirl[69], as "ego-narrativas" humanitárias assumiram uma dimensão denunciadora e emocional. Contudo, esses textos, cujas similaridades são surpreendentes através do tempo, fracassam invariavelmente em conter ou reformar o aparelho burocrático – o humanitário como a forma institucional do altruísmo permanece insensível aos ataques geralmente muito pessoais.

A fadiga compassiva

Embora as emoções negativas, mas muitas vezes superficiais, constituam uma válvula de segurança mais do que uma crítica fundamental, os humanitários sempre temeram uma força mais surda e mais perigosa, tanto por sua capacidade de engendrar entusiasmos e fundos quanto pelo seu trabalho. Nos textos de Dunant ou de Nightingale, somente a profissionalização permitiria combater o perigo da fadiga compassiva. Na prática dos benévolos e voluntários, a fadiga sistêmica das organizações estaria, ao contrário, em causa – fala-se então de "esgotamento profissional"[70]. A história deste último é difícil de ser retraçada em detalhes, mas ela reflete os acasos da história do traumatismo e de seu papel social. Em particular, a fadiga compassiva foi sensivelmente asso-

---

67. RUFIN, J.-C. L'Aventure humanitaire. Op. cit. • KOUCHNER, B. Le malheur des autres. Op. cit.
68. WAAL, A. "The Humanitarian Carnival: A Celebrity Vogue". In: World Affairs, vol. 171, n. 2, 2008, p. 43-55.
69. Para uma boa perspectiva, cf. SMIRL, L. Spaces of Aid: How Cars, Compounds and Hotels Shape Humanitarianism. Londres: Zed Books, 2015, p. 20-46.
70. PROUST, S. "Prévenir l'épuisement professionnel par la mobilisation des ressources psychosociales: l'organisation du travail dans son rôle potentiellement bienveillant". In: Psycho-oncologie, vol. 9, n. 2, 2015, p. 69-75.

ciada à classificação do estado de estresse pós-traumático (Espt)[71]. As primeiras descrições de casos de "fadiga compassiva" aparecem na literatura médica anglo-saxã logo após a Segunda Guerra Mundial, em geral em um contexto hospitalar[72]. Em um primeiro momento, trata-se do esgotamento físico e emocional da equipe médica. A fadiga compassiva descreve então uma situação emocional instável, feita de excesso e de desmedida – à imagem das descrições dadas por Henry Dunant, mas em um quadro profissional. A definição muda ao longo dos anos de 1970 e 1980 para fazer da fadiga compassiva uma forma de "traumatismo derivado"[73]. A esse traumatismo do médico – uma utilização muito pregnante do outro lado do Atlântico[74] – soma-se uma outra noção mais negativa e que serve de explicação em muitos dos escândalos ligados aos maus cuidados. A fadiga compassiva descreve então a crescente indiferença do médico em relação aos seus pacientes.

Essa habituação ao sofrimento do outro não é, portanto, apenas o produto de uma falta de empatia, mas o de uma familiaridade desgastante com o sofrimento do outro. Essa forma de indiferença parece ser o produto de estruturas médicas inapropriadas: a gestão rápida e em série dos pacientes, a natureza repetitiva dos tratamentos, que os tornaria uma corveia em vez de uma vocação. A humanidade do paciente desapareceria por trás desses sofrimentos. Os maus-tratos resultantes são um dos fenômenos observados por Florence Nightingale desde o início da Guerra da Crimeia[75]. Administrar os sofrimentos com uma parcimônia emocional que previne transbordamentos e maus-tratos

---

71. ZAWIEJA, P. (dir.). *Dictionnaire des risques psychosociaux*. Paris: Seuil, 2014, art. "Fatigue compassionnelle". Para uma perspectiva mais controversa, cf. ERNER, G. *La société des victimes*. Paris: La Découverte, 2006.
72. STEVENSON, I. "The Nurse and Her Patient in Long-Term Cases". In: *American Journal of Nursing*, vol. 54, n. 12, 1954, p. 1.462-1.464.
73. CROCQ, L. "Histoire du debriefing". *Pratiques Psychologiques*, vol. 10, n. 4, 2004, p. 291-318.
74. Cf., p. ex., FIGLEY, C.R. "Compassion Fatigue: Psychotherapists' Chronic Lack of Self Care". In: *Journal of Clinical Psychology*, vol. 58, n. 11, 2002, p. 1.433-1.441. • FIGLEY, C.R. (dir.). *Treating Compassion Fatigue*. Londres: Routledge, 2002. • ROTHSCHILD, B. *Help for the Helper*: The Psychophysiology of Compassion Fatigue and Vicarious Trauma. Nova York: Norton, 2006.
75. HOLTON, S. "Feminine Authority and Social Order: Florence Nightingale's Conception of Nursing and Health Care". In: *Social Analysis*, n. 15, 1984, p. 59-72.

torna-se objeto de um "universo moral", para retomar a fórmula de Charles Rosenberg[76], cujo principal objetivo é o controle das emoções e dos gestos – a regulação das relações humanas e a profissionalização[77]. Muitos historiadores que se dedicaram a estudar as enfermeiras de guerra durante a Primeira Guerra Mundial observam assim as tensões entre as enfermeiras formadas para adotar uma distância compassiva – rígidas por conta da gestão da emoção – e suas colegas voluntárias e não tão bem formadas, incapazes de administrar o volume de sofrimento ao qual estão expostas.

Essa tensão narrativa serve de exutório aos humanitários. Talvez esses debates pudessem ter um papel delicado – ao colocar o si humanitário e a fadiga compassiva no centro das práticas e das reflexões sobre os cuidados humanitários se manteria um equilíbrio difícil entre indivíduos e organização, entre sentimentos e deveres.

A fadiga compassiva adquiriu, todavia, outras significações no registro das representações[78]. Os humanitários, desde seus inícios institucionais, dependeram da eficácia emocional das representações visuais e textuais do horror. A preocupação em não cansar o público e em não secar a fonte de seu financiamento não é, portanto, nova. Contudo, os questionamentos mais fortes datam do aparecimento das mídias fotográficas. A utilização das imagens em matéria de comunicação humanitária é praticamente contemporânea do surgimento dos aparelhos portáteis. Os retratos de crianças famélicas, de mutilados e de cadáveres aparecem já no final do século XIX, mas sua capacidade de chocar e de provocar emoções intensas parece ser reinventada para um público novo a cada geração. As crianças de Biafra,

---

76. ROSENBERG, C.E. "Florence Nightingale on Contagion: The Hospital as Moral Universe". In: ROSENBERG, C.E. (dir.). *Healing and History*: Essays for George Rosen. Nova York: Science History Publications, 1979, p. 116-136.
77. LAPCHINE, N. "Les soeurs de charité pendant la guerre russo-japonaise". In: *Bulletin International des Sociétés de la Croix-Rouge*, vol. 155, n. 39, 1908, p. 240-244.
78. HÉBERT, M. "La mise en récit des souffrances: violences, expériences et discours". In: *Alterstice*, vol. 2, n. 1, 2012, p. 23-34.

vítimas tanto de um bloqueio alimentar quanto da política de comunicação dos separatistas biafrenses, ficaram famosas quando as primeiras imagens foram publicadas nas páginas de *Paris Match* em 1968[79]. Para Susan Sontag, essas imagens não eram novas e pertenciam a um tipo de exibição da atrocidade já rotineira[80].

Seria, portanto, um efeito de reconhecimento, ou de eco cognitivo, uma vez que os anos de 1920 e 1930 ou as duas décadas seguintes também são ricas em imagens bastante similares. Estas últimas se inscrevem, contudo, em um quadro novo, o de um retorno ao Holocausto e ao genocídio[81]. Para uma história institucional do humanitário, a Guerra de Biafra (1967-1970) assinala, contudo, o desenvolvimento de novas ONG na França (MSF), na Irlanda (Concern, e depois Trócaire) e em toda a Europa[82]. Como mostra Kevin O'Sullivan, o valor mítico da Guerra de Biafra e principalmente sua representação muitas vezes maniqueísta não foram contestados senão tardiamente por essas organizações[83]. Havia muitos desafios para admitir, não importando a força das imagens, que estas poderiam ter sido o produto de uma orquestração de comunicação e de propaganda. Entretanto, desde 1970, a multiplicação dos eventos genocidas ou descritos como tais como no Vietnã, no Camboja, na Bósnia, em Ruanda, entre outros, as fomes "bíblicas" na Nigéria, na Etiópia, na Somália, em Bangladesh, provocaram uma cadeia ininterrupta de imagens que compe-

---

79. COOKMAN, C. "Gilles Caron's Coverage of the Crisis in Biafra". In: *Visual Communication Quarterly*, vol. 15, n. 4, 2008, p. 226-242.

80. Agradeço ao fotógrafo humanitário Daniel Vernon por essa referência, bem como por certas reflexões no parágrafo seguinte [Disponível em DanVernonPhotography.com]. Cf. SONTAG, S. *On Photography*. Nova York: Farrar, Strauss & Giroux, 1973, p. 19. • SONTAG, S. *Regarding the Pain of Others*. Londres: Penguin, 2003. A autora revisa nesta última obra suas posições sobre a importância das imagens de sofrimento.

81. HEERTEN, L. & MOSES, A.D. "The Nigeria-Biafra War: Postcolonial Conflict and the Question of Genocide". In: *Journal of Genocide Research*, vol. 16, n. 2-3, 2014, p. 169-203.

82. DESGRANDCHAMPS, M.L. *L'Humanitaire en guerre civile* – Une histoire des opérations de secours au Nigeria-Biafra (1967-1970). Universidade de Genebra, 2014 [Tese de doutorado].

83. O'SULLIVAN, K. "Humanitarian Encounters: Biafra, NGOs and Imaginings of the Third World in Britain and Ireland, 1967-1970". In: *Journal of Genocide Research*, vol. 16, n. 2-3, 2014, p. 299-315.

tem em horror, mas que, geralmente fora de seu contexto político, acabam se assemelhando e se sucedendo inexoravelmente[84].

Os humanitários e os fotógrafos que trabalham com eles e para eles expressaram então suas angústias éticas como uma espécie de novo medo[85]. Esse medo foi chamado de "fadiga compassiva", não a dos médicos, e sim a dos doadores. A partir dos escritos de Susan Sontag, observa-se uma crítica crescente às imagens demasiado violentas[86]. Muito resumidamente, a fadiga compassiva nascida de um bombardeio de imagens desesperantes teria como efeito ou acostumar o público ao horror, ou repugná-los e afastá-los das organizações que desejassem levantar fundos. Esse medo de saturação do mercado caritativo pelas imagens emocionais é também o reflexo de trabalhos universitários e críticos, como os de Susan Moeller ou de Luc Boltanski nos anos de 1990[87]. Entretanto, embora esse medo tenha uma base ética evidente, não é muito claro que ele esteja fundamentado em uma análise do mercado no médio prazo. De fato, os publicitários humanitários e a imprensa parecem evoluir sua iconografia de forma menos radical do que a crítica sugeriria[88].

O exemplo de duas imagens tiradas pelo fotógrafo turco Nilüfer Demir, em 2 de setembro de 2015 em Bodrum, do cadáver de Aylan Kurdi, uma criança de 3 anos, é um bom exemplo da força da imagem, mas também das escolhas que

---

84. Alguns, como Suzanne Franks, dão uma importância específica à fome de 1984-1985 na Etiópia (FRANKS, S. *Reporting Disasters*: Famine, Aid, Politics and the Media. Londres: Hurst, 2013).

85. NISSINEN, S. "Dilemmas of Ethical Practice in the Production of Contemporary Humanitarian Photography". In: FEHRENBACH, H. & RODOGNO, D. (dirs.). *Humanitarian Photography*. Op. cit., p. 297-322. • CARON, C. "Humaniser le regard – Du photojournalisme humanitaire à l'usage humanitaire de la photographie". In: *COMMposite*, n. 1, 2007, p. 1-19.

86. STALLABRASS, J. *Memory of Fire*: Images of War and the War of Images. Brighton: Photoworks, 2013.

87. MOELLER, S.D. *Compassion Fatigue*: How the Media Sell Disease, Famine, War and Death. Nova York: Routledge, 1999. • BOLTANSKI, L. *La souffrance à distance* – Morale humanitaire, médias et politique. Paris: Métailié, 1993.

88. SAILLANT, F.; DROUIN, M.-È. & GORDON, N. "Formes, contenus et usages, témoignages dans les ONG d'aide internationale: la vérité à l'épreuve du marketing". In: *Alterstice*, vol. 2, n. 1, 2012, p. 35-46.

tornam possível a expressão das emoções humanitárias. A primeira imagem, a de uma criança encontrada morta na praia, relativamente pouco publicada, é a do desespero e da solidão. Ela evoca uma outra, a de uma criança esquelética espreitada por um abutre, tirada em 1993 pelo fotógrafo sul-africano Kevin Carter no Sudão do Sul. Esse fotógrafo cometeu suicídio um pouco depois de receber o Prêmio Pulitzer deixando uma mensagem que se referia ao seu trabalho humanitário[89]. Esse cadáver isolado tornou insustentável o discurso político da época sobre os "enxames" (*swarm*) de refugiados. Mas essa imagem de um corpo na praia, uma imagem extrema, não era unânime, e a imprensa preferiu uma imagem da mesma criança morta, mas nos braços de um policial. Esta última imagem evoca a das *pietà* e das descidas da cruz na iconografia religiosa, e essa evocação lhe dá sua força cultural. Como resultado, um grande número de imagens humanitárias é inspirado e ecoa representações religiosas da compaixão. Este fenômeno cultural extrai sua força da familiaridade das poses e dos temas religiosos.

O medo da fadiga compassiva também deve ser confrontado com os fatos econômicos. O mercado do humanitário e das obras caritativas sempre foi altamente competitivo, e muitas proposições são oferecidas aos doadores. Esse quadro competitivo já existia antes da guerra de 1914-1918, e muitos questionamentos sobre a mensagem e a necessidade de apresentar imagens novas para evitar que o público se cansasse datam dessa época. No entanto, é inegável que as mídias e as técnicas de *marketing* americanas desempenharam desde 1945 um papel especial. É por meio das políticas da imagem que grandes organizações conseguiram sobreviver, mesmo em tempos difíceis. A imensa ONG World Vision, provavelmente a mais rica de hoje, está ligada ao desenvolvimento da televisão, o que permite adicionar outras percepções sensoriais às imagens, dando então origem a verdadeiros efeitos sinestésicos capazes de estimular uma

---

89. KIM, Y.S. & KELLY, J.D. "Photojournalist on the Edge: Reactions to Kevin Carter's Sudan Famine Photo". In: *Visual Communication Quarterly*, vol. 20, n. 4, 2013, p. 205-219.

forte resposta emocional[90]. Na França, o MSF, então uma pequena organização, se dividiu sobre a utilidade de mobilizar intelectuais parisienses para um projeto emblemático, o *L'Île-de-Lumière*, um navio-hospital no Mar da China, que, como seu equivalente alemão *Cap Anamur*, também recorreu ao embarque das equipes de televisão[91]. No campo do *marketing*, encontramos ao percorrer os arquivos do MSF a prova de que essa ONG importou métodos comerciais americanos, entre os quais o *direct mailing* (mala direta), que fazem uso da imagem. As mídias não são, portanto, os únicos detentores da imagem humanitária, e as organizações desenvolvem serviços de comunicação que podem adquirir uma considerável importância na gestão das prioridades e ações humanitárias.

O *charity business*[92]

Contrariando as previsões, o mercado humanitário, longe de estar saturado e em contração, parece estar em plena expansão desde os anos de 1970[93]. Com mais de 20 bilhões de dólares, ele nunca teria sido tão rico quanto atualmente (a não ser em período de guerra mundial). No entanto, ele não é apenas o reflexo das doações. Na prática, a proporção das doações do público está diminuindo em termos relativos desde os anos de 1970. Para muitas organizações atuais, o mercado humanitário encontra-se então dividido entre os apelos à generosidade do público, o que representa entre 20 e 80% das receitas de acordo com as organizações, e os contratos públicos – verdadeira terceirização por parte dos estados (p. ex., os grandes ministérios doadores como o

---

90. FRANKS, S. "Getting into Bed with Charity". In: *British Journalism Review*, vol. 19, n. 3, 2008, p. 27-32. • KING, D. "The New Internationalists: World Vision and the Revival of American Evangelical Humanitarianism, 1950-2010"; In: *Religions*, vol. 4, n. 3, 2012, p. 922-949.

91. PAULMANN, J. "The Dilemmas of International Humanitarian Aid in the Twentieth Century". In: *German Historical Institute London Bulletin*, vol. 34, n. 1, 2012, p. 143-159. • EMMANUELLI, X. "Un bateau pour Saint-Germain-des-Prés". In: *Le Quotidien du Médecin*, 04/09/1978. • KOUCHNER, B. *L'Île-de-lumière*. Paris: Ramsay, 1980.

92. *O charity business* envolve o conjunto das práticas novas de financiamento, de gestão, de comunicação das Organizações Não Governamentais (ONG) [N.T.].

93. CARBONNIER, G. *Humanitarian Economics*. Op. cit., p. 37.

Departamento para o Desenvolvimento Internacional no Reino Unido) ou da diplomacia internacional (p. ex., o Alto Comissariado das Nações Unidas para os Refugiados ou o órgão humanitário da União Europeia Echo).

Os humanitários, portanto, mudaram em função de suas relações com o dinheiro. Embora as doações públicas sejam em sua maioria doações sem restrições, os contratos com o Estado impõem programas e deveres burocráticos que vêm crescendo desde os anos de 1990. Esses programas respondem às novas normas (o projeto "Sphere", p. ex.)[94] instituídas pelas próprias organizações humanitárias. Essas mudanças são o reflexo do desenvolvimento de uma burocratização e de uma profissionalização no interior do que alguns chamam de um "setor". O *think tank* britânico Alnap produz assim um relatório regular e de autoridade sobre "o estado do sistema"[95]. A essa tendência a um humanitário organizado e coordenado respondem as tendências inversas em direção a um humanitário mais espontâneo e imerso no espetáculo das grandes emoções.

As mídias, em particular, assumem por conta própria os sentimentos humanitários para gerar doações e, às vezes, até criam organizações que lhes são próprias. Isso não é de modo algum uma história nova. Em 1870, as ambulâncias da imprensa são a expressão da generosidade dos jornais franceses e de seus leitores[96]. Durante a Segunda Guerra dos Bôeres (1899-1902), a imprensa inglesa angaria fundos para os feridos e mutilados. Celebridades são convocadas para expor os sofrimentos do mundo – de Sarah Bernhardt a Audrey Hepburn, a qual recebeu muitos prêmios por seu trabalho para a Unicef[97]. A literatura crítica tende a considerar o fenômeno da celebridade humanitária como uma inovação recente, mas a novidade está na maior visibilidade e em uma aceleração do fenô-

---

94. GOSTELOW, L. "The Sphere Project: The Implications of Making Humanitarian Principles and Codes Work". In: *Disasters*, vol. 23, n. 4, 1999, p. 316-325.

95. *The State of the Humanitarian System* [Disponível em ALNAP.org – Acesso em 2015].

96. TAITHE, B. *Defeated Flesh*: Welfare, Warfare and the Making of Modern France. Manchester: Manchester University Press, 1999.

97. CHOULIARAKI, L. "The Theatricality of Humanitarianism: A Critique of Celebrity Advocacy". In: *Communication and Critical/Cultural Studies*, vol. 9, n. 1, 2012, p. 1-21.

meno. O conceito do Teleton, uma verdadeira maratona televisiva do espetáculo da emoção, remonta, nos Estados Unidos, a 1949. A fórmula fez escola e baseia-se em um espetáculo de variedades – de natureza bastante similar aos espetáculos de caridade do teatro do século XIX – misturado com documentários curtos que muitas vezes retomam o formato das notícias cinematográficas do período entreguerras. O que caracteriza a modernidade desses eventos caritativos é mais o método adotado para obter as promessas de apoio do que o conteúdo[98]. "Hope for Haiti" em 2010 é o exemplo perfeito dessa evolução[99].

Os próprios artistas sempre contribuíram voluntariamente para o trabalho humanitário. Concertos de caridade em período de guerra, como o realizado em Paris em maio de 1871 para os feridos da Comuna de Paris ou como os recitais organizados pelos aristocratas ingleses para os feridos da guerra russo-turca de 1878, têm seus avatares nos concertos internacionais dos anos de 1970 até hoje. O concerto para Bangladesh organizado por George Harrison só é visto como pioneiro porque também foi um evento televisivo[100]. Os concertos organizados pelo cantor irlandês Bob Geldof e pelo Live Aid foram mais o resultado de uma globalização do espetáculo ao vivo do que de uma inovação em termos de conteúdo[101]. No entanto, o papel das celebridades como mediadores dos sentimentos humanitários não é um assunto trivial, e muitos comentaristas notam a eficácia dessas ferramentas que permitem, pelo espetáculo de uma emoção crível se não sempre real, criar relações fictícias entre espectadores e beneficiários que se convertem em promessas de doações[102].

---

98. DEVEREUX, E. "Good Causes, God's Poor and Telethon Television". In: *Media, Culture & Society*, vol. 18, n. 1, 1996, p. 47-68.

99. McALISTER, E. "Soundscapes of Disaster and Humanitarianism: Survival Singing, Relief Telethons, and the Haiti Earthquake". In: *Small Axe*, vol. 39, n. 16, 2012, p. 22-38.

100. WEST, D.M. "Angelina, Mia, and Bono: Celebrities and International Development". In: BRAINARD, L.B. & CHOLLET, D. (dirs.). *Global Development 2.0*. Washington D.C.: Brookings Institution Press, 2008, p. 74-84.

101. MÜLLER, T. "'The Ethiopian Famine' Revisited: Band Aid and the Antipolitics of Celebrity Humanitarian Action". In: *Disasters*, vol. 37, n. 1, 2013, p. 61-79.

102. LITTLER, J.O. "'I Feel Your Pain': Cosmopolitan Charity and the Public Fashioning of the Celebrity Soul". In: *Social Semiotics*, vol. 18, n. 2, 2008, p. 237-251.

A história das emoções humanitárias – feitas de relatos de impulsos espontâneos ou encenados – deve ser confrontada com o cotidiano da prática humanitária. Voltando a Dunant, aos relatos e arquivos que os humanitários puderam produzir, encontramos como uma constante os sofrimentos psíquicos e morais dos trabalhadores humanitários. Dunant observa assim o peso esmagador da triagem – uma prática de origem militar – que distribui os recursos não de acordo com as necessidades, mas segundo um cálculo inspirado pela filosofia utilitarista. A pessoa que está morrendo recebe, portanto, menos atenção do que aquela que pode sobreviver – os escassos recursos só podem ser distribuídos de acordo com seus prováveis resultados[103]. Essas escolhas são muitas vezes difíceis de assumir e estão na origem de debates muitas vezes dolorosos que se encontram na escala do médico e das organizações. Ficar sob as bombas correndo o risco de perder a vida implica outras escolhas que são igualmente difíceis de expressar. A emoção humanitária que domina essas duras escolhas é uma forma atenuada do desespero de não poder estar em todos os lugares e em todos os momentos.

No interior da história das emoções, as emoções humanitárias estão em profundo diálogo com a caridade e com os sentimentos religiosos, de um lado, e com as modernas concepções de justiça, de sociedade e do eu, de outro. Embora as emoções humanitárias precedam a história do humanitário como o entendemos hoje, elas expressam um espectro de perspectivas sobre a condição humana que vai além das formas organizadas do humanitário. Para voltar ao paradoxo de um Balzac zombeteiro e cínico em relação à natureza abstrata do humanitarismo romântico – ao passo que sua obra é uma demonstração constante de sua humanidade –, é necessário questionar a maneira pela qual os humanitaristas foram capazes de representar emoções e de agir sobre esta base instável. As organizações humanitárias, que são um fenômeno social internacional da Modernidade e da globalização do final do século XIX, conseguiram

---

103. LACHENAL, G.; LEFÈVE, C. & NGUYEN, V.-K. (dirs.). *La médecine du tri* – Histoire, éthique, anthropologie. Paris: PUF, 2014.

trabalhar sua mensagem e adaptá-la. Isso só é possível porque o altruísmo ou o humanitarismo permanecem polimorfos, capazes de recorrer a meios inéditos para expressar e suscitar uma relação com as emoções capaz de fazer delas a razão de ser de um ativismo sempre renovado.

20
AMORES, SEDUÇÕES E DESEJO

Claire Langhamer

O filme britânico *My Teenage Daughter* [*Ânsia de ser mulher*] foi dirigido por Herbert Wilcox e lançado em 1956. Anna Neagle fez o papel de Valerie Carr, editora-chefe de uma revista, e Sylvia Syms representava o de sua filha de 17 anos, Janet. O filme conta como Janet, uma jovem que acabou de terminar a escola, que vai à igreja e gosta de Tchaikovsky, torna-se uma aprendiz de datilografia apreciadora de uísque e de *swing* acusada de homicídio.

Seduções perigosas

Como as jovens da época na Grã-Bretanha eram socialmente definidas principalmente pela heterossexualidade, talvez não surpreenda que um homem seja responsável por sua queda na delinquência. Em uma festa no Hotel Savoy, Janet conhece Tony Ward Black, um homem "louco por *swing*, dono de um Bentley e que estava a ponto de se tornar herdeiro". Ela rejeita Mark, um amigo da família e um fazendeiro trabalhador, por um homem que vai mostrar que "não é exatamente o que aparenta". Como muitos filmes da mesma época, a questão da autenticidade emocional, da autonomia e do desejo ocupa um importante lugar nesta história. Mark demonstra a autenticidade de seus sentimentos com pequenos gestos cheios de gentileza e de atenção – trazendo produtos de sua fazenda para a família, cuidando da irmãzinha, pedindo permissão para levar Janet ao cinema etc. Tony, por sua vez, demonstra a inautenticidade de seus sentimentos com um romance superficial, com os beijos públicos agressivos, com a manipulação emocional e, finalmente, com o assassinato de sua tia rica. Como é muitas vezes o caso neste tipo de filme, a mudança de comportamento de Janet é acompanhada por uma mudança em sua aparência física: ela troca seus charmosos vestidos dos anos de 1950 por calças corsário e bandana. Esse filme foi na época considerado uma resposta britânica ao maior filme americano sobre angústia adolescente – *Juventude transviada* (1955)[1]. Aliás, quando lançado nos Estados Unidos, o filme ganhou o título de *Bad Girl* para ser mais provocativo.

My Teenage Daughter demonstra claramente a ansiedade parental e societal que as práticas de sedução adolescente provocavam na Grã-Bretanha do pós-guerra. As formas modernas do encontro amoroso urbano – encontrar um estranho por acaso, dar uma volta de carro, ir a boates localizadas em porões ou beber novos tipos de álcool – devem ser tão recriminadas pelos infortúnios de Janet quanto o inútil atolado em dívidas e "sem consciência" que parece ser a causa direta deles. No entanto, esta não é a única história de amor do filme. Logo, o espectador descobre que sua mãe é uma viúva da guerra. Pouco tempo depois, um solteiro "extremamente sedutor" e apaixonado – o autor de livros infantis Hugh Manning – tenta vender suas histórias para a revista da qual a mãe é editora-chefe. A maneira como ele a corteja parece demonstrar autenticidade emocional. Ele quer conhecer suas filhas, a leva a um jantar dançante e, acima de tudo, deseja ajudá-la em seus problemas com Janet. Inevitavelmente, durante esse período que foi descrito como "a idade de ouro do casamento", ele acaba pedindo sua mão[2]. Mas o casamento é adiado quando Valerie perce-

---

1. HARPER, S. & PORTER, V. *British Cinema of the 1950s.*: The Decline of Deference. Oxford: Oxford University Press, 2003, p. 158.
2. THANE, P. "Family Life and 'Normality' in Post-War British Culture". In: BESSEL, R. & SCHUMANN, D. (dirs.). *Life after Death*: Approaches to a Cultural and Social History of Europe During the 1940s and 1950s. Cambridge: Cambridge University Press, 2003, p. 198.

be que deve se concentrar em sua filha antes de pensar nela mesma. O filme termina com a reconciliação entre mãe e filha. Se Janet recebeu uma dura lição evidente – é preciso desconfiar dos homens espalhafatosos –, já Valerie aprendeu que deve colocar o amor materno antes do amor erótico, pelo menos por enquanto. Ao longo do caminho, ela também aprendeu que os locais de trabalho oferecem às mulheres jovens e também às mais velhas tanto oportunidades financeiras quanto amorosas.

My Teenage Daughter demonstra como a representação do amor, da sedução e do desejo não era a mesma em função da idade, especialmente para as mulheres. Para uma jovem da Inglaterra de meados do século passado, ser cortejada era crucial, embora também fosse potencialmente perigoso, pois o casamento heterossexual continuava sendo o principal objetivo que lhe era imposto na vida. Para as mulheres mais velhas, e ainda por cima viúvas, a busca do amor ficava em segundo lugar, atrás das preocupações mais urgentes relacionadas ao trabalho e à educação dos filhos. O contexto dessas duas histórias nos diz muito sobre o significado e os usos do amor nesse momento histórico preciso.

Mas o filme demonstra igualmente que a história do amor nem sempre fala do amor. Ele levanta, por exemplo, questões mais amplas sobre a relação que o eu mantém com o outro; ele coloca o indivíduo em uma relação particular com o Estado; e, por fim, demonstra ao mesmo tempo os limites da prescrição e os da subversão. Mais especificamente, *My Teenage Daughter* intervinha no debate contemporâneo mais amplo sobre as relações intergeracionais, sobre a delinquência juvenil e o que o midiático psicanalista Donald Winnicott chamava as "relações entre a delinquência e a deprivação"[3]. As escolhas amorosas de Janet facilitam a expressão das inquietudes ligadas ao estatuto e à proteção das jovens às vésperas da idade adulta, em uma época em que o estatuto da juventude era ativamente reafirmado. Segundo a atriz Anna Neagle, o sucesso do

---

3. WINNICOTT, D.W. *Déprivation et délinquance* (1984). Paris: Payot, 1994, p. 139.

filme devia-se ao fato de levar em conta que "os tempos estavam mudando"[4]. Outros filmes do mesmo período, é claro, também se propuseram a refletir e a encorajar essas mudanças, usando histórias de amor para falar sobre problemas sociais mais gerais. Sonya Rose, Clive Webb e Wendy Webster, por exemplo, destacaram as maneiras como as histórias de amor "interraciais" se tornaram uma forma de questionar de modo mais amplo a diferença racial e a migração na Grã-Bretanha durante e após a guerra[5]. Outros pensadores se concentraram em identificar a maneira como as intimidades transclasses, transreligiões, ou ainda entre duas pessoas do mesmo sexo, eram utilizadas por procuração para falar da mobilidade social, da integração social e das mudanças sociais na Inglaterra e para além dela[6].

A história do amor trata a um só tempo de algo intensamente íntimo e muito público. Ela está regularmente implicada em debates mais amplos em torno das mudanças culturais e sociais, e, no entanto, ela é por natureza fundamentalmente cotidiana. O amor com certeza foi um dos maiores clichês da cultura popular tanto no século XX quanto no século XXI. Os filmes, as canções, os romances e a arte fornecem valiosos recursos para quem quer estudar as transformações que as representações e as normas dominantes conheceram. Como observou Stephen Brooke, o cinema e a música popular são fontes particularmente importantes de "relatos emocionais" no século XX, criando mundos de sonho que as pessoas habitavam tanto quanto os mundos "verdadeiros" da experiência vivida[7]. E, contudo, o amor é igualmente uma experiência en-

---

4. Apud HARPER, S. & PORTER, V. *British Cinema of the 1950s*. Op. cit., p. 158.
5. ROSE, S. *Which People's War?* – National Identity and Citizenship in Wartime Britain, 1939-1945. Oxford: Oxford University Press, 2003. • WEBB, C. "Special Relationships: Mixed-Race Couples in Post-War Britain and the United States". *Women's History Review*, vol. 26, n. 2, 2017, p. 110-129. • WEBSTER, W. "Fit to Fight, Fight to Mix": Sexual Patriotism in Second World War Britain. In: *Women's History Review*, vol. 22, n. 4, 2013, p. 607-624.
6. Sobre a construção do amor e do casamento de amor no cinema e na literatura, cf. SHUMWAY, D.R. *Modern Love*: Romance, Intimacy and the Marriage Crisis. Nova York: New York University Press, 2003.
7. BROOKE, S. "'A Certain Amount of Mush': Love, Romance, Celluloid and Wax in the Mid-Twentieth Century". In: HARRIS, A. & JONES, T.W. (dir.). *Love and Romance in Britain, 1918-1970*. Basingstoke: Palgrave Macmillan, 2015, p. 82, 94.

carnada, contraditória e fundamentalmente cotidiana; ele ainda está enraizado no espaço e no tempo, a despeito da afirmação tantas vezes repetida de suas qualidades transcendentes. Neste capítulo, discutirei algumas fontes que podem ser utilizadas pelos historiadores à procura de um acesso às experiências do amor ou, em outras palavras, para alcançar o que Joe Moran descreveu como "a experiência confusa e presunçosa vivida pelos seres que pensam e sentem"[8]. Tentarei também mostrar em que esse material pode nos ajudar a ir além da experiência apenas individual, sua narrativa e sua interpretação, a fim de mapear as mais importantes tendências em ação nas vidas amorosas de nosso passado recente. Embora o foco esteja principalmente no contexto britânico, essa experiência se coloca em um contexto europeu mais amplo.

Escrever a história do sexo e do amor

O amor é um terreno fértil da pesquisa histórica na Grã-Bretanha e para além dela, embora até muito recentemente a tendência da abordagem dominante tenha sido a de ser feita "pelo alto" em vez de "pelo baixo"[9]. Os trabalhos de Simon May e de Luisa Passerini, por exemplo, mapearam as ideias e as representações dominantes do amor[10]. O primeiro fez uma história completa do pensamento filosófico a esse respeito. A segunda, por sua vez, explorou as relações entre as ideias de Europa, de identidade e de amor

---

8. MORAN, J. "Private Lives, Public Histories: The Diary in Twentieth-Century Britain". In: *Journal of British Studies*, vol. 54, n. 1, 2015, p. 161.

9. Em historiografia, a história "vista de baixo", ou *history from below* (em oposição à história "vista de cima"), é a história contada não do ponto de vista de suas instituições ou de seus "homens importantes", mas de seus sujeitos ordinários. Entre as obras dos grandes representantes dessa corrente historiográfica, cf. THOMPSON, E.P. *La formation de la classe ouvrière anglaise* (1963). Paris: Seuil, 2012. • REDIKER, M. & LINEBAUGH, P. *L'Hydre aux mille têtes. L'histoire cachée de l'Atlantique révolutionnaire* (2001). Paris: Amsterdam, 2008. Para uma introdução a essa abordagem, oriunda da história do trabalho dos historiadores comunistas ingleses dos anos de 1940 e 1950, cf. SHARPE, J. "History from Below". In: BURKE, P. (dir.). *New Perspective in Historical Writing*. Cambridge: Polity Press, 1992, p. 24-41 [N.T.].

10. PASSERINI, L. *Europe in Love, Love in Europe*: Imagination and Politics in Britain Between the Wars. Londres, Tauris, 1999. • MAY, S. *Love*: A History. New Haven, Conn./Londres: Yale University Press, 2011.

no século XX. Outros historiadores se concentraram em esclarecer as vidas privadas e as intimidades em contextos políticos ou nacionais específicos. O significativo estudo da intimidade nos anos de 1950 na URSS efetuado por Deborah Field indica certamente que o deslizamento emocional identificado em outros contextos transcendia a cortina de ferro[11]. O amplo estudo conduzido por Josie McLellan sobre sexo e política na Alemanha Oriental esclarece certos aspectos das mudanças que a cultura emocional conheceu, ao mesmo tempo que os abalos da revolução sexual[12]. *Modern Love* (2003), de Marcus Collin, recorre a fontes políticas e institucionais para retraçar a expansão e a queda da "mutualidade" como ideal da classe média na Grã-Bretanha e sugere que o triunfo da mutualidade, embora de curta duração, contribuiu para redefinir o próprio amor[13].

Trabalhos mais recentes no interior do contexto britânico aumentaram um pouco mais nosso conhecimento sobre as histórias políticas, culturais e sociais do amor, e isso com a ajuda de uma grande variedade de fontes. Em seu livro de 2011, *Sexual Politics: Sexuality, Family Planning and the British Left, from the 1880s to the Present Day* ("Políticas sexuais: a sexualidade, o planejamento familiar e a esquerda britânicas, desde os anos de 1880 até hoje", Stephen Brooke se apoia em artigos políticos, impressos e histórias de vida publicadas para mapear as inúmeras maneiras como o sexual era reconhecidamente político e ainda mostra que o próprio amor pode subtender uma política revolucionária[14]. Segundo Brooke, para autoras como Dora Russell e Naomi Mitchison, "o sexo, as emoções e a política estavam unidos pela crença no poder transcendente do amor, embora as experiências vividas constituíssem um forte lembrete do

---

11. FIELD, D.A. *Private Life and Communist Morality in Khrushchev's Russia*. Nova York: Peter Lang, 2007.
12. McLELLAN, J. *Love in the Time of Communism*: Intimacy and Sexuality in the GDR. Cambridge: Cambridge University Press, 2011.
13. COLLINS, M. *Modern Love*: An Intimate History of Men and Women in Twentieth Century Britain. Londres: Atlantic, 2003, p. 4-5.
14. BROOKE, S. *Sexual Politics*: Sexuality, Family Planning and the British Left, from the 1880s to the Present Day. Oxford: Oxford University Press, 2011.

preço que todos os dias deveria ser pago por esse amor"[15]. Já Lucy Robinson utiliza toda uma variedade de fontes "públicas" e "privadas" para explorar as intersecções entre a sexualidade, a identidade e a política em sua obra de 2007, *Gay Men and the Left in Post-War Britain: How the Personal Got Political* ("Os homens *gays* e a esquerda na Grã-Bretanha do pós-guerra: como o pessoal se tornou político")[16]. Ela demonstra que a política da homossexualidade estava intimamente ligada à política da esquerda, e isso tanto em um nível teórico quanto em um nível organizacional, quando os homens *gays* tentavam persuadir a esquerda a levar a sério a sexualidade – e as escolhas políticas pessoais.

As histórias sociais e culturais recentes também colocam o amor e a sexualidade em primeiro plano. Em sua história cultural da Royal Air Force, Martin Francis explica a maneira como o amor era construído e vivido como uma recompensa por ter sobrevivido à Segunda Guerra Mundial: "Em meios a todos esses sofrimentos, o amor oferece claramente uma fonte de esperança e de reconforto no seio de um mundo marcado pelo caos e pela destruição"[17]. Mart Houlbrook trabalha sobre a primeira metade do século XX utilizando relatórios de polícia, jornais, cartas pessoais e diários para mostrar como os homens homossexuais se viam e viam o contexto urbano no qual viviam[18]. Em *Queer Voices in Postwar Scotland* ("Vozes *queer* da Escócia do pós-guerra"), publicado em 2015, Jeffrey Meek se apoia em entrevistas da nova história oral para analisar a maneira como os homens *gays* e bissexuais se construíram vidas sexuais e emocionais em um país que não descriminalizou a homossexualidade antes de 1980[19]. Rebecca Jennings também prioriza o contexto do pós-guerra, usando

---

15. Ibid., p. 91.
16. ROBINSON, L. *Gay Men and the Left in Post-War Britain*: How the Personal Got Political. Manchester: Manchester University Press, 2007.
17. FRANCIS, M. *The Flyer*: British Culture and the Royal Air Force, 1939-1945. Oxford: Oxford University Press, 2008, p. 69.
18. HOULBROOK, M. *Queer London*: Perils and Pleasures in the Sexual Metropolis, 1918-1957. Chicago, Ill.: University of Chicago Press, 2006.
19. MEEK, J. *Queer Voices in Post-War Scotland*: Male Homosexuality, Religion and Society. Londres: Palgrave Macmillan, 2015.

tanto a história oral quanto os arquivos para ilustrar o dinamismo da cultura lésbica nessa época[20]. O livro de Hera Cook *The Long Sexual Revolution* (2005) fornece um quadro temporal mais amplo para compreender as mudanças sexuais e emocionais ocorridas em um contexto social *e* econômico, e revela o impacto maciço que o surgimento de meios de contracepção eficazes teve nas vidas e nas práticas sexuais das mulheres[21]. A coletânea de ensaios *Love and Romance in Britain, 1918-1970*[22], publicada em 2015 sob a direção de Alana Harris e Timothy Willem Jones, reúne o pensamento mais atual a esse respeito. Nessa coletânea, podemos ver como o eu amoroso se narra, como o amor é vivido durante o ciclo da vida e como interpretações definicionais do que é o amor diferem tanto no espaço como no tempo.

Todavia, a despeito desse trabalho, continuamos a saber muito mais sobre o que as pessoas "ordinárias" aprenderam sobre o amor e o desejo do que sobre a profunda desordem que caracteriza nossas práticas amorosas cotidianas[23]. No interior da historiografia das emoções continua dominando uma certa tendência a dar muito mais atenção aos códigos e aos padrões, enquanto o diálogo complexo existente entre os ideais emocionais e os comportamentos individuais é curiosamente objeto de bem poucos trabalhos de pesquisa[24]. E, no entanto, como escreve a teórica da cultura Sara Ahmed: "A desordem é um bom ponto de partida para pensar com os sentimentos: os sentimentos se encontram em uma desordem tal que, mesmo que falemos regularmente sobre "ter sentimentos" (*having feelings*), como se nos pertencessem, eles continuam a chegar até nós, a nos surpreender, antes de partirem, deixando-nos tão des-

---

20. JENNINGS, R. *Tomboys and Bachelor Girls*: A Lesbian History of Post-War Britain, 1945-1971. Manchester: Manchester University Press, 2013.
21. COOK, H. *The Long Sexual Revolution*: English Women, Sex, and Contraception 1800-1975. Oxford: Oxford University Press, 2005.
22. HARRIS, A. & JONES, T.W. (dirs.). *Love and Romance in Britain...* Op. cit.
23. Para um relato comparativo da "emocionologia" ocidental, cf. WOUTERS, C. *Sex and Manners*: Female Emancipation in the West, 1890-2000. Londres: Sage, 2004.
24. Podemos tomar como ponto de partida STEARNS, P.N. & STEARNS, C.Z. "Emotionology: Clarifying the History of Emotions and Emotional Standards". In: *The American Historical Review*, vol. 90, n. 4, 1985, p. 813-836.

norteados quanto circunspectos"[25]. Portanto, assumo aqui o papel de advogada de análises históricas mais avançadas quanto aos modos desordenados como o amor foi compreendido, invocado e demonstrado na vida cotidiana ao longo do tempo e do espaço.

Para aqueles que querem escrever o que se poderia chamar uma história do amor "vista de baixo", identificar a prova que nos permite ir além da leitura de cima para baixo dos códigos e dos regimes é crucial, mas nem por isso fácil. Uma das possibilidades é ler as fontes prescritivas a contrapelo e se concentrar nos aconselhamentos em relação amorosa mais cotidianos, bem como na maneira como eles foram ouvidos. Assim, quando utilizamos como fonte a literatura do aconselhamento popular, como o consultório sentimental de uma revista, devemos considerar a dinâmica existente entre o conselheiro e o aconselhado, e trazer à luz tanto os pontos de discórdia quanto os de assentimento[26]. Por exemplo, em meio à Segunda Guerra Mundial, uma leitora da revista *Woman's Own* se insurgia contra as frequentes exortações feitas às esposas para que perdoassem o marido infiel: "Quero protestar porque você diz que uma mulher cujo marido a engana com uma jovem deve perdoá-lo e tentar entendê-lo. Não perdoo meu marido e odeio a moça muito mais do que odeio Hitler; considero que você está profundamente errada em falar desse jeito"[27]. Ainda que a redatora responsável pelo consultório sentimental tivesse a última palavra ao responder e também ao reafirmar sua autoridade, a simples expressão de um ponto de vista alternativo legitimava implicitamente a ira que as mulheres

---

25. AHMED, S. *The Cultural Politics of Emotion* (2004). Londres: Routledge, 2007, p. 210.

26. Sobre a utilização dos "consultórios sentimentais" como fontes históricas, cf. BINGHAM, A. "Newspaper Problem Pages and British Sexual Culture since 1918". In: *Media History*, vol. 18, n. 1, 2012, p. 51-63. • LANGHAMER, C. "Everyday Advice on Everyday Love: Romantic Expertise in Mid-Twentieth Century Britain". In: *L'Homme* – European Journal of Feminist History, vol. 24, n. 1, 2013, p. 35-52. • MORRIS, P. "From Private to Public: Alba de Céspedes' Agony Column in 1950s Italy". In: *Modern Italy*, vol. 9, n. 1, 2004, p. 11-20. • TEBBUTT, M. "Teen 'Angst' in the 1930s: Young People's Letters to Personal Advice Columns in the *Manchester Evening News* in the Late-1930s". In: *Manchester Region History Review*, n. 22, 2011, p. 67-83. • TEBBUTT, M. *Being Boys*: Youth Leisure and Identity in the Inter-War Years. Manchester: Manchester University Press, 2012.

27. *Woman's Own*, 20/05/1942.

como essa leitora experimentavam em relação ao esposo infiel: uma fúria que as exortações ao perdão tinham dificuldade de desarmar.

Em termos simples, por conseguinte, devemos localizar as fontes que nos permitirão aceder às coisas subversivas e inesperadas que as pessoas fazem com os códigos emocionais, ou em torno deles, e explorar esse espaço contestado entre prescrição e prática – um espaço tornado visualmente explícito pela separação, na página do consultório sentimental, entre a pergunta e a resposta. Como observa Ute Frevert, "as normas emocionais, como todas as normas sociais, sempre foram comprimidas em um fluxo que carrega ao mesmo tempo a capacidade de agir individual e a negociação coletiva"[28]. Os consultórios sentimentais constituem um recurso precioso na medida em que essas páginas eram enormemente lidas. E como disse Anne Temple, a responsável da rubrica, cujo "Human Casebook" aparecia no *Daily Mail* em meados do século XX: "O amor é de longe o tema mais popular dos problemas do 'Casebook'. A julgar pelas cartas que recebo, esses problemas ligados ao amor são lidos tanto pelos intelectuais quanto pelo grande público. 'Todos amam aquele que ama'"[29]. Não existem, é claro, formas não problemáticas de fontes históricas: elas são sempre objeto de uma seleção, de um trabalho de edição e, mais raramente, de fabricação. Havia, no entanto, espaços de contestação cultural no interior dos quais as práticas cotidianas se confrontavam com as normas dominantes e onde o conhecimento oferecido aos leitores precisava ter qualidade suficiente para manter os números de circulação da revista.

Além de ler a contrapelo fontes prescritivas como os consultórios sentimentais, um certo número de historiadores do amor utilizou fontes provenientes de um *corpus* particular de histórias de vida: os escritos e as imagens por meio das quais homens e mulheres ordinários constroem versões de sua vida emocional destinadas a diferentes públicos. Em seu trabalho baseado na

---

28. FREVERT, U. *Emotions in History*: Lost and Found. Budapeste/Nova York: Central European University Press, 2011, p. 215.
29. TEMPLE, A. *Good or Bad* – It's Life. Londres: Nicholson & Watson, 1944, p. 100.

enorme coleção de histórias de vida conservada no departamento de história da Universidade de Viena, Christa Hämmerle chama nossa atenção, por exemplo, para a natureza performativa da escrita da carta de amor: "A escrita representa um ato, o 'fazer' (*doing*) de uma emoção – motivado pelo desejo de desencadear algo no destinatário da carta[30]". Além disso, e é importante, ela defende uma definição aberta e fluida do tipo de carta de amor a fim de abraçar um tipo de escrita mais desordenado que reúne no mesmo texto o cotidiano e o emocional[31]. Em contrapartida, Barbara Caine explora o lugar problemático e marcado pela ansiedade do amor e da vida sentimental nos escritos autobiográficos das mulheres educadas da classe média e média alta que se tornaram adultas perto do final da Primeira Guerra Mundial[32]. Ao explorar os escritos de mulheres como Vera Brittain, Dora Russel, Beatriz Webb ou Storm Jameson, ela consegue traçar o desenvolvimento de novas formas de escrita autobiográfica em que a intimidade e a individualidade emocional são cada vez mais enfatizadas. No importante livro de Simon Szreter e Kate Fisher *Sex Before the Sexual Revolution* [Sexo antes da revolução sexual] (2010) há entrevistas com oitenta homens e mulheres nascidos no primeiro quartel do século XX. Essas entrevistas facilitam o desvelamento das concepções do sexo conjugal no passado e trazem à luz as maneiras como as pessoas ordinárias compreendem o amor, o sexo e o desejo[33]. Os autores descobrem formas historicamente específicas de amor conjugal, definidas não pelo romantismo, e sim "por uma versão do amor considerada ordinária e cotidiana sem deixar de ser extremamente satisfatória, até apaixonada e, acima de tudo, duradoura"[34]. Essa abordagem é explicitamente a utilizada pela história social, pela qual se busca "explorar os

---

30. HÄMMERLE, C. *"Waiting Longingly..." Love Letters in the First World War* – A Plea for a Broader Genre Concept [Disponível em History-of-Emotions.mpg.de – Acesso em mar./2014].

31. Ibid.

32. CAINE, B. "Love and Romance in Inter-War British Women's Autobiography". In: HARRIS, A. & JONES, T.W. (dirs.). *Love and Romance in Britain...* Op. cit., p. 20-40.

33. SZRETER, S. & FISHER, K. *Sex Before the Sexual Revolution*: Intimate Life in England, 1918-1963. Cambridge: Cambridge University Press, 2010.

34. Ibid., p. 198.

pontos de vista alternativos àqueles que já foram bem difundidos e debatidos na literatura histórica"[35]. Simon Szreter e Kate Fisher demonstram que a análise sensível dos relatos retrospectivos pode contribuir para explicar paradoxos aparentes, como a vontade de falar sobre sexo no interior de uma geração que considerava o sexo como "intensamente privado"[36]. A riqueza dessas fontes que derivam da experiência sugere que as experiências passadas da intimidade cotidiana não são tão difíceis de alcançar quanto às vezes se supõe.

Colocar esse tipo de fontes emocionais ao lado dos quadros conceituais propostos pela história das emoções nos torna capazes de explorar mais precisamente o diálogo contínuo entre a prescrição e as práticas cotidianas. Essas fontes podem, por exemplo, nos ajudar a compreender como os indivíduos circulam (ou creem circular) entre diferentes "comunidades emocionais", para retomar a expressão de Barbara Rosenwein[37]. Como ela explicou referindo-se à alta Idade Média, "os indivíduos circulam (e circulavam) continuamente de uma comunidade para outra – da taverna à corte de justiça, por exemplo – e ajustavam seus desempenhos emocionais e seus julgamentos sobre a felicidade e a infelicidade (com graus variados de sucesso) a esses diferentes ambientes"[38]. Também podemos refletir sobre como os indivíduos colocam em ação "estilos emocionais" específicos dependendo de onde estão, partindo da sugestão de Benno Gammerl segundo a qual ambientes espaciais distintos implicavam repertórios emocionais distintos – "a maneira pela qual emoções específicas como a tristeza, a alegria ou a afeição são engendradas, geradas, administradas e expressas depende, em grande parte, *do espaço* onde elas se manifestam"[39]. Podemos também nos debruçar sobre os trabalhos de

---

35. Ibid., p. 59.
36. Ibid., p. 14.
37. ROSENWEIN, B.H. *Emotional Communities in the Early Middle Ages*. Ithaca, NY: Cornell University Press, 2006, p. 2.
38. ROSENWEIN, B.H. "Worrying about Emotions in History". In: *The American Historical Review*, vol. 107, n. 3, 2002, p. 842.
39. GAMMERL, B. "Emotional Styles – Concepts and Challenges". In: *Rethinking History*, vol. 16, n. 2, 2012, p. 164.

cultural studies que estudam a formação de "humores materiais que unem a cultura no lugar" e nos perguntar como os indivíduos concebem e são afetados pelas diferentes "paisagens emocionais" (*moodscapes*) em sua vida cotidiana[40]. Cada uma dessas maneiras de pensar a emoção em geral indica que existem formas mais específicas de questionar o lugar do amor na vida cotidiana, seja pela exploração de suas significações e de suas definições no tempo e no espaço, pela da análise dos estilos de comunicação e de expressão, ou por meio da análise das respostas sensoriais individuais.

O projeto "Mass-Observation": um arquivo do sentimento

No decorrer de minhas próprias pesquisas sobre o amor no século XX, descobri que o material conservado no Mass Observation Archive é particularmente valioso, sobretudo porque esse organismo britânico é dedicado, entre outras coisas, tanto ao estudo dos sentimentos quanto ao do cotidiano[41]. Ele exibe ambições explicitamente interdisciplinares e defende práticas de pesquisa experimentais. Fundado por um antropólogo (Tom Harrisson), um poeta, jornalista e futuro professor de Sociologia (Charles Madge) e um diretor (Humphrey Jennings), o organismo nasceu da pulsão documentária que entusiasmou a Grã-Bretanha nos anos de 1920 e 1930, com a intenção oficial de escrever "uma antropologia de nós mesmos"[42]. Desde a sua criação, em 1937, no final do primeiro período de estudo, em meados dos anos de 1950, ele recruta voluntários remunerados ou benevolentes para desempenhar o papel de "máquinas fotográficas com as quais [eles tentam] fotografar a vida cotidiana [...], máquinas fotográficas subjetivas, cada uma dotada de sua própria distor-

---

40. HIGHMORE, B. "Feeling Our Way: Mood and Cultural Studies". In: *Communication and Critical/Cultural Studies*, vol. 10, n. 4, 2013, p. 431.
41. LANGHAMER, C. *The English in Love*: The Intimate Story of an Emotional Revolution. Oxford: Oxford University Press, 2013. Os trechos oriundos do projeto "Mass-Observation" são reproduzidos com a amável autorização dos curadores do Mass Observation Archive.
42. MADGE, C. & HARRISSON, T. *Britain by Mass-Observation*. Londres: Penguin, 1937, p. 10. Sobre o clima intelectual no interior do qual emergiu o projeto "Mass-Observation", cf. HUBBLE, N. *Mass-Observation and Everyday Life*. Londres: Palgrave Macmillan, 2010.

ção individual. Esses observadores não dizem a [eles] com o que a sociedade se parece, mas sim como eles a veem"[43]. Uma mistura eclética de métodos de pesquisa é utilizada, incluindo diários, questionários com perguntas abertas, concursos de ensaios, pesquisas sociais e etnográficas. Desde 1981, um novo projeto "Mass-Observation" encarregou-se então de solicitar respostas junto a um painel de autores voluntários, muitas vezes sobre temas que exigem ao mesmo tempo um alto nível de subjetividade autorreflexiva e um imenso trabalho de memória. As fontes criadas durante esses dois períodos de estudo estão agora conservadas no Keep Archive no East Sussex e fornecem (entre outras coisas) todo um espectro de maneiras de alcançar as práticas íntimas e os significados do amor no contexto da vida cotidiana. Portanto, podemos dizer que o projeto de "Mass-Observation" opera – dando outro sentido à feliz expressão de Ann Cvetkovich – como "um arquivo dos sentimentos"[44]. Ou, mais precisamente, trata-se de um arquivo dos sentimentos assim como são vivenciados e narrados no decorrer das experiências cotidianas vividas[45].

Como um arquivo dos sentimentos cotidianos, o projeto "Mass-Observation" propõe duas formas de materiais sensivelmente diferentes, ainda que, na realidade, eles se sobreponham: a auto-observação e a observação social. A primeira foi – e ainda é – criada pelo grupo dos autores voluntários, recrutados para essa tarefa de muitas maneiras diferentes, tanto de boca a boca como por artigos publicados no *News Chronicle*, no *Daily Herald* ou no *Daily Express*. Em sua criação, os "observadores de massa" (*mass observers*) deviam manter um registro diário dos eventos do dia 12 de cada mês, e isso até 12 de maio de 1937, o dia da coroação de George VI. Nesses relatos detalhados, não nos

---

43. MASS-OBSERVATION. *First Year's Work, 1937-1938*. Londres: Lindsay Drummond, 1938, p. 66.
44. CVETKOVICH, A. *An Archive of Feelings*: Trauma, Sexuality and Lesbian Public Cultures. Durham/Londres: Duke University Press, 2003.
45. Sobre a necessidade de estudar as vidas das mulheres recolocando-as em seu contexto global, cf. STANLEY, L. "Historical Sources for Studying Work and Leisure in Women's Lives". In: WIMBUSH, E. & TALBOT, M. (dirs.). *Relative Freedoms*: Women and Leisure. Milton Keynes: Open University Press, 1988, p. 18.

surpreendeu a presença de relatos cotidianos de histórias de amor, de sexo e de desejo, bem como muitos detalhes sobre a maneira de cortejar em meados do século. Por exemplo, um contramestre de uma fundição de metal, de 27 anos, reportou assim suas atividades em 12 de abril de 1937:

> Jantar *fish and chips* [peixe e batatas fritas] no pequeno café atrás da fundição. De volta ao meu apartamento às 8 da noite para me lavar e me trocar. Depois, viagem de trem para um encontro romântico com uma jovem, uma desconhecida encontrada por meio de um "clube de correspondência" – nosso primeiro encontro. Ela me deixou ainda mais impressionado pessoalmente do que no papel, tendo uma aparência divertida e maneiras mais agradáveis do que suas cartas poderiam sugerir, mesmo que, evidentemente, ela parecesse não confiar em si mesma e demonstrasse alguma timidez. Passeamos e discutimos sobre muitos assuntos, incluindo o retrato psicológico de seu caráter que eu tentei fazer depois de ter recebido suas primeiras cartas; fiquei feliz em descobrir que estava certo em 80% dos casos[46].

O que a mulher sentiu ao descobrir "o retrato psicológico de seu caráter" não fica claro, mas o próprio contramestre considerou que eram poucas as chances de se reencontrarem. As próprias dinâmicas de poder baseado no gênero em ação nesse cenário comum de encontro romântico estão claramente delineadas; também vale a pena notar o uso de um "círculo de correspondentes" para travar conhecimentos.

Com o passar do tempo, esses "diários" foram sendo cada vez mais acompanhados de discussões em torno de temas específicos propostos pelo organismo, fossem eles os objetos colocados sobre a lareira, a margarina ou a crise de Munique[47]. Em outubro de 1937, os escritores voluntários foram convidados a responder a duas perguntas: "Por que você participou do projeto 'Mass Observation'?" e: "Para que serve o organismo?" As respostas a essas perguntas esclarecem as razões pelas quais esses indivíduos escreviam para os arquivos,

---

46. MASS OBSERVATION ARCHIVE (agora MOA). *Day Survey 512*, abr./1937.
47. MOA. *Day Survey*, jun./1937, jun./1938 e set./1938.

e nos ajudam então a entender esses arquivos como um depósito dos sentimentos cotidianos. "Eu li no *News Chronicle* artigos sobre esse trabalho, e especialmente o relato de seu dia feito por uma dona de casa comum", escreve alguém de 17 anos que morava em uma habitação social em Scarborough com seu pai e sua irmã[48].

> O projeto "Mass-Observation" era algo novo, algo de que poderíamos falar. As coisas que eu faço são monótonas, mas, no dia 12, elas são de alguma forma diferentes: deixar o cachorro sair, levantar, preparar o jantar, todas essas coisas se tornam de repente importantes quando você tem de se lembrar delas e registrá-las. Parece um trabalho científico que não necessariamente seria feito por especialistas, e a ciência me interessa.

Com essa resposta, podemos ver por que o organismo era tão bem-sucedido em aceder às vidas interiores, bem como aos detalhes cotidianos de vidas emocionais: aqueles que escreviam para ele acreditavam firmemente no projeto coletivo que ele apoiava. É claro que aqueles que se ofereceram para escrever para o projeto "Mass-Observation" constituíam, e ainda constituem, um grupo específico de pessoas, nem que fosse porque acreditavam que seus próprios pensamentos valiam a pena ser registrados. As motivações individuais justificando a participação no projeto incluíam o senso de cidadania, a vontade de melhorar, o desejo de ser criativo, assim como um certo senso do valor que podia ter a documentação do presente para os historiadores do futuro. Determinar se esse material facilita ou não uma história do amor "visto de baixo" depende em certa medida de saber quem é ou não considerado como sendo "de baixo"[49].

Quando a Segunda Guerra Mundial estourou, o projeto "Mass-Observation" coletava as auto-observações de sua corte de autores sob duas formas diferentes, formas que haviam emergido da pesquisa citada mais acima. Havia os diários mantidos todos os meses, reunidos por momentos de escrita mais

---

48. MOA. *Day Survey 16*: Why I Write for Mass-Observation, out./1937.
49. Para a história de "Mass-Observation", cf. HINTON, J. *The Mass Observers*: A History, 1937-1949. Oxford: Oxford University Press, 2013.

do que por autor individual (o objetivo era, como destacou Dorothy Sheridan, criar uma forma de documentário coletivo e não uma série de histórias de vida)[50], bem como respostas mensais às "diretivas", isto é, a uma série de questões abertas. Para reconstruir as histórias de vidas, esses diários oferecem um tipo de descrição das relações cotidianas de uma riqueza sem igual na Grã-Bretanha dessa época. E, com efeito, uma boa parte desses diários foi depois publicada por editoras, entre eles o de Nella Last – que documentou sua vida para o projeto "Mass-Observation" durante mais de vinte anos – e o de uma mulher com pouco mais de vinte anos, Olivia Crocket – que manteve seu diário durante a primeira parte da Segunda Guerra Mundial e nele confiou os detalhes de sua história de amor com um homem casado[51]. "Até hoje estou tranquilamente apaixonada, e ainda em profundo desacordo com o casamento", declara em 29 de julho de 1940[52]. Nesse mesmo ano, durante o pico da Blitz de Londres, ela escreve:

> Meu amante está com medo. Então eu o vejo uma vez por semana e não duas vezes por dia. E isso me irrita tanto que estou prestes a deixá-lo. Ele espera que eu não me importe com isso, que eu faça amor entregando-me completamente depois de apenas alguns telefonemas durante a semana. Aliás, eu não me importaria se ele estivesse em outro lugar, ou se eu não pudesse vê-lo por causa de forças externas. Mas nesse caso é apenas a "preocupação" com sua própria pele[53].

Graças a este testemunho, temos acesso às tensões relacionais da vida cotidiana em tempos extraordinários.

---

50. SHERIDAN, D. *Anticipating History*: Historical Consciousness and the "Documentary Impulse" – Conférence "The Second World War: Popular Culture and Cultural Memory Conference", jul./2011.

51. BROAD, R. & FLEMING, S. (dirs.). *Nella Last's War*: A Mother's Diary, 1939-1945. Bristol: Falling Wall, 1981. • MALCOLMSON, P. & MALCOLMSON, R. (dirs.). *Nella Last's Peace*: The Post-War Diaries of Housewife, 49. Londres: Profile, 2008. • MALCOLMSON, P. & MALCOLMSON, R. (dirs.). *Nella in the 1950s*: Further Diaries of Housewife, 49. Londres: Profile, 2010. • MALCOLMSON, R. (dir.). *Love and War in London*: A Woman's Diary, 1939-1942. Waterloo: Wilfrid Laurier University Press, 2005.

52. Ibid., p. 111.

53. Ibid., p. 148.

Além dos diários, só durante o período da guerra, 2.396 indivíduos pertencentes ao "painel nacional" da organização responderam às "diretivas". Por volta de trezentos deles o fizeram sistematicamente ao longo do tempo. Embora alguns autores de diários também tenham respondido às "diretivas", nem de longe foi o caso para a maioria deles. O mapeamento das emoções era e continua sendo central para a moldagem de si (*self-fashioning*) dos autores voluntários e o projeto "Mass-Observation" lhes pedia regularmente para anotar seus sentimentos e suas atitudes. As "diretivas" que a organização enviou para seu painel em meados do século reafirmaram que os sentimentos (por vezes sublinhados para enfatizá-los e conscientemente distinguidos dos "pontos de vista" e das atitudes) constituíam realmente uma categoria da pesquisa: "Quais são seus sentimentos pessoais em relação à morte e ao fato de morrer?" (março de 1942); "O que você sente em relação ao bombardeio da Alemanha?" (dezembro de 1943). Em agosto de 1950, perguntaram: "Quais trechos de música, caso haja, provocariam em você emoções fortes? Descreva os sentimentos que o animam quando ouve esses trechos em questão". Ou ainda: "Você chega a chorar diante dos quadros? [...] Quando acontece, quão vergonhoso isso é para você?

As perguntas que o projeto de "Mass-Observation" dirigia ao seu painel muitas vezes referiam-se à intimidade, ao amor e ao sexo. A riqueza das respostas sugere que a pretensa relutância dos britânicos em falar sobre as coisas do amor provavelmente foi superestimada. Por exemplo, por meio de uma "diretiva" de junho de 1939 sobre a "classe social", perguntaram no painel: "Se você está casado, noivo ou apaixonado, indique o papel desempenhado pelas considerações de "classe" nessa situação. Em novembro de 1942, perguntaram: "Quais são seus *sentimentos* e suas *crenças* em relação às doenças venéreas?" Um ano depois: "Para você, quais são os fundamentos de um casamento bem-sucedido?" Em abril de 1944, perguntaram aos autores do painel quais eram "suas próprias impressões e opiniões quanto à evolução da moralidade sexual destes últimos anos?" Após o fim da guerra, estes continuaram sendo solicitados: "Quais são seus sentimentos em relação ao fato de se casar (ou de estar casado, se você está ou esteve), tão longe quanto você consegue se lembrar?" (maio de 1947); "O que você sente diante de pessoas que fazem amor em público? E como você se sente diante da ideia de fazê-lo? (setembro de 1948). Quando o segundo projeto "Mass-Observation" foi criado em 1981, algumas "diretivas" foram enviadas três vezes por ano para um outro painel de autores voluntários, incluindo, por exemplo, perguntas sobre as "relações íntimas" (verão de 1990), sobre "ter uma relação adúltera" (primavera de 1998), sobre a "paquera" e os "encontros românticos" (verão de 2001), ou ainda sobre o "sexo" (outono de 2005)[54]. Essas respostas coletadas no final do século XX e no início do século XXI fornecem não só relatos retrospectivos das experiências passadas como também relatos das experiências presentes. Assim, as "diretivas" continuam fornecendo fatias de intimidade ao historiador da Grã-Bretanha moderna. Além disso, combinadas às respostas de outrora que já traziam relatos retrospectivos, as "diretivas" atravessam a maior parte do século XX e também do início do século XXI.

O outro aspecto principal da prática de pesquisa adotada pelo projeto "Mass-Observation" tem muita relação com a enquete e nos fornece igualmente fontes preciosas para o estudo das vidas emocionais. Para isso, a organização serviu-se muitas vezes de estudos locais – muitos em Bolton, em 1937-1940, mas também em certos bairros de Londres e em diversas cidades de tamanho e localização variados. Diversos métodos eram empregados durante essas enquetes, entre os quais os concursos, as etnografias, as entrevistas... Um concurso de 1938 pedia, por exemplo, que os habitantes de Bolton respondessem à pergunta "O que é a felicidade?" Esse tipo de concurso provocava respostas profundamente autobiográficas, fervilhantes de histórias sobre a intimidade e as emoções. "Creio que o amor com um A maiúsculo é a verdadeira felicidade", escrevia um operário que trabalhava em uma fiação, 45 anos e pai de uma criança. Pesquisando sobre as experiências dos veranistas em Blackpool, no Lancashire, os "observadores de massa" vasculharam a orla para encontrar "cenas de pa-

---

54. Projeto "Mass-Observation" – The Keep Archive. East Sussex: Royaume-Uni.

quera"[55]. Enquanto passeava com a gravação das reações do público ao filme popular *Every Night at Eight* (1935), um pesquisador seduziu uma moça na rua e gravou sua relação sexual na mesma fita[56]. No final de 1942 e no início de 1943, o projeto "Mass-Observation", sempre por meio de suas "diretivas", conduziu uma enquete sobre o comportamento dos londrinos da classe operária em relação às doenças venéreas[57]. Uma enquete sobre o planejamento familiar foi publicada em 1945 sob o título *Britain and her Birth-Rate* [Grã-Bretanha e sua taxa de natalidade][58]. Talvez a incursão mais importante do projeto "Mass-Observation" no estudo do amor, da sedução e do desejo tenha sido, no entanto, seu estudo de 1949 intitulado "Little Kinsey", descrito por Liz Stanley como "um dos trabalhos de pesquisa britânicos mais importantes sobre o sexo"[59].

"Little Kinsey" é um estudo com múltiplas facetas sobre os comportamentos sexuais e, inevitavelmente, sobre as experiências sexuais e emocionais, inspirado no estudo de Alfred Kinsey de 1948 relativo ao comportamento sexual masculino nos Estados Unidos[60]. Nele eram encontradas as respostas do painel às "diretivas", uma enquete efetuada na rua, bem como uma outra efetuada pelo correio junto aos homens de Igreja, aos professores e aos médicos; além disso, o projeto "Mass-Observation" reuniu materiais suplementares, por exemplo informações sobre as "agências de encontros" (*"lonely heart" organisation*)[61]. Ainda que, na época, os resultados não fossem integralmente publicados, ao contrário do que fora previsto, um certo número de relatórios foi

---

55. MOA. *Worktown Collection*, caixa 60, rascunhos sobre Blackpool, 60-F, sexo, p. 27.
56. MOA. *Worktown Collection*, caixa 36, observações sobre o cinema, 36-C, "Outing with a Girl Stranger Observer Account", 19/04/1938.
57. MOA. *Topic Collection 12*, comportamento sexual, 1939-1950, caixa 1, doenças venéreas.
58. MASS-OBSERVATION. *Britain and Her Birth-Rate*. Londres: Advertising Standards Guild, 1945.
59. STANLEY, L. *Sex Surveyed, 1949-1994* – From Mass-Observation's 'Little Kinsey' to the National Survey and the Hite Reports. Londres: Taylor & Francis, 1995, p. 3-4.
60. KINSEY, A. et al. *Le comportement sexuel de l'homme*. Paris: Pavois, 1948.
61. Esse estudo está conservado em uma série de caixas no interior do Mass Obervation Archive (*Topic Collection 12*, comportamento sexual, 1939-1950). Uma versão editada foi publicada em STANLEY, L. *Sex Surveyed, 1949-1994*. Op. cit.

publicado no jornal de domingo, o primeiro a encomendar a enquete, o *Sunday pictorial*. Como observa Adrian Bingham:

> O *Sunday Pictorial* fez da enquete "Little Kinsey" um "documento social importante" que constituiu o sexo como objeto de estudos para consumo público – e contribuiu assim para um processo mais amplo no interior do qual as ciências sociais reformaram nossas ideias sobre comportamentos cotidianos e relações que os indivíduos mantêm na comunidade nacional[62].

Se colocada ao lado de outras enquetes sociais, como as conduzidas por Eliott Slater e Moya Woodside, Eustace Chesser, ou Geoffrey Gorer e Michael Schofield, esta enquete contribuiu para estabelecer um valioso *corpus* de fontes sobre a vida sexual e emocional britânica; ela talvez até marque o início de uma era de ouro da pesquisa britânica sobre a intimidade[63]. Essas fontes são particularmente úteis quando se trata de enfrentar as questões do sentido e da significação das relações íntimas. Elas nos permitem fazer a pergunta da teórica da cultura Sara Ahmed "Que fazem as emoções?" no interior de um contexto histórico específico, e assim buscar o lugar do amor e do sexo em nosso tempo e em diferentes comunidades[64]. No restante deste capítulo, tentarei esclarecer o tipo de questões relativas à história do amor que doravante devem ser feitas.

O sentido e a importância das emoções "vistas de baixo"

As fontes que facilitam o acesso à intimidade cotidiana – sejam elas consultórios sentimentais ou diários íntimos – nos permitem questionar as in-

---

62. BINGHAM, A. "The 'K-Bomb': Social Surveys, the Popular Press, and British Sexual Culture in the 1940s and 1950s", *The Journal of British Studies*, vol. 50, n. 1, 2011, p. 157.
63. SLATER, E. & WOODSIDE, M. *Patterns of Marriage*: A Study of Marriage Relationships in the Urban Working Classes. Londres: Cassell, 1951. • CHESSER, E. *The Sexual, Marital and Family Life of the English Woman*. Londres: Hutchinson, 1956. • GORER, G. *Exploring English Character*. Londres: Cresset Press, 1955. • GORER, G. *Sex and Marriage in England Today*: A Study of the Views and Experiences of the Under 45s. Londres: Nelson, 1971. • SCHOFIELD, M.G. *Sociological Aspects of Homosexuality*: A Comparative Study of Three Types of Homosexuals. Londres: Prentice Hall Press, 1965. • SCHOFIELD, M.G. *The Sexual Behaviour of Young People*. Londres: Longmans, 1965.
64. AHMED, S. *The Cultural Politics of Emotion*. Op. cit., p. 4.

terpretações individuais da significação das relações íntimas tanto através do tempo como no interior de espaços ou de momentos particulares. Na primavera de 2008, o projeto "Mass-Observation" tornou explícita a relação entre o tempo histórico e o tempo pessoal da lembrança ao escrever em seu painel de voluntários: "O projeto "Mass-Observation" se interessa pela vida dos indivíduos, pelo futuro deles e por seu passado [...], você poderia desenhar uma "linha da vida" assinalando sobre ela os momentos-chave de sua existência?"[65] Para uma grande parte dos voluntários, a intimidade sexual e emocional ocupava um lugar privilegiado sobre essas "linhas da vida". Uma mulher nascida em 1946 começou com estas duas entradas: "1962. Comecei a sair com A.H.S., o amor de minha vida. 1964. Primeiro orgasmo"[66]. Tratava-se aqui de dois dos sete momentos que ela havia marcado sobre o papel, o quarto sendo: "1970. Casei-me. Mas o que eu fiz?"; uma pergunta que demonstra a reflexividade característica dos relatórios feitos no contexto do projeto "Mass-Observation" no final do século XX e no início do século XXI. Uma voluntária nascida em 1965 retraça uma "linha da vida" quase que exclusivamente composta de momentos relativos à intimidade, destacando a centralidade deles na trama de sua existência:

>1970: Meus pais se separam e divorciam.
>1991: Apaixonei-me, história condenada de antemão.
>1993: Mudo de emprego. Meu namorado vem morar em minha casa.
>1994: Ruptura difícil.
>2000: Novo namorado.
>2001: Largo o namorado.
>2002: Volto com ele.
>2002, outubro: Grávida. Não foi um "acidente".
>2003, abril: Noiva.
>2003, junho: Casada na Prefeitura de Chelsea.
>2003, julho: Nascimento de meu filho.
>2003, julho: Maternidade...

---

65. PMO. Diretiva da primavera de 2008.
66. Ibid., A1706.

2004: 40 anos de meu marido.
2006: Meu filho entra na escola maternal.
2007: setembro. Meu filho entra na escola.
2008, março: Chegada de nosso bebê fox-terrier de pelo duro (ele dorme sobre meus joelhos, mesmo quando estou escrevendo)[67].

Esse tipo de material resultante da experiência nos permite aceder às diversas maneiras tão complexas quanto confusas como os indivíduos compreendem o estatuto e o papel das relações íntimas no interior de um mundo que muda rapidamente, bem como examinar os estilos emocionais com os quais esses indivíduos se constroem como amantes. Além disso, esse tipo de material demonstra também a centralidade do amor na noção de individualidade e na de transformação de si. Um "observador de massa" nascido em 1923 descreveu, por exemplo, o dia em que encontrou sua mulher como "o dia em que sua vida começou a valer a pena ser vivida"[68].

No século XX, o sexo e o amor assumiram um espaço cada vez mais importante no interior das vidas individuais – ou, pelo menos, a afirmação de sua importância se fez cada vez mais forte; no século XXI, o direito de amar quem queremos – e de ver esse amor reconhecido pelo Estado – forneceu um poderoso argumento para aqueles que defendem o casamento homossexual. As pensadoras feministas há muito tempo se deram conta de que, se "o poder circula por meio dos sentimentos", estes últimos podem igualmente guiar mudanças políticas e sociais, e servir de veículo para nossa potência de agir, quer seja no interior de nossa vida pública ou de nossa vida privada[69]. Como sugere Elaine Swan, "as emoções deveriam fornecer uma fonte de acesso privilegiado ao eu e às relações com os outros[70]. As emoções parecem difíceis de contestar na medida em que, tratando-se dos sentimen-

---

67. Ibid., A3434.
68. Ibid., B1442.
69. PEDWELL, C. & WHITEHEAD, A. "Affecting Feminism: Questions of Feeling in Feminist Theory". In: *Feminist Theory*, vol. 13, n. 2, 2012, p. 116.
70. SWAN, E. "'You Make Me Feel Like a Woman': Therapeutic Cultures and the Contagion of Femininity". In: *Gender, Work and Organisation*, vol. 15, n. 1, 2008, p. 89.

tos, e muito especialmente do amor, a autenticidade parece fazer parte de sua própria definição.

Todavia, nunca, no decorrer do século, foi simples diagnosticar o amor e compreender o que ele implicava. Os relatos retrospectivos do projeto "Mass Observation" bem como as páginas dos consultórios sentimentais nos oferecem uma variedade de pensamentos sobre a veracidade de relações particulares em contextos cotidianos. "Ajude-me a tomar uma decisão sobre meu namorado", escreve em 1954 "Diane", de Uxbridge, para "Mrs Jim", a responsável pela rubrica de *Homechat*, consagrada ao consultório sentimental. Ela continua:

> Nestes últimos tempos, ele está levando nossa relação cada vez mais a sério, e isso me inquieta porque ele me decepciona de muitas maneiras diferentes, mesmo que pense estar apaixonada por ele. Creio que posso honestamente afirmar que nestes sete meses de relacionamento ele nunca chegou na hora em um encontro. Cancela regularmente os encontros no último minuto, e não cumpre suas promessas. Mas é tão bonito, tão bem posicionado e generoso[71].

Os desafios postos pela relação entre o amor e o sexo eram igualmente identificados nessas páginas e, mais uma vez, colocavam a questão da autenticidade. Será que o sexo anulava o amor? Ou será que o amor precisava do sexo? Escrevendo em 1936 para Leonora Eyles do *Woman's Own*, uma jovem confiava: "Estou apaixonada por um jovem simpático; minha única reclamação seria que, sempre que voltamos um pouco tarde de um baile, ele quer tomar liberdades comigo, embora parando assim que lhe digo que não gosto disso. Devo largá-lo?" A resposta de Leonora Eyles era clara – era a mulher, e não o homem, a responsável pela manutenção da ordem sexual: "Muitos rapazes tendem a perder um pouco a cabeça depois de ter dançado, e cabe à moça dar um jeito para que eles continuem razoáveis"[72]. Para os "observadores de massa" que refletiram sobre sua vida íntima, a relação que o desejo emocional e o desejo físico mantinham não era menos complicada.

---

71. *Homechat*, 13/11/1954.
72. *Woman's Own*, 09/05/1936.

Claro, a verificação do amor contava intensamente, em um mundo em que o casamento permanecia a principal maneira de expressar um engajamento de longo prazo e em que divorciar ainda era complicado mesmo quando a relação não funcionava mais. Essa verificação contava igualmente em um contexto de penalização da homossexualidade masculina no interior da qual tanto as declarações de amor como as práticas sexuais cotidianas faziam com que todos corressem riscos consideráveis no plano judiciário. A dificuldade que há para autenticar o amor – e que se vê claramente no filme com o qual iniciei este capítulo – era considerada como particularmente evidente ali onde os sentimentos, o desejo e a materialidade se entrecruzavam.

Adotar a abordagem da história social para estudar o amor implica colocar questões relativas à capacidade de agir. A fim de facilitar a emergência de uma história do amor "visto de baixo", pode nos ser útil reformular a questão de Sara Ahmed "Que fazem as emoções?" para então perguntar: "Como os indivíduos fazem as emoções?" Como, por exemplo, negociavam entre os sentimentos, as paixões e o pragmatismo em um contexto cotidiano? Em que medida questões ligadas ao dinheiro, à educação, ao gosto, ou ainda às diferenças sociais tinham um impacto na escolha amorosa desses indivíduos? Dirigindo-se em 1963 à responsável do consultório sentimental de *Woman*, Evelyn Home, uma mulher madura, declarava: "Amo meu marido apesar de ser difícil viver com ele [...], mas devo confessar que continuo esperando com impaciência viver sozinha um dia – viúva, eu imagino?" Como uma esposa normal e carinhosa pode desejar a morte de seu marido?[73] É claro que "fazer amor" no decorrer do ciclo da vida podia tanto se mostrar desgastante quanto gratificante, e precisamos de muito mais estudos, como o de Charlotte Greenhalgh, que se interessa seriamente pelo amor nos casais maduros[74]. O material constituído pelas histórias de vida como as conser-

---

73. *Woman*, 01/06/1963.
74. GREENHALGH, C. "Love in Later Life: Old Age, Marriage and Social Research in Mid-Twentieth-Century Britain". In: HARRIS, A. & JONES, T.W. (dirs.). *Love and Romance in Britain...* Op. cit., p. 144-160.

vadas no Mass Observation Archive pode nos fornecer um meio de aceder a semelhantes experiências.

A história do amor no cotidiano é a história da vida cotidiana: ela atravessa os espaços do trabalho, da família e do lazer; estende-se ao longo do ciclo da vida; coloca questões importantes quanto à relação mantida pela prescrição e pela prática. O estudo do amor abarca os gostos, os desejos e as práticas sexuais. Lança uma luz nova sobre a relação que liga o indivíduo ao Estado e pode mostrar os limites do controle do Estado sobre o indivíduo. Levanta também questões importantes sobre tendências transnacionais da história emocional. E não há qualquer dúvida de que uma história das emoções que levasse a sério o cotidiano seria capaz de colocar toda uma série de questões inéditas nesse campo. Uma história do amor "visto de baixo" nos oferece um ângulo de análise preciso através do qual é provavelmente possível compreender melhor as dinâmicas existentes entre e nos grupos sociais assim como entre os indivíduos.

O ESPETÁCULO DAS EMOÇÕES

21
POR AMOR À ARTE

Bruno Nassim Aboudrar

Maio de 1863, Palácio da Indústria, Paris: "Assim que entram, os visitantes mais sérios começam a rir". Uma imensa risada: esta é, segundo o testemunho do crítico Zacharie Astruc, a reação emocional provocada, no Salão dos Recusados, pela arte moderna em seu momento de emergência[1]. A história desse riso no Salão, confirmada por uma abundante documentação, constitui o capítulo inaugural da grande narrativa da Modernidade construída pela história da arte no decorrer do século XX. Aprisionados em seus preconceitos, os contemporâneos teriam primeiro reconhecido nesse riso a resposta popular, e mesmo vulgar, deplorável, mas compreensível, às provocações artísticas dos aprendizes dos pintores, comandadas por Édouard Manet:

> A exposição dos recusados poderia se chamar a exposição dos cômicos. Que obras! Nunca uma exitosa gargalhada foi tão merecida. O público, que paga apenas vinte centavos para entrar, recebe mais de cinco francos de diversão. Não, nada é mais cômico, nada é mais ridículo do que esses quadros, a não ser a multidão que deles ri; nada é mais horrível do que olhá-los, a não ser esses bravos burgueses que se exaltam porque lhes disseram que eram os recusados. Como estão felizes zombando dos artistas[2].

---

1. Apud LEMAIRE, G.-G. *Le Salon, de Diderot à Apollinaire*. Paris: Veyrier, 1986, p. 54.
2. Apud ibid., p. 53.

Mas, felizmente, alguns poucos homens de espírito elevado, de gosto certo, souberam logo identificar o gênio revolucionário em pintura e castigar os risonhos. Émile Zola, assim, se coloca em cena ao lado de Manet, único ou quase sério e clarividente entre os imbecis que se divertem:

> Estou aqui hoje para estender uma mão simpática ao artista que um grupo de seus colegas expulsou do Salão. [...] Abordam-me nas ruas, e dizem-me: "Não é sério, não é?" Vocês só estão começando, e já querem cortar o rabo do cachorro. Mas como não os veem, vamos rir juntos da grande comédia do *Almoço na relva*, da *Olímpia*, do *O tocador de pífaro*. A que ponto chegamos na arte, não temos sequer a liberdade de nossas admirações[3].

O caso parece resolvido: a grande risada que brota em 1863 e recomeça por salvas nas exposições de arte praticamente até que a Primeira Guerra Mundial a interrompa brutalmente (se Dada ri, o que não está provado, ele não provoca risos), esse riso não seria nada além de uma reação idiota à arte moderna. No que diz respeito ao projeto de uma história das emoções artísticas na época contemporânea, parece, no entanto, que em muitos aspectos ele merece mais atenção do que lhe concede tal relato, bastante convencional, baseado no modelo: "Os cães ladram (ou as hienas riem), e a caravana passa".

O riso, emoção estética inadequada

Rir da arte é acima de tudo um fato de época, um fenômeno cuja envergadura ultrapassa largamente o lugar e o momento do Salão dos Recusados, o qual não é, longe disso, redutível a uma exposição de precursores incompreendidos. Das 1.200 obras (mais ou menos) expostas, não são apenas *O banho*, como chamavam então *Almoço na relva*, de Manet, e *A dama de branco*[4], de Whistler, que provocam a hilaridade: a risada é geral, e volta-se também contra as obras sobre as quais existe então um consenso de que poderiam ter sido incluídas na

---

3. ZOLA, É. "M. Manet, 7 mai 1866". In: *Mon Salon* – Manet. Paris: Garnier-Flammarion, 1970, p. 65-66.
4. Hoje *Symphony in White, n. 1*: The White Girl. Washington DC: National Gallery of Art.

seleção do Salão Oficial. De fato, nesses mesmos anos, a retórica – única pessoa séria contra os risonhos – elaborada por Zola (escritor engajado) para Manet (artista de vanguarda) é identicamente encontrada em contextos estéticos muito diferentes. Por exemplo, na escrita de Edmond About da Academia francesa, de gosto mais convencional, e para a defesa de Paul Chenavard:

> *A divina tragédia* de Chenavard é um acontecimento, não importa o que digam. O público que vem se divertir nas salas de uma exposição pode desdenhar dessa grande obra ou mesmo rir; os artistas e os críticos a estudarão com respeito[5].

O riso e suas modalidades, derrisão, zombaria, escárnio etc., não são, por outro lado, o apanágio do público idiota e maldoso. Em geral tão divertida quanto cruel, a crítica de arte parece fazer do riso a resposta, não normal, mas frequente, a uma proposição artística. Encontramos ao lê-la, e não somente em Huysmans, inúmeros pontos como este, que quase prenunciam, com um século de distância, as releituras lascivas de pinturas acadêmicas feitas pelo Professor Choron na revista satírica *Hara-Kiri*:

> Aqui estamos, depois dos Girondinos, diante do espantoso Imperador Comodo de Pelez. Primeiro não entendi muito bem o tema. Pensei que o cavalheiro de calção verde curvado sobre o outro cavalheiro de calção branco fosse um massagista, e que a mulher que levantava a cortina estivesse simplesmente dizendo: "O banho está pronto"[6].

Risos espontâneos do público, humor e riso bastante literários do crítico, esse fenômeno maciço, que saúda ao mesmo tempo a emergência de nossa modernidade artística (sob sua forma de "vanguarda")[7] e a estagnação do antigo

---

5. Apud BOUILLON, J.-P.; DUBREUIL-BLONDIN, N.; EHRARD, A. & NAUBERT-RIESER, C. *La promenade du critique influent*. Paris: Hazan, 1990, p. 162.

6. HUYSMANS, J.K. "Le Salon de 1879". In: *Écrits sur l'art, 1867-1905*. Paris: Bartillat, 2006, p. 120.

7. A palavra é aplicada à arte por volta do final do século XIX, principalmente por Théodore Duret, que o dá como título de sua coletânea de críticas elogiando Manet, Whistler, a arte japonesa etc., publicada em 1885 (RIOUT, D. Prefácio de Théodore Duret. *Critique d'avant-garde*. Paris: École Nationale Supérieure Des Beaux-arts, 1998, p. 18ss.).

sistema das belas-artes (tornado academicismo), interessa diretamente os desenvolvimentos posteriores das emoções artísticas pelo menos por três razões.

Primeiro, porque ele introduz uma ruptura inaugural e decisiva na coerência, estabelecida pela teoria clássica dos sentimentos estéticos, entre uma obra de arte e sua recepção sensível. Ao contrário da literatura – a começar pelo teatro, que inclui a farsa e a comédia, mas o romance tem também seu gênero cômico, e mesmo a poesia, com suas epigramas e suas sátiras –, as belas-artes não são (quase) nunca divertidas. O riso é, pois, uma resposta fundamentalmente inadequada à sua expressão. Ora, na origem, na França, de um discurso sobre a arte fundado na sensibilidade (e não na legalidade), o Abade Du Bos determinou, a partir do início do século XVIII, essa adequação entre o sentimento expresso pela obra e a impressão experimentada por seu destinatário como o critério eminente do êxito da primeira e do gosto do segundo: "Sendo o principal objetivo da poesia e da pintura o de nos tocar, os poemas e os quadros não são boas obras senão na medida em que nos comovem e nos prendem"[8]. Posteriormente, Diderot faz do vínculo simpático entre o quadro e o apreciador da pintura o centro da experiência estética. A pintura é produtora de *efeito* no espectador, e é em si mesma um *efeito* do entusiasmo criativo do artista. As emoções retidas como sendo as mais fortes que a arte possa originar têm relação com o sublime:

> Podemos, devemos sacrificar um pouco à técnica. Até onde? Não sei. Mas não quero que isso custe seja o que for à expressão, ao efeito do tema. Toque-me, surpreenda-me, dilacere-me, faça-me tremer, chorar, estremecer, indignar-me primeiro; depois você recriará meus olhos, se puder[9].

Nesse sistema, a ausência de sentimento pode em troca sancionar uma obra fracassada ("fria", diria Diderot), mas não uma emoção inadequada, como é o riso em resposta a algo que não é engraçado. A generalização do riso como

---

8. DU BOS, J.-B. *Réflexions critiques sur la poésie et sur la peinture* (1740). Paris: École Nationale Supérieure des Beaux-arts, 1993, p. 276.
9. DIDEROT, D. *Essais sur la peinture* (1766). Paris: Hermann, 1984, p. 57.

manifestação de um sentimento estético inadequado indica, pois, em primeiro lugar, uma desordem no sistema emocional equilibrado da estética clássica. E essa desordem é acompanhada de uma ameaça que pesará sobre a história das emoções artísticas de nossa modernidade: sabemos agora que elas são livres em relação ao estímulo que as provoca e, no caso do riso, potencialmente subversivas por excesso de ignorância (público "burguês") ou de inteligência (crítica mal-intencionada). Será então importante afirmá-las – e, por conseguinte, toda uma teoria da arte, toda uma arte moderna fortemente insuflada de teoria se preocupam cientificamente com as emoções –, bem como em canalizar esse riso, e a energia que este mobiliza, se necessário para um propósito político.

Em seguida, o riso consagra a irrupção bastante súbita do baixo, do trivial e do somático em uma codificação estética dos sentimentos artísticos que acreditava tê-los dispensado. Há uma falta significativa de testemunhos antigos sobre as emoções que a arte poderia provocar. Não que os apreciadores não as sintam, mas elas não são objeto de discurso. Quando, enfim, durante o século XVIII, um discurso do conhecimento sensível coerente e autônomo é elaborado sob a dupla autoridade da filosofia – estética – e das letras – crítica de arte – este organiza escrupulosamente a distinção entre sentimentos e emoções. Os primeiros, que a arte digna desse nome revela, são elevados, espirituais, refinados, inefáveis. Por isso as manifestações somáticas são controladas de bem perto: leve arrepio, lágrima única e solitária, sorriso sonhador. Em essência, o apreciador abandona seu corpo na experiência espiritual do encantamento estético. As segundas, que podem provocar representações vulgares, são desqualificadas e banidas das regiões superiores da arte e da estética. São os espetáculos do Bulevar do Crime, onde o popular gane e guincha, a pintura celerada com as quais decoram os bordéis. Desse ponto de vista, em um período tão pudibundo e depravado quanto o último terço do século XIX, a irrupção do riso no Salão deve ser entendida também como uma eufemização da concupiscência sexual, cujo despertar entre as emoções estéticas, mais secreto, é contudo atestada. A compra pelo imperador da *Vênus* de Cabanel – "deliciosa cortesã", segundo

Zola[10], o mesmo que dizer prostituta – no Salão de 1863 faz sorrir; *Rolla* de Gervex, recusada no Salão de 1878, porque considerada indecente, leva multidões até o negociante de arte Bague, na rua da Chaussée d'Antin.

O riso age assim, na codificação social etérea das emoções estéticas, como um "retorno do recalcado". Ele obriga teóricos, críticos e artistas a reconsiderar o engajamento somático no princípio de toda emoção, inclusive artística. Podemos compreender nesse contexto a emergência, às vésperas do século XX, de uma estética científica. Ao mesmo tempo historiador, matemático e psicofisiologista, Charles Henry situa seu projeto no contexto de uma "fisiologia geral das sensações entre as quais a estética das formas é apenas um caso particular"[11]. A ideia geral, que com certeza ele é o primeiro na França a emprestar (discretamente) de Gustav Theodor Fechner, é que o sistema nervoso reage por uma sensação agradável ou dolorosa, de prazer ou de dor, às formas, às cores e aos ritmos. É possível medir a intensidade dessas reações e calcular as qualidades dos estímulos que as provocam (intensidades luminosas, situação no espectro cromático, direção e forma das linhas etc.). Portanto, se ainda não é possível uma "ciência integral" da estética, que preveria sem erro as emoções engendradas por esta ou aquela obra, a estética científica já pode dar as regras de construção formal e, na vertente da recepção, "apresentar um método de análise estética das formas que permita constituir sobre uma base matemática rigorosa uma vasta ciência: *a morfologia*"[12]. Tal projeto contorna, pois, o substrato social e moral que constitui o fundo habitual do julgamento de gosto para indexar este último diretamente às sensações instintivas e reflexas. Nesse sentido, ele registra o retorno do somático ao centro da experiência estética, enquanto oferece regular exatamente suas manifestações. Henry colaborava com um artista, Paul Signac, que desenhou as figuras de várias de suas obras

---

10. ZOLA, É. "Nos peintres au Champ-de-Mars" (1867). In: *Mon Salon*. Op. cit., p. 126. Ele esclarece que essa "'deliciosa cortesã' é 'não de carne e osso' – isso seria indecente –, mas de uma espécie de pasta de amêndoas branca e rosa".
11. HENRY, C. *Quelques aperçus sur l'esthétique des formes*. Paris: Nony, 1895, p. 7.
12. HENRY, C. *Harmonies de formes et de couleurs*. Paris: Hermann, 1891, p. 55.

e desenvolveu uma tabela de cores utilizada durante as conferências pedagógicas que o cientista dava para vários públicos: colegas, mas também artesãos de arte. Suas teorias marcaram, evidentemente, as correntes artísticas no modernismo científico que se sucederam na virada do século XX: o pontilhismo, o divisionismo, a Section d'or. Sua influência é ainda mais determinante nos desenvolvimentos posteriores do *design* e das artes gráficas, que retomarão em suas escolas (Vhutemas na União Soviética, Bauhaus na Alemanha) o estudo sistemático dos efeitos psicofisiológicos das formas e das cores.

Em uma direção quase contrária, mas que surge também como uma tentativa de resposta da estética a essa forma de crise das emoções da qual o riso diante das obras de arte é sintomático, Paul Souriau se interessa pelos desenvolvimentos contemporâneos da hipnose. Sua obra *A sugestão na arte* (1893) mostra, com efeito, um profundo conhecimento ainda que precoce das teorias de Hippolyte Bernheim. Nela ele explica que uma obra de arte (visual ou auditiva) pode mergulhar o apreciador em uma forma bem-aventurada de torpor em que a vontade abdica:

> Podemos agora compreender por que o artista recorre instintivamente aos procedimentos hipnóticos para aumentar o valor sugestivo de seu trabalho. Mas, novamente, a sugestão pode ocorrer mesmo em estado normal: ela teria uma influência sobre nós ainda que tivéssemos mantido nossa perfeita lucidez[13].

O resultado é uma análise de uma sutileza bergsoniana dos estados de torpor, de devaneio, de consciência alterada, de atenção inconstante e de distração que formam uma paisagem emocional da experiência artística próxima da "suave narcose" em que Freud reconhecerá um benefício essencial da arte[14]. Para além da diversidade de seus pontos de vista e de suas abordagens, as teorias da recepção da obra de arte reataram, no início do século XX, com a dimensão sensorial das emoções artísticas, em oposição ao seu acantonamento

---

13. SOURIAU, P. *La suggestion dans l'art*. Paris: Alcan, 1893, p. 81.
14. FREUD, S. *Le malaise dans la culture* (1930). Paris: PUF, 1995, p. 24.

clássico em um registro exclusivamente sentimental. É essa evolução que Paul Valéry resume, em 1937, ao destacar "a estésica" como um campo autônomo da estética, que ele compara com a poiética:

> Eu constituiria um primeiro grupo que batizaria: Estésica, e nele colocaria tudo o que diz respeito ao estudo das sensações; mas incluiria muito particularmente os trabalhos cujo objeto são as excitações e as reações sensíveis que não têm um papel fisiológico uniforme e bem definido. Estas são, de fato, as modificações sensoriais de que o ser vivo pode prescindir e cujo conjunto (que contém, como raridades, as sensações indispensáveis ou utilizáveis) é nosso tesouro. É nele que reside nossa riqueza. Todo o luxo de nossas artes é extraído de seus recursos infinitos[15].

As emoções artísticas são doravante constituídas como sensações, nos limites do somático e do psíquico, e não mais como sentimentos, produção da espiritualidade sensível do sujeito. A arte no século XX lidará o tempo todo com essa nova intuição de sua potência, seja para inibir as emoções que ela possa suscitar, seja para desencadeá-las.

Por fim, a terceira razão que faz do riso diante das obras de arte um episódio fundador para uma história das emoções artísticas resulta do caráter coletivo do fenômeno, o qual é compreendido em dois níveis, estreitamente conectados, mas distintos: a multidão e a popularidade. São multidões que visitam as exposições. Quatro mil visitantes foram todos os domingos ao Salão dos Recusados, sete mil à inauguração: a experiência da obra de arte é cada vez menos um colóquio singular e cada vez mais um evento coletivo. As emoções que a obra suscita tendem, pois, a ser da competência da "psicologia social". Mas esta, que se constitui precisamente na mesma época, tende, como reflexo, a derivar várias de suas concepções fundamentais da estética e da teoria da arte. Para Gustave Le Bon, que analisa seus mecanismos em *A psicologia das multidões* (1895), os movimentos de multidão, literalmente irracionais (ina-

---

15. VALÉRY, P. "Discours sur l'esthétique" (1937). In: *OEuvres*. T. 1. Paris: Gallimard, 1957, p. 1.311 [Col. "Bibliothèque de la Pléiade"].

cessíveis à razão), têm uma etiologia de fundo estético: "As multidões, não sendo capazes de pensar senão por imagens, não se deixam impressionar senão por imagens. Somente estas últimas as aterrorizam ou as seduzem e tornam-se motivos de ação"[16]. É claro que Le Bon visa menos as imagens físicas de uma exposição do que imagens mentais e simbólicas capazes de galvanizar as multidões. Nem por isso a emoção coletiva deixa de proceder de uma reação "estésica" às imagens – e o poder político no século XX terá muitas oportunidades de recorrer às exposições públicas de imagens (físicas) para a manipulação emocional das multidões. Da mesma forma, a imitação que Gabriel Tarde coloca no princípio da própria constituição do fato social, sem se sobrepor à imitação nas belas-artes, compartilha em parte sua extensão. Tarde evoca então repetidamente "o lado estético da vida social" para designar o jogo regrado das diferenças infinitesimais e das imitações maciças que pela propagação organiza a adaptação social[17]. Assim, a definição de normas emocionais que regem a experiência artística tornada coletiva e social encontra sua origem em uma sociologia ela mesma infundida de estética.

Sob o nível holístico da multidão, a massa risonha na exposição faz emergir uma nova configuração social do público que, também aqui, contém em germe os desenvolvimentos espetaculares do século seguinte. Com efeito, o que a literatura artística – e ainda mais a caricatura – da época compreende sob o nome de "burguês", e que ri, define na verdade a chegada maciça às exposições de arte de um público oriundo da pequena burguesia urbana, bastante popular e pouco educada. O fenômeno não é completamente novo. Thomas Crow mostrou que, desde o século XVII, as exposições públicas de pintura, por ocasião das feiras anuais, atraem um público popular – mas diante de uma pintura também popular –, antes que o Salão, no século seguinte, não misture à aristocracia e à alta burguesia uma multidão nitidamente menos refinada

---

16. LE BON, G. *Psychologie des foules* (1895). Paris: Flammarion, 2009, p. 78.
17. Cf., p. ex., TARDE, G. *Les lois sociales* (1898). Paris: Les Empêcheurs de Penser en Rond, 1999, p. 80.

convidada a apreciar, desta vez, a pintura de elite[18]. No entanto, o que é novo e prenúncio dos desenvolvimentos posteriores é a ambivalência na avaliação do sufrágio desse público. Zombam de sua vulgaridade (e de seu riso), mas a legitimidade fundamental de seu julgamento não é mais verdadeiramente contestada:

> É verdade que o julgamento do público com cabeça de vento não é mais correto do que o do júri premiado, nem que o dos estetas e dos críticos de arte cheios de argumentos; mas um objeto de arte deve ser visto por todos, sem deixar de lado os imbecis; ele deve se manifestar para que possa ser reconhecido como tal. É sua condição de ser. Há sempre três ou quatro pessoas que compreendem e salvam uma obra-prima[19].

Duas ideias emergem, prometidas a um belo futuro. Por um lado, que a arte, talvez até mais do que emoções individuais, provoca reações emocionais coletivas (o que já sabíamos para a música, mas marginalmente para as artes visuais); por outro, é no seio dessa multidão indeterminada – um todo bastante comum – que pode emergir um julgamento, uma emoção e um gosto singulares. Em suma, a experiência estética se torna um assunto público. Esse conjunto de fatos, inicialmente engajado pela forma de distorção cognitiva apontada pelo riso do público na exposição, determina até hoje a um só tempo a posição da arte em relação a um regime de recepção doravante plenamente emocional e a história do público, entre liberdade e condicionamento afetivo.

Modernidade patética e modernidade anestésica

Em sua tese de 1907, o historiador da arte Wilhelm Worringer distingue duas possíveis atitudes da humanidade confrontada com o mundo: uma relação de empatia (*Einfühlung* – nesse contexto, o termo alemão geralmente não é traduzido); ou, pelo contrário, uma angústia diante dos mistérios do espa-

---

18. CROW, T. *La peinture et son public à Paris au XVIIIe siècle* (1985). Paris: Macula, 2000.
19. DESNOYERS, F. *La peinture en 1863*. Paris: Azur Dutil, 1863, p. 4.

ço e do tempo[20]. O *Einfühlung* suscita o desejo de representar o mundo assim como percebido, utilizando os recursos miméticos da representação, e caracteriza em particular a arte ocidental desde a Antiguidade grega. A angústia diante do mundo cria, ao contrário, a necessidade de formas geométricas abstratas, com regularidade reconfortante. Essa tendência à abstração manifesta-se sobretudo nas artes ornamentais do antigo Oriente e nas formas arquitetônicas de que a pirâmide é emblemática. No momento em que Worringer escreve, a abstração como movimento artístico ocidental ainda não existe, por assim dizer; e quando ela emerge, em Kandinsky, não se trata de uma abstração geométrica regular. No entanto, suas ideias tiveram um impacto considerável na arte moderna e em suas teorias, e apresentam em primeiro lugar o interesse singular de basear a necessidade da arte (da criação bem como da apreensão) em um par de emoções fundamentais que polarizam o sentimento do mundo: angústia ou empatia. Bem cedo, as intuições de Worringer são então retomadas no contexto contemporâneo do modernismo, em que elas permitem pensar as duas tendências que – já – o organizam: solicitar uma forte reação emocional no espectador ou, ao contrário, tentar inibi-la em favor de um prazer mais intelectual. Assim, para Roger Fry, pintor e teórico, a arte é por excelência o campo em que as emoções podem ser apreciadas por si mesmas (em oposição à vida real, em que elas geralmente exigem uma ação urgente em resposta – o medo provoca a fuga etc.). "Na vida imaginária", escreve ele, "podemos ao mesmo tempo experimentar a emoção e observá-la"[21]. O artista está, portanto, lidando diretamente com conteúdos emocionais que ele pode, conforme suas escolhas e seus propósitos, extrair da imitação da natureza, ou abstrair por eles mesmos. Fry ultrapassa assim a clivagem entre imitação e abstração: o que importa é a intensidade relativa das emoções extraídas, purificadas e restituídas na arte. Com efeito, no nível emocional, a arte do início do século XX é organizada pela tensão entre dois polos que proponho chamar aqui de patético e anestésico, sem

---

20. WORRINGER, W. *Abstraction et Einfühlung* (1907). Paris: Klincksieck, 1978, p. 48ss.
21. FRY, R. "Un essai d'esthétique" (1909). In: HARRISON, C. & WOOD, P. (dirs.). *Art en théorie, 1900-1990*. Paris: Hazan, 1997, p. 114.

dúvida muito mais do que pela oposição entre figuração e abstração (oposição aliás mais ternária do que binária, uma vez que o cubismo dificilmente se deixa assimilar a qualquer uma dessas opções). Esta tensão se distribui de acordo com um eixo polarizado, de um lado, pelas diversas formas tomadas pelo devaneio de uma volta às origens da arte pela experiência do selvagem e do primitivo, do outro, por um ideal de pureza que deveria aliviá-la do peso das escórias da tradição, da narrativa, enfim, do academismo. Selvageria contra a pureza.

Na direção do seu polo selvagem ou primitivo, a arte tenta reatar com emoções da ordem da obsessão, do pânico ou do horror. Estas são emoções primitivas, emoções que a cultura, a civilização – a arte grega – relegaram; emoções ligadas a um sentimento do mundo percebido como mágico, potente, sem dúvida hostil, de todo modo imprevisível, movido por suas próprias forças. Do ponto de vista formal, a selvageria justifica (exige, de fato) a ruptura com o conjunto das habilidades artísticas que garantiram a beleza, a delicadeza, a graça das obras. O artista que se arrisca a explorar territórios imaginários, imaginais, mas também geográficos, situados para além do dionisíaco nietzschiano (arcaico e telúrico, certamente, mas já grego), é uma espécie de xamã. A obra que ele traz de volta, brutal de emoção para ser finalmente feia, tem o funcionamento estético paradoxal dos rituais apotropaicos: ela confronta o espectador com um *pathos* arcaico bruto, quase insuportável – estamos longe do riso, ou então nervosos – mas sendo, ao mesmo tempo, uma representação, ela é reconfortante. Tais experiências, pelas quais o artista vai buscar e restitui em forma de obra a emoção primitiva, selvagem, permanecem praticamente inalteradas durante pouco mais de vinte anos, na virada do século. Por exemplo, em 25 de março de 1892, Paul Gauguin escreve de Papeete a Paul Sérusier:

> O que estou fazendo aqui, não me atrevo a falar sobre isso tanto minhas telas me aterrorizam; o público nunca vai aceitá-lo. [...] O que estou fazendo agora é bem feio, bem louco. Meu Deus, por que você me construiu desse jeito? Eu sou amaldiçoado[22].

---

22. GAUGUIN, P. *Oviri* – Écrits d'un sauvage. Paris: Gallimard, 1974, p. 80.

Pablo Picasso teria dito a André Malraux, ao mencionar suas visitas ao Museu do Trocadéro, por volta de 1907:

> As máscaras, elas não eram esculturas como as outras, nada disso. Eram coisas mágicas. [...] Os negros, eles eram intercessores [...]. Contra tudo, contra os espíritos desconhecidos, ameaçadores. Eu sempre olhava os fetiches. Então entendi: também sou contra tudo. [...] Entendi para que serviam as esculturas, para os negros. [...] Elas eram armas. Para ajudar as pessoas a não serem mais submissas aos espíritos, a se tornarem independentes. Se damos uma forma aos espíritos, nos tornamos independentes. Os espíritos, o inconsciente, [...] a emoção, é a mesma coisa. Entendi por que eu era pintor. Sozinho nesse museu horrível, com máscaras, bonecas pele-vermelhas, manequins empoeirados. *Les Demoiselles d'Avignon* devem ter chegado naquele dia, mas não por causa das formas. Porque é a minha primeira tela de exorcismo, sim![23]

Auguste Macke observa em 1909:

> Criar formas é viver. As crianças que criam diretamente a partir do mistério de seus sentimentos não são tão criadoras quanto o imitador das formas gregas? Os selvagens não são artistas, eles que têm sua própria forma, forte como a forma do trovão?[24]

De todo modo, a forma e a paleta são como deformadas pela emoção (em relação a um ideal regulador helenístico apolíneo) e são essas deformações mesmas que veiculam uma potência emocional bruta, ainda que isolada e tornada comunicável pela obra, na direção do espectador. Paradigma dessa preferência moderna pelo primitivo[25], a "escultura negra", como é então chamada, antes inacessível ao olhar ocidental, torna-se objeto de análises estilísticas – mas sem perder completamente sua força horripilante. "Por vezes, é quase impossível determinar o tipo de expressão que a obra de arte negra

---

23. MALRAUX, A. *La tête d'obsidienne*. Paris: Gallimard, 1974, p. 18.
24. MACKE, A. "Masque" (1912). In: HARRISON, C. & WOOD, P. (dirs.). *Art em théorie...* Op. cit., p. 133.
25. Cf. GOMBRICH, E. *La préférence pour le primitif* (2002). Paris: Phaidon, 2004. Nela ele evoca brevemente Picasso e a "arte tribal" (p. 215).

representa; será que ela expressa o terror ou ela o provoca?", questiona Carl Einstein, um dos inventores do gênero[26].

É claro que podemos ser sensíveis às contradições que os primitivismos do início do século XX, sob suas diversas formas, descobrem e em geral ignoram. Sua atenção benevolente para com as artes tribais é involuntária, mas objetivamente solidária de um período violento da colonização do Taiti (Gauguin) e da África. Os objetos que admiram chegam até eles pela pilhagem, pelo sacrilégio, ou porque seus empregados, forçados ao cristianismo, deles se desviaram. Os valores do arcaísmo e da selvageria, o estetismo dos pânicos primários e dos terrores sagrados são, por outro lado, rigorosamente contemporâneos do cinematógrafo, do automóvel e do gás em todos os andares – do conforto moderno. São essas contradições que os futuristas enfrentam e resolvem à maneira deles, por um apelo à "violência desordenada e incendiária"[27]: apologia da industrialização, da guerra e do "menosprezo das mulheres". Benesse da velocidade mecânica e motorizada: a emoção se faz comoção.

Na outra ponta do espectro, a busca da pureza, que passa pelo recentramento das artes em torno de suas próprias determinações, induz uma ascese emocional. Kasimir Malevitch, em sua definição do suprematismo, a pretende radical ao menos para o criador. Ele evoca um "sistema duro, frio, sem sorriso, [...] posto em movimento pelo pensamento filosófico", e esclarece:

> O sistema se constrói no tempo e no espaço sem depender de belezas estéticas, de emoções, de estados de espírito, quaisquer que sejam; ele é mais o sistema filosófico colorido pelos novos movimentos de minhas representações como conhecimento[28].

---

26. EINSTEIN, C. "La Sculpture nègre" (1915). In: *Les arts de l'Afrique*. Nîmes: Chambon, 2015, p. 39.
27. MARINETTI, F.T. *Manifeste du futurisme* (1909). In: KRAMER, A. (dir.). *Les grands manifestes*. Paris: Beaux-Arts, 2011, p. 43.
28. MALEVITCH, K. "Le suprématisme – Non-figuration et suprématisme" (1919). In: *Écrits*. T. 2. Lausanne: L'Âge d'homme, 1977, p. 83.

Contudo, o projeto não deixa de ter contradições. De um lado, o discurso do artista, exaltado, místico, muitas vezes obscuro e muito poético (saturado de "figuras", imagens, metáforas etc.), joga a contrapelo de suas próprias declarações antiemocionais. Do outro, os quadros suprematistas que Malevitch pinta no decorrer desses anos de 1915-1920 contam com certeza entre as obras mais comoventes do século XX, oferecendo ao espectador experimentar o sentimento oceânico de sua própria diluição *na* superfície colorida (ou branca) do suporte. Mais calculista, Piet Mondrian trabalha, nesses mesmos anos, medindo, regulando a parte da emoção. A expressão individual e subjetiva do artista figurativo ocupou historicamente um lugar demasiado importante; o esforço consiste, portanto, em objetivar o mais possível o processo criador para reduzir (sem que ele desapareça completamente) o papel que nele desempenha a subjetividade patética. É um trabalho progressivo e minucioso: "Gradualmente, a arte purifica seus meios plásticos e revela sua relação"[29]. Em troca, o apreciador sentirá prazer na beleza verdadeira dessas "relações puras" entre as formas, enfim abstratas das submissões imitativas à contingência dos aspectos naturais. Um tal apreciador ultrapassou ele mesmo sua subjetividade emocional ao isolar nela, e ao purificar nela, a universalidade. Sendo assim, já encontramos em Mondrian essa ideia de um "homem novo" digno da arte nova[30] e caracterizado principalmente pela superação de seus afetos. É esse homem novo que encontramos no coração do projeto modernista. Regrado como um robô (e tão pouco emotivo quanto), ele se integra felizmente em um mundo inteiramente racional, e cuja arte expressa a racionalidade.

> O mais alto deleite do espírito humano é a percepção da ordem e a maior satisfação humana é a sensação de colaborar ou de participar dessa ordem. A obra de arte é um objeto artificial que permite colocar o espectador em um estado desejado pelo criador. A sen-

---

29. MONDRIAN, P. "L'art plastique et l'art plastique pur" (1937). In: HARRISON, C. & WOOD, P. (dirs.). *Art en théorie...* Op. cit., p. 415.
30. MONDRIAN, P. "Le néo-plasticisme – Principe général de l'équivalence plastique" (1920). In: Ibid., p. 321.

sação de ordem é de qualidade matemática. A criação da obra de arte deve dispor de meios com resultados certos[31].

Reconhecemos aqui um desenvolvimento do processo iniciado na geração anterior pela estética psicofísica de Charles Henry: possuir os meios certos de regular com precisão a reação do destinatário à obra de arte. Mas uma inversão essencial ocorreu no intervalo: é a constituição psicofísica (e, portanto, emocional) do destinatário que é agora aferida com precisão científica.

Arte do pós-guerra: conceitual ou visceral

Essa oposição entre a busca artística de emoções violentas e primárias, e a vontade contrária de manter a emoção a distância e de depurá-la se desloca, com o fim da Segunda Guerra Mundial, para a cena americana. Mas, enquanto na Europa no início do século a clivagem passava pelo destino da figuração (preservada no expressionismo, abandonada na abstração), a linha de divisão atravessa, desta vez, a própria abstração. De um lado, os mestres do *Action Painting* (ainda chamado "expressionismo abstrato", em referência ao precedente figurativo europeu), Jackson Pollock, Barnett Newman ou Clyfford Still, desencadeiam, em telas de grandes dimensões, as potências da pintura; seus primitivos de referência não são mais africanos, e sim indígenas; o interesse ainda se volta para "a plenitude que nasce da própria emoção"[32]. Do outro lado, Agnès Martin lhes opõe a regularidade das linhas, por vezes levemente perceptível, que ela traça a intervalos precisos sobre telas quadradas, cobertas de tinta clara com nuanças sutis; Ad Reinhardt, retomando o suprematismo em que Malevitch o havia deixado, oferece grandes monocromos pretos marcados em seu centro com uma cruz discreta; na escultura, Carl André espalha pelo chão riachos retilíneos de metal escuro onde a luz se perde como sobre uma água estagnada. Obras comoventes, sem dúvida, mas de uma emoção contida,

---

31. JEANNERET, C.-É. [Le Corbusier] & OZENFANT, A. "Le purisme" (1920). In: Ibid., p. 275.
32. NEWMAN, B. "Entretien avec Dorothy Geels Seckler" (1962). In: Ibid., p. 842.

interiorizada, meditativa, silenciosa. Essa polarização emocional entre um expressionismo (abstrato ou figurativo) visceral e um minimalismo abstrato mais cerebral estrutura igualmente a cena artística europeia da época. Os artistas reunidos em torno do grupo CoBrA mantêm a mesma relação com a autenticidade emocional primitiva dos esquimós que os grandes abstratos americanos mantêm com os indígenas; a abstração lírica de pintores como Maurice Estève, Hans Hartung, André Lanskoy ou Simon Hantaï expressa, pela crueza de suas cores e o vigor de suas pinceladas, a energia do momento. Mas desde o início dos anos de 1960 a tendência contrária retorna – rigorista, minimalista e geométrica. François Morellet recorre a uma "nova ciência da arte", que mediria exatamente a reação emocional dos espectadores convidados, para que, se necessário, eles mesmos modifiquem a obra, nos termos que, sessenta anos antes, Charles Henry não teria renegado:

> [...] Quando alguém sobrepõe formas muito simples (boas formas de acordo com a *Gestalttheorie*) e faz variar os ângulos de superposição, toda uma série de estruturas aparece.
> Essas estruturas perfeitamente controladas e facilmente recriáveis são um material perfeito para experiências estéticas, material evidentemente muito mais apropriado do que uma obra intuitiva única qualquer, ou mesmo do que testes feitos por psicólogos. Programas de experiências na mesma linha também são aplicáveis à cor e ao movimento, por exemplo[33].

Ele não está sozinho. As geometrias perfeitas de Aurélie Nemours, a redução da pintura à moldura e ao formato que Claude Rutault utiliza ou sua suspensão em uma cor uniformemente espalhada, ou mesmo a experimentação artística do vazio, alcançada por Yves Klein, participam, cada uma à sua maneira, de uma comum disciplina das emoções.

A extensão do campo das artes plásticas para além da pintura (ou da escultura), mesmo radicalizando as tendências contrárias à excitação ou à inibição

---

33. MORELLET, F. "Pour une peinture expérimentale programmée" (1962). In: *Mais comment taire mes commentaires*. Paris: École Nationale Supérieure des Beaux-arts, 2003, p. 18.

das emoções, modifica seus paradigmas de referência. Para o movimento Art and Language e para a arte conceitual resultante, o ofício de regular o fluxo emocional não é mais atribuído a uma ciência capaz de quantificação e de cálculo (quer se trate da ótica, da geometria ou da psicofisiologia), mas às ciências da linguagem e à filosofia analítica. Cabe a elas menos medir as emoções controladas do que acabar com qualquer *pathos*, assim como quer, por exemplo, Sol LeWitt: "Para o artista conceitual trata-se essencialmente de suscitar um interesse mental: ele buscará, pois, amordaçar o afeto"[34]. Tal projeto implica que o vínculo histórico – mas apenas histórico, ou seja, contingente – entre arte e estética seja desfeito: a arte, fundamentalmente, está tão destinada ao julgamento do gosto quanto qualquer outra produção; em sua "condição artística [ela] é um estado conceitual". De onde se conclui que "as proposições da arte não são de ordem prática, mas de *caráter* linguístico: elas não descrevem a maneira de ser dos objetos físicos, nem mesmo psíquicos; elas expressam definições da arte ou as consequências formais das definições da arte"[35].

Mas, enquanto Sol LeWitt ou Joseph Kosuth recusam até mesmo vínculos entre arte e emoção, as *performances* do Acionismo Vienense, e de outros em seu rastro, contestam violentamente a elevação sentimental que os expressionismos ainda admitiam em um extremo do *continuum* sensível que passa da estética à estésica. Eles lhe opõem um estado brutal das emoções, quase sem linguagem. Portanto, as emoções que, nos expressionismos, permaneciam genéricas se definem. A primeira delas é a vergonha. Em uma Áustria bem-pensante, e que se crê absolvida pelo *Anschluss* de sua responsabilidade no genocídio nazista, as *performances* desse grupo de artistas despertam cadáveres e demônios. Nesse contexto, a dialética da vergonha é complexa. As ações são desavergonhadas: elas violam o pudor, o bom gosto, e reivindicam alegremente uma regressão aos prazeres da fase anal. Um dos fundadores do movimento, Otto Muehl, relata assim

---

34. LeWITT, S. "Alinéas sur l'art conceptuel" (1967). In: HARRISON, C. & WOOD, P. (dirs.). *Art en théorie...* Op. cit., p. 910.
35. KOSUTH, J. "L'art après la philosophie" (1969). In: Ibid., p. 923.

sua gênese: "Eu regressava à fase do bebê que se lambuza com seus excrementos. Havia renunciado a produzir uma obra de arte respeitável. Senti durante esse exercício surgir em mim emoções desconhecidas"[36]. Essas ações, por outro lado, causam vergonha: sua violência obscena e escatológica denuncia a hipocrisia dos notáveis austríacos, cúmplices de malfeitos bem mais graves. Assim, em 1968, durante uma ação na Universidade de Viena, Günther Brus "em pé sobre uma mesa de conferência [...] cagou na própria mão enquanto cantava o hino nacional austríaco". Muehl, que narra o fato, descreve também a reação emocional da elite do público: "A representação teve um efeito surpreendente. O Professor Pittioni, que estava assistindo [...], precipitou-se para fora da sala, atirou-se chorando ao pescoço de um assistente em lágrimas: 'que vergonha, que vergonha, é insuportável'./O ministro da Educação nacional exclamou, patético: 'tenho vergonha de ser austríaco!'"[37] Por fim, apesar de desavergonhadas, essas *performances* são vergonhosas na medida em que necessariamente passam pela degradação do corpo do artista, buscam e obtêm os ultrajes do público (quando há público). Muehl será coberto de merda, Rudolf Schwarzkogler, quase autocastrado, sangra e ressuma pus, Hermann Nitsch se veste com vísceras de animais. A artista Valie Export, quer ande por Viena com uma televisão de papelão, sem tela, em torno de seus seios nus, quer passeie com o crítico Peter Weibel preso a uma coleira, se expõe a todos os tipos de violência e de insultos por parte dos transeuntes. A emoção suscitada por suas ações leva ao extremo o registro das emoções artísticas: "Era perigoso, chegamos a brigar na sala, levei uma garrafada na cabeça, algumas pessoas me espancaram, tive de ir ao hospital, onde me costuraram"[38]. Sem pertencer ao movimento vienense, outras *performances* artísticas exploram registros emocionais até então estranhos à arte. No Japão, em um contexto histórico comparável ao da Áustria (ambos culpados e vítimas da Segunda Guerra Mundial), os artistas de Gutaï experimentam

---

36. MUEHL, O. *Sortir du bourbier* (1997). Paris: Les Presses du Réel, 2001, p. 110.
37. Ibid., p. 116.
38. ROUSSEL, D. *L'Actionnisme viennois et les Autrichiens*. Paris: Les Presses du Réel, 2008, p. 119.

performances violentas em que o corpo do artista é posto em perigo. Um artista como Kazuo Shiraga, por exemplo, que pinta com seu corpo, ou corta com um machado vigas de madeira que caem sobre ele e o machucam, tem uma abordagem semelhante à de Günther Brus.

Menção especial deve ser feita a Marina Abramovic, uma artista cujas emoções são, desde os anos de 1970, o principal material. Em uma *performance* bem conhecida, *Rhytm 0* (1974), ela dispõe ao seu redor 72 objetos, alguns inofensivos, outros perigosos, e se entrega, impassível, às reações do público. Depois de algumas horas durante as quais a curiosidade, o espanto e a ternura foram alternadamente expressos, surgem a agressividade e depois as pulsões assassinas de certos espectadores: suas roupas são rasgadas com uma navalha, a *performance* é interrompida depois de seis horas, quando um participante ameaça atirar nela. Entre março e maio de 2010, no MoMA, em *Artist Is Present*, ela permanece sentada em uma cadeira por 736 horas, e em silêncio. Os visitantes podem se sentar à sua frente por alguns minutos, e saem abalados, chorando, desse colóquio singular. Além da aura um tanto esotérica da artista, essa peça imaterial e puramente patética leva ao auge os fenômenos emocionais, à articulação do individual e do coletivo, que museus e grandes exposições provocam desde o século XX.

"É preciso antes que o amor exista"

Eco sinistro do riso parisiense de 1863, a primeira grande emoção coletiva condicionada em uma exposição de arte é, sem dúvida, o riso de escárnio dos dois a três milhões de visitantes alemães convidados por seus chefes nazistas a vaiar a arte moderna na exposição de "arte degenerada" (*Entartete Kunst*)[39]. Desejada e inaugurada por Adolf Hitler em pessoa, organizada por Joseph Goebbels, implementada por Adolf Ziegler, o pintor favorito do Führer, a exposição abre suas portas em 19 de julho de 1937 e será itinerante em uma

---

39. BERTOIN, J. *L'Art dégénéré* – Une exposition sous le IIIe Reich. Paris: Bertoin, 1992, p. 11.

dúzia de cidades da Alemanha até 1941. Em Munique, pouco mais de seiscentas obras dos principais representantes do expressionismo em suas diversas ramificações (*Die Brücke, Der Blaue Reiter, Fauvismo* etc.), mas também de Paul Klee ou de Picasso, de Dada e da *Neue Sachlichkeit* (Nova Objetividade, movimento artístico marcado politicamente à extrema-esquerda não comunista), estão pendurados ao lado de desenhos de doentes mentais ou de retratos fotográficos de tipos "raciais" condenados pelos nazistas. Mas, para além da ideologia racista, antissemita e anticomunista que comanda a seleção das obras, a exposição nazista é notável por seu dispositivo de manipulação das emoções populares. Com efeito, a poucas ruas da exposição, Hitler encomenda uma "Grande exposição de arte alemã" que apresenta as obras valorosas de artistas arianos de origem pura e de estilo ultraconservador. Oferecendo a comparação, ele contava com o sufrágio espontâneo do público – do povo – o único juiz em matéria de arte: "Pois o artista não cria apenas para o artista, mas, como qualquer um, ele cria para o povo! E cuidaremos para que a partir de agora o povo seja o juiz de sua arte"[40]. Na exposição da "arte degenerada", as obras eram apresentadas com o preço pago pelos museus (com dinheiro público, portanto) para a aquisição delas. Assim, a arte moderna sob sua requalificação como "arte degenerada" não deveria provocar apenas escárnio, e até mesmo a repugnância ou o pavor que um bom cidadão nazista não poderia deixar de experimentar na presença de uma emanação do perigo judeu-bolchevique. Essas próprias emoções deveriam resultar em uma forma emotiva de análise política, passando pela indignação diante da revelação de que essas obras foram adquiridas, sob o governo liberal, com impostos, para resultar em um sentimento de gratidão para com o regime hitlerista, que devolvia ao povo a soberania de seu julgamento de gosto. O público vinha compreender intuitivamente a "trapaça" cultural (a palavra é Hitler) na qual caíra como um pato. E ele vinha em grande número porque a exposição era gratuita.

---

40. HITLER, A. "Allocution d'inauguration à la Grande exposition d'art allemand" (1937). In: HARRISON, C. & WOOD, P. (dirs.). *Art en théorie...* Op. cit., p. 476.

Diversão, repugnância ou horror (diante da arte moderna "degenerada"), fúria (de ter sido enganado pela cumplicidade dos diretores de museus e dos artistas modernos), confiança e reconhecimento (no regime que frustra essas maquinações), autossatisfação (de deter uma parcela do saudável julgamento do gosto popular): era variada a paleta emocional que a dupla exposição alemã oferecia – ou impunha – aos visitantes experimentar. Nessas condições, será que os apreciadores, puderam, no seu foro íntimo, sentir livremente uma emoção estética feliz ligada às próprias obras? Até onde sei, não temos testemunhos: a época era pouco propícia à confissão de um gosto desviante. Totalmente política – totalitária –, a experiência emocional da exposição nazista é pensada apenas na escala coletiva do "povo". E é um julgamento coletivo que ela postula. São concepções bastante diferentes que presidem, após a guerra, as grandes políticas de "democratização" do acesso à arte. André Malraux, em particular, tem como base a ideia kantiana segundo a qual o julgamento do gosto (tão pouco emotivo quanto possível, em Kant) é universal, na medida em que a subjetividade que o carrega reconhece em si mesma o *sensus communis*, isto é, seu pertencimento à humanidade. Kant, é verdade, não inverte o sentido da proposição: ele não diz que a humanidade por isso mesmo faria um julgamento de gosto unívoco sobre um determinado objeto. Malraux, porém, pode fazê-lo porque sua estética é emocional, e muito interessada na existência e na preservação dos artefatos. Nele encontramos então a ideia central segundo a qual cada um, na multidão, na população, é individualmente capaz de emoção artística. E que é, pois, da responsabilidade do poder público oferecer à coletividade a ocasião de um encontro singular com a universalidade das obras de arte, sem outra forma de preparação. "As Casas de cultura não trazem conhecimentos, elas trazem emoções, obras de arte tornadas vivas para o povo que está diante dessas obras de arte"[41]. Malraux permanece kantiano em sua oposição entre uma apreensão direta das obras – a única estética – e

---

41. MALRAUX, A. "Discours prononcé à Dakar à la séance d'ouverture du colloque organisé à l'occasion du premier festival mondial des arts nègres le 30 mars 1966". In: *La politique, la culture*. Paris: Gallimard, 1996, p. 337.

uma aproximação midiatizada por um discurso erudito. Quanto à natureza dessa emoção que captura o indivíduo entre a multidão, quaisquer que sejam, segundo Malraux, sua cultura e seu meio social, diante de uma obra de arte, ela diz respeito ao amor: "Primeiro é preciso que exista o amor porque ele, afinal, em todas suas formas, não nasce das explicações"[42].

A partir dos trabalhos de Pierre Bourdieu e Alain Darbel, essa confiança de Malraux em uma forma de universalidade da emoção artística foi abundantemente criticada. Fizeram valer que o gosto, e mesmo a hipótese de sua liberdade e de sua subjetividade, era de fato correlato ao *habitus* dos indivíduos: à sua educação, ao seu meio, à sua riqueza relativa em capitais financeiros e simbólicos[43]. Surgiram algumas políticas culturais que visam remediar esses determinismos sociais e favorecer o encontro com as obras de arte, *in situ* (mediação cultural) ou anteriormente (educação artística). O papel normativo das instituições é igualmente mais bem conhecido: na presença de uma mesma obra de arte, a resposta emocional de um apreciador será com certeza diferente segundo o lugar onde ela é apresentada, os discursos de que é objeto, as pessoas (amigos, professores, guias) que acompanham o visitante etc. Em resumo, a sociologia mostrou que as emoções artísticas são, em grande parte, construções sociais e que elas variam ao sabor das interações sociais interindividuais e coletivas dentro dos quadros institucionais[44]. Manipulação por um regime totalitário da tendência das multidões à agressividade e à vingança (*Entartee Kunst* recorria a uma forma de linchamento simbólico da arte moderna; para a literatura, os nazistas procederam a autos de fé); confiança da burguesia educada na espontaneidade quase instintiva de seu amor pela arte; demonstrações sociológicas do condicionamento emocional dessa classe educada e das

---

42. MALRAUX, A. "Discours prononcé à l'occasion de l'inauguration de la Maison de la culture d'Amiens le 19 mars 1966". In: ibid., p. 327.
43. BOURDIEU, P. & DARBEL, A. *L'Amour de l'art*. Paris: Minuit, 1966.
44. HOCHSCHILD, A.R. "Emotion Work, Feeling Rules and Social Structure". In: *American Journal of Sociology*, vol. 85, n. 3, 1979, p. 572. A autora não trabalha sobre as emoções artísticas, mas sua teoria é globalmente aplicável.

classes menos favorecidas que a ela aspiram: essas vias que tudo opõe têm em comum seu ceticismo em relação à liberdade emocional, que o riso inconveniente diante das obras que não eram cômicas havia sugerido. Impostas pelo Estado, necessitadas pela natureza humana, organizadas pelo quadro social, as emoções estéticas seriam determinadas, nunca livres: a parte atribuível às obras de arte e aos sujeitos singulares que as olham, negligenciável.

De onde a tentação de acabar quase por onde começamos, ou seja, evocando respostas emocionais inadequadas, que parecem expressar, se não a liberdade dos sujeitos, pelo menos sua alienação em instâncias outras que aquelas previstas pela teoria. Uma delas é conhecida sob o nome de "Síndrome de Stendhal". O escritor descreve um mal-estar sentido em 1817, um dia em que saía de Santa Croce em Florença: palpitações cardíacas, cansaço, leve vertigem, que ele atribui às "*sensações celestes* dadas pelas belas-artes"[45]. Uma psiquiatra florentina, Graziella Magherini, dá esse nome a diversas formas de sofrimentos psicofisiológicos, geralmente passageiros, que se apoderam dos turistas que visitam Florença e, por extensão, outras cidades de arte, diante da acumulação de obras-primas; "O homem moderno a quem é dado o privilégio [...] vive de maneira descontínua e irregular as emoções da descoberta, da visão e da contemplação. A emoção nem sempre reflete serenamente a experiência do belo artístico"[46]. Sua obra apresenta inúmeros casos clínicos sem que seja possível extrair deles uma sintomatologia precisa, e ela mesma, em uma abordagem psicanalítica, explica que a aflição emocional diante das obras de arte se compreende pelos afetos que estas mobilizam nos pacientes, muito independentemente de sua objetividade plástica. Desde então, sob esse nome, distúrbios afetando turistas em cidades prestigiosas ou diante das obras-primas foram atribuídos não mais à exaltação, mas à decepção. Tão pequena, tão triste, essa *Mona Lisa* com a qual tanto sonhei e pela qual atravessei o mundo! Seja como for, basta entrar em um desses museus *blockbuster*, cujo principal objetivo tor-

---

45. STENDHAL. *Rome, Naples et Florence* (1817). T. 2. Paris: Le Divan, 1927, p. 94.
46. MAGHERINI, G. *La Sindrome di Stendhal*. Florença: Ponte alle Grazie, 1989, p. 49.

nou-se a acumulação de visitantes (em milhões por ano), para constatar que estes últimos encontraram um meio certo de atenuar os sintomas da Síndrome de Stendhal: eles dão as costas às obras para se fotografarem diante delas. Saímos do campo da emoção artística para encontrar um registro mais antigo (mais arcaico), o do vínculo entre peregrinação e relíquia: a *selfie* diante da *Mona Lisa* atesta um objetivo alcançado, como o fragmento da verdadeira Cruz outrora trazido de Jerusalém.

Outra resposta emocional inadequada é o vandalismo. O estudo das motivações do vandalismo individual de obras de arte – do transbordamento emocional provocando uma passagem à ação política maduramente refletida – ultrapassa o quadro deste capítulo. Mas a atualidade – no momento em que escrevemos, os islamitas no comando do Exército Islâmico, depois dos da Al-Qaeda, no Afeganistão, se entregam à destruição sistemática, cruelmente dosada e supermidiatizada do patrimônio artístico e arqueológico caído em suas mãos – mostra o quanto a destruição das obras de arte tornou-se, pela emoção universal que ela provoca, a ocasião negativa de experimentar o *sensos communis* de que fala Kant, o sentimento de pertencimento a uma humanidade ferida em sua mais profunda expressão pela barbárie.

22
RIR, CHORAR E TER MEDO NO ESCURO

Antoine de Baecque

Protegidos pela escuridão de uma sala de cinema, sentados diante da tela, um casal, alguns amigos, um espectador, veem um filme. Nos olhos, nos rostos, pelas atitudes dos corpos, é possível ver se desenharem algumas emoções, um riso, algumas lágrimas, o pavor, um olhar cúmplice, um beijo, e sentirmos nós mesmos, espectadores desses espectadores, as emoções dessas emoções. Essa sequência tornou-se um emblema do amor ao cinema, da cinefilia, regularmente refeita desde a geração da Nouvelle Vague, a primeira a ter passado à realização *via* o amor pelo cinema e a experiência de seu espetáculo.

No cinema

Encontraremos, é claro, muitas sessões de cinema nos filmes antigos, a partir do mudo, à maneira de *Sherlock Junior* (1924), em que Buster Keaton, projecionista, adormece em sua cabine de projeção e passa literalmente para dentro do filme para ali se tornar o melhor detetive do mundo. Nessas projeções mudas em abismo, ao lado da tela, o piano e o comentarista, sendo que ambos comentam o filme que passa na tela, são os vetores das emoções que eles acentuam e realçam ao repercuti-las na sala. Como fluxos de riso, de melodrama, de medo, de paixão.

A Hollywood clássica por vezes também utilizou essa forma intrafílmica para evidenciar as emoções dos espectadores. Em 1950, em *Sunset Boulevard* [*Crepúsculo dos deuses*], Gloria Swanson, em sua casa, velha atriz esquecida, olha antigas bobinas projetadas por seu empregado, representado por Erich von Stroheim: a emoção melancólica a captura sempre com a mesma força quando ela está diante de *Minha Rainha*, que ela interpretava em 1929, filme realizado por... Erich von Stroheim. Tudo aqui, a situação, o filme no filme, a projeção na projeção, os antigos atores naqueles que representam no presente, pretende redobrar a emoção sentida diante da imagem fugaz que passa mas retorna eternamente. Em *Cantando na chuva* (1952), é de rir que todos os espectadores explodem ao zombarem, durante a *preview* de *O cavaleiro dançante*, das gafes do primeiro filme sonoro da dupla Don Lockwood e Lina Lamont, reunidas em uma genial coletânea de disparates experimental por Stanley Donen e Gene Kelly.

Quando Ingmar Bergman inclui, em *Monika* (1953), uma magnífica sessão de cinema, em que Harriet Andersson é literalmente capturada pela tela enquanto se agarra à mão de seu namorado, ele é fiel ao subtítulo de seu filme, *O desejo*, enquanto integra neste último ao mesmo tempo uma lembrança pessoal e a história de amor que ele próprio acaba de viver com sua atriz. Jean-Luc Godard também recupera plenamente essa lição de emoção no cinema, que mistura a cinefilia e o íntimo, para propor, em rápida sucessão, quatro sessões de cinema em seus primeiros filmes.

Em *Acossado* (1959), os rostos de Jean Seberg e de Jean-Paul Belmondo se abraçam no escuro, enquanto a voz do próprio Godard dubla a série B americana a que estão assistindo. Em *Tempos de guerra* (1963), o soldado de licença que vai ao cinema está tão impressionado com uma bela mulher tomando banho que, levado por sua emoção desejante, quer entrar na banheira-tela e acaba arrancando-a acidentalmente, interrompendo a sessão, variação erótica da famosa primeira experiência dos espectadores do *Chegada de um trem à estação Ciotat,* o filme dos irmãos Lumière de 1895, que teriam se assustado recuando de pavor diante da locomotiva que avançava para cima deles. Para Godard, como na época dos Lumière, o cinema é sobretudo isso, uma experiência de restituição instintiva de emoções fortes. Em *Viver sua vida* (1962), Nana, a prostituta, participa desse destino emocional quando compreende instintivamente, sozinha no escuro diante da tela em que passa o rosto de Renée Falconetti em *A paixão de Joana d'Arc* (1928), de Carl Theodor Dreyer, o sentido da vida: os doze momentos que Godard a faz atravessar são as estações de uma Via--Sacra, e a jovem percebe que, como indica o padre (Antonin Artaud) à santa, "seu martírio será sua libertação". A lágrima que, nesse exato momento, escorre pelo rosto de Anna Karina em primeiro plano é o signo de sua emoção, uma emoção que a faz se aproximar da graça, uma forma de êxtase cinematográfico, apesar de permanecer um momento banal da existência de uma espectadora diante de um filme "meloso". Esta paleta emocional para a qual nos transporta a projeção de um filme é retomada como um manifesto em *Masculino, Feminino* (1965), o de uma geração totalmente iniciada na existência, educada na dignidade de adulto sensível, pelas emoções do cinema. Jean-Pierre Léaud e seus amigos(as) se trancam na sala de cinema e o fetichismo se instala com eles – aliás, ele interrompe a sessão, pois o quadro não está no formato correto –, enquanto a voz do primeiro confessa: "A gente sempre ia ao cinema. Estávamos no escuro, a tela se iluminava e a gente estremecia".

Estremecer diante da imagem de um filme: no cinema, há choros, risos, medo (e muito), na tela e na sala. Esses momentos da chegada das lágrimas, do riso, do pavor, e suas explosões em choros, em gritarias, em comoções, são conhecidos e esperados por todo espectador como efeitos de contágio desejados. São incontáveis os exemplos.... Escolhemos, para começar, essas sessões de cinema integradas nas ficções cinematográficas porque são testemunhos de uma bela qualidade de emoção, ilustrando o que Raymond Bellour nomeia, em um texto da revista *Trafic*, o "desdobrar das emoções"[1]. Definamos o cinema dessa forma; trata-se mesmo de um lugar-comum – em outras palavras, segundo

---

1. BELLOUR, R. "Le dépli des émotions". In: *Trafic*, n. 43, 2002, p. 94-129.

Rancière, de uma "partilha do sensível"[2] –, e até de um anúncio publicitário. Muitos com certeza se lembram de uma campanha de promoção nas salas, em que um filme curtinho antes do longo mostrava precisamente essas lágrimas que escorriam, essas mãos que se apertavam, esses lábios que se mordiscavam, essas bocas que se deformavam nas caretas das gargalhadas, que acabava com este *slogan*: "O cinema é a emoção em tela grande". Godard não leva Samuel Fuller, encarnando o cinema, a responder – a única coisa pura – em uma noitada mundana decadente de *Pierrot le Fou* (1965), questionado por Ferdinand sobre o sentido da sétima arte – "Sempre quis saber o que era exatamente o cinema" –, a frase seguinte, definitiva: "Em uma só palavra, é a emoção".

Benjamin e o inconsciente emotivo

Encontramos no conhecido texto de Walter Benjamin sobre o cinema, *A obra de arte na era de sua reprodutibilidade técnica* (1939), essa abordagem sensível do conceito de *aura*: "Definimos [a aura] como a aparição única de um longínquo, por mais próximo que esteja. Seguir com o olhar, uma tarde calma de verão, uma cadeia montanhosa no horizonte, ou um galho projetando sua sombra sobre aquele que descansa – isso significa respirar a aura dessas montanhas, desse galho"[3]. Percebemos aqui o tremular do pensamento benjaminiano, que se assemelha a um *vibrato* poético, a uma arte da emoção, a uma experiência íntima dos sentidos e das formas, a um ressentido do espaço do mundo. Pensar é sentir. O bem-estar de um homem descansando de uma caminhada na montanha, a sesta na natureza perto de um amigo ou de um ser querido, a dialética do próximo e do longínquo, a ressurgência precisa da lembrança, a unicidade de exceção da coisa vivida e, sobretudo, a nitidez literária do devolvido pela vida, tudo isso faz de Benjamin um *pensador escritor* de uma irredutível originalidade. De uma audácia, também, que tem pouco equivalente: quem

---

2. RANCIÈRE, J. *Le partage du sensible* – Esthétique et politique. Paris: La Fabrique, 2000.
3. BENJAMIN, W. *L'OEuvre d'art à l'époque de sa reproductibilité technique* (1939). Paris: Payot, 2013.

mais saberia, ousaria, poderia cercar o motivo central de um pensamento usando palavras concretas da natureza, uma metáfora tão transversal, um diário de pequenos atos verdadeiros. Como ele mesmo diz, Benjamin procura *respirar* a obra de arte, conhecer com seus sentidos, escrever, até sobre os conceitos mais abstratos, com a ajuda de suas emoções, encontrando palavras para elas.

É por isso que ele valoriza tanto o cinema, que pode filmar e fazer sentir essa caminhada, essa sesta, esse galho, melhor do que qualquer outra arte. Isso apesar de tudo, apesar da perda do único – sua reprodutibilidade técnica – que ele acarreta. Benjamin é um dos primeiros grandes teóricos do cinema por tê-lo abordado como "arte das emoções". Em seu texto, o cinema é o emblema e o agente de uma "terceira forma de arte", a da reprodução mecânica e maciça, fundada em um duplo fenômeno de reprodução: o registro mecânico da realidade, e depois sua fabricação em série de cópias. Em outras palavras, não é mais o sagrado que determina o valor da obra de arte – a primeira forma de arte –, nem sua beleza – a segunda –, mas sua relação com a realidade: sua verdade de registro e de reprodução. "Sua natureza ilusória é uma natureza em segundo grau", ainda escreve Benjamin sobre o cinema: é o resultado da montagem, da escolha do ângulo de visão, dos primeiros planos, da câmera lenta, das superimposições, tudo o que oferece uma forma para a sétima arte, mas perturba sua mecânica puramente reprodutora do real. Benjamin também chama a atenção para o outro processo de reprodução: a difusão infinita das imagens e a constituição de um público de massa. O cinema abre aos espectadores uma espécie de comunidade alargada – portanto ao povo – um campo de ação insuspeitado. O pensamento do cinema de Benjamin não é redutível a um puro pensamento da técnica, pois é o público que é sua pedra de toque: o aparelho de cinema destina-se a dotar o público de uma nova percepção da realidade. Assim como o esporte na mesma época, por exemplo, o cinema converte os espectadores em "especialistas" da realidade.

E essa especialidade passa pelo ressentido das emoções. No cinema, o público "ressente" a realidade: a qualidade da tradução das emoções da realidade e o impacto dessa realidade nas emoções do espectador definem inteiramente o cinema. É a esse preço, e somente a esse preço, que o pensador se declara pronto a aceitar a perda da aura sagrada tradicional. O cinema paga seu dízimo à aura e ao seu desaparecimento em emoções, é sua moeda, a condição de sua entrada na história da arte, sua culpa moderna e, ao mesmo tempo, sua capacidade redentora. É a nova forma de arte que capta e difunde as emoções do presente.

A arte que opera essa liquidação parece a Benjamin a única que pode, técnica, formal e politicamente, se ajustar à realidade do mundo contemporâneo tal qual ele é quando está se transformando. Benjamin insiste muito nessas capacidades técnicas da câmera e destaca suas consequências na percepção emocional da realidade:

> Com o primeiro plano, o espaço se dilata; com a câmera lenta, cabe então ao movimento se difratar. [...] Está, portanto, muito claro que a natureza que fala à câmera não é aquela que fala ao olho. Natureza diferente acima de tudo porque um espaço tecido pela consciência do homem é substituído por um espaço entrelaçado de inconsciente emotivo. [...] É aqui que a câmera intervém, com seus recursos próprios, suas câmeras alta e baixa, seus cortes e planos de detalhe, suas desacelerações e suas acelerações da ação, suas ampliações e suas reduções. Por meio dela, pela primeira vez, fazemos a experiência do inconsciente ótico, como fazemos a experiência, por meio da psicanálise, do inconsciente pulsional[4].

Assim, escreve Benjamin, se o cinema, por sua técnica, é a arte que "se ajusta" melhor à realidade do mundo moderno – que vai mais rápido, que é mais populoso, que é mais agitado e violento –, é graças à sua capacidade de captar os fluidos de sensações, as correntes sensíveis de uma época, tudo o que ele chama de "inconsciente emotivo". "O filme", diz ele, é a forma de arte que corresponde à vida cada vez mais perigosa que o homem deve enfrentar hoje". Uma vida de medo, de entusiasmo, de lágrimas, de risos... E sobretudo da passagem mais e mais rápida de uma emoção à uma outra. O cinema con-

---

4. Ibid.

firma, com sua técnica e sua forma, as profundas modificações da percepção. Assim, ele não é apenas o mais capaz de registrar a nova realidade, ele possui as capacidades de cercar sua velocidade, o alargamento, o estreitamento, a reversibilidade, os perigos, o impulso, a retração, e de traduzi-la formalmente, tanto por meio das sensações coletivas quanto por meio do inconsciente visual. É dessa forma que o cinema se projeta tão fortemente em seu tempo e em seus espectadores: ele filma no presente as emoções da realidade nova e as sensações experimentadas diante dessa realidade.

O cinema é o melhor meio para se treinar a perceber, ele é uma forma de estimulador e de simulador que permite aprender a perceber movimentos cada vez mais rápidos, mais adaptados à agressividade do modo de vida moderno urbano industrializado. Em outras palavras: quem não vai ao cinema não compreende, emocionalmente, com suas sensações, a vida nova. Seus olhos não veem mais, seus gestos não se adequam, seu corpo e sua percepção estão defasados, e ele arrisca sua vida em cada canto da cidade ao atravessar uma rua. É por isso que o cinema é um bom laboratório. Registrando, fabricando e difundindo emoções, ele se ofereceu assim quase desde seus primórdios, e até hoje, a essa ciência da percepção, o cognitivismo. Em *Penser les émotions – Cinémas, séries, nouvelles images* (2016), obras resultantes de encontros de perspectiva cognitivista[5], a questão está colocada: existe uma especificidade da emoção fílmica?

Cognitivismo e neurociências: como sentimos um filme?

Desde os anos de 1990, o estudo do funcionamento do cérebro permitiu identificar os mecanismos de emergência das emoções, e as abordagens bioculturais estabeleceram a ligação entre psicologia cognitiva e estudos cinematográficos, ciências exatas e perspectivas culturais. As emoções deixaram de ser consideradas ou como obstáculos irracionais à reflexão, ou como sentimen-

---

5. BARNIER, M.; LE CORFF, I. & MOUSSAOUI, N. (dirs.). *Penser les émotions* – Cinémas, séries, nouvelles images. Paris: L'Harmattan, 2016.

tos vagos mascarando o impressionismo das análises de filme. Doravante, a questão dos afetos produzidos nos espectadores pelos filmes é explorada por muitos pesquisadores. Pensar as emoções dessa maneira implica compreender como são criadas e como funcionam, mas também como são transmitidas e de que maneiras são representadas. O campo de pesquisa da "neuroestética" está aberto desde os anos de 2000, com o objetivo de revelar os mecanismos complexos da imersão ficcional do espectador de cinema e as transferências afetivas que ele sofre e engendra, até certos processos de compartilhamento interacional das emoções individuais. Essa lógica das emoções permite estudar as relações entre cérebro e efeitos produzidos pelo filme, inclusive a "ideia do belo": as emoções podem ser analisadas na medida em que revelam a contemplação e a recepção da obra, observação do cérebro humano e de seus estímulos a partir da própria forma.

Nessa perspectiva cognitivista elaborou-se nos Estados Unidos uma teoria científica das emoções no cinema. Murray Smith, em *Engaging Characters. Fiction, Emotion, and the Cinema* [Personagens envolventes. Ficção, emoção e cinema] (1995), interroga a natureza da ligação emotiva do espectador com o personagem de ficção[6]; Ed Tan, em *Emotion and the Structure of Narrative Film* [Emoção e estrutura do filme narrativo] (1996), considera o filme como uma "*emotion machine*" [máquina de emoção] que propõe aos seus espectadores uma série de personagens e uma história capazes de provocar, pelos estímulos nervosos, a autenticidade de suas emoções[7]. Mas foi sobretudo o pesquisador dinamarquês Torben Grodal quem extraiu a conclusão mais categórica desta virada epistemológica dos anos de 1990 ao afirmar, em seu livro *Moving Pictures* [Imagens em movimento] (1997), a pregnância dos estudos de psicologia neurocognitiva[8]. Grodal teoriza o processo pelo qual as impulsões visuais

---

6. SMITH, M. *Engaging Characters*: Fiction, Emotion, and the Cinema. Oxford: Clarendon Press, 1995.
7. TAN, E.S. *Emotion and the Structure of Narrative Film*: Film as an Emotion Machine. Mahwah, NJ: Lawrence Erlbaum Associates, 1996.
8. GRODAL, T. *Moving Pictures*: A New Theory of Film Genres, Feelings, and Cognition. Oxford: Oxford University Press, 1997.

suscitam as reações dos espectadores. Contra os estudos estéticos, ele enfatiza que a percepção do filme não é diretamente seguida pelo ato da cognição, a interpretação, mas pela emoção: é, portanto, a cognição que depende da reação emocional à obra, o que ele identifica e denomina como o "*Pecma flux*", o encadeamento percepção-emoção-cognição-ação motora. Aplicando ao cinema os trabalhos das neurociências cognitivas, a reação emocional inconsciente prevalece subitamente sobre a interpretação racional e consciente.

Para além da guerra dos paradigmas assim engendrada entre abordagens científicas e abordagens estéticas do filme, essa irrupção do cognitivismo levanta uma questão que não deixa de ser interessante: como a reação emocional diante do filme influencia a interpretação desse filme? Esse fluxo irriga exatamente o lugar – a poltrona na sala – onde Harriet Andersson estava quando apertou com tanta força a mão de seu vizinho no momento de sua percepção das imagens, em *Monika*, segundo um duplo processo cruzado: ela está comovida com uma história, um personagem, um plano de cinema, e isso dá um sentido à história sentimental que começa; a mão que segura a dela – essa emoção – faz com que interprete as imagens que ela percebe. Em ambos os casos, a primeira reação emocional, diante da imagem, diante do amor, produz uma interpretação do mundo. A tal ponto que o pesquisador italiano Alessandro Pignocchi, cujo livro foi prefaciado pelo neurocientista Laurent Jullier, o introdutor dessa perspectiva na França[9], faz a pergunta que dá título ao seu livro: "Por que gostamos de um filme?"[10] Quando as ciências cognitivas discutem gostos e cores...

O risco dessa perspectiva cognitivista, especialmente quando ela se pretende uma máquina de guerra, é um certo relativismo quanto à questão da forma. Porque, uma vez que o cientista provou que a visão de um filme funciona segundo

---

9. JULLIER, L. *Cinéma et cognition*. Paris: L'Harmattan, 2002.
10. PIGNOCCHI, A. *Pourquoi aime-t-on un film?* – Quand les sciences cognitives discutent des goûts et des couleurs. Paris: Odile Jacob, 2015.

um processo afetivo *princeps* de estímulos de emoções, o que ele disse sobre os filmes? Que afinal todos se parecem, que todos seguem esquemas emocionais que podemos identificar, repertoriar, classificar segundo uma taxinomia rigorosa. Mas se é um filme de Bergman ou Hitchcock, um mudo ou um falado, um filme *noir* ou um burlesco, não muda muita coisa: o que importa é o estudo dos próprios processos emocionais, não a forma do filme. Nesse sentido, a abordagem de Raymond Bellour parece mais rica na medida em que busca na própria forma – *Senhorita Oyu* (1951), de Kenji Mizoguchi neste caso –, os movimentos de câmera bem como a encenação de tal plano, como se desdobram os "níveis de emoções" que o espectador sente[11]. Por outro lado, quando aplicada a partir das pesquisas cognitivas recentes, essa perspectiva corre o risco de uma leitura a contrapelo da experiência cinematográfica. Rever um filme mudo com as ferramentas científicas de hoje certamente permite compreendê-lo sob um novo ângulo, mas o que capta esse "retrabalho" teleológico das emoções de 1900? Estas são mensuráveis com as ferramentas científicas do século seguinte? Em contrapartida, a contextualização das emoções cinematográficas em seu próprio tempo é um recurso que parece mais revelador: não faltavam teorias e experiências psicofisiológicas na *Belle Époque*, e as análises de Rae Beth Gordon sobre a histeria e o burlesco, bem como sua popularização dos trabalhos de Charcot graças ao cinema nascente, mostram que os espectadores e as projeções banharam desde a origem em um banho emotivo bastante consciente, cuja água era precisamente composta dessa mistura de ciência, de espetacular e de sensações fortes.

Emoção de choque e choque emocional

Aqui está todo o interesse de uma abordagem do cinema por suas emoções: ela permite muito generosamente cruzar teoria e análise de casos, a forma e a história, perspectivas contextuais, *cultural studies* e estudos estéticos. Aliás foi assim que nasceu, como uma teoria das emoções, a definição do cinema dos pri-

---

11. BELLOUR, R. "Le dépli des émotions". Art. cit.

meiros tempos como *attractions*. O "cinema das atrações", identificado e teorizado por André Gaudreault e Tom Gunning em meados dos anos de 1980, sobre os inícios do cinema, de 1895 a 1915, trabalha o modo de se dirigir diretamente ao espectador, o efeito produzido pelo espetáculo do cinema[12]. Esse sistema baseia-se em uma série de exibições espetaculares – em oposição ao cinema de "construção narrativa" que virá a seguir – a fim de valorizar a atração. Trata-se tanto de simular situações (o desempenho atlético, o número de vaudeville, a gague, a perseguição, o truque de mágica, o *strip-tease* ou o ato sexual...) quanto de procedimentos cinematográficos, como o primeiro plano, o monólogo olhando para câmera, a saudação ao público, o movimento, os desaparecimentos e as aparições múltiplas em Georges Méliès. As atrações apoiam-se na estimulação direta da atenção do espectador pelo choque ou pela surpresa, o que Serguei Eisenstein, no início dos anos de 1920, teoriza e pratica como "montagem das atrações". Eisenstein a vê como encadeamento de "momentos suficientemente fortes e agressivos do espetáculo para que se tornem autônomos e escapem à lógica da ação", o que produz no espectador uma "emoção de choque". As atrações cinematográficas são primeiramente uma transferência para a tela, mas sob outra forma, dos divertimentos populares da Belle Époque, sejam eles festas populares, vaudevilles, circassianos, teatro do Grand Guignol ou de *music-hall*.

Em *De Charcot à Charlot. Mises en scène du corps pathologique* [De Charcot a Carlitos. Encenações do corpo patológico] (2001), Rae Beth Gordon constata assim a passagem, entre 1875 e 1895, de um novo gênero nascido no café-concerto, o das "cantoras epilépticas" (Mistinguett, p. ex.), ou os do "cantor agitado", do "cômico idiota" – todos engendrados pelo fascínio pelos histéricos do Dr. Charcot –, para o cinema das atrações, especialmente os burlescos primitivos[13]. Tudo "atrai" graças às reações fisiológicas dos es-

---

12. GAUDREAULT, A. *Cinéma et attraction* – Pour une nouvelle histoire du cinématographe. Paris: CNRS, 2008. • GUNNING, T. "Le cinéma d'attraction: le film des premiers temps, son spectateur, et l'avant-garde". In: *1895*, n. 50, 2006, p. 55-65.
13. GORDON, E.B. *De Charcot à Charlot* – Mises en scène du corps pathologique (2001). Rennes: PUR, 2013.

pectadores, recepção intensamente emocional do espetáculo pelo público[14]. Outro exemplo, um filme de 1910, *Os três frascos de Gribouille*, interpretado por André Deed, um desses cômicos "agitados" que veio do vaudeville. Gribouille possui três frascos de éter, que provocam respectivamente a alegria, o medo e a ira. Quando se quebram acidentalmente, o burlesco das emoções, literalmente, surge na tela, provocado pelos violentos vai e vem entre as diferentes sensações. A alegria é expressa por um riso veemente, a parte superior do corpo se lançando compulsivamente para frente ou para trás, por bater nas coxas ou segurar as costelas ou a barriga, tudo terminando em uma dança histérica de saltos anárquicos; o medo leva a gestos defensivos, braços estendidos, palmas para a frente ou, ao contrário, braços pressionados contra a cabeça, e depois gestos de pedidos, joelhos trêmulos; a ira exige punhos cerrados, um passo pesado, braços lançados no ar, e a agressividade termina com a quebra de objetos, com a troca de socos. Essa surpreendente fisiognomia das emoções exige no espectador uma forma de mimetismo, corroborada pela maioria dos testemunhos sobre a atmosfera das salas dos primeiros tempos do cinema, caótica e exuberante, caos e excitações, porém organizados pelo pianista-comentarista que tocava e comentava – era o seu papel – mantendo o equilíbrio entre fervor atiçado e controle de uma certa ordem necessária para a continuação do espetáculo. O sistema das atrações é assim inteiramente dedicado a exercer sobre o espectador uma forte pressão emocional, aquilo que poderíamos definir, retomando o vocabulário da prostituição, como um *passe de emoção*, passe retribuído como tal: as pessoas vão ao cinema para consumir sua dose de emoções. Desde seu início em que, acompanhado de uma reputação sulfurosa, ele abria o acesso ao segredo das alcovas, o cinema sempre foi o espaço privilegiado da sugestão do desejo, da construção do gozo. As imagens cinematográficas engendram assim emoções por pulsão escópica e, no buraco do olhar, sempre existe, como modelo dominante, o comércio do sexo.

---

14. DIDI-HUBERMAN, G. *Invention de l'hystérie* – Charcot et l'iconographie photographique de la Salpêtrière. Paris: Macula, 1982.

É em reação a esse choque das emoções, essas emoções fortes *demais*, que uma cinefobia[15] se desenvolve: o cinema vulgarizaria as (boas) emoções do palco, da pintura ou da literatura. Para alguns – muitos intelectuais e artistas – como o crítico literário do *Temps* nos anos de 1920, Paul Souday, a inferioridade do cinema resulta de sua mera reprodução mecânica do real ou de obras preexistentes, incapaz de fazer pensar. O dispositivo cinematográfico e a posição do espectador engendrariam passividade, adicção e, consequentemente, embrutecimento. O mais famoso cinefóbico, Georges Duhamel, em suas *Scènes de la vie future* [Cenas da vida futura] (1930), desenvolveu essa crítica do cinema como um entretenimento idiotizante de um mundo moderno americanizado, transformando o espectador em um "beócio" submerso pelo fluxo da "torneira de imagens", incapaz de imaginação e de reflexão. Tudo aqui denuncia a mecanização das emoções, tornadas incontroláveis e se apoderando sem a mediação do corpo dos espectadores, que são simplesmente capturados pela tela, primeiramente tomados de estupor, e depois exasperados de maneira impulsiva, febril, regressiva, bárbara. O cinema é, portanto, uma atração a ser canalizada, especialmente pelos poderes públicos.

Esse é o sentido do discurso religioso sobre o cinema, especialmente na imprensa católica dos anos de 1920-1930, que de um lado critica o uso afetivo dos filmes, seu espetacular potencial de periculosidade pela possibilidade de uma passagem ao ato emotivo, e por outro lado procura controlar os recursos emotivos da sétima arte segundo o adágio "emocionar para fazer crer" e a ideia prosélita de que o cinema é uma "arma formidável a ser somada às outras para o apostolado popular, pois é a arma dos sentidos"[16]. Concretamente, essa retórica do bom uso das emoções se materializa pela instituição, já em 1927, de uma avaliação dos filmes lançados na França, medida moral que aparece no

---

15. BAECQUE, A. & CHEVALLIER, P. (dirs.). *Dictionnaire de la Pensée du Cinéma*. Paris: PUF, 2012, art. "Cinéphobie".
16. LEVENTOPOULOS, M. "Émouvoir pour faire croire – Le catholicisme français face aux émotions spectatorielles (1923-1953)". In: BARNIER, M.; LE CORFF, I. & MOUSSAOUI, N. (dirs.). *Penser les émotions*. Op. cit., p. 131ss.

órgão do Comitê Católico do Cinematógrafo, *Les dossiers du cinéma*, e destinada a um futuro brilhante. Haverá sempre no discurso moral da Igreja uma desconfiança em relação à *emoção supranumerária*. Mas a Igreja, em contrapartida, promove seu próprio cinema, como os filmes do Cônego Loutil, padre da paróquia São Francisco de Sales, escritor e jornalista católico famoso em seu tempo sob o pseudônimo de Pedro o Eremita. Ele próprio adapta para a tela seus romances, *Credo, ou a tragédia de Lourdes* (1923), e depois *Como eu matei meu filho* (1925), cujos lançamentos são bem-sucedidos, amplamente divulgados pela boa imprensa, *La Vie catholique*, *La Croix*, *Le Fascinateur*. É um empreendimento de evangelização pelas emoções em que o campo cinematográfico é concebido como uma terra de missão com recursos prosélitos inesgotáveis, a ponto de "muitos espectadores emocionados cantarem o *Magnificat* no final das projeções"[17].

Eisenstein e Gance, ou a construção das lágrimas

Percebemos muito bem que a emoção cinematográfica está no centro de muitos debates e teorias entre os anos de 1920 e 1960, que oferecem uma gama de conceitos e de interpretações de riqueza incomparável. Essa era dos manifestos e de hipóteses teóricas à farta tenta demonstrar a especificidade do cinema: em um momento em que essa arte ainda relativamente jovem se questiona sobre ela mesma, o pensamento do cinema trabalha em profundidade a questão das emoções, quer sejam registradas mecanicamente, fabricadas pela encenação, pela narrativa, pela montagem, ou percebidas pelo espectador. Neste laboratório cinematográfico, certas ideias se impõem.

Talvez a teoria das emoções cinematográficas mais poderosamente formulada seja a de Serguei Eisenstein, por sua envergadura própria e a influência que ela adquire, desde os anos de 1920 até os dias atuais, quando um importante livro de Georges Didi-Huberman, *Peuples en larmes, peuples en armes* [Povos

---

17. *La Croix*, 18/11/1923.

em lágrimas, povos em armas] (2016), é dedicado a ele[18]. "Digamos que temos de representar a tristeza na tela": assim começa um dos textos mais fascinantes de Eisenstein, a *Natureza não indiferente* (1945-1947)[19]. Essa representação patética, o cineasta define assim:

> A tristeza "em geral" não existe. É uma emoção concreta, que tem seus portadores quando é o personagem quem está triste; seus consumidores quando ela é retratada de tal maneira que também deixa o espectador triste. Esta última circunstância não é de forma alguma obrigatória para todas as representações da tristeza: a tristeza do inimigo que sofreu uma derrota provoca a alegria do espectador, solidário com o vencedor. Essas considerações são de uma evidência infantil, mas contêm os problemas mais complexos da construção das emoções em uma obra de arte, pois tocam naquilo que há de mais vivo, de mais palpitante em nosso trabalho: o problema da representação e da atitude em relação ao representado.

A montagem está no centro desta fábrica das emoções, gesto de corte, de fragmentação, de colagem, que retém a atenção do artista por sua dimensão pulsional, como se Eisenstein quisesse fazer gozar o filme e assim provocar a captura emocional de seu espectador. Essa cópula dos planos busca no espectador a "soma de excitações provocadas por todos os estímulos". O orgasmo e o êxtase são explicitamente – prática e teoricamente – as duas formas fetiches do trabalho de Eisenstein, que ele chama de "montagem das atrações"[20].

---

18. DIDI-HUBERMAN, G. *Peuples en larmes, peuples en armes* – L'oeil de l'histoire, 6. Paris: Minuit, 2016.
19. EISENSTEIN, S.M. "L'organique et le pathétique dans *Le cuirassé potemkine*". In: *La non indifférente nature* (1945-1947). T. 1. Paris: UGE, 1976, p. 14-15.
20. BAECQUE, A. & CHEVALLIER, P. (dirs.). *Dictionnaire de la Pensée du Cinéma*. Op. cit., art. "Cuirassé Potemkine" e "Eisenstein, Sergueï". • BRENEZ, N. "S.M. Eisenstein, *Bella Figura* et déflagration formelle". In: *De la figure en général et du corps en particulier* – L'invention figurative au cinema. Liège: De Boeck, 1998, p. 241-267. • CHÂTEAU, D. "Qu'est-ce qu'un film triste? – Représentation et expression dans l'esthétique d'Eisenstein". In: *La Licorne*, n. 37, 1996. • AMENGUAL, B. *¡Que viva Eisenstein!* Lausanne: L'Âge d'homme, 1980. • AUMONT, J. *Montage Eisenstein*. Paris: Albatros, 1979. • SOMAINI, A. *Ejzenštejn* – Il cinema, le arti, il montaggio. Turim: Einaudi, 2011.

O encouraçado Potemkin (1925) é o manifesto artístico dessa montagem, que também podemos qualificar como "montagem das emoções". Ele propõe uma superação da linguagem racional, por um complexo de estímulos que transmitirão diretamente uma ideia *via* uma emoção. Por exemplo, a cena das pequenas embarcações – ioles – que rumam ao encouraçado em uma verdadeira corrente visual para abastecer os soldados: o júbilo, do ponto de vista temático, torna-se, em termos de estímulos, "interpenetração do par e do ímpar, da linha e da curva", portanto um "meio de transmitir, pela via plástica, a percepção do próprio processo da passagem da alegria individual ao júbilo coletivo". O desafio da montagem dos planos se desloca para a criação de um organismo plástico, a fim de fazer o espectador experimentar emocionalmente esse sentimento. "De todas as fibras, se não de nossa alma, ao menos de nosso organismo, pela lei do movimento mais simples – o crescimento –, nós coincidimos com o que a obra nos apresenta", escreve Eisenstein a esse respeito.

Por esse trabalho, o cineasta explora uma ampla gama de emoções, do patético ao êxtase, da tristeza à alegria. Desde a cena das pequenas embarcações até o massacre das escadarias de Odessa, há irrupção do patético, antes que seja assegurada a passagem ao êxtase e depois à mobilização. Eisenstein multiplica constantemente as figuras patéticas (mulheres se reunindo para chorar o corpo de Vakulintchouk, morto violenta e injustamente, o primeiro assassinato da mãe no alto das escadarias) com um segundo, até mesmo um terceiro, tempo da emoção. Ele então transfere as emoções de uma figura patética para uma figura extática pelo uso do primeiro plano afetivo, para conduzir seu espectador do lamento a uma forma de revelação, sua adesão diante da tela e sua mobilização política. Como se essa transfiguração, sob a forma orgânica, também devesse colocar o espectador fora de si e fazê-lo alcançar uma consciência, no mais profundo de seu ser. Como Didi-Huberman demonstra, do "povo em lágrimas" ao "povo em armas", eis a construção em imagens de uma emoção que "sabe dizer *nós* e não apenas *eu*", um *pathos* que não é sofrido, mas se constitui em *práxis*. Uma emoção (política), é isso, como se estivesse encadeada: o lamento dos choros, o alcance de uma queixa, a exigência de justiça, o nascimento de uma revolução em marcha.

Outro gênio cinematográfico, Abel Gance baseia seu cinema no lirismo das emoções, associando seu gosto pelo melodrama a uma fé ilimitada na potência expressiva da imagem[21]. Seus famosos achados estilísticos (anamorfoses da imagem, montagem rápida, divisão da tela em várias imagens, sobreposições, tela tripla) associam a complexidade de uma escrita cinematográfica com a criação de efeitos puramente sensíveis, dupla preocupação com a expressão e a recepção ligada a uma consciência do impacto emocional das imagens. Por exemplo, os movimentos da câmera não são pensados por Gance apenas em termos rítmicos e plásticos, mas também em uma relação de simultaneidade com quem os registra, o operador, e aquele que olha para eles, o espectador. Encontramos aqui um pensamento global do filme como fábrica (lírica) das emoções, como evidenciado por Gance quando ele declara sobre certas cenas de *Napoleão* (1927): "Eu exigia dos meus operadores que executassem com a câmera todas as proezas possíveis e imagináveis. Queria que ela andasse com o homem, corresse com o cavalo, deslizasse com o trenó, subisse, descesse, girasse, caísse à vontade; e espero dos meus espectadores essas mesmas emoções nascidas do andar, do correr, do deslizar, do cair, à vontade"...[22]

O cinema, dispositivo ótico da vida sensível

De Jean Epstein ao Institut de Filmologie dos anos de 1950 e 1960, passando pelos surrealistas, vários teóricos e profissionais enfatizaram os parentescos entre a hipnose como estado de consciência alterado e a experiência cinematográfica[23], que favorece em seu espectador uma espécie de torpor acompanhado

---

21. BAECQUE, A. & CHEVALLIER, P. (dirs.). *Dictionnaire de la Pensée du Cinéma*. Op. cit., art. "Gance, Abel".
22. GANCE, A. "Présentation de *Napoléon*". In: *Napoléon*: épopée cinégraphique em cinq époques. Paris: Bertoin, 1991, p. 14-17.
23. BAECQUE, A. & CHEVALLIER, P. (dirs.). *Dictionnaire de la Pensée du Cinéma*. Op. cit., art. "Hypnose".

de uma atividade emocional aumentada. Algo que se aplica ao cinema sobretudo no nível de seu dispositivo de projeção, uma vez que a imagem animada exerce no público um poder de encantamento próximo da alucinação; em seguida, no nível da representação, quando o filme coloca em cena personagens entregues a estados subjetivos alterados, como o sonambulismo, o enfeitiçamento ou a crise histérica – por exemplo, o famoso personagem representado por Conrad Veidt, Cesare, em *O gabinete do Dr. Caligari* (1920), de Robert Wiene; os zumbis de *A morta-viva* (1943), de Jacques Tourneur; ou Sandrine Kiberlain em *O Sétimo Céu* (1997), de Benoît Jacquot. Nesse duplo nível, portanto, o cinema pode desencadear no espectador um choque emocional. Aliás, Raymond Bellour faz do cinema, em *Le corps du cinema – Hypnoses, émotions, animalités* [O corpo do cinema – Hipnoses, emoções, animalidades] (2009), o apogeu do "momento-hipnose" na história das emoções, a hipnose sendo vista como um "instrumento de visão que prolonga o corpo em suas propriedades perceptivas"[24]. O cinema-hipnose permite assim tornar visível a tela e a sala como um lugar de visão e de experiência emocional, e o espectador como uma lucidez visionária e sensitiva.

Em uma conferência intitulada "O cinema e a nova psicologia", realizada em março de 1945 no Idhec, a escola francesa de cinema, retranscrita no *Sens et non-sens* (1948), Maurice Merleau-Ponty[25] aplica as contribuições da psicologia experimental à percepção dos filmes para mostrar em que medida "a nova psicologia nos conduz precisamente às melhores observações dos estetas do cinema". Merleau-Ponty dá nessa conferência uma visibilidade nova à psicologia da percepção (*Gestalttheorie*)[26], que considera a percepção como um ato de estruturação de formas. O dispositivo cinematográfico de percepção sempre

---

24. BELLOUR, R. *Le corps du cinema* – Hypnoses, émotions, animalités. Paris: POL, 2009.
25. BAECQUE, A. & CHEVALLIER, P. (dirs.). *Dictionnaire de la Pensée du Cinéma*. Op. cit., art. "Merleau-Ponty, Maurice".
26. Ibid., art. "Psychologie de la perception". • ZERNIK, C. *Perception-cinéma* – Les enjeux stylistiques d'un dispositif. Paris: Vrin, 2012. • ZERNIK, C. *L'OEil et l'objectif* – La psychologie de la perception à l'épreuve du style cinématographique. Paris: Vrin, 2012.

esteve no centro das reflexões dessa escola alemã (Max Wertheimer, Kurt Lewin, Hugo Münsterberg, Rudolf Arnheim) que dialogou muito, por exemplo, com Eisenstein sobre a noção de montagem. Para o filósofo francês, o filme é um "todo intersensorial", cruzamento de formas sonoras e visuais que não separa os cinco sentidos, mas afeta todos eles. Merleau-Ponty formula então sua tese sobre o cinema: "Mas, afinal, é pela percepção que podemos compreender a significação do cinema: o filme não se pensa, ele se percebe". Do mesmo modo, cada espectador de cinema engaja com o olhar, a audição, as sensações em alerta no escuro da sala, seu "corpo perceptivo que nos liga ao mundo". E a experiência que ele assim faz é a de uma "percepção infinita". Semelhante a um sistema de experimentação, o cinema se revela o mais elaborado dos dispositivos de emoções, uma forma propriamente fenomenológica: uma maneira nova de fazer sentir os pensamentos pelo "movimento da representação", o que Jean-Luc Godard vai homenagear no *Masculino, Feminino*, adotando uma frase em que Merleau-Ponty revela que "o filósofo e o cineasta têm em comum uma certa maneira de ser". Essa visão comum do mundo é aquela que dá forma ao pensamento por meio das emoções.

Vamos terminar esta visão geral sobre as principais teorias cinematográficas das emoções com a contribuição de Siegfried Kracauer, que, em *Théorie du film* (1960) passa pelas emoções para compreender a história[27]. Ele não só retoma uma ideia benjaminiana do cinema como única arte mecânica capaz de registrar o "fluxo da vida moderna", uma forma que poderia ser comparada, por seu conjunto, a um *rio de emoções*, como também na conclusão de seu ensaio ele confronta esse rio ao maior traumatismo do século, o extermínio, que o marcou profundamente[28]. Kracauer escreve: "Quando olhamos as amontoações de corpos humanos torturados nos filmes sobre os campos de concentração nazistas – quando de alguma forma fazemos essa experiência –,

---

27. KRACAUER, S. *Théorie du film* – La rédemption de la réalité matérielle (1960). Paris: Flammarion, 2010.
28. BAECQUE, A. & CHEVALLIER, P. (dirs.). *Dictionnaire de la Pensée du Cinéma*. Op. cit., art. "Kracauer, Siegfried".

redimimos o horror de sua invisibilidade por trás do véu do pânico e da imaginação. E essa experiência é libertadora na medida em que retira um dos mais poderosos tabus". Essa redenção é acima de tudo "física", o que lhe permite passar do estágio da emoção ao da distância reflexiva: "É assim que o cinema visa transformar a testemunha abalada em um observador consciente. Nada é mais legítimo do que essa ausência de moderação emotiva na representação de cenas que nos enfureçem: isso nos impede de fechar os olhos sobre "o cego avanço das coisas". Kracauer compara essa experiência com o efeito de reflexo do escudo que permite a Perseu olhar a Medusa, o que ele não podia fazer diretamente sem morrer, e destruí-la. A passagem pela emoção diante das imagens da história permite, da mesma forma, olhá-la e compreendê-la.

Assim, nunca devemos esquecer de colocar a história das emoções, ou as emoções na história, diante de dois parâmetros fundamentais[29]. Em primeiro lugar, não há vida sensível sem um *meio* que a faz aparecer e que não é redutível ao esquematismo de sua significação. Esse meio sensível é o cinema, mas isso poderia também ser uma outra imagem, até mesmo um gesto, potência afetiva que engaja a definição do vivo como poder e destino da sensibilidade[30]. Em seguida, não há vida sensível sem o que Jacques Rancière nomeia uma *partilha*, sem uma comunidade que partilha, ainda que de maneira conflitual, as emoções, que essas nasçam da tela, da realidade social ou da comunhão dos sentimentos.

Os gêneros da emoção: melodrama, cômico, filmes de terror

Esse *corpus* teórico, essencial, também destaca o quanto a história das emoções de cinema está estruturada em três grandes gêneros, o cômico, o melodrama, o filme de terror, registrando e gerando o riso, as lágrimas e o medo. Sem refazer a própria história desses gêneros, devemos observar, em cada um deles, uma fábrica particular de emoções.

---

29. Como lembra Georges Didi-Huberman ("Économies de l'émotion". In: *Peuples en larmes, peuples en armes*. Op. cit., p. 47-48).
30. COCCIA, E. *La vie sensible*. Paris: Payot, 2010.

Uma mãe jovem, seduzida e abandonada, cujo filho acaba de morrer, é expulsa por um proprietário desalmado. Ela vagueia na tormenta; exausta, não percebe que está andando sobre a superfície congelada de um rio; é surpreendida pelo degelo, carregada pela corrente sobre um bloco de gelo que a salva e do qual é prisioneira; logo mais, inexoravelmente, ela é lançada na direção das cataratas dantescas. *In extremis*, um bom rapaz a salva. Reconhecemos aqui um resumo, talvez até um *concentrado* (o filme dura quase duas horas e meia), da obra-prima de David Griffith, *Inocente pecadora* (1920), que arrancou lágrimas de centenas de milhares de espectadores vindos para isso: chorar no escuro, levados pela emoção melodramática. Antes de ser um gênero dominante nos primórdios do cinema francês, italiano, hollywoodiano, o melodrama é um recurso teatral nascido sob a Revolução Francesa, nascido *da* Revolução Francesa, já que o *fatum* exibido no palco precisa da história e de seus abalos mais angustiantes, desesperados, mas ainda assim portadores de um lampejo mínimo de esperança[31]. René-Charles Guilbert de Pixerécourt, um autor esquecido, foi o inventor do gênero e seu primeiro grande sucesso, *Coelina ou a filha do mistério* (1800), fixa por muito tempo os principais motivos e as grandes figuras do melodrama. Como são regras, códigos, clichês que retornam constantemente, e que as emoções assim generosamente distribuídas logo encontraram um público amplo, o termo melodrama quase sempre foi empregado pejorativamente, designando, sob o diminutivo francês "melô", uma intriga ao mesmo tempo improvável e estereotipada, com efeitos acentuados, com sentimentalismo evidente, quase obsceno. Durante muito tempo, o melodrama só servia para "fazer chorar".

O que se criticava ao melodrama era justamente a sua pobre "qualidade" de emoção, que ao mesmo tempo parecia de curta duração – tão logo consumida, essa tristeza era esquecida, feita para ser esquecida – e dependia da simples capilaridade, uma espécie de contágio emocional desencadeado por motivos comuns, estereotipados, pelas receitas. Frank Capra, que fez grande uso do

---

31. BOURGET, J.-L. *Le mélodrame hollywoodien*. Paris: Stock, 1985.

gênero em Hollywood, não confessou, um pouco ingenuamente: "Encontrei meu estilo quando compreendi que não eram meus personagens que deviam chorar, mas o público!"[32] Como um reflexo condicionado, as lágrimas escorrem tão rápida e generosamente quanto uma emoção pavloviana precisamente fabricada – e essa fabricação, cheirando a usinagem em série, foi também um dos descréditos do gênero. Além disso, essa condenação das lágrimas é uma operação social, resultando historicamente de uma mudança da relação com a emoção triste. Anne Vincent-Buffault mostrou que, na segunda metade do século XIX, a lágrima rara se torna um valor burguês e masculino, ao passo que são as mulheres e os pobres que choram, vítimas do sentimentalismo das convenções e da pieguice de sua percepção[33]. O ilustre escritor André Suarès lança então sobre Chaplin: "A sentimentalidade é a alma da plebe. Carlito é o menestrel dessa festa popular. Ele embebeda a multidão com seus olhares úmidos"[34]. E em Hollywood, o gênero melodramático foi por muito tempo chamado de *women's pictures*, não só para designar as atrizes especializadas nesse jogo patético, Joan Crawford, Margaret Sullavan, Olivia de Havilland, Ingrid Bergman, Joan Fontaine, Jane Wyman... como também seu principal público. Efêmera, contagiosa, estereotipada, pavloviana, popular e feminina, compreendemos que essa emoção seja considerada fácil e não tenha boa fama.

Entretanto, esse gênero tão desprezado é amplamente reavaliado desde o final do século XX[35]. Primeiro, conforme uma veia cinéfila, que classifica, avalia, reavalia os cineastas: os defensores do melodrama encontraram seus grandes mestres, o que garantiu a herança até o cinema contemporâneo, de Chaplin a Eastwood, de Griffith a Almodóvar, de Murnau a Guédiguian, de Henry King a Fassbinder, passando por toda uma série de redescobertas que, desde os anos

---

32. CAPRA, F. *Hollywood Story* (1971). Paris: Ramsay, 1985, p. 13.
33. VINCENT-BUFFAULT, A. *Histoire des larmes, XVIIIe-XIXe siècles*. Paris: Rivages, 1986.
34. *Les Chroniques du Jour*, 31/12/1926.
35. DESBARATS, C. (dir.). *Le plaisir des larmes*. Rennes: Acor, 1997. • ANDRIN, M.; GAILLY, A. & NASTA, D. (dirs.). *Le mélodrame filmique revisite*. Berna: Peter Lang, 2014. • ZAMOUR, F. *Le mélodrame dans le cinéma contemporain* – Une fabrique de peuples. Rennes: PUR, 2016.

de 1990, levaram a rever sob o olhar sensível de um *kitsch* assumido os filmes de Frank Borzage, de Douglas Sirk ou de King Vidor. Por outro lado, uma legitimidade teórica irradiou sobre o melodrama, a tal ponto que um filósofo tão reconhecido como Stanley Cavell foi capaz de lhes dedicar um ensaio. *La protestation des larmes. Le mélodrame de la femme inconnue* [A protestação das lágrimas. O melodrama da mulher desconhecida] (1996), que reivindica seu gosto pelo cinema popular tanto quanto a suposta sofisticação de suas análises[36]. Melhor ainda, a emoção compartilhada, banal, comum, a das lágrimas, requer para ser verdadeiramente compreendida a complexidade das categorias, a profundidade do estudo.

Por fim, e isso refere-se diretamente às emoções, a forma do excesso é agora reivindicada, transformação da sensibilidade na outra direção, em que o homem culto aceita se comover, com a certeza de que a exasperação das situações representadas, dos sentimentos mostrados, das emoções sentidas, não é mais considerada como uma imprudente impudência impudica, mas como uma verdade da natureza humana, uma forma renovada de catarse necessária, especialmente para atravessar um mundo contemporâneo feito de ultraviolência e de hipermidiatização. A emoção patética reencontra de fato uma qualidade psicofisiológica, e até mesmo uma virtude política, que a transforma em poética da fatalidade de uma extrema lucidez. As cenas centrais de certos filmes abertamente melodramáticos como *Le petit prince a dit* [O pequeno príncipe disse] (1992), de Christine Pascal, *Y aura-t-il de la neige à Noël?* [Vai nevar no Natal?] (1996), de Sandrine Veysset, *As pontes de Madison* (1995) ou *Um mundo perfeito* (1993), de Clint Eastwood, *No lugar do coração* (1998), de Robert Guédiguian, *Or (Meu tesouro)* (2004) et *Jaffa* (2009), de Keren Yedaya, testemunham isso: quando não temos mais nada e só nos resta chorar, mas é justo e faz bem, esse é o caminho mais certo para tocar em uma intimidade profunda, precisa, por vezes oculta, do ser. Uma emoção que diz a verdade.

---

36. CAVELL, S. *La protestation des larmes* – Le mélodrame de la femme inconnue (1996). Paris: Capricci, 2012.

Em *Oscar* (1967), Bertrand Barnier, subitamente mergulhado na loucura, puxa o nariz, e o estica a ponto de prendê-lo sob o sapato, solta-o de uma só vez para recebê-lo diretamente no rosto como uma bexiga cheia demais que explode. Victor Pivert, em *As loucas aventuras de Rabbi Jacob* (1973), se debate grotescamente dentro de um barril de chiclete verde antes de dançar freneticamente ao ritmo endiabrado de uma cerimônia hassídica judaica. Hubert de Tartas, em *Hibernatus* (1969), faz grandes moinhos com os braços, imita explosões de repetição, pontuadas por sonoros "E plaft!" "E plaft!" "E plaft!"... Em *Biquínis de Saint-Tropez* (1964), Cruchot, ao perceber que cometeu uma terrível gafe, geme, se dobra, desmorona, como uma criança pega em flagrante, até murmurar: "Fiz xixi". Tantas cenas que fazem você gargalhar durante a enésima retransmissão desses filmes com uma estética ingrata, preguiçosamente dirigidos. Mas esses poucos fragmentos são todos ocupados por Louis de Funès, por seu corpo e suas mímicas[37].

Os excessos desse corpo cômico são os traços de seu gênio, pois ele consegue provocar a emoção do riso com coisas ignóbeis. Ele é impiedoso: injusto, fedorento, déspota com os fracos, hipócrita, humilde e prestativo diante dos fortes. Desta *persona* cômica, resulta, trancado em um cenário claustrofóbico e em um tempo sem elipse, como um pote contendo uma mosca, uma interpretação em crises agudas, um acesso careteiro, mil raivas, a arte do andar-dançar e do parar-saltar, uma forma de santidade em perpétua busca do ato sacrificial. Falando sem palavras, habitando em uma variedade de corpos, Funès, em suas cenas, está sempre no centro e ao mesmo tempo disperso, ele exulta, explode, se divide, se espalha, assim como ronrona, faz dengo, rodeia, derrete, segundo enfrente alguém mais fraco ou mais poderoso do que ele. Encarna, para fazer rir, as mil facetas das emoções, como se estivessem desreguladas, girando rápido demais sobre si mesmas como um pião. Valère Novarina, no *Pour Louis de Funès* (1986), um dos mais belos textos já escritos sobre a interpretação do

---

37. BAECQUE, A. & CHEVALLIER, P. (dirs.). *Dictionnaire de la Pensée du Cinéma.* Op. cit., art. "Funès, Louis de".

ator e seus efeitos cômicos, saúda o artista: o "mestre das mímicas, das verbigerações mudas e dos urros calados"[38]. Eis personificada a emoção cômica no cinema: desordem, implosão, obsessão, ruptura, vinculação, desvinculação, revinculação, paródia, mortificação, obscenidade, o cômico entrega-se na tela às infinitas tensões para divertir o espectador. O cômico cinematográfico é um campo de forças contraditórias, que se exercem, provocam, resistem, revelam. Nossa hilaridade é sempre inquieta, é a emoção do contraste, certamente a mais sutil, a mais forte também.

O burlesco é consubstancial à invenção do cinema[39]. Ele é sobretudo uma transferência para a tela das técnicas, das habilidades, das quedas, das extravagâncias – e das fortes emoções que lhes estão ligadas – do corpo cômico que a mímica, a acrobacia, o cabaré ou a arte dos parques de atração tinham instalados nos palcos dos cafés-concertos, das variedades, do *music-hall*, dos *freaks shows* ou do circo. Além disso, o burlesco cinematográfico se impõe, na França e nos Estados Unidos, ao confrontar esse corpo humano virtuoso – sujeito cômico – com os objetos da modernidade, nos quais ele descobre, como dissemos, outras emoções, as do fluxo da vida. Filho da industrialização e da mecanização da produção, do ritmo, da velocidade, do movimento, o burlesco cinematográfico representa a luta do corpo para permanecer distinto dos objetos técnicos em série que se multiplicam e tentam devorá-lo. A resistência é corporal e é desenhada pela encenação de alguns grandes cômicos da arte do mudo, Sennett, Chaplin, Keaton, Lloyd, Laurel e Hardy, mas também, na França, a pátria original do riso cinematográfico, por Jean Durand, Max Linder, Onésime, Zigoto, Boireau, Bébé e outro Dudule.

Se o riso, segundo a definição de Bergson, que publica seu ensaio *O riso*, com o subtítulo *Ensaio sobre o significado do cômico*, em 1900, é "algo mecâni-

---

38. NOVARINA, V. *Pour Louis de Funès*. Paris: POL, 1986.
39. BLOUIN, P. & KIHM, C. (dirs.). *Art Press*, n. 24 – Le Burlesque, une aventure moderne. Paris: Art Press, 2003. • DREUX, E. *Le cinéma burlesque, ou la subversion par le geste*. Paris: L'Harmattan, 2007. • PUAUX, F. (dir.). *CinémAction*, n. 82 – Le comique à l'écran. Paris: Corlet, 1997. • KRAL, P. *Le burlesque, ou morale de la tarte à la crème*. Paris: Stock, 1984.

co colocado sobre o ser vivo", então o burlesco é a resistência do ser vivo sob o mecânico. "Um homem, que estava correndo na rua tropeça e cai, escreve Bergson: os passantes riem. [...] O que há de risível é uma certa rigidez de mecânica ali onde desejaríamos encontrar a agilidade atenta e a flexibilidade viva de uma pessoa". Essa tensão entre a máquina e o corpo é a própria definição do burlesco. Gilles Deleuze, bem bergsoniano, desenvolve em *A imagem-tempo* (1985) uma abordagem "sensório-motora" da primeira era do burlesco, baseada naquilo que toca cada espectador como uma emoção pura, uma geometria emotiva projetada no tempo e no espaço.

Enquanto o burlesco acompanhava a industrialização da sociedade, a comédia de costumes acompanha a liberalização desses mesmos costumes. O cômico na tela se impõe, portanto, para criar, e depois regrar, o confronto dos indivíduos entre si, por meio essencialmente da figura do casal: como dois seres podem se comunicar, existir um para o outro, sendo diferentes mas iguais? A grande questão do teatro de bulevar é finalmente também a do cinema cômico de uma época que vai da crise de 1929 às mudanças dos anos de 1960. Para Stanley Cavell, filósofo de Harvard, que certamente fornece a ferramenta mais eficiente para interpretar essa era cômica, a figura central característica do tempo é a "comédia hollywoodiana do recasamento"[40]. Em McCarey, Cukor, Capra ou Hawks, o homem e a mulher devem aprender, e depois reaprender, a viver juntos, a se falar, a reconciliar a natureza, a sexualidade e a sociedade pelo casamento. A heroína, a mulher na era de sua emancipação, talvez tenha a chave feliz dessa intriga. Esse "cômico da igualdade difícil", segundo uma fórmula de Tristan Garcia[41], entre homem e mulher, na e pela linguagem, marca na tela a vitória de uma humanidade cotidiana. Entre o personagem e o espectador, entre o indivíduo e seu próprio papel social, o riso funciona aqui pela cumplicidade de emoções certamente menos

---

40. CAVELL, S. *À la recherche du bonheur* (1981). Paris: Éd. des Cahiers du Cinéma, 1993.
41. BAECQUE, A. & CHEVALLIER, P. (dirs.), *Dictionnaire de la Pensée du Cinéma*. Op. cit., art. "Comédie".

primitivas e poderosas do que no tempo do burlesco, mas de certa forma *polidas* pelo brio sensível da ironia civilizada.

A terceira era do cômico no cinema está ligada à crescente competição do meio televisivo, que se impõe maciçamente no decorrer dos anos de 1970, quando a imagem cinematográfica se torna minoritária diante da televisão: o princípio da atualidade ridicularizada triunfa. O cômico paródico da cultura compartilhada desvia tudo o que é mostrado, o liga, o interrompe, o faz disfuncional. Como observa *in fine* Olivier Mongin em *Éclats de rire. Variations sur le corps comique* [Explosões de riso. Variações sobre o corpo cômico] (2002): "Parece que, com algumas exceções, o contemporâneo ri menos dos corpos mudos ou das humilhações bulevardianas do casal do que das anedotas e dos ditos espirituosos que ridicularizam a atualidade política, as publicidades ou os programas de televisão[42]. Esta autorreferência suscita essencialmente uma exagerada emoção de pertencimento: eu rio com você, da mesma coisa que você, nós somos os mesmos (mas eu ainda sou melhor do que você...).

Duas sequências apavorantes, para terminar. Marion Crane, interpretada por Janet Leigh, toma sua ducha no banheiro de um quarto de motel. De repente, ela é várias vezes golpeada com uma faca afiada e crescem os agudos desafinados de uma música estridente. Ela grita, os olhos arregalados e os cabelos molhados. Então Marion Crane estende um braço, como se dissesse que não aguenta mais, e desmorona lentamente arrastando em sua queda a cortina do banheiro, seu sangue maculando o azulejo, evacuado, girando no sifão da morte em ação, enquanto seu rosto congela, o olhar frio como a morte.

Wendy, interpretada por Shelley Duvall, escondida em um canto de um outro banheiro, aninhada contra as paredes como se quisesse afastá-las, no entanto presa para sempre, grita como uma condenada, com uma faca na mão, os olhos esbugalhados, enquanto o machado manejado por Jack Torrance, seu

---

42. MONGIN, O. *Éclats de rire* – Variations sur le corps comique. Paris: Seuil, 2002.

marido enlouquecido, interpretado por Jack Nicholson, derruba a porta com repetidos golpes...

Psicose em 1960, *O iluminado* em 1980. Essas duas explosões violentas causam medo na sala escura[43], e continuam nos causando medo, até mesmo quando revistas nas telas de casa em um contexto reconfortante. Por que essas imagens sem surpresa, que se tornaram fetiches mil vezes vistos e revistos, reativam sua violência a cada visão? O que apavora diante desses momentos do cinema é que esse medo, além do gênio próprio da direção de Hitchcock e de Kubrick, vem de uma expectativa. Ele surge do conhecido e não do desconhecido. Se é essa violência conhecida que nos apavora, é porque ela é, de fato, desejada. Esse é o princípio de recepção de todos esses filmes de terror americano para adolescentes (*teen movies*)[44]: jogar com a comoção sentida coletivamente durante a projeção, quando o grupo – do casal à turma de amigos – trabalha seu próprio medo colocando-o a uma distância que lhe permite receber o pavor, consumi-lo por seu compartilhamento e sua metamorfose em uma significação emocional de segundo grau. Se nos recolocamos, repetidas vezes, diante daqueles rostos que gritam, é porque os amamos a ponto de depender deles, como de uma dose de emoção adictiva. Se esse medo é tão deleitável, a ponto de sempre recomeçar sua experiência, não seria porque intrinsecamente ele faz parte do cinema? Este último não acabou nos acostumando a esse terror do plano, a ponto de alguns julgarem o sucesso de um filme pela encenação do ato violento? No cinema acabamos por gostar de ter medo, e o filme mostra finalmente nossa própria fascinação por esse medo, a maneira como gostamos de ter medo, mesmo temendo seus efeitos.

Ao longo deste capítulo sobre a emoção cinematográfica, tentamos alternar descrições precisas, quase clínicas, de planos, de sequências, relatos das análises teóricas que, sobre esse assunto, foram, e permanecem, de uma riqueza infinita, e inclusões no contexto histórico as mais detalhadas possível desses

---

43. SIÉTY, E. *La peur au cinema*. Arles: Actes Sud, 2006.
44. BOUTANG, A. & SAUVAGE, C. *Les teen movies*. Paris: Vrin, 2011.

filmes e dessas teorias. Planos como uma experiência de laboratório, personagens agitando-se sob a lente do microscópio; teorias como sequências de filmes, ganhando vida pela escrita própria à intensa reflexividade do cinema, por artistas-pensadores, pensadores, cientistas cognitivos, que leva uma vasta gama de profissionais e de teóricos a se perguntar sobre a captura das emoções, sua construção e os efeitos emocionais produzidos no espectador. Eis a primeira e a última coisa que impressiona: a extraordinária plasticidade afetiva do cinema e de seu público. Mencionamos especialmente o riso, as lágrimas, o medo, mas o leque emotivo é tão amplo, tão diversificado, tão nuançado... A passagem de uma emoção a outra, às vezes tão vívida quanto simultânea – experimentar o cômico e a tristeza de um mesmo plano de cinema, quem não fez essa experiência do riso misturado às lágrimas? –, designa para muitos a qualidade emocional, a grandeza sensível de um filme. Aliás, a mais conhecida das experiências afetivas cinematográfica, o "efeito Kuleshov", o efeito K, do nome do cineasta e pedagogo Lev Kuleshov, professor do Instituto Superior Cinematográfico do Estado, em Moscou, não se refere à ambiguidade mesma das emoções sentidas diante de um filme?

Essa experiência escolar, tão famosa que nos servirá de conclusão, o que ela diz sobre as emoções do filme? Diz a lenda que Kuleshov apresentou aos seus alunos uma montagem alternando um plano do rosto "bastante morno" do ator Ivan Mosjoukine com, sucessivamente, o plano de um prato de sopa sobre uma mesa, o de uma jovem mulher morta deitada em um caixão e o de uma menina brincando. Os espectadores, escreve Vsevolod Pudovkin, que relatou a experiência comportamentalista, admiraram a interpretação de Mosjoukine, que sabia maravilhosamente expressar sucessivamente a alegria, a tristeza, a ternura, prova do efeito emotivo da montagem cinematográfica[45]. No entanto, o próprio Kuleshov nunca falou nesses termos sobre essa experiência tão famosa, que fez sua glória ao redor do mundo e da história. Mas, em L'Art

---

45. Apud KOULECHOV, L. L'Art du cinéma: mon expérience (1929). In: L'Art du cinema et autres écrits. Lausanne, L'Âge d'Homme, 1994.

du cinema: mon expérience [A arte do cinema: minha experiência] (1929), ele escreveu o seguinte:

> Nós havíamos discutido antes para saber se o que o ator experimentava em um determinado estado psicológico dependia ou não da montagem. Conversamos sobre isso com um ator famoso a quem havíamos dito, imagine a seguinte cena: um homem passou muito tempo na prisão e está com fome porque foi privado de comida saudável; trazem-lhe um prato de sopa, ele se alegra e a devora. Outra cena: um homem está na prisão, até então ele foi bem alimentado, mas anseia pelo mundo exterior; abrem-lhe a porta, ele está livre para sair. E eis o que perguntamos a esse ator: o rosto do personagem reagindo à visão da sopa e o do personagem encarando a nova liberdade serão ou não idênticos no cinema? O ator deu uma resposta indignada: é evidente que as duas reações serão completamente diferentes[46].

E Kuleshov filmou as duas reações interpretadas por esse ator, em seguida, o prato de sopa (que mais tarde retorna nas memórias arranjadas de Pudovkin) e a porta que se abre diante do prisioneiro libertado.

Qual o resultado disso em termos de emoção espectatorial?

> Fosse qual fosse a maneira como eu organizasse os planos, retoma Kuleshov, e como as pessoas os examinassem, ninguém distinguia a menor diferença no rosto desse ator, apesar de sua interpretação ter sido muito diferente na gravação. O espectador completa por si mesmo ao assistir a montagem.

Eis a antítese do efeito K e ao mesmo tempo uma conclusão idêntica: diante do rosto do ator no cinema, seja ele "morno" ou "expressivo", o espectador é rei e dialoga constantemente com a técnica cinematográfica, quem o manipula e cujas armadilhas ele frustra porque as conhece. É ele quem termina o filme, guiado pela montagem, e lhe traz o que ele tem de mais precioso: suas próprias emoções sentidas no escuro da sala.

---

46. Ibid.

23
PAIXÕES ESPORTIVAS

Christian Bromberger

Assim como as manifestações de rua, as convenções políticas, os concertos de *rock* ou de estrelas da canção, as competições esportivas fazem parte dos raros momentos em que as emoções se expressam ruidosa e visivelmente no espaço público. Por que então, já que acontece em um estádio, as pessoas se sentem como obrigadas a traduzir suas emoções com gestos e com clamores, enquanto na vida cotidiana a boa educação exige moderação e quer que as pessoas contenham suas emoções? O esporte, seja prática ou espetáculo, "reconcilia, diz Norbert Elias, duas funções contraditórias: de um lado, o agradável relaxamento do controle exercido sobre os sentimentos humanos, a manifestação de uma agradável excitação e, de outro, a manutenção de um conjunto de codificações para manter o controle das emoções agradavelmente descontroladas". O estádio é, portanto, o lugar de um "descontrole controlado das emoções"[1], que liberta dos freios impostos, nas interações sociais ordinárias, pela "civilização dos costumes"[2]. Se, durante um concerto de música

---

1. ELIAS, N. & DUNNING, E. *Sport et civilisation* – La violence maîtrisée (1986). Paris: Fayard, 1994, p. 64 e 44.
2. ELIAS, N. *La civilisation des moeurs* (1939). Paris: Calmann-Lévy, 1976.

clássica, "o ideal é o público se comover sem fazer um movimento"[3], é realmente o oposto em um estádio: as emoções ali devem se expressar. E a arena é um terreno ainda mais propício à expressão das emoções porque as práticas esportivas têm um curso incerto; na verdade, ao contrário do filme ou da peça de teatro, e salvo alguma trapaça obscura, os jogos não estão decididos antes da apresentação – e essa é uma de suas propriedades dramáticas singulares. Por outro lado, a competição esportiva é ainda mais tensa porque os campeões ou as equipes que se enfrentam têm as mesmas chances de ganhar. Se essa tensão não estiver presente, os espectadores mergulham no tédio. A incerteza da vitória mantém a tensão e Elias pode, com razão, opor o "Cila de uma vitória precipitada (o confronto é muito desigual)" ao "Caríbdis de um zero a zero" sem repercussão[4]. Na primeira metade dos anos de 1990, as repetidas vitórias de Miguel Indurain retiravam qualquer interesse dramático do Tour de France; quanto à expressão "zero a zero sem-graça", tornou-se um clichê da reportagem jornalística.

A codificação das atividades esportivas, essas atividades lúdicas regradas e sérias, corresponde então a "uma transformação da economia emocional", segundo as palavras de Roger Chartier[5]. Antes do advento do esporte, os jogos cujo espetáculo suscitava prazer e emoções eram muito mais violentos: eram, na Grã-Bretanha, o *hurling* da Cornualha, o *knappan* do País de Gales, na França a *soule,* todas práticas que resultavam em confrontos extremamente brutais[6]; eram também combates de galos, de touros e de ursos. Esses jogos ainda existem de forma residual e muito localizada, mas o que domina é "um enfraquecimento [...] da capacidade de tirar prazer do ataque, [...] uma redução do limiar de repulsão diante do sangue e de outras manifestações diretas

---

3. ELIAS, N. & DUNNING, E. *Sport et civilisation.* Op. cit., p. 66.
4. Ibid., p. 218.
5. CHARTIER, R. "Avant-Propos". In: Ibid., p. 19.
6. Sobre esses jogos, ainda praticados hoje, cf. FOURNIER, L.S. *Mêlée générale* – Du jeu de soule au folk-football. Rennes: PUR, 2013.

da violência física"[7]. Não é possível assistir a essas práticas antigas, salvo em contextos específicos, sem experimentar um sentimento de culpa que ofusca o prazer.

Mas o esporte é acima de tudo uma prática. Antes de voltar às emoções que os espectadores experimentam e manifestam, vamos abordar o estado psicológico dos esportistas antes, durante e depois da competição.

Um imperativo para os atletas: dominar as emoções

As práticas esportivas contemporâneas são muito diversas. Algumas envolvem riscos (o alpinismo, os raides e ralis...), colocando em perigo a vida dos campeões que convivem ou até mesmo desafiam a morte[8]; esses esportes extremos geram emoções extremas, nos antípodas da ideologia de segurança que domina o cotidiano; nessas práticas arriscadas, a competição não é tanto com adversários quanto consigo mesmo. Em outros esportes, a oposição entre competidores é, no entanto, direta em um espaço definido e marcado. A competição é essencialmente com os outros sob o olhar de espectadores e torcedores.

Neste último caso, embora as emoções dos campeões e de seus partidários convirjam no momento da vitória, eles seguem caminhos muito diferentes antes e durante a competição. Embora os partidários expressem ostensivamente o que estão sentindo do começo ao fim do confronto ou da partida, já os campeões devem dominar suas emoções e só manifestá-las (seja a alegria da vitória ou a amargura da derrota) no final da competição. É preciso "se dominar", "permanecer sereno", "não sofrer qualquer pressão", saber administrar os efeitos negativos do estresse para "extrair apenas o efeito positivo, o efeito motivador"[9]. Porque o estresse pode ser um "agente perturbador" da concen-

---

7. ELIAS, N. & DUNNING, E. *Sport et civilisation*. Op. cit., p. 314.
8. Sobre a competição consigo mesmo oposta à competição com outros atletas quase iguais, cf. YONNET, P. "La fascination de l'extrême dans les sports d'aventure". In: VIGARELLO, G. (dir.). *L'Esprit sportif aujourd'hui*. Paris: Universalis, 2004, p. 71-72.
9. RIPOLL, H. *Le mental des champions* – Comprendre la réussite sportive (2008). Paris: Payot, 2012, p. 168.

tração, mas também um poderoso catalisador da agressividade, da determinação. E depois é preciso "entrar em sua bolha", como diz a maior parte dos competidores de alto nível. "A grande arte dos campeões excepcionais, escreve Hubert Ripoll, é ter uma concentração extrema que os fixa em um objetivo único, permitindo-lhes ignorar tudo o que é estranho a esse objetivo"[10]. Um exemplo entre tantos outros, Julie Bresset, campeã olímpica de *mountain bike* em Londres em 2012, fala sobre as condições para seu sucesso nos seguintes termos: "Antes e durante a prova, eu estava na minha bolha"[11]. Para "entrar em sua bolha", para afastar os efeitos negativos do estresse e das emoções, os campeões recorrem às "rotinas de desempenho", microrrituais que eles repetem prova após prova e "que foram comprovados", eles repassam imagens mentais de suas proezas anteriores, todos esses procedimentos permitem ganhar uma concentração máxima. Os grandes campeões dizem que entram, durante competições importantes, em um "estado de graça", um estado alterado de consciência que neutraliza o medo, confere uma confiança absoluta e os protege "das agressões externas como, por exemplo, a hostilidade do público"[12]. A sensação de ter feito um gesto quase perfeito, de ter ultrapassado um obstáculo difícil, reforça esse "estado de graça" e mergulha o campeão em uma espécie de "pânico voluptuoso", para citar uma expressão de Roger Caillois[13]. Mas a angústia pode subitamente reaparecer, abatendo o atleta mais bem preparado, mais concentrado.

Existe um contraste singular entre essa concentração nos vestiários ou na sala de aquecimento, na pista ou no gramado, e o relaxamento, os choros que seguem a vitória ou a derrota. "Eu começo a chorar e chorar", recorda-se Lucie Decosse, medalhista de ouro de judô nos mesmos Jogos Olímpicos de 2012.

---

10. Ibid., p. 128.
11. As citações de atletas e de torcedores apresentadas vêm de recortes da imprensa ou de entrevistas com o autor.
12. Ibid., p. 213.
13. CAILLOIS, R. *Les jeux et les hommes* (1958). Paris: Gallimard, 1985, p. 68 [*Os jogos e os homens*. Petrópolis: Vozes, 2017].

Outros evocam os calafrios que sentem, "um desejo de gritar". Essa descarga emocional é o prêmio da concentração, e mais ainda dos meses de preparação que precederam a competição. "As explosões de alegria que se apoderam dos atletas vitoriosos só podem ser compreendidas, escreve Charles Suaud, na medida em que as relacionamos ao imenso trabalho e à soma impressionante de esforços consentidos para alcançar o sucesso"[14]. Ao contrário, a decepção pode tomar uma forma paroxística quando as esperanças são repentinamente arruinadas. Frank Vandenbroucke era um campeão de ciclismo de sucesso. Ele foi processado por *doping*. Sobrevivia agarrado à fama e esse golpe foi brutal. "Enterrou-se nas [...] instabilidades lamacentas da depressão. Parou de tomar banho, passava seus dias sentado em uma cadeira ou no chão escuro, roendo as unhas ou estourando as pequenas espinhas que os pelos não depilados faziam surgir nas coxas"[15]. Essas emoções variam em intensidade de acordo com a importância do desafio (de um campeonato local aos Jogos Olímpicos ou à Copa do Mundo de futebol), de acordo com os competidores (adversários fracos ou, ao contrário, atletas ou equipes consideradas melhores mas que são dominadas contra qualquer expectativa), mas, seja qual for a autenticidade, elas sempre contêm uma parte de teatralidade: exibir, em caso de vitória, a bandeira de seu país, abraçar seus parceiros, iniciar um passo de dança, tornaram-se obrigações midiáticas. As emoções sentidas devem ser expressas com gestos, palavras, símbolos convencionais. Vários anos atrás, um ex-atacante da seleção italiana de futebol me contou como aprendeu a abraçar seus parceiros depois de marcar um gol. Quando começou, em uma pequena equipe do Vêneto, ele experimentava uma grande alegria pessoal quando realizava uma ação vitoriosa, mas não a necessidade de correr na direção de seus parceiros. Foi sob as ordens do seu treinador da época que se conformou a esse ritual. "*È un fatto culturale!*", declarava com uma perspicácia etnológica.

---

14. SUAUD, C. "Les états de la passion sportive – Espaces médiatiques et émotions". In: *Recherches en Communication*, n. 5, 1996, p. 40.
15. HARALAMBON, O. *Le versant féroce de la joie*. Paris: Alma, 2014, p. 201.

Nos espectadores, entre contemplação e compaixão

Voltemos às emoções dos espectadores. Estas variam segundo a implicação de uns e de outros: entre o torcedor que se identifica com o campeão ou com a equipe que ele apoia e o espectador que vem passar um momento de lazer, as reações não são comparáveis. Um tipo de emoção pode, contudo, reuni-los, aquele suscitado por um belo gesto, por uma ação imprevista[16], ou por uma combinação estratégica sutil e eficaz. Os *sprints* de Merlene Ottey associando a eficácia e a graça, o chute inesperado de Pelé do meio-campo quando o goleiro adversário havia avançado durante a Copa do Mundo de 1970, os dribles desconcertantes de Maradona, a tática do FC Barcelona feita de movimentos, de passes repetidos em toda a largura do campo, a extraordinária final de Floria Guei, recuperando-se e deixando para trás três concorrentes no trecho final dos 4 x 400m dos campeonatos da Europa de 2014, provocaram a admiração dos espectadores ocasionais e dos torcedores mais fervorosos. É essa emoção estética que o pintor Nicolas de Staël desejava transmitir a René Char quando lhe escreveu em 10 de abril de 1952: "Quando você voltar, vamos aos jogos juntos. É absolutamente maravilhoso [...]. Entre céu e terra sobre a grama vermelha ou azul uma massa de músculos rodopia em total esquecimento de si [...]. Quanta alegria! René, quanta alegria! Então lancei-me na representação de todo o time da França, da Suécia, e esse trabalho começa a ganhar um certo movimento"[17]. As competições esportivas constituem de fato momentos excepcionais de estetização festiva da vida coletiva, fontes privilegiadas – até únicas, para alguns, como enfatiza Peter Handke[18] – de experiência e de sentimento do belo. Os dramas esportivos também podem suscitar emoções divergentes: o rosto ensanguentado de Charles Humez quando de sua derrota contra Gustav Scholz em 1958, a agressão de Harald Schumacher contra Patrick Battiston na

---

16. "Gostaria de ressaltar a importância do inesperado, como origem e motor das emoções" (HALDAS, G. *La légende du football*. Lausanne: L'Âge d'Homme, 1981, p. 80).
17. CHAR, R. & STAËL, N. *Correspondance, 1951-1954*. Paris: Busclats, 2010.
18. HANDKE, P. "Die Welt im Fussball". In: LINDNER, R. (dir.). *Der Fussballfan*. Frankfurt a. Main: Syndikat, 1980.

semifinal da Copa do Mundo de futebol em 1982, a tragédia do estádio Heysel em 29 de maio de 1985, onde incidentes provocados por torcedores ingleses causaram a morte de 39 pessoas, todos esses eventos, propagados e fixados pelas imagens, abalaram as sensibilidades de seus contemporâneos, fossem eles apaixonados por esportes ou não.

Ser torcedor

Mas as paixões esportivas não são apenas contemplativas ou compassivas; são sobretudo partidárias e participativas. Sem esse envolvimento, o espectador certamente irá admirar as proezas dos atletas, a qualidade técnica da corrida, do combate ou da partida, mas não experimentará a plenitude dramática da competição. Há algo mais desenxabido, com efeito, do que um encontro sem "desafio", no qual não existe a passagem do "ele(s)" ao "eu" ou ao "nós"?[19] Identificar-se com uma equipe ou com um atleta, eis a condição psicologicamente necessária para sentir, antes, durante e depois da prova esportiva, toda a gama das emoções que é possível experimentar no tempo longo e distendido de uma vida: a angústia, a tristeza, a ira, a surpresa, a alegria... Encontramos aqui "a dimensão correta" que, segundo Aristóteles em sua *Poética*, modela a tragédia, isto é, "a inversão da infelicidade em felicidade ou da felicidade em infelicidade por uma série de eventos emaranhados"[20]. Paul Veyne destacou claramente esse tipo de propriedade quando escreveu: "Não seria melhor pensar [...] que uma partida ou uma competição são um *sistema semiótico* de forma que, se torcemos por um campo, então o sistema funciona plenamente, nos divertimos mais do que se considerássemos os lances com desprendimento?"[21] Se a busca de emoções, *the quest for excitement*, segundo o título origi-

---

19. "Cada desempenho ou mesmo cada intenção de um dos jogadores, no campo, é praticamente *vivida* pelo espectador. Não apenas vista. [...] De espectador ele se torna participante" (HALDAS, G. *La légende du football*. Op. cit., p. 28-29).
20. ARISTÓTELES. *Poétique*. Paris: Seuil, 1980, p. 61.
21. VEYNE, P. "Olympie dans l'Antiquité". In: *Esprit*, n. 4, 1987, p. 59.

nal do livro de Norbert Elias e Eric Dunning[22], é um dos motivos essenciais do espetáculo esportivo, o partidarismo é a condição necessária para garantir um máximo de intensidade patética ao confronto (claro que isso não é uma obrigação moral, e sim uma necessidade psicológica). É ela que permite experimentar, em seu corpo, a tensão pré-partida, a intensidade do drama que se desenrola no campo, a alegria da vitória ou o sofrimento da derrota. Consideremos a experiência de um apaixonado torcedor de um clube de futebol. É ao descobrir do alto das arquibancadas o gramado e a multidão colorida que ele sente uma metamorfose interior, que sua sensibilidade se exacerba. A palavra italiana *tifoso* (torcedor) traduz bem a violência das emoções que o partidário experimenta; ela deriva de *tifo* (apoio), que designa originalmente o tifo, uma doença contagiosa, como sabemos, e uma de suas variantes é caracterizada por uma febre intensa e uma agitação nervosa. Todos os torcedores de futebol expressam, tanto com seus propósitos como com seus comportamentos, a intensidade dessa experiência corporal. Os mais fervorosos se dizem "tomados" alguns dias antes de uma partida importante. Eles dormem mal na véspera do encontro. Comem pouco ou jejuam antes da partida e chegam ao estádio tensos e angustiados. Durante o jogo, eles "vibram" em sintonia com as façanhas de sua equipe, comentam a partida com gestos e palavras, apoiam os seus, vaiam os outros, revoltam-se contra a injustiça e o destino, ofendem em caso de fracasso, manifestam sua alegria abraçando vizinhos desconhecidos – aos quais mal dirão adeus quando o apito final tocar –, expressam ruidosamente seu júbilo e seu "alívio" depois de terem vencido, mas escondem furtivamente uma lágrima, não "sentem as pernas", têm "um buraco no estômago" se o destino se mostrou desfavorável; neste último caso, eles retornarão rapidamente para casa, seu sono será pontuado por pesadelos e acordarão de mau humor. É claro que nem todos os partidários experimentam ou exibem com a mesma intensidade essa gama de emoções; a idade, o sexo, o meio social, o grau de fer-

---

22. ELIAS, N. & DUNNING, E. *Quest for Excitement*: Sport and Leisure in the Civilizing Process. Oxford: Blackwell, 1986.

vor, o tipo de confronto esportivo (individual ou coletivo, anódino ou decisivo para a conquista de um título) acentuam ou atenuam as emoções e as demonstrações militantes. Mas, quer seja exacerbado ou eufemizado, exteriorizado ou interiorizado, o "torcedorismo" é, para todos, uma experiência corporal. Aliás, não deixarão de duvidar da sinceridade de um torcedor que não manifesta nem um bocadinho sua alegria ou sua ira. Essas suspeitas voltam-se frequentemente contra os pretensiosos impávidos que se esforçam para não demonstrar nada "por medo do ridículo" e se recusam especialmente a cantar, essa prova coletiva da adesão militante e das emoções partilhadas.

Nem todos os esportes suscitam as mesmas tensões, a mesma efervescência emocional. Os torneios de tênis e os concursos hípicos se desenrolam em uma atmosfera mundana e distinguida, salvo quando se trata de equipes que colocam em jogo o prestígio nacional (durante as partidas da Copa Davis ou dos Jogos Olímpicos). *A contrario*, quando uma partida de futebol opõe duas cidades ou clubes rivais, todos os registros da comunicação são utilizados para expressar suas emoções, para encorajar os seus e desacreditar os outros. A *voz* serve para comentar a partida, para gritar sua raiva diante das injustiças do árbitro (sempre desfavorável aos nossos), para esbanjar encorajamentos e insultos, para entoar em uníssono *slogans* ritmados e cantos; os *instrumentos* (tambores, buzinas, apitos, cornetas) dão o ritmo da revolta, das exortações e do ataque, assinalam com ênfase a alegria de assistir às proezas dos nossos e as derrotas dos outros; *posturas e gestos codificados* – por vezes figurativos – expressam o júbilo, o entusiasmo, a angústia, a fidelidade, a infelicidade que desejam aos adversários; *a escrita*, tendo como suporte faixas ou composta com a ajuda de letras móveis, permite enviar mensagens de encorajamento aos seus, insultos aos outros, ou ainda fixar o nome do grupo de torcedores ao qual pertencemos; *o desenho* caricatura os adversários, embeleza e sacraliza os heróis; *a vestimenta, o adorno*, os acessórios belicosos compõem um estádio com as cores do clube para o qual torcem, enquanto vários emblemas (caveira, máscara do diabo, caixão reservado para a equipe rival) simbolizam a infelicidade que desejam para seus adversários. Nada a ver, pois, com a atmosfera silenciosa que reina em Roland-Garros ou em Wimbledon. Três características podem explicar esse contraste. Uma refere-se às propriedades de cada um dos esportes: o futebol é um esporte de contato, o enfrentamento não é temperado por uma rede, o que dá espaço para um suplemento de excitação; é um esporte valorizado pelas classes populares e pelas jovens gerações, ambas manifestam geralmente com gestos e palavras suas reações e emoções; por fim, é um esporte de equipe que coloca em jogo os pertencimentos coletivos, as lealdades locais, regionais, nacionais, religiosas[23], ou mesmo as identidades sonhadas que se atribuem e às quais se apegam. Portanto, os sucessos e os fracassos de uma equipe atingem seus torcedores como se eles estivessem no campo (não dizem que os torcedores de futebol são o décimo-segundo homem?). Quando os jogadores cercam o árbitro para contestar uma decisão que consideram injusta, a ira se apodera dos torcedores, que podem até invadir o campo para reparar o erro e restabelecer o "direito". É, segundo a expressão de Ian Taylor, "o coringa do povo"[24].

Mas, no curso ordinário das partidas, a expressão das emoções partidárias é codificada e ritualizada. Nas arquibancadas onde se agrupam os torcedores mais apaixonados, *slogans* e cantos são entoados em momentos bem determinados (são, por assim dizer, aquecimentos do que será repetido mais tarde de acordo com o desenrolar da partida ou das provocações dos torcedores adversários); faixas, lenços, emblemas são exibidos durante a meia hora que precede o pontapé inicial da partida; quando os jogadores entram em campo soam as buzinas e são acionados os foguetes multicoloridos. São os chefes de torcida que guiam as manifestações visuais e sonoras (coreografias, hinos etc.), segundo um roteiro programado, mas variável em função da importância do en-

---

23. Sobre esses processos de identificação, cf. BROMBERGER, C. "Se poser en s'opposant – Variations sur les antagonismes footballistiques de Marseille à Téhéran". In: POLI, R. (dir.). *Football et identités* – Les sentiments d'appartenance en question. Neuchâtel: Centre International d'Étude du Sport, 2005, p. 35-55.
24. Apud FAURE, J.-M. "Le sport et la culture populaire. Pratiques et spectacles sportifs dans la culture populaire". In: *Cahiers du Lersco*, n. 12, 1990, p. 89.

contro. Quanto às emoções engendradas pelo desenrolar aleatório da partida, elas se expressam por meio de uma série de gestos e de palavras convencionais que deixam, no final de contas, pouco lugar à explosão errática dos afetos: abraços, pulos, ou ainda pogo, confusão geral, para manifestar sua alegria após o gol, *ola* para expressar o entusiasmo coletivo quando a equipe multiplica as proezas, gestos obscenos para destacar o júbilo despertado por um revés adversário, mãos sobre a cabeça para traduzir sua decepção, braço levantado com a palma da mão aberta para protestar contra uma decisão do árbitro, *slogans* vingativos para gritar sua raiva... Embora cadenciem com seus comandos e com suas batidas de tambor as demonstrações de apoio dos nossos e de descrédito dos outros, os chefes de torcida também sabem repreender, colocar em sintonia, até mesmo excluir seus filiados com comportamento demasiado pessoal e errático.

As mídias (impressa escrita, falada, televisão) contribuem para a intensificação das emoções, pois anunciam e traduzem o evento esportivo transformado em narrativa dramática. Nada falta: nem os anúncios e retrospectivas que aumentam a tensão, nem os primeiros planos dos jogadores que competem pela bola ou da patinadora que faz um movimento arriscado. A câmera lenta, os "closes" nas ações contenciosas ou nas quedas, exacerbam a ira ou a compaixão, sublinhadas pelas entonações dos comentaristas. Esses procedimentos criam um superespectador e, por assim dizer, uma superemoção. Durante a transmissão televisiva de uma partida, o que os comentaristas trazem não é tanto a informação, conhecida de todos os torcedores, quanto, com sua voz, um suplemento de tensão e de exaltação. A identificação do telespectador com o campeão atinge seu paroxismo emocional quando ambos são confrontados simultaneamente com o resultado da prova: como é o caso da patinação artística quando o telespectador compartilha ao vivo a angústia, a alegria, ou a decepção e a ira, do campeão que descobre suas notas[25]. Essas emoções podem

---

25. Cf., sobre essa organização midiática do suspense em torno do evento, PAPA, F. "Montrer le sport à la télévision: construire l'événement sportif". In: *Les Cahiers de l'Insep*, n. esp.: Montrer le sport – Photographie, cinéma, télévision, 2000, p. 229-254.

ainda ser amplificadas quando os campeões vitoriosos, ao retornar da competição, desfilam na avenida mais famosa de sua cidade ou de seu país.

Mas as emoções não são apenas sincrônicas com os eventos; elas os precedem quando são sorteados os adversários da equipe ou do jogador que apoiamos; elas se prolongam, se reativam após a "baixa"[26], que acompanha o final da partida nas conversas, que fazem reviver os momentos mais intensos; elas se reativam ainda com o passar do tempo graças aos testemunhos que os apaixonados conservam meticulosamente; entre as fotos emblemáticas que despertam uma lembrança comovida, nos mais velhos, a de Marcel Cerdan vencendo Tony Zale no campeonato mundial de 1948, para as gerações intermediárias a de Yannik Noah correndo na direção de seu pai para abraçá-lo após sua vitória em Roland-Garros em 1983, ou ainda, para os mais jovens, as fotos de Zinédine Zidane após suas cabeçadas vitoriosas durante a final da Copa do Mundo em 1998 contra o Brasil. Como todos os apaixonados, os torcedores são incansáveis colecionadores. Alguns compõem, com a ajuda de recortes da imprensa e de reflexões pessoais, um "álbum" que eles atualizam diariamente; muitos conservam meticulosamente seus ingressos para os jogos decisivos, bandeiras e faixas que agitaram durante provas memoráveis; outros, enfim, têm uma coleção de registros em vídeo que lhes permite reviver os momentos mais intensos de sua vida de torcedor. Todas essas evocações do passado suscitam a melancolia. O auge da emoção é novamente atingido quando o apaixonado encontra seu campeão preferido, aperta-lhe a mão e tira uma foto ao seu lado; tudo o que relembra sua presença, que se pode tocar ou ver de perto, suscita uma renovação da excitação: como é o caso quando o torcedor se aproxima do lugar ocupado no vestiário por seu herói ou quando ele vê os calçados, a bicicleta etc., da estrela que ele admira. Os museus dos clubes, das disciplinas esportivas, os estádios visitados tornaram-se assim importantes centros das "emoções patrimoniais".

---

26. Segundo a expressão de Georges Haldas (*La légende du football*. Op. cit., p. 123).

Graças aos grandes eventos esportivos, e não importando o grau de implicação das pessoas, se cria uma comunidade emocional livre dos pesos e das hierarquias cotidianas, um sentimento de *communitas*, "um vínculo humano essencial e genérico sem o qual não poderia haver nenhuma sociedade", segundo as palavras de Victor Turner[27]. Até os menos apaixonados, ou até os menos apreciadores, não conseguem se esquivar ao dever coletivo e manifestar indiferença pela vitória da equipe ou do campeão local ou nacional. Essas emoções compartilhadas e contagiosas tecem o sentimento comunitário. O artigo de um jornalista presente na Itália durante a Copa do Mundo de futebol de 1982 traduz essa obrigação generalizada:

> O futebol é um fenômeno que [...] também afeta aqueles que nunca em sua vida tocaram em uma bola e parece ser a única força capaz de mobilizar a nação na mesma direção, a ponto de aniquilar todas as outras atividades. Mais do que uma greve geral: as centrais telefônicas dos ministérios não respondem mais, a política para, os sindicatos, os escritórios e as fábricas se esvaziam, os jornais saem atrasados[28].

O grande evento esportivo é uma das raras ocasiões em que se regenera um sentimento de comunidade, desfeito no cotidiano, em que se reagrupa um corpo social habitualmente em pedaços. É o que destacam Jonathan Turner e Jan Stets quando escrevem: "As emoções são a 'cola' que liga as pessoas[...]. De fato, são elas que tornam viáveis as estruturas sociais e os sistemas de símbolos culturais"[29].

Alguém poderá dizer, no entanto, são emoções masculinas que, por conseguinte, aglutinam uma comunidade de homens. Uma metade da sociedade não vibraria então na mesma sintonia. A situação é com certeza mais complexa. De um lado, as mulheres são geralmente espectadoras dos esportes que valorizam

---

27. TURNER, V.W. *Le phénomène rituel* – Structure et contre-structure. Paris: PUF, 1990, p. 98.
28. Apud EHRENBERG, A. "Des stades sans dieux". In: *Le Débat*, n. 40, 1986, p. 50.
29. TURNER, J.H. & STETS, J.E. *The Sociology of Emotions*. Cambridge: Cambridge University Press, 2005, p. 1.

a graça e a "aparência", esportes que elas mesmas praticam (na França, elas representam 80% dos praticantes da dança, 78% da ginástica, 71% da patinação no gelo); geralmente elas assistem ao espetáculo dos jogos de quadra (representando cerca de 30% da audiência)[30]; essas preferências se modulam de acordo com as classes sociais; o tênis, durante muito tempo emblemático da "classe de lazer", atrai uma forte porcentagem de mulheres maduras (quase metade do público de Roland-Garros) e geralmente pertencentes a meios sociais abastados. Em menor proporção, as mulheres assistem aos esportes de contato (futebol, rúgbi...) ou brutais (boxe...), mas essa proporção está crescendo. Na virada dos anos de 1980-1990, elas representavam 10% do público nos estádios de futebol; em 2017, a presença delas é estimada em mais de 20%. Por outro lado, os interesses das mulheres parecem menos centrados nas classificações, nos recordes, nas competições, obsessões que em amplos setores da vida social ainda são o apanágio dos homens[31]. Qualquer que seja a competição à qual assistem, as mulheres devem, de acordo com as normas em vigor, mostrar mais moderação do que os homens. Elas não têm o direito à expressão das emoções fortes (gritos, assobios, insultos...), e este tabu é, em geral, internalizado. Mas existem outros meios de testemunhá-lo e de se libertar dele. Comparemos as reações dos homens e das mulheres por ocasião de um escândalo esportivo com o qual a mídia fez a festa em 1993. Um caso sinistro de corrupção envolvendo o Olympique de Marselha, seus dirigentes e jogadores são desmascarados alguns dias após a vitória da equipe na copa da Europa dos clubes campeões[32]. Nos meses seguintes a essas revelações, a equipe marselhesa foi excluída dessa competição para a temporada de 1993-1994, seu título de campeã da França de 1992-1993 foi anulado, e ela foi rebaixada para a segunda

---

30. Sobre a repartição sexual do público esportivo, cf. BROMBERGER, C. & LESTRELIN, L. "Le sport et ses publics". In: ARNAUD, P.; ATTALI, M. & SAINT-MARTIN, J. (dirs.). *Le sport en France*. Paris: La Documentation Française, 2008, p. 121-123.
31. Três competidores em cada quatro são homens. Cf. LOUVEAU, C. "Sexuation du travail sportif et construction sociale de la féminité". In: *Cahiers du Genre*, n. 36, 2004, p. 163-183.
32. Sobre "o caso Valenciennes-OM", cf. BROMBERGER, C. *Le match de football* – Ethnologie d'une passion partisane à Marseille, Naples et Turin (1995). Paris: Éd. de la Maison des Sciences de L'homme, 2012, p. 351-377.

divisão para a temporada de 1994-1995. Enquanto os fatos ainda não tinham sido totalmente comprovados, os torcedores expressaram sua raiva contra o que consideravam uma "farsa" contra seu clube e sua cidade, mas de forma sensivelmente diferente de acordo com o gênero. Os homens manifestaram na rua, no adro do estádio, expressaram sua ira em cartas dirigidas ao então jornal regional da época, *Le Provençal*. As mulheres também expuseram suas emoções. Elas representavam 31% dos correspondentes, uma porcentagem muito superior à do público feminino no estádio, e entre os autores de poemas, as proporções eram bastante equilibradas entre os dois sexos[33].

Existem outros contextos em que é o direito à emoção em espaços públicos que é reivindicado pelas mulheres. Como é o caso na República Islâmica do Irã, onde a presença de mulheres nos estádios que acolhem competições masculinas é proibida. Essa vontade de compartilhar emoções participativas manifestou-se pela primeira vez de forma ostensiva em 1998, quando a equipe nacional de futebol retornou ao país após conquistar na Austrália a vitória que a classificava para a Copa do Mundo de 1998 na França: vários milhares de mulheres (sobretudo jovens) invadiram o estádio de Teerã onde os heróis eram festejados, enquanto as mídias pediam que as "queridas irmãs" ficassem em suas casas para assistir ao evento pela televisão, a qual não transmitiu nenhuma imagem dessa insubmissão. "Não fazemos parte desta nação? Nós também queremos festejar. Não somos formigas", diziam essas indóceis. A contestação dessa proibição tornou-se um *leitmotiv* das reivindicações femininas e em toda partida importante as mulheres tentam entrar no estádio. Entretanto, a ordem islâmica protege e as cuidadosas autoridades – pelo menos as mais conservadoras – desejam preservar as mulheres da visão das pernas dos homens, e sobretudo das expressões rudes dos torcedores masculinos. Alguns *slogans* dos torcedores como "*Shir-samavar tu kun-e davar*" – "A torneira do samovar na bunda do árbitro" – contrastam com a moderação puritana que tentam impor, *a fortiori* às mulheres. O estádio é um

---

33. Para exemplos, cf. Ibid., p. 370-375.

dos únicos espaços onde os palavrões podem ser usados para expressar cruamente suas emoções, e o regime se empenha em proteger as mulheres dessas vulgaridades. Mas as mulheres jovens e educadas gostariam de participar dessa efervescência e reivindicam esse direito.

Na direção de uma eufemização das emoções

Ao evocar o torcedor de futebol expressando grosseiramente suas emoções, já não estaríamos falando no passado, uma vez que o universo dos estádios se transformou profundamente? É claro que os grupos de torcedores, adultos e jovens, ainda existem, mas a organização dos clubes, a arquitetura, os equipamentos e o controle dos recintos esportivos mudaram significativamente desde meados dos anos de 1990. Os dirigentes dos clubes de futebol, preocupados em valorizar sua imagem, a de sua sociedade, ou mesmo a de seu país, temem os torcedores pela sua turbulenta autonomia (de pé e gritando, eles "fazem bagunça" nos estádios que devem ser *clean* e apaziguados). Essa preocupação com a ordem é compartilhada pelos poderes públicos, que temem a efervescência emocional e seus excessos violentos. Para evitá-los, a fórmula "todos sentados" (todas as tribunas devem estar equipadas com assentos) tornou-se, na França, obrigatória desde a Lei Bredin de 1992; mas como é possível expressar suas emoções, sentado, com os movimentos limitados e o corpo separado do corpo dos outros e não mais fundido na massa? Os torcedores, no entanto, permanecem de pé nas passagens dos estádios, mas os assentos são obstáculos para as demonstrações coletivas; o aumento da segmentação e da compartimentalização do espaço dos estádios (com seus camarotes, suas baias etc.) aprofundam as clivagens e rompem a comunidade emocional que se expressava durante as vitórias[34]; outro fator que contribui para o "aburguesamento" das tribunas: o preço dos ingressos, que aumentou significativamente. Essas medidas visam, entre outras coisas, livrar as arquibancadas de suas tur-

---

34. Sobre esse aspecto, cf. BESSON, R. *Les lieux de l'interaction* – Fréquentation du stade et intégration sociale à Neuchâtel. Université de Neuchâtel, 2012 [Tese de doutorado].

bulências; no entanto, ao mesmo tempo, provocam a regressão das formas de participação criativa, vindas dos próprios espectadores. A judicialização dos pequenos estragos nas tribunas acentua o sentimento de despossessão que os torcedores experimentam. Na Itália, para citar apenas este exemplo, as faixas que não são ignífugas estão proibidas nos estádios, e os *slogans* que ofendem os adversários podem ser objeto de sanções penais. Os cantos e as coreografias que simbolizam o apego dos torcedores à sua equipe são pouco a pouco substituídos por uma atmosfera mais discreta, orquestrada pela música gravada e por um animador de voz calorosa. Podemos falar de "disneylandização" do espetáculo esportivo[35]. No basquete, como em vários estádios de futebol na Europa, as animadoras de torcida vêm alegrar os intervalos como se quisessem acalmar e neutralizar as tensões. É claro que o estádio continua sendo um espaço onde as pessoas vêm para fazer uma cura de emoções à margem das rotinas diárias. Mas o consumidor comovido e educado deve substituir o torcedor exuberante. Essa substituição não ocorre sem contratempos. Um primeiro movimento de "modernização" dos estádios nos anos de 1960 na Grã-Bretanha havia acarretado um banimento dos jovens torcedores da classe popular para os *ends*, os espaços gradeados situados atrás das traves do gol, no mesmo momento em que ocorria um distanciamento entre os jogadores e seu público tradicional. Esse banimento e esse distanciamento geraram nesses jovens um sentimento de exclusão, uma das muitas causas do desenvolvimento do hooliganismo[36]. Afastados dos recintos dos grandes clubes, esses torcedores se voltaram para os estádios de equipes de divisões inferiores que eles apoiam brutalmente, ou então, em busca de mais excitação, entregam-se a atos violentos contra grupos rivais longe das arenas esportivas. As atuais modificações dos estádios, fortemente contestadas pelos torcedores, provavelmente não provocarão movimen-

---

35. Sobre esse fenômeno, cf. BROMBERGER, C. *Football, la bagatelle la plus sérieuse du monde* (1998). Paris: Pocket, 2004.
36. Sobre essa interpretação, cf. TAYLOR, I. "Football Mad: A Speculative Sociology of Soccer Hooliganism". In: DUNNING, E. (dir.). *The Sociology of Sport*. Londres: Frank Cass, 1971, p. 357-377.

tos semelhantes de descivilização, e nem necessariamente a neutralização das tensões que constituem um dos atrativos específicos do espetáculo esportivo. Um outro movimento está se desenhando: uma desterritorialização do entusiasmo. Os torcedores não são mais apenas homens locais, ou ainda originários da cidade exilados, mas também fãs que residem a centenas ou milhares de quilômetros da cidade de seu clube, abandonando sua identidade de nascimento e privilegiando uma grande equipe internacional com prêmios de prestígio. Às vezes, esses torcedores apoiam duas equipes: aquela de seu local de nascimento ou de residência e aquela, italiana, inglesa ou espanhola, que brilha em todo o mundo; eles prestam, pois, seu tributo à sua identidade dada e à identidade de seus sonhos, expressando seus sentimentos, manifestando suas opiniões, respondendo às perguntas nas redes que as repercutem pelos quatro cantos do planeta.

O processo "civilizacional", combinado a um esporte-negócio preocupado com respeitabilidade, levou a um maior controle dos afetos e das emoções nos estádios. A era é paradoxal. Experimentar emoções é hoje a norma de uma vida digna desse nome. Ver e rever as proezas esportivas, frequentar estádios, assistir aos ralis automobilísticos, seguir um clube a milhares de quilômetros... eis as fontes legítimas de emoções. Mas a expressão desses afetos deve ser disciplinada e calma, como se o "descontrole controlado das emoções" para o qual o esporte convida devesse ser cada vez mais controlado.

24
A TEATRALIDADE DAS EMOÇÕES

Christophe Bident
Christophe Triau

Que lugar o teatro ocupa, hoje e há mais de um século, no mundo das emoções? Embora toda criação artística dirija-se a um só tempo ao íntimo e ao público, altere vidas e se inscreva na história, o teatro talvez o faça de maneira mais sensível do que outras artes: é que ele é um texto, uma forma viva, uma mistura de disciplinas, um edifício da cidade. Neste período que nos ocupa, o nascimento da direção de cena, a emergência de uma cultura de massa, a modernização das políticas culturais, a modificação dos circuitos de produção e de difusão, a globalização das práticas cênicas, as múltiplas reivindicações da interdisciplinaridade renovaram profunda e diversamente o teatro e assim o que ele expõe da teatralidade das emoções.

Os prazeres da *Belle Époque*

Quando o narrador de *Em busca do tempo perdido* (1913-1927) vai ao teatro para ouvir a Berma, ele não espera do espetáculo um prazer, e sim uma "imagem inconcebível", uma "divina Beleza", uma essência. Ele é então um jovem que sonha em consagrar sua vida à literatura. O que ele procura perceber nas entonações e nos gestos da atriz são "verdades pertencentes a um mundo mais real do que aquele em que [ele] vivia": "No máximo, o prazer que eu teria durante o espetáculo parecia-me como a forma talvez necessária da percepção dessas verdades". Nunca, nessas páginas, trata-se do patético, da piedade, do terror. A emoção se dá imediatamente em outro nível, na apreciação de uma interpretação que deve conduzir à leitura de verdades. Na pior das hipóteses, ela é supérflua; na melhor, ela é útil à revelação intelectual. Quanto ao prazer em si, ele é reservado ao vulgar, isto é, ao bulevar. É em *Fedra* (1677), e não em uma daquelas "peças recentes, feitas especialmente para ela pelos autores da moda", que o rapaz quer ver a Berma a qualquer preço[1].

Entretanto, é essa palavra, "prazer", que retorna em todas as passagens de Marcel Proust que se referem ao espetáculo. Esse prazer é sobretudo o do espectador, de sua expectativa ansiosa, febril, ardente: diante dos cartazes anunciando o espetáculo, na pequena praça adjacente ao teatro, perante os bilheteiros, na sala, depois dos três sinais, e mesmo durante as primeiras cenas que precedem a entrada da estrela, o evento propicia uma emoção mais e mais forte, comparável àquela que "sinais vindos do Planeta Marte" poderiam produzir. Esse prazer fantasmático, que culmina na erotização imaginária da estrela (sua chegada em uma carruagem, Vênus com seu casaco de pele seduzindo e desprezando a multidão, o prazer que lhe dão seus muitos amantes), é no entanto frustrado pelo desempenho da Berma: em busca de efeitos de sentido, produzidos por entonações inteligentes e inspiradas, que lhe fariam compreender melhor, ou compreender de outra forma, passagens como a declaração de Fedra a Hipólito, o narrador não percebe senão uma "melopeia uniforme", "aplainando" a poesia de Racine. O jovem precisará de três discursos sucessivos para experimentar, *a posteriori*, uma emoção inicialmente neutralizada: o do diplomata, o Marquês de Norpois, que, na mesma noite, explica como a representação da Berma atinge a perfeição clássica da simplicidade; o do pin-

---

1. PROUST, M. *À la recherche du temps perdu* (1913-1927). T. 2. Paris: Gallimard, 1988 [Col. "Bibliothèque de la Pléiade"] [*Em busca do tempo perdido*. Rio de Janeiro: Nova Fronteira, 2016].

tor Bergotte, que, bem mais tarde, compara o gestual da atriz ao da estatuária antiga; o do dândi, Swann, que comenta a descoberta de tal entonação, plena de "justeza imprevista"[2]. Por fim, longe de servir necessariamente à verdade, o teatro age como um provedor de emoções: antes da representação, em virtude de sua função social; durante, mesmo quando o desempenho deixa o espectador aparentemente insensível; depois, quando a memória, enriquecida por essa ou aquela análise, permite ao sujeito reviver, às vezes de maneira diferente, às vezes mais fortemente, um momento do espetáculo inicial.

As grandes atrizes da *Belle Époque*, Réjane e Sarah Bernhardt, foram os modelos da Berma. O que as páginas de Proust ainda evocam é o funcionamento de um *habitus* teatral que se apoia então nessas estrelas. Sem desaparecer definitivamente, tal modelo é fundamentalmente questionado desde os anos de 1880 pelo surgimento da *"mise en scène"* [direção de cena], que acontece na França com o naturalismo de André Antoine e o simbolismo de Aurélien Lugné-Poe. A fórmula *"mise en scène"* (em inglês ou em alemão, p. ex., falam de *stage direction* ou de *Regie*) existe há várias décadas, mas seu uso só se espalha com as revoluções estéticas naturalistas e simbolistas. Antoine é muitas vezes considerado o primeiro *metteur en scène* [diretor] da história. Ele adapta para o teatro a um só tempo o método científico e certos romances de Émile Zola. Em seu trabalho, o senso de observação e de experimentação aplica-se tanto à interpretação do ator quanto à construção dos cenários. Saem os cenários de pasta de papelão, entram a reconstrução dos lugares com materiais reais. Sai a condição de estrela, entra um grupo de atores impregnados das condições materiais de existência de seus personagens. A emoção não pode mais nascer de uma empatia moral, de um efeito de catarse ou de um tremor na voz: ela é de imediato social, política, ligada às injustiças de que são vítimas os personagens do drama e que se esforçam para respeitar, em uma realidade bruta e brutal, as condições da representação.

---

2. Ibid.

Bem diferente é o efeito buscado pela estética simbolista. Entre a poética do indizível de Stéphane Mallarmé, os dramas estáticos e os pensamentos fragmentários de Maurice Maeterlinck, a prática de Aurélien Lugné-Poe, as diferenças são grandes: não existe, estritamente falando, uma concepção global do teatro simbolista. Mas o efeito de transcendência lhes é comum: a realidade sensível é aqui apenas a ilusão de uma realidade espiritual superior, sublime, inconsciente ou silenciosa. Desse modo, se o desempenho teatral deve se colocar ao serviço de um texto lírico, se o despojamento do tablado deve servir à busca de um espaço vazio para a voz, a cena não deve ser menos construída: do simbolismo vêm as cenografias imponentes, puras, verticais, a autonomia da imagem cênica em relação a qualquer lei mimética, e é nesse sentido que a emoção alcança uma dimensão sacra e metafísica. Trata-se, portanto, de impressionar o espectador, de deixá-lo, quase literalmente, sem voz. A finalidade vai muito além da ordem do humano que, situação-limite e paradoxal, alguns como Maeterlinck procuram substituir o ator pela marionete ou pelo androide: a emoção não seria mais então o objeto de uma partilha sensível entre o ator e o espectador.

Majoritariamente, porém, nesses anos de nascimento do cinema, o teatro continua sendo o lugar da presença, muitas vezes considerada mágica, do ator. No ator e pelo ator podem culminar os efeitos acumulados do texto, do cenário e da direção, susceptíveis de tocar o espectador. Autor de tratados e de antologias, e sobretudo do primeiro ensaio dedicado à direção, fervoroso admirador da Comédie-Française e um severo mas atento crítico do naturalismo, Louis Becq de Fouquières descreve assim esses momentos excepcionais:

> Uma agitação profunda e deliciosa invade todo nosso ser, uma angústia inquieta, ofegante, nos estreita, semelhante à emoção do amante que descobre um sinal adorado; uma necessidade de ar e de espaço infinito parece nos erguer, como esses sonhos que nos dão asas; então a esta volúpia estranha e rápida segue um enternecimento que se resolve em lágrimas, e logo a lassidão que segue este momento de supremo prazer nos permite medir a potência da comoção que estremeceu todo nosso ser[3].

---

3. FOUQUIÈRES, L.B. L'Art de la mise en scène, essai d'esthétique théâtrale (1884). Marseille: Entre/vues, 1998, p. 128.

Uma "sensação real e bastante orgânica" dá acesso a uma "emoção verdadeira"[4]. O propósito de Becq de Fouquières é certamente moralista, idealista e didático. Nesse sentido, ele compartilha algumas de suas pretensões com o sistema desenvolvido por Constantin Stanislavski, na Rússia, no início do século XX, para elaborar à perfeição a interpretação do ator.

"No limiar do subconsciente"

Para Stanislavski, contemporâneo da abolição da escravidão, próximo dos círculos pré-revolucionários, a missão sagrada do teatro é educar e até mesmo "reeducar" o público[5]. Isso envolve um novo repertório, uma concepção artística de espaço, da iluminação e da sonoplastia e, acima de tudo, uma elevação da interpretação do ator ao nível dos papéis densos e sublimes da literatura. Aqui nos deparamos com a exigência fundamental de Stanislavski, para a qual ele desenvolve um método que tornará sua trupe muito famosa e se disseminará, para além das fronteiras, não sem alterações, pelas escolas de teatro e cinema do mundo todo, impregnando em particular os atores do Actors Studio, fundado por Lee Strasberg, de Marlon Brando ou Marilyn Monroe a Nicole Kidman ou Robert De Niro. O pivô desse procedimento é a emoção. Stanislavski pede a cada ator que experimente a emoção a um só tempo a mais justa e a mais intensa, e que possa experimentá-la a cada noite, a fim de transmiti-la ao público, mesmo depois da centésima representação. Para isso, o ator deve se tornar um verdadeiro criador. Ele deve "sentir o papel", "reproduzir instantânea e exatamente os sentimentos mais delicados e mais sutis", até as "raízes profundas do inconsciente": "Nossa criação é a concepção e o nascimento de um novo ser: o personagem. É um processo natural semelhante ao nascimento de um ser humano"[6]. E é por isso que Stanislavski rejeita ferozmente tudo o

---

4. Ibid., p. 129.
5. STANISLAVSKI, C. *Notes artistiques* (1907-1913). Belval: Circé, 1997, p. 43.
6. STANISLAVSKI, C. *La formation de l'acteur* (1938). Paris: Payot, 1963, p. 22-23 e 308 [*A preparação do ator*. Rio de Janeiro, Civilização Brasileira, 1994].

que tem relação com o efeito teatral: "No teatro, eu detesto o teatro", escreve ele em suas *Notas artísticas* (1907-1913)[7].

Como chegar a esse nascimento? Stanislavski conclama o ator a esquecer as formações tradicionais para se abrir a um método "psicotécnico" apoiado em uma série de princípios que se encadeiam. No palco, cada ator deve permanecer o tempo todo em atividade, sendo nisso auxiliado por suas faculdades de imaginação, de concentração e de relaxamento. A imaginação, em particular, deve despertar "emoções reproduzidas indiretamente sob a impulsão de verdadeiros sentimentos profundos". Esses sentimentos profundos e verdadeiros, o ator só pode buscá-los no "limiar do subconsciente". O que Stanislavski chama de "memória afetiva" entra em jogo aqui. Nenhuma improvisação, nenhum nascimento de um papel pode advir sem que se recorra à própria experiência interior. É porque cada ator viveu uma alegria tão intensa ou uma dor tão forte que ele será capaz de irradiar seu papel por uma impulsão verídica, porque pessoal: "Nossas emoções artísticas se escondem nas profundezas de nosso ser, como bestas selvagens. Se elas não vierem à superfície por si mesmas, você não conseguirá tirá-las do esconderijo. Terá que encontrar uma armadilha, um 'artifício' para atraí-las". Somente assim cada ator poderá "dar uma alma" ao personagem. Somente se cada ator da trupe agir assim que uma confiança mútua surgirá e transformará a "imaginação criativa" de cada um em "equivalente poético" universal. Embora esse método, sem jamais mencionar Freud, deva muito às reflexões da época sobre o inconsciente, o mágico, o inimaginável ou o incomunicável, nem por isso deixa de permanecer muito realista. Pois os milagres da imaginação devem ser medidos por uma leitura precisa e objetiva do papel. Cada ator deve dividir a peça inteira em sequências, correspondentes a diferentes objetivos, a serem alcançados durante cada entrada em cena. O conjunto desses objetivos forma "a linha de comportamento do personagem": "Se conseguirmos nos colocar em um estado inteiramente natural e relaxado, então fluirá das profundezas de nós mesmos um fluxo de intuição criativa que irá encantar o público"[8].

---

7. STANISLAVSKI, C. *Notes artistiques*. Op. cit., p. 113.
8. STANISLAVSKI, C. *La formation de l'acteur*. Op. cit., p. 57, 192, 150 e 236-237.

Comover para responsabilizar

Encantar o público? É tudo o que Bertolt Brecht vai recusar. Esse encantamento, para ele, nada mais é do que uma forma de cegueira, de enfeitiçamento, de hipnose. Ele produz nos espectadores emoções controladas. "Olhar e escutar são atividades que às vezes trazem prazer", mas os espectadores imersos, acalentados e encantados pela ilusão, "parecem desobrigados de toda atividade e como se fossem pessoas com as quais fazemos qualquer coisa"[9]. Brecht busca tornar os espectadores mestres de sua experiência estética e atores de sua vida social. A escrita do espetáculo deve permitir que cada um se desfaça de qualquer ideia de destino. Assim, que lhes contemos a resistível ascensão de Arturo Ui, alegoria da ascensão do fascismo, ou a luta de dois homens na selva das cidades, para retomar dois títulos entre as muitas peças de Brecht[10], nunca os espectadores devem ser entregues à ideia de uma fatalidade anistórica que pesaria sobre a condição da humanidade. Pelo contrário, é por um despertar, por uma tomada de consciência, por uma desalienação que o teatro deve trabalhar. Por esta razão, Brecht construiu pouco a pouco uma estética geralmente conhecida com o nome de efeito de distanciamento, uma tradução delicada da palavra alemã *Verfremdungseffekt*, literalmente "efeito de estranhamento". Brecht define o distanciamento assim: "Uma reprodução que distancia é uma reprodução que, é claro, faz reconhecer o objeto, mas ao mesmo tempo faz com que ele pareça estranho"[11]. Os meios estéticos são diversos. Os mais conhecidos estão relacionados a um processo de interrupção da narrativa. Durante o espetáculo, muitas e muitas vezes, um evento estético vem interromper a ação dramática: cantores e músicos entoando uma melodia popular, contrarregras trocando o cenário à vista de todos e com roupa de trabalho, projeção de imagens cinematográficas, desfiles de letreiros ou de cartazes... cada manifestação dá um contraponto realista à narrativa, quebrando toda esfera ou bo-

---

9. BRECHT, B. *Petit organon pour le théâtre* (1948). Paris: L'Arche, 1978, § 26.
10. BRECHT, B. *La résistible ascension d'Arturo Ui* (1958). In: *Dans la jungle des villes* (1923).
11. BRECHT, B. *Petit organon pour le théâtre*. Op. cit., § 42.

lha ilusória, convidando os espectadores a refletirem sobre esse choque entre uma representação e seu distanciamento. Brecht, forçado ao exílio desde 1933, só conseguiu verdadeiramente aplicar seu método depois da Segunda Guerra Mundial, só então suas ideias se espalharam consideravelmente. A difusão dos espetáculos da trupe dirigida por Brecht no Berliner Ensemble, em Berlim Oriental, suscitou consideráveis reações teóricas e práticas. Em junho de 1954, durante a primeira representação de *Mãe Coragem* no Festival Internacional de Paris, que se tornaria o Teatro das Nações, espectadores como Roland Barthes se disseram literalmente "incendiados" por um espetáculo que revolucionaria sua maneira de ver e pensar o teatro[12]. Nas décadas que se seguiram, o teatro foi brechtiano ou não era teatro. Do ponto de vista dos oponentes, o teatro brechtiano era ao mesmo tempo militante demais e intelectual demais: costuma-se dizer que ele não deixava espaço para a emoção. Mas, o nascimento de uma ideia não pode também ser a fonte de uma emoção? Espectadores "incendiados" não ficaram profundamente abalados com o modo de interpretação e de apresentação aos quais tinham assistido? Brecht não recusava a emoção; ele procurava criar nos espectadores uma relação racional com as emoções experimentadas, para que pudessem utilizá-las. Deve-se notar também que o processo de interrupção atravessa a interpretação e o corpo do próprio ator. Para Brecht, era comum, durante os ensaios, mudar a distribuição dos atores várias vezes, cada ator sendo então capaz de perceber os diferentes papéis a partir de seu próprio ponto de vista. Brecht também não hesitava em fazer com que um ator desempenhasse um papel do sexo oposto, não ou não apenas por preocupação estética com o travestimento, mas para revelar mais claramente, por um processo de contradição interna, a construção do personagem. Ou ainda, ele não utilizava a caracterização típica: um papel cômico podia ser interpretado de maneira trágica, e *vice-versa*. Sempre, tratava-se para ele de expor o papel e não de interpretá-lo – de dirigir um olhar crítico ao personagem e não de defendê-lo.

---

12. "Vingt mots-clés pour Roland Barthes" (1975). In: BARTHES, R. *OEuvres completes*. T. 4. Paris: Seuil, 2002, p. 868.

O teatro brechtiano tornou-se assim a referência do teatro político no século XX. Outras experiências também merecem destaque: durante o período entreguerras, Erwin Piscator na Alemanha ou o Grupo de Octobre na França; depois da Segunda Guerra Mundial, as peças engajadas de Jean-Paul Sartre e de Albert Camus, o Teatro nacional popular de Jean Vilar, o movimento dos *angry young men* [jovens revoltados] na Inglaterra, culminando com Edward Bond, ou ainda o Teatro do Oprimido do brasileiro Augusto Boal... Mas as emoções que tomam conta de um mundo que conhece e descobre, pouco a pouco, a ascensão do fascismo e do nazismo, a ditadura stalinista, os campos de concentração e de extermínio, o uso da bomba atômica, a Guerra Fria e sua cortina de ferro, as guerras de descolonização, não podem ser satisfeitas com concepções exclusivas ou fortemente materialistas da revolta, da reivindicação ou da revolução. Assim, cada vez mais fortemente, a partir de 1945, a dimensão orgânica do trabalho teatral invadirá os palcos, as praças públicas, os edifícios abandonados. Tratar-se-á de "fazer teatro com tudo", como dirá o diretor Antoine Vitez, e fazer teatro em todos os lugares. Uma trupe como a Living Theater, nos Estados Unidos, sai às ruas, milita contra a Guerra do Vietnã, adota a forma da *performance* para dirigir-se a esse público composto de transeuntes, convidados a reagir, a improvisar. A abolição potencial da fronteira entre o ator e o espectador abre o caminho ao espontaneísmo e à expressão de todas as formas de emoção. Nesse contexto, o teatro não é mais sistematicamente a encenação de um texto escrito. Esses grupos, esses coletivos, cujos membros geralmente moram juntos, ensaiam menos as peças do que se entregam aos exercícios de experimentação, de *training*, de teste dos limites impostos ao corpo e às emoções pelos modos dominantes de expressividade. A reivindicação política torna-se também uma reivindicação física, sensorial e espacial, no interior da qual, no espírito das contraculturas dos anos de 1960, a expressão das emoções individuais aspira ao seu contágio para libertar as emoções coletivas. E a própria política é teatralizada. É desse modo que, em 1968, duas concepções de teatro político se confrontam no Festival de Avignon. O Living Theater, convidado por Jean Vilar, decide sair das salas designadas pela programação. As mensagens de desordem gritadas na cidade dos papas assustam até o próprio Jean Vilar, comparado pelos manifestantes, só por conta da rima, ao ditador português Salazar: o diretor de esquerda, contrário ao General de Gaulle algumas semanas antes, chama a polícia para expulsar a trupe americana de Avignon.

A teatralidade está, portanto, em toda parte. Ela deriva das ambições expressivas desses coletivos que consideram a ordem mundial intolerável e procuram confrontar com seus modos de pensar – muitas vezes comunitários, igualitários e pacíficos – os espectadores que não necessariamente ainda estão aguardando nos teatros, mas que esses coletivos vão procurar em seus *habitats*: em seus lugares de vida e de passagem.

A utopia sublime: a crueldade

Tal libertação do corpo no espaço não é indiferente ao pensamento de Antonin Artaud. É esse pensamento que pouco a pouco, paralelamente ao de Brecht, irrigou grande parte da criação teatral da segunda metade do século XX. Antonin Artaud morreu em 1948, aos 51 anos, próximo do surrealismo, mas louco demais para não sofrer a excomunhão de um movimento que ele considerava como um "blefe", escreveu poemas, cartas, ensaios; desenhou muito, associando em suas páginas palavras e imagens; compôs uma peça *Os Cenci* (1935), representou nos palcos e na tela, dirigiu; mas, durante sua vida, ele não realizou quase nenhuma de suas proposições teóricas para o teatro. É mais pela força e pela energia de suas formulações, sua dimensão indiferentemente poética, mágica ou histórica, que ele revolucionou o mundo da criação e, na medida em que tudo em seus escritos implica, impõe, desarranja o corpo, o da própria criação teatral.

Uma sessão, no entanto, permaneceu mítica. Em 13 de janeiro de 1947, um ano antes de morrer, alguns meses depois de ser liberado de uma permanência de dez anos em hospital psiquiátrico, Artaud toma a palavra no teatro do Vieux-Colombier, em Paris. O sarau é intitulado: "História vivida de Artaud-Momo. Cara a cara por Antonin Artaud". Na multidão, Artaud procura comunicar-se com cada um, e se ele se diz Momo é porque também já se reconheceu em Deus, no Revelado, em "Antonin Artaud da eternidade". Assim, não é sua vida que ele declama, mas suas vidas, como poemas, conduzindo sua voz ao grito e aos últimos dilaceramentos dos agudos. A sala está lotada e o público eletrizado. Os amigos estão lá, mas também André Gide, André Breton ou Albert Camus. Maurice Saillet atesta: "Quando começou a recitar com sua voz rouca, entrecortada por trágicos soluços e pela gaguice, seus belos poemas quase inaudíveis, sentimo-nos arrastados para a zona perigosa, e de certa forma refletidos por esse sol negro, conquistados por essa 'combustão generalizada' de um corpo exposto às chamas do espírito"[13]. Haverá, em 1954, o incêndio de Brecht; houve então, desde 1947, a combustão Artaud. Seus traços podem ser encontrados no programa de rádio "Para acabar com o julgamento de Deus", gravado alguns meses depois e censurado até 1973.

Artaud se dedicou a dar existência à linguagem. Para ele, a poesia e a literatura só tinham sentido e vida quando postas em ação, respondendo ao "desenraizamento do ser" primordial. Isso foi transcrito por meio de uma explosão das formas na página, dos sons na linguagem, das linhas e das listras nos traços dos desenhos, até a desagregação das unidades formais, a criação de significantes desconhecidos, para além dos limites do sentido e da representação. Ir além das formas pelas forças é fazer uso da crueldade, o modo sublime da emoção. Ninguém foi mais exitoso do que Vincent van Gogh, esse *suicida da sociedade*, "o único que, absolutamente o único, foi absolutamente além da pintura, o ato inerte de representar a natureza para, nessa representação exclusiva da natureza, fazer jorrar uma força rodopiante, um elemento arrancado em pleno coração". A crueldade não é ou não é somente sádica, violenta e sanguinária: "Emprego a palavra crueldade no sentido de apetite pela vida, pelo rigor cósmico e pela necessidade implacável, no sentido gnóstico de turbilhão de vida

---

13. Comentário publicado em ARTAUD, A. *OEuvres*. Paris: Gallimard, 2004, p. 1.190.

que devora as trevas, no sentido dessa dor fora da necessidade inelutável da qual a vida não poderia se exercer; o bem é desejado, é o resultado de um ato, o mal é permanente"[14].

A esses atos, Artaud muitas vezes deu o nome de teatro. Foi assim que ele trabalhou para uma teatralidade das emoções, no teatro, mas também na página ou no desenho. Essa teatralidade não é a do teatro ocidental. Quando, em 1931, assistiu a uma representação de teatro balinês, como parte da Exposição Colonial de Paris, definitivamente abalado por essa "tempestade física" e por essa "pulverização de espírito"[15], Artaud começou a elaborar uma estética teatral que se opõe à grande tradição do teatro ocidental – ou melhor, ao que ela teria se tornado. O teatro puro, aquele dado como modelo pelos balineses, não será um teatro de texto; ele recorrerá à dança, à mímica, à música, à plástica dos trajes e da maquiagem; exaltará a vida sob uma forma mágica, cerimonial e sacrificial; desenvolverá recursos corporais e vocais ignorados. E não necessariamente será representado nos teatros, pelo menos não nos teatros construídos segundo uma relação frontal:

> Suprimimos o palco e a sala, que são substituídos por um tipo de lugar único, sem divisória, nem barreira de qualquer tipo, e que se tornará o próprio teatro da ação. Uma comunicação direta será restabelecida entre o espectador e o espetáculo, entre o ator e o espectador, porque o espectador colocado no meio da ação é envolvido e percorrido por ela[16].

Intimidades, intimações

Esse ator atormentado, capaz de comunicar uma força vital ao espectador transido, cercando ou cercado pelo público, será, por exemplo, o de Jerzy Grotowski. Quando o mestre polonês cria *O príncipe constante*, em 1965, e

---

14. Ibid., p. 1.455 e 567.
15. Ibid., p. 563.
16. Ibid.

o apresenta no ano seguinte, no teatro do Odeon, em Paris, os espectadores, cujo número havia sido limitado, não se acomodam na sala, mas sobem em um tablado: estão empoleirados em uma espécie de caminho de ronda e veem como se fosse em um pátio, em um nível inferior, o espetáculo de um jovem curvado cantando uma melodia rouca, os golpes se abatendo sobre suas costas nuas... Para outro espetáculo, *Kordian* (1962), atores e espectadores, indiferentemente, deitam-se em camas de metal de um asilo de alienados. A emoção nasce assim de uma posição voyeurista ou de um compartilhamento das condições de internamento. Ela é transmitida pela interpretação sacrificial do ator de Grotowski, forjada pelos exercícios diários que foram experimentados no interior de uma companhia que o mestre polonês chama de "Laboratório". Grotowski leva ao extremo a "psicotécnica" de Stanislavski: "Tudo se concentra no amadurecimento do ator que se revela por uma tensão que caminha para o extremo, por um completo despojamento, pela exposição de sua própria intimidade – tudo isso sem egotismo ou autodeleite. O ator oferece uma doação total de si mesmo". Essa prática, absolutamente centrada no ator e no contato que ele pode oferecer ao espectador, é o que Grotowski chama de "teatro pobre". O "teatro pobre" renuncia aos artifícios, que ele deixa para o cinema ou para outros meios modernos de comunicação. Não há qualquer efeito de luz ou de som, nem mesmo uma máscara, à qual sempre será preferido um trabalho no rosto: "A composição de uma expressão fixa do rosto pelo uso apenas dos músculos e de outras impulsões do ator produz um efeito de transubstanciação"[17]. A forte emoção provocada pelos espetáculos de Grotowski decorre desse trabalho incansável dos atores sobre sua própria intimidade, dado aos espectadores em uma intimidade não menos marcante. A medida ideal do teatro, para Grotowski, é um ator para dez espectadores. Conhecemos teatro mais rentáveis...

Para Tadeusz Kantor, igualmente, a medida deve ser reduzida. É compreensível, por todas essas tentativas, que o teatro, para fazer circular a emoção, não deve mais ser espetacular, grandioso, dirigir-se à multidão com uma estética

---

17. GROTOWSKI, J. *Vers un théâtre pauvre* (1968). Lausanne: L'Âge d'Homme, 1971, p. 14 e 19.

sublime. É, ao contrário, dirigindo-se a cada um, e em cada um ao que há de mais íntimo nele, que o teatro pode dar origem a uma emoção verdadeira, e viva. Existe nisso algo de político e de histórico. É por meio de um senso do contato íntimo, do toque clandestino, que a emoção se descobre, ali onde ela não é mais do que um artefato limitado pela estetização maciça da "sociedade do espetáculo"[18] ou pela ideologização própria aos regimes ditatoriais. Não é irrelevante que Grotowski e Kantor, que tomamos aqui como exemplos, apesar de suas estéticas tão contrastantes, tenham vivido e trabalhado na Polônia nos quarenta ou cinquenta anos do pós-guerra. Na Polônia: nesse país historicamente dilacerado entre diferentes potências europeias, desmembrado e dividido pela Alemanha e pela União Soviética, sede de tantos campos de concentração e de extermínio. É o que um espetáculo como *Wielopole, Wielopole* (1980) apresenta, à sua maneira fragmentária, caótica e simbólica. Kantor não tem resposta para o desmembramento de um país e das famílias que o compõem – especialmente de certas famílias que, como a sua, tinham um ramo católico e um ramo judaico. Por isso sua narrativa não será nem linear, nem exaustiva, nem demonstrativa. Ela evoca uma pequena cidade na Polônia, a dele, uma família, a dele, um exército, o de seu país, alguns símbolos políticos e religiosos, todos sem voz e sem vida, como *ready-made*, esses objetos emprestados da realidade industrial e reciclados na perspectiva de um olhar estético. E é porque os atores jogam com sua faceta de *ready-made* que a emoção mais viva nasce no público. Quase todos os atores têm um duplo, uma marionete em tamanho real, em *A classe morta* (1975), outro espetáculo culto de Kantor, em que cada personagem carrega a marionete que o representa quando criança. Com sua maquiagem severa, sua interpretação mecânica, os atores desarranjam a tal ponto a percepção dos espectadores que estes nem sempre sabem se estão lidando com o original ou com a cópia. A réplica assombra o ser, o morto assombra o vivo, o *nonsense* assombra o sentido, e esses frêmitos tocam na raiz de uma emoção

---

18. DEBORD, G. *La société du spectacle*. Paris: Buchet/Chastel, 1967 [*A sociedade do espetáculo*. Rio de Janeiro: Contraponto, 1997].

situada entre o imóvel e o movimento – entre o destino e a liberdade. É nessa tensão entre presenças abandonadas e desvinculadas, uma tensão repetida, variada e ritmada ao longo do espetáculo, projetada sobre diferentes figuras e apoiada por diferentes músicas, que a emoção se experimenta. "Você sabe", diz Kantor em uma entrevista, "a emoção não está no momento em que nós representamos: a emoção está *entre* os elementos. Essa emoção é o confronto das situações, dos elementos, das sequências. Não são os atores que dão essa emoção. Eles se contentam em representar exatamente", e ele ainda acrescenta: "não psicologicamente"[19]. Estamos nos antípodas da emoção stanislavskiana. A emoção "entre os elementos" é um verdadeiro evento fenomenológico: ao mesmo tempo sensível e inteligível, uma verdadeira "doação de sentido". Provocada por imagens dialéticas, por uma temporalidade pulsativa, por jogos de intensidades, Kantor, sempre presente no palco para tocar um ator ou relançar um movimento, a conduz "até a exaustão e... às lágrimas"[20].

"Aquém ou além da histeria"

> O sonho no teatro é realmente a emoção. Não devemos nos esquecer de Brecht porque ele estava certo. Mas ao mesmo tempo chegar à emoção. Caso contrário, o teatro não vai dar certo. É preciso uma simplicidade comovente... Não mais se contentar com as "belas encenações" [...] é preciso que o teatro passe pelas lágrimas [...] é preciso esse abandono[21].

Lágrimas, mais uma vez. Mas lágrimas que dão razão a Brecht. Lágrimas cuja fonte não poderia ser uma forma de ilusão dramática, uma carga patética, um artifício espetacular, um "fascismo teatral"[22]. Embora seus registros sejam os do enigmático, do imperceptível e do inexplicável, Klaus Michael Grüber

---

19. KANTOR, T. "Kantor-présent" (1981). In: *Entretiens*. Paris: Carré, 1996, p. 56.
20. KANTOR, T. "La mémoire" (1989?). In: *Écrits 2*. Besançon: Les Solitaires Intempestifs, 2015, p. 337.
21. Apud BANU, G. & BLEZINGER, M. (dirs.). *Klaus Michael Grüber – Il faut que le théâtre passe à travers les larmes*. Paris: Éd. du Regard, 1993, p. 8.
22. GRÜBER, K.M. "Paroles en répétitions" (1984). In: Ibid., p. 61.

nem por isso deixa de reivindicar uma forma de distanciamento. Na Schaubühne, a grande instituição de Berlim Ocidental, havia, nos anos de 1970, Peter Stein e Grüber. Stein ou o domínio absoluto da libertação do sentido, a dramaturgia do texto levada ao seu mínimo detalhe, espetáculos em que cada elemento contribui para o estabelecimento coerente das significações. Grüber ou caos aparente, o *nonsense*, a loucura, a desmedida. Quando Grüber monta *As bacantes* de Eurípides, em 1974, Dioniso abre a peça nu e amarrado a uma cama de hospital; o coro desmonta o tablado para revelar uvas, saladas, fumaça e dois protagonistas cobertos de argila; depois homens com máscaras de esgrima e coletes fluorescentes dirigem uma máquina de lavar que limpa o palco em alguns instantes; outros corpos estão untados com lama, mel e sangue falso. A estranheza das máscaras e dos rostos, as discrepâncias entre as diversas ordens da representação, a loucura alternadamente codificada e furiosa das expressões, o ritmo marcado pelas caudas dos dois cavalos presentes durante todo o espetáculo no fundo do palco, tudo é feito para surpreender o espectador e para desnaturalizar a representação. Cabe a um espectador brechtiano, Bernard Dort, dizer: "Este teatro exclui todo o espetacular, todo o *pathos*, até mesmo toda interpretação (no sentido de encarnação e despossessão de si mesmo): ele está aquém ou além da histeria, ele não exige a identificação, ele a substitui pelo espanto"[23]. Poderíamos dizer que se há empatia, captura e fascinação, elas não são aqui da ordem do psicológico, mas puramente do estético. Essa recusa da expressividade psicológica é, aliás, o que os atores de Grüber sempre priorizam. Angela Winckler, por exemplo, explica que "Grüber 'esvazia' os atores, ele os desnuda. No ensaio, com muita cautela, ele começa a puxar o tapete sob os pés até que eles não saibam mais nada"[24]. Pois é perdendo essas referências que os atores extraem a verdade de uma emoção. "Esvaziem-se!" "Não se construam!" "Sejam sem significação!" Essas são as indicações que Grüber dá

---

23. DORT, B. "Le 'geste latéral' de Klaus Michael Grüber". In: *Le spectateur en dialogue*. Paris: POL, 1997, p. 215.
24. WINCKLER, A. "Être simple et fière". In: BANU, G. & BLEZINGER, M. (dirs.). *Klaus Michael Grüber*. Op. cit., p. 93.

aos seus atores[25]. Toda sua concepção da presença cênica baseia-se no despojamento, na rejeição dos efeitos e do exagero, da exibição de um suposto saber, das efusões românticas e do sentimentalismo – da expressividade artificial que supostamente é o ofício do ator.

Em uma oficina com alunos-atores no Conservatório Nacional de Artes Dramáticas de Paris, em 1998, Grüber explicava a uma jovem atriz: "É se retirando que você cria a atenção, não apoiando"[26]. O paradoxo teatral está nisso: é aquilo que se retira que atrai, como é o silêncio que cria, e produz uma emoção tanto mais forte porque seus sinais não são dados pela cena. Aqui começa todo um trabalho contemporâneo em que a questão da produção das emoções se articula àquela de uma nova interrogação dos modos de percepção.

No limiar da percepção

É um traço característico de muitas estéticas teatrais, entre as mais marcantes, a partir dos anos de 1970: em oposição a uma concepção espetacular da produção e da representação das emoções no teatro (a figuração expressiva da emoção no ator implicaria um efeito emocional simétrico e proporcional no espectador), em uma rejeição do que os profissionais geralmente designam com o termo pejorativo de *pathos*, muitas formas teatrais trabalham para a criação de uma emoção de um outro tipo, e igualmente efetiva. Essa emoção não coincide nem com sua representação nem com sua expressão; não se apoia em efeitos patéticos; constrói-se subterraneamente, no tempo e no íntimo do espectador; é suscitada, paradoxalmente, por sua moderação; é elaborada "na retaguarda", ou indiretamente.

Transcendendo a oposição entre identificação e distanciamento, entre captação e interrupção, tais encenações agem para desarranjar as faculdades de

---

25. Apud BANU, G. & BLEZINGER, M. (dirs.). *Klaus Michael Grüber*. Op. cit., p. 105-110.
26. *L'Homme de passage* – Le metteur en scène Klaus Michael Grüber [Documentário realizado por Christoph Rüter, 1999].

percepção dos espectadores, a fim de rearranjar as modalidades de sua implicação emocional. Elas criam distâncias com os espectadores, que, paradoxalmente, agem sobre as vontades de captação; elas impõem presenças que, paradoxalmente, agem sobre sua própria neutralização ou sobre sua própria suspensão. A fórmula empregada pelo filósofo e historiador de arte Georges Didi-Huberman para qualificar os efeitos produzidos por obras minimalistas como as de Donald Judd ou Tony Smith, "inquietar a visão"[27], é bem apropriada aqui, se a compreendermos no registro da audição e talvez também do tato.

Uma obra como a de Samuel Beckett, deslocando e prolongando nos quadros do palco e da tela um certo número de figuras como o *nonsense*, a elipse, a fragmentação, a subtração, a minimização, que ele inaugurou em seus romances e em suas peças de teatro dos anos de 1950, pode ser considerada como na origem dessas inquietudes visuais e auditivas. Devemos também pensar nos primeiros espetáculos de Bob Wilson, como *O olhar do surdo* que, em 1971, deu origem à famosa carta aberta de Louis Aragon a André Breton, que morreu cinco anos antes. Como Saillet, Barthes e Dort antes dele, Aragon testemunha um verdadeiro choque estético, curiosamente menos visionário do que anacrônico:

> [*O olhar do surdo*] é tanto a vida desperta quanto a vida de olhos fechados, a confusão que se faz entre o mundo de cada dia e o mundo de cada noite, a realidade misturada ao sonho, o inexplicável de tudo no olhar do surdo; o que nós, de quem nasceu o surrealismo, sonhamos que surgiria depois de nós, para além de nós[28].

A duração estendida que desrealiza, a estranheza que ela induz, assim como a lógica de desfecho onírico ou autístico da qual ela pode participar, capturam as faculdades cinestésicas dos espectadores e, ao deslocar sua atividade perceptiva de reconhecimento, os conduzem a um investimento projetivo. A desnaturalização exige uma observação associada a uma imersão. Ela permite o acesso a uma visibilidade aumentada do movimento e a uma ativação do

---

27. DIDI-HUBERMAN, G. *Ce que nous voyons, ce qui nous regarde*. Paris: Minuit, 1992, p. 51.
28. ARAGON, L. "Lettre ouverte à André Breton sur *Le Regard du sourd*, la science et la liberté". In: *Les Lettres Françaises*, 01/06/1971.

imaginário. Podemos falar aqui de efeitos quase-hipnóticos (*quase*, vamos ser claros, pois a natureza de uma *performance* teatral nunca é equivalente a uma situação de indução hipnótica) – quando Gilles Deleuze, sobre Beckett, falava de efeitos de esgotamento.

É em Claude Régy que esse trabalho sobre os limiares da percepção é levado ao seu máximo. A fraca iluminação que sobe lentamente depois de uma longa escuridão inicial, o ritmo lancinante das repetições verbais (aquelas, p. ex., dos textos de Nathalie Sarraute ou de Marguerite Duras), a estranha acentuação das sílabas bíblicas (nas traduções que ele pede a Henri Meschonnic), a lentidão das enunciações e dos deslocamentos, dos quais emergem apenas raros gritos ou gestos bruscos como outras tantas fulgurâncias, tudo em Régy favorece a emoção de uma violência fria, contida, sempre no limite intolerável da razão e da vida. "Tento criar nos atores estados muito mais ricos, mais desenvolvidos, mais excessivos, que passam por dilaceramentos que sempre têm tentáculos para a morte e a loucura: essas são as duas maneiras de cruzar nossos limites", diz Régy. Assim, o ator não domina um papel. O ator é um meio: "Costumo dizer que preferiria que falem de 'passadores', de pessoas que passam a substância da escrita para o mental dos espectadores"[29]. Aqui, novamente, a emoção não é da ordem do psicológico: Régy pretende restituir, mais amplamente, aquela que subtende a escrita, mesmo nos momentos da criação.

Políticas da emoção

> O Estado tem de compreender que ele deve subvencionar a arte precisamente porque ela é um elemento de contestação, porque é o oposto do Estado, a subversão mesma, a inversão dos valores, e é por essa razão que a arte é indispensável e não para servir para difundir uma falsa cultura em uma massa que é privada justamente de seu pensamento criativo e de sua liberdade de julgamento[30].

---

29. RÉGY, C. *Espaces perdus* (1991). Besançon: Les Solitaires Intempestifs, 1998, p. 87.
30. RÉGY, C. *L'Ordre des morts*. Besançon: Les Solitaires Intempestifs, 1999, p. 61.

Cabe a Régy, por vezes chamado de metafísico, proferir essa frase fiadora do compromisso secular de qualquer obra teatral, a partir do momento em que ela é capaz de criar uma emoção e uma dinâmica às quais a cultura de massa, a de uma economia ultraliberal e globalizada, não permite o acesso. Nesse sentido, desde os anos de 1970, vimos se multiplicarem as experiências, com todo tipo de estilos e de meios. Quer se trate de convidar os espectadores a um espaço ritual a fim de retardar o tempo e sondar os mistérios da criação (Régy), de recebê-los em um terreno baldio pós-industrial, em um espaço comum onde o restaurante e os vestiários fazem parte do espetáculo assim como o palco (Ariane Mnouchkine), de levá-los a hospitais ou a estádios para dar corpo à memória de um lugar (Grüber na Salpêtrière em 1975, no Estádio Olímpico de Berlim em 1977), de oferecer-lhes o nascer do sol em uma pedreira no sul da França (Peter Brook para sua famosa epopeia do *Mahabharata*, em 1985), de convidá-los para viagens de ônibus ou de barco para redescobrir e reinterpretar histórias e lugares (Rimini Protokoll, Teatro da Vertigem)... trazer o teatro para fora de sua temporalidade habitual, de sua concepção burguesa, de seu espaço atribuído, foi um dos gestos mais fortes e mais diversamente enunciados a fim de restituir ou de reforçar as emoções de um público que não saberia encontrá-las na cultura de massa (a do cinema convencional, da maioria dos canais e dos programas de televisão, da prática mais comum da internet). Essa cultura joga com emoções previsíveis e codificadas e deve seu sucesso apenas aos seus enormes meios, aos seus baixos preços e aos seus afetos pesados. É em relação a essas mídias provedoras de emoções de massa que o teatro se concentrará principalmente em singularizar sua posição, reivindicando emoções mais íntimas e compartilhadas em uma escala afirmada como mais humana, a da microcomunidade constituída no tempo da representação. É também em relação à prática contemporânea de uma teatralização e, em parte, de uma manipulação das emoções no campo político-midiático, e da redefinição das fronteiras entre a vida pública e a vida privada que ele pode se manifestar, que o teatro poderá reexaminar tanto o uso como a natureza dos "poderes da emoção" que ele próprio coloca em jogo[31].

O teatro permanece, no entanto, um verdadeiro vetor da emoção coletiva. Ele é sempre capaz de tocar nos temas quentes da atualidade, ou de provocá-los. Lembramo-nos das primeiras representações de *Os biombos*, de Jean Genet, no Odeon em abril de 1966, após anos de censura. A peça evoca a Guerra da Argélia e ironiza o exército colonial, especialmente na famosa cena dos peidos. Veteranos da Indochina e da Argélia, militantes de extrema-direita, reservam assentos nas frisas e pulam sobre os atores em pleno espetáculo. André Malraux, ministro da Cultura do governo Pompidou, deve defender a liberdade de criação no Parlamento. Dois anos depois, em maio de 1968, Jean-Louis Barrault abre as portas do mesmo teatro aos estudantes em revolução. Mais de quarenta anos depois, em 2011, Romeo Castellucci apresenta seu espetáculo *Sobre o conceito do rosto do filho de Deus*, em que o rosto de Cristo, pintado por Antonello de Messina, é projetado em uma tela ao fundo. Na versão apresentada em Avignon, atores infantis passam pelo palco e pegam em suas mochilas granadas de plástico que jogam na tela. Na versão parisiense, a tinta nanquim escorre do rosto e a tela racha. Fundamentalistas católicos perturbam os espetáculos jogando ovos ou óleo queimado sobre os espectadores. Algumas representações são dadas sob forte proteção policial. Em 2015, é uma peça de Rodrigo García, *Golgota Picnic*, que é objeto de um processo. Poderíamos mencionar também os diferentes casos suscitados pelas peças de Bernard-Marie Koltès. A criação francesa de *Roberto Zucco*, que retraça os últimos momentos de um assassino em série conhecido sob o nome de Roberto Succo, em Lyon, em 1991, provoca apenas a indignação dos sindicatos da polícia, considerando que a peça é uma apologia ao crime cometido contra um de seus colegas. Mas a programação da peça no início de 1992 em Chambéry, cidade recentemente afetada pelos assassinatos de Succo, provoca tamanha pressão que

---

31. *OutreScène*, n. 11: Pouvoirs de l'émotion. Estrasburgo: Théâtre National de Strasbourg, 2008.

os responsáveis políticos locais exigem e obtêm o cancelamento das representações. Para *O Retorno ao Deserto* (1988), peça que evoca as violentas consequências da Guerra da Argélia em uma pequena cidade da província, é a encenação reacionária de Muriel Mayette, administradora da Comédie Française, que atrai atenção, contrariando as posições do autor, especialmente quando ela decide atribuir o papel de Aziz a um ator que não é árabe. O caso desencadeia uma novela judicial e muitos diretores intervêm nas tribunas públicas para apoiar o autor.

O teatro continua então um lugar central na cidade, da qual ele capta as principais tensões: a fé, as guerras, o racismo, a descolonização e a recolonização, a polícia, os fatos diversos, suscitam tanta violência que sua condensação no palco, em carne, no presente, dá origem a emoções fortes, coletivas e que dividem. A teatralidade também se passa fora do palco, fora da sala, fora da situação artística. O texto e a direção ganham nesses espaços força de proposta, visibilidade e ressonância; eles também correm o risco de serem desnaturados. Retornar à composição estética do espetáculo, para nela encontrar seu poder de mobilização social, é um desafio essencial.

Esse foi o desafio discutido no verão de 2005 no Festival de Avignon. Dois anos após a síndrome da única edição cancelada, por causa da greve de muitos trabalhadores do espetáculo que buscavam proteger seu estatuto específico de trabalho temporário, a programação da jovem equipe dirigente, Hortense Archambault e Vincent Braudriller, sofre ataques de uma extrema violência. Em causa, precisamente, a violência de certos espetáculos, como os de Jan Fabre, *Eu sou sangue* (2001), e *História das lágrimas* (2005), misturando nudez, erotismo, perversão, crueldade – espetáculos que não são exatamente peças de teatro, e sim obras plásticas ou visuais, coreografias, *performances*. Uma parte da imprensa e do público lamenta que a literatura tenha desaparecido em proveito da encenação, que o teatro tenha desaparecido em proveito da dança, que a catarse tenha desaparecido em proveito de uma violência gratuita e perversa, que o sentido tenha se diluído no *non-*

sense: que as emoções que nele são suscitadas não sejam mais mediadas e hierarquizadas pelo quadro de um certo número de critérios de leitura e de apreensão tradicionais. Curiosamente, esses já são os termos expostos pelo pensamento de Artaud.

Que o teatro tenha estendido seus limites, é simplesmente sua história no decorrer do século XX que o mostra, desde os figurinos e as cenografias da Bauhaus, a intervenção da tela e da música em Brecht, a concepção da "dança-teatro" de Pina Bausch. Longe de querer incluí-los no conceito wagneriano de uma "obra de arte total", o teatro na maior parte do tempo dialoga com essas diferentes disciplinas artísticas, até que mais recentemente nomearam as "novas tecnologias". É então em uma espessura sensível plural que se tecem as modalidades de produção de uma emoção ao mesmo tempo difratada e de reespetacularizada por tais dispositivos complexos. Em *Giulio Cesare* (1997), de Romeo Castellucci, uma variação sobre a retórica a partir da peça de Shakespeare e de vários textos de oradores antigos, um ator ingere uma microcâmera cujas imagens são projetas sobre uma grande tela, tornando sensível a *performance* das cordas vocais; outro modifica sua voz absorvendo gás hélio; podemos falar aqui de "ator aumentado", assistido pela tecnologia para impressionar os espectadores. Em Guy Cassiers, câmeras filmam ao vivo os atores para projetar suas imagens sobre uma ou várias telas, revelando em primeiro plano a textura do rosto, os movimentos dos lábios, a expressividade dos olhos, todo um conjunto de intencionalidades sensíveis que contrastam com a imediatez do jogo cênico e contribuem para intensificar as emoções dos espectadores. Essas imagens são também trabalhadas ao vivo pelos técnicos e por vezes dominadas pelos próprios atores. São, portanto, imagens complexas que nos olham, ao mesmo tempo ativadas e paralisadas por aqueles que as produzem. Longe de se concentrar em produzir um processo puramente cosmético, Cassiers, grande adaptador de romances (Marcel Proust, Robert Musil, Virginia Woolf, Malcolm Lowry...), encadeia de espetáculo em espetáculo uma reflexão sobre a manipulação dos espíritos, dos corpos e das imagens, bem como sobre a ocupação das câmaras mentais. O próprio dispositivo tecnológico é como uma peça que se expõe, não exigindo senão ser utilizado, manipulado, personalizado, reinventado, recriado.

Acontece também, hoje, de o teatro ser atravessado, literalmente falando (pois o palco não deixa de ser atravessado por cabos, fluxos, telas), por processos eletrônicos que atuam na recepção, na percepção e na emoção dos espectadores – e na sua capacidade de se subjetivar, de se projetar como sujeitos.

25
A ESCUTA MUSICAL

Esteban Buch

De todos os textos que dizem a que ponto na história da modernidade ocidental a música iguala emoção e discurso sobre as emoções, partamos de um dos mais clássicos, *O caso Wagner* (1888), de Friedrich Nietzsche, que, com suas rajadas de palavras em itálicos e de pontos de exclamação, é também um dos mais comoventes: "Vocês não sabem quem é Wagner: é um ator de máxima força! Existe em todo o teatro influência mais profunda, mais *incômoda*? Olhem esses jovens: petrificados, pálidos, sem fôlego! São os Wagnerianos: nada compreendem da música, e ainda assim Wagner os mantém em seu poder..."[1] A música como técnica de captação das vontades graças à emoção é uma velha ideia que, todavia, alimentada pela disseminação do romantismo, atinge na segunda parte do século XIX uma forma relativamente estável, e singularmente poderosa. O wagnerismo, ao qual Nietzsche dedica sua ira depois de ter dado a ele seu entusiasmo, vê a si mesmo como uma exceção no mundo da arte, mas em seu apogeu torna-se antes um modelo, como condensação exemplar de uma forma artística e de uma dinâmica emocional. É claro que muitas nuanças, podemos dizer que é a partir da figura wagneriana do espec-

---

1. NIETZSCHE, F. *Le Cas Wagner* (1888). Paris: Gallimard, 1991, p. 35.

tador *afetado*, até mesmo levado ao limite de suas capacidades emocionais, que serão definidos os vários mundos da arte da primeira metade do século XX. Os exemplos não faltam, basta que nos voltemos para instituições como a ópera, cujo repertório se estabiliza justamente nessa época e em que até mesmo Debussy deve se situar em relação a Wagner, ou para as vanguardas históricas, que se multiplicavam na Europa como muitas das novas propostas para conectar a arte e a vida.

Entretanto, com esse modelo também aparece, particularmente em Nietzsche, uma crítica radical, e ainda assim destinada a se tornar comum, que denuncia o perigo que esse regime das emoções saturadas representaria para os indivíduos sensíveis demais, os indivíduos na medida mesmo em que são sensíveis. Embora essa crítica se preocupe com os efeitos da música nos dois sexos, "os mais belos rapazes e as mais belas moças" que levamos a Bayreuth para serem devorados pelo Minotauro Wagner, é sobretudo "a Wagneriana" que "*encarna a causa wagneriana: é sob seu signo que a causa triunfa*"[2]. Nessa perspectiva, a emoção musical é sobretudo um assunto de mulheres, ou melhor, um fenômeno de gênero, uma vez que ativa nos homens o que o senso comum patriarcal desejaria atribuir apenas à feminilidade – com o risco de encontrá-lo no coração desse sistema capitalista que, longe de recorrer apenas à racionalidade dos atores, vê ao contrário triunfar o *homo sentimentalis*[3]. A crítica de Nietzsche faz de Wagner o tipo de "artista moderno" e avalia em razão de seu triunfo as consequências políticas imediatas, a partir do momento em que "tudo isso tenha sido inventado para seduzir as multidões". E se de acordo com o filósofo essa música está ela mesma doente, pois saturada de afetos negativos e de mentiras, sabemos que para ele o remédio é a *Carmen* (1875), de Georges Bizet, na qual "fala outra sensualidade, outra sensibilidade"[4] – em suma, outra emoção, além disso igualmente teatral.

---

2. Ibid., p. 49.
3. ILLOUZ, E. *Les sentiments du capitalisme* (2007). Paris: Seuil, 2008.
4. NIETZSCHE, F. *Le Cas Wagner*. Op. cit., p. 35 e 23.

De fato, mostrando em um palco personagens confrontados com situações existenciais extremas – o amor, a morte, o poder, o mal, ancorando nessas situações extremas uma dinâmica sonora das emoções, enfim substituindo esta última em temporalidades comandadas pelos processos musicais, a ópera é a instituição que, plantada no meio da paisagem política como um farol normativo do gosto das elites, faz da música a promessa sensível de uma vida mais verdadeira. Mais verdadeira, não porque essas situações ficcionais assemelham-se à vida dos espectadores: comparados aos pilares do repertório de Mozart-Verdi-Wagner, cujas histórias sempre acontecem em outros lugares e em outros tempos, o verismo, o naturalismo e o *Zeitoper* são tendências minoritárias, que pouco desmentem o inverossímil de pessoas cantando em vez de falar. Não, mais verdadeira porque eles propõem ao seu público burguês, e tendencialmente a qualquer pessoa capaz de aceder à sua frequentação, um momento de plenitude à altura desse ideal romântico tornado ética industrial, o de viver, mesmo por procuração, uma vida verdadeira no sentido de uma vida intensa.

Não é Tristan ou Isolda que quer, e aliás o destino deles não é muito invejável. É por que ele só foi verdadeiramente cobiçado em casos patológicos. Em contrapartida, viver o amor, a culpa e a separação com a incandescência oferecida pela escuta de *Tristão e Isolda* (1865) fazem parte das coisas que é razoável desejar, desde que se deseje também que isso aconteça no interior de um espaço físico e mental destinado exclusivamente a isso. É essa arena simbólica que a autonomia da arte chancela, com certeza o dispositivo das práticas artísticas no Ocidente moderno. Como resultado, a arte lírica acaba tendo múltiplas funções sociais, pois além dos jogos mundanos ela é também o teatro de uma educação sentimental para os mais jovens e de uma verdadeira ginástica emocional para adultos. O espectador moderno é um especialista em emoções, as suas e as dos outros, seres reais ou ficcionais.

Mas as trajetórias emocionais que a música desenrola no interior desse espaço-tempo que se pretendia apartado do mundo – curvas da alegria e da tristeza, parábolas do orgasmo e do desabamento, sobressaltos da raiva e da hesitação... – são mais pregnantes, pela percepção e pela intensidade do prazer que delas extraímos, do que os personagens que por um momento as encarnam. Muitas óperas dos séculos XVIII e XIX continuam no repertório até hoje, apesar do fato de que muitas vezes as ações encenadas deixaram de ilustrar os valores dominantes, ou até se tornaram revoltantes ou absurdas. A impressão de que no mundo contemporâneo ocidental a história de Violeta e Alfredo perdeu muito de sua relevância moral, com a submissão suicida do desejo amoroso a um arcaico sistema patriarcal de estratificação social, não impede de forma alguma que se continue a gozar de dor ao ouvir o fio de voz que toma conta do final de La Traviata (1853).

Vozes, instrumentos e teorias dos afetos

Uma certa música de filmes, cuja matriz estilística wagneriana foi muitas vezes enfatizada, preservou o essencial desse regime na medida em que ela passava para o segundo plano da narrativa, apesar de diversificar os recursos para produzir e reproduzir esse *estado de exceção* que o espectador comovido vive, ao menos durante o espetáculo em questão. E mesmo um pouco além, digamos o tempo de sair da sala de concerto ou de cinema para comer algo enquanto comenta a experiência vivida – ou a esquece. É na filiação da crítica nietzscheana que se situa aliás o diagnóstico tão controverso quanto influente de Theodor Adorno e Max Horkheimer sobre a indústria cultural, que faz, por exemplo, da televisão "a realização derrisória do sonho wagneriano da obra de arte total". O elitismo pessimista tantas vezes depreciado desses autores não diminui em nada a acuidade de sua observação sobre o caráter sistêmico do fluxo de emoções mobilizado pelos artefatos culturais de todos os tipos. Em *A dialética da razão* (1947), o argumento encontra sua figura histórica na interpretação do mito de Ulisses e das sereias, esse herói que pede para ser acorrentado ao mastro de seu barco para gozar com segurança dos prazeres letais de uma beleza sobrenatural, "assim como farão mais tarde os ouvintes na sala de concerto"[5].

---

5. ADORNO, T.W. & HORKHEIMER, M. *La dialectique de la raison* – Fragments philosophiques (1947). Paris: Gallimard, 1974, p. 185 e 65.

As sereias são quimeras com corpos incertos (mulheres-pássaros ou mulheres-peixes?), mas suas vozes são humanas, ou melhor, sobre-humanas. De todos os timbres, a voz é sem dúvida o mais carregado de afeto, o mais capaz de suscitar emoções. Apesar da educação de que é objeto nos conservatórios, apesar das disciplinas que a caracterizam seja qual for o gênero musical em questão, e também graças a essas educações e a essas mesmas disciplinas, a voz permanece o lugar de uma individuação sensível, um pouco como o rosto. Daí o suporte expressivo de um exercício singular da liberdade. Há a voz *de* Callas, a voz *de* Billie Holiday, a voz *de* Dietrich Fischer-Dieskau, as *de* Carlos Gardel ou *de* Janis Joplin, e todas essas grandes vozes são, à sua maneira, ícones da individuação moderna. Mesmo as múltiplas figuras da voz coletiva, começando pelo coro misto de tradição clássica, envolvem o ouvinte e o cantor em sua humanidade comum, presa à articulação do indivíduo e do grupo. Qualquer música vocal, incluindo o vasto repertório clássico que não é da ópera – *lieder* e melodias, cantatas e oratórios, pressupõe uma ética e uma pragmática da intersubjetividade, ali onde os humanos dirigem a outros humanos sons comovidos que fazem literalmente parte de seus corpos e que, *a cappella* ou com acompanhamento instrumental, com ou sem mediação tecnológica, os tocam em seu corpo. Essa política da voz comovida, que é também uma erótica, talvez também explique a posição privilegiada das cantoras e dos cantores no interior dos diferentes sistemas de estrelato musical criados no século XX, quer se trate de canção, de *blues*, de *rock*, de *rap*.

A história da voz comovida mantém relações complexas com a história da música instrumental, que a partir do Romantismo torna-se o paradigma do repertório clássico, estabilizado em torno do grande surdo Beethoven como figura quase messiânica. O sucesso da palavra de Goethe ao comparar um quarteto de cordas a uma conversa, que do ponto de vista dos intérpretes parece absurda, já que um violinista que interpreta uma parte escrita previamente por um compositor é o oposto de uma pessoa que espontaneamente troca seus pensamentos com seus congêneres, ilustra de outra maneira, no entanto, a exemplaridade da voz como veículo sensível da interioridade. E mesmo o virtuosismo instrumental permanece sob alguns aspectos dependente do virtuosismo vocal, polo complementar da voz como puro coração desnudado. Mas somente sob alguns aspectos, pois a orquestra sinfônica tem tudo de uma verdadeira máquina humana, aquela composta de uma centena de profissionais que tocam mudos instrumentos que são todos triunfos do artesanato industrial, empresários e sindicalistas incluídos na conta das engrenagens. No interior desse ator-rede, o maestro aparece como o fiador de uma economia política do prazer estético – um herói civil da autoridade legítima, variante figura carismática. Aliás, o paradoxo quer que desse personagem mudo tivéssemos de por muito tempo adivinhar as emoções como se estivessem projetadas na tela preta da parte de trás de seu fraque; talvez até os filmes realizados sobre Herbert von Karajan feitos nos anos de 1960 por Henri-Georges Clouzot, que mostram em primeiro plano o rosto e o gestual do maestro afetados pela música[6]. E é mais uma vez Karajan que o neurologista António Damásio evoca para defender a importância das emoções no raciocínio e na vida prática em geral: "Seu coração estava evidentemente na música", diz ele sobre uma série de eletrocardiogramas mostrando como o pulso do maestro que, como um herói de suspense, não se alterava nos comandos de seu avião particular, acompanhava, em contrapartida, fielmente as curvas expressivas da abertura de *Leonor III* (1806) de Beethoven[7].

Entretanto, o lugar das emoções na sala de concerto sinfônico é historicamente menos garantido do que na ópera, como testemunha o sucesso encontrado a partir da segunda metade do século XIX pelas estéticas musicais formalistas, isto é, que fazem da contemplação de estruturas assemânticas intemporais a chave para a percepção do "belo musical", para retomar o título do famoso tratado de Eduard Hanslick[8]. Percebemos melhor nesse contexto, que é tanto

---

6. Cf. ESCAL, F. "Le corps social du musicien". In: *International Review of the Aesthetics and Sociology of Music*, vol. 22, n. 2, 1991, p. 165-186.
7. DAMÁSIO, A.D. *L'Erreur de Descartes – La raison des émotions* (1994). Paris: Odile Jacob, 1995, p. 903.
8. HANSLICK, É. *Du beau musical* (1854). Paris: Hermann, 2013.

uma teoria quanto um guia para a percepção e a interpretação, a ambiguidade que se aninha no próprio coração do conceito de emoção musical: por um lado, uma paleta de "afetos diferenciados – *tal* emoção, digamos a alegria, a tristeza, a ira... –, de acordo com a herança das paixões cartesianas retomada já no século XVIII pela teoria da música como *Affektenlehre*, ou "linguagem dos sentimentos"; por outro, uma variável de intensidade expressiva que vai de zero ao infinito – *da* emoção em geral. É claro que o formalista não nega que a música seja capaz de suscitar emoções particulares, embora pouco numerosas, porque, embora seja fácil distinguir uma música triste de uma música alegre, é muito mais incerto identificar uma forma musical do medo, da vergonha, da repugnância, do desprezo... Mas, para ele, esses afetos particulares são subsumidos em um arrebatamento da alma que de certa forma é desprovido de qualidades, porque ele mesmo não é senão pura intensidade da beleza soberana. Mais influentes, no entanto, são as tentativas que pretendem fundamentar a antiga intuição de uma relação privilegiada entre música e emoção – uma ideia tão comum que a noção de "emoção musical" poderia ser considerada como um pleonasmo[9] – nas analogias existentes entre suas respectivas *formas temporais*, ao aproximar as conquistas da análise musical e os avanços das ciências cognitivas[10].

É em si mesmo notável que o debate filosófico sobre o papel da emoção na escuta musical continue até hoje, pois ainda não existe consenso para saber se, e por que, e como, ouvir uma música triste deixa as pessoas tristes ou não – ou quase tristes[11]. Daí também a questão de saber se o prazer é em si mesmo uma emoção, à qual hoje tendemos a responder negativamente sem, no entanto, excluí-la – e como poderíamos? – da dinâmica afetiva que preside a

---

9. Cf. LABORDE, D. "Des passions de l'âme au discours de la musique". In: *Terrain*, n. 22, 1994, p. 79-92.
10. Cf. ZBIKOWSKI, L. "Music, Emotion, Analysis". In: *Music Analysis*, vol. 29, n. 1-3, 2011, p. 37-60.
11. Cf. sobretudo LEVINSON, J. *La musique sur le vif* – La nature de l'expérience musicale (1997). Rennes, PUR, 2013. • KIVY, P. *New Essays on Musical Understanding*. Oxford: Oxford University Press, 2001. • DARSEL, S. *De la musique aux émotions* – Une exploration philosophique. Rennes: PUR, 2012.

experiência estética. Ora, não obstante o modelo wagneriano, esse prazer não é necessariamente extremo, mesmo quando as emoções representadas nas obras das quais ele deriva o são. Ao longo do século XX, o prazer estético também conseguiu ser um gozo tranquilo, um pivô de apaziguamento, uma experiência de refúgio, diante das agitações do mundo. Sob essas formas *soft* que variam da diversão ao consolo, passando pelo estupor confortável, ele permaneceu no coração da escuta musical. Sem mencionar o grande número de pessoas que geralmente não são sensíveis à música, o fato de que para a grande maioria ela pertence à esfera do seu lazer, que muitas vezes ela não passa de um fundo de acompanhamento para outras atividades, tudo isso nos convida a temperar o imaginário normativo dos ápices passionais com a constatação de que na vida real a música poderia estar na origem de emoções *fracas*[12].

Dito isso, por que alguém iria ao concerto para ouvir as obras de Beethoven ou de Mahler se não obtivesse delas uma satisfação à altura do esforço psicológico e econômico voluntário? O esnobismo permaneceu um traço característico da vida musical, com certeza, bem como de um modo geral a aliança histórica entre a música clássica e as classes dominantes, e isso apesar de todas as tentativas de democratização desse repertório já na segunda metade do século XIX, concertos "populares" – os de Jules Pasdeloup, ou ainda os Proms de Londres – nas políticas culturais de certos partidos, como por exemplo a social-democracia austríaca. É claro, no entanto, que os jogos de distinção não esgotaram as motivações dos ouvintes. O repertório instrumental, seja sinfônico, solista ou de câmara, oferece toda uma paleta de percursos emocionais inscritos diretamente na substância das obras dos grandes compositores, que os programadores, por sua vez, se encarregaram de combiná-las no interior do quadro definido das duas ou três horas que dura um concerto clássico padrão. É um formato temporal que, aliás, no século XX foi muito bem exportando para outros horizontes genéricos, os concertos de *rock*, por exemplo, testemunhando assim a adaptação desse espetáculo aos ritmos da vida urbana moderna.

---

12. Cf. NGAI, S. "Our Aesthetic Categories". In: *PMLA*, vol. 125, n. 4, 2010, p. 948-958.

Música de vanguarda, música de elevador

No concerto clássico, o ouvinte era capaz de se comover livremente, e com uma intensidade ainda maior porque geralmente ele era impedido de se mover. O caráter fechado, e até autossuficiente, desses percursos emocionais correspondia à "boa forma" das próprias obras clássicas, como demonstram as incontáveis partituras que terminam bem – a *Nona* (1824) de Beethoven, *Uma vida de herói* (1899) de Strauss – mas também, de modo antifrástico, aquelas poucas que terminam mal – a *Patética* (1894) de Tchaikovsky, ou a *Nona* (1912) de Mahler. E esta é uma dialética do *happy end* que podemos retraçar até mesmo no próprio sistema tonal, um sistema de tensões e de resoluções que, em virtude da antiga associação entre dissonância e sofrimento, desenrola temporalmente os objetos ao serviço de uma espécie de teodiceia estética. De acordo com Leonard Meyer, esse processo se alimenta tanto da previsibilidade que o estilo permite quanto da margem que este tolera para a surpresa e as expectativas frustradas, e é precisamente aí que está o poder emocional da música[13]. É somente porque houve representação do sofrimento que há felicidade na cadência final de um acorde tônico, ou seja, fechamento da forma.

Por isso, a crise da tonalidade de *Tristão*, de Wagner, e as alternativas propostas antes da Primeira Guerra Mundial por Debussy, Schoenberg e Stravinsky, representavam uma suspensão do regime dominante de inteligibilidade da música ocidental, por vezes vivida como superação de uma certa semântica das emoções. Nas histórias da música do século XX, dois escândalos fazem papel de pórtico: o *Skandalkonzert* de 31 de março de 1913 em Viena, onde foram vaiadas as obras de Schoenberg, de Berg e de Webern, e o da criação da *Sagração da Primavera*, no dia 29 de maio, em Paris, em que na realidade Nijinsky foi ainda mais visado do que Stravinsky. Para além de todos os mitos que os cercam, esses episódios dramatizaram o confronto entre o indivíduo afetado e uma arte que busca superar as expectativas dele arriscando uma

---

13. MEYER, L.B. *Emotion and Meaning in Music*. Chicago, Ill.: University of Chicago Press, 1956.

ruptura. A partir de agora, e ainda mais depois da Segunda Guerra Mundial, a música erudita, *alias* a música contemporânea, continuará mantendo relações contraditórias com as emoções, sob a forma de um vasto campo polêmico em que, por um lado, se enfrentaram aqueles que pensavam que sua aparente ausência era a melhor prova de um fracasso estético e, por outro, aqueles que viam nesse mesmo fato os indícios da grandeza artística, passando por aqueles que sustentavam que um trabalho de György Ligeti não era menos repleto de emoções do que a mais sentimental das canções românticas. Sem falar das correntes que, como a música neotonal, fizeram do resgate da emoção uma espécie de estandarte estético.

Portanto, não é um acaso que os ataques mais violentos à vanguarda musical encarnada por Pierre Boulez e alguns outros tenham assumido a forma de uma analogia entre a série como princípio organizador do total sonoro e um totalitarismo que teria simultaneamente excluído a liberdade e a emoção. A analogia era inadmissível, mas apoiava-se na ideia amplamente compartilhada, tanto por Boulez quanto por seus adversários, de que o direito de cada um de nós de viver livremente suas emoções, mesmo que extremas e potencialmente antissociais como a raiva ou o desespero, é um pilar da experiência estética sob o regime da autonomia da arte. E que, por essa mesma razão, ele também é um pilar da singularidade democrática. O dito espirituoso de Woody Allen "Quando ouço Wagner tenho vontade de invadir a Polônia" é bom porque mostra em um lampejo de humor o abismo que separa essa concepção democrática das ideologias totalitárias, dado que o personagem de *Um misterioso assassinato em Manhattan* (1993) lança essa frase quando sai indignado do Metropolitan de Nova York, lembrando que, do ponto de vista legal e político, a vontade não é nada sem os atos. E embora a sala dos concertos e da ópera tenham permanecido os lugares privilegiados, pois ritualizados, onde a música ativava as emoções como uma experiência de si desprovida de consequências práticas – uma vez que a ira pode incitar à agressão, o desprezo à discriminação, o desespero ao suicídio etc. –, este é um princípio que também diz respeito a outros espaços musicais.

Isso é geralmente verdadeiro para a escuta de gravações que, a partir da expansão do gramofone no início do século XX, acabou conquistando terreno para justificar a ideia de que as vidas de todos têm uma trilha sonora composta dos trechos que marcam sua memória[14]. As evoluções tecnológicas foram cruciais nesse sentido, não apenas em termos de fidelidade ou de maneabilidade, mas também para a definição mesma do sujeito da experiência, e em particular para as fronteiras do corpo. Ainda que nada possa competir com a recente virada digital como revolução dos usos, a difusão do *walkman* nos anos de 1980 não deixou de ser um ponto de virada que, prolongado depois pelo iPod, permitiu a cada um identificar o espaço de sua escuta com o som do ambiente e, inversamente, redefini-lo de acordo com suas escolhas musicais[15]. Na mesma época, as rádios FM preenchiam com música os espaços públicos muito além dos elevadores que haviam sido – é preciso dizê-lo – seu lugar-comum, dando uma base empírica mais sólida do que a da crítica à sociedade de consumo quando ela visava, justamente, a "música de elevador". Com o crescimento exponencial da publicidade, a música acabou se tornando um acessório agradável e dissimulado ao serviço da produção comercial das emoções, até mesmo nas lojas em que homens e mulheres, comprando roupas, por exemplo, acreditaram que também estavam comprando um estilo[16].

Do amor e outras fusões

É claro que a presença da música na vida íntima dos indivíduos não se resume às gravações, não mais do que aos momentos de solidão. Uma vez que, o compartilhamento das emoções era e permanece o fundamento das so-

---

14. SZENDY, P. *Tubes* – La philosophie dans le juke-box. Paris: Minuit, 2008.
15. PECQUEUX, A. *Les ajustements auditifs des auditeurs-baladeurs* – Instabilités sensorielles entre écoute de la musique et de l'espace sonore urbain [Disponível em Ethnographiques.org – Acesso em dez./2009]. • BULL, M. "No Dead Air! – The iPod and the Culture of Mobile Listening". In: *Leisure Studies*, vol. 24, n. 4, 2005, p. 343-355.
16. DeNORA, T. "Quand la musique de fond entre en action". In: *Terrain*, n. 37, set./2001, p. 75-88. • MACÉ, M. *Styles* – Critique de nos formes de vie. Paris: Gallimard, 2016.

ciabilidades estabelecidas em torno do concerto, ao qual era possível ir em grupo ou em família, e ele também irrigou as práticas musicais no meio escolar. Contudo, a música clássica sempre se apoiou em uma transmissão entre gerações, bem mais do que na escola ou em outras formas de democratização do patrimônio artístico, certamente influentes sob certos aspectos. No interior do espaço doméstico, criar música e ouvi-la foram capazes de suscitar emoções em configurações diversas que eram também experiências individuais do comum, por exemplo com os pais se tornando público de seus filhos, e por vezes *vice-versa*. E até o misantropo tem dificuldade de se isolar completamente dos outros tendo a música como única companhia, como testemunham as querelas de vizinhança em torno das "poluições sonoras". O barulho é a música dos outros: a verdade posicional desse adágio se mede pela importância assumida pelo som nas políticas urbanas, que mostram sob uma forma inesperada a capacidade da música de engendrar emoções, neste caso a ira.

Todavia, é no interior do casal que no século XX a emoção musical cumpre seu melhor papel de mediador sensível do vínculo social, devido ao privilégio do amor na intersubjetividade. A música, a canção sobretudo, é amiga do erotismo. Para cada canto de trabalho, de luto ou de ira, quantos foram os de amor, na grande discoteca virtual da humanidade? Para cada história de amor, ou quase, sua canção de amor e/ou de desamor; é o efeito *our song*, cujo exemplo canônico é "As Time Goes by" no filme *Casablanca* (1942), de Michael Curtiz. Com o risco de declinar em quiasma o sexo e o amor – por exemplo, o contraste entre "Love me Tender" (1956), de Elvis Presley, e "Je t'aime, moi non plus" (1967), de Serge Gainsbourg. Ali onde o erotismo rima com o exotismo, a música convida os casais à viagem, em outras palavras ao transporte homossexual ou heterossexual dos sentidos e dos humores, sob formas alternadamente vinculadas e desvinculadas. No período entreguerras, as danças de casal, como a rumba e o tango, ou ainda o foxtrote e o *swing* americano, permitiram que muitas pessoas vinculassem música e emoção em torno do centro de gravidade do casal entrelaçado, que necessariamente se situa fora da vertical de cada corpo[17]. E esse também será o caso, mais tarde, com o *rock*, ou ainda com a discoteca, quando nos anos de 1970 se afirma sobretudo o direito à diferença sexual, o orgulho homossexual. Com o pogo dos *punks* e os transes das músicas eletrônicas, por outro lado, é a desvinculação que triunfa como forma do corpo comovido em movimento, sem que isso signifique anomia, longe disso.

Ora, mesmo que em geral essas balizas do vivido tenham sido associadas às emoções positivas, a memória musical da felicidade é muitas vezes composta a partir de um número limitado de experiências reais, mitificadas pela lembrança e tecidas de esquecimentos múltiplos[18]. Em contrapartida, aliás, sempre existiu uma estética musical da dilaceração, uma música do adeus e do luto[19]. Em termos quantitativos, no decorrer do século XX as melodias da felicidade pesaram menos do que os gêneros musicais atribuídos à dor de amor. O *blues*, o fado, o tango e suas múltiplas derivações e hibridações, e muitos outros gêneros, estão repletos dessas cenas sonoras do amor trágico, que acabaram moldando os modos de viver quase tanto quanto a própria vida. E enquanto o tango exibiu a tensão entre as letras que cantam a perda e uma música que leva ao encontro, ainda que tão fugaz quanto um baile, outros gêneros fizeram da fugacidade do amor a matéria do próprio tempo musical, como no bolero *El reloj* imortalizado pelo trio Los Panchos em 1958, em que cada estrofe agrava a contagem regressiva do último abraço.

Bom dia tristeza significa bom dia emoção, portanto bom dia para a legitimidade das emoções, incluindo as negativas, dentro do casal como em outros lugares. No entanto, permanece o fato de que no outro extremo da escala das grandezas, as nações modernas – esse conjunto que apesar do universalismo

---

17. JACOTOT, S. *Danser à Paris dans l'entre-deux-guerres* – Lieux, pratiques et imaginaires des danses de société des Amériques (1919-1939). Paris: Nouveau Monde, 2013.
18. HESMONDHALGH, D. "Musique, émotion et individualisation". In: *Réseaux*, n. 141-142, 2007, p. 203-230.
19. CHARLES-DOMINIQUE, L. "Le poids des codes symboliques et de la prédétermination dans l'expression musicale de la souffrance et de la déchirure". In: *Insistance*, n. 5, 2011, p. 83-95.

humanista ou holístico continua sendo o grande coletivo dominante – apoiam-se mais no entusiasmo de massa. Os hinos nacionais são o gênero musical que, dando resolutamente as costas à autonomia da arte, se fez no século XIX o instrumento e o símbolo dessa construção. O entusiasmo, sim, em vez da alegria ou da paz, pois é uma emoção que além de um estado alegre supõe uma disposição para agir, neste caso para se colocar ao serviço da comunidade e, quando necessário, para se sacrificar por ela, conforme o grito revolucionário "Liberdade ou morte". O canto coletivo do hino nacional é esse ritual performativo que constitui a própria nação no tempo mítico de uma comunhão sonora, esse momento que supõe a igualdade dos cidadãos e seu uníssono na voz fusional de um *nós, que cantamos juntos.*

Foi o poder retórico desse dispositivo que acompanhou o apogeu dos nacionalismos às vésperas da Primeira Guerra Mundial, esse grande ruído perfurado dos silêncios da morte em que, no entanto, *La Marseillaise* teve de coexistir, no coração dos soldados franceses, com *La Madelon*, e mesmo com a *Chanson de Craonne*[20], entoada pelos amotinados do Chemin des Dames: todos cantos de guerra, de alguma forma, mas não tocados pela mesma emoção patriótica, é o mínimo que podemos dizer[21]. E apesar da ativação dos hinos em circunstâncias especiais, alternadamente rituais ou eruptivas (um 14 de julho, uma partida de futebol), após a Segunda Guerra Mundial parece ter começado seu lento declínio, cujo testemunho de certa maneira paradoxal foi dado pela escolha em 1971 como hino da União Europeia de uma versão não cantada do *Hino à alegria*, tirada do último movimento da *Nona sinfonia* de Beethoven.

Dito isso, os hinos nacionais são apenas um exemplo das figuras rituais ou sonhadas de um coletivo reunido na emoção do canto. E, novamente, não é a mais influente politicamente, pelo menos no século XX. O desejo de um

---

20. *La Chanson de Craonne* (do nome do vilarejo de Craonne) é uma canção de protesto, entoada pelos soldados franceses durante a Primeira Guerra Mundial, 1915-1917. Ela é conhecida por ter sido entoada pelos soldados que se amotinaram após a ofensiva violenta e militarmente desastrosa do general Nivelle no Chemin des Dames na primavera de 1917 [N.T.].

21. *Entendre la guerre* – Sons, musiques et silence en 14-18. Paris: Gallimard, 2014.

ritual musical significando a integração em um coletivo, que assombrava o individualismo liberal, bem como o igualitarismo democrático, floresceu nos discursos coletivistas, fossem eles socialistas, fascistas ou religiosos. Ele será encontrado em estádios, em certos partidos políticos, e até mesmo em certos clubes. E se foram os estados totalitários que acabaram levando a fusão sonora do povo ao seu ponto-limite de pesadelo, ali onde a emoção do canto coletivo converge com a da música militar para abolir a legitimidade e até a própria ideia de subjetividade, não devemos nos esquecer de que a figura do povo rebelde unido pela emoção da música popular é também um poderoso recurso da "política apaixonada" que resiste e faz as revoluções. Assim, Yves Montand deixava ouvir, como um sinistro prelúdio à sua versão intimista do *Chant des partisans* [Canção dos resistentes] (1974), o som das botas de uma canção nazista. Assim cantava-se "*El pueblo unido jamás será vencido*" no Chile sob Salvador Allende, nas manifestações e nos concertos do Grupo Quilapayún, até o golpe de Estado de 11 de setembro de 1973, simbolizado pelas mãos cortadas do cantor Víctor Jara. Assim, também, a guerra na Síria deu origem a muitas canções em que o conflito e a esperança moldaram sua ancoragem na carne das pessoas[22].

Eletricidade, alteridade

Se é o povo que faz as revoluções e os cantores populares, é também ele quem faz as bacanais, os carnavais, as festas da aldeia, os bailes da noite de sábado, as grandes manifestações. O canto popular configurou cenas artísticas tão diversas quanto os "folcloristas", considerados como intérpretes da sensibilidade coletiva para além de qualquer discussão acadêmica sobre a autenticidade de seu repertório: o cabaré e o *music-hall*, onde elas geralmente cruzaram a sátira e a crítica social e política, ou ainda, a partir dos anos de 1950, os trovadores modernos como Georges Brassens, Pete Seeger, Paco Ibáñez ou Fabrizio

---

22. Cf. LEFÈVRE, G. *La place et le rôle de la musique dans la révolution syrienne (2011-2015)*. Ehess, 2015 [Dever de seminário].

De André. É o mesmo rizoma que o do roqueiro engajado cujos ícones transicionais foram Joan Baez e Bob Dylan, ali onde a identidade geracional triunfou sobre os pertencimentos nacionais. Os anos de 1960 foram uma era de ouro para congregações musicais jovens – basta pensar em Woodstock para disso se convencer. E essa comunhão não era a missa, quaisquer que fossem as crenças de uns e dos outros, porque, apesar de todas as drogas psicodélicas e de todas as viagens orientais, não era realmente para o além que as pessoas cantavam e tocavam, que se agitavam e se comoviam. *Hic et nunc*, prestemos atenção ao presente, o princípio valia para as emoções tão fortes quanto fugazes propostas pelos trechos dos Beatles ou dos Rolling Stones, e mesmo para os longos trechos evolutivos do Pink Floyd, Yes, Led Zeppelin ou de Frank Zappa.

Uma era de ouro que foi apenas um momento, dizem os descrentes. Mas muito dela permanecerá nas formas de festejar: as raves, a Festa da Música, a Gay Pride e outras *technoparades*[23], o trio elétrico do carnaval brasileiro, a manifestação com carro de som, o festival ao ar livre, e simplesmente a festa, a noitada em casa ou na boate, onde os DJ amadores ou profissionais podem orgulhosamente reivindicar seu papel de manipuladores das emoções do outro[24]. Muito também permanecerá do etos do compartilhamento dos *sixties* nos concertos de músicas amplificadas, que longe de enclausurar as emoções no foro íntimo do ouvinte, como desejava a tradição clássica – mesmo arriscando-se a traí-las com uma lágrima patética, a *furtiva lacrima* do *Elixir de amor*, de Donizetti (1832) –, pelo contrário, encorajam constantemente sua exteriorização. Um cantor, uma cantora de *rock*, é alguém que tem voz, corpo e coragem, mas, acima de tudo, que tem emoção para dar e vender; e seus fãs pedem mais, como testemunha o próprio comportamento demonstrativo deles. Quem poderia duvidar do engajamento emocional de Jim Morrison, de Kurt Cobain ou de Amy Winehouse, especialmente quando sabemos que ele

---

23. Technoparade é um desfile de carros de som que tocam música techno. A primeira foi a Love Parade ocorrida em Berlim em 1989.
24. JOUVENET, M. "'Emportés par le mix': les DJ et le travail de l'émotion". In: *Terrain*, n. 37, 2001, p. 45-60.

os levou para o túmulo? Vindos um século depois dos jovens wagnerianos, por outros canais bem diferentes do gosto e da legitimidade, os roqueiros e seus descendentes – inclusive os primos *pop* sempre contestados pela ortodoxia do *underground* – incorporaram uma nova figura da vida intensificada pela música, certamente mais alegre e democrática do que aquela pretendida por Nietzsche. E isso, apesar de todos os desbundes e todas as iras, tanto as virtuosas como as outras, tratando-se de uma geração cuja identidade sonora foi forjada na amplificação de uma emoção partilhada, em todos os sentidos do termo *amplificar*.

Com efeito, mais do que a invenção da juventude ou a revolução sexual, mais do que o álcool ou as drogas, a palavra-chave dessa nova mistura de música e emoção foi provavelmente a eletricidade. A eletricidade não é uma metáfora da própria emoção? É também um mito: e Bob Dylan ligou seu violão, e Pete Seeger ficou vermelho de raiva... Mas em si os decibéis dos concertos de *rock* eram outra marca da música sobre os corpos, outra afetação dos espíritos. Por outro lado, a guitarra elétrica marcou um ponto de virada na história dos corpos vibratórios, ou seja, na dos instrumentos, e ao fazê-lo ela também marcou uma virada na maneira como a música tem de unir, nem que seja para logo separar, as formas das emoções humanas. A reviravolta da técnica vocal pelo microfone já havia lembrado que a emoção do amor é mais forte sussurrada do que gritada, desde que amplificada. Por sua vez, as grandes figuras do *bebop*, de Charlie Parker a Miles Davis e além, revelaram, graças ao microfone e também graças às mãos e às respirações, as emoções rebeldes que desde sempre se aninhavam nas dobras dos instrumentos clássicos. Mas Frank Sinatra, no alto-falante do rádio continuava uma cópia quase perfeita do sonhado Frank Sinatra murmurando ao ouvido, e Dizzy Gillespie em um disco dava vontade de arrancá-lo do disco, enquanto o som erotizado da *electric lady* de Jimi Hendrix não se comparava a nada, e certamente não ao violão de Andrés Segovia[25].

---

25. WHITELEY, S. "*Electric Ladyland*: And the Gods Made Love". In: *Volume!*, vol. 9, n. 2, 2012, p. 163-176.

I Sing the Body Electric, foi o título escolhido pela banda de *jazz-rock* Weather Report para o seu álbum em 1972, depois de Walt Whitman, depois de Ray Bradbury. E sua música era, a seu modo, nova. Resta saber o que se passa com as emoções sob esse novo regime elétrico que domina desde os anos de 1960, empurrando lentamente a música clássica e seus instrumentos seculares para um crepúsculo interminável e glorioso. Podemos pensar que a verdadeira maravilha de qualquer mundo novo reside na emoção nova – se não por que se dar ao trabalho de atravessar os mares? Mas será que pode haver algo como uma nova emoção? Podemos modalizar as emoções de acordo com os objetos, os lugares e os momentos históricos, podemos, ao contrário, colocar as emoções primárias como universais da experiência humana, e até mesmo da experiência animal, todas essas possibilidades testemunham *a contrario* a dificuldade de um exercício de historiador que desejaria saber como, precisamente, no nível íntimo, a alegria de um ouvinte de Brahms na época de Brahms se aproxima ou se distingue da alegria de um ouvinte de Brahms do começo do século XXI, e esta da alegria de um ouvinte de Björk; como Björk não suscita as mesmas emoções no concerto do que quando compartilhada graças a um clipe por um "amigo" em uma rede social, ou aninhada em um fone de ouvido enquanto se faz ginástica, ou então convidada para a beira da cama durante o amor. É uma questão epistemológica intrínseca ao vasto programa, que também é um vasto problema, constituído pela questão de saber como escrever uma história das relações entre música e emoção.

Também é necessário recordar, ainda que só para nos assegurarmos da pertinência deste breve esboço, que a história das emoções musicais não se destina apenas a historicizar os estados subjetivos a partir de sua descrição fenomenológica. Os dispositivos, as práticas, os discursos, os preconceitos sobre as emoções, são tão pertinentes para o historiador da música quanto a experiência dos sujeitos, e eles têm a vantagem de ser mais acessíveis ao seu olhar e ao seu ouvido. A distância manifesta entre a textura emocional do vivido e os propósitos formais e informais que no modo da introspecção cada um pode sustentar depois de ouvir, essa distância que os psicólogos da música tentam muitas vezes contornar em seus protocolos experimentais, permanece tanto um limite quanto uma condição de possibilidade de pesquisa histórica nesse campo[26]. E, claro, a partir do momento que a música é quase sempre indissociável de textos ou imagens que fazem parte da obra ou pelo menos estão presentes no momento da escuta, o estudo das emoções que ela expressa, representa ou suscita não pode dispensar a consideração global do ambiente do ouvinte[27]. Essa dimensão ecológica é tão essencial quanto difícil de perceber, especialmente em um momento de transição em que as tecnologias digitais estão constantemente transformando os modos de produção e de circulação da música, bem como as disposições físicas, mentais e emocionais dos ouvintes em todo o mundo, especialmente quando eles interagem com as vastas discotecas virtuais propostas pelo YouTube, pelas redes ponto a ponto, pelos serviços de *streaming*, pela internet em geral.

É hora de destacar também, para concluir, que o historiador da música especializado no seio de tradições ocidentais se depara com obstáculos cada vez maiores assim que tenta olhar, ou melhor, ouvir em outros lugares. Os etnomusicólogos foram capazes de fornecer descrições detalhadas do papel das emoções em contextos não ocidentais, atentos às categorizações e às intensidades que regulam as relações entre produções musicais culturalmente específicas e uma paleta de afetos ao mesmo tempo singular em suas declinações e derivadas de emoções primárias consideradas universais[28]. Foram capazes de mostrar, por exemplo, que ouvintes não familiarizados com uma tradição musical extraeuropeia, neste caso as ragas do Hindustão, conseguiram nela

---

26. GARRIDO, S. & SCHUBERT, E. "Individual Differences in the Enjoyment of Negative Emotion in Music: A Literature Review and Experiment". In: *Music Perception*, vol. 28, n. 3, 2011, p. 279-296.

27. VUOSKOSKI, J.K. & EEROLA, T. "Extramusical Information Contributes to Emotions Induced by Music". In: *Psychology of Music*, vol. 43, n. 2, 2015, p. 262-274. • CLARKE, E.F. *Ways of Listening*: An Ecological Approach to the Perception of Musical Meaning. Oxford: Oxford University Press, 2005.

28. HENDERSON, D. "Emotion and Devotion, Lingering and Longing in Some Nepali Songs". In: *Ethnomusicology*, vol. 40, n. 3, 1996, p. 440-468.

reconhecer a intencionalidade da expressão da alegria, da tristeza ou da raiva a partir de características psicoacústicas como o tempo, o *ambitus* ou a complexidade rítmica e melódica, o que demonstra a validade transcultural de certos traços técnicos[29]. Também foram capazes de se lançar em vastas sínteses que, como *La Musique et la Transe* (1980), de Gilbert Rouget, são ao mesmo tempo pesquisas sobre a universalidade da experiência antropológica do som, que este assuma ou não o nome de *música* no vocabulário vernacular, que ele aja ou não como um mediador sensível de rituais religiosos, por exemplo[30]. Mas, uma vez assinalada a historicidade dessas próprias abordagens etnomusicológicas[31] e destacada a multiplicidade das maneiras que os seres humanos têm de se vincular e de se desvincular pelo som entre eles e com o planeta, é preciso estar ciente de seus próprios limites e saber terminar um texto, ainda que o faça com alguma emoção.

---

29. BALKWILL, L.-L. & THOMPSON, W.F. "A Cross-Cultural Investigation of the Perception of Emotion in Music: Psychophysical and Cultural Cues". In: *Music Perception*, vol. 17, n. 1, 1999, p. 43-64.
30. ROUGET, G. *La musique et la transe* – Esquisse d'une théorie générale des relations de la musique et de la possession. Paris: Gallimard, 1980. • DIANTEILL, E. "La musique et la transe dans les religions afro-américaines (Cuba, Brésil, États-Unis)". In: *Cahiers d'Ethnomusicologie*, n. 19, 2006, p. 179-189.
31. GÉRARD, B. *Histoire de l'ethnomusicologie en France (1929-1961)*. Paris: L'Harmattan, 2014. • STERNE, J. *Une histoire de la modernité sonore* (2003). Paris: La Découverte, 2015.

26
TELAS: O GRANDE LABORATÓRIO DOS AFETOS

Olivier Mongin

Para S.D., claro.

O que agora designamos como "sociedade das telas", aquela que é indissociável das "redes digitais", do fluxo contínuo das imagens e da multiplicação dos suportes – aquilo que Serge Daney chamou já nos anos de 1980 o "visual" – caminha junto com uma pluralidade das telas e com uma metamorfose das práticas relacionadas à recepção e produção das imagens. O resultado é que a televisão não é mais a tela central e única, o aparelho de referência que havia aspirado a "tela de cinema": o uso comum hoje não é mais o de uma única tela, e sim de uma multiplicidade de telas que se conectam segundo formas inéditas e interferem umas nas outras. Portanto, a questão diz respeito ao lugar agora ocupado pela tela de televisão e às práticas com as quais está associada.

Sobre o primeiro ponto, devemos observar que a televisão nunca se tornou um objeto marginal, aquele que é deixado na mesinha de centro como um velho objeto vintage e patrimonial. Quanto ao segundo ponto, os usos desmultiplicados e inéditos da televisão não se limitam de modo algum a um deslizamento do público (a televisão era o olho da vida pública, o olhar do Estado, a voz do presidente da República, o órgão da representação política) para o privado. Ela é menos assediada pelas redes sociais de todos os tipos do que transformada em um elemento motor do laboratório global e nacional do visual, e da metamorfose dos vínculos tradicionais do privado e do público que caminham juntos[1]. O que não deixa de afetar a natureza de nossas emoções individuais e coletivas, bem como a maneira como elas se ignoram, se misturam ou competem.

O paradoxo do televisor

Na França, ao passo que "a rede de televisão" não é mais constituída pelos seis canais históricos, mas pela TNT (televisão numérica terrestre) e que a técnica de comunicação digital ADSL é hoje o principal modo de recepção, a evolução das medições de audiência que estão sendo postas em prática torna possível perceber a evolução dos usos atuais da televisão. O que não deixa de ter algumas consequências: o zapeador foi substituído pelo internauta.

Assistimos, com efeito, a uma pequena revolução quanto aos métodos de medição gradualmente disponibilizados para os grupos audiovisuais pela Médiamétrie[2]. A partir da primavera de 2017, a Médiamétrie[3] considerou uma reformulação de seus métodos de medição que os anunciantes e os publicitários aguardavam ansiosamente. Preocupados em integrar em seus estudos os novos usos na sociedade em rede digital, a Médiamétrie agora leva em consideração, de um lado, a audiência dos canais históricos e das centenas de canais disponibilizados graças à TNT e, de outro, o consumo em *replay* (já integrado desde 2014) e a visualização dos programas de televisão no computador, no celular

---

1. Este capítulo não tem qualquer pretensão erudita, no sentido acadêmico; inscreve-se "livremente" na sequência de obras publicadas anteriormente sobre o tema da sociedade das telas, da violência e do cômico. E mais geralmente de minha trilogia das paixões democráticas (*La peur du vide, La violence des images, Éclats de rire*. Paris: Seuil, 1991, 1997 e 2002), mas também de: *L'Artiste et le politique* – Éloge de la scène dans la société des écrans. Paris: Textuel, 2004. • *De quoi rions-nous?* – Notre société et ses comiques. Paris: Hachette, 2007.
2. Agradeço a Julien Rosanvallon, diretor dos departamentos Televisão e Internet da Médiamétrie, pelos esclarecimentos e informações que ele me proporcionou.
3. Médiamétrie, criada em 1985, é uma sociedade anônima especializada na medição de audiência e no estudo dos usos das mídias audiovisuais e digitais na França [N.T.].

e no tablet (em direto ou em replay). Essa medição de audiência qualificada simbolicamente pelos profissionais de "medição de 4 telas" revela o caráter paradoxal do uso da televisão (que está sempre associada ao televisor): embora a televisão não seja mais de fato o meio dominante, ela continua, no entanto, a desempenhar um papel decisivo em termos de audiência. Todos os dados fornecidos pela Médiamétrie para cerca de quinze canais não são públicos no momento, mas já é possível tirar muitas lições[4].

Em primeiro lugar, os números questionam os estereótipos sobre "a morte da telinha". Se atualmente é possível perceber uma ligeira queda, se a duração de escuta do que chamamos a "televisão na sala" caiu um pouco (de três horas e quarenta e sete minutos em 2011 para três horas e quarenta e três minutos em 2016), esse tempo médio sobe para três horas e cinquenta minutos com a medição das 4 telas (incluindo dezoito minutos em *replay* ou por outras telas). É a constatação de que a televisão permanece em 2017 o equipamento central apesar de uma certa queda (94% da população possui um aparelho de televisão, enquanto alguns anos antes era o caso de 95 ou 96%). Em comparação com outros tipos de telas, o aparelho de televisão continua ultrapassando o número dos computadores (85% da população), dos celulares (dois terços da população) e dos tablets (cerca de 50%).

Quanto aos usos, a "nova audiência" (a que não privilegia o em direto, mas o deslinearizado) continua sendo uma minoria, mas, longe de ser secundária, ela só tende a crescer rapidamente junto à população jovem. Estes são os dados: 19% dos franceses agora consomem a televisão de forma diferida (recorrendo à função de pausa) ou em *replay* (13,9%) ou optando por outras telas que não o televisor (6,4 %, ou 3,89 milhões de pessoas). Não é preciso ser um profissional do setor para compreender que essa transferência para novos usos está crescendo rapidamente. Os responsáveis pelo grupo SFR Média, do qual

---

[4]. No plano comparativo, a queda de consumo da televisão é mais fraca na França do que nos países anglo-saxões por razões ligadas à economia (o preço) e ao conteúdo (chegada da Netflix nos Estados Unidos).

faz parte o canal BFMTV, desejam então que a medição 4 telas chegue o mais rápido possível, uma vez que a televisão não é mais consumida à noite com a família, e sim individualmente e em mobilidade. Para outros, o risco é ver a concorrência se intensificar entre as simples plataformas de vídeos on-line e aquelas que se beneficiam da garantia de um editor de televisão como os canais TF1, M6, BFMTV... O que acabará desvalorizando os espaços publicitários na telinha, já que a marca de mídia se tornou o principal fator de credibilidade para o anunciante[5].

A essas observações, podemos adicionar aquelas relacionadas à taxa de equipamento e ao *design* do próprio televisor. De um lado, o multiequipamento habitual nas casas burguesas (um televisor por quarto e um na sala de estar, p. ex.) está em queda; do outro, quase dois terços do consumo de "internet" são feitos fora do computador e por meio dos tabletes e dos smartphones.

Paradoxalmente, a desmultiplicação das telas e da rede devolve "um lugar" à televisão, que não é guardada nos armários como um objeto velho inadequado que ocupa muito espaço. Se o equipamento de televisão se modifica, isso é acompanhado de uma metamorfose do próprio objeto: este mudou no plano tecnológico e formal (imagem curvada, estética leve, volume da tela). Tornou-se maior, mais fino, mais largo, menos profundo: é uma tela "plana" que é em geral pendurada na parede e se apresenta como um "painel de bordo" destinado a localizar e a orientar na multiplicidade da oferta. A televisão se metamorfoseou na medida em que sua oferta (a que logo se apresenta na imagem e possibilita uma ampla escolha, já que a oferta é fragmentada) se diversificou, mas também na medida em que ela está em rede com outros tipos de telas que são mais móveis, menores e que, para muitas delas, são telas digitalizadas que cabem na palma da mão. Espacialmente, o aparelho de televisão ocupa todo seu "lugar" ao se colocar em rede com as outras telas. A telinha pesada e volumosa tornou-se uma grande tela plana que, se não corresponde mais ao

---

5. A medição 4 telas não diz respeito ao vídeo on-line (Google e sua plataforma YouTube, ou Facebook), ao passo que essas plataformas atraem a maior parte da publicidade on-line.

ritual familiar, se encaixa na sociedade do "descasamento", na qual as emoções são compartilhadas em coletivos cada vez mais flutuantes. Um tipo de sociedade que mostra, para a socióloga Irène Théry, a mobilidade no plano dos costumes e reconfigura o próprio reagrupamento familiar móvel e em rede[6].

Uma última observação merece atenção: quanto maior a tela, mais o consumo é longo. Contra todas as previsões, o televisor não passou pela desventura do Minitel[7]: ele continua sendo uma tela decisiva dentro do dispositivo das telas, um aparelho central na medida em que cumpre o papel de um conector na sociedade em rede. Como todo conector, ele contribui tanto para o acesso à diversidade dos programas de televisão como das outras telas. Embora a sociedade das telas se apresente como um desfile de imagens que passam continuamente, a televisão é um objeto bastante visível que intervém como um fator de descontinuidade.

Como um conector, o aparelho de televisão continua sendo um "passador" que se encaixa nas práticas paralelas na internet. A tela não perdeu, pois, sua dimensão agregadora, no entanto é mais um ponto central (*hub*) do que uma tela de cinema privatizada (*home movie*). Tanto a forma do televisor quanto sua ampliação expressam novas práticas "emergentes". "O ateliê audiovisual", retomando uma famosa expressão de Paul Virilio, que era um espaço imóvel, não é mais o da televisão rainha; ele deu lugar ao "grande laboratório móvel do visual", em que o televisor continua sendo um objeto aglutinador que encontra um lugar no coletivo privatizado:

> Segue-se uma profunda transformação da posição tradicional do (tele)espectador, que escapa mais e mais de bom grado à ditadura dos canais e das grades para mergulhar em apneia em um espaço-tempo no qual ele pode se perder e se reencontrar, mas no qual, sobretudo, ele se submete menos do que age. Basicamente,

---

6. THÉRY, I. *Le démariage*. Paris: Odile Jacob, 1993.
7. Serviço de Videotexto on-line lançado na França em 1982 pela PTT (Postes, Télégraphes e Téléphones [Correios, Telégrafos e Telefones]). A partir de 1991 o serviço ficou dividido entre a France Télécom – Orange e La Poste. Foi desativado em 2012 [N.T.].

o zapeador é um personagem já envelhecido em benefício do internauta que, de mergulhos em apneia em incursões subterrâneas, encontra o material de novos arranjos, de novas montagens, e pode agir sobre a imagem. Nesta nova situação, a televisão ainda existe, mas não é mais do que um fornecedor, entre muitos outros, de imagens *à la carte*[8].

Se o televisor conserva uma posição paradoxal e mantém um lugar especial na produção e no consumo das emoções, se ele se mantém como um posto avançado no alto-mar do visual, se desempenha o papel de um painel de bordo, agora ele é parte de um contexto no qual cada um pode manobrar com tempo e velocidade. Como testemunham as práticas que se distanciam do assistir on-line e em direto. Dois exemplos nos permitem perceber essa capacidade e essa vontade de dominar a temporalidade.

O primeiro enfatiza o lugar da "assincronia" em um fenômeno, o de *spoil*, que consiste em assistir "à revelia de seu parceiro" a continuação de uma série. Como se fosse preciso conhecer a continuação antes mesmo de seguir assistindo juntos, arriscando ter de fingir que não conhece essa continuação (o que significa querer conhecer o fim da história, o "espoliador" sendo aquele que descobre o fim antes de tê-lo visto). A esse respeito, a Netflix inventou o neologismo do "adultério audiovisual", ao qual 12% dos americanos teriam sucumbido, e a marca Cernetto propôs em uma publicidade "anéis de noivado audiovisuais", destinados ao compromisso de assistir com alguém uma série[9]. Em um contexto em que o "presentismo", termo caro ao historiador François Hartog, é o regime de historicidade efetivo, o da "informação contínua" e do "direto", a assincronia é uma prática significativa de desvio.

O segundo exemplo também é sobre uma série transmitida pela Netflix, que provocou paixões nas redes sociais. "13 Reasons Why" é uma série com treze episódios sobre o mal-estar e o suicídio na adolescência. Buscando expli-

---

8. JOUSSE, T. Introdução. In: JOUSSE, T. (dir.). *Le goût de la télévision* – Anthologie des *Cahiers du Cinéma*. Paris: Éd. des Cahiers du Cinéma, 2007, p. 12-13.

9. *Le Monde*, 29-30/01/2017.

cá-lo por treze razões, acusada de dar explicações simplistas, tendo provocado um crescimento das ligações telefônicas nas linhas da associação de ajuda às pessoas com tendências suicidas no Brasil (entre outros), essa série está na origem da constituição de um *fandom* (comunidade de fãs) que troca suas ficções e seus códigos – como foi o caso na época de séries mais clássicas como "Sherlock" e "Doctor Who". Mas as trocas e as mensagens (essencialmente sobre os temas do assédio e da sexualidade) sobre "13 Reasons Why" são de uma escala sem precedentes: 8 milhões de mensagens entre 30 de março e 20 de abril de 2017, de 100 a 200 mil mensagens por dia desde 31 de março de 2017[10]. Outra prática apareceu simultaneamente nas redes sociais, a de um "meme", ou seja, de um motivo difundido infindavelmente que caricatura a concepção dos episódios da série segundo um mecanismo clássico acusando a vítima (*"Welcome to your tape"* – "Bem-vindo à sua fita").

Embora essas práticas inéditas e originais estejam na base de transferências de consumo que são exercidas em benefício de um consumo delinearizado (o *replay*) e nas telas da internet, esses movimentos são amplificados pelas populações mais jovens (o tempo de consumo televisivo por adulto é de três horas e quarenta, contra menos de duas horas entre as pessoas de 15-34 anos de idade)[11]. Não há qualquer dúvida sobre isso: os suportes e as telas estão multiplicando as práticas de desvio, mas o televisor (agora uma "tela grande") pode continuar a desempenhar o papel de um conector por onde "passam" e "deslizam" os internautas que procuram ir mais rápido do que o tempo ou retardá-lo. O grande laboratório do visual é também um laboratório dos afetos que passa por uma prática da velocidade, isto é, da ação e da reação rápidas e improvisadas.

---

10. Ibid., 23-24/04/2017.

11. M6, que destronou o canal TF1 quanto ao número de audiência mais elevado, "estima que de 5 a 20% do consumo de seus programas são feitos de maneira deslinearizada (*replay* e outras telas, e para os de 15-24 anos uma proporção próxima de 20%, que pode chegar a 40%) para programas como Les Ch'tis ou Les Princes de l'Amour no W9" (*Les Échos*, 12/01/2017).

Da televisão "para" o telespectador à televisão "do" telespectador

Embora a consideração das medições de audiência informe sobre o lugar do televisor que agora é uma tela conectora, embora elas priorizem os modos de recepção, o desejo de manobrar com o tempo, elas não permitem, no entanto, compreender a dupla transformação da televisão. Esta última passou por uma dupla oscilação desde o final dos anos de 1970, que se relaciona tanto com nossa concepção do público e do privado quanto com a relação entre o alto e o baixo (os clérigos e o povo). Enfatizar a maneira como as telas sucessivas acompanharam, não sem vínculo com as revoluções tecnológicas e com a ideologia individualista (entendida no sentido de um antropólogo como Louis Dumont), a privatização daquilo que era chamado de público não deixa de ter sua importância[12].

Essa ruptura é ao mesmo tempo política e cultural. De um lado, trata da relação que a televisão mantém com o Poder com um P maiúsculo e com a Cultura com um C maiúsculo[13]. Durante muito tempo, o televisor foi a única tela e os três primeiros canais conseguiram reunir 75% da audiência[14]; a televisão era um agregador político e cultural (de 1957 a 1966, a série "A câmera explora o tempo" é um evento nacional); falávamos da "da grande missa" do jornal televisivo; e a televisão estava associada ao ritual cidadão do jornal televisivo[15]. No plano cultural, a televisão, a de Jean-Christophe Averty, Stellio Lorenzi, Marcel Bluwal e de muitos outros, permitia celebrar os vínculos da alta cultura e da cultura popular no espírito do Teatro nacional popular, um teatro elitista

---

12. Sobre essa oscilação, cf. MONGIN, O. & PADIS, M.-O. (dirs.). *Esprit*, n. 3 – La Société des écrans et la télévision. Paris: Seuil, 2003.

13. Foi no outono de 1981, pouco tempo depois da eleição de François Mitterrand, que os *Cahiers du Cinéma* publicaram um número especial sobre a televisão, ainda associada a essa data o poder de Estado disciplinador e censor.

14. Hoje, a rede televisiva é composta dos canais ainda qualificados de históricos (não são mais chamados de generalistas), de 25 canais gratuitos e de centenas de outros canais. O que contribui para a fragmentação e a balcanização da oferta.

15. MISSIKA, J.-L. & WOLTON, D. *La folle du logis* – La télévision dans les sociétés démocratiques. Paris: Gallimard, 1983.

para o povo. O que deu origem a uma criatividade e a programas históricos e culturais "cultuados", inventividade que não mais existe, mas cuja memória o Instituto Nacional do Audiovisual conserva ativamente. Em suma, esta é a primeira era da televisão para os *Cahiers du Cinéma*[16], que reuniu vários de seus textos no *Le goût de la télévision* (2007).

É, portanto, uma era em que o poder político (gaullista) não hesita em recorrer à censura, procura controlar o jornal televisivo e observa a qualidade da telinha. Mas também uma era em que a televisão é objeto de fortes expectativas culturais e educativas, em um estado de espírito que ainda é o do *Télérama*, semanário que inicialmente era um órgão ligado à educação popular. A televisão está então duplamente direcionada para o poder e para alta cultura. Os debates se concentram então mais na produção (ainda se acredita em um maior peso da produção, da escolha e dos conteúdos, valoriza-se o canal Arte contra as derivas da produção cada vez menos "generalista") do que na recepção. Outros tantos debates que se tornarão obsoletos após a privatização dos canais públicos (o canal Cinq de Silvio Berlusconi, depois o Une que se tornará o TF1 e manterá por muito tempo os recordes de audiência nacional). Os modos de recepção que influenciam nos regimes de emoções, como vimos, estão no centro das interrogações, em detrimento daquelas sobre a produção, que, no entanto, permanece observada e criticada quando favorece os programas violentos ou pornográficos.

Em outras palavras, a privatização econômica dos canais públicos caminha junto com uma individualização dos modos de recepção que remete aos regimes de imagem que misturam privado e público, e que focam ao mesmo tempo a política, a cultura, a economia e as tecnologias. Sem que percebamos, a televisão globalizou-se como a economia, e acompanhou uma revolução antropológica, importante no caso de uma sociedade francesa até então marcada

---

16. Revista criada em 1951 por André Bazin (paralelamente crítico de cinema da revista *Esprit* e pai espiritual de François Truffaut) e Éric Rohmer. Inicialmente ela se chamava *Cahiers du Cinéma et de la Télévision*.

pelo Estado e por dispositivos piramidais, em que o público se privatiza de uma maneira extremamente rápida[17]. A representação do mundo se esvaziou, se achatou (como a tela), tornou-se horizontal e quebrou as hierarquias tradicionais, em que o privado se ocultava atrás de uma vida pública que dominava a iluminação e os projetores.

No plano das emoções, a televisão desempenhou então e continua a desempenhar um papel importante. Contribuiu para a rápida passagem de um duplo regime das emoções – aquele que se direciona para o topo do interesse geral no plano político e aquele que acredita poder salvar a visão artística e nobre das imagens no plano cultural[18] – a um outro regime das emoções. Isso é surpreendente? A individualização-fragmentação da recepção caminha junto com uma crise da alteridade estética, política e social. Com um pouco de atraso, descobrimos que a passagem da tela de cinema para a tela da televisão anunciava essa hibridização de emoções que são a um só tempo coletivas e individuais, e que fazem parte de uma reorganização do espaço privado que manobra habilmente com a mobilidade e a rede.

Para entender a relação entre o público e o privado que é de interesse aqui, é útil lembrar o lugar das telas sucessivas no plano cronológico, enfatizando a evolução da relação entre o privado e o público que elas tornaram possível. Charles Tesson evoca, no editorial de um número especial dos *Cahiers du Cinéma* publicado em 2002, os três tempos da genealogia das telas: tela de cinema, aparelho de televisão, *videogame*.

Primeiro, a tela de cinema é uma oportunidade de sair de casa, ou seja, do espaço privado, para ir individualmente (no caso do cinéfilo) ou com a família para a sala de cinema. Esta é um espaço público exterior onde a luz vai se apagar para que a tela mostre as imagens de um filme através das quais aparecerão

---

17. Cf. ROMAN, J. "Privé et public: le brouillage télévisuel". In: *Esprit*, n. 3, 2003, p. 43-52.
18. Segundo essa concepção, o visível remete a um invisível (é a versão de Bazin-Bresson-Godard). Ele sucederá o achatamento das imagens (só existe o visual, um desfile de imagens que não acaba de se enrolar sobre si mesmo).

as *stars*, essas estrelas cósmicas cujos nomes são Rita Hayworth, Ava Gardner ou Michèle Morgan. André Breton evoca magnificamente sobre a sala de cinema "o perfume da sala escura". O cinema era, portanto, um convite para sair de casa e do ambiente privado, para mostrar mobilidade física para se misturar e se perder no escuro a fim de acessar a alteridade – para ver o mundo de forma diferente do que como um real que desfila infinitamente, em suma, para sonhar. Essa tela é uma tela que "funciona como uma tela", ela separa, marca limites, intriga, convida ao imaginário. É por isso que diretores como Buster Keaton ou Woody Allen tentam atravessar a tela em alguns de seus filmes.

Em contraste com a tela do cinema, o televisor privado, que pouco a pouco concorre com a sala de cinema, é colocado como um objeto sagrado no espaço comum do apartamento familiar. Sua missão é reunir a família no espaço privado para celebrar o cenário cultural e nacional. Mas isso durou só por certo tempo, já que a outra missão do televisor, essa tela ao mesmo tempo privada e coletiva porque familiar, é fazer com que o telespectador se torne um ator em tempo integral. Como se ele se refletisse na tela da televisão que se tornou um espelho. Lembramos de *Meu tio* de Jacques Tati (1958), um filme de grande lucidez sobre a "comunicação generalizada" e o lugar que nela ocupa o televisor[19]. No filme vemos o casal Arpel: enquanto o marido lê o jornal, seus corpos se refletem na tela da televisão tornada um espelho onde eles se projetam sem sequer olhar para ela. Estão colados à tela como se esta fosse uma tela-espelho. Os afetos se delimitam: a televisão não tem mais como objetivo possibilitar a encenação política nacional, e ela não é mais o grande palco de teatro que quer educar uma população cada vez mais urbanizada. As imagens que se encadeiam na tela privada agora mostram o que está acontecendo "ao vivo" no país e no mundo. Mas, e esta é sua segunda missão, elas projetam na tela aqueles que a captam, como se sua função fosse ser a imagem daqueles que a assistem com uma maior ou menor atenção. Se a tela está instalada no privado, esse retorno ao privado terá uma consequência inesperada, ou seja, a vontade de se

---

19. Cf. tb. *Playtime*, filme dirigido por Jacques Tati, 1967.

olhar, de se ver na tela como o diretor de cinema à maneira de Keaton que queria passar para o outro lado da tela. "A tela não funciona mais como uma tela", o espectador sozinho em seu espaço privado quer se mostrar no palco que se tornou o de "seu" espetáculo. Vão oscilar e se inverter as cenas tradicionais da política e dos grandes programas de televisão concebidos em um modo teatral.

São então inventados outros palcos que reorganizam o olhar dirigido para a cena pública em torno do indivíduo e da encenação da política "contínua". O *reality show* – ou seja, a telerrealidade, em que qualquer um pode encenar sua própria vida diante de todos – e a informação contínua, aquela que será simbolizada na França pelo canal BFMTV e pelo i-Télé nos anos de 2010, são os vetores desses novos modos de recepção que vão se harmonizar e se aliar com o desenvolvimento tecnológico, com os suportes inéditos e com as novas telas.

O modo de recepção triunfou, pois, sobre a inventividade da produção, agora condenada a acompanhar o audímetro e as audiências, mas também a colocar em cena os desejos do indivíduo que consome a imagem. A privatização do público triunfou sobre o interesse geral, e o real assume a vantagem sem nada exigir em termos de representação (política, cultural), já que o dogma contemporâneo (nem religioso nem político) é "a comunicação pela comunicação". Esta é o vetor da "utopia da comunicação", aquela que se satisfaz com uma realidade que nunca deixa de se desenrolar em detrimento de um "mundo", de um universo em comum:

> Entre o mundo e nós, a televisão recriou uma camada de ozônio que sem dúvida é sua única "criação". Ela continua mostrando aqueles por quem seria necessário passar para ter acesso à "vida real" e, no final, ela não mostra senão eles e os mostra "em nome" de um lugar sagrado, de um lugar onde isso se passa mas para onde não vamos mais (existe uma dogmática da comunicação)[20].

---

20. DANEY, S. "Zappeur et cinéphile". In: JOUSSE, T. (dir.). *Le goût de la télévision*. Op. cit., p. 75. Para Vincent Amiel, as telas que desfilam ocuparam o lugar das imagens que se desenrolam: "É uma curiosa reviravolta que de alguma forma valoriza a imagem como evento, deslocando a mediação (que a própria imagem devia constituir) para o plano de seu protocolo de interpretação ou de utilização. As telas ocuparam definitivamente o lugar mesmo das imagens e sua multipli-

As telas colocam em imagem a metamorfose das emoções em que o público e o privado inventam hibridações inéditas.

Nesse estágio, ficção e realidade, informação e enquete são os pilares da televisão; esta voltar-se-á para a ficção, com as séries que são a reciclagem fictícia de uma mesma história sempre "retomada". Com efeito, a televisão reconduz ao real – esse real que nada mais é do que a comunicação sempre se comunicando e informando –, reconduz "em circuito" ao real em crise de representação. E isso, fragmentando a oferta como se o desejo fosse cada vez mais segmentado, a exemplo da família e do público. Vemos a que ponto as emoções não são mais produzidas de cima, mas correspondem a uma demanda permanente por meio da qual o comunicador e o anunciante/publicitário buscam captar o desejo de trazer para o palco "pessoas de baixo". Como Charles Tesson diz, "a televisão, de tanto olhar a França nos olhos, levou tempo, depois de muitos desvios, para trazê-la aos seus programas"[21].

Entretanto, isso não aconteceu sem tristeza ou nostalgia, pois nem tudo entra nos programas. Será que existe uma sequência mais bonita do que a da série documentária *Perfis camponeses* (2001-2008), de Raymond Depardon, em que um camponês condenado ao celibato assiste chorando na tela da televisão o funeral do Abade Pierre? Como se o televisor fosse uma mortalha. Devemos concluir junto com Olivier Schrameck, antigo diretor de gabinete de Lionel Jospin no Matignon e presidente do Conselho Superior do Audiovisual, que os serviços personalizados (aqueles que circundam a tela da televisão) como a Netflix são uma "extensão do espaço privado" governado por algoritmos, e não mais um motor de vínculo social? Seria ignorar que o próprio privado se transformou e que a oposição público/privado não tem mais nenhum sentido em um universo do visual que modifique a natureza das emoções de todos os tipos.

---

cação cumpriu um papel paradoxal de instituir estas últimas como fundo de realidade" ("Les écrans multiplex – Une esthétique de la situation". In: *Esprit*, n. 3, 2003, p. 42).
21. TESSON, C. "Votre vie m'intéresse". In: JOUSSE, T. (dir.). *Le goût de la télévision*. Op. cit., p. 495.

Apropriar-se do palco

> Talvez seja datado ("tarde demais") recriminar a televisão por nos tornar *voyeurs*, não assistentes a ninguém em perigo, culpáveis etc. As pessoas que "passam" na televisão não estão necessariamente no simulacro: talvez apenas apontem que algo está acontecendo com elas. Talvez porque antes a experiência "rainha" fosse a identificação pura e simples (seja uma estrela, um aventureiro, um herói) e hoje ela é intermitente, facultativa[22].

Não há mais palcos políticos ou criativos, mas a possibilidade de que todos passem pelo palco, subam ao palco, virem um filme falso, em seu corpo e em sua cabeça, escrevam sua história ao vivo e sem pudor para todos os outros. Esse é o momento em que emergem os *reality shows*[23]: o espectador está cada vez mais ativo e se anima no sentido estrito, ele sobe ao palco, vai de um palco ao outro, de um canal ao outro. Ainda era preciso levar em conta sua demanda e não se contentar com criticar a televisão-lixo ou a *trash* televisão:

> A tardia e imperiosa necessidade de integrar o *reality show* ao espaço da televisão se constitui em torno de uma concorrência dirigida ao espectador, que ecoa como um *slogan* cínico (do estilo "sua vida me interessa"). Mas isso nos é apresentado como o restabelecimento de uma justa reciprocidade: seria normal que uma televisão feita para as pessoas se interessasse em contrapartida por certos aspectos de suas vidas e os compartilhasse em seus programas[24].

Ao contrário dos programas televisivos em que o espectador era convidado pelo prazer do jogo (no gênero dos clássicos "Des chiffres et de lettres" [Números e letras], "Monsieur Cinéma"), um novo dispositivo é colocado em prática: não dizem mais ao espectador agora ator: "Venha jogar com a gente", mas: "Venha ficar em nossa casa e nos mostre fragmentos da sua vida, seja no modo heroico (transpõem a velha regra, herdada do cinema de ação,

---

22. DANEY, S. *L'espace a été profitable, monsieur*. Paris: POL, 1993, p. 258.
23. "Les *reality shows*, un nouvel âge télévisuel?" In: *Esprit*, n. 1, 1993, p. 5-81 [Dossiê].
24. TESSON, C. "Votre vie m'intéresse", cap. cit., p. 495.

que quer que ele se identifique menos com um ator do que com a situação na qual está imerso), na vertente trágico-melodramática (cenas de lar, vida de casal, exibida e refeita no palco, rompimentos e reencontros familiares, ao vivo e ao ar livre, de pessoas que se "perderam de vista") ou nos ápices cômico-burlescos[25]. Isso foi possível e facilitado pelo uso da câmera de vídeo, antes mesmo que os aparelhos portáteis os substituíssem para filmar ou fotografar eventos ao vivo.

Todos os ingredientes estão prontos e reunidos para que o "ao vivo" seja a regra e possa mostrar como esse mundo que é fragmentado e desunido – a exemplo da televisão, cuja oferta se tematiza e balcaniza, cada um podendo ver o que quiser em função de seus "grupos" em toda a tranquilidade – pode reunir, reconectar, desde que seja "ao vivo". Com razão, podemos notar que um animador tradicional como Patrick Sébastien, aquele que ainda faz suas palhaçadas na noite de sábado indo até seus convidados de mesa em mesa enquanto observa a morte do circo, expressa resistências diante desses óvnis televisivos que são para ele os *reality shows*. Patrick Sébastien vem do cabaré onde cada um deve estar "em seu lugar", onde os atores fazem rir no palco e os espectadores caem na gargalhada e aplaudem na sala. O palco marca um limite: estamos de um lado ou de outro do palco, ator ou espectador, e esse limite é análogo à tela do cinema que funcionava como uma tela. *Em suma, "a televisão para os telespectadores" não é mais "a televisão dos telespectadores".*

O *reality show* foi o sinal da ascensão do telespectador e de suas emoções, e o telespectador hoje munido de telas múltiplas e móveis continua e exacerba esse exercício. Ele nunca para de invadir o palco que lhe pertence: as reações das redes sociais (Twitter e Facebook) aparecem como legendas nas telas. Aquele mesmo que assiste à televisão mais direta manifesta em *live* um comentário que a televisão não é mais capaz de fazer.

A essa dupla tendência à balcanização (em termos de oferta, conhecemos o papel dos canais de esportes ou daqueles que falam de culinária, de luxo...)

---

25. Ibid.

e ao chamado para pisar no palco, a essa desvalorização da cena pública e teatral, corresponde à primeira vista uma revalorização dos "eventos". Aqueles que reagrupam e reúnem como os jogos de futebol, os eventos políticos, mas também aqueles que reconcentram os efeitos de audiência em torno dos *blockbusters*. Os programas políticos (que agregavam na época da televisão-poder) e os debates políticos (aqueles das eleições primárias, ou presidenciais, com os onze candidatos e depois só com os dois) têm audiências altas e são sempre um evento.

Mas a grande missa cidadã não é mais de praxe: os candidatos dominam cada vez menos o contexto do debate e da agenda; e nem sequer sabem em certos casos quem são os convidados designados como convidados surpresa (é o caso de "Cartes sur tables" [Cartas na mesa] no canal Antenne 2, onde o fato de ter convidado a escritora Christine Angot durante a campanha presidencial de 2017 para entrevistar François Fillon foi considerado como uma provocação). Além disso, se julgarmos pela eleição de Donald Trump nos Estados Unidos, aquele que quer aceder ao poder supremo tem tanto mais chances de consegui-lo quanto mais recorrer às redes sociais e perturbar os circuitos clássicos de comunicação, não hesitando em minar a informação e apostar na mentira (as *fake news*)[26]. A partir do momento em que o ambiente digital desempenha um papel decisivo (pensamos no jogo "Fiscal Kombat" elogiado por Jean-Luc Mélenchon), as redes sociais são convidadas a participar dos programas ao vivo, fornecendo seus comentários.

Por outro lado, conhecemos o papel desempenhado pelo público do programa de *reality show* apresentado por Donald Trump: entre 2004 e 2015, ele apareceu em um jogo na NBC, "The Apprentice" [O aprendiz], rebatizado "The Celibrity Apprentice" [Aprendiz celebridades] em 2008, em que não estava jogando uma vez que ele mesmo (rodeado por seu *board* e por sua filha na Trump Tower) era um empresário autoritário que devia demitir um dos joga-

---

26. A "fascistosfera" tornou-se mais do que costumeira desse comportamento.

dores (vivendo em suítes dessa torre) e contratar outro. Embora a televisão não despreze os programas políticos, estes não se desenrolam mais no espírito dos rituais de ontem; são sobretudo a ocasião para contar os pontos e mostrar os punhos, as pequenas frases e os socos. A violência da encenação rapidamente triunfou sobre o conteúdo. É por isso que, sem subestimar a importância das ideias, não devemos enfatizar somente o aspecto ideológico no caso de um site de informação como Breitbart, cujo proprietário, Steve Bannon, foi rapidamente afastado da Casa Branca após a vitória de Donald Trump. Se a "facistosfera" volta a crescer na vida intelectual francesa, bem como em outros países, o caso de Silvio Berlusconi na Itália nos ensinou a discernir a captura de um poder tecnológico importante do qual a televisão é um dos vetores de sua dimensão ideológica[27]. O que não deve cegar para as dinâmicas populistas que dão "diretamente" e "ao vivo" ao povo o que pertence ao povo. A esses três fenômenos (a balcanização da oferta, o *reality show* e a oferta política), é importante acrescentar o do humor e do riso, que, por mais que se diferencie da televisão-lixo, não deixa de crescer. Esse fenômeno atinge todas as instituições e personagens conhecidos, começando pelos próprios atores políticos. É um *leitmotiv*: os "atores" profissionais (artistas, políticos...) são desvalorizados em favor de animadores que estragam a festa, que são desestabilizadores, detonadores, sendo uma de suas singularidades estabelecer o elo com as redes sociais e exacerbar as trocas interativas com aqueles que não são mais telespectadores passivos.

Para dar dois exemplos, os alvos são ou a classe política ou a própria televisão. De um lado, Yann Barthès, um animador-produtor como é a regra, que por muito tempo dirigiu com sucesso o "Le Petit Journal" no Canal + e apresenta o programa de entrevistas "Quotidien" no TMC (canal da TNT ligado ao TF1), é um talentoso agitador televisivo, apreciado pelos jovens, que ataca principal-

---

[27]. Em um livro que ainda tem muito sentido, Pierre Musso havia mostrado que Berlusconi não era um fascista reciclado, mas que ele encarnava um tipo de poder instituído graças às redes ligadas ao visual, assim como, segundo ele, já era o caso nos Estados Unidos bem antes de Donald Trump entrar na corrida. Longe de se apoiar na ideologia, o poder de um Berlusconi apoia-se na aptidão de ligar gestão e produção de imaginário "em séries" (BERLUSCONI. *Le nouveau Prince*. La Tour-d'Aigues: L'Aube, 2004).

mente os atores políticos. Quanto a Cyril Hanouna, que intervém no canal C8, seu programa diário reúne jornalistas e animadores cujo papel é ridicularizar a televisão assumindo o risco de atravessar (voluntariamente ou não) alguns limites de tempos em tempos. Essa televisão coloca tudo abaixo e rasga todos os cenários, mas esse anarquismo aparentemente desenfreado não deixa de ser controlado, e as derrapagens causam algumas consequências desagradáveis. O que cria uma situação paradoxal: se o chefe do Canal +, Vincent Bolloré, queria recuperar o controle e moderar os "Guignols"[28] já cansados, os responsáveis pelo canal C8 são incomodados pelos desvios homofóbicos (entre outros) de Cyril Hanouna. Com efeito, esse mestre de cerimônias que não para de desnudar e de questionar as telas vale fortunas (em um duplo sentido: ele exige ser muito bem pago pelo canal e é quem atrai o público).

Devemos então entoar a lamúria daqueles que lamentam o desaparecimento da televisão republicana e o aumento do poder da derrisão? Não é tão claro assim: Serge Daney queria ver nele os restos da grande tradição carnavalesca, como se a televisão tivesse como papel inverter o alto e o baixo, para confundir reis e os bobos do rei:

> Existe um poder superior do povo, isto é, um poder de indiferença do qual os clérigos não têm qualquer ideia. A cultura popular ("carnavalesca", dizia Bakhtin) não é uma fórmula vazia, ela se traduz em atitudes absolutamente contraditórias. Ou a idolatria do fã-clube, o consumo erótico dos ícones, o mimetismo louco, o transe identitário. Ou uma derrisão muito violenta, exagero infantil, gosto pela mentira e pelo falsificado. Esse riso é muito contagioso, e é uma verdadeira bofetada em todos os valores burgueses e pequeno-burgueses que exigem pelo menos a verdade de um ponto de encontro entre o espetáculo e o público. A cultura popular não dispõe do elo intermediário entre a *encarnação absoluta* e a *falsificação total*[29].

---

28. Les Guignols era um programa de televisão satírico de marionetes no qual se parodiava o jornal televisivo; era uma caricatura do mundo político, das mídias, das personalidades e também da sociedade francesa. Ficou no ar de 1988 a 2018 [N.T.].

29. "L'amour du cinema – Entretien avec Serge Daney par Olivier Mongin" (1992). In: DANEY, S. *La Maison Cinéma et le Monde*. T. 4. Paris: POL, 2015, p. 18.

Tudo está dito... Mas, não sejamos ingênuos, existem regras e restrições que não são apenas formais: o riso não é mais tão livre quanto no tempo dos Inconnus, o dos primeiros humoristas a fazer rir dos cultuados programas da televisão ou do "Nulle part ailleurs" [Em nenhum outro lugar] do Canal + (um programa que rimava com loucura e humor negro, os de José Garcia, de Antoine de Caunes, do casal Michel Vuillermoz-Albert Dupontel, Michel Müller). Há mais e mais comediantes destinados a tapar as frestas e a se distanciar um pouco do peso e do caráter repetitivo dessa televisão ininterrupta. Mas eles são cada vez menos transgressivos e praticam ironia ou a derrisão com conhecimento de causa sem correr riscos. Lembramos que Bouygues (o proprietário), que acabara de comprar o canal TF1, não tardou a demitir, em 1987, Michel Polac (o animador do cultuado programa "Droit de réponse" [Direito de resposta]). Em resumo, existem limites a não serem excedidos; é aí que residem os limites reais e os chefes exercem seu poder efetivo[30].

O que as séries nos contam

Para entender melhor o regime das emoções que o dispositivo televisivo implementou, examinar a variedade das séries e dos temas que elas privilegiam é instrutivo no plano da encenação das emoções e dos afetos. Também é preciso enfatizar que a série remete duplamente à temporalidade: de um lado, ela dura entre vinte e cinquenta e dois minutos, e não noventa minutos como é o caso dos programas tradicionais; de outro, consiste em relançar constantemente personagens[31] e temas em vários episódios, durante várias temporadas se ela fizer sucesso (é a lei da reciclagem permanente).

---

30. Sobre essa situação paradoxal, cf. MONGIN, O. *De quoi rions-nous?* Op. cit.
31. Estes podem ser apreciadores, como é o caso da série de sucesso *Plus belle la vie*, filmada em Marseille há vários anos. Vincent Meslet foi um de seus idealizadores antes de ser demitido da televisão pública. Cf. MESLET, V. "Une télévision de tous les publics". In: *Esprit*, n. 3-4, 2002, p. 112-128.

Existe aqui uma escansão particular, um sistema de retomada que atendeu aos desejos dos receptores, eles próprios sujeitos a uma relação com o tempo que já não corresponde a uma inscrição clássica na duração. Para compreender que a série ocupa com sucesso o território da ficção (televisiva), é útil se debruçar sobre as temáticas das séries americanas contemporâneas. Antes de se perguntar por que estas são gradualmente destronadas na França pelas séries nacionais, apreciadas e exportadas com sucesso.

As séries americanas contemporâneas, muito mais livres e cruas do que as séries pioneiras do tipo "Columbo", privilegiam costumes não convencionais e instituições fechadas, o que tende a não esconder a violência (sexual, mafiosa, prisional...). Em relação ao primeiro ponto, podemos destacar as séries dedicadas à comunidade homossexual e aos comportamentos transgêneros ou às "bacanais", que adicionam ao sexo todas as categorias misturadas (estamos longe do filme pornô *soft* do domingo à noite com ares sádicos "à francesa"). No que diz respeito às instituições confinadas, as temáticas das séries sobre o hospital e sobre o espaço prisional se endureceram, quando não dão lugar àquelas que se concentram nas drogas, no consumo de opiáceos e na crueldade dos narcotraficantes. A isso, podemos acrescentar as séries que abordam as cenas de família e os conflitos em torno da cozinha (duplamente vista como local de encontro e como artesanato): "Casual" é nesse registro a série "descolada" por excelência que reúne "relações livres" (sexo), triagem de resíduos (ecologia), experiências com opiáceos (droga), linguagem e situações brutas (violência)"[32]. O que emerge desse catálogo rápido é a capacidade dos roteiros de associar distância crítica, ironia, humor, de um lado, desencadeamento de violência e excitações corporais, de outro. É que o homem consumidor de televisão, aquele que oscila entre excitação e depressão, entre entusiasmo e angústia, gosta de consumir violência e se distanciar dessa violência[33].

---

32. Cf. a lista dos títulos dessas séries em Renaud Machart, "Les sept familles recomposées". In: *Le Monde*, 25-26/12/2016 [Dossiê].
33. EHRENBERG, A. *La fatigue d'être soi* – Dépression et société. Paris: Odile Jacob, 1998.

As séries francesas constituem um gênero particularmente ajudado pelo Centro Nacional do Cinema e da Imagem Animada – 23,7% do volume contínuo, ou 897 horas de programa, o que as coloca na frente da animação, do documentário, da adaptação visual de espetáculo vivo e das novas mídias (produção das séries digitais e das obras em realidade virtual). Elas representam 87,7% das séries na oferta de ficção na primeira parte da noite nos canais históricos, e há 24 ficções francesas entre as melhores audiências da televisão francesa em 2016, sendo a mais assistida "Le Secret d'Élise" [O segredo de Elisa].

Como mostram esses números, as séries são para os responsáveis do canal as ficções mais agregadoras. E isso, especialmente porque elas assumem uma coloração nacional enquanto, em um primeiro momento, o filão das séries americanas dava ao canal TF1 uma certa vantagem, com clássicos como "Dr. House" e "Mentalist". Mas esse filão, que secou com o fim da primeira onda de séries americanas (72 séries entre as que conheciam as melhores audiências eram americanas em 2011, contra duas em 2017), correspondia a um ciclo de séries qualificadas como processuais, que roteirizavam uma investigação – e as "Julie Lescaut" e "Navarro" à maneira francesa não podiam competir com elas. Como o TF1 é um canal histórico cuja vocação é agregar, ele não seguiu a segunda onda de séries americanas, muito mais direcionadas, correspondendo melhor à televisão a cabo e à televisão paga na medida em que expunham flagelos e horrores de todos os tipos: drogas, violências, tortura e sexo nas novas séries cultuadas, como "The Walking Dead", "Game of Thrones", "Narcos", "Homeland"...

Enquanto fazia parceria com o estúdio americano NBCUniversal e produzia com ele uma série policial mais adequada ao seu público ("Gone"), o TF1 decidiu favorecer o surgimento de uma onda inédita de séries francesas, entre as quais "Le Secret d'Élise" (uma série que se arrisca no fantástico), "L'Emprise" [A dominação] e "Sam", que "esmiúçam a dona de casa" sem ir tão longe quanto as séries americanas. Mas nos aproximamos pouco a pouco dos roteiros destas últimas, uma vez que o TF1 opta, depois de "Après moi le bonheur" [Depois de mim a felicidade] (uma mulher divorciada com câncer), por uma produção cujo herói será um transgênero ou uma policial androide. Paralelamente às escolhas do TF1, voltadas para o público clássico mesmo optando por temas mais contemporâneos, o canal France 2 encerrou em 2017 sua série familiar aglutinadora, "Fais pas ci, fais pas ça" [Não faça isso, não faça aquilo], que fidelizou em média de 4,5 milhões de telespectadores durante nove temporadas. A razão desse sucesso está claramente ligada ao seu duplo caráter intergeracional: essa série opõe, com os ingredientes necessários (risos e emoções), duas famílias, os Bouley e os Lepic, uma família moderna descolada e uma família mais tradicional; e, dentro de cada uma dessas famílias, ela enfatiza os relacionamentos entre duas, e até três gerações (os pais acabam se tornando avós), e as diferenças de sexo e de sexualidade.

Que olhemos para os Estados Unidos ou para a França, a série é um elemento decisivo na manutenção da televisão aglutinadora, talvez mais do que os famosos programas políticos. Pela simples razão de que elas acompanham a temporalidade muito distorcida das telas e a desmultiplicação da oferta.

Quando as telas não funcionam mais como telas

Talvez a globalização, hoje menos aberta e mais inquieta, reconduza às inscrições históricas menos fluidas e mais nacionais, um fenômeno que o ensaísta americano Douglas Rushkoff vincula à revolução digital:

> A era da televisão foi a da globalização e da cooperação internacional de uma sociedade aberta [...]. A União Europeia era um produto do ambiente televisivo: o livre-comércio, uma moeda livre, a livre circulação das pessoas e a redução das identidades nacionais somente às equipes de futebol. A transição para o ambiente midiático digital torna as pessoas muito menos tolerantes à dissolução das fronteiras[34].

Essa observação, embora muito discutível, nos leva a questionar, junto com o filósofo Jean-Toussaint Desanti, as relações da revolução digital com o

---

34. Apud DELCAMBRE, A. & PICARD, A. "Zappée comme jamais". In: *Le Monde*, 29-30/01/2017.

tempo e o espaço[35]. Esta multiplica virtualmente todos os possíveis (o que o indivíduo pede atrás de sua tela onde a palavra "Fim" de certa forma desapareceu), correndo o risco de desvalorizar a proximidade, o possível próximo, e não distinguir mais o que é possível do que não é. A utopia da comunicação gerada e acelerada pela sociedade das telas e pela multiplicação dos suportes tem como avesso uma angústia, um medo, um temor da violência. Mas essa globalização das imagens caminha junto com uma fragmentação (temática, mas também identitária) e, principalmente, com um distanciamento da experiência histórica esmagada pelo presentismo e por sua produção de imagens. Podemos contar todas as histórias possíveis "em série", e os profissionais fabricam tanto mais séries porque a história presente e futura não é mais da sua conta. A globalização das imagens das quais a televisão "privatizada" é um dos motores caminha junto com a pós-história e a pós-verdade...

Só que, quando tudo vira evento e que todas as possibilidades são possíveis, resta apenas o evento por excelência: o imprevisto, a catástrofe, o ataque terrorista, o reverso da utopia. As telas de hoje oscilam entre a cegueira da utopia da comunicação e o medo do acidente. Ela pode então virar o local contra o global. Mas um não acontece sem o outro. As emoções correm atrás das imagens sem saber para onde ir. Queremos que tudo aconteça para que nada aconteça. E por boas razões, as telas não funcionam mais como telas... ao contrário dos muros visíveis ou invisíveis.

O exame do *videogame* de guerra, a tela que sucede a tela de cinema e o televisor na análise mencionada acima, poderia nos colocar na pista: o jogador que também entrou na tela em busca de Lara Croft ou para se engajar ao lado de um mercenário não vê nada além do que está diante dele. Ele corre atrás evitando ser massacrado; ele desistiu de sonhar; não está mais procurando estrelas por trás da tela; não acredita mais em utopias; vê o mundo em preto, como em guerra permanente; só tem pesadelos. A utopia da comunicação tem

---

35. Cf. MONGIN, O. "Puissance du virtuel, déchaînement des possibles et dévalorisation du monde – Retour sur des remarques de Jean-Toussant Desanti". In: *Esprit*, n. 8, 2004, p. 28-29.

como avesso o pesadelo – não para de mostrá-lo. Os consumidores de violência que guerreiam em casa nas telas o dia inteiro têm cada vez mais medo do que está acontecendo lá fora. Cercados pelo televisor e por todas as outras telas interconectadas, eles não saem mais de casa.

Mas tal constatação que lembra o peso do presentismo e o desenrolamento de uma história conturbada, sem futuro, sem pé nem cabeça, pois contínua e sem obstáculos, deve ser reconduzida mais amplamente ao fenômeno da globalização das imagens que é indissociável do mundo da revolução digital. Um fenômeno que favorece uma dupla mutação: a que perturba as clivagens tradicionais entre privado e público, de um lado; individual e coletivo, de outro. Inseparável de um mundo que não representa mais o futuro, a sociedade das telas é um laboratório das emoções e dos afetos, onde indivíduos isolados, separados, recompõem vínculos e alianças como bem entendem – o espaço privado é o do grupo. Ela criou uma alquimia em que o privado e o público interferem, em que a barreira entre um e o outro caiu, em que as paixões íntimas se misturam aos eventos coletivos, sem motivo ou segundas intenções. Quando as telas não funcionam mais como tela, o privado não é mais o que é privado de público, mas uma matéria híbrida que oscila entre excesso e moderação, entre excitação e recuo. No entanto, esse laboratório também é um maquinário no sentido teatral, um espetáculo permanente em que os indivíduos que consomem e produzem uma rede virtual ou física passam de uma tela para outra.

Em resumo, não há mais sinal de descontinuidade, as telas não funcionam mais como tela, estamos sempre conectados, ligados, vigilantes. Até que ponto é suportável? Esse ativismo permanente tem como avesso a sensação de que perdemos todo o controle sobre o desenrolar deste mundo em imagens. O que não significa que o "piloto sumiu", e que a máquina econômica não brinque com nossas emoções ao banalizá-las até o infinito. Porque elas têm um preço, para nós e para os Gafa (Google, Apple, Facebook, Amazon), gigantes do digital que reinventam as redes todos os dias.

ÍNDICE REMISSIVO

Abebe, Nitsuh 431

About, Edmond 551

Abraham, Karl 456

Abramovic, Marina 568

Adamson, Jeremy Elwell 272

Adenauer, Konrad 129

Adorno, Theodor W. 649

Agamben, Giorgio 382

Aghion, Anne 310

Agier, Michel 375

Aglan, Alya 209

Agostinho (santo) 163, 169

Agulhon, Maurice 229

Ahmed, Sara 81, 93, 499, 528s., 541, 545

Alain (Émile-Auguste Chartier), dito 166s.

Albérès, René Marill 273

Alcorn, John 268, 273

Alexandre-Bidon, Danielle 162

Allen, Woody 432, 655, 676

Allende, Salvador 660

Alnap (Active Learning Network for Accountability and Performance) 517

Ambroise-Rendu, Anne-Claude 196, 206, 279

Améry, Jean 313, 334

Amiel, Vincent 677

Amundsen, Roald 273s.

Anderson, Benedict 110

Anderson, Carol 435

Anderson, E.N. 286

Andersson, Harriet 575, 582

Andreas, Peter 383

Ansart, Pierre 192, 195

Antoine, André 624

Apollinaire, Guillaume 280

Appadurai, Arjun 307s., 310

Aragon, Louis 281, 639

Archambault, Hortense 643

Ardant du Picq, Charles 294s., 300

Arendt, Hannah 173, 348, 421, 432, 473-476, 501, 503, 642s.

691

Argélia 129, 210-213, 217, 376, 381, 384

Ariès, Philippe 162s., 179, 197s., 399

Arnheim, Rudolf 592

Arnold, Magda 70s., 458

Aron, Raymond 216

Artaud, Antonin 576, 631-633, 644

Arthus, Henri 422

Artois 296

Aslan, Mustafa 384

Assouline, Pierre 198, 353

Astruc, Zacharie 549

Attard Maraninchi, Marie-Françoise 380

Auden, W.H. 417, 419, 425, 431

Audoin-Rouzeau, Stéphane 197, 291, 310s.

Augé, Marc 419

Auschwitz 129, 312, 314s., 317, 320s., 323-331, 333, 431

Austrália 21, 507, 618

Averill, James 71s.

Averty, Jean-Christophe 673

Azéma, Jean-Pierre 302

Bachelard, Gaston 421

Baedeker, Karl 253

Baez, Joan 129, 661

Baharlia-Politi, Vivette 327

Bain, Alexander 49

Bainville, Jacques 197

Bakhtin, Mikhaïl 683

Baldin, Damien 236

Balkwill, Laura-Lee 665

Balzac, Honoré de 493-496, 519

Bangladesh 513, 518

Bannon, Stephen K. (Steve) 682

Bantigny, Ludivine 188, 193

Banu, Georges 636

Bara, Joseph 201

Baratay, Éric 224-227, 229, 234s., 245

Bardamu 299

Bargel, Lucie 222

Barnett, Michael 495, 505, 509

Barnier, Bertrand 597

Barrault, Jean-Louis 642

Barrows, Susanna 108

Barthes, Roland 180, 629, 639

Barthès, Yann 682

Baszanger, Isabelle 404

Baubérot, Arnaud 193, 270

Baudelaire, Charles 330

Baudriller, Vincent 643

Baum, Rachel N. 333

Bauman, Zygmunt 419, 491

Baumeister, Roy F. 317, 427-429

Bausch, Pina 644

Beard, George M. 448

Beatles, The 661

Becchi, Egle 162

Beck, Aaron T. 458, 461

Becker, Walther 336

Beckett, Samuel 639s.

Becq de Fouquières, Louis 625s.

Beethoven, Ludwig van 650-654, 659

Béguin, François 274

Bekoff, Marc 237

Bélgica 305, 376, 397, 413

Bell, Charles 9

Bell, Michael 286

Bellah, Robert N. 111

Bellour, Raymond 576, 583, 591

Belmondo, Jean-Paul 575

Benjamin, Walter 169s., 577-579

Benoit, Pierre 154

Bénouville, Pierre 209

Bensaïd, Daniel 212, 237

Benson, Saul 60

Beradt, Charlotte 440

Bergasse, Henry 368

Berger, Alan 90-92, 330

Berger, Peter 139, 197

Bergeret, Jean 562

Bergman, Ingmar 149, 575, 583

Bergman, Ingrid 595

Bergson, Henri 598s.

Bérillon, Edgar 305

Berlim 112, 203, 248, 306, 456, 495, 629, 637, 641, 661

Berlusconi, Silvio 674, 682

Bernard, Claude 56

Bernays, Edward 453

Bernhardt, Sarah 517, 624

Bernheim, Hippolyte 555

Berr, Henri 130

Bertrand, Régis 399

Bettelheim, Bruno 322

Biafra 512s.

Binet, Alfred 56s.

Bingham, Adrian 541

Birnbaum, Jean 203

Bizet, Georges 647

Björk 663

Blais, Marie-Claude 186

693

Blatin, Henry 243

Blezinger, Mark 636

Bloch, Iwan 146

Bloch, Marc 129, 297, 305

Blum, Léon 199, 205

Bluwal, Marcel 673

Boal, Augusto 630

Bodrum 514

Bodson, Liliane 227, 245

Bôeres (Guerra dos) 517

Bogdan, Robert 393

Bolloré, Vincent 683

Boltanski, Luc 103, 221, 514

Bond, Edward 630

Bonet, Luís 382

Bonica, John 403

Bonneuil, Christophe 278

Bonvoisin, Daniel 283s.

Borzage, Frank 596

Bósnia 309, 513

Boucheron, Patrick 419

Bouchet 238

Bouchet, Ghislaine 229

Bouchet, Thomas 202

Boulez, Pierre 655

Bound, Fay 496

Bourdelais, Patrice 392

Bourdieu, Pierre 76, 91, 140, 215, 571

Bourdin, Monique 228

Bourke, Joanna 315, 402, 419, 438

Bousé, Derek 283

Bowlby, John 171s.

Bradbury, Ray 663

Brahms, Johannes 663

Brando, Marlon 626

Brassens, Georges 660

Braudy, Leo 283

Braunschvig, Marcel 172s.

Brecht, Bertolt 628-632, 636, 644

Bresson, Robert 675

Breton, André 265, 632, 639, 676

Breuer, Josef 66

Brissaud, Édouard 422

Brittain, Vera 531

Brodiez-Dolino, Axelle 506

Brook, Peter 176, 641

Brooke, Stephen 524, 526

Brown, Jessica A. 333

Brown, Thomas 9

Browne, Nick 283

Browning, Christopher R. 317-319, 323s., 336, 342, 360

Brus, Günther 567

Buisson, Ferdinand 165s.

Bull, Michael 656

Burchfield, Charles 280

Burke, Peter 525

Burrin, Philippe 119

Butler, Simon 243

Büttner, Nils 280

Buzzati, Dino 421

Cabanel, Alexandre 553

Caillié, René 257-259

Caine, Barbara 531

Callas, Maria 650

Calley, William 338, 343, 356

Camboja 513

Camus, Albert 630, 632

Canadá 507

Canetti, Elias 108, 130, 433

Cannon, Walter B. 60, 62, 453

Cantril, Hadley 438

Cap Anamur 516

Capra, Frank 594s., 599

Carbonnier, Gilles 497

Caritas 506

Carnot, Sadi 116

Carol, Anne 390, 401, 403, 405

Carr, Valerie 521

Carroy, Jacqueline 48, 57

Carson, Rachel 277

Carter, Kevin 515s.

Cassiers, Guy 644

Castel, Pierre-Henri 420, 442, 445

Castellucci, Romeo 642, 644

Castra, Michel 413

Castro, Fidel 115

Caunes, Antoine de 684

Cavalié, Cyril 221

Cavell, Stanley 596, 599

Céline, Louis-Ferdinand 299

Certeau, Michel de 215

Cézanne, Paul 284

Chaix, Napoléon 263

Chanet, Jean-François 126, 191

Chaplin, Charles 595, 598

Chapoulie, Jean-Michel 176

Charbonneau, Bernard 270s., 275, 279

Charcot, Jean-Martin 61, 449, 583s.

Charles-Dominique, Luc 658

Chateaubriand, François-René de 169, 260

Chauvaud, Frédéric 229

Chenavard, Paul 551

Chesser, Eustace 541

Chevallier, Gabriel 296-299

Chiapello, Eve 221

Chrétien, Jean-Pierre 310

Clausewitz, Carl von 292s.

Claverie, Elizabeth 309

Clifford Barger, Abraham 60

Clouzot, Henri-Georges 651

Cobain, Kurt 661

Cocho, Paul 226

Cohen, Marcel 330

Collins, Marcus 526

Collins, Randall 111

Collins, Tim 287

Collot, Michel 281s.

Colombo, Cristóvão 260

Compayré, Gabriel 165s., 182

Compère, Marie-Madeleine 164

Comte, Augusto 497

Congo 502

Conrad, Joseph 255, 269

Constance, Jean 399

Cook, Hera 528

Cook, James 19

Cooke, Rachel 431

Corbin, Alain 13, 115, 125, 225, 229, 248, 254, 266, 294, 394

Cornelius, Randolph R. 70

Cosgrove, Denis 276

Cossart, Paula 118

Cosson, Olivier 296

Courier, Paul-Louis 493

Courmont, Juliette 306

Courtier, Jacques 57

Courtine, Jean-Jacques 105, 115, 117, 225, 254, 266, 294, 394, 417, 484

Cousteau, Jacques-Yves 274

Crawford, Joan 595

Crémieux-Brilhac, Jean-Louis 301

Crépon, Marc 419

Crocket, Olivia 537

Crocq, Louis 300s., 511

Cros, Charles 266

Cros, Louis 163

Crow, Thomas 557s.

Crutzen, Paul 278

Cubitt, Sean 282

Cuissart, Eugène 165

Cukor, George 599

Cusy, Pierre 439

Cvetkovich, Ann 534

Cyrulnik, Boris 329

Dachau 322, 333

Daillier, Pierre 211

Damásio, António 235, 651

d'Amato, Marina 187

Daney, Serge 666, 677, 679

Daniel, Aubrey 338

Daninos, Pierre 461

Danziger, Kurt 447

Darbel, Alain 571

Dardot, Pierre 221

Darsel, Sandrine 652

Darwin, Charles 9, 49, 53-55, 59s., 65, 70, 72, 132, 137, 144s., 170s., 174, 240, 268, 450, 496

Daudet, Alphonse 403

Daumalin, Xavier 368

Davidson, Tonya 282

Davis, Mike 418, 504

Davis, Miles 662

Dayan, Daniel 110, 115, 123

De Gaulle, Charles 115s., 127s., 631

De Niro, Robert 626

Dean, Carolyn J. 336

Déat, Marcel 191s.

Debesse, Maurice 177s.

Debussy, Claude 647, 654

Decety, Jean 239

Deed, André 585

Delabre, Jean-Marie 208

Delaporte, François 52, 496

Delaporte, Sophie 396

Delcambre, Alexis 687

Deleuze, Gilles 599, 640

Delporte, Christian 196

Deluermoz, Quentin 128

Delumeau, Jean 425

Delzescaux, Sabine 341

Demartini, Anne-Emmanuelle 206, 248, 264

Demazeux, Steeves 445

Demir, Nilüfer 514

DeNora, Tia 656

Depardon, Raymond 678

Desanti, Jean-Toussaint 687

Descola, Philippe 286

Desnoyers, Fernand 558

Des Pres, Terrence 322, 328

Despret, Vinciane 225

Devaquet, Alain 222

Dewey, John 451

Diamond, Andrew 367, 371

Dianteill, Erwan 665

Diaz, Brigitte 162

Diderot, Denis 166, 552

Didi-Huberman, Georges 171, 585, 587-589, 593, 639

Diesel, Rudolf 448

Dimier, Louis 196

Disney, Walt 283

Dispan de Floran, Henry 195

Dix, Otto 297, 396

Dixon, Thomas 48, 497

Donen, Stanley 575

Donizetti, Gaetano 661

Dorst, Jean 277

Dort, Bernard 637-639

Dos Passos, John 226s.

Dower, John 307

Dreyer, Carl Theodor 576

Dreyfus, Jean-Marc 326

Dror, Otniel 56, 62

Drouin, Jean-Marc 274

Drouin-Hans, Anne-Marie 52

Du Bos, Jean-Baptiste 552

Dubos, René 277

Duch 338, 360

Duchenne de Boulogne, Guillaume--Benjamin Armand 52-55, 61, 170, 496

Duclert, Vincent 308

Ducoulombier, Romain 196

Dugué Mac Carthy, Marcel 238

Duhamel, Georges 455, 586

Dumas, Georges 56-58, 63, 65

Dumas, Hélène 310, 338

Dumont, Louis 673

Dunant, Henry 501s., 504-511, 519

Dupleix, Jules 243

Dupont, Marcel 238

Dupontel, Albert 684

Dupouy, Stéphanie 48, 50

Durand, Jean 598

Duras, Marguerite 640

Duret, Théodore 551

Durkheim, Émile 10, 18-22, 103-106, 111, 130

Durville, Hector 452

Durville, Henri 452

Duvall, Shelley 600

Duwez, Maurice 274

Dylan, Bob 129, 661s.

Eastwood, Clint 595s.

Eck, Hélène 206

Edelman, Nicole 206

Eerola, Tuomas 664

Ehlert, Anne Odenbring 270

Ehrenberg, Alain 178, 420, 463s., 502, 514, 616, 685

Einstein, Albert 347

Einstein, Carl 562

Eisenstein, Serguei M. 584, 587-589, 592

Ekman, Paul 54s., 59, 71, 134, 458

Elias, Norbert 131, 312, 340s., 393, 473-475, 604s., 611

Eliot, Thomas Stearns 267, 273, 279, 285, 287

Ellek, Thomas 210

Ellul, Jacques 270, 275

Emery, Gary 458

Emmanuelli, Xavier 507, 516

Engels, Friedrich 202

Epelbaum, Didier 346

Epstein, Helen 329

Epstein, Jean 590

Erb, Wilhelm 448

Escal, Françoise 651

Estève, Maurice 565

Etiópia 513s.

Eyles, Leonora 544

Fabien, coronel 210

Fabien, Simone 412

Fabre, Jan 643

Falconetti, Renée 576

Faragó, Tamás 239

Farge, Arlette 335s.

Fassbinder, Rainer Werner 595

Fassin, Didier 51, 205, 339, 384, 495, 508

Favez-Boutonier, Juliette 421s.

Favrelière Noël 211

Febvre, Lucien 139, 271, 425

Fechner, Théodor 554

Feldman, Jackie 333

Felman, Soshana 332

Féré, Charles 56, 63

Ferenczi, Sándor 299s.

Ferrat, Jean 129

Féry, Daniel 212

Field, Deborah A. 526

Fillieule, Olivier 117

Fillon, François 681

Fischer-Dieskau, Dietrich 650

Fisher, Kate 531s.

Fleming, Peter 255s.

Forclaz, Amalia Ribi 500

Forward, Susan 183

Foucault, Michel 36, 146, 163s.

Fournial, Henry 108

Foville, doutor 249

Francis, Martin 527

François-Franck, Charles-Émile 56

Frank, Thomas 435

Frankenheimer, John 438

Frare, Theresa 398

Fressoz, Jean-Baptiste 278

Freud, Sigmund 51, 63s., 66s., 108, 174s., 300, 309, 347s., 419-421, 426, 428, 430, 436, 445, 449, 453-455, 457, 472, 489, 555, 627

Frevert, Ute 131, 137, 141s., 152, 157, 197, 318, 530

Fridlund, Alan J. 55

Fried, Itzhak 354, 356

Friedberg, Anne 92s., 95

Friedländer, Saul 335

Friesen, Wallace 55

Frink, Horace 457

Fry, Roger 559

Fuller, Samuel 577

Funès, Louis de 597

Furedi, Frank 418

Fureix, Emmanuel 115, 128

Furet, François 291

Fussell, Paul 304

Gainsbourg, Serge 657

Gammerl, Benno 532

Gance, Abel 587, 590

Garcia, Angel 378

Garcia, José 684

Garcia, Rodrigo 642

Garcia, Tristan 599

Gardel, Carlos 650

Gardiner, Rolf 273

Gardner, Ava 676

Garner, Robert 233

Garrido, Sandra 664

Gateaux-Mennecier, Jacqueline 179

Gauchet, Marcel 186

Gaudreault, André 584

Gauguin, Paul 560, 562
Gautier, Théophile 260
Gavarini, Laurence 182
Gaxie, Daniel 220
Gaxotte, Pierre 197
Geldof, Bob 518
Genebra 381, 502
Genet, Jean 642
Genevoix, Maurice 236, 240, 305
Gensburger, Sarah 313, 326s.
Gentile, Emilio 116
George VI 534
Gérard, Brice 665
Germinet, Gabriel 439
Gervex, Henri 554
Gibson, James 246
Gide, André 632
Gijswijt-Hofstra, Marijke 444
Gillespie, Dizzy 662
Gilligan, Carol 409
Ginzburg, Carlo 494
Giono, Jean 269
Girard, Georges 207
Girardet, Raoul 197s.
Glissant, Édouard 281

Godard, Jean-Luc 575-577, 592, 675
Godeau, Emmanuelle 407
Godin, Christian 278
Goebbels, Joseph 453, 568
Goethe, Wolfgang 650
Gold, John R. 284
Gold, Margaret M. 284
Goldberg, Vicky 276
Goldhagen, Daniel J. 318, 335
Golding, Nan 398
Goldsmith, Edward 277
Goldsworthy, Andy 281
Goltz, Friedrich 62
Gombrich, Ernst 561
Goodwin, Jeff 110
Gordon, Rae Beth 583s.
Gore, Al 285
Gorer, Geoffrey 541
Gottschalk, Simon 330
Gracq, Julien 287
Grahame, Kenneth 268, 270
Grammont 230-233, 238, 242
Greenberg, Bradley S. 115
Greenhalgh, Charlotte 545
Grevsmühl, Sebastian Vincent 275

Griffith, David Wark 594s.

Grodal, Torben 581

Gros, Jan 308

Grotowski, Jerzy 633-635

Grüber, Klaus Michaël 636-638, 641

Guédiguian, Robert 595s.

Guéhenno, Jean 193

Guerassimoff, Éric 373

Guérin, Daniel 202

Gunning, Tom 584

Gürtler, Gerhard 241

Hager, Joseph C. 55

Halbwachs, Maurice 113

Hall, Granville Stanley 177

Halls, Wilfred D. 208

Halttunen, Karen 499

Hamilton, Max 461

Hämmerle, Christa 531

Hammond, Philipp E. 111

Hanouna, Cyril 683

Hanslick, Eduard 651

Hantaï, Simon 565

Hardy, Quentin 275

Hardy, Thomas 268, 284

Haroche, Claudine 52, 187, 465, 484

Harré, Rom 459

Harris, Alana 524, 528, 531, 545

Harrison, Charles 559, 561

Harrison, George 518

Harrison, Mark 502

Harrison, Simon 307

Harrisson, Tom 513

Hartog, François 291, 671

Hartung, Hans 565

Haskell, Thomas 498

Hatzfeld, Jean 338, 353

Haver, Jean 200

Havilland, Olivia de 595

Hawkins, Harriet 281

Hawks, Howard 599

Hawthorne, Nathaniel 469

Hayworth, Rita 676

Healy, David 460

Heerma van Voss, A.J. 312

Helmholtz, Hermann von 56

Helmreich, William B. 329

Henderson, David 582

Henderson, Virginia 410

Hendrix, Jimi 662

Henry, Charles 554

Hepburn, Audrey 517, 564s.

Herbart, Johann Friedrich 66s.

Herzlich, Claudine 397

Hesmondhalgh, David 658

Hesnard, Angelo 454

Hier, Sean P. 419

Hilberg, Raul 308, 335

Hillers, Marta 306

Hinton, Alexander 308, 536

Hirsch, Marianne 330

Hirst, William 325

Hitchcock, Alfred 583, 601

Hitler, Adolf 107, 115, 117, 199, 333, 529, 568s.

Hochschild, Arlie 79, 190, 435s., 439, 571

Hoess, Rudolf 360

Hoffmann, J. 244

Holiday, Billie 650

Home, Evelyn 545

Honneth, Axel 205

Hopgood, Stephen 505

Hopper, Edward 280

Horkheimer, Max 649

Horne, John 503

Horwitz, Allan 462

Houellebecq, Michel 427

Houlbrook, Matt 527

Howard, Peter 281, 284

Hoyle, Fred 276

Hudson, William Henry 269

Humboldt, Alexander de 250, 252

Hunt, Lynn 494s., 499

Hunt, Peter 268

Husserl, Edmund 68

Hutin, Stanislas 211

Huysmans, Joris-Karl 551

Ihl, Olivier 130

Illich, Ivan 405

Illouz, Eva 74, 76s., 79, 81, 92, 97

Ingle, David W. 111

Ingold, Tim 246

Isenberg, Nancy 435

Isert, Paul Erdmann 259

Itália 251, 304, 369, 374, 404, 481, 493, 500, 616, 620, 682

Izard, Carol 54

Jaccottet, Philippe 281

Jackson, Jesse 129

Jackson, John Hughlings 61

Jackson, Peter 284

Jacotot, Sophie 658

Jacques, Caroline 238

Jacquin, Philippe 372

James, Henry 445

James, William 9, 22, 58-60, 65, 69s., 448, 451, 453

Jameson, Storm 531

Janet, Pierre 63-65, 67-69, 423, 452

Jara, Víctor 660

Jaspers, James M. 110

Jaurès, Jean 130, 193, 201, 204

Jeanmougin, Maurice 208

Jebb, Eglantyne 504s.

Jedwabne 308

Jefferies, Matthew 273

Jennings, Humphrey 533

Jennings, Rebecca 527s.

Johannsen, Ernst 236

Johnson, Haynes 419

Johsua, Florence 217

Joly, Laurent 192, 199

Jomard, Edme-François 257, 259

Jonas, Hans 278

Jones, Robert P. 435

Jones, Timothy Willem 524, 528, 531, 545

Joplin, Janis 650

Jospin, Lionel 678

Jousse, Thierry 671, 677

Jouvenet, Morgan 661

Judd, Donald 639

Julia, Dominique 162

Jullier, Laurent 582

Jünger, Ernst 256

Kabanda, Marcel 310

Kafka, Franz 421, 440s.

Kals, Elizabeth 286

Kanafani-Zahar, Aïda 309

Kandinsky, Vassily 280, 559

Kant, Emmanuel 60, 151s., 570, 573

Kantor, Tadeusz 634-636

Karajan, Herbert von 651

Karina, Anna 576

Karlin, Daniel 269

Katz, Elihu 110s., 123

Keaton, Buster 574, 598, 676s.

Kéchichian, Albert 196

Kelly, Gene 575

Kergoat, Jacques 204
Kershaw, Ian 115
Kertész, Imre 325
Kerviel, Sylvie 352
Kiberlain, Sandrine 591
Kidman, Nicole 626
Kielce 308
Kimmel, Michael 435
King, Henry 595
Kinkade, Thomas 280
Kipling, Rudyard 269
Kirby, David 398
Kitanaka, Junko 456
Kivy, Peter 652
Klee, Paul 569
Klein, Yves 565
Kleinman, Arthur 135
Kleinman, Joan 504
Kline, Nathan 461
Klineberg, Otto 54
Klug, Yvonne 327
Klüger, Ruth 313s., 324, 334
Knowles, Joe 272
Knox, Ronald 438
Kobelinsky, Caterina 385

Koestler, Arthur 202s.
Kohl, Helmut 129
Koltès, Bernard-Marie 642
Kosuth, Joseph 566
Kouchner, Bernard 507, 510, 516
Koulechov, Lev 54, 602
Kracauer, Siegfried 481, 592
Kramer, Alan 503
Kramer, Peter 462
Kravetz, Marc 214
Kriegel, Annie 209
Kubrick, Stanley 601
Kuhn, Roland 460
Kurdi, Aylan 514

Laacher, Smaïn 387
Laborde, Denis 652
LaCapra, Dominick 336
Lacroix, Thomas 385
Laffan, Michael 419
Lafont, Valérie 223
Laguiller, Arlette 212
La Harpe, Jean-François de 251
Laïb, Wolfgang 281
Lamirand, Georges 207

Landa, Michel 413

Landsberg, Alison 332

Lang, Gladys 123-125

Lang, Kurt 123-125

Lange, Carl G. 22, 58s., 65

Lanskoy, André 565

Laqueur, Thomas 499

Larrère, Raphaël 225

Lasch, Christopher 156

Last, Nella 537

Latimer, George 338

Laugier, Sandra 409

Laval, Christian 221

Lavater, Johann Kaspar 496

Lavau, Georges 218

Lavigerie, Charles Martial 503

Lawlor, Clark 443

Lawrence, David Herbert 268s.

Lazarus, Emma 364

Lazarus, Richard 70, 72

Lazier, Benjamin 419

Léaud, Jean-Pierre 576

Le Bon, Gustave 10, 103-109, 188, 216, 498, 556s.

Lebrun, Albert 117

Lebrun, Jean-Pierre 420

Le Corbusier (Charles Edouard Jeanneret), dito 564

Le Dantec, Bruno 389

LeDoux, Joseph 62, 431

Leduc, Victor 203s.

Led Zeppelin 661

Leese, Daniel 115

Lefebvre, Henri 267

Lefebvre, Raymond 194

Lefèvre, Gaétane 660

Léger, François 197s.

Lehmann, Alfred 56

Leigh, Janet 600

Lemkin, Rob 358

Lemonnier, Mélanie 400

Léopold, Aldo 286

Lequin, Yves 425

Leriche, René 402s.

Lesne-Jaffro, Emmanuelle 168

Lester, Alan 500

Lett, Didier 162

Lévi-Leleu, Michel 331

Levinson, Jerrold 652

Lévi-Strauss, Claude 18, 22, 261

Lévitan 327

Levy, Jacob 418

Levy, Robert 27s., 45

LeWin, Kurt 592

LeWitt, Solomon 566

Líbano 309, 386

Lifton, Robert J. 315, 320, 343

Ligeti, György 655

Linder, Max 598

Lingens-Reiner, Ella 324

Living Theater 630

Lloyd, Harold 598

Loez, André 193

Lombroso, Cesare 58, 108

London, Jack 255

Lopez, René 368

Lordon, Frédéric 221

Lorenzi, Stellio 673

Lovelock, James 276

Lowry, Malcolm 644

Luc, Jean-Noël 164

Ludwig, Carl 56

Lugné-Poe, Aurélien 624s.

Lumière, Auguste e Louis, irmãos 575s.

Luys, Jules Bernard 61

MacArthur, Douglas 123s.

Macé, Marielle 656

Machart, Renaud 685

Macke, August 561

Madge, Charles 533

Maeterlinck, Maurice 411, 625

Magherini, Graziella 248, 572

Magritte, René 279

Mahler, Gustav 653s.

Maïlander, Elissa 319

Maillart, Ella 255

Majdanek 319

Makaremi, Chowra 385

Malevitch, Kasimir 562-564

Mallarmé, Stéphane 625

Malraux, André 254, 507, 561, 570s., 642

Mandel, Georges 205

Mandela, Nelson 129, 488

Manet, Édouard 549, 551

Manning, Hugh 522

Manouchian, Missak 210

Marcelli, Daniel 173

Marcus, George E. 220

Marcuse, Harold 333

Marey, Jules 56

Mariannes 302

Maria-Valeria 299

Marinetti, Filippo Tommaso 562

Mariot, Nicolas 101, 113, 117, 125, 193s.

Marsh, George Perkins 273

Martin, Agnès 564

Marvin, Carolyn 111

Marx, Karl 202s., 478, 483

Massey, Douglas 383

Massis, Henri 192

Mathon, Catherine 53

Mauriac, François 205, 411

Mauriac, Pierre 411

Maurras, Charles 192, 198s.

Mauss, Marcel 12, 442, 489

May, Rollo 431

May, Simon 525

Mayette, Muriel 643

Mayo, Elton 77s., 85

Mazurel, Hervé 128, 294

McCarey, Leo 599

McDowell, Jennifer 115

McGlothlin, Erin 330

McKibben, Bill 278

McLellan, Josie 526

McPhail, Clark 108

Mead, Margaret 18, 20s., 43, 54

Médecins Sans Frontières (MSF) 507, 513, 516

Meek, Jeffrey 527

Mégnin, Pierre 244

Mélenchon, Jean-Luc 681

Méliès, Georges 584

Melman, Charles 420

Melzack, Ronald 403

Memmi, Albert 476-478

Memmi, Dominique 391

Merchant, Carolyn 275

Merleau-Ponty, Maurice 591s.

Mermoz, Jean 255

Merrick, John 394

Meschonnic, Henri 640

Meslet, Vincent 684

Mesli, Rostom 202

Messiaen, Olivier 282

Meyer, Leonard B. 654

Meyrier, Gustave 308

Micale, Mark 508

Michelet, Jules 291

Miklosi, Adam 239

Milgram, Stanley 349-353

Mill, John Stuart 446, 497, 499

Millerand, Alexandre 120

Milton, Kay 285

Missika, Jean-Louis 673

Mistinguett (Jeanne Bourgeois), dito 584

Mitchison, Naomi 526

Mitterrand, François 129, 673

Mizoguchi, Kenji 583

Mnouchkine, Ariane 641

Moatti, Jean-Paul 397

Moeller, Susan 514

Moll, Jeanne 185-187

Mondrian, Piet 280, 563

Monfreid, Henry de 255

Mongin, Olivier 600, 666, 673

Monroe, Marilyn 626

Montada, Leo 286

Montaigne, Michel de 162s., 265

Montand, Yves 660

Montassut, Marcel 455

Môquet, Guy 210

Moran, Joe 525

Morellet, François 565

Morgan, Michèle 676

Morin, Edgar 282

Morrison, Jim 661

Moscovici, Serge 51

Mosjoukine, Ivan 602

Mosse, Georges L. 108

Mosser, Monique 281

Mosso, Angelo 56-58, 63

Moukden (Batalha de) 296

Mozart, Wolfgang Amadeus 648

Muehl, Otto 566

Müller, Michel 684

Münsterberg, Hugo 592

Murnau, Wilhelm Friedrich 595

Musil, Robert 644

Musso, Pierre 682

Mussolini, Benito 107, 117, 481

Nadaud, Eric 119, 200

Naess, Arne 278

Nansen, Fridtjof 381, 504

Ndiaye, Pap 367

Neagle, Anna 521, 523

Necker de Saussure, Adrienne 176s.

Nemours, Aurélie 565

Nerval, Gérard de 260

Neveu, Erik 109

Newman, Barnett 564

Neyrand, Gérard 172, 183

Ngai, Sianne 653

Nicholson, Jack 601

Nietzsche, Friedrich 136, 138, 147, 448, 646s.

Nigéria 513

Nightingale, Florence 410, 501, 511s.

Nils-Udo 281

Nitsch, Hermann 567

Noiriel, Gérard 372

Nora, Pierre 198

Novarina, Valère 597s.

Nye, Robert Allen 108

Ó Gráda, Cormac 503

Obama, Barack 125, 129, 435

Octobre (grupo) 630

Oeser, Alexandra 333s.

Ordem de Malta 495

Orr, Andrew 211

Ortega y Gasset, José 108

Ortiz, Jean 218

Ottavi, Dominique 161, 177, 186

Oualdi, M'hamed 128

Ouzoulias, Albert 210

Oxfam 506

Ozenfant, Amédée 564

Ozouf, Mona 124

Padis, Marc-Olivier 673

Pagnol, Marcel 397

Pain, Rachel 419

Panchos, Los 658

Panh, Rithy 360

Panksepp, Jaak 459

Paperman, Patricia 409

Papez, James 62

Pareto, Vilfredo 108

Paris Match 513

Park, Ondine 282

Park, Robert E. 108

Parker, Charlie 662

Parker, Edwin P. 115

Pascal, Christine 596

Pasdeloup, Jules 653

Passerini, Luisa 496, 525

Pavlov, Ivan 200

Paxton, Robert 116

Pécout, Christophe 206

Pecqueux, Anthony 656

Pelez, Fernand 551

Pelosse, Valentin 229s., 238

Pereira, Carlos 226

Peretti-Watel, Patrick 397

Perrin, Jacques 283

Pessoa, Fernando 452

Pétain, Philippe 126, 205, 207

Peter, Jean-Pierre 402

Pezeril, Charlotte 399

Picard, Alexandre 687

Picasso, Pablo 561, 569

Pictet, Jean 502

Pierret, Janine 397

Pignocchi, Alessandro 582

Pignot, Manon 197

Pink Floyd 661

Pinson, Jean-Claude 287

Piscator, Erwin 630

Pivert, Marceau 200

Plamper, Jan 17, 131, 134

Plantinga, Carl 282

Platão 188

Plateau, Marius 196

Plenel, Edwy 217

Poincaré, Raymond 116

Pollak, Michael 323, 326

Pollock, Jackson 564

Ponge, Francis 281

Porcher, Jocelyne 226

Porte, Jacques 393

Porte, Sébastien 221

Porter, Roy 444

Poueydebasque (abade) 301

Presley, Elvis 657

Prévert, Jacques 214s., 228

Prochasson, Christophe 196

Professor Choron (Georges Bernier), dito 551

Proust, Marcel 66, 169, 449, 623, 644

Pudovkin, Piotr 602s.

Pujo, Maurice 192

Pulitzer (prêmio) 515

Quentel, Jean-Claude 183

Quilapayún 660

Rabinbach, Anson 448

Racine, Jean 623

Rancière, Jacques 189, 259, 577, 593

Rauh, Frédéric 130

Raul, Hilberg 308, 335

Raveneau, Gilles 391

Ray, Nicholas 176

Rayman, Marcel 154

Raynal, Guillaume-François, abade 259

Rayner, Rosalie 452

Rechtman, Richard 51, 337, 339s., 351, 360s., 508

Reddy, William 103, 206

Rediker, Marcus 525

Régy, Claude 640s.

Reich, Wilhelm 108

Reinhardt, Adolph 564

Réjane (Gabrielle Réju), dito 624

Remarque, Erich Maria 240

Rémy, Catherine 227

Renaud (Renaud Séchan), dito 253

Renaudet, Isabelle 401

Renneville, Marc 340

Reynaud, Paul 205

Ribot, Théodule 49, 58, 65s.

Richard, Timothy 503

Richer, Paul 61

Richter, Gerhard 280

Ricoeur, Paul 211

Rimbaud, Arthur 265, 287

Rimé, Bernard 70, 72

Rimini Protokoll 641

Riosmena (associação) 383

Ritaine, Évelyne 387

Roberts, Penny 425

Robin, Corey 419, 421

Robinson, Lucy 527

Robrieux, Philippe 212

Roche, Daniel 229

Rohmer, Eric 674

Rolling Stones, The 460s., 661

Romains, Jules 226

Roman, Joël 675

Rosanvallon, Julien 667

Rosanvallon, Pierre 196

Rose, Sonya 524

Rosenberg, Charles 512

Rosenwein, Barbara H. 532

Rothier Bautzer, Eliane 408

Rougemont, Denis de 161, 168

Rouget, Gilbert 665

Rousseau, Jean-Jacques 175-177, 182

Royot, Daniel 372

Ruanda 309, 513

Rush, John A. 458

Rushkoff, Douglas 687

Russell, Dora 526, 531

Rutault, Claude 565

Rüter, Christoph 638

Rygiel, Philippe 367

Saillet, Maurice 632, 639

Saint-Exupéry, Antoine de 255

Saint-Simon (Louis de Rouvroy), duque de 168s.

Saipan 302

Salazar, Antonio de Oliveira 631

Salecl, Renata 419

Sanchez, Céline 201

Sand, George 253

Sarkozy, Nicolas 222

Sarraute, Nathalie 640

Sartre, Jean-Paul 64, 68s., 630

Sassen, Sassia 377

Saussure, Horace-Bénédict de 250, 252

Save the Children Fund 504

Sayad, Abdelmalek 376

Schoenberg, Arnold 654

Schofield, Michael 541

Schopenhauer, Arthur 65

Schrameck, Olivier 678

Schubert, Emery 664

Schumacher, Harald 609

Schwartz, Barry 111

Schwarzkogler, Rudolf 567

Sébastien, Patrick 680

Sebastopol (Cerco de) 293

Seberg, Jean 575

Sedan (Batalha de) 301

Seeger, Pete 660

Segalen, Victor 261

Segovia, Andrés 662

Sembat, Marcel 195s.

Sennett, Mack 598

Serres, Michel 278

Sérusier, Paul 560

Sétif 501

Sharpe, Jim 525

Shaw, Brian F. 458

Sheridan, Dorothy 537

Sherrington, Charles 62

Shield, Rob 282

Shimoda, Mitsuzo 456

Shiraga, Kazuo 568

Sighele, Scipio 108

Signac, Paul 554

Siméant, Johanna 118, 200, 205, 506

Simon, Pierre 413

Simond, Louis 251

Sinatra, Frank 662

Singer, Paul 458

Sirk, Douglas 596

Slater, Eliott 541

Smirl, Lisa 510

Smith, Mick 285

Smith, Murray 581

Smith, Susan J. 419

Smith, Tony 639

Solferino (Batalha de) 501

Solot, Hélène 303

Somália 513

Sommier, Isabelle 117, 221

Sontag, Susan 514

Souday, Paul 586

Souriau, Paul 555

Speier, Fred 276

Speisman, Joseph 70, 72

Spencer, Herbert 49, 65, 497, 499

Spener, David 383

Spire, Alexis 375, 385

Spitz, René 171

Spitzner 397

Staël, Nicolas de 280, 609

Stalin, Joseph 107, 115

Stanislavski, Constantin 626s., 634

Stanley, Liz 540

Steichen, Edward 180s.

Stein, Peter 637

Steiner, John 437

Stendhal (Henri Beyle), dito 248, 258, 260,. 572s.

Sterne, Jonathan 665

Stevenson, Robert 438

Stiker, Henri-Jacques 395

Still, Clyfford 564

Stolk, A. van 312

Stora, Benjamin 217

Stossel, Scott 431

Stouffer, Samuel 302

Strasberg, Lee 626

Strauss, Richard 654

Stroheim, Erich von 575

Styron, William 462

Suarès, André 595

Succo, Roberto 642

Sudão 386, 515

Sullavan, Margaret 595

714

Sully, James 451

Suon, Guillaume 358

Swan, Elaine 543

Swanson, Gloria 575

Syms, Sylvia 521

Szendy, Peter 656

Szreter, Simon 531

Taïeb, Emmanuel 391

Tan, Ed S. 581

Tanty, Étienne 194

Tarde, Alfred de 192

Tarde, Gabriel 10, 69, 103-107, 110s., 557

Tarrow, Sidney 199

Tartakowsky, Danielle 118

Tautin, Gilles 215

Tchaikovsky, Piotr Illich 521, 654

Tchakhotine, Serge 200

Teatro da Vertigem 641

Temime, Emile 368, 380

Temple, Ann 530

Terrasson, François 286

Tesson, Charles 675, 678s.

Texcier, André 194

Theresienstadt 324

Théry, Irène 670

Thiercé, Agnès 175

Thomas, Louis-Vincent 399

Thompson, Edward P. 205, 525

Thompson, Ian 281, 284, 287

Thorn, Jean-Pierre 215

Tillet, Maurice 394

Tilly, Charles 121, 199

Tiryakian, Edward A. 111s.

Tito, Santi di 162

Tocqueville, Alexis de 421, 466

Tolstoï, Léon 293

Tomkins, Silvan 22, 54, 458

Tone, Andreas 419, 431

Tourneur, Jacques 591

Traïni, Christophe 115, 118, 200, 227, 231

Traoré, Mahmoud 389

Trentmann, Frank 270

Trespeuch-Berthelot, Anna 277

Treves, Frederick 394

Trócaire 513

Truffaut, François 674

Trump, Donald 364, 383, 435-439, 681s.

Turner, Frederick Jackson 272

Turner, Jonathan 616

Turner, Victor 616

Turrell, James 281

Tyldesley, Mike 273

Uexküll, Jakob von 236

Unicef 517

Urbain, Jean-Didier 253, 258, 400

Vaillant-Couturier, Paul 201

Valéry, Paul 430, 556

Valie Export 567

Vallès, Jules 244

Vance, J.D. 435

Van der Kemp, T.A. 235, 237

Veblen, Thorstein 262

Vegh, Claudine 330

Veidt, Conrad 591

Veiga, Nathalie 125

Venayre, Sylvain 225, 247-249, 254s., 257

Verdi, Giuseppe 648

Verdun 129, 305

Vergnon, Gilles 119

Verne, Júlio 253

Veysset, Sandrine 596

Viala, Annie 247

Viala, Joseph 201

Vidor, King 596

Vieira de Mello, Sergio 507

Vierordt, Karl von 56

Vietnã 109, 181, 300, 343, 393, 513, 630

Vigarello, Georges 13, 115, 225, 254, 266, 294, 394, 606

Vigo, Jean 176

Vilar, Jean 630

Vincent, Guy 167

Vincent, Jean-Christophe 227, 245

Vincent-Buffault, Anne 595

Virilio, Paul 670

Visconti, Luchino 340

Vitez, Antoine 630

Vovelle, Michel 399

Vuillermoz, Michel 684

Vuoskoski, Jonna K. 664

Waal, Alex de 510

Waal, Frans de 237, 239

Wagner, Richard 646-648, 654

Wakefield, Jerome C. 445, 462

Wall, Patrick 403

Wallach, Elie 210

Wallon, Henri 67-69

Walter, François 267

Ward, Barbara 277

Ward, Tony 521

Waterton, Emma 281, 284, 287

Watson, John B. 64, 452

Watson-Gegeo, Karen Ann 45

Weather Report 663

Webb, Beatriz 531

Webb, Clive 524

Weber, Max 139s., 188s., 472s., 475

Webern, Anton 654

Webster, Wendy 524

Weibel, Peter 567

Weik von Mossner, Alexa 284

Weil, Simone 204

Weir Mitchell, Silas 449

Weiss, Max 419

Weiss, Thomas G. 509

Weissman, Gary 331

Welles, Orson 438

Wells, H.G. 438

Welzer, Harald 318, 342s.

Wendt, Marlitt 239

Wertheimer, Max 592

Wheatley (lugar-tenente) 243

Whistler, James Abbot McNeil 550s.

Whiteley, Sheila 662

Whitfield, Stephen 372

Whitman, Walt 663

Wierzbnik 336

Wieviorka, Olivier 208s.

Wilcox, Herbert 521

Williams, Alex 431

Williams, Wes 339

Wilson, Bob 639

Wilson, Woodrow 453

Winckler, Angela 637

Winehouse, Amy 661

Winnicott, Donald 523

Winock, Michel 199

Witkop, Philipp 241

Wolfe, Elin L. 60

Wolton, Dominique 673

Wood, Grant 280

Wood, Paul 559, 561

Woodside, Moya 541

Woolf, Virginia 644

World Vision 506, 515

Worringer, Wilhelm 558s.

Wundt, Wilhelm 137, 454

Wyman, Jane 595

Yedaya, Keren 596

Yes 661

Yourcenar, Marguerite 234

Zagury, Daniel 353

Zames Fleischer, Doris 395

Zames, Frieda 395

Zappa, Frank 661

Zbikowski, Lawrence 652

Zemmour, Éric 427

Zénon 188

Ziegler, Adolf 568

Znaniecki, Florian 369

Zola, Émile 109, 227, 550s., 554, 624

Zolberg, Aristide 365

Zweig, Stefan 146s., 421, 430

OS AUTORES

Anne Carol é professora de História na Universidade Aix-Marseille e membro do Instituto Universitário da França. É autora, entre outros, de Les Médecins et la Mort, XIXe--XXe siècle (Aubier, 2004) e de Au pied de l'échafaud – Une histoire sensible de l'exécution (Belin, 2017).

Antoine de Baecque, historiador e crítico de cinema, nomeadamente nos Cahiers du Cinéma, onde foi redator-chefe (1997-1999), depois no Libération, no qual dirigiu as páginas culturais (2001-2006). É professor de História e Estética do Cinema na ENS. Publicou livros sobre Truffaut, Godard, Rohmer, Pialat, Eustache, Tarkovski e Tim Burton, e ensaios sobre cinefilia, bem como L'Histoire-caméra (Gallimard, 2008). Dirigiu a publicação do Dictionnaire de la Pensée du Cinéma (com Philippe Chevallier; PUF, 2012).

Bertrand Taithe é professor de História Cultural na Universidade de Manchester. Seu trabalho se concentra na história do humanitário e da medicina. É o autor de The Killer Trail (Oxford University Press, 2011), de Defeated Flesh: Welfare, Warfare and the Making of Modern France (Manchester University Press, 2000) e de Decolonising Imperial Heroes: Cultural Legacies of the British and French Empires (com Max Jones, Berny Sèbe e Peter Yeandle; Routledge, 2016), e dirigiu a publicação de The Impact of History? – Histories at the Beginning of the 21st Century (com Pedro Ramos Pinto; Routledge, 2015) e de Evil, Barbarism and Empire (com Tom Crook e Rebecca Gill; Palgrave, 2011).

Bruno Nassim Aboudrar é professor de Estética na Universidade Sorbonne-Nouvelle, onde dirige o Laboratório Internacional de Pesquisa em Artes (Lira). É autor de um romance (Ici-bas. Gallimard, 2009) e de vários ensaios, entre os quais Comment le voile est devenu musulman (Flammarion, 2014). Publicou recentemente Qui veut la peau de Vénus? (Flammarion, 2016) e La médiation culturelle (com François Mairesse; PUF, 2016 [Col. "Que sais-je?"]).

Charles-François Mathis é mestre de conferências em História Contemporânea na Universidade Bordeaux-Montaigne, presidente da Rede Universitária de Pesquisadores em História Ambiental e diretor da Coleção "L'environment a une histoire", da editora

Champ Vallon. Especialista em história ambiental e britânica do século XIX, publicou notavelmente *In Nature We Trust* – Les paysages anglais à l'ère industrielle (Presses de l'Université Paris-Sorbonne, 2010).

Christian Bromberger é professor de Etnologia na Universidade de Provence e membro-sênior do Institut Universitaire de France (cadeira de Etnologia Geral). Dirigiu durante três anos o Instituto Francês de Pesquisa no Irã (2006-2008). Autor de muitos livros, publicou *Germaine Tillion – Une ethnologue dans le siècle* (com Tzvetan Todorov; Actes Sud, 2002), *Passions ordinaires*: football, jardinage, généalogie, concours de dictée (Hachette, 2002), *Football, la bagatelle la plus sérieuse du monde* (Pocket, 2004), *Face aux abus de mémoire* (com Emmanuel Terray; Actes Sud, 2006), *Hors jeu*: football et société (com Raffaele Poli, Lucio Bizzini e Jacques Hainard; Infolio, 2008) e *De la nature à la domestication de l'espace* (com Marie-Hélène Guyonnet; Publications de l'Université de Provence, 2008).

Christophe Bident é professor de Estudos Teatrais na Universidade de Picardie-Jules-Verne. Suas pesquisas abordam a literatura e o teatro e se apoiam na filosofia. É sobretudo autor de livros sobre Roland Barthes, Maurice Blanchot e Bernard-Marie Koltès. Também é cronista de teatro no *Magazine Littéraire*.

Christophe Triau, dramaturgo, é professor de Estudos Teatrais na Universidade Paris-Nanterre e membro do Laboratório Interdisciplinar História das Artes e das Representações (EA 4414). É o autor, entre outros, de *Qu'est-ce que théâtre?* (com Christian Biet; Gallimard, 2006) e dirigiu a publicação de várias edições das revistas *Théâtre/Public* e *Alternatives Théâtrales*.

Claire Langhamer é professora de História Britânica na Universidade de Sussex. Suas pesquisas se concentram na reconstrução emocional durante o pós-guerra na Grã-Bretanha e nas emoções no mundo profissional durante o século XX. Publicou *The English in Love* (Oxford University Press, 2013).

Claudine Haroche, socióloga, é diretora de pesquisa emérita do CNRS (Iiac, Ehess). É autora de *Histoire du visage – Exprimer et taire ses émotions, XVIe-début XIXe siècle* (com Jean-Jacques Courtine; Payot, 1988, reed. 2007 [*História do rosto*, 2016. Petrópolis: Vozes]), de *L'Avenir du sensible – Les sens et les sentiments en question* (PUF, 2008) e de *Tyrannies de la visibilité – Être visible pour exister?* (com Nicole Aubert; Érès, 2011).

Dominique Ottavi é professora de Ciências da Educação na Universidade Paris-Nanterre. Suas pesquisas enfocam a história da infância e da adolescência, bem como a história das ideias educacionais. Publicou entre outros: *De Darwin à Piaget* (CNRS Éditions, 2009) e *Transmettre, apprendre* (com Marie-Claude Blais e Marcel Gauchet; Stock, 2014).

Éric Baratay é membro do Institut Universitaire de France e professor de História Contemporânea na Universidade de Lyon 3. Especialista em história dos animais, estuda especialmente suas experiências. Autor de *Point de vue animal, une autre version de l'histoire* (Seuil, 2012), de *Bêtes des tranchées – Des vécus oubliés* (CNRS Éditions, 2013) e de *Biographies animales – Des vies retrouvées* (Seuil, 2017).

Esteban Buch é diretor de estudos na Ehess. Especialista nas relações entre música e política no século XX, publicou recentemente *Trauermarsch – Daniel Barenboïm et l'Orchestre de Paris dans l'Argentine de la dictature* (Seuil, 2016).

Eva Illouz é diretora de estudos na Ehess e professora da Universidade Hebraica de Jerusalém, membro do Centro para o Estudo da Racionalidade. Membro da Wissenschaftskolleg de Berlim em 2007 e ex-professora-visitante na Ehess e em Princeton. É autora de oitenta artigos e capítulos de livros, de dez livros traduzidos em dezessete idiomas, e recebeu inúmeros prêmios da Associação Internacional de Comunicação, da Associação Americana de Sociologia, da Fundação Alexander von Humboldt e da Sociedade de Filosofia Alpina. Realizou um seminário sobre Theodor Adorno na Universidade Johann-Wolfgang Goethe de Frankfurt em 2004 e recebeu em 2009 uma bolsa de excelência de estudos da Universidade Hebraica de Jerusalém.

Jacqueline Carroy é diretora honorária de estudos na Ehess. Trabalha sobre a história intelectual e cultural das ciências humanas, particularmente sobre as ciências e os saberes que abordam o psiquismo. É autora de *Nuits savantes – Une histoire des rêves, 1800-1945* (Éditions de l'Ehess, 2012) e de *Histoire de la Psychologie en France, XIXe-XXe siècles* (com Annick Ohayon e Régine Plas; La Découverte, 2006), e dirigiu a publicação de *L'Homme des sciences de l'homme – Une histoire transdisciplinaire* (com Nathalie Richard e François Vatin; Presses Universitaires de Paris-Ouest, 2013).

Jan Plamper é professor de História no Goldsmiths College, dentro da Universidade de Londres. É autor de *The History of Emotions*: An Introduction (Oxford University Press, 2015).

Jean-Jacques Courtine é professor de História Europeia na Universidade de Auckland (Nova Zelândia), professor-emérito da Universidade Sorbonne-Nouvelle e da Universidade da Califórnia em Santa Bárbara, e, em 2018, foi professor-visitante da Leverhulme Trust de Queen Mary, Universidade de Londres. Publicou recentemente *História da fala pública* (com Carlos Piovezani; Petrópolis: Editora Vozes, 2015) e *Déchiffrer le corps – Penser avec Foucault* (Jérôme Millon, 2011), e dirigiu a publicação da *Histoire du corps* e da *Histoire de la virilité* (com Alain Corbin e Georges Vigarello; Seuil, 2005-2006 e 2011 [*História do corpo*, 2011; *História da virilidade*, 2013, ambos publicados pela Editora Vozes]).

Ludivine Bantigny é mestre de conferências na Universidade de Rouen-Normandie. Depois de ter publicado vários livros sobre a história da juventude, das gerações e do engajamento político, bem como *La France à l'heure du monde, de 1981 à nos jours* (Seuil, 2013), ela trabalha sobre o ano de 1968 e publicará *1968* – De grands soirs en petits matins (Seuil, 2018). Tem um particular interesse pelo evento no prisma dos engajamentos, dos afetos, do gênero e em suas circulações transnacionais.

Michel Peraldi, antropólogo, é diretor de pesquisa no CNRS e no Iris (Ehess). Interessa-se há muitos anos pelos fenômenos migratórios contemporâneos, cuja abordagem é sobretudo feita sob o ângulo de seu papel nas dinâmicas das cidades do Mediterrâneo, em Marselha, Nápoles ou Istambul e, mais recentemente, em Marrocos. Desde 2010, lidera um seminário na Ehess, intitulado "Mobilidade Transnacional, Circulação de Migração, Economias Migrantes".

Nicolas Mariot é diretor de pesquisa no CNRS (Centro Europeu de Sociologia e Ciência Política; Universidade Panthéon-Sorbonne e Ehess). É autor, entre outros, de *Bains de foule* – Les voyages présidentiels en province (Belin, 2006), de *C'est en marchant qu'on devient président* (Aux Lieux d'être, 2007), de *Face à la persécution* – 991 Juifs dans la guerre (com Claire Zalc; Odile Jacob, 2010), de *Tous unis dans la tranchée?* – *1914-1918, les intellectuels rencontrent le peuple* (Points, 2017) e de *Histoire d'un sacrifice* – Robert, Alice et la guerre (Seuil, 2017).

Olivier Mongin é escritor, ensaísta e editor. Dirigiu a revista *Esprit* de 1988 a 2012. Conduz uma reflexão multifacetada sobre o mundo contemporâneo por meio de várias temáticas: a imagem, a violência, o riso, e publicou uma trilogia sobre as paixões democráticas: *La peur du vide, La violence des images, Éclats de rire* (Seuil, 1991, 1997, 2002), bem como *La ville des flux* (Fayard, 2013).

Pierre-Henri Castel, filósofo e historiador de Ciências, é diretor de pesquisas no Centre National de la Recherche Scientifique [CNRS] (Instituto Marcel-Mauss, Ehess, Paris Sciences et Lettres). Publicou principalmente *Obsessions et contrainte intérieure de l'Antiquité à Freud* – T. 1: Âmes scrupuleuses, vies d'angoisse, tristes obsédés (Ithaque, 2011); T. 2: *La fin des coupables, suivi de Le Cas Paramord* (Ithaque, 2012).

Richard Rechtman, psiquiatra, psicanalista e antropólogo, é diretor de estudos na Ehess e diretor do LabEx Tepsis. Especialista há quase trinta anos do genocídio cambojano, também trabalha sobre o jihadismo em uma perspectiva comparatista; isto é, colocando-o em perspectiva com outros processos genocidas. Publicou, entre outros, *Les vivantes* (Léo Scheer, 2013) e *L'Empire du traumatisme* – Enquête sur la condition de victime (com Didier Fassin; Flammarion, 2017).

Sarah Gensburger é pesquisadora do CNRS (ISP-UPN-ENS Paris-Saclay). Seu interesse está na memória social e na história da Shoah. Publicou vários livros, incluindo *National Policy, Global Memory*: The Commemoration of the "Righteous" among the Nations from Jerusalem to Paris (Berghahn Books, 2016) e *Witnessing the Robbing of the Jews*: A Photographic Album. Paris, 1940-1944 (Indiana University Press, 2015).

Stéphane Audoin-Rouzeau é diretor de estudos da École des Hautes Études em Sciences Sociales [Ehess]. Especialista da Primeira Guerra Mundial, presidente do Centre International de Recherche de l'Historial de la Grande Guerre. É autor de *14-18, retrouver la guerre* (com Annette Becker; Gallimard, 2000). Seu último livro aborda o genocídio dos tutsis ruandeses: *Une initiation, Rwanda 1994-2016* (Seuil, 2017).

Stéphanie Dupouy é mestre de conferências em Filosofia na Universidade de Estrasburgo. Sua pesquisa enfoca a história das Ciências Psicológicas nos séculos XIX e XX. Defendeu uma tese intitulada *Le visage au scalpel – L'expression faciale dans l'oeil des savants, 1750-1880*.

Sylvain Venayre é professor de História Contemporânea na Universidade de Grenoble-Alpes. Publicou notavelmente *La Gloire de l'aventure – Genèse d'une mystique moderne, 1850-1940* (Aubier, 2002), *Panorama du Voyage, 1780-1920 – Mots, figures, pratiques* (Les Belles Lettres, 2012), *Les origines de la France – Quand les historiens racontaient la nation* (Seuil, 2013), *Écrire le Voyage – De Montaigne à Le Clézio* (Citadelles & Mazenod, 2014), *Une guerre au loin. Annam, 1883* (Les Belles Lettres, 2016) e codirigiu, com Pierre Singaravélou, *L'Histoire du Monde au XIXe siècle* (Fayard, 2017).

Ute Frevert é diretora do Instituto Max Planck para o Desenvolvimento Humano e professora-honorária da Universidade Livre de Berlim. Seus interesses de pesquisa incluem a história das emoções, a história social, política e cultural moderna e a história do gênero. Coescreveu *Emotional Lexicons*: Continuity and Change in the Vocabulary of Feeling, 1700-2000 (Oxford University Press, 2014) e *Learning How to Feel*: Children's Literature and Emotional Socialization, 1870-1970 (Oxford University Press, 2014). Também publicou *Emotions in History*: Lost and Found (Central European University Press, 2011), *A Nation in Barracks*: Modern Germany, Military Conscription and Civil Society (Bloomsbury, 2004) e *Men of Honour*: A Social and Cultural History of the Duel (Wiley, 1995).

Yaara Benger Alaluf é doutoranda no Departamento de História da Universidade Livre de Berlim e membro da Escola Internacional de Pesquisa Max Planck para a Economia Moral das Sociedades Modernas, pertencente ao Centro de Pesquisa da História das Emoções do Instituto Max Planck para o Desenvolvimento Humano de Berlim. Escreveu, com Eva Illouz, "Emotions and Consumption" (In: COOK, D.T. & RYAN, J.M. (dirs.). *The Wiley-Blackwell Encyclopedia of Consumption and Consumer Studies* (Wiley Blackwell, 2015)).

ÍNDICE GERAL

Sumário, 5

Introdução – O império da emoção, 9

Pensar as emoções, 15

1 Os discursos da antropologia, 17
 Jan Plamper
  Dos inícios às primeiras etnografias dos anos de 1970, 19
  As etnografias construtivistas dos anos de 1980, 28
  O retorno ao corpo e à "experiência vivida" nos anos de 1990, 41

2 Do lado das ciências: psicologia, fisiologia e neurobiologia, 48
 Jacqueline Carroy e Stéphanie Dupouy
  A fotografia, 51
  Do método gráfico à fisiologia, 56
  A emoção como desorganização, 61
  Lógicas das emoções, 65
  Abordagens cognitivas e sociais, 69

3 O capitalismo emocional, 74
 Eva Illouz e Yaara Benger Alaluf
  Em busca da eficácia econômica, 77
  A intimidade segundo a lógica capitalista, 85
  Um mercado das emoções, 88

4 Fúrias, comunhões e ardor cívico: a vida política das emoções, 101
 Nicolas Mariot
  Sentir juntos, 102
   Efervescência 1900, 103

Linhagens, 107

Reconhecimento dos afetos, 112

Enquadramento afetivo e sinceridade emocional, 114

Aclamação e protesto, ditaduras e democracias, 114

Detectar os dispositivos de sensibilização, 118

Emoções esperadas, sentimentos expectados, 122

A previsibilidade do entusiasmo, 123

Os repertórios emocionais e suas transformações, 125

Aprendizagem e socialização política, 128

5 O gênero e a história: o exemplo da vergonha, 131
Ute Frevert

As emoções e suas intermitências, 131

O sexo da vergonha e da honra, 138

A moral da sociedade e as emoções do indivíduo, 150

A fábrica das emoções ordinárias, 159

6 O tempo do despertar: infância, família, escola, 161
Dominique Ottavi

Ambiguidades da criança amada, 162

Pedagogia e emoções escolares, 163

A infância da lembrança, 167

A questão da ciência, 170

Novos pais?, 172

A sombra da psicanálise, 174

Emoções, adolescência e mal-estar, 175

A armadilha dos bons sentimentos, 179

A criança, uma paixão perigosa?, 181

Novos sofrimentos escolares, 184

7 Engajar-se: política, evento e gerações, 188
Ludivine Bantigny

Dos estudantes de 1900 à geração do fogo, 190

Saindo da guerra para a Frente Popular: a influência do choque moral, 195

De uma guerra à outra: ressurgência dos sentimentos e dos ressentimentos, 205

Os anos de 1968 ou as emoções subversivas, 213

Uma nova arte de militar?, 220

8 Comover-se com os animais, 224
 Éric Baratay
   Das emoções ocultas ao século XIX, 228
   Uma libertação dos sentimentos a partir do século XX, 233
   Uma leitura e uma tradução, não uma projeção, 236
   Da emoção à ação, 242

9 Transportes afetivos: a viagem, entre o maravilhamento e a decepção, 247
 Sylvain Venayre
   Impressões, emoções, 250
   A busca do maravilhamento, 252
   Redefinição da decepção, 257
   A impossível autenticidade, 262

10 *A terra devastada*: transformações do sentimento pela natureza, 266
 Charles-François Mathis
   Pã ou o retorno ao selvagem: "The awful daring of a moment's surrender", 268
   Da fragilidade do globo à angústia do desastre: "I Will show you fear in a handful of dust", 273
   A midiatização de uma emoção planetária: "You know only a heap of broken images", 279
   Da emoção à proteção: "Shall I at least set my lands in order?", 285

Traumas: emoções-limite e violências extremas, 289

11 Apocalipses da guerra, 291
 Stéphane Audoin-Rouzeau
   O medo, o terror, 292
   O medo, mas em grupo, 300
   O ódio, 304
   Os lutos, 311

12 O universo concentracionário: os afetos, mesmo assim, 313
   Sarah Gensburger
   Emoções e poder concentracionário, 316
   Os deportados: seres sem emoções?, 321
   Relatos e testemunhos, 324
   Transmissão e pós-memória, 327
   No museu, na escola, 331
   O historiador do universo concentracionário e as emoções, 335

13 O que os genocidas sentem quando matam?, 337
   Richard Rechtman
   O monstro: gozo e crueldade, 339
   O antimonstro: a anestesia do "homem ordinário", 341
   Quando os homens não são tão ordinários assim, 353
   Os trabalhadores da morte: repugnância, cansaço e indiferença, 356

14 Muros e lágrimas: refugiados, deslocados, migrantes, 364
   Michel Peraldi
   O abalo do mundo: "sentir-se verdadeiramente homem", 366
   Na fogueira dos ódios, a invenção dos indesejáveis, 372
   Direito de asilo e campos: do exílio suspeito à compaixão delegada, 378
   Levados pela esperança, 389

15 Decadências corporais: diante da doença e da morte, 390
   Anne Carol
   Corpos alterados, emoções e espaço público, 391
   Luto e sofrimento, 399
   Cuidar dos corpos e das almas, 405

Regimes emocionais e genealogias dos afetos, 415

16 O medo na era da ansiedade, 417
   Jean-Jacques Courtine
   Angústia na civilização, 418
   Um indefinível sentimento de insegurança, 420
   A confusão dos medos, 423

Medos capitais, 427

Uma arqueologia da ansiedade: sedimentos e memória do medo, 430

Ansiedades masculinas, medos brancos, 434

Deep stories: a história subterrânea das emoções, 437

Ansiedades sem fim: o testamento de Kafka, 440

17 O caso da depressão, 442
Pierre-Henri Castel

A era da neurastenia, 446

O desenvolvimento freudiano dos afetos, 452

Da "tensão ansiosa" ao "cansaço de ser si mesmo", 458

18 O sentimento de humilhação: degradar, rebaixar, destruir, 465
Claudine Haroche

A vergonha e a humilhação, 467

A vontade de envergonhar, 469

Desprezar o outro como outro, 472

A humilhação como entretenimento, 478

A desqualificação subjetiva, 483

O custo emocional das campanhas de vergonha, 486

As leis da humilhação, 489

19 Empatias, cuidados e compaixões: as emoções humanitárias, 493
Bertrand Taithe

O discurso humanitário, 496

A representação dos sofrimentos, 499

A representação do si humanitário, 504

As emoções perigosas, 508

A fadiga compassiva, 510

O *charity business*, 516

20 Amores, seduções e desejo, 521
Claire Langhamer

Seduções perigosas, 521

Escrever a história do sexo e do amor, 525

O projeto "Mass-Observation": um arquivo do sentimento, 533

O sentido e a importância das emoções "vistas de baixo", 541

O espetáculo das emoções, 547

21 Por amor à arte, 549
Bruno Nassim Aboudrar

O riso, emoção estética inadequada, 550

Modernidade patética e modernidade anestésica, 558

Arte do pós-guerra: conceitual ou visceral, 564

"É preciso antes que o amor exista", 568

22 Rir, chorar e ter medo no escuro, 574
Antoine de Baecque

No cinema, 574

Benjamin e o inconsciente emotivo, 577

Cognitivismo e neurociências: como sentimos um filme?, 580

Emoção de choque e choque emocional, 583

Eisenstein e Gance, ou a construção das lágrimas, 587

O cinema, dispositivo ótico da vida sensível, 590

Os gêneros da emoção: melodrama, cômico, filmes de terror, 593

23 Paixões esportivas, 604
Christian Bromberger

Um imperativo para os atletas: dominar as emoções, 606

Nos espectadores, entre contemplação e compaixão, 609

Ser torcedor, 610

Na direção de uma eufemização das emoções, 619

24 A teatralidade das emoções, 622
Christophe Bident e Christophe Triau

Os prazeres da *Belle Époque*, 622

"No limiar do subconsciente", 626

Comover para responsabilizar, 628

A utopia sublime: a crueldade, 631

Intimidades, intimações, 633

"Aquém ou além da histeria", 636

No limiar da percepção, 638

Políticas da emoção, 640

25 A escuta musical, 646
   Esteban Buch
   Vozes, instrumentos e teorias dos afetos, 649

   Música de vanguarda, música de elevador, 654

   Do amor e outras fusões, 656

   Eletricidade, alteridade, 660

26 Telas: o grande laboratório dos afetos, 666
   Olivier Mongin
   O paradoxo do televisor, 667

   Da televisão "para" o telespectador à televisão "do" telespectador, 673

   Apropriar-se do palco, 679

   O que as séries nos contam, 684

   Quando as telas não funcionam mais como telas, 687

Índice remissivo, 691

Os autores, 719

LEIA TAMBÉM:

Teoria e formação do historiador

José D'Assunção Barros

Este livro é proposto como um primeiro passo para o estudo da História como campo de saber científico. A obra apresenta-se como um convite para que os seus leitores, em especial os estudantes de História, aprofundem-se posteriormente em obras mais complexas – como é o caso da coleção *Teoria da História*, em cinco volumes, assinada pelo mesmo autor e também publicada pela Editora Vozes.

O texto é particularmente adequado para o ensino de Graduação em História, especialmente em disciplinas ligadas à área de Teoria e Metodologia da História. A obra também apresenta interesse para outros campos de saber, uma vez que discute, em sua parte inicial, o que é Teoria, o que é Metodologia, o que é Ciência, bem como a relatividade do conhecimento científico. Além disso, a sua leitura beneficiará o leitor não acadêmico que deseja compreender o que é realmente a História enquanto campo de saber científico, pois nela são refutadas perspectivas que, embora já superadas entre os historiadores, ainda rondam o imaginário popular sobre o que é História.

José D'Assunção Barros é historiador e professor-adjunto de História na Universidade Federal Rural do Rio de Janeiro (UFRRJ), além de professor-colaborador no Programa de Pós-Graduação em História Comparada da Universidade Federal do Rio de Janeiro (UFRJ). Doutor em História pela Universidade Federal Fluminense (UFF) e graduado em História pela Universidade Federal do Rio de Janeiro (UFRJ), possui ainda graduação em Música (UFRJ), área à qual também se dedica ao lado da pesquisa em História. Além de uma centena de artigos publicados, trinta dos quais em revistas internacionais, publicou diversos livros dedicados à pesquisa historiográfica, à teoria da história e aos grandes temas de interesse dos estudiosos da área.

CULTURAL
Administração
Antropologia
Biografias
Comunicação
Dinâmicas e Jogos
Ecologia e Meio Ambiente
Educação e Pedagogia
Filosofia
História
Letras e Literatura
Obras de referência
Política
Psicologia
Saúde e Nutrição
Serviço Social e Trabalho
Sociologia

CATEQUÉTICO PASTORAL
Catequese
  Geral
  Crisma
  Primeira Eucaristia

Pastoral
  Geral
  Sacramental
  Familiar
  Social
  Ensino Religioso Escolar

TEOLÓGICO ESPIRITUAL
Biografias
Devocionários
Espiritualidade e Mística
Espiritualidade Mariana
Franciscanismo
Autoconhecimento
Liturgia
Obras de referência
Sagrada Escritura e Livros Apócrifos

Teologia
  Bíblica
  Histórica
  Prática
  Sistemática

REVISTAS
Concilium
Estudos Bíblicos
Grande Sinal
REB (Revista Eclesiástica Brasileira)

VOZES NOBILIS
Uma linha editorial especial, com importantes autores, alto valor agregado e qualidade superior.

VOZES DE BOLSO
Obras clássicas de Ciências Humanas em formato de bolso.

PRODUTOS SAZONAIS
Folhinha do Sagrado Coração de Jesus
Calendário de mesa do Sagrado Coração de Jesus
Agenda do Sagrado Coração de Jesus
Almanaque Santo Antônio
Agendinha
Diário Vozes
Meditações para o dia a dia
Encontro diário com Deus
Guia Litúrgico

CADASTRE-SE
www.vozes.com.br

EDITORA VOZES LTDA.
Rua Frei Luís, 100 – Centro – Cep 25689-900 – Petrópolis, RJ
Tel.: (24) 2233-9000 – Fax: (24) 2231-4676 – E-mail: vendas@vozes.com.br

UNIDADES NO BRASIL: Belo Horizonte, MG – Brasília, DF – Campinas, SP – Cuiabá, MT
Curitiba, PR – Fortaleza, CE – Goiânia, GO – Juiz de Fora, MG
Manaus, AM – Petrópolis, RJ – Porto Alegre, RS – Recife, PE – Rio de Janeiro, RJ
Salvador, BA – São Paulo, SP